IFCD112

RESOLUCIÓN DE PROBLEMAS MULTISECTORIALES: MODELOS DE MACHINE LEARNING, DEEP LEARNING Y USO MASIVO DE DATOS

IFCD112

RESOLUCIÓN DE PROBLEMAS MULTISECTORIALES: MODELOS DE MACHINE LEARNING, DEEP LEARNING Y USO MASIVO DE DATOS

José Manuel Ortega Candel

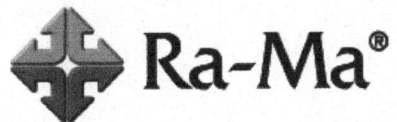 Ra-Ma®

La ley prohíbe
fotocopiar este libro

IFCD112 - RESOLUCIÓN DE PROBLEMAS MULTISECTORIALES: MODELOS DE MACHINE LEARNING, DEEP LEARNING Y USO MASIVO DE DATOS
Materia: GPH - Ciencia y análisis de datos
© José Manuel Ortega Candel
© De la edición: Ra-Ma 2025

Editado por:
RA-MA Editorial
Calle Jarama, 3A, Polígono Industrial Igarsa
28860 PARACUELLOS DE JARAMA, Madrid
Teléfono: 91 658 42 80
Fax: 91 662 81 39
Correo electrónico: *editorial@ra-ma.com*
Internet: *www.ra-ma.es* y *www.ra-ma.com*
ISBN: 979-13-8764-258-7
Depósito legal: M-5115-2025
Maquetación: Antonio García Tomé
Diseño de portada: Antonio García Tomé
Filmación e impresión: Safekat
Impreso en España en febrero de 2025

A mi familia.

ÍNDICE

OBJETIVOS

El libro está dirigido aquellos lectores que estén trabajando en proyectos relacionados con big data y busquen identificar las características de una solución de Big Data, los datos asociados a estas soluciones, la infraestructura requerida, y las técnicas de procesamiento de esos datos. Entre los principales **objetivos** podemos destacar:

- ▶ Introducir los conceptos de ciencias de datos y machine learning.
- ▶ Introducir las principales librerías que podemos encontrar en Python para aplicar técnicas de machine learning a los datos.
- ▶ Dar a conocer los pasos para construir un modelo de machine learning, desde la adquisición de datos, pasando por la generación de funciones, hasta la selección de modelos.
- ▶ Dar a conocer los principales algoritmos para resolver problemas de machine learning.
- ▶ Introducir scikit-learn como herramienta para resolver problemas de machine learning.
- ▶ Introducir pyspark como herramienta para aplicar técnicas de big data y map-reduce.
- ▶ Introducir los sistemas de recomendación basados en contenidos.

El libro trata de seguir un enfoque teórico-práctico con el objetivo de afianzar los conocimientos mediante la creación y ejecución de scripts desde la consola de Python. Además, se provee un repositorio donde se pueden encontrar los ejemplos que se analizan a lo largo del libro para facilitar al lector las pruebas y asimilación de los contenidos teóricos.

1

INTRODUCCIÓN A BIG DATA

1.1 INTRODUCCIÓN

En el presente capítulo se va a realizar una introducción al concepto de Big Data, principales características, desafíos, tecnologías y perfiles que podemos encontrar. Si hablamos de Big Data, esta no es una sola tecnología, sino una combinación de viejas y nuevas tecnologías que se integran para poder abordar las nuevas características de los datos como velocidad, variedad y volumen(3vs).

El volumen que es la cantidad de datos, la velocidad que hace referencia la tasa de flujo de los datos en la creación, almacenamiento, análisis y visualización de los mismos, y variedad que hace referencia a las distintas fuentes u orígenes de datos. Aunque se tiende a simplificar Big Data en 3Vs, existen propuestas que hacen referencia a otras como la variabilidad que se refiere a cualquier cambio de los datos en el tiempo como puede ser la tasa de transferencia o el formato, la veracidad la cual indica la exactitud o precisión de los datos.

De esta forma, y de forma simplificada, Big Data es la capacidad de manejar un gran volumen de datos de diversas fuentes, a la velocidad correcta, y dentro del marco de tiempo adecuado para permitir el análisis ya sea posterior a la recolección de los datos o en tiempo real.

1.2 DEFINICIÓN DE BIG DATA

Big Data o datos a gran escala hace referencia a un conjunto de datos tan grande que las aplicaciones informáticas tradicionales de procesamiento de datos no son capaces de tratar con ellos ni de encontrar patrones repetitivos. Se encuentra dentro del sector de las tecnologías de la información y la comunicación (TIC) y se ocupa de la manipulación y procesamiento de grandes volúmenes de datos.

Big Data es la agrupación de múltiples tendencias tecnológicas, maduradas a partir del año 2000. Dichas tecnologías se han consolidado entre los últimos años, momento en el que la sociedad se encuentra generando información alrededor de las redes sociales, un mayor ancho de banda, reducción de los costes de conexión a internet, telefonía móvil, internet de las cosas y computación en la nube.

La popularización de Big Data ha venido explicada inicialmente por 3 Vs: el procesamiento de grandes **volúmenes** de datos que llegan a grandes **velocidades** y con una **variedad** de fuentes de información nunca vista hasta ahora. En el modelo en V de Big Data se proponen 5 grupos de procesos:

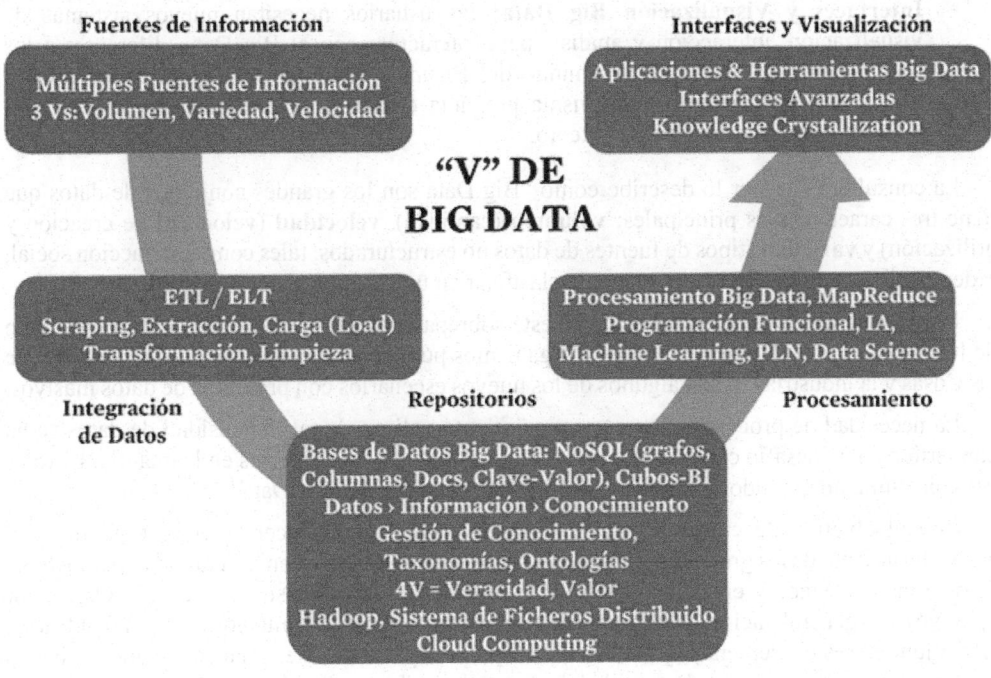

Fuentes de Información

Múltiples Fuentes de Información
3 Vs:Volumen, Variedad, Velocidad

Interfaces y Visualización

Aplicaciones & Herramientas Big Data
Interfaces Avanzadas
Knowledge Crystallization

"V" DE
BIG DATA

ETL / ELT
Scraping, Extracción, Carga (Load)
Transformación, Limpieza

Procesamiento Big Data, MapReduce
Programación Funcional, IA,
Machine Learning, PLN, Data Science

**Integración
de Datos**

Repositorios

Bases de Datos Big Data: NoSQL (grafos,
Columnas, Docs, Clave-Valor), Cubos-BI
Datos › Información › Conocimiento
Gestión de Conocimiento,
Taxonomías, Ontologías
4V = Veracidad, Valor
Hadoop, Sistema de Ficheros Distribuido
Cloud Computing

Procesamiento

Figura 1.1. Modelo de proceso en Big Data

▼ **Fuentes de Información Big Data:** enriquecemos nuestras fuentes de datos con nuevas fuentes disponibles de forma abierta en internet. Toda esta variedad de fuentes de información genera grandes volúmenes de datos que llegan a gran velocidad. Las taxonomías que clasifican esas fuentes son relevantes.

▼ **Integración de datos Big Data**: extraemos los datos y los cargamos en Repositorios de Información especialmente diseñados para tratar Big Data. Frente a la posibilidad de transformar y limpiar los datos antes de cargarlos la tendencia es cargar todos los datos para poder explotarlos a posteriori para otros fines. Cobra asimismo importancia el proceso de Scraping de información, de lectura de datos directamente de la web mediante aplicaciones software que llamamos Bots.

▼ **Sistema y Repositorios Big Data**: surgen nuevos tipos de Bases de Datos, que llamamos NoSQL. Además de datos e información gestionamos el conocimiento en Ontologías, que son reflejo de una 4a V, la Veracidad. El Sistema de Ficheros Distribuido y el Cloud Computing son la base de este Sistema Big Data.

▼ **Procesamiento Big Data:** tecnologías tradicionales como la programación funcional, el machine learning, el procesamiento de lenguaje natural, y un grupo de áreas de conocimiento que agrupamos bajo los paraguas de la "Data Science" y la Inteligencia Artificial se aprovechan de nuevas capacidades de procesamiento distribuido y masivo de datos para ser el 4o eslabón de la "V" de Big Data. En torno a este grupo de procesos aparece para algunas empresas una 5a "V", la Viscosidad, referenciando con ese concepto la mayor o menor facilidad para correlacionar los datos.

▶ **Interfaces y Visualización Big Data:** los usuarios necesitan nuevos sistemas de visualización, interacción y análisis para interactuar con el Big Data, diferentes a los tradicionales provenientes del mundo del Business Intelligence. Aparecen situaciones en las que, por ejemplo, una misma pregunta cristaliza en diferentes respuestas para diferentes usuarios según su contexto.

La consultora Gartner lo describe como "Big Data son los grandes conjuntos de datos que tiene tres características principales: **volumen** (cantidad), **velocidad** (velocidad de creación y utilización) y **variedad** (tipos de fuentes de datos no estructurados, tales como interacción social, video, audio, cualquier cosa que se pueda clasificar en una base de datos)".

El ritmo actual de generación de datos está sobrepasando las capacidades de procesamiento de los sistemas actuales en compañías y organismos públicos. Las redes sociales, el Internet de las Cosas y la industria 4.0 son algunos de los nuevos escenarios con presencia de datos masivos.

La necesidad de procesar y extraer conocimiento valioso de tal inmensidad de datos se ha convertido en un desafío considerable para científicos de datos y expertos en la materia. El valor del conocimiento extraído es uno de los aspectos esenciales del Big Data.

Con el objetivo de cubrir la problemática existente del almacenamiento, tratamiento y aprovechamiento de los grandes volúmenes de datos que se producen en la actualidad por factores como son: la elevada y creciente cantidad de fuentes de datos (sensores y redes sociales, por ejemplo) y la generalización de las redes de telecomunicaciones, en muchos casos inalámbricas. El conjunto de estos elementos, junto con las mayores capacidades de almacenamiento, ha hecho crecer de una manera enorme la cantidad de datos disponibles en los últimos años, tendencia que se sigue manteniendo en la actualidad.

Otra posible definición es la que describe Big Data a través de tres características:

▶ **Volumen**: gran cantidad de datos.

▶ **Velocidad**: procesamiento cercano a tiempo real.

▶ **Variedad**: distintas fuentes de información y formato.

La primera de las características más importantes de este concepto hace referencia a la circunstancia de que la cantidad de datos que se manejan supera actualmente el desproporcionado rango de los Exabytes de información. Obviamente, toda esta gran cantidad de datos puede obtenerse de diversas fuentes o ser presentados en infinidad de formas (variedad).

El volumen se incrementa en órdenes de magnitud no vistos anteriormente en los almacenes de información tradicionales, hablándose incluso de Zetabytes. Por otra parte los datos empiezan a llegar a los sistemas en tiempo real (Velocity) y hay que ser capaz de tratar esa información para que no se pierda nada.

Por último, empiezan a llegar fuentes de datos eminentemente desestructuradas (básicamente texto procedente de Internet) que siguen conviviendo con las fuentes estructuradas clásicas, aquí estamos hablando de variedad (Variety) en las fuentes de información que será necesario integrar para tener una visión global de cada escenario.

Todas las aplicaciones que hacen uso de estos datos necesitan obtener unos tiempos de respuesta mínimos que permitan lograr la obtención de la información correcta en el momento preciso. Esta información debe ser lo más veraz posible; es decir, las fuentes de las cuáles se obtiene deben ser lo más fiable posible para así poder generar el valor tan ansiado que haga que nuestros datos sirvan para un fin concreto, como puede ser la toma de decisiones críticas en organizaciones o la comprobación de la evolución del tráfico en un portal de Internet, por ejemplo.

Debido a esto, en el mundo en el que nos encontramos es necesario determinar qué información queremos obtener, para que el volumen de los datos no nos desborde. Para tal fin, se utilizarán un conjunto de herramientas que permitan el almacenamiento, procesamiento, recuperación y análisis de una cantidad inmensa de datos.

Big Data se suele definir como "conjunto de técnicas que permiten analizar, procesar y gestionar conjuntos de datos extremadamente grandes que pueden ser analizados informáticamente para revelar patrones, tendencias y asociaciones". Además, el volumen no tiene definido un tamaño mínimo que divida, lo que es Big Data y lo que no. Según un estudio, no existe una cantidad de datos específica, aunque afirma que usualmente se habla en términos de petabytes y exabytes de datos.

▼ **Gigabyte**: equivale aproximadamente a 256 canciones si el tamaño promedio de cada canción son 4 MB.

▼ **Terabyte**: : cantidad equivalente a 4 portátiles de 256 GB, teniendo en cuenta que el S.O. ocupa parte de ese espacio.

▼ **Petabyte**: todas las fotos que posee Facebook equivalen a 1.5 PB.

▼ **Exabyte**: Empresas como Google, Amazon o Facebook suelen manejar tales cantidades de datos.

La capacidad de cómputo del hardware y el software crece exponencialmente. Hoy en día tenemos en nuestro bolsillo, concretamente en nuestros modernos teléfonos móviles, más capacidad de cómputo que los ordenadores de la NASA que llevaron al hombre a la luna. Los ordenadores personales de los que disponíamos a finales de los años 90 son hoy tristes antiguallas, apenas útiles más que en exposiciones de juegos retro.

En los últimos años han evolucionado tanto las técnicas como las nuevas capacidades del hardware y del software que nos hacen posible usar ahora paradigmas informáticos de altas capacidades que hasta hace pocos años eran computacionalmente inviables.

Estas nuevas tecnologías pueden habilitar nuevas capacidades para las organizaciones fundamentadas en el término paraguas Big Data, materializadas en servicios, funciones u operaciones nuevas o muy mejoradas. La implementación de estas nuevas capacidades puede conseguir como resultado importantes beneficios.

Big Data como paradigma también nos ha aportado Sistemas de Archivos Distribuidos y escalables y nuevos sistemas de gestión de bases de datos preparados para dar respuesta a la necesidad de manejar grandes volúmenes de información de forma distribuida. Ejemplos hoy de rabiosa actualidad son las **Bases de Datos NoSQL**, entre las que destacan las orientadas a columnas, las de clave-valor, las orientadas a la gestión de documentos, objetos o grafos.

Los otros enfoques emergentes son los del Aprendizaje Automático, popularmente conocido por su denominación en inglés, "**Machine Learning**", y los Métodos Probabilísticos y Estadísticos. Estos dos enfoques, aplicados tanto a textos desestructurados como a datos masivos, proporcionan resultados novedosos aplicados a los procesos analíticos, prospectivos y predictivos.

En **Machine Learning** utilizamos conjuntos de información y un algoritmo para entrenar a una aplicación. Una vez entrenada, cada vez que necesitemos analizar una nueva información dicha aplicación clasificará la nueva información a partir del entrenamiento recibido. En el algoritmo de entrenamiento podemos estar utilizando tanto los métodos probabilísticos y estadísticos mencionados anteriormente como otras técnicas de inteligencia artificial como redes neuronales, árboles de decisión, etc.

Los métodos probabilísticos y estadísticos nos van a ofrecer un modelo de referencia para un conjunto de datos, gracias al cual podamos clasificar una nueva información ofreciendo una predicción a partir de dicho modelo. Estos modelos se aplican tanto a datos numéricos como a conjuntos de palabras dentro de documentos. Son aplicados actualmente, por ejemplo, por los grandes buscadores de Internet para determinar qué documentos son más relevantes para una búsqueda dada.

Para agrupar todo este conocimiento que se está concentrando en torno al término de Big Data ha emergido el concepto de Data Science. Las implementaciones Big Data serían imposibles sin las nuevas capacidades de los ordenadores actuales, que han evolucionado enormemente tanto en el hardware como en el software. Además de la capacidad de procesamiento, el almacenamiento es el otro punto en el que el hardware ha evolucionado: el coste de un dispositivo de 1Gb de capacidad ha disminuido de 300.000 € en 1980, a unos 10 € en el año 2000 y apenas unos céntimos en la actualidad.

En cuanto al software las claves están en la evolución y mejora de los sistemas operativos y en la virtualización, encarnada en las máquinas virtuales, un software capaz de emular a una computadora, pudiendo ejecutarse en un mismo ordenador varias máquinas virtuales. Ambas evoluciones, de hardware y software, han habilitado una paralelización potente y fiable, haciendo posible poner a funcionar en paralelo cientos o miles de estos ordenadores que, aplicando el viejo lema de Julio César "divide et vinces", divide y vencerás, separamos los problemas en multitud de pequeños problemas fáciles de solucionar y luego integran todas esas pequeñas soluciones en la solución final del problema planteado, todo ello realizado en un intervalo de tiempo pequeño. A este tipo de sistemas lo llamamos **sistemas distribuidos**.

Gracias a todo esto se ha habilitado la posibilidad de que en grandes centros de datos se implementen todas estas nuevas capacidades de cómputo y se le ofrezcan nuevos servicios al mercado. A este otro paradigma lo llamamos "**Cloud Computing**", computación remota, en definitiva.

Por último, la aparición de proyectos de software libre, entre los que destaca el **Apache Hadoop,** ha hecho posible esta revolución. Las grandes empresas de internet han promovido un uso masivo de software libre principalmente por su capacidad de adaptación rápida a sus nuevas necesidades, pero también hay que mencionar que el reducido o inexistente coste de licencias del mismo ha posibilitado la viabilidad económica de estas empresas.

Big Data contempla las nuevas herramientas, tecnologías y los conceptos relacionados con la adquisición de grandes volúmenes de datos, de distinto tipo (variedad) que a su vez podría estar no estructurada. Al trabajar con Big Data, se podrían considerar las siguientes vertientes que pueden o no trabajar en conjunto:

- ▶ **Ingeniería:** Un rol de esta vertiente sería el de Arquitecto de Datos, persona encargada de estructurar los datos, manipularlos y dejarlos bien preparados para aquellos encargados de hacer análisis sobre estos datos.

- ▶ **Científica:** Donde sin que estrictamente se tenga que trabajar con muchísimos datos, se lleva a cabo análisis mayormente de tipo estadístico como análisis predictivo, construyendo modelos. Un rol de esta vertiente sería la del Data scientist, que sería aquella persona encargada de realizar tareas de minería de datos y aprendizaje automático.

1.3 TIPOS DE DATOS

Una vez hemos fijado con mayor precisión el concepto de Big Data, vamos a proceder a analizar los tipos de datos existentes, además de aclarar la diferencia entre lo que es Big Data y lo que son datos desde el punto de vista tradicional. Cuando las empresas deciden llevar a cabo un proyecto de Big Data deben dar solución a una serie de cuestiones tales como: el origen de los datos, el volumen de información necesario para tomar una decisión, la información que aporta cada dato a mi negocio... Por tanto, es importante que la empresa reconozca las fuentes de datos existentes y el tratamiento que necesita cada dato.

En Big Data los datos son diferentes a los datos tradicionales es decir los datos estructurados almacenados en bases de datos relacionales. Los datos se consideran en dos tipos, los estructurados y los no estructurados como podemos ver en la siguiente imagen:

Figura 1.2. Tipos de datos en Big Data

▼ **Datos estructurados:** son aquellos datos con formato y campos fijos, en el que el formato es anticipadamente definido, para ser almacenados en bases de datos relacionales; este tipo de datos guardan un orden específico lo que facilita trabajar con ellos.

▼ **Datos semi estructurados**: son aquellos datos que no tienen formatos fijos, pero que contienen etiquetas, marcadores o separadores que permiten entenderlos; se procesan a base de reglas para extraer la información en piezas. Por ejemplo, los lenguajes XML y HTML son ejemplos de texto con etiquetas. no siguen un patrón claramente comprensible (como sí hacen los datos estructurados), a pesar de que, presentan un flujo claro y un formato definible. No existen formatos fijos como en los estructurados, pero sí marcadores para separar los datos. En esta categoría destacamos registros de logs procedentes de conexiones a internet.

▼ **Datos no estructurados:** son aquellos datos que no tienen formatos predefinidos, es decir no tienen estructura uniforme. Generalmente son datos binarios que no tienen estructura interna identificable. Es un conglomerado masivo y desorganizado de varios objetos que no tienen valor hasta que se identifican y almacenan de manera organizada. Por ejemplo los correos electrónicos, mensajes instantáneos SMS, WhatsApp, Viber, fotos, audios, videos entre otros. Su almacenamiento se da sin estructura uniforme y no existe capacidad para controlar estos datos. Los ejemplos más claros son los videos, audios, fotos o datos de texto (SMS, WhatsApp, Correos electrónicos...) Estos datos suponen el 80% de los datos que poseen las empresas, siendo con diferencia aquellos que presentan una mayor dificultad en su análisis, por tanto, han dado lugar al nacimiento de herramientas como MapReduce, Hadoop o bases NoSQL que analizaremos más adelante.

1.4 CARACTERÍSTICAS DE BIG DATA

Los últimos diez años han visto un aumento extraordinario del interés de empresas y organizaciones por el uso de herramientas que les permitan manejar la ingente cantidad de datos que recogen diariamente a través de sus sistemas de información, de sus canales de ventas y compras, de la información recogida a través de su presencia en la Web (anuncios, páginas de acceso a información, a servicios, etc.) o incluso cada vez más de comentarios y mensajes que se puedan generar en las redes sociales.

Este fenómeno ha incrementado enormemente la demanda de aplicación de procedimientos de análisis de datos para detectar la presencia de patrones o de tendencias que no resultan obvias, aportan información muy valiosa para mejorar significativamente su actividad: sus operaciones, sus ventas o sus resultados. Por otra parte, y asociado a este interés, se ha iniciado un proceso de revisión y mejora de las técnicas cuantitativas existentes para el tratamiento de datos y la extracción de la información relevante.

Uno de los aspectos más significativos asociado a este nuevo interés, y uno que resulta especialmente relevante por los cambios que implica tanto en la formación básica necesaria como en las aplicaciones para los profesionales interesados en el tratamiento de datos, es el aumento extraordinario en el volumen de los datos disponibles.

Cada vez es más habitual que las organizaciones y empresas dispongan de cantidades de datos medibles en peta- o exabytes (miles de billones o trillones de bytes).Se ha popularizado el uso del término "Big Data" para referirse a estas cantidades de información y a las técnicas adecuadas para su tratamiento. Un problema asociado a estos volúmenes de datos es que las técnicas tradicionales no resultan aplicables por ineficientes; es necesario utilizar nuevos métodos, adaptados especialmente a estas situaciones, creando una demanda y ofreciendo una oportunidad de formación de profesionales muy relevante en el futuro inmediato.

Tecnologías como Internet generan datos a un ritmo exponencial gracias al abaratamiento y gran desarrollo del almacenamiento y los recursos de red. El volumen actual de datos ha superado las capacidades de procesamiento de los sistemas clásicos de minería de datos. Hemos entrado en la era del Big Data o datos masivos, que es definida con la presencia de gran volumen, velocidad y variedad en los datos, tres características que fueron introducidas por D. Laney en el año 2001, con el requerimiento de nuevos sistemas de procesamiento de alto rendimiento, nuevos algoritmos escalables, etc.

IBM y Gartner plantean tres dimensiones para el entendimiento de la naturaleza de los Big Data, conocido como el modelo de las 3V; inclusive IBM considera una cuarta V correspondiente a la veracidad, y otras fuentes añaden una más, el valor. Sin embargo, las distintas fuentes tienen en común el modelo de las 3V que corresponde a volumen, velocidad y variedad. Otros dos aspectos importantes que caracterizan los datos masivos son la veracidad de los datos y el valor intrínseco del conocimiento extraído. La figura muestra estas cinco características.

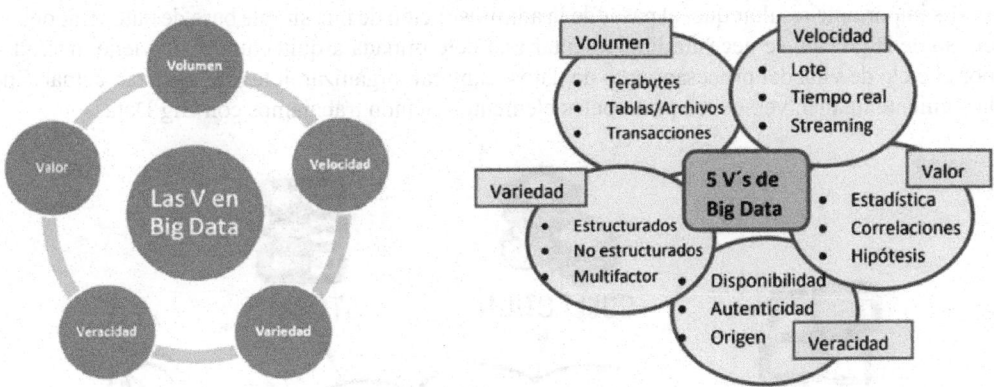

Figura 1.3. Características en Big Data

Dichos volúmenes de datos poseen cuatro características principales que vienen definidas como las cinco Vs:

▶ **Volumen de información.** Cantidad de datos que son generados a lo largo del tiempo. Es una de las principales características de Big Data, ya que hace referencia a las cantidades masivas de datos que se almacenan para ser procesados.

▶ **Velocidad de los datos.** Rapidez con la que los datos son creados, almacenados y procesados en tiempo real. En muchas ocasiones es necesario hacer un estudio en tiempo real. En Big Data este tema merece consideración ya que el aumento de los flujos de datos en las organizaciones aumenta la velocidad en que se deben almacenar datos y sugiere últimas versiones de los gestores de grandes bases de datos. Este aumento en la velocidad de los datos requiere que el procesamiento de ellos se haga en tiempo real para mejorar la toma de decisiones.

▶ **Variedad de los datos.** Formas, tipos y fuentes en las que los datos son registrados. Los datos pueden ser estructurados y fáciles de gestionar como son las bases de datos, o no estructurados, como son los documentos de texto, correos electrónicos, datos de sensores, etc.

▶ **Veracidad de los datos**. Grado de falibilidad de los datos recibidos. Es necesario tener la certeza de que los datos obtenidos son de calidad, aplicando soluciones y métodos que puedan eliminar datos imprevisibles. En Big Data este término se relaciona a la fiabilidad de las fuentes de datos, debido al aumento de fuentes de ellos, y además a la variedad en los tipos de datos.

▶ **Valor**: Es la característica más importante de los datos. De nada sirve tener acceso a una gran cantidad de datos si no somos capaces de convertirlos en algo con valor. Es decir, la información no sirve de nada a las organizaciones si esta no les otorga una fuente de valor, por tanto, para que las empresas realicen la inversión en almacenes de datos y sistemas de procesamiento y análisis debe existir un retorno claro de esta inversión.

Es importante resaltar que, al pasar de la administración de una simple base de datos a adoptar el uso de Big Data, se necesita implementar una determinada arquitectura. Ésta viene marcada por el ciclo de vida del procesamiento de datos: capturar, organizar, integrar, analizar, actuar. En la siguiente imagen vemos los principales elementos cuando trabajamos con Big Data.

Figura 1.4. Elementos en Big Data

- **Collection (recogida):** una de las mayores dificultades a la hora de disponer los datos es cómo conseguirlos.

- **Storage (almacenamiento):** una vez han sido obtenidos, hay que determinar cómo almacenarlos de la manera más óptima para su gestión y posterior consulta.

- **Research (investigación):** la información que se pretende extraer de los datos debe ser parte de un proceso de investigación y de mejora continua para el descubrimiento de nuevas capacidades.

- **Analysis (análisis):** para que de los datos se pueda extraer una información valiosa, deben ser analizados.

- **Volume (volumen):** hablamos de Big Data y no de otras variaciones cuando se incluye un componente de volumen y complejidad.

- **Visualization (visualización):** para su mejor comprensión y sobre todo, de cara a poder orientar y convencer a los actores decisivos de una empresa, es imprescindible una visualización amigable del resultado del análisis.

▶ **Cloud technology (tecnología en la nube):** los datos deben estar disponibles para su consulta por distintos agentes en cualquier momento y desde distintas ubicaciones, además del hecho de que tener externalizados servicios en la nube tiene ventajas adicionales para una empresa, como se verá más adelante.

▶ **Network (red):** se trata de la infraestructura física que sustenta el punto anterior.

1.5 DESAFÍOS DE BIG DATA

Como toda tecnología en desarrollo, Big Data presenta desafíos relacionados a distintos factores, desde el hecho de hacer cambiar las infraestructuras y formas de pensar de los desarrolladores que hoy están acostumbrados a tecnologías como information retrieval y data mining, utilizando estilos tradicionales de desarrollo, hasta saber qué tipo de datos son los adecuados para buscar información para estas implementaciones. Entre los desafíos más comunes podemos citar los siguientes:

▶ **Skills:** Este problema trata básicamente la capacidad de las personas a cargo del manejo de la información recolectada. Al ser una tecnología en desarrollo, la cantidad de personas que tengan el "know how" o conocimiento para poder procesar de manera correcta el volumen de información es relativamente poco, lo que dificulta el desarrollo de proyectos.

▶ **Estructura de datos:** Otro gran desafío es la forma en la que se guardan los datos. La forma misma en que tenemos concebida la idea de cómo guardar los datos en la actualidad presenta un desafío enorme para Big Data. El desafío de hoy es que la mayoría de los almacenes de datos empresariales ven un cliente o una entidad que la empresa trabaja con una fila de datos en lugar de una columna. Esa fila se rellena y se actualiza quizás a diario con la instantánea o al agregado de la situación actual del cliente. Al realizar esta actualización, estamos perdiendo la información recolectada, lo que conlleva a menor capacidad de predicción o información a procesar.

▶ **La tecnología:** Lo interesante es que Hadoop es ideal para el procesamiento por lotes a gran escala, que es como las operaciones de agregación o cómputo. El problema es que Hadoop no es una tecnología en tiempo real o muy dinámica en absoluto. La ejecución de consultas en un clúster Hadoop suele tener una gran latencia ya que hay que distribuir cada consulta individual, luego, hacer su etapa de reducción, que está trayendo todos los datos de nuevo juntos. Así que es una tecnología de alto rendimiento, pero de alta latencia.

▶ **Privacidad:** Junto con la obtención de volúmenes de datos incalculables, viene una cantidad de datos que podríamos considerar intrusiva, podría darse ejemplos como Facebook, Twitter, Google que manejan grandes volúmenes de datos de clientes, con esta capacidad de Big Data de intentar analizar absolutamente todo, podría darse una examinación inapropiada de los datos de usuarios, conllevando rupturas en la privacidad de los datos de los usuarios. (Si bien esta problemática no es nueva, podría agravarse con la capacidad avanzada de procesamiento que se obtiene con Big Data).

▶ **Volumen, Variedad, Velocidad:** La capacidad de encontrar un equilibrio entre todas ellas depende de la capacidad de plantear un desarrollo sustentable y un plan acorde a las posibilidades tecnológicas de la empresa que desarrolla con esta tecnología.

A nivel técnico, la adopción de tecnologías big data supone una serie de desafíos entre los que podemos destacar:

▸ El análisis de datos estructurados es necesario para comprender los métodos de análisis de Big Data, incluso existen métodos que se comparten con el análisis convencional, pero con muchos más datos.

▸ La administración de bases de datos es un fundamento para el análisis de datos y para manejar datos operacionales. En Big Data, las bases de datos son una fuente importante que alimenta el núcleo de procesamiento.

▸ La programación orientada a objetos es el pilar para desarrollar cualquier tipo de aplicación, incluso para manejar bases de datos. El Big Data se utiliza para manejar y procesar distintos tipos de datos.

▸ La administración de servidores es necesaria para aprovechar al máximo las tecnologías de la información. En Big Data son primordiales pues son el soporte de toda la infraestructura de aprovechamiento de los datos masivos.

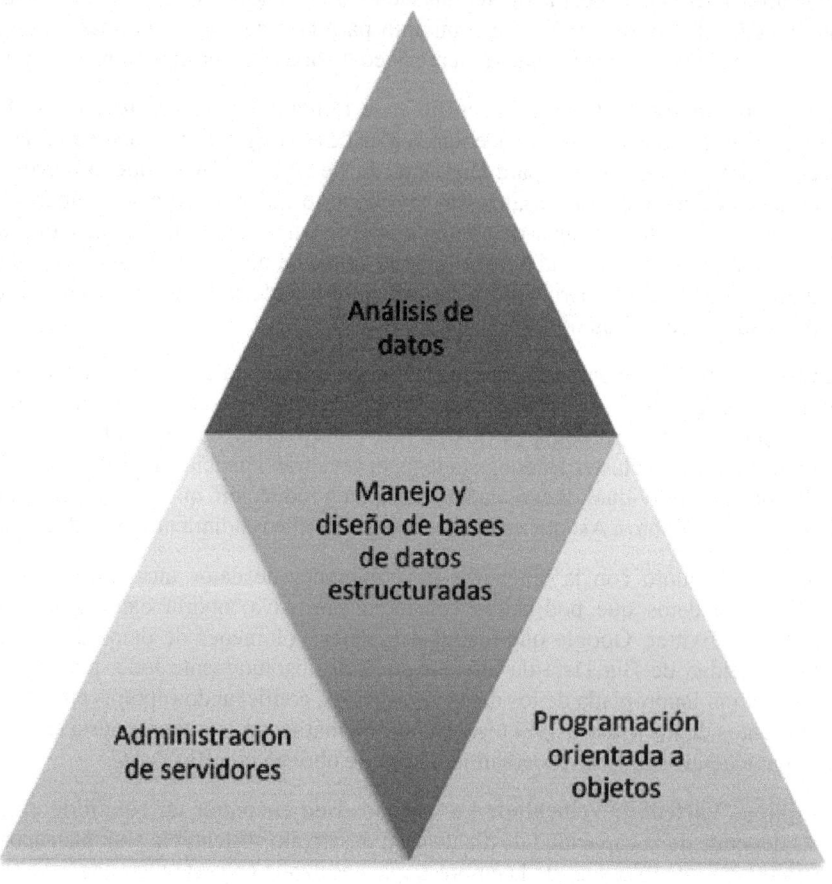

Figura 1.5. Desafíos en Big Data

1.6 TECNOLOGÍAS PARA BIG DATA

Las tecnologías y algoritmos sofisticados y novedosos son necesarios para procesar eficientemente lo que se conoce como Big Data. Estos nuevos esquemas de procesamiento han de ser diseñados para procesar conjuntos de datos grandes, datos masivos, dentro de tiempo de cómputo razonable y en un rango de precisión adecuado.

Desde el punto de vista del aprendizaje automático, esta problemática ha causado que muchos algoritmos estándar se conviertan en obsoletos en el paradigma Big Data. Como resultado surge la necesidad de diseñar nuevos métodos escalables capaces de manejar grandes volúmenes de datos, manteniendo a su vez su comportamiento en términos de efectividad.

Google diseñó MapReduce en 2003 la que es considerada como la plataforma pionera para el procesamiento de datos masivos, así como un paradigma para el procesamiento de datos mediante el particionamiento de ficheros de datos. MapReduce es capaz de procesar grandes conjuntos de datos, a la vez que proporciona al usuario un manejo fácil y transparente de los recursos del clúster subyacente.

En el paradigma **MapReduce**, existen dos fases: Map y Reduce. En la fase Map, el sistema procesa parejas clave-valor, leídas directamente del sistema de ficheros distribuido, y transforma estos pares en otros intermedios usando una función definida por el usuario. Cada nodo se encarga de leer y transformar los pares de una o más particiones. En la fase Reduce, los pares con claves coincidentes son enviadas al mismo nodo y finalmente fusionados usando otra función definida por el usuario. La siguiente figura muestra un esquema general del proceso completo MapReduce:

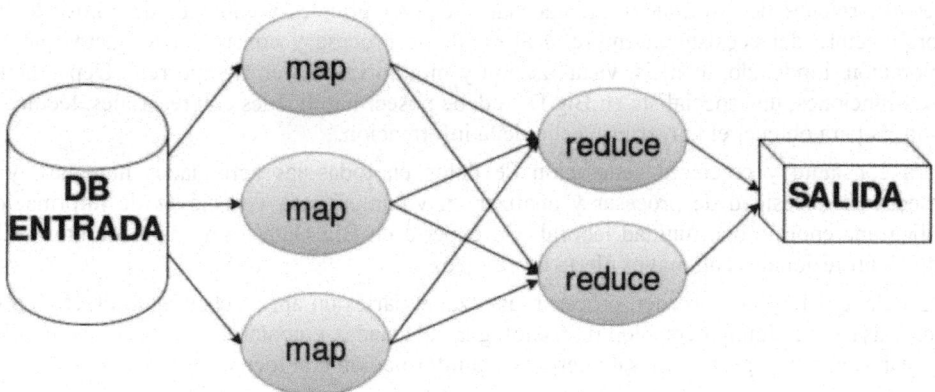

Figura 1.6. Modelo Mapreduce en Big Data

Este modelo consiste en dos funciones primitivas "Map" y "Reduce". La entrada de "Map" es un conjunto de pares clave-valor (k1, v1) a los cuales se les aplica una función "Map" que devuelve como resultado un conjunto intermedio de pares clave-valor (k2 ,v2). Este conjunto intermedio se agrupa según claves iguales, las cuales sirven de entrada para la función "Reduce", la cual trabaja sobre toda la lista de valores asociados a la misma clave y produce cero o más resultados agregados en forma de lista (list v3). Destacar que los conjuntos de pares clave-valor pueden pertenecer a dominios diferentes.

```
Map
Map(k1,v1) -> list(k2,v2)
```

```
Reduce
Reduce(k2, list (v2)) -> list(v3)
```

La función Map tiene como entrada una serie de pares <clave, valor> y produce una lista de pares intermedios como salida. La función Map, que internamente procesa los datos en cada proceso, es definida por el usuario siguiendo el esquema clave-valor. El esquema general para dicha función es el siguiente:

```
Map(<clave1, valor1>) -> lista(<clave2, valor2>)
```

En la segunda fase, el nodo maestro agrupa pares por clave y distribuye los resultados combinados a los procesos Reduce en cada nodo. La función de reducción es aplicada a la lista de valores asociada a cada clave y genera un valor de salida. Dicho proceso es esquematizado a continuación:

```
Reduce(< clave2, lista(valor2) >) →< clave3, valor3>
```

1.7 PERFILES BIG DATA

Un especialista en Big Data es un profesional que cuenta con amplios conocimientos en una serie de tareas involucradas en el ciclo de vida de la gestión de los datos tales como: identificar diversos orígenes de información, almacenar y extraer grandes volúmenes de datos, diseñar la arquitectura del ecosistema empresarial donde se procesa y consumirá los datos para su exploración, modelado, análisis, visualización y monitorización en tiempo real. Dependiendo de sus funciones, un especialista en Big Data debe poseer habilidades empresariales, técnicas y analíticas para obtener el mayor provecho de la información.

La constante y creciente generación de datos en todas las actividades humanas, y la consecuente necesidad de procesar y analizar un volumen cada vez mayor de información, implica una enorme oportunidad laboral. Un experto en Big Data forma parte de uno de los sectores profesionales con mayor oferta de empleos.

La clave para poder obtener, procesar, analizar y darles un aprovechamiento efectivo a los datos, pasa por la implementación de tecnologías adecuadas y contar con expertos en big data que sean capaces de gestionarlas e interpretar la información con foco en el negocio.

Dado que el uso de plataformas de Big Data aumenta cada vez más para dar paso a la transformación digital, es común que las empresas desarrollen sus propios sistemas con componentes legacy, en la nube o en ambos, por lo que los expertos de Big Data deben tener dominio en diferentes lenguajes de programación, aplicaciones tecnológicas, pero además de herramientas en entornos cloud.

Big Data con el panorama actual catapulta a los científicos de datos como otra muy buena opción de carrera profesional y sobre todo bien remunerada. Ya que el Big Data es una herramienta clave para las empresas para ganar competitividad, tomar decisiones basadas en datos.

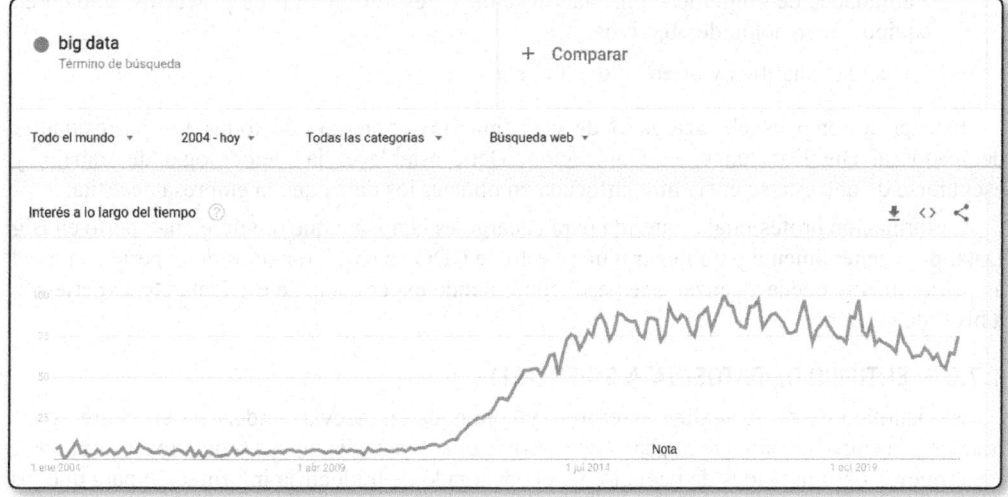

Figura 1.7. Evolución del término a lo largo del tiempo

Un aspecto muy importante es que los científicos de datos, no sólo se desarrollan como personas técnicas, es decir no están aislados en el área de sistemas y de allí no tienen interacción con el resto de la empresa a la que pertenecen, sino todo lo contrario, los científicos de datos van de la mano de la toma de decisiones de las empresas e interactúan con la mayoría de las áreas para obtener datos valiosos y saber cómo interpretarlos, es decir los científicos de datos están tomando decisiones o están al lado de los tomadores de decisiones.

Pero no solo eso se necesita para convertirse en un profesional de Big Data, además de tener algún máster o doctorado, se necesitan tener habilidades de comunicación ya que como se mencionó los científicos de datos tienen que estar en contacto con la mayoría de áreas de las empresas y por ende saber comunicarse con conocedores del dominio a tratar para sacar el mayor valor a los datos, se necesita un alto grado de curiosidad y tener una comprensión de lo que son negocios reales, deben de saber que una mala decisión tiene consecuencias reales en las empresas.

1.7.1 DIRECCIÓN DE DATOS(CHIEF DATA OFFICER-CDO)

Es el responsable de todos los equipos especializados en Big Data de la organización. Su función combina la rendición de cuentas y responsabilidad en cuanto a privacidad y protección de la información, calidad y gestión de los datos. Es una figura clave, ya que este profesional es el director digital de la empresa.

Se trata del líder de la gestión de datos y analítica asociada por el negocio, quien debe dirigir los equipos especializados en dato, definir políticas de seguridad para gestionar y almacenar datos, mantenerse actualizado en las regulaciones vigentes en cada país, decidir qué datos se utilizarán, incluyendo cómo y para qué, validar las tecnologías que se utilicen y ayudar a democratizar el acceso a los datos a todos los empleados y empleadas. Para aspirar a este puesto se requieren las siguientes **competencias**:

▶ Varios años de experiencia en el sector de la tecnología y trayectoria en el campo de la analítica aplicada al negocio.

▶ Formación en estadística y graduación en carreras como ingeniería, informática o telecomunicaciones. Se valoran los Másteres en Big Data, MBA o gestión de negocios.

▼ Habilidades de comunicación, planificación y gestión integral de proyectos, trabajo en equipo y marcación de objetivos.

▼ Capacidad analítica y orientación al cliente.

Este profesional es el encargado de coordinar los esfuerzos de todos los profesionales dedicados al Big Data en una organización. Debe establecer la metodología de trabajo, y asegurarse de que esta se encuentre enfocada en obtener los datos que la empresa necesita.

La formación profesional requerida para el cargo es la misma que requiere un experto en Big Data, pero generalmente para llegar a un puesto de CDO se requieren años de experiencia en el área. También se puede alcanzar este perfil combinando experiencia de Big Data con experiencia a nivel de gestión.

1.7.2 CIENTÍFICO DE DATOS(DATA SCIENTIST)

El científico de datos analiza, interpreta y comunica las nuevas tendencias en el área y las traduce a la empresa para que puedan hacer uso de ellas y así adaptar sus productos y servicios y crear nuevas oportunidades de negocio. Es el encargado de traducir la información para que los analistas puedan tomar decisiones.

Para el perfil de científico de datos se precisan conocimientos estadísticos que un programador no suele tener y conocimientos informáticos que un estadístico no suele manejar. Dentro de este perfil diferenciamos entre los profesionales orientados al campo de las matemáticas y las estadísticas y los que proceden del ámbito de la inteligencia artificial y el machine learning. Este perfil debe unir conocimientos de matemáticas, estadística y programación, y conocer también muy al detalle el sector de actividad de la compañía para la que trabaja, además de ser buen comunicador para trasladar los datos que interpreta.

La principal función del científico de datos es la de traducir los grandes volúmenes de datos y convertirlos en información útil para la empresa. Tiene conocimientos matemáticos, estadísticos y de programación. También cuenta con una visión de negocio y habilidades comunicativas, para dar a conocer el resultado de su trabajo al resto de la organización.

Permiten extraer conocimiento e información valiosa de los datos. Tienen visión general del proceso de extremo a extremo y pueden resolver problemas de ciencias datos, la construcción de modelos analíticos y algoritmos. Combinan diversas habilidades relacionadas con las matemáticas, la estadística, la programación y visualización, pero también deben tener habilidades comunicativas, para explicar los resultados obtenidos en la organización. Estas disciplinas están en línea con las habilidades que se demandan hoy en día de un **data scientist**:

▼ **Programación**: Para la limpieza, tratamiento, filtrado, etc. de los datos es necesario conocimientos de Programación.

▼ **Informática**: Nos dará la infraestructura y herramientas necesarias para almacenar los datos, procesarlos, etc., especialmente cuando nos movemos en el mundo Big Data.

▼ **Estadística**: Para la obtención y visualización de insights, responder las cuestiones planteadas, representar la información que obtengamos, saber qué modelos, algoritmos, podemos utilizar, cómo validar los resultados, etc., modelos y técnicas estadísticas que empleemos.

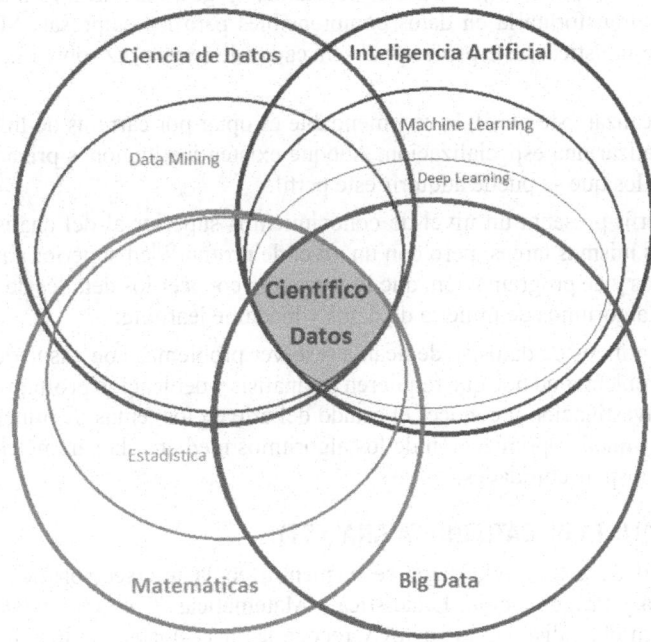

Figura 1.8. Áreas de conocimiento de un científico de datos

Se trata de un perfil muy buscado por empresas vinculadas a motores de búsqueda, servicios financieros y e-commerce, ya que su aporte reside en la extracción de información valiosa de los datos generados en el marco de la operación, con una visión general del proceso. Para aspirar a este puesto se requieren las siguientes **competencias**:

▶ Conocimientos de ingeniería de software en sistemas distribuidos, algorítmica y estructuras de datos.

▶ Ser experto en matemáticas, estadística, informática, etc.

▶ Saber de Machine Learning, lenguajes de programación como R o Python, y el uso de notebooks y ecosistemas Big Data.

▶ Poseer gran capacidad para la resolución de problemas.

▶ Capacidad para analizar, resolver y explicar en forma entendible evitando conceptos científicos, y predecir comportamientos futuros.

▶ Conocimientos en programación y aptitud para expresarse en lenguajes informáticos.

▶ Facilidad en álgebra lineal, cálculo y probabilidad.

▶ Comprensión y manejo de las técnicas de machine learning.

▶ Pensamiento lógico, análisis, predicciones y capacidad de detección de patrones.

▶ Capacidad para usar librerías como Tensor Flow para técnicas de Deep Learning basadas en redes neuronales.

Básicamente, su trabajo consiste en analizar y gestionar la información generada por los usuarios, y transformarla en datos comprensibles para las empresas. Mediante la creación de gráficos y estadísticas, este profesional será capaz de arrojar luz sobre miles de millones de datos en bruto.

Para alcanzar este perfil, lo recomendable es optar por carreras de Informática o Tecnología y luego realizar una especialización. Aunque existen instituciones privadas que ofrecen cursos breves con los que se puede adquirir este perfil.

Este perfil presenta un nivel de conocimientos superior al del analista de datos, pudiendo realizar sus mismas tareas, pero con un nivel de profundidad superior a nivel de conocimientos matemáticos y de programación, que les permiten conocer los detalles de implementación de los métodos y algoritmos de minería de datos y machine learning.

Los científicos de datos se dedican a resolver problemas con casuísticas complejas, muchas veces de problemas ad hoc que requieren un análisis y dedicación profunda. Deben de ser capaces de hacer investigación y conocer el estado del arte en los temas de minería de datos y machine learning, ya que la optimización de los algoritmos mediante la parametrización (fine-tuning) es una de sus responsabilidades.

1.7.3 ANALISTA DE DATOS(DATA ANALYST)

El perfil de analista de datos se encuentra en la intersección de otras disciplinas como Informática y Programación, Estadística y Matemáticas. Como su cargo indica, se encarga de participar en el análisis de los datos y recoge las necesidades de los clientes para presentarlas al Data Scientist. También se encarga de extraer, procesar y agrupar datos, analizar esas agrupaciones de datos y generar informes.

Es uno de los perfiles profesionales más demandados actualmente por las empresas ya que se encarga de procesar la información y obtener conclusiones que ayuden a mejorar resultados. Estos profesionales son los que saben extraer patrones de conducta de los usuarios y saben por qué actúan de una manera.

Tiene la responsabilidad de descubrir cómo extraer datos, procesarlos y sintetizarlos para obtener conclusiones y resolver aquellos problemas surgen en una organización, a través de modelos computarizados avanzados, y modelos analíticos y de visualización de datos sintonizados con los requerimientos de una compañía. Para aspirar a este puesto se requieren las siguientes competencias:

- Estudios de grado en Estadística, Matemáticas o Ingenierías (técnica y/o superior).
- Dominio de lenguajes de programación como Python, y programas estadísticos.
- Capacidad para extraer, limpiar, analizar, modelar e interpretar datos.
- Habilidades de comunicación, planificación y trabajo en equipo.
- Además de los conceptos de Machine Learning, deben destacarse por el conocimiento del entorno Big Data en el que trabajan, como Spark o Hadoop.
- Son valorados los conocimientos de Bases de Datos SQL y Business Intelligence.

1.7.4 INGENIERIO DE DATOS(DATA ENGINEER)

La principal tarea de un ingeniero de datos es la de distribuir datos de manera accesible a los Data Scientist. Su perfil es más especializado en gestión de bases de datos y en sistemas de procesamiento y de programación. Podríamos definir un Data Engineer como aquel profesional enfocado en el diseño, desarrollo y mantenimiento de los sistemas de procesamiento de datos dentro de un proyecto de Big Data. Entre las principales que desempeña podemos destacar:

▼ Proporcionar los datos de una manera accesible y apropiada a los usuarios y Data scientists.

▼ Desarrollar y explotar técnicas, procesos, herramientas y métodos que deben servir para el desarrollo de aplicaciones Big Data.

▼ Tiene un gran conocimiento en gestión de bases de datos, arquitecturas de clústers, lenguajes de programación y sistemas de procesamiento de datos.

▼ Construir y mantener las estructuras y las arquitecturas tecnológicas necesarias para el procesamiento, ingestión e implementación a gran escala de aplicaciones que usan datos de forma intensiva.

▼ Se especializa en infraestructura Big Data, creando e implementando técnicas, procesos, herramientas y métodos para el desarrollo de aplicaciones Big Data.

▼ Juega un papel clave a la hora de convertir una prueba de concepto de Big Data en un proyecto real y palpable.

Para aspirar a este puesto se requieren las siguientes **competencias**:

▼ Conocimiento en gestión de bases de datos, arquitecturas de clústers, lenguajes de programación y sistemas de procesamiento de datos.

▼ Trabajar con Linux y Git, y también con Hadoop y Spark a nivel de entornos, Mapreduce a nivel de modelos computacionales, y HDFS, MongoDB y Cassandra a nivel de tecnologías NoSQL.

▼ Se suelen requerir los siguientes lenguajes: Python para el procesado de datos con librerías como **PySpark** y Scala como lenguaje nativo de Spark y Java, en muchos casos.

1.7.5 ARQUITECTO DE DATOS(DATA ARCHITECT)

El Arquitecto de Big Data es quien define la infraestructura de la plataforma de Big Data. Tiene una visión global tanto de las necesidades de las empresas u organizaciones como de las soluciones de tratamiento de datos recomendadas para cada caso.

Cuando el ingeniero de datos se dedica a diseñar, implementar y mantener infraestructura relacionada con sistemas de Big Data, se llama arquitecto de Big Data. En este caso, su trabajo se centra en el diseño, creación y mantenimiento de clústers de procesamiento distribuido, como por ejemplo Apache Hadoop, Apache Spark o Apache Flink, y sistemas de almacenamiento distribuido de datos, como por ejemplo el sistema de ficheros distribuido HDFS o las bases de datos NoSQL.

Este perfil tiene como objetivo velar por el buen funcionamiento y la seguridad de las plataformas y el hardware que contienen los datos, debiendo prever los nuevos escenarios de volumen de datos que se puedan presentar en un futuro. Para aspirar a este puesto se requieren las siguientes **competencias**:

▼ Formación en Informática y/o matemáticas.

▼ Experiencia para manejar tecnologías de datos no estructurados como Hadoop, Spark o Cassandra.

▼ Conocimientos de lenguajes de programación distribuida y funcional como Java/scala, SQL y Python.

▼ Conocimientos en bases de datos como Oracle y PostgreSQL.

Estos perfiles tienen una formación en ingeniería informática, matemática, física o telecomunicaciones. Algunas de las herramientas que deben manejar son Hadoop, MapReduce, Hive, Pig, Spark, Flink, experiencia en SQL (MySQL, PostgreSQL) y NoSQL (Hive, Couchbase, Redis, ElasticSearch, Solr), conocimientos avanzados en Java, Scala o Python o conocimientos avanzados de estructuras de datos, data mining aplicado y machine learning.

En los casos de Data Scientist provenientes del mundo de la estadística suelen trabajar con R como herramienta principal y tratan de realizar las tareas de manipulación y agregación de datos mediante R, aunque a veces en el mundo Big Data no sea la solución ideal.

Sin embargo, en los casos de Data Scientists que vienen del mundo del desarrollo de software, estos profesionales se sienten más cómodos con lenguajes más formales, y aquí es donde Python juega un papel fundamental, las distintas contribuciones, módulos y librerías de análisis, de machine learning y librerías específicas (series temporales, procesado de lenguaje natural, ...) junto con su fácil integración con las plataformas Big Data hacen de Python la tecnología ideal para análisis de datos.

1.7.6 GESTOR DE DATOS(DATA MANAGER)

El objetivo principal de los gestores de datos o Data Manager es supervisar los diferentes sistemas de datos de una empresa. Son los encargados de organizar, almacenar y analizar los datos de la forma más eficiente posible.

Los Data Manager tienen conocimientos relacionados con la informática y de uno a cuatro años de experiencia. Destacan en el mundo de los números, los registros y los datos en bruto. Pero también tiene que estar familiarizado con todo el sistema de datos y tener una mente lógica y analítica con buena capacidad para resolver problemas.

1.7.7 CIUDADANO CIENTÍFICO DE DATOS(CITIZEN DATA SCIENTIST)

Es el profesional que no tiene una formación específica en Data Scientist, pero que con su experiencia puede aportar valor. Por ejemplo, realizando tareas analíticas y de gestión de datos a través de herramientas más sencillas. Se define como una persona que crea o genera modelos que utilizan análisis de diagnóstico avanzado o capacidades predictivas, pero cuya función principal de trabajo está fuera del campo de la estadística y el análisis.

En resumen, son personas no técnicas que pueden usar herramientas de ciencia de datos para resolver problemas relacionados con big data. Su experiencia y su conocimiento de las prioridades de la organización les permiten integrar de forma eficaz la ciencia de datos y el desarrollo de machine learning en los procesos.

1.7.8 ADMINISTRADOR DE DATOS(DATA STEWARD)

Este especialista es el responsable de velar por la calidad, la seguridad y la disponibilidad de los datos. Su función se resume en saber utilizar los datos dentro del proceso de negocio y presentarlos a toda la organización.

Este perfil trata la gestión y supervisión de los activos de datos de una organización para ayudar a proporcionar a los comerciales datos de alta calidad a los que poder acceder fácilmente. Data Steward se enfoca en la coordinación e implementación de tácticas. Es responsable de llevar a cabo el uso de datos y las políticas de seguridad según lo determinado a través de iniciativas empresariales, actuando como enlace entre el departamento de IT y el comercial.

1.7.9 TABLA COMPARATIVA

Como se puede observar en la siguiente tabla la diferencia entre algunos de los roles es cuestión de matices.

Ingeniero de datos	Perfil orientado al desarrollo de software y con experiencia en el tratamiento de datos desde la extracción y depuración hasta el procesamiento y el almacenamiento.
Arquitecto Big Data	Encargado de definir la arquitectura de los sistemas Big Data, eligiendo las alternativas más óptimas desde el punto de vista de seguridad, gobierno del dato y rendimiento. También es el responsable de mantener las plataformas actualizadas tecnológicamente y proponer nuevas alternativas que mejoren lo existente cuando van apareciendo.
Científico de datos	Perfil que cuenta con background de investigación en ámbitos de ingeniería, física y estadística. Experto en tratar problemas complejos, extrapola el conocimiento adquirido en el contexto académico para resolver problemas planteados en el entorno empresarial.
Analista de negocio	Profesional orientado al negocio con capacidad para comprender los resultados derivados del análisis avanzado de datos. Crea propuestas de valor para el negocio con el fin de generar beneficios para la empresa.
Ingeniero de visualización de datos	Perfil diferencial en visualización de datos y storytelling con capacidad para explotar el valor de los datos y hacerlos entendibles. Aplica herramientas de programación, de Data Discovery y de visualización.

El rol del Científico de Datos es el más importante en cuanto a la interpretación de los datos, diseño de algoritmos y análisis predictivos, es el que aplica métodos matemáticos y estadísticos a los datos para obtener valor de ellos, adicionalmente aplica conocimientos y metodologías de distintas áreas a los datos como machine learning, deep learning, inteligencia artificial.

En cuanto al Ingeniero de Datos es quien diseña e implementa la solución de Big Data para almacenar, consumir, analizar, visualizar los datos. También es el encargado de decidir qué tecnologías se adaptan mejor a la situación que se está tratando para obtener el mayor beneficio y valor de los datos. Al estar relacionado con el desarrollo, suele tener conocimiento sobre lenguajes de programación orientados a análisis de datos como R y Python.

1.8 BIG DATA ANALYTICS

En la actualidad los Big Data pueden ayudar a responder cuestiones clave acerca de cómo se comportan los clientes, cómo van a funcionar los nuevos lanzamientos, las futuras campañas o las posibles promociones. Esto está contribuyendo a realizar mejoras en los negocios mediante el marketing personalizado (one-to-one), las estrategias de competencia monopolística en precios, el análisis de atribución para estímulos comerciales, etc.

Por este motivo, se suele considerar que Big Data, más que tratar sobre datos, trata "sobre la transformación empresarial, sobre pasar del planteamiento retrospectivo de la monitorización y el procesamiento de datos por lotes a la obtención de conocimientos empresariales en tiempo real". La Era del Big Data, por tanto, produce una creciente competencia en la comprensión de las necesidades del cliente en todo momento.

La posibilidad de aplicar técnicas de Big Data Analytics está haciendo que las empresas introduzcan paulatinamente una mayor "cultura de los datos" ("Data-driven culture") dentro de su operativa empresarial habitual, recurriendo tanto a nuevas tecnologías de almacenamiento y gestión de datos, como a herramientas de visualización y monitorización de métricas acerca del funcionamiento de la empresa (Key Performance Indicators - KPI) insertas en cuadros de mando ("dashboards").

Los indicadores clave de desempeño o KPI son valores que indican el rendimiento de un proceso de acuerdo con un objetivo predeterminado. Toda organización debe ser capaz de identificar sus propios KPI, por lo que deben tener:

▼ Definido completamente y acotado su proceso de negocio.

▼ Objetivos claros o el rendimiento del proceso de negocio.

▼ Una medida cuantitativa o cualitativa de los resultados con relación a los objetivos.

▼ Información sobre las variaciones entre los resultados y los objetivos planteados para ajustar procesos o recursos y alcanzar metas a corto plazo.

De este modo, la era del Big Data está haciendo que las empresas evolucionen por los estados de madurez siguientes: en primer lugar, la analítica descriptiva, en la que únicamente se dispone del dashboard en estado inicial; en segundo lugar la analítica de diagnóstico, enfocada a una comprensión avanzada y continua de la situación empresarial; en tercer lugar, la analítica predictiva, enfocada en la anticipación de riesgos y oportunidades; en cuarto lugar, la analítica prescriptiva, enfocada a la recomendación de acciones; y, por último, la analítica cognitiva, hoy en día emergente.

La analítica de Big Data es el proceso de examinar con gran velocidad, conjuntos de grandes volúmenes de datos entre una amplia variedad de tipos y descubrir patrones ocultos, nuevas correlaciones y más información útil, en un tiempo razonable en el que la oportunidad de la información proporcione ventajas competitivas al investigador.

Los grandes volúmenes de información pueden proceder de fuentes de datos no estructurados como los que generan smartphones, medios de comunicación, información suministrada por sensores, actividades sociales, entre otros; pero, además pueden proceder de datos estructurados almacenados en bases de datos relacionales.

El análisis de grandes datos (analítica de Big Data o Big Data analytics) corresponde a datos estructurados, no estructurados y semiestructurados. El análisis de grandes datos relacionales se puede realizar con herramientas de software tradicionales con técnicas sencillas o avanzadas como minería de datos, análisis predictivo y análisis estadísticos.

En cuanto a las fuentes de datos no estructuradas, pueden no encajar dentro de los esquemas de los almacenes de datos tradicionales o EDW (Enterprise Data Warehouse) o no estar en capacidad de atender la demanda de procesamiento de datos requerido.

Para atender la demanda de procesamiento de grandes datos han surgido tecnologías de bases de datos distintas a las relacionales llamadas bases de datos NoSQL, bases de datos en memoria y MapReduce. Este sistema se integra a través de un clúster, y bien puede ser por medio de software de código abierto o propietario. Para el tratamiento de los grandes volúmenes de datos se requieren las siguientes etapas:

- ▶ **Adquisición de datos:** los datos proceden de fuentes de datos diversas, es decir, de fuentes de datos tradicionales como almacenes de datos, bases de datos relacionales, entre otros; y, de fuentes de datos no estructurados o semi estructurados. Los datos procedentes de ambos tipos de fuentes de datos, pueden ser almacenados en bases de datos NoSQL o en bases de datos "en memoria".

- ▶ **Organización de los datos:** el origen distinto en las fuentes de datos requiere que luego de que se adquiera la información, deba prepararse, siendo tal vez necesario eliminar datos o parte de ellos para dejar lo más relevante de estos.

- ▶ **Análisis de información:** es una etapa muy importante dentro del tratamiento de los grandes volúmenes de datos. Consiste en analizar todos los datos por medio de herramientas estadísticas avanzadas como minería de información, minería social, herramientas desarrolladas para diseño de estadística avanzada como el lenguaje de programación R.

- ▶ **Decisión:** es en esta etapa en donde con los resultados obtenidos del análisis de información se obtiene conocimiento, preferiblemente en tiempo real; para que se incluya en los tableros de control, cuadros de mando y herramientas de visualización, y así predecir el comportamiento que va a tener el objeto de estudio.

El **preprocesamiento de datos** es una etapa fundamental en el proceso de extracción de conocimiento, cuyo objetivo principal es obtener un conjunto de datos final que sea de calidad y útil para la fase de extracción de conocimiento. El preprocesamiento de datos se vislumbra como una herramienta muy importante en el paso de Big Data a Smart Data, esencial para convertir los datos almacenados (material en bruto) en datos de calidad (valga el símil del paso de un diamante en bruto sin pulir y sin tallar a la piedra preciosa tras su procesado).

Para la mayoría de problemas actuales con datos masivos es necesario el uso de una solución distribuida escalable porque las soluciones secuenciales no son capaces de abordar tales magnitudes. Varias plataformas para el procesamiento a gran escala (como Spark o Hadoop) han intentado afrontar la problemática del Big Data en los últimos años. Estas plataformas requieren algoritmos escalables que den soporte a las tareas más relevantes de la analítica de datos masivos.

Los algoritmos de preprocesamiento también están afectados por el problema de la escalabilidad, por lo tanto deben ser rediseñados para su uso con tecnologías Big Data si queremos preprocesar conjuntos de datos masivos en los diferentes escenarios de aplicación, aprendizaje supervisado y no supervisado, procesamiento en tiempo real (flujo masivo de datos), etc.

Los que se llaman modelos no supervisados, en los que se incluyen las Reglas de Asociación, Patrones Secuenciales y Clustering. Los modelos supervisados, que necesitan un conjunto de entrenamiento del que aprender y que se suele etiquetar manualmente. Aquí se incluyen los modelos que pretenden adivinar un valor numérico para la variable objetivo que se quiere adivinar (predicción) o una etiqueta (clasificación) que puede tener únicamente dos valores posibles (binaria) o más de dos (multiclase).

La preparación de datos está formada por una serie de técnicas que tienen el objetivo de inicializar correctamente los datos que servirán de entrada para los algoritmos de minería de datos. Este tipo de técnicas pueden clasificarse como de uso obligado, ya que sin ellas los algoritmos de extracción de conocimiento no podrían ejecutarse u ofrecerían resultados erróneos. En esta área se incluye la transformación de datos y normalización, integración, limpieza de ruido e imputación de valores perdidos.

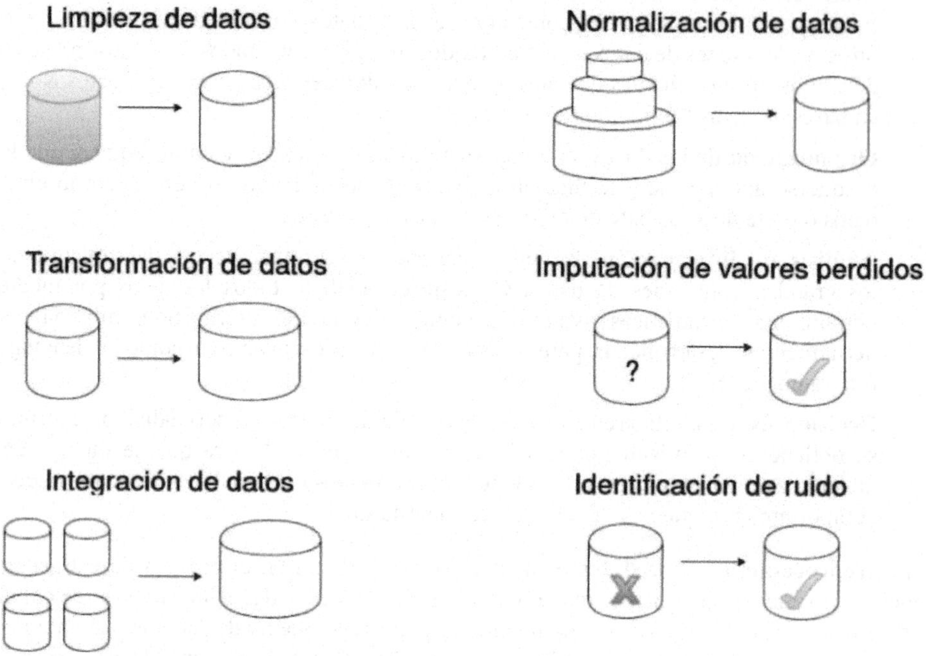

Limpieza de datos

Normalización de datos

Transformación de datos

Imputación de valores perdidos

Integración de datos

Identificación de ruido

Figura 1.9. Etapas relacionadas con la preparación de los datos

Las técnicas de reducción de datos se orientan a obtener una representación reducida de los datos originales, manteniendo en la mayor medida posible la integridad y la información existente en los datos. Cuando el tiempo de ejecución de un algoritmo o el tamaño de los datos comienza a ser bastante elevado, para los algoritmos de extracción, estas técnicas deben ser aplicadas para obtener conjuntos de datos más pequeños y de calidad. En esta área las técnicas de reducción más relevantes son:

▶ **Selección de atributos (Feature Selection).** El objetivo es reducir el número de atributos iniciales para reducir la complejidad a la hora de realizar el análisis.

Selección de atributos

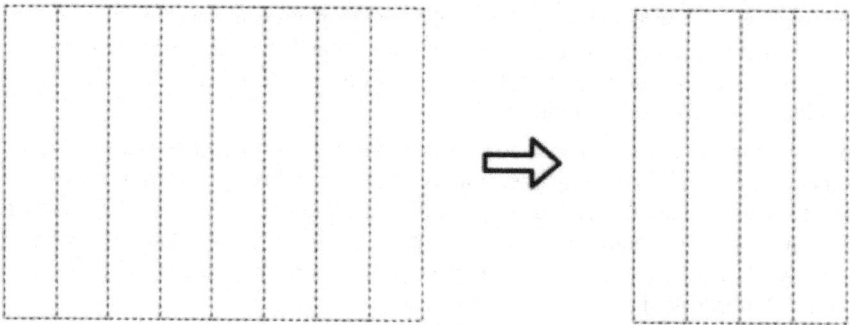

Figura 1.10. Selección de atributos

▶ **Selección de instancias (Instance Selection)**. El objetivo es reducir el número de filas que contiene nuestro dataset inicial.

Selección de instancias

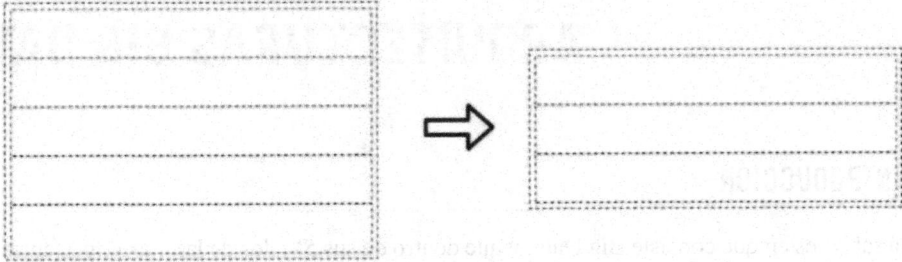

Figura 1.11. Selección de instancias

▶ **Discretización**. El objetivo es convertir variables numéricas en variables categóricas que nos permitan realizar una clasificación de los posibles valores que puede tomar esa variable.

Discretización

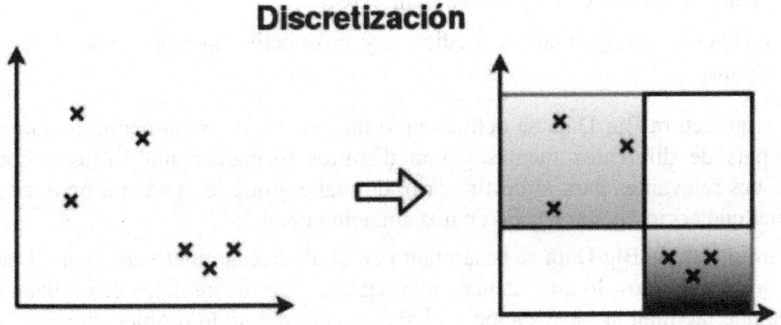

Figura 1.12. Discretización

2

ARQUITECTURAS BIG DATA

2.1 INTRODUCCIÓN

Ya sabemos en qué consiste Big Data, y que dentro de sus 5V, dos de las más importantes son el volumen y la velocidad. Para cumplir con estas necesidades, necesitamos una infraestructura que dote a nuestras aplicaciones de toda la potencia y robustez necesarias. La solución a estas necesidades aportará asimismo varias oportunidades:

- Incrementar la cantidad de datos que se gestionan.
- Incluir en los sistemas el tratamiento masivo e inteligente de datos no estructurados.
- Generar nuevos indicadores, reflejo de nuevas capacidades generadas.
- Tratamiento analítico de datos en tiempo real.
- Generación de información predictiva y prospectiva que puede ser integrada en otros sistemas.

Una arquitectura Big Data se define como un sistema de tratamiento de datos creado para tomar inputs de diferentes fuentes y con distintos formatos, analizarlos y convertirlos en conclusiones relevantes para el destinatario, de manera que le ayuden a predecir escenarios o determinar qué acción llevar a cabo en una situación dada.

Las arquitecturas Big Data se basan tanto en el almacenamiento como en el procesamiento distribuido de los datos, lo que las hace más seguras que los modelos centralizados en caso de fallos, ya que facilitan la localización y el aislamiento del nodo problemático con celeridad sin comprometer el funcionamiento del resto. Esto reduce, asimismo, la latencia en las conexiones, acortando los tiempos de respuesta en las solicitudes de información.

Otra de las grandes ventajas de las arquitecturas Big Data con respecto a las metodologías de análisis tradicionales es su escalabilidad ya que se conciben como sistemas adaptativos, preparados para asumir la entrada continua de nuevos conjuntos de datos y para ser extrapolados a ámbitos muy diversos.

Una arquitectura de big data se diseña para manejar la ingestión, el procesamiento y el análisis de los datos que son demasiado grandes o complejos para un sistema tradicional de base de datos. Todas las arquitecturas que diseñemos deberían cumplir las siguientes características:

- **Escalabilidad**: permite aumentar fácilmente las capacidades de procesamiento y almacenamiento de datos.
- **Tolerancia a fallos**: garantiza la disponibilidad del sistema, aunque se produzcan fallos en algunas de las máquinas, evitando la pérdida de datos.
- **Datos distribuidos**: los datos deben estar almacenados entre diferentes máquinas evitando así el problema de almacenar grandes volúmenes de datos en un único nodo central.

▶ **Procesamiento distribuido:** el tratamiento de los datos se realiza entre diferentes máquinas para mejorar los tiempos de ejecución y dotar al sistema de escalabilidad.

▶ **Localidad del dato:** los datos a trabajar y los procesos que los tratan deben estar cerca, para evitar las transmisiones por red que añaden latencias y aumentan los tiempos de ejecución.

2.2 ACTORES PRINCIPALES EN UNA ARQUITECTURA BIG DATA

Dentro de una arquitectura Big Data existen diversos actores que cumplen roles de gestión, operación, procesamiento, seguimiento y seguridad, entre otros, además de interactuar entre ellos o con otros componentes externos e internos de la arquitectura.

Para que los roles puedan cumplir un funcionamiento óptimo dentro de una arquitectura Big Data se debe prestar especial atención a la validación de los datos. Si para el proyecto se van a tener una combinación de fuentes de datos, es fundamental el poder validar que estas fuentes tienen sentido por sí mismas o cuando se combinan. Además, ciertas fuentes de datos, sobre todo los datos médicos, pueden contener información sensible por lo que se debe poner en práctica un nivel suficiente de seguridad y gobernabilidad.

Por supuesto, el diseño de una arquitectura Big Data en primer lugar tiene que comenzar con la definición del problema para luego establecerse ciertas características como el tipo de datos o combinación de varios de ellos, si es necesario el procesamiento en tiempo real o un procesamiento por lotes, por mencionar algunas consideraciones a tomar en cuenta.

Figura 2.1. Tecnologías Big Data

A continuación, se pasa a detallar las características principales de cada componente de una posible arquitectura big data y los roles de cada uno de ellos dentro de la arquitectura.

2.2.1 SISTEMA DE ORQUESTACIÓN

El rol de orquestación proporciona los requisitos del sistema y la monitorización del sistema de datos. Este implica una colección de funciones más específicas, que pueden ser ejecutadas por uno o más actores, que gestionan y orquestan la operación del sistema Big Data. También, se incluyen las tareas de supervisión o auditoría para asegurar que el sistema cumple con dichos requisitos.

Estos actores pueden ser usuarios, componentes de software o alguna combinación de ambos. Las cargas de trabajo administradas por este componente pueden ser asignadas a nodos físicos o virtuales a un bajo nivel o proporcionar una interfaz gráfica de usuario donde se pueda realizar la especificación de los flujos de trabajo y que además integre múltiples aplicaciones y componentes de alto nivel.

2.2.2 PROVEEDOR DE DATOS

Este rol hace que los datos estén disponibles para sí mismo como para otros roles. Para cumplir con su función, crea una abstracción de diversos tipos de fuentes de datos (como datos en bruto o datos previamente transformados por otro sistema) y los pone a disposición a través de diferentes interfaces funcionales.

El actor que desempeña este rol puede formar parte del sistema Big Data de manera interna o externa a la organización y pueden ser desde un sensor, un usuario que introduce datos de forma manual, a otro sistema Big Data. Las fuentes de datos pueden ser registros internos o públicos, audio, imágenes, vídeos, datos de sensores, web logs, registros de auditoría, cookies HTTP, entre otras fuentes. El proveedor de datos incluye actividades que son comunes a la mayoría de sistemas de gestión de datos entre las que podemos destacar:

- Recolección y persistencia de los datos.

- Proporcionar funciones de transformación para la depuración de datos confidenciales.

- Creación de metadatos que describen las fuentes de datos, políticas de acceso y otros atributos relevantes.

- Hacer que los datos sean accesibles a través de interfaces intuitivas donde la información sea requerida o solo enviada por el sistema sin necesidad de hacer una solicitud.

- Publicar la disponibilidad de la información y los medios para acceder a ella.

2.2.3 PROVEEDOR DE APLICACIONES BIG DATA

El proveedor de aplicaciones Big Data lleva a cabo un conjunto de operaciones en el ciclo de vida de los datos para cumplir con los requisitos establecidos por el sistema de orquestación.

El proveedor de aplicaciones de Big Data puede ser una sola instancia o una colección de estas, que se ejecutan en las diferentes etapas del ciclo de vida de los datos. Este rol consta de actividades que son representadas como subcomponentes, las cuales se detallan a continuación:

- **Recolección de datos.** La actividad de recolección de datos está integrada con el componente proveedor de datos. Esta puede ser un servicio como un servidor de archivos o un servidor web configurado por el sistema de orquestación para realizar recolecciones particulares de datos, también puede ser una aplicación diseñada para extraer o recibir datos desde el proveedor de datos. La persistencia de los datos puede no ser necesaria debido a que se pueden utilizar procesamientos en memoria u otros servicios proporcionados por el proveedor de infraestructura Big Data.

- **Preparación.** En la actividad de preparación es donde se podría indicar que se lleva a cabo el proceso de transformación de un ciclo ETL (Extract, Transform, Load), aunque la actividad de análisis también puede ser considerada como la ejecución de tareas avanzadas de la transformación. Entre las tareas que realiza esta actividad se pueden incluir la validación de datos, limpieza, normalización, entre otras.

- **Análisis.** La actividad implementa los métodos y técnicas para extraer conocimiento de los datos basados en los requisitos del sistema. Por lo general, esta actividad proporciona software para el análisis en streaming o por procesamiento por lotes. La plataforma de comunicación y mensajería del proveedor de infraestructura Big Data puede ser utilizada para transferir datos o funciones de control a las aplicaciones que se ejecutan en las plataformas de procesamiento.

▸ **Visualización.** La actividad de visualización prepara los elementos de los datos procesados y los resultados de la actividad de análisis para su presentación al consumidor de datos. El objetivo de esta actividad es presentar los datos con un formato que permita expresar de manera óptima su significado y el conocimiento que aporta. Los formatos de presentación pueden ser informes basados en texto o mostrar los resultados del análisis en forma gráfica. Esta actividad interactúa con la actividad de acceso, la actividad de análisis y con el proveedor de infraestructura Big Data para que se pueda ofrecer una visualización interactiva al consumidor de datos. La visualización puede ser una implementación de una aplicación, la integración de una o más librerías o se puede utilizar plataformas especializadas en el procesamiento de visualización.

▸ **Acceso.** La actividad de acceso se centra en la comunicación e interacción con el consumidor de datos. Del mismo modo que la actividad de recolección, esta puede ser un servicio genérico, como un servidor web o un servidor de aplicaciones configurado para gestionar peticiones específicas del consumidor de datos. Esta actividad se comporta como una interfaz entre las actividades de visualización y análisis para responder a las solicitudes del consumidor de datos.

2.2.4 PROVEEDOR DE INFRAESTRUCTURA BIG DATA

Este rol tiene los recursos o servicios generales para ser utilizados por el proveedor de aplicaciones Big Data en la creación de una aplicación específica. Existen una variedad de componentes como recursos de procesamiento, almacenamiento y redes de datos de donde el proveedor de aplicaciones Big Data puede elegir para construir un sistema específico.

El proveedor de infraestructura Big Data consiste en una o más instancias de tres subcomponentes: plataforma de infraestructura, plataforma de datos y plataforma de procesamiento, los que detallamos a continuación.

▸ **Infraestructura.** Este elemento proporciona todos los recursos necesarios para albergar y ejecutar las actividades de los otros componentes. Una clasificación general de estos recursos se da de la siguiente manera:
  - **Redes:** estos son los recursos que transfieren datos de un componente de la infraestructura a otro.
  - **Computación:** son los procesadores y la memoria física que ejecutan y mantienen el software de los demás componentes.
  - **Almacenamiento:** proporcionan la persistencia de los datos en un sistema Big Data.
  - **Estructura o Ambiente:** son los recursos de la estructura física como la energía, refrigeración o seguridad que deben tenerse en cuenta cuando se realiza una implementación de una plataforma Big Data, lo cual también podría delegarse si la implementación se realiza sobre servicios de terceros alojados en la nube lo que se conoce como una infraestructura como servicio (IaaS por sus siglas en inglés).

▸ **Plataforma de datos.** Permite la organización y distribución lógica de los datos en combinación con los accesos asociados entre las API (Application Programming Interface) y los métodos. La organización lógica de los datos puede variar desde archivos planos delimitados hasta almacenes de datos relacionales o por columna en un entorno totalmente distribuido. Los medios de almacenamiento van desde cintas de almacenamiento, medios magnéticos, discos de estado sólido hasta las memorias de acceso aleatorio. Por estas características de almacenamiento, los métodos de acceso pueden variar desde API de acceso a archivos hasta lenguajes como el SQL (Structured Query Language).

▶ **Plataforma de procesamiento.** Proporcionan el software necesario para dar soporte a la implementación de aplicaciones que cumplen con las características de Big Data. Esta plataforma se centra en dar soporte a la manipulación de datos que puede ser por procesamiento por lotes (batch processing) o por streaming. Cuenta con tres fases de procesamiento: la ingesta de datos, el análisis de datos y la difusión de datos, los cuales acompañan al flujo de datos a través de la arquitectura. En el procesamiento por lotes, por streaming o la combinación de ambos se puede aplicar a las tres fases antes mencionadas. Muchos algoritmos y modelos de procesamiento se han definido con la evolución del tratamiento de datos de los que se puede resaltar dos de los más conocidos en el espacio de Big Data, MapReduce y Bulk Synchronous Parallel (BSP). La principal diferencia entre ambos es que BSP puede realizar cambios en los datos que se procesan. Se deben considerar las ventajas y desventajas de ambos al momento de su implementación, por ejemplo, BSP cuenta como desventaja el alto costo en la sincronización; mientras que MapReduce no tiene un funcionamiento óptimo cuando necesita el acceso a partes específicas del conjunto de datos ya que se tendría que volver a leer todo el conjunto de datos.

2.2.5 CONSUMIDOR DE DATOS

El consumidor de datos recibe el valor de salida del sistema Big Data. Después de que el sistema añade valor a las fuentes de datos originales, el proveedor de aplicaciones Big Data entrega ese mismo tipo de interfaces funcionales hacia el consumidor de datos. El consumidor de datos utiliza las interfaces o servicios proporcionados por el proveedor de aplicaciones Big Data para obtener acceso a la información requerida. Estas interfaces pueden incluir la presentación de datos, recuperación de datos y la representación de datos.

2.2.6 CAPA DE SEGURIDAD Y PRIVACIDAD

Los temas de seguridad y privacidad afectan a todos los otros componentes de una arquitectura Big Data. Este rol interactúa con el sistema de orquestación en cuanto a políticas, requisitos y auditoría; también con el proveedor de aplicaciones Big Data y el proveedor de datos Big Data en cuanto al desarrollo, implementación y operación de estos.

Por ejemplo, en el caso de una compañía que maneje datos críticos, es probable que se desee utilizar aplicaciones de Big Data para determinar los cambios en la demografía o los cambios en las necesidades del usuario. Estos datos acerca de los usuarios necesitan ser protegidos tanto para satisfacer los requisitos establecidos y proteger la privacidad de los mismos. Por lo que, una función clave es la de definir los niveles de accesos para quienes puedan ver los datos y en qué circunstancias se les permite hacerlo.

2.2.7 CAPA DE GESTIÓN

Las características de Big Data demandan un sistema versátil, una plataforma de gestión de software, junto con la gestión y monitorización de los recursos y su rendimiento. La gestión de Big Data implica el sistema, los datos, la seguridad y las consideraciones de privacidad, mientras se mantiene una alta calidad de los datos y una accesibilidad segura.

Esta capa de gestión abarca dos grupos generales de actividades: gestión de sistemas y gestión del ciclo de vida de Big Data. El sistema de gestión incluye actividades como el aprovisionamiento, la configuración, la gestión de paquetes, gestión de software, gestión de copias de seguridad y la gestión de recursos. La gestión del ciclo de vida de Big Data implica actividades en torno al ciclo de vida de los datos como los de recolección, preparación, análisis, visualización y acceso.

2.3 TIPOS DE ARQUITECTURAS

Debido a que las empresas disponen de un volumen de datos cada vez mayor y la necesidad de analizarlos y obtener valor de ellos lo antes posible, surge la necesidad de definir nuevas arquitecturas para cubrir casos de uso distintos a los que había hasta el momento.

Las arquitecturas más comunes en estos proyectos son principalmente dos: **Lambda y Kappa.** La principal diferencia entre ambas son los flujos de tratamiento de datos que intervienen. Un par de conceptos que serían interesantes de analizar son el procesamiento batch y el procesamiento en streaming.

▶ El **procesamiento de datos en modo batch**, es aquel que nos permite procesar volúmenes de datos en tiempos espaciados, por ejemplo cada 10 minutos, 1 hora o diario. Para ello el sistema dispone de lotes o batch en el que almacena toda la información que va obteniendo hasta completar un periodo. Un ejemplo de este tipo de procesamiento pueden ser las transacciones de venta del producto a lo largo de un periodo sobre el que luego realizar el procesamiento. Si el volumen de datos es elevado, este procesamiento podría demorarse varios minutos o incluso horas, y en este caso en particular es probable que quienes tomen decisiones estén dispuestos a esperar ese tiempo para poder hacerlo.

▶ El **procesamiento de datos en modo stream** o tiempo semireal, es aquel que necesita procesar volúmenes de datos en tiempos lo más parecido a tiempo real que se pueda. Un ejemplo típico de este tipo de procesamiento pueden ser las operaciones de inversión en bolsa en la que un instante de tiempo puede ser crucial a la hora de tomar una decisión.

2.3.1 PROCESAMIENTO BATCH

Batch hace referencia a un proceso en el que intervienen un conjunto de datos y que tiene un inicio y un fin en el tiempo. También se le conoce como procesamiento por lotes y normalmente se ejecuta sin control directo del usuario.

Por ejemplo, si tenemos un conjunto de datos muy grande con múltiples relaciones, puede llevarnos del orden de horas ejecutar las consultas que necesita el cliente, y por tanto, no se pueden ejecutar en tiempo real y necesitan de algoritmos paralelos (como por ejemplo, Map Reduce). En estos casos, los resultados se almacenan en un lugar diferente al de origen para posteriores consultas.

Otro ejemplo, si tenemos una aplicación que muestra el total de habitantes por población, en vez de realizar el cálculo sobre el conjunto completo de los datos, podemos realizar una serie de operaciones que hagan esos cálculos y los almacenan en tablas temporales (por ejemplo, mediante INSERT ... SELECT), de manera que si queremos volver a realizar la consulta sobre todos los datos, accederemos a los datos ya calculados de la tabla temporal. El problema es que este cálculo necesita actualizarse, por ejemplo, de manera diaria, y de ahí que haya que rehacer todas las tablas temporales.

2.3.2 PROCESAMIENTO STREAMING

Un procesamiento es de tipo streaming cuando está continuamente recibiendo y tratando nueva información según va llegando sin tener un fin en lo referente al apartado temporal. Este procesamiento se relaciona con el análisis en tiempo real. Para ello, se utilizan diferentes sistemas basados en el uso de colas de mensajes. Algunas de las herramientas más utilizadas son **Apache Storm, Spark Streaming, Apache Fink, Apache Kafka**.

Uno de los sistemas más populares es **Apache Storm**, que cuenta con dos tipos de nodos: nodos "**Spouts**" y nodos "**Bolts**". Los spouts convierten flujos de datos en tiempo real en flujos de tuplas clave-valor y los emiten hacia nodos bolts que ejecutan tareas sencillas, como la lectura o escritura de una base de datos o un procesamiento simple de la tupla. Opcionalmente vuelven a emitir la tupla hacia otro nodo bolt. Cada spout y bolt es ejecutado en paralelo en múltiples ordenadores.

Los nodos Bolt emiten señales de ACK o de FAIL para notificar que la tarea ha sido o no ejecutada, haciendo así al sistema más confiable. Estos envíos se hacen a través de nodos Bolt especializados únicamente en esta tarea. A caballo entre los dos sistemas está el **Micro-batching**, que es una técnica que permite empaquetar flujos (stream) de datos entrantes en paquetes para su tratamiento por un sistema de procesamiento por lotes. Un ejemplo es **Trident**, una abstracción de alto nivel basada en Apache Storm. Trident divide los lotes en particiones, cada una orientada a ser ejecutada por un nodo Bolt.

Otro de los referentes en Big Data como motor de procesamiento de datos a gran escala es Apache Spark a través de su extensión **Spark Streaming**, un sistema de computación en clústers, de propósito general caracterizado por su alta velocidad. Apache Spark se basa en un módulo core que proporciona funcionalidad básica para planificación y gestión de tareas y de entrada y salida de datos. Define un concepto especialmente relevante, denominado RDD (en inglés "Resilient Distributed Datasets") que constituyen colecciones lógicas de datos distribuidas entre varias máquinas.

Su arquitectura está orientada al procesamiento con la memoria RAM (en inglés "in-memory") en lugar con estar orientado a trabajar con la memoria en disco duro, como hace Hadoop. Esto permite un rendimiento muy superior en algunos tipos de procesamiento, por ejemplo los que se utilizan en Machine Learning.

Figura 2.2. Spark Streaming

Spark streaming, permite el procesamiento de flujos continuos de datos a los que se les aplican funciones de alto nivel, como las funciones Map y Reduce y su resultado es almacenado en bases de datos, sistemas de ficheros distribuidos o publicados en sistemas de visualización Big Data.

2.3.3 PROCESAMIENTO MAPREDUCE

MapReduce es un modelo de procesamiento de datos, proveniente de un paradigma de la programación denominado "paradigma funcional". Este tipo de soluciones, diseñadas hace decenios y resueltas por los lenguajes de programación funcionales, son hoy especialmente relevantes ya que existen muchos problemas del mundo real que pueden ser solucionadas aplicando este modelo y específicamente muchos relacionados con Big Data.

Hasta hace pocos años no se ha dispuesto de una infraestructura de hardware y software que hiciera viable desde un punto de vista técnico y económico el aplicar este tipo de técnicas a cantidades masivas de datos. El gran tiempo de computación necesario hacía inviable la aplicación del paradigma funcional al tratamiento masivo en tiempo real de la información.

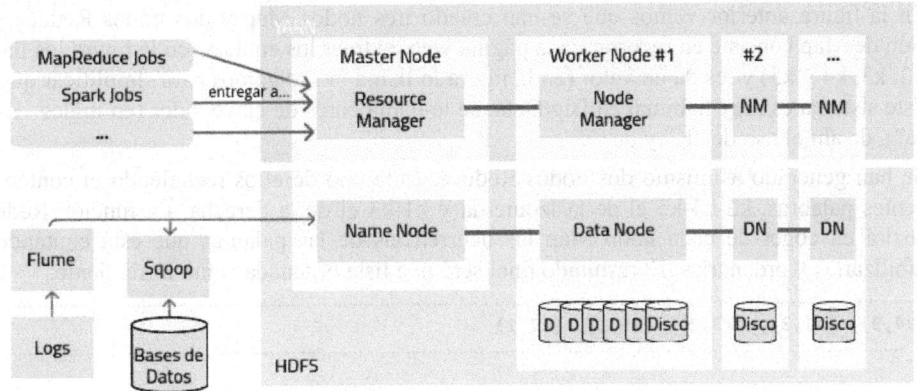

Figura 2.3. Arquitectura MapReduce

Los nuevos sistemas distribuidos si permiten este tipo de soluciones mediante paralelización en clústers de ordenadores estándar de precio reducido. Cada fragmento de trabajo en los que es dividida cada aplicación es ejecutado en un nodo del sistema distribuido.

MapReduce consiste en la unión de dos funciones de alto nivel: "**Map**" y "**Reduce**". Cada una de estas funciones de alto nivel toman como entrada una lista de pares clave-valor y su propia función, que llamaremos función-map y función-reduce.

Vamos a explicarlo con un ejemplo que usamos todos los días: las búsquedas en Google. Cuando hacemos una búsqueda en su sistema, Google nos presenta los resultados en un orden concreto. Para ello recorre con sus Bots internet buscando y contabilizando los enlaces que cada página hace a otras páginas, decidiendo así qué página es más relevante y por tanto debe ser presentada antes que otras en las páginas de resultados.

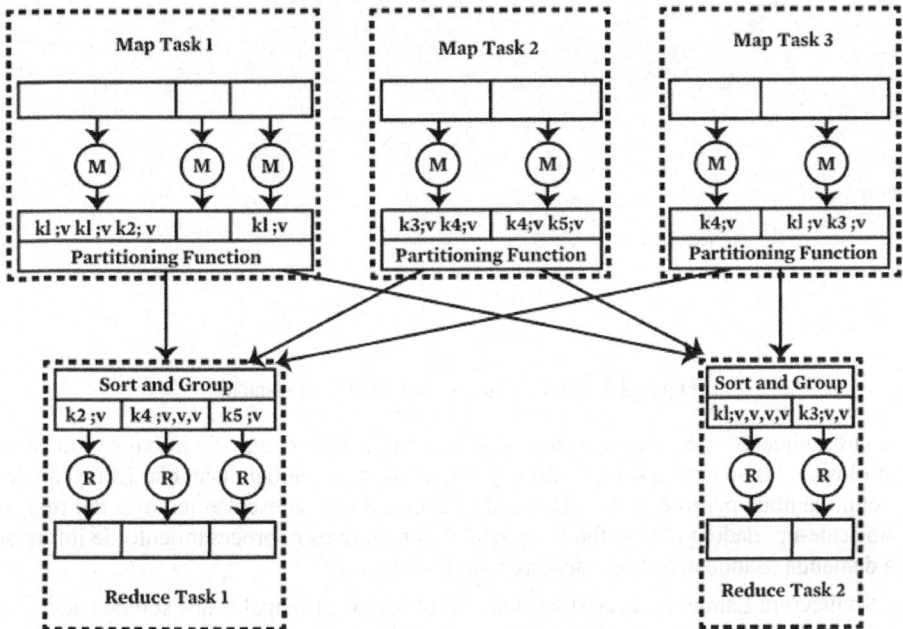

Figura 2.4. Ejecución de tareas MapReduce

En la figura anterior vemos que se han creado tres nodos Map y dos nodos Reduce. La función de Map consiste en recorrer cada página web, extraer los enlaces (en la figura los llama k1, k2, k3, k4 y k5) y les da un valor (en la figura lo llama "v", digamos para simplificar que es 1). Este sistema es muy habitual en Big Data: se le llama pares de clave-valor (en inglés "Key-Value"), de ahí el uso de "K" y de "V".

Se han generado asimismo dos nodos Reduce, cada uno de ellos recogiendo el conteo de diferentes palabras, k2-k4-k5 el de la izquierda y k1-k3 el de la derecha. La función Reduce consistirá en coger de cada nodo Map las ocurrencias de las palabras que está contando y contabilizarlas y ordenarlas. El resultado final será una lista ordenada como la siguiente:

```
(k4,3), (k1,3), (k3,2), (k5,1), (k2,1)
```

2.4 ARQUITECTURA LAMBDA

La arquitectura Lambda es una arquitectura de procesamiento genérica que posee algunas características que la han hecho ser una de las arquitecturas mayormente implementadas cuando se busca procesar información de grandes volúmenes.

Esta arquitectura combina el procesamiento de datos: «batch» y «stream», buscando las ventajas que nos ofrece cada uno de ellos. Esta arquitectura se ha desarrollado enormemente con la llegada del big data que proporciona una solución de bajo costo para problemas de procesamiento complejos.

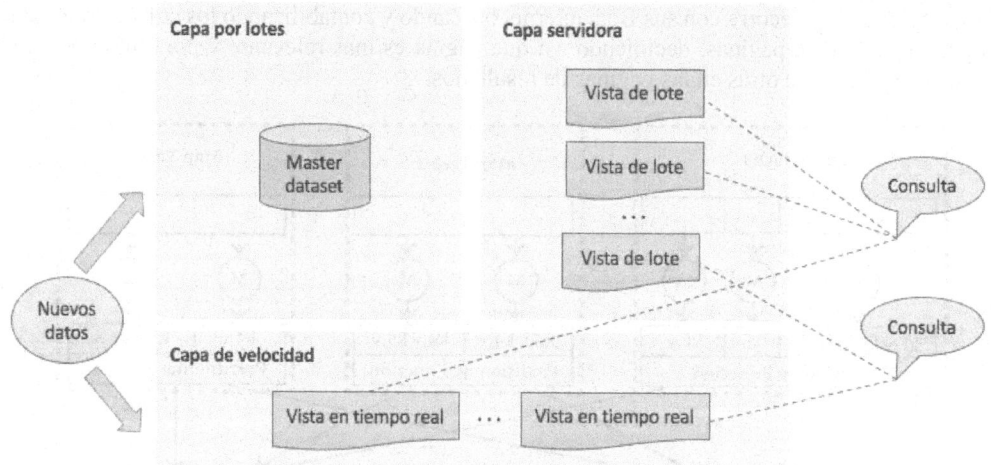

Figura 2.5. Esquema base de una arquitectura lambda

Dicha arquitectura permite ejecutar una gran cantidad de cargas de trabajo y de casos de uso para los cuales son requeridas lecturas y actualizaciones de baja latencia. El diseño de una arquitectura lambda permite su escalabilidad lineal, es decir, su escalamiento es del tipo scale-out y no scale-up, dado que el enfoque de esta arquitectura es el procesamiento de información de alta demanda usando archivos "siempre abiertos".

La arquitectura Lambda está conformada por tres capas principales que son consideradas las responsables de realizar la ejecución de las tareas más relevantes del procesamiento de datos y las que entregan los resultados de dicho procesamiento:

▶ **Capa de procesamiento batch**, de segmentos o lotes.

▶ **Capa serving**, de servidor o de consulta.

▶ **Capa de procesamiento streaming**.

En la arquitectura Lambda, los datos entran por duplicado, en la capa batch y en la capa streaming. A partir de aquí, se someten a dos tipos de tratamiento:

1. **Procesamiento batch**. Aborda los datos por lotes, conjuntos con un inicio y un final acotados. Ofrece outputs muy fiables, dado que toma en cuenta segmentos completos de registros; pero, a cambio, precisa de un tiempo relativamente largo (minutos u horas) para completar la operación, por lo que no se considera útil en situaciones en las que la toma de decisiones deba ser casi instantánea.

2. **Procesamiento streaming**. Proporciona información en tiempo real con vistas que se muestran directamente en la propia capa de velocidad y que se actualizan de forma constante apoyándose en los datos más recientes.

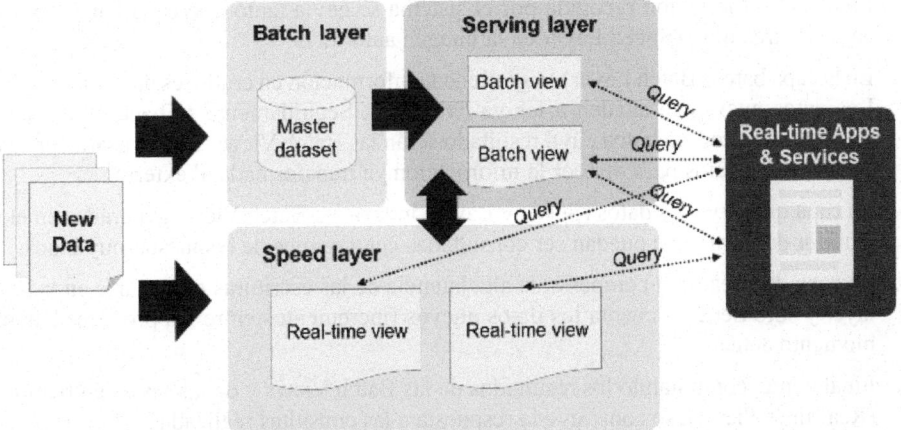

Figura 2.6. Capas de una arquitectura lambda

Otro punto a destacar de esta arquitectura es que se consigue reducir la complejidad porque evita la necesidad de escrituras aleatorias en el sistema de base de datos y esto hace innecesarios los mecanismos de bloqueo. La arquitectura lambda propone una división en tres capas entre las que podemos destacar:

▶ **Capa por Lotes (Batch Layer).** Esta computación se ejecuta en batch, se repite continuamente en iteraciones y conforme llegan nuevos datos no se procesan inmediatamente, sino que se encolan en el conjunto de datos maestro para agregarse a las vistas en la siguiente iteración.

▶ **Capa de Velocidad (Speed Layer).** El resultado de la ejecución de la capa batch no satisface el requisito de tiempo real ya que su ejecución puede llevar tiempo en la creación y propagación de las vistas. Esta capa de velocidad compensa la carencia de la capa batch y permite disponer de resultados actualizados.

▶ **Capa Proveedora (Serving Layer).** Es responsable de servir los datos que proceden de las dos capas anteriores: por una parte los resultados de la computación en batch y por otra los incrementos procedentes de datos nuevos. Por tanto se encarga de indexar y exponer las vistas (de sólo lectura) para que puedan ser consultadas. Las consultas se realizan bajo demanda.

Los datos que fluyen por la capa de velocidad/streaming tienen la restricción de latencia que impone la propia capa para poder procesar los datos todo lo rápido que sea posible. Normalmente, este requisito choca con la precisión de los datos. Por ejemplo, en un escenario donde tenemos dispositivos IoT donde se leen un gran número de sensores de temperatura que envían datos de telemetría, la capa de velocidad se podría utilizar para procesar una ventana temporal de los datos que entran (por ejemplo, los diez primeros segundos de cada minuto).

Los datos que fluyen por el capa de batch no están sujetos a los mismos requisitos de latencia, lo que permite una mayor precisión computacional sobre grandes conjuntos de datos, que pueden conllevar mucho tiempo de procesamiento.

Finalmente, ambos caminos convergen en las aplicaciones analíticas del cliente. Si el cliente necesita información en tiempo real aunque menos precisa, obtendrá los datos del camino rápido. Si no, lo hará a partir de los datos de la capa batch. Dicho de otro modo, el camino rápido tiene los datos de una pequeña ventana temporal, la cual se puede actualizar con datos más precisos provenientes de la capa batch. El flujo de trabajo es el siguiente:

1. La nueva información recogida por el sistema se envía tanto a la capa batch como a la capa de streaming (Speed Layer en la imagen anterior).

2. En la capa batch (Batch Layer) se gestiona la información en crudo, es decir, sin modificar. Los datos nuevos se añaden a los ya existentes. Seguidamente se hace un tratamiento mediante un proceso batch cuyo resultado serán las Batch Views, que se usarán en la capa que sirve los datos para ofrecer la información ya transformada al exterior.

3. La capa que sirve los datos (Serving Layer) indexa las Batch Views generadas en el paso anterior de forma que puedan ser consultadas con tiempos de respuesta muy bajos.

4. La capa de streaming compensa la alta latencia de las escrituras que ocurre en la serving layer y solo tiene en cuenta los datos nuevos (incrementos entre los procesos batch y el momento actual).

5. Finalmente, combinando los resultados de las Batch Views y de las vistas en tiempo real (Real-time Views), se construye la respuesta a las consultas realizadas.

Las **características** de la Arquitectura Lambda son:

▶ La nueva información recogida por el sistema se envía tanto a la capa de batch como a la capa de streaming, también denominada como **Speed Layer**.

▶ En la **capa batch (Batch Layer)** se gestiona la información en crudo, es decir, sin modificar. Los datos nuevos se añaden a los ya existentes. Seguidamente se hace un tratamiento mediante un proceso batch cuyo resultado serán las denominadas Batch Views, que se usarán en la capa que sirve los datos para ofrecer la información ya transformada al exterior.

▶ La capa que sirve los datos o **Serving Layer**, indexa las Batch Views generadas en el paso anterior de forma que puedan ser consultadas con baja latencia.

▶ La capa de streaming o Speed Layer, compensa la alta latencia de las escrituras que ocurre en la serving layer y solo tiene en cuenta los datos nuevos.

▶ Finalmente, la respuesta a las consultas realizadas se construye combinando los resultados de las **Batch Views** y de las **vistas en tiempo real (Real-time Views)**, las cuales se han generado en el paso anterior.

La idea principal de la arquitectura Lambda es que toda la información que entra al sistema sea replicada en ambas, en la capa de velocidad (speed layer) y en la capa de segmentos (batch layer) para que la información esté disponible para generar vistas en tiempo real en la capa de velocidad (speed layer) y vistas batch en la capa de servicios (serving layer). De esta manera, cualquier consulta realizada al sistema puede ser resuelta combinando resultados de las vistas batch (batch views) y de las vistas en tiempo real (real-time views).

La capa de segmentos (batch layer) tiene dos funciones principales:

- ◤ Administrar el dataset maestro, que es un conjunto de información en bruto (inmutable y solamente de almacenamiento).

- ◤ Llevar a cabo un pre-cómputo que genere las vistas por segmentos (batch views) que serán utilizadas en la capa de servicios (serving layer).

Por su parte, la capa de servicios (serving layer) indexa las vistas por segmento (batch views) generadas por la capa de segmentos (batch layer) para que estén disponibles para ser consultadas con baja latencia y con consultas ad-hoc.

Finalmente, la capa de velocidad (speed layer) o también conocida como capa de procesamiento entrega actualizaciones de información con alta latencia a la capa de servicios (serving layer) utilizando sólo información recientemente actualizada en la fuente de datos y creando vistas de tiempo real (real-time views) a través de algoritmos incrementales.

Un ejemplo de este tipo de arquitectura podría ser un sistema de recomendación de productos, el cual necesita extraer los productos de diferentes fuentes, procesarlos y normalizarlos, indexarlos y almacenarlas para que estén disponibles. Entre las principales **ventajas** de esta arquitectura podemos destacar:

- ◤ Los datos de entrada prevalecen intactos en una parte de almacenamiento inicial (master dataset).

- ◤ Permite que flujos de procesamiento sean rastreables y a la vez permite que se pueda hacer debug de cada etapa de manera independiente.

- ◤ Considera el problema de reprocesamiento de información una vez que la aplicación construida haya evolucionado y necesita procesar campos o variables que no eran requeridos anteriormente o simplemente cuando se quiera corregir un error.

- ◤ Combina resultados de ambos procesamiento de datos en batch y en tiempo real.

Típicamente, cada capa se puede implementar mediante las tecnologías indicadas en la siguiente tabla:

Capa	Tecnologías
Capa por lotes/Batch Layer	**Apache Spark Core** **Apache Hadoop (Map-Reduce)**
Capa de velocidad/Speed Layer	**Apache Spark Streaming** **Apache Storm** **Apache Samza** **Moa**
Capa Proveedora/Serving Layer	**Apache Hive** **ElephanDB** **Druid** **Cloudera Impala** **Apache Cassandra**

2.5 ARQUITECTURA KAPPA

Con el objetivo de mejorar la arquitectura lambda, la arquitectura Kappa trata de mejorarla eliminando el procesamiento por lotes o capa batch y la capa de velocidad (speed layer). La idea principal es administrar ambos, el procesamiento de datos y el procesamiento continuo de datos, usando un único motor de procesamiento en línea.

La idea clave es que el procesamiento por lotes también se puede llevar a cabo en la capa streaming. Y, como consecuencia, la arquitectura Kappa propone eliminar la capa de batch o de segmentos, quedando sólo con la de streaming y la de consulta, y pasando a considerar todo como un flujo de datos ininterrumpido, sin final definido, en el que aplicar las operaciones.

Partiendo de ese objetivo, la arquitectura Kappa, cuenta con dos capas: capa de procesamiento en tiempo real y capa de servicios. Se trata de una arquitectura cuyo objetivo es mejorar la arquitectura Lambda, **eliminando la capa batch dejando solamente la capa de streaming**. Esta capa, a diferencia de la de tipo batch, no tiene un comienzo ni un fin desde un punto de vista temporal y está continuamente procesando nuevos datos a medida que van llegando. Como un proceso batch se puede entender como un stream acotado, podríamos decir que **el procesamiento batch es un subconjunto del procesamiento en streaming**.

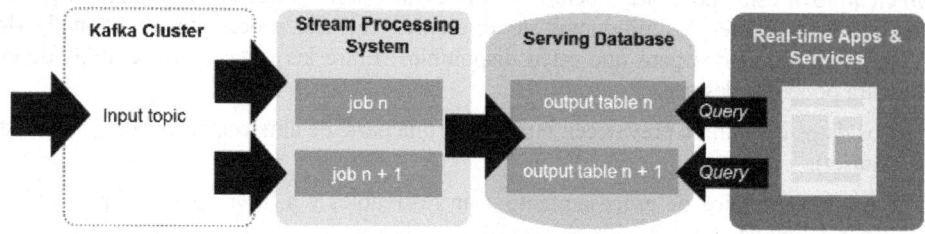

Figura 2.7. Capas de una arquitectura Kappa

Esta evolución consiste en una simplificación de la arquitectura Lambda, en la que se elimina la capa batch y todo el procesamiento se realiza en una sola capa denominada de tiempo real o Real-time Layer, dando soporte a procesamientos tanto batch como en tiempo real. El diagrama de arquitectura estaría representado por la siguiente imagen:

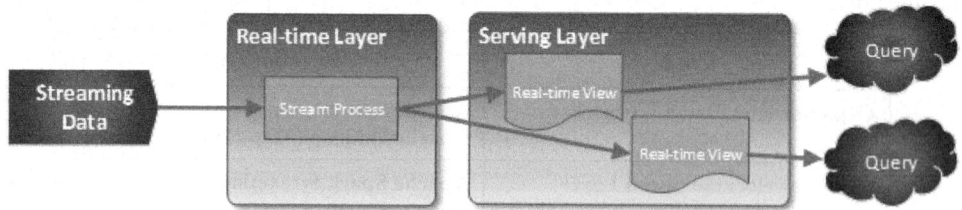

Figura 2.8. Diagrama de una arquitectura Kappa

Entre las principales **características** de esta arquitectura podemos destacar:

▶ **Todo es un stream**: las operaciones batch son un subconjunto de las operaciones de streaming, por lo que todo puede ser tratado como un stream.

▶ **Los datos de partida no se modifican**: los datos son almacenados sin ser transformados y las vistas se derivan de ellos. Un estado concreto puede ser recalculado puesto que la información de origen no se modifica.

▶ **Solo existe un flujo de procesamiento**: puesto que mantenemos un solo flujo, el código, el mantenimiento y la actualización del sistema se ven reducidos considerablemente.

▶ **Posibilidad de volver a lanzar un procesamiento**: se puede modificar un procesamiento concreto y su configuración para variar los resultados obtenidos partiendo de los mismos datos de entrada.

Como requisito previo a cumplir, se tiene que **garantizar que los eventos se leen y almacenan en el orden en el que se han generado**. De esta forma, podremos variar un procesamiento concreto partiendo de una misma versión de los datos. Entre las principales ventajas de esta arquitectura podemos destacar:

▶ Es una simplificación de la arquitectura Lambda, ya que se suprime el uso de la capa de batch.

▶ La información es almacenada utilizando un log inmutable de sólo almacenamiento, del cual se envía a almacenamientos auxiliares para la capa de serving.

▶ La arquitectura Kappa permite que la migración y la reorganización de la información a partir de diversas fuentes de información se ejecuten de manera eficiente proporcionando la información de manera rápida a través de la capa de streaming.

▶ Dada la ausencia de la capa de batch, sólo un código debe de ser actualizado en caso de necesitar mantenimiento.

▶ No utiliza un esquema de base de datos relacional o un almacenamiento basado en valores clave, como SQL o Cassandra, respectivamente.

Un ejemplo de aplicación utilizando esta arquitectura se compone en primer lugar de una capa de almacenamiento como **Apache Kafka**, que además de recolectar datos, sea flexible a la hora de poder cargar conjuntos de datos los cuales puedan ser reprocesados las veces que hagan falta a continuación.

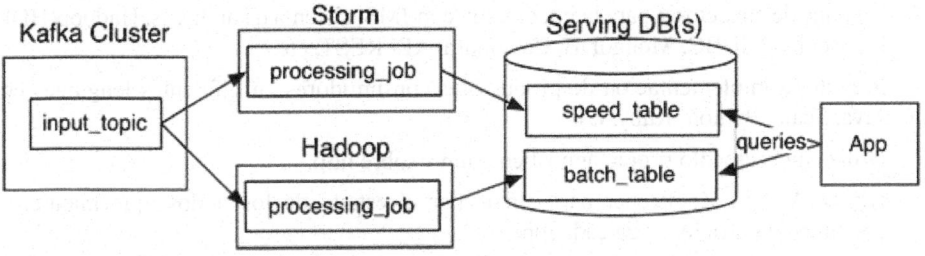

Figura 2.9. Ejemplo de aplicación de arquitectura Kappa

También disponemos de una segunda capa analítica o de procesamiento streaming como **Apache Flink o Storm**, que soporte el manejo de información asíncrona, es decir, diferenciar entre el momento en que la información fue generada (event time), momento en el que se recibe en nuestros sistemas, y momento en el que la estamos procesando.

Y por último, una capa de servicio que disponga de los resultados o de la información procesada. Aquí existe una mayor libertad a la hora de tener que elegir una tecnología o herramienta y podrían llegar a convivir varias resolviendo cada una de ellas una determinada necesidad. En caso de estudiar, por ejemplo, las relaciones entre nuestros clientes, elegiremos una NoSQL orientada a grafos.

En esta arquitectura vemos como se eliminan los posibles puntos "débiles" de la Arquitectura Lambda y la simplifica eliminando la capa batch. Podemos afirmar que sus tres pilares principales son los siguientes:

▶ **Inmutabilidad de los datos.** Se garantiza que los eventos se leen y almacenan en el orden en el que se han generado. La información de origen no se modifica, los datos son almacenados sin ser transformados.

▶ **Solo existe un flujo de procesamiento, el de tiempo real.** Este hecho produce que el código de programación,el mantenimiento y las actualizaciones del sistema se vean reducidos considerablemente. Sin embargo, los modelos necesarios para generar las vistas precomputadas son más complejos que los empleados en la speed layer de la Arquitectura Lambda, y su entrenamiento, mucho más costoso.

▶ **Posibilidad de volver a lanzar un procesamiento**. Un estado concreto puede ser recalculado a posteriori partiendo de una misma versión de los datos. Cuando se necesita recomputar la información por un cambio en la lógica del negocio o en el código de la aplicación, se ejecuta la nueva función sobre el motor de stream processing que lee la información almacenada en el sistema y crea una nueva tabla con los resultados.

2.6 APACHE KAFKA

Kafka es un sistema de mensajes de tipo public-subscribe. En esencia es una cola de mensajes que permite a cualquier sistema enviar eventos, como pueden ser logs, que quedan almacenados y etiquetados, de forma que cualquier otro sistema interesado en alguno de los datos simplemente tenga que suscribirse a una etiqueta concreta.

Entre sus propiedades principales están la escalabilidad, que además al ser un sistema distribuido se puede hacer en caliente sin parar el servicio. Entre las principales **características** podemos destacar:

▶ Desarrollado en Scala.

▶ Dispone de conectores para la integración con JMS, sistema de archivos, Hadoop(HDFS), HBase, FTP, JDBC, MongoDB, Cassandra, API REST, etc.

▶ Permite la implementación de productores/consumidores en diferentes lenguajes como Java, Scala, Python, Ruby, C++

▶ Utiliza un protocolo propio agnóstico que va sobre http.

▶ Utiliza Apache Zookeeper para almacenar el estado de los nodos, que mantiene un conjunto de particiones de cada tópico.

▶ Diferentes grupos de consumidores pueden consumir mensajes a diferente ritmo.

▶ La durabilidad, ya que persiste los mensajes en disco y proporciona replicación dentro del clúster.

▶ La fiabilidad, mediante la replicación de datos.

En Kafka se distinguen 4 conceptos o componentes principales. Los "**topics**", que son las etiquetas que permiten definir la categoría de los mensajes que se publican. Los "**productores**", que son componentes que publican mensajes de uno o varios "topics". Los "**consumers**" son los elementos que se suscriben a los "topics" para procesar los mensajes publicados. Y finalmente los "**brokers**" que son los servidores del clúster que gestionan la persistencia y la replicación de los mensajes.

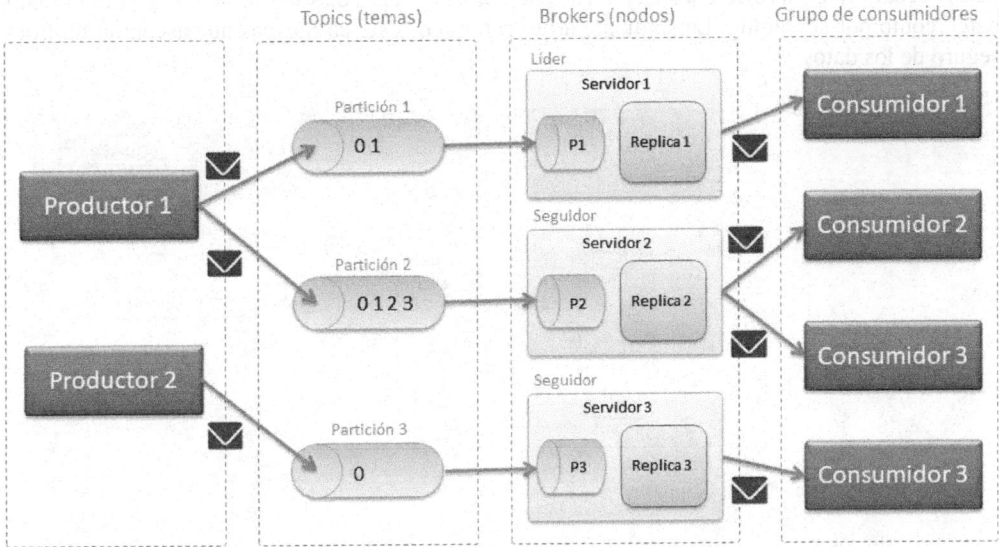

Figura 2.10. Arquitectura que representa un modelo public-subscribe

La funcionalidad de los brokers consiste en almacenar una partición con los mensajes que se envían secuencialmente de un topic, y no son responsables de controlar si esos mensajes se han consumido o no, derivando esta lógica al consumidor, que puede incluso recuperar mensajes anteriores mediante funciones de offset, dada la persistencia de los mismos. Dicha persistencia es configurable, para indicar a Kafka cuando debe dejar de guardar los mensajes.

▶ **Topic (tema)**: Categorías en las que clasificar los mensajes enviados a Kafka.

▶ **Producer (productor):** Clientes conectados responsables de publicar los mensajes. Estos mensajes son publicados sobre uno o varios topics.

▶ **Consumer (consumidor):** Clientes conectados suscritos a uno o varios *topics* encargados de consumir los mensajes.

▶ **Broker (nodos):** Nodos que forman el clúster.

▶ **Offset**: es el indicador que indica a cada consumidor el último elemento que ha leído. Esto hace que si se cae el sistema no se pierdan los datos.

Apache Kafka divide cada topic en particiones y cada partición es una secuencia ordenada de mensajes y cada partición es consumida por un único consumidor. A cada topic se le puede definir un número de particiones, en función del número de servidores y de conexiones que vayamos a tener. Esto aumenta considerablemente la disponibilidad.

Cada topic tiene un offset para que cada consumidor indique qué mensaje quiere que se le devuelva. A mayor número de particiones más tardará el productor (escribe mensajes) en guardar el mensaje, pero tardará menos el consumidor (lee mensajes) en recuperarlo. La idea está pensada para procesamiento en paralelo donde cada mensaje publicado en un topic se entrega a una instancia de consumidor dentro de cada grupo de consumidores suscriptores.

2.7 ARQUITECTURA POR CAPAS

Otra forma de diseñar las capas de una arquitectura big data consiste en separar las diferentes fases del dato en capas diferenciadas. La arquitectura por capas da soporte tanto al procesamiento batch como por streaming. La siguiente arquitectura consiste en 6 capas que aseguran un flujo seguro de los datos:

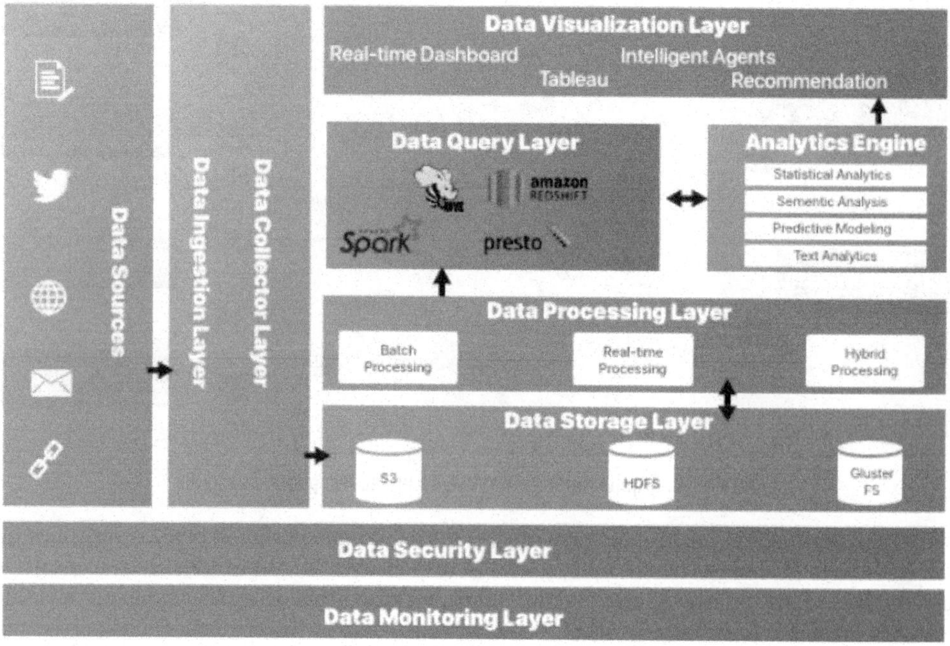

Figura 2.11. Arquitectura por capas para el procesamiento de datos

- **Capa de ingestión:** es la primera capa que recoge los datos que provienen de fuentes diversas. Los datos se categorizan y priorizan, facilitando el flujo de éstos en posteriores capas.
- **Capa de colección:** Centrada en el transporte de los datos desde la ingesta al resto del *pipeline* de datos. En esta capa los datos se deshacen para facilitar la analítica posterior.
- **Capa de procesamiento:** Esta es la capa principal. Se procesan los datos recogidos en las capas anteriores (ya sea mediante procesos *batch*, *streaming* o modelos híbridos), y se clasifican para decidir hacía qué capa se dirige.
- **Capa de almacenamiento:** Se centra en decidir dónde almacenar de forma eficiente la enorme cantidad de datos. Normalmente en un almacén de archivos distribuido, que da pie al concepto de *data lake*.
- **Capa de consulta:** capa donde se realiza el procesado analítico, centrándose en obtener valor a partir de los datos.
- **Capa de visualización:** también conocida como capa de presentación, es con la que interactúan los usuarios.

2.8 CASOS DE USO DE ARQUITECTURAS BIG DATA

A continuación, exploramos diferentes casos de uso de Big Data haciendo énfasis en la arquitectura utilizada en cada uno de estos. El objetivo es poder identificar los diferentes elementos que conforman las capas de la arquitectura base de un caso Big Data (fuente de datos, integración, almacenamiento y visualización). Durante la revisión de los casos propuestos, podríamos identificar los siguientes aspectos:

▶ Las fuentes de datos utilizadas y los medios mediante los cuales son recolectadas.

▶ Las herramientas que son utilizadas para realizar la integración de las fuentes de datos.

▶ La ubicación dónde almacenan el resultado de la integración de las fuentes de datos.

▶ Las herramientas que utilizan para analizar y visualizar el resultado del proceso de integración.

El Nasdaq Stock Market es una bolsa de valores estadounidense con sede en la ciudad de Nueva York. Ocupa el segundo lugar en la lista de bolsas de valores por capitalización bursátil de las acciones negociadas. También brindan servicios de tecnología, comercio, inteligencia y listados en todo el mundo.

En 2014, migraron al almacén de datos principal de la unidad de negocios Transaction Services U.S. de Nasdaq (que opera los intercambios de acciones y opciones de Nasdaq en EE. UU.). Gracias a la migración, Nasdaq logra capacidades de almacenamiento de datos y análisis más rápidas y útiles a la vez que ha reducido los costos en un 57% gracias al cambio a Amazon Redshift y al uso de Amazon EMR para la extracción, la transformación y la carga de datos. A continuación, puedes observar a qué capa de la arquitectura conceptual corresponden cada uno de los componentes.

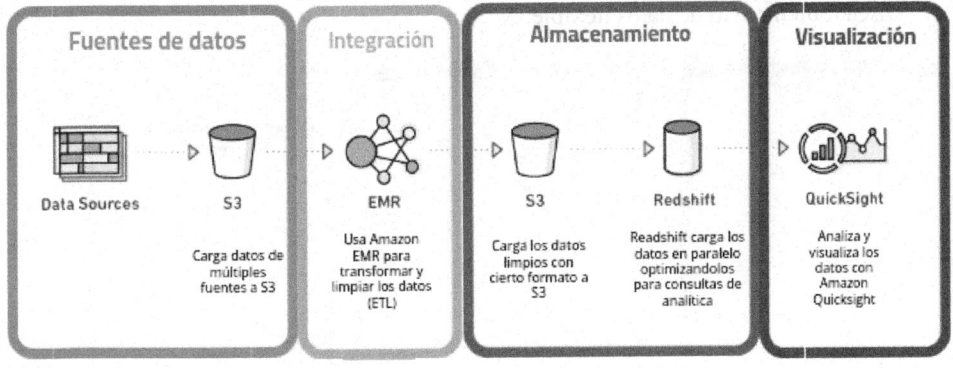

Figura 2.12. Etapas relacionadas con el tratamiento de datos

2.8.1 AUTOMÓVILES EN UN MUNDO DE STREAMING

En la actualidad, los automóviles generan información, a partir de sus sensores, que puede ser utilizada para generar valor en las compañías. Este es el objetivo principal del sistema Audi Data Collector, el cual está compuesto por diversos subsistemas para cada una de las etapas como se muestra a continuación.

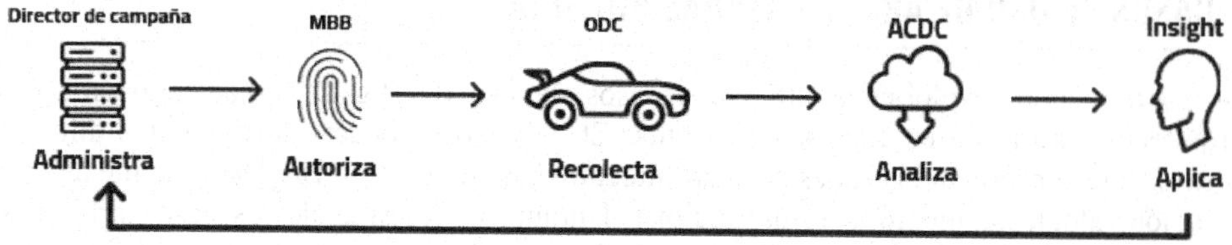

Figura 2.13. Etapas para la recolección de datos

Este sistema le permite a Audi responder a preguntas como:

▶ ¿Dónde encuentro un espacio libre para estacionar en mi ciudad o en cierta área?

▶ ¿Cuál es la ruta más óptima para llegar a mi destino teniendo en cuenta el nivel de batería y el clima?

2.8.2 CONSTRUYENDO UN SISTEMA DE LINAJE DE DATOS

El objetivo de este proyecto es construir un sistema de linaje de datos (Data Lineage) para mapear todos los artefactos de datos, incluidos los repositorios de datos, aplicaciones, informes y paneles de Kafka, consultas de análisis interactivas y ad-hoc, aprendizaje automático y experimentación.

En la etapa de inicio del proyecto, se definió un conjunto de objetivos de diseño para ayudar a guiar la arquitectura y el trabajo de desarrollo para el linaje de datos a fin de ofrecer un sistema de linaje completo, preciso, confiable y escalable que mapee el diverso panorama de datos de Netflix. Entre los principales principios de este sistema podemos destacar:

▶ Garantizar la integridad de los datos.
▶ Permitir la integración perfecta.
▶ Diseñar un modelo de datos flexible.

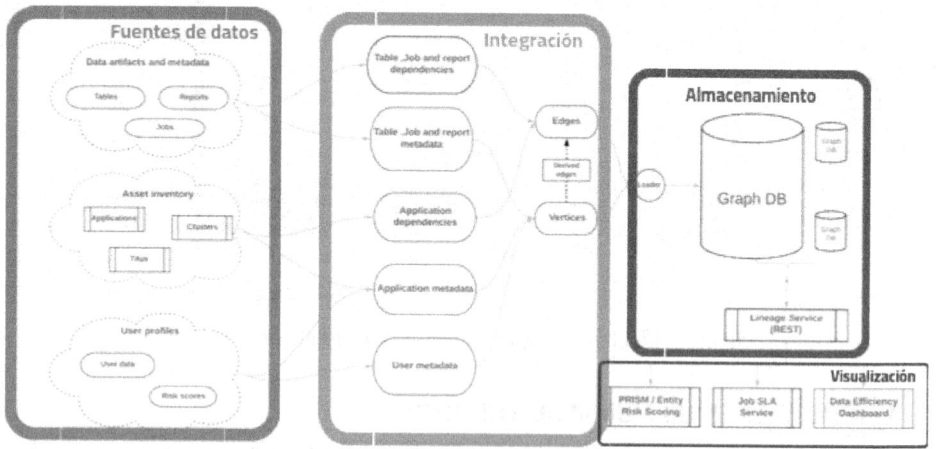

Figura 2.14. Diagrama para un sistema de linaje de datos.
Fuente: *https://netflixtechblog.com/building-and-scaling-data-lineage-at-netflix-to-improve-data-infrastructure-reliability-and-1a52526a7977*

2.8.3 WOLFRAM LANGUAGE

Wolfram es el lenguaje de programación utilizado para el desarrollo de los productos de la empresa **Wolfram Research**. Es un lenguaje multi paradigma aunque lo presentan como un lenguaje basado en el conocimiento.

Wolfram Language *https://reference.wolfram.com/language/* es una manera muy visual y potente de ilustrar la funcionalidad de Machine Learning y las técnicas de Data Science. Wolfram dispone de capacidades de machine-learning en el lenguaje incluyendo aprendizaje supervisado, métodos de aprendizaje sin supervisión y de preparación y filtrado de los datos. Los datos pueden ser numéricos, textos, imágenes, etc. Entre las principales **características** podemos destacar:

▼ Cuenta con funciones específicas para procesamiento avanzado de textos, lingüística, redes y grafos, algoritmos de Machine Learning, imágenes, sonido, computación científica, financiera y un largo etcétera.

▼ Otra de las necesidades de los usuarios es diseñar modelos de los datos y deducir consecuencias a partir de dichos modelos, pudiendo obtener incluso capacidades predictivas.

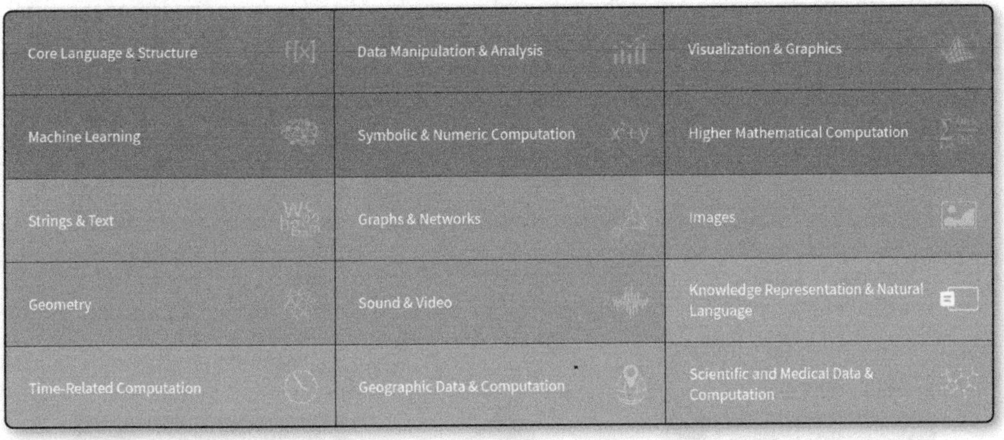

Figura 2.15. Funciones soportadas en Wolfram

De esta manera se responde de forma directa a las necesidades de los usuarios de realizar proyecciones a futuro (predicciones) y realizar clasificaciones de los datos a partir de la información disponible, incluida la información histórica almacenada.

Otra aplicación habitual es la clasificación de documentación existente obteniendo patrones de clasificación y consecuentemente usar dichos patrones en nuevos documentos a ser tratados. Por ejemplo, puede utilizarse en la búsqueda de tipos de contenidos en páginas web, como pueden ser las páginas de productos y servicios de una tienda online o de contacto en la web corporativa de una empresa.

2.9 BIG DATA LANDSCAPE

En un mundo en plena expansión y en constante evolución como es el del Big Data en esta unidad vamos a intentar exponer las líneas maestras que conforman lo que se ha venido a llamar el Universo del Big Data o "Big Data Landscape". En el sitio *http://dfkoz.com/ai-data-landscape* podemos ver las principales compañías y herramientas que la componen.

Company	Category	Sub-Category	Acquired/IPO	Exit Year	Data Driven / Hardwired Video
Amazon QuickSight	Analytics	BI Platforms			
AtScale	Analytics	BI Platforms			
Bime Analytics	Analytics	BI Platforms	Acquired by Zendesk in October 2015	2015	
Birst	Analytics	BI Platforms	Acquired by Infor in April 2017	2017	
Domo	Analytics	BI Platforms	IPO in June 2018	2018	
GoodData	Analytics	BI Platforms			
Information Builders	Analytics	BI Platforms			
Jaspersoft	Analytics	BI Platforms	Acquired by Tibco in April 2014	2014	
Kyvos Insights	Analytics	BI Platforms			
Microstrategy	Analytics	BI Platforms			

Figura 2.16. Herramientas BIG DATA organizadas por categorías

En el siguiente repositorio *https://github.com/qaware/big-data-landscape* podemos encontrar algunos diagramas del ecosistema de herramientas Big Data clasificadas por categorías. Estos diagramas nos dan una clave de la extremada importancia que ha adquirido el Big Data en los últimos años dando lugar a esta enorme cantidad de compañías que quieren vivir de explotar su tecnología.

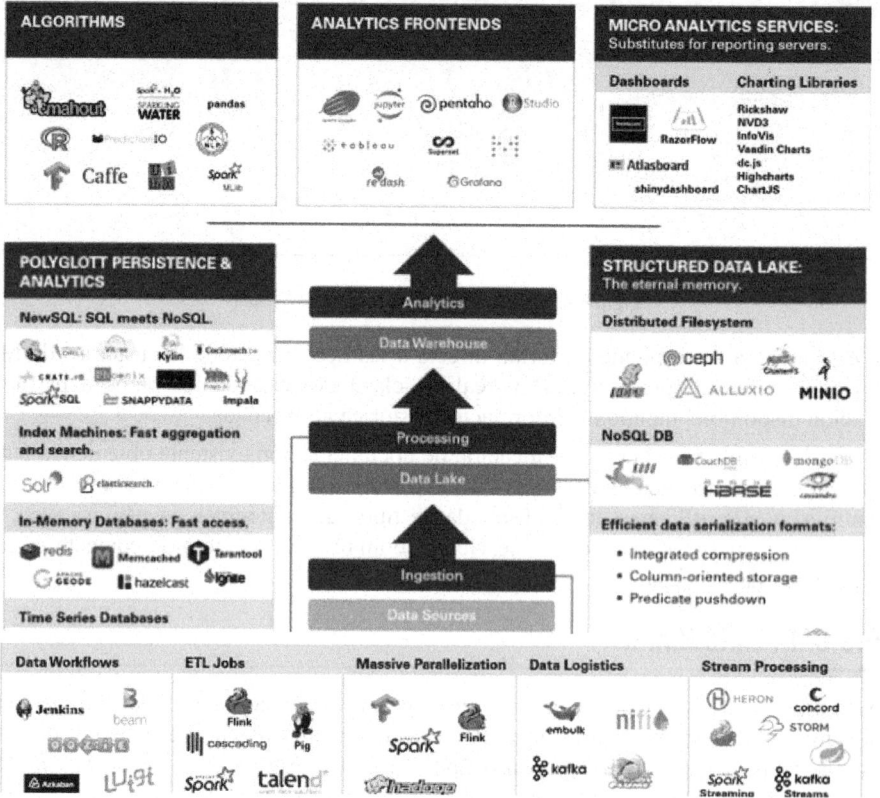

Figura 2.17. Tecnologías Big Data para diferentes casos de uso

Otra interesante referencia es *https://aplicaciones.campusbigdata.com* que proporciona un buscador y un menú con diferentes categorías desde el cual se pueden filtrar diferentes herramientas de big data.

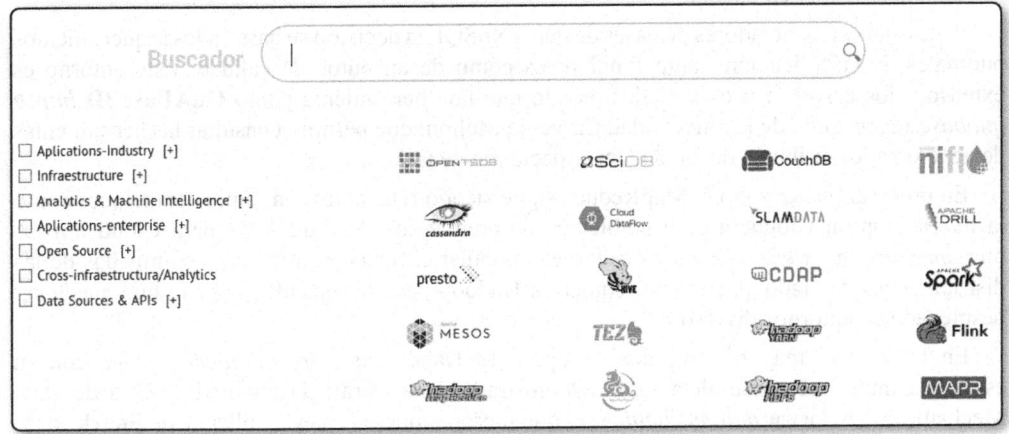

Figura 2.18. Buscador de tecnologías Big Data

También podríamos ver una descripción de cada herramienta junto con un enlace a la página oficial:

Figura 2.19. Descripción de Apache Flink

Para superar los desafíos impuestos por la velocidad de generación, el volumen y la variedad de formatos de datos, existen múltiples tecnologías tanto de almacenamiento como de procesamiento de datos. En cuanto a almacenamiento tenemos varios caminos posibles, entre ellos el tener un sistema de archivos distribuido, un almacén de objetos (object storage), un sistema manejador de bases de datos NoSQL o uno relacional.

La decisión entre sistemas de archivos distribuidos y almacenes de objetos, dada sus similitudes, se basa en el ecosistema de herramientas a emplear y el costo de uso esperado. En este contexto, Hadoop es un nombre esperado y **Cloudera** *https://www.cloudera.com*, como la distribución más popular a nivel empresarial del ecosistema de Hadoop. En el lado de los sistemas de almacenamiento de objetos, proveedores en la nube como Amazon, con S3 *https:// aws.amazon.com/es/s3*, o Google con Cloud Storage *https://cloud.google.com/storage* son herramientas a tener en cuenta.

Para sistemas manejadores de bases de datos NoSQL la decisión se basa en los requerimientos puntuales de la aplicación, tanto funcionales como de atributos de calidad. Este entorno es extenso y los casos de usos variados, por lo que una herramienta como **QuABaseBD** *http:// quabase.sei.cmu.edu* de la universidad Carnegie Mellon, que permite consultar las herramientas de acuerdo a los atributos de calidad, es especialmente útil.

En procesamiento, aunque MapReduce sigue siendo relevante, con implementaciones como la de Hadoop en Cloudera para ambientes on-premise o EMR de AWS para Cloud *https:// aws.amazon.com/es/emr/*, Spark es cada vez más fuerte. Spark está incluido en muchas de las distribuciones de Hadoop, pero no requiere a Hadoop para ser ejecutado por lo que puede ser desplegado en entornos diversos.

En la nube el mayor proveedor de Spark es Databricks *https://databricks.com*, con su estrategia multi-nube, completamente administrada. Una estrategia alternativa es la de Data Mechanics *https://www.datamechanics.co*, que fueron pioneros en el despliegue de **Spark** sobre Kubernetes en la nube pública.

En cuanto a procesamiento de flujos de datos, Kafka *https://kafka.apache.org* es el sistema distribuido de flujo de eventos por excelencia, pero no es el único. Herramientas on premise de colas de mensajes, como ActiveMQ *https://activemq.apache.org* o RabbitMQ *https:// www.rabbitmq.com*, pueden cubrir parte de las funcionalidades. En el entorno de la nube Confluent *https://www.confluent.io* ofrece un servicio de Kakfa completamente administrado y existen competidores como Amazon Kinesis *https://aws.amazon.com/es/kinesis/* que incluyen capacidades de procesamiento.

Para el procesamiento de flujos de datos Spark Structured Streaming *https://spark.apache. org/docs/latest/structured-streaming-programming-guide.html* , sobre alguna de las plataformas mencionadas anteriormente, es una opción. Otros frameworks como Apache Flink *https://flink. apache.org*, o Apache Storm *https://storm.apache.org* tienen funcionalidades similares aunque su forma de ver los flujos de datos sea diferente.

2.10 HERRAMIENTA PARA EL ANÁLISIS DE DATOS MASIVOS

En los últimos años, ha surgido un gran abanico de herramientas de analítica de datos escalables asociadas a algunas de las plataformas comentadas anteriormente, con el objetivo de dar soporte al proceso de análisis de datos. A continuación, describimos brevemente algunas:

▶ **Apache Mahout** *https://mahout.apache.org*: Esta biblioteca ofrece implementaciones basadas en Hadoop MapReduce para varias tareas de analítica de datos como el agrupamiento, la clasificación o el filtrado colaborativo.

▶ **Spark MLlib** *https://spark.apache.org/mllib*: Nacida junto al proyecto de Spark, es una biblioteca de aprendizaje automático que contiene varias utilidades estadísticas y algoritmos de aprendizaje. Esta biblioteca contiene algoritmos que dan soporte a tareas del proceso de extracción del conocimiento como clasificación, optimización, regresión, agrupamiento y preprocesamiento.

▶ **FlinkML** *https://github.com/apache/flink-ml*: Es la biblioteca para análisis distribuido de datos de Flink. FlinkML incluye algoritmos escalables para tareas como la clasificación, el agrupamiento, el preprocesamiento de datos y la recomendación. Aunque está lejos de ofrecer la variedad de otras bibliotecas como MLlib, ofrece algunas técnicas que se proponen mejorar a las de MLlib, como por ejemplo la implementación del algoritmo de Support Vector Machines (SVM).

▶ **H2O** *https://h2o.ai*: Es una plataforma de código abierto para análisis Big Data. H2O destaca por su aproximación al deep learning, y por sus implementaciones iterativas. Estas últimas permiten que el usuario decida si obtener la solución más óptima u obtener una solución aproximada. H2O puede ser ejecutada en sistemas tradicionales (Windows, Linux, etc.), así como en plataformas Big Data.

2.11 CONCLUSIONES

En este capítulo se ha definido el modelo conceptual de una arquitectura Big Data, indicando los diversos elementos o capas que la conforman, además de especificar el comportamiento y la relación de cada uno de ellos. Esto nos permitirá definir una arquitectura teniendo en consideración las diferentes características de cada elemento y cómo se deben organizar en una arquitectura específica. Y de esta manera, poder seleccionar y clasificar las herramientas que permitirán la implementación del sistema Big Data.

3

BASES DE DATOS PARA BIG DATA

3.1 INTRODUCCIÓN

Big Data les ha dado relevancia a varios tipos de bases de datos diferentes a los tradicionales Sistemas de Gestión de Bases de Datos Relacionales. Una de las características más destacadas y conocidas de este tipo de bases de datos es su lenguaje de consulta, denominado SQL (siglas del inglés "Structured Query Language"). A las bases de datos del Big Data se les ha agrupado bajo el nombre de "NoSQL", que significa "Not only SQL", (no sólo SQL), siendo esto una manera de comunicar y destacar que existen tipos de datos diferentes a las relacionales.

Lo primero que tenemos que tener en cuenta es que utilizar una base de datos NoSQL en nuestro proyecto no es una decisión trivial. Existe un gran número de profesionales formados en el uso de bases de datos relacionales y el lenguaje SQL pero no es así con las bases de datos NoSQL, teniendo en cuenta además que no se trata de un grupo homogéneo y que poco van a tener que ver entre sí una base de datos orientada a documentos y una base de datos orientada a grafos. Son tecnologías emergentes, con componentes relativamente nuevos, sujetos a un ritmo importante de evolución y por tanto de cambio.

Algunas de las razones que pueden aconsejar la elección de una base de datos NoSQL en lugar de una Base de Datos Relacional tradicional son:

▶ Facilidad a la hora de gestionar la **variedad de los datos** de la que disponemos, por ejemplo cuando en cada inserción de datos la información a almacenar tiene campos distintos.

▶ Necesidad de gestionar y mantener **grandes volúmenes de datos** (terabytes a petabytes) especialmente en picos de uso del sistema.

▶ Problemas con la **velocidad** al usar bases de datos relacionales: cuando tenemos picos de uso del sistema que nos provocan problemas operativos, por ejemplo cuando los datos llegan a una velocidad superior a la que podemos gestionar.

▶ Cuando la base de datos relacional nos presenta **problemas de escalabilidad** tanto técnica como económica (costes de licencias, replicación en diferentes centros de datos, cloud computing, etc).

▶ La **complejidad** de las consultas es superior a la que podemos gestionar con una Base de Datos Relacional. Esta situación se mejora con un tipo de bases de datos relacionales que funcionan en paralelo pero una BD NoSQL puede ser la mejor solución.

▶ Hay **alta concurrencia** en las consultas a la base de datos o son **muy intensivas en el uso de la CPU**.

▶ Cuando a alguna de estas situaciones le acompaña que el tipo de datos que se gestiona **coincide con las especialidades NoSQL** que hemos presentado: grafos, documentos o columnas.

3.2 COMPARACIÓN SQL VS NOSQL

Durante décadas, el modelo de datos relacionales, que se ha utilizado en bases de datos relacionales como Oracle, DB2, SQL Server, MySQL y PostgreSQL, ha sido fundamental para el desarrollo de aplicaciones. Pero a mediados y finales de la década de 2000, otros modelos de datos comenzaron a ganar una difusión notable. Para hacer referencia a las clases emergentes de bases de datos y modelos de datos, se introdujo el término "NoSQL". A menudo, "NoSQL" se utiliza como sinónimo del término "no relacional".

En función del propósito de aplicación, NoSQL puede ofrecer ciertas ventajas frente a las clásicas bases de datos relacionales. En las situaciones en las que los sistemas SQL se sobrecargan, por ejemplo, al manejar Big Data, las bases de datos NoSQL son más óptimas con modelos escalables con una enorme capacidad de rendimiento que permiten leer y procesar grandes volúmenes de datos.

Las bases de datos NoSQL se alejan de los esquemas rígidos de los sistemas SQL y tienden hacia modelos más flexibles que son ideales para el procesamiento de grandes volúmenes de datos. La siguiente tabla muestra las principales diferencias entre las bases de datos NoSQL y SQL.

	Bases de datos SQL	**Bases de datos NoSQL**
Cargas de trabajo adecuadas	Las bases de datos relacionales están diseñadas para aplicaciones de procesamiento de transacciones en tiempo real (OLTP) transaccionales y altamente consistentes y son muy adecuadas para el procesamiento analítico en tiempo real (OLAP).	Las bases de datos NoSQL (basadas en pares clave-valor, documento, gráfico y en memoria) se centran en OLTP para una variedad de patrones de acceso a datos, incluidas aplicaciones de baja latencia. Las bases de datos de búsqueda NoSQL están diseñadas para el análisis de datos parcialmente estructurados.
Esquemas	El tipo y la estructura de los datos se determinan previamente. Para almacenar información nueva, hay que adaptar toda la base de datos (y para ello debe desconectarse de la red).	Flexibilidad. Los nuevos grupos de datos se pueden añadir inmediatamente. Los datos estructurados, semiestructurados y no estructurados se pueden almacenar juntos, sin necesidad de una conversión previa.
Almacenamiento de datos	Los datos individuales se almacenan en líneas de una tabla y se asignan a determinados atributos. Los juegos de datos se guardan en tablas separadas y el sistema las une en caso de consultas de búsqueda complejas.	Las bases de datos NoSQL no usan tablas, sino documentos enteros, claves y valores, grafos o columnas, en función del tipo.

Modelo de datos	El modelo relacional normaliza los datos y los convierte en tablas que constan de filas y columnas. Un esquema define de forma rígida tablas, filas, columnas, índices, relaciones entre tablas y otros elementos de la base de datos. Esta base de datos asegura la integridad de los datos de referencia en la relación entre las tablas.	Las bases de datos NoSQL utilizan varios modelos de datos, incluidos documentos, gráficos, búsquedas, uso de pares clave-valor y almacenamiento de datos en la memoria.
Propiedades ACID Atomicity, Consistency, Isolation, Durability	Las bases de datos relacionales proporcionan un conjunto de propiedades ACID: atomicidad, consistencia, aislamiento, confiabilidad.	Para que las bases de datos NoSQL se mantengan flexibles y horizontales, no suelen ser compatibles con transacciones ACID. En su lugar, se usa el modelo BASE (Basically Available, Soft State, Eventually Consistency). El modelo BASE consiste en: • **Basic Availability**, el sistema garantiza disponibilidad, en términos del teorema CAP. • **Soft state**, el estado del sistema puede cambiar a lo largo del tiempo, incluso sin entrada. Esto es provocado por el modelo de consistencia eventual. • **Eventual consistency,** el sistema alcanzará un estado consistente con el tiempo, siempre y cuando no reciba entrada durante ese tiempo.
Rendimiento	El rendimiento depende principalmente del subsistema de disco. Para obtener el máximo rendimiento, a menudo se requiere la optimización de la estructura de la consulta, el índice y la tabla.	El rendimiento generalmente depende del tamaño del clúster del hardware subyacente, la latencia de la red y la aplicación que realiza la llamada.
Escalado	Vertical: un único servidor que debe incrementar su potencia para tratar la demanda creciente. Se pueden repartir bases de datos SQL entre muchos servidores, pero requiere una configuración especial	Horizontal: para añadir capacidad, el administrador de bases de datos simplemente puede añadir más servidores virtuales o instancias en la nube. La base de datos se propaga de manera automática entre los diferentes servidores añadidos.
Consistencia	Configurable para consistencia alta	Depende del producto. Algunos ofrecen gran consistencia (p.ej. MongoDB) mientras otros ofrecen consistencia eventual (p.ej. Cassandra)
API	Las consultas para el almacenamiento y el acceso a los datos se transmiten mediante SQL (Structured Query Language).	Los datos se almacenan y se consultan a través de los API basados en objetos.

3.3 BASES DE DATOS NOSQL

Las siglas NoSQL corresponden a Not only SQL, categoría general de sistemas de gestión de bases de datos que difiere de los RDBMS en diferentes modos, ya que estos no tienen esquemas de diseño (Schemas), no permiten los JOIN entre tablas de datos, no garantizan ACID (Atomicidad, Consistencia, Atomicidad y Durabilidad) y su escalado es horizontal (al insertar una nueva tupla, mejora el rendimiento del sistema).

Ha de tenerse en cuenta que, tanto las BDs relacionales, como las NoSQL, son tipos de almacenamiento estructurado. La principal diferencia entre las BDs relacionales y las NoSQL radica en que en las primeras la información se almacena en un conjunto de tablas que albergan una relación y que, a través de un lenguaje de programación SQL, dicha información es convertida en objetos de la vida real.

Mientras que en NoSQL, al ser libre de esquemas, no es necesario diseñar tablas y la estructura de los datos, sino que se almacena la información como mejor convenga en el momento del desarrollo. Hay que insistir, no obstante, en que NoSQL no es la panacea; es decir, quizás no es siempre la mejor forma de almacenar los datos, ya que si nuestra aplicación trabaja con datos que soportan mejor un diseño relacional, es mejor utilizar este paradigma. Las características principales de estos tipos de gestores de bases de datos son:

▼ Facilitan la escalabilidad horizontal. No tienen esquemas fijos y permiten la migración de esquemas.

▼ Suelen usar un sistema de consultas propio.

▼ Tienen propiedades ACID en un nodo clúster y tienden a ser "eventualmente consistentes" en el clúster.

Concretamente, las bases de datos NoSQL difieren con las bases de datos tradicionales en los siguientes puntos:

▼ **No usan SQL como lenguaje principal de consultas**: una gran parte de las bases de datos NoSQL evitan este lenguaje estándar, o simplemente lo utilizan como lenguaje secundario o de apoyo. Por ejemplo, Cassandra utiliza CQL, MongoDB utiliza JSON, y BigTable utiliza GQL, una versión propia de Google basada en SQL. Por su parte, las bases de datos multidimensionales suelen utilizar MDX.

▼ **No requieren estructuras fijas como tablas para almacenar los datos**: se trata de no imponer un esquema prefijado en forma de tablas y relaciones entre ellas, sino de ir más allá, permitiendo almacenar información en otros formatos como clave-valor (similar a tablas hash), objetos, cubos, documentos o grafos.

▼ **No suelen garantizar transacciones**: las propiedades ACID (atomicidad, consistencia, aislamiento y durabilidad) son sacrificadas en las bases de datos NoSQL por una cuestión de rendimiento. En contraposición pueden implementar la llamada consistencia eventual, también conocida como BASE (Basically Available Soft-state Eventual Consistency) que garantiza que la base de datos es consistente sólo cuando no se hayan modificado los datos durante un lapso de tiempo suficientemente grande.

▼ **No suelen soportar operaciones JOIN**: al disponer de un volumen de datos tan extremadamente grande suele resultar deseable evitar los JOIN. Esto se debe a que, cuando la operación no es la búsqueda de una clave, la sobrecarga puede llegar a ser tan costosa que no merece la pena (el servicio tiene que averiguar que nodos debe consultar, realizar consultas en paralelo y esperar las respuestas). Las soluciones más directas consisten en desnormalizar los datos, o bien realizar el JOIN mediante software, en la capa de aplicación.

▶ **Arquitectura distribuida**: así como las bases de datos relacionales suelen centralizar los datos en grandes mainframes, o como mucho en esquemas master-slave (debido a la gran cantidad de bloqueos que se generarían al sincronizar un clúster de servidores), en el caso de las bases de datos NoSQL la información se suele compartir mediante mecanismos de tablas hash distribuidas (DHT) ya que en el fondo se asemejan, en muchos casos, a redes P2P.

▶ **Escalabilidad horizontal:** como consecuencia directa de su arquitectura distribuida, las bases de datos NoSQL pueden escalar de manera flexible ante picos de tráfico o necesidades puntuales de procesamiento. Suelen funcionar bastante bien en hardware de bajo coste (PCs normales) y permiten añadir/retirar nuevas máquinas en caliente.

3.4 VENTAJAS DE LAS BASES DE DATOS NOSQL

A diferencia de las bases de datos basadas en SQL, las bases de datos NoSQL no usan tablas tradicionales con líneas y columnas para almacenar datos. En su lugar, organizan los grandes volúmenes de datos con técnicas más flexibles, como, por ejemplo, documentos, gráficos, pares de valores y columnas.

Por ello, los sistemas NoSQL son ideales para aplicaciones en las que se procesan grandes volúmenes de datos y que requieren estructuras flexibles. Como los sistemas NoSQL hacen uso de clústeres de hardware y servidores de nube, las capacidades se distribuyen de manera uniforme y la base de datos funciona con fluidez, aunque el volumen de datos sea grande. En contraposición a las bases de datos relacionales, que bajan el rendimiento en cuanto crece el volumen de datos, las bases de datos NoSQL suponen una solución potente, flexible y escalable incluso con grandes volúmenes de datos.

Otra particularidad de los sistemas NoSQL es el escalamiento horizontal. Las bases de datos SQL relacionales cuentan con un escalamiento vertical y toda su capacidad de rendimiento se basa en un solo servidor. Para poder aumentar su capacidad, habría que invertir en un servidor más potente: a largo plazo no solo se trata de una opción muy cara, sino que además limita notablemente las posibilidades del desarrollo de aplicaciones. Por norma general, las soluciones NoSQL distribuyen los datos en varios servidores. Si aumenta el volumen de datos, simplemente se añaden nuevos servidores. Así, las bases de datos NoSQL pueden almacenar grandes cantidades de datos sin ningún problema, por lo que son especialmente adecuados para aplicaciones de Big Data.

La **velocidad** es una de las características más importantes que podemos obtener de un tipo de base de datos de este tipo. Por ejemplo, si necesitamos un modelo basado en estructuras de grafos, podemos encontrar bases de datos NoSQL basados en este modelo, que nos permitirán obtener los datos con mucha más velocidad que otros modelos basados en el modelo relacional y que queramos utilizarla para hacer consultas de tipo de estructura de grafos.

Las bases de datos NoSQL son reconocidas por sus esquemas flexibles de cara a aplicaciones modernas y por utilizar una gran variedad de modelos de datos para acceder y administrar los mismos, como documentos, gráficos, clave-valor y búsqueda. Estos tipos de bases de datos están optimizadas para aplicaciones en las cuales se manejan grandes volúmenes de datos, baja latencia y modelos de datos flexibles.

Algunas **ventajas** que poseen las bases de datos **NoSQL** por lo cual la tendencia para el desarrollo de Big Data va orientada con este esquema son las siguientes:

▼ **Modelado de datos más flexible:** Las bases de datos NoSQL tienen un modelo muy diferente, no utilizando el esquema estructurado de tablas. Por ejemplo, un documento orientado a la base de datos NoSQL toma los datos que desea almacenar y los guarda en documentos en formato JSON. Cada documento JSON puede ser pensado como un objeto para ser utilizado por la aplicación. Un documento JSON podría, por ejemplo, tener todos los datos almacenados en una fila que se extiende por 20 tablas de una base de datos relacional y agregar en un solo documento / objeto. Agregando esta información on puede conducir a la duplicación de la información, pero ya que el almacenamiento ya no es un costo prohibitivo, la flexibilidad del modelo de datos resultante, la facilidad de distribuir eficientemente los documentos resultantes y leer y escribir mejoras de rendimiento lo convierten en un fácil intercambio para las aplicaciones basadas en la Web.

▼ **Escalabilidad y ventajas de performance:** A escala, también por lo general termina siendo más barato que el escalado de sistemas de bases de datos tradicionales. Esto es una consecuencia de los servidores grandes y complejos, tolerantes a fallos que son caros de diseñar, construir y mantener. Los costos de licencias de bases de datos relacionales comerciales también suelen ser bastante elevados. Las Bases de datos NoSQL, por otra parte suelen ser de código abierto, con un precio de funcionamiento en un clúster de servidores, y relativamente barato.

▼ **Almacenamiento de grandes volúmenes de datos sin estructura definida.** Una base de datos NoSQL no limita los campos, a diferencia de las columnas de SQL. Además, puede agregar nuevas propiedades a medida que cambian las necesidades empresariales, sin preocuparse por el impacto en otra información almacenada.

▼ **Uso de almacenamiento informático y en la nube.** Al avanzar y abaratar los servicios en la nube, puede usar inicialmente pequeñas bases de datos NoSQL, ya que están diseñadas para escalar horizontalmente, puede escalarse fácilmente a medida que aumenten sus necesidades.

▼ **Desarrollo rápido.** Si está desarrollando utilizando metodologías ágiles modernas, una base de datos relacional probablemente le retrasará. Una base de datos NoSQL no requiere el nivel de preparación normalmente necesario para las bases de datos relacionales.

▼ **No utilizan SQL como lenguaje de consultas.** La mayoría de las bases de datos NoSQL evitan utilizar este tipo de lenguaje o lo utilizan como un lenguaje de apoyo. Por poner algunos ejemplos, Cassandra utiliza el lenguaje CQL, MongoDB utiliza JSON o BigTable hace uso de GQL.

▼ **No utilizan estructuras fijas como tablas para el almacenamiento de los datos.** Permiten hacer uso de otros tipos de modelos de almacenamiento de información como sistemas de clave–valor, objetos o grafos.

▼ **No suelen permitir operaciones JOIN.** Al disponer de un volumen de datos tan extremadamente grande suele resultar deseable evitar los JOIN. Esto se debe a que, cuando la operación no es la búsqueda de una clave, la sobrecarga puede llegar a ser muy costosa. Las soluciones más directas consisten en desnormalizar los datos, o bien realizar el JOIN mediante software, en la capa de aplicación.

▼ **Arquitectura distribuida.** Las bases de datos relacionales suelen estar centralizadas en una única máquina o bien en una estructura máster–esclavo, sin embargo en los casos NoSQL la información puede estar compartida en varias máquinas mediante mecanismos de tablas Hash distribuidas.

Estas BBDD utilizan sus propios lenguajes de consulta de datos y APIs, por lo que no tienen una gran interoperabilidad (por ejemplo dificultad de migraciones de una BBDD a otra, integración con aplicaciones, consultas heredadas en SQL, etc.). En resumen, las principales **diferencias entre ambos modelos** de BBDD son:

- ◤ Las BBDD SQL almacenan datos de manera estructurada y las NoSQL lo hacen en su formato original.

- ◤ Las SQL proporcionan una capacidad de escalar baja, en comparación con las NoSQL. Esta es una de las principales ventajas de las NoSQL, ya que están pensadas para grandes volúmenes de información como el Big Data. Lo anterior es debido a que las SQL están centralizadas y las NoSQL distribuidas, posibilitando que se ejecuten en múltiples máquinas pero con muy pocos recursos (RAM, CPU, disco, etc.).

- ◤ La adaptación a los cambios de las SQL es poca y puede ser compleja. Sin embargo, las NoSQL son totalmente flexibles.

- ◤ Las BBDD SQL están totalmente estandarizadas y las NoSQL carecen de homogeneización.

- ◤ Las SQL se utilizan en múltiples aplicaciones de todo tipo, las NoSQL se emplean principalmente para el Big Data (por ejemplo en redes sociales).

- ◤ Las BBDD SQL proporcionan consistencia en los datos (integridad). Sin embargo, las NoSQL, al buscar rapidez, no ponen el foco en esta característica.

- ◤ La **rapidez** de ambas BBDD va a depender del contexto o de su uso: en datos estructurados las SQL son más rápidas, pero como vimos anteriormente, el Big Data no es estructurado y es ahí donde consiguen mucha mayor rapidez las NoSQL.

Otra característica que comparten los sistemas NoSQL es que ofrecen un mecanismo de caché de datos integrado, de manera que se puede configurar los sistemas para que los datos se mantengan en memoria y se persisten de manera periódica. El uso de una caché conlleva que la consistencia de los datos no sea completa y podamos tener una consistencia eventual.

Existen diferentes productos que ofrecen un mecanismo de caché para los sistemas de bases de datos relacionales. Estos sistemas pueden incrementar el rendimiento de las lecturas de manera sustancial, pero no mejoran el rendimiento de las escrituras, y añaden un capa de complejidad al despliegue del sistema. Si en una aplicación predominan las lecturas, una caché distribuida como **MemCached** (*http://www.memcached.org*) puede ser una buena solución. Pero si en la aplicación las escrituras son más frecuentes, o se reparten al 50%, una caché distribuida puede no mejorar la experiencia global de los usuarios finales.

Muchas tecnologías de bases de datos relacionales tienen excelentes capacidades de caché integradas en sus soluciones, manteniendo en memoria los datos con mayor uso todo el tiempo posible y desechando la necesidad de una capa aparte a mantener.

3.5 TIPOS DE BASES DE DATOS NOSQL

A día de hoy existen más de 200 sistemas de bases de datos NoSQL como podemos ver en el sitio web *https://hostingdata.co.uk/nosql-database*. Dentro de las bases de datos NoSQL encontramos principalmente cuatro grandes categorías:

- ◤ **Bases de datos clave-valor:** es el tipo de base de datos más simple y popularizado. El funcionamiento de estas bases de datos es sencillo, cada elemento (valor) tiene asociado una clave única. Es un proceso que permite rescatar la información de una manera muy rápida. Este es el principal motivo de utilización de estas bases de datos, ya que permiten dar respuesta a las exigencias de velocidad de los Big Data. La más utilizada de este tipo podemos destacar **Redis** *https://redis.io*.

▶ **Bases de datos documentales:** Son aquellas que gestionan datos semi estructurados. Es decir documentos. Estos datos son almacenados en algún formato estándar como puede ser XML, JSON o BSON. Son las bases de datos NoSQL más versátiles. Se pueden utilizar en gran cantidad de proyectos, incluyendo muchos que tradicionalmente funcionan sobre bases de datos relacionales. En esta categoría encontramos **MongoDB**, **ElasticSearch** y **CouchDB**.

▶ **Orientadas a columnas:** es un modelo tabular donde cada fila puede tener una configuración diferente de columnas, es decir, los datos son almacenados por columnas en vez de por filas. Este esquema es bueno a la hora de gestionar el tamaño, las cargas de escritura masivas y la alta disponibilidad. La base de datos más popular es **Casandra** *https://cassandra.apache.org*, creada por Facebook y escrita en Java. Es una base creada para soportar grandes cantidades de datos y ser utilizada desde la gran mayoría de lenguajes de programación.

▶ **Bases de datos en grafos** : como es evidente, se organiza la información en grafos. Son muy útiles a la hora de representar las relaciones existentes entre los datos almacenados. El proceso consiste en almacenar los datos en nodos y establecer las relaciones que guardan estos. Son de gran utilidad para operaciones propias de consulta de relaciones como se realiza en las redes sociales. Una de las más utilizadas es **Neo4J** *https://neo4j.com*.

3.6 IMPLANTANDO NOSQL

Normalmente, las empresas empezarán con una prueba de baja escalabilidad de una base de datos NoSQL, de modo que les permita comprender la tecnología asumiendo muy poco riesgo. La mayoría de las bases de datos NoSQL también son open-source, y por tanto se pueden probar sin ningún coste extra. Al tener unos ciclos de desarrollo más rápidos, las empresas pueden innovar con mayor velocidad y mejorar la experiencia de sus clientes a un menor coste.

Elegir la base de datos correcta para el proyecto es un tema importante. Se deben considerar las diferentes alternativas a las infraestructuras legacy teniendo en cuenta varios factores:

▶ la escalabilidad o el rendimiento más allá de las capacidades del sistema existente

▶ identificar alternativas viables respecto al software propietario

▶ incrementar la velocidad y agilidad del proceso de desarrollo

Así pues, al elegir un base de datos hemos de tener en cuenta las siguientes dimensiones:

▶ **Modelo de Datos:** A elegir entre un modelo documental, basado en columnas, de grafos o mediante clave-valor.

▶ **Modelo de Consultas:** Dependiendo de la aplicación, puede ser aceptable un modelo de consultas que sólo accede a los registros por su clave primaria. En cambio, otras aplicaciones pueden necesitar consultar por diferentes valores de cada registro. Además, si la aplicación necesita modificar los registros, la base de datos necesita consultar los datos por un índice secundario.

▶ **Modelo de Consistencia**: Los sistemas NoSQL normalmente mantienen múltiples copias de los datos para ofrecer disponibilidad y escalabilidad al sistema, lo que define la consistencia del mismo. Los sistemas NoSQL tienden a ser consistentes o eventualmente consistentes.

▶ **APIs**: No existe un estándar para interactuar con los sistemas NoSQL. Cada sistema presenta diferentes diseños y capacidades para los equipos de desarrollo. La madurez de un API puede suponer una inversión en tiempo y dinero a la hora de desarrollar y mantener el sistema NoSQL.

Una vez conocemos los diferentes sistemas y qué elementos puede hacer que nos decidamos por una solución u otra, conviene repasar los casos de uso más comunes:

▶ Si vamos a crear una aplicación web cuyo campos sean personalizables, usaremos una solución documental.

▶ Como una capa de caché, mediante un almacén clave-valor.

▶ Para almacenar archivos binarios sin preocuparse de la gestión de permisos del sistema de archivos, y poder realizar consultas sobre sus metadatos, ya sea mediante una solución documental o un almacén clave-valor.

▶ Para almacenar un enorme volumen de datos, donde la consistencia no es lo más importante, pero sí la disponibilidad y su capacidad de ser distribuida.

3.7 BASES DE DATOS DOCUMENTALES

Mientras las bases de datos relacionales almacenan los datos en filas y columnas, las bases de datos documentales emplean documentos. Estos documentos utilizan una estructura JSON, ofreciendo un modo natural e intuitivo para modelar datos de manera similar a la orientación a objetos, donde cada documento es un objeto.

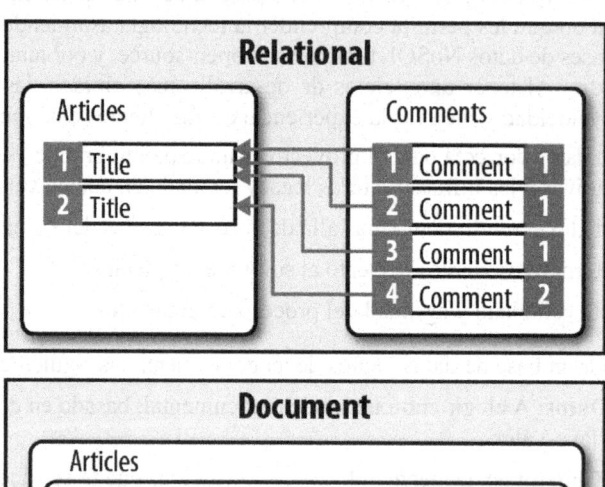

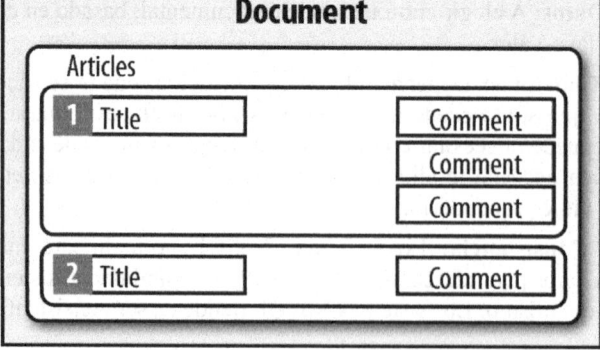

Figura 3.1. BD Relacional vs Documental

En las bases de datos documentales cada documento es tratado como un único registro. Gestionan muy bien **texto no estructurado** y particularmente bien texto **semi-estructurado**, es decir, texto codificado según un esquema conocido, como XML, JSON, YAML, PDF, e-mail o incluso documentos ofimáticos.

Los documentos se agrupan en colecciones o bases de datos, dependiendo del sistema, lo que permite agrupar documentos. Los documentos contienen uno o más campos, donde cada campo contiene un valor con un tipo, ya sea cadena, fecha, binario o array. En vez de extender los datos entre múltiples columnas y tablas, cada registro y sus datos asociados se almacenan de manera unida en un único documento. Esto simplifica el acceso a los datos y reduce (y en ocasiones elimina) la necesidad de joins y transacciones complejas.

Constituyen uno de los principales modelos dentro de las bases de datos NoSQL. Están diseñadas en torno a un concepto abstracto de documento. Los documentos se parecen, de algún modo, a registros, tuplas o filas en una base de datos relacional, pero son menos rígidos: no se les requiere ajustarse a un esquema estándar ni tener todos los mismos atributos o claves. Estas bases de datos permiten no sólo buscar por clave-valor, sino también por contenido del documento, respondiendo a queries más complejas.

Son sistemas diseñados para almacenar, recuperar y gestionar información de tipo documental. La información se accede mediante clave, pero tiene en cuenta la estructura interna de los documentos que almacena para utilizarla en la optimización de la organización de los mismos. Ejemplos de este tipo son:

- ► **MongoDB**: Base de datos open source bastante popular entre empresas de todos los tamaños para un amplio abanico de aplicaciones. Permite una variabilidad muy alta en los esquemas a medida que las aplicaciones van evolucionando, pero manteniendo algunas propiedades que se pueden esperar de cualquier base de datos. Está pensada principalmente para escalar y proporcionar un alto rendimiento y disponibilidad.

- ► **ElasticSearch**: Es un motor de análisis y búsqueda de información en tiempo real.

- ► **CouchDB**: es la base de datos orientada a documentos de Apache. Una de sus interesantes características es que los datos son accesibles a través de una API Rest.

La base de estas bases de datos es el documento donde el tipo de dato que se utiliza por defecto está expresado en formato JSON o XML, donde se utiliza una clave única para cada registro. Este tipo de implementación permite, además de realizar búsquedas por clave–valor, realizar consultas más avanzadas sobre el contenido del documento.

Por ejemplo, si en nuestro modelo relacional disponemos de 3 tablas para representar la información sobre un blog, comentarios, posts y tags asociados.

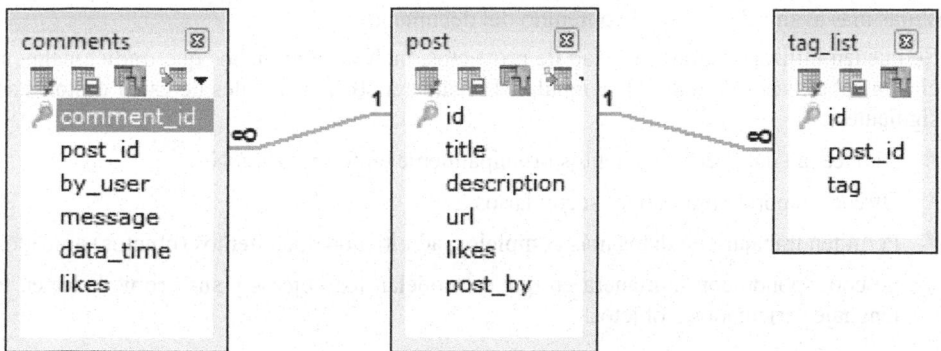

Figura 3.2. Tablas en BD Relacional

En un modelo orientado a documentos tendríamos un sólo documento con toda la información en él.

```
{
    _id: POST_ID
    title: TITLE_OF_POST,
    description: POST_DESCRIPTION,
    by: POST_BY,
    url: URL_OF_POST,
    tags: [TAG1, TAG2, TAG3],
    likes: TOTAL_LIKES,
    comments: [
        {
            user:'COMMENT_BY',
            message: TEXT,
            dateCreated: DATE_TIME,
            like: LIKES
        },
        {
            user:'COMMENT_BY',
            message: TEXT,
            dateCreated: DATE_TIME,
            like: LIKES
        }
    ]
}
```

Figura 3.3. Modelo orientado a documentos

Este tipo almacena la información como un documento, generalmente utilizando para ello una estructura simple como JSON o XML y donde se utiliza una clave única para cada registro. Este tipo de implementación permite, además de realizar búsquedas por clave–valor, realizar consultas más avanzadas sobre el contenido del documento.

Se pueden utilizar en gran cantidad de proyectos, incluyendo muchos que tradicionalmente funcionan sobre bases de datos relacionales. La características generales de estos gestores son las siguientes:

▸ Almacenan datos en documentos principalmente en formato JSON.

▸ Ofrecen soporte para índices secundarios.

▸ Permiten trabajar con datos más complejos, admitiendo documentos (objetos) anidados.

▸ Se corresponde con la manera en que se modelan los objetos y sus propiedades en los lenguajes orientados a objetos.

3.7.1 CASOS DE USO BASES DE DATOS DOCUMENTALES

Las bases de datos documentales sirven para propósito general, válidos para un amplio abanico de aplicaciones gracias a la flexibilidad que ofrece el modelo de datos, lo que permite consultar cualquier campo y modelar de manera natural, y de manera similar a la programación orientada a objetos. Entre los casos de éxito de estos sistemas cabe destacar:

▸ **Sistemas de flujo de eventos:** entre diferentes aplicaciones dentro de una empresa.

▸ **Gestores de Contenido, plataformas de Blogging:** al almacenar los documentos mediante JSON, facilita la estructura de datos para guardar los comentarios, registros de usuarios, etc.

▸ **Analíticas Web, datos en Tiempo Real**: al permitir modificar partes de un documento, e insertar nuevos atributos a un documento cuando se necesita una nueva métrica.

▸ **Aplicaciones eCommerce:** conforme las aplicaciones crecen, el esquema también lo hace.

▸ **Sistemas con consultas agregadas que modifican su estructura**. Si los criterios de las consultas no paran de cambiar, acabaremos normalizando los datos.

3.7.2 MONGODB

MongoDB *http://www.mongodb.org* es una base de datos orientada a documentos y es ideal para proyectos en los que se requiera alto nivel de escalabilidad y tiene capacidad para recibir miles de lecturas por segundo. MongoDB destaca porque:

▸ Soporta esquemas dinámicos: diferentes documentos de una misma colección pueden tener atributos diferentes.

▸ No soporta joins ya que no escalan bien.

▸ No soporta transacciones. Lo que en un SGBD puede suponer múltiples operaciones, con MongoDB se puede hacer en una sola operación al insertar/actualizar todo un documento de una sola vez.

Hay una serie de conceptos que conviene conocer antes de entrar en detalle:

▸ MongoDB tiene el mismo concepto de base de datos que un SGBD. Dentro de una instancia de MongoDB podemos tener 0 o más bases de datos, actuando cada una como un contenedor de alto nivel.

▸ Una base de datos tendrá 0 o más colecciones. Una colección es muy similar a lo que entendemos como tabla dentro de un SGBD. MongoDB ofrece diferentes tipos de colecciones, desde las normales cuyo tamaño crece conforme lo hace el número de documentos, como las colecciones capped, las cuales tienen un tamaño predefinido y que pueden contener una cierta cantidad de información que se sustituirá por nueva cuando se llene.

▸ Las colecciones contienen 0 o más documentos, por lo que es similar a una fila o registro de un RDBMS.

▸ Cada documento contiene 0 o más atributos, compuestos de parejas clave/valor. Cada uno de estos documentos no sigue ningún esquema, por lo que dos documentos de una misma colección pueden contener todos los atributos diferentes entre sí.

▸ MongoDB soporta índices, igual que cualquier SGBD, para acelerar la búsqueda de datos.

▸ Al realizar cualquier consulta, se devuelve un cursor, con el cual podemos hacer cosas tales como contar, ordenar, limitar o saltar documentos.

De esta forma, tenemos que una base de datos va a contener varias colecciones, donde cada colección tendrá un conjunto de documentos:

▸ **Colecciones**: es una lista que contiene uno o varios documentos.

▸ **Documentos**: un documento tiene la forma de un JSON. Un documento contiene la información a guardar en la base de datos.

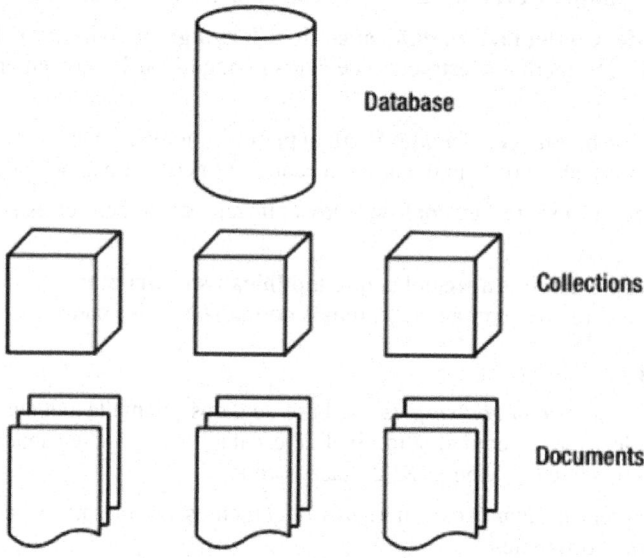

Figura 3.4. Estructuras de datos en MongoDB

Algunos casos de uso para MongoDB se mencionan en su sitio web. Los ejemplos que se dan son análisis en tiempo real, registro y búsqueda de texto completo, donde MongoDB tiene un buen rendimiento en cuanto a escalabilidad y concurrencia. Estos artículos están accesibles desde *http://www.mongodb.com/use-cases*.

MongoDB tiene un esquema flexible, donde las colecciones no fuerzan tener una estructura idéntica para todos los documentos. Esto significa que los documentos de la misma colección no necesitan tener el mismo número de campos o estructura. Cada documento solo necesita contener un número relevante de campos de la entidad u objeto que el documento representa. Entre las principales **ventajas** que ofrece MongoDB podemos destacar:

▸ **Rendimiento**. MongoDB ofrece un gran rendimiento a la hora de insertar datos mucho mayor que otros sistemas de base de datos tradicionales. Sin embargo esta ventaja implica sacrificar características de los sistemas de bases de datos relacionales como el tratamiento de las transacciones. Los documentos se refrescan automáticamente, pero no se conoce un concepto de transacción tal cual lo conocemos sensible a caídas, que abarque actualizaciones en varios documentos. Se puede decir que busca alcanzar un balance entre rendimiento y funcionalidad, aportando ciertas características de las bases de datos relacionales, pero sin sacrificar el rendimiento.

▸ **Replicación**. MongoDB soporta el tipo de replicación master-slave. Este sistema de replicación es sencillo de comprender: el maestro recibe tanto consultas de lectura como de escritura mientras que los esclavos reciben los datos del maestro y sólo se emplean para consultas de lectura o copias de seguridad, pero no permite escrituras.

▼ **Balanceo de carga.** Además de la replicación permite que los sistemas puedan escalar, algo difícilmente posible en los sistemas de bases de datos relacionales. Este sistema permite escalar de forma horizontal empleando el concepto de "shard", esto permite que los datos sean distribuidos en distintos servidores, balanceando la carga entre ellos. Pueden ser incorporadas nuevas máquinas a MongoDB con el sistema de base de datos corriendo proporcionándonos una gran flexibilidad.

▼ **Almacenamiento**. MongoDB puede ser utilizado con un sistema de archivos, tomando la ventaja de la capacidad que tiene MongoDB para el balanceo de carga y la replicación de datos utilizando múltiples servidores para el almacenamiento de archivos. En un sistema multiservidor, los archivos pueden ser distribuidos y replicados entre los mismos varias veces, proporcionando un sistema eficiente ante fallos y balanceos de carga.

▼ **Alta disponibilidad**. MongoDB puede implementar replicación de los datos, manteniendo copias en varios nodos, que permiten mantener una alta disponibilidad y tolerancia a errores.

▼ **Escalabilidad**. Al repartir los datos en múltiples nodos con el mecanismo de sharding en réplica sets, el sistema puede escalar horizontalmente y balancear la carga en varios servidores. Mediante una capa intermedia que actúa de proxy (Mongos) se dividen los datos en entornos de réplica. Se puede particionar mediante hash de manera equitativa o por campos.

En MongoDB, un documento es un registro compuesto por pares "campo : valor". Estos documentos son muy parecidos a los objetos JSON.

```
{
  name     : "name",
  age      : 30,
  alias : "developer",
  memberOf : ["Developers", "MongoDB"],
  country  : { name : "United States", code : "USA"}
}
```

Las ventajas de tener este tipo de estructura de datos como registros es que principalmente podemos reducir las "relaciones" entre tablas que comúnmente usamos en bases de datos relacionales cuando hacemos consultas con los famosos "joins" o uniones de datos, ya que resulta muy costoso. Otra ventaja es que de cierta forma esta estructura se corresponde con tipos de datos en varios lenguajes de programación lo cual resulta conveniente para desarrollar código de forma más ágil. Además, también nos permite guardar grandes volúmenes de datos sin tanto costo.

En MongoDB se le llama collection a la agrupación de documentos que se almacenan en una base de datos. Por lo tanto, las operaciones de lectura y escritura y las consultas que haremos serán sobre una database y sus collections, definiendo así para nuestro ejemplo:

```
# Visualización de bases de datos existentes

>> show dbs

#use <db>, crea una database si no existe y selecciona esta db para ser usada.

>> use peopledb
```

```
# db.createCollection(<name>, <options>), permite crear una colección

>> db.createCollection("users")

# obtener las colecciones de la base de datos actual

>> show collections
```

Para insertar documentos utilizaremos el comando insert. La sintaxis es la que vemos en el ejemplo mostrado anteriormente, seguido por el nombre de la colección y el comando a ejecutar, que en este caso es **insert**. El siguiente comando permite **insertar un documento** en la colección de **users**:

```
db.users.insert(
    {
    _id:1,
    name  : "name",
    age   : 30,
    alias : "developer",
    memberOf : ["Developers", "MongoDB"],
    country  : { name : "United States", code : "USA"}
    }
)
```

MongoDB crea siempre un índice único para el campo _id que existe en todas las colecciones y en todos los documentos. Si no necesitamos que el campo _id tenga un formato especial, lo más sencillo es dejar que **MongoDB** lo genere automáticamente para cada documento insertado. Para ello deberemos ignorar el campo _id y no introducirlo junto con el documento JSON que estamos insertando.

Otra opción interesante es utilizar el método **insertMany**, que permite insertar varios documentos JSON en una misma inserción. Los métodos **insertOne(<document>)** e **insertMany([<doc1>,<doc2>…])** implícitamente crean una colección si no existe e insertan uno o muchos documentos según sea el caso.

```
db.users.insertMany(
      {
        name  : "name",
        age   : 30,
        alias : "developer",
        memberOf : ["Developers", "MongoDB"],
        country  : { name : "United States", code : "USA"}
      },
  {
        name  : "other_name",
        age   : 33,
        alias : "engineer",
        memberOf : ["Engineers", "MongoDB"],
        country  : { name : "United States", code : "USA"}
    }
)
```

Para insertar documentos también podemos utilizar el comando save, que se utiliza de la misma manera que el comando insert.

```
db.users.save(
        {
          _id:1,
          name    : "name",
          age     : 30,
          alias : "software developer",
          memberOf : ["Software Developers", "MongoDB"],
          country  : { name : "United States", code : "USA"}
        }
)
```

Al igual que con insert, si no especificamos el campo _id, MongoDB lo insertará automáticamente. La principal diferencia entre save() e insert() es que con *save*, si el _id que especificamos ya existe, el documento será modificado.

El _id 1 es el que habíamos utilizado para la inserción anterior, por lo que al utilizar save, en lugar de devolvernos un error de clave duplicada como haría el comando insert, el documento se actualiza con los nuevos datos.

Para actualizar datos, utilizaremos el comando update. Este comando, en su forma básica, recibe dos parámetros: uno con la consulta para filtrar los documentos a modificar y otro con los elementos que se modificarán.

```
db.nombreColeccion.update(filtro,{$set:documento_modificado})
```

En el siguiente ejemplo tenemos un parámetro con el WHERE y otro parámetro con el SET de una sentencia UPDATE relacional.

```
db.users.update(
        { _id:1 },
        {
          name    : "namen updated",
          age     : 30,
          alias : "software developer",
          memberOf : ["Software Developers", "MongoDB"],
          country  : { name : "United States", code : "USA"}
        }
)
```

Con el método update también podríamos añadir nuevos campos al documento, para ello habría que utilizar el operador $set. Por ejemplo, podríamos establecer la fecha con new Date().

```
db.users.update(
        { _id:1 },
        {
          name    : "namen updated",
          age     : 30,
          alias : "software developer",
          memberOf : ["Software Developers", "MongoDB"],
          country  : { name : "United States", code : "USA"}
        },
        { $set: { date: new Date() } }
)
```

El método **updateMany**(<filter>,<update>) actualiza múltiples documentos dentro de una colección basada en el filtro que recibe como argumento, pero además puede modificar los documentos con operaciones de $set y $unset para añadir o borrar fields. Como vemos, la forma de modificar información en MongoDB no se hace a nivel de colecciones ya que no es una modificación estructural sino de documentos, es decir, registros de nuestra colección.

```
db.users.updateMany(
    { },
    { $set: { join_date: new Date() } }
)
db.users.updateMany(
    { },
    { $unset: { "join_date": "" } }
)
```

En el ejemplo anterior, el operador **$set** permite modificar (o crear si no existe) uno o varios campos sin tener que introducir el documento JSON completo.

Para realizar búsquedas se utiliza el método find(), que sería el equivalente a SELECT que utilizamos en el lenguaje SQL en Bases de Datos Relacionales. A ese método le podemos pasar un documento que haga de patrón para buscar en la colección todos aquellos que coincidan con él, como se puede ver en el ejemplo que se ha hecho anteriormente. En el siguiente ejemplo, el método **find()** que nos permite hacer consultas sobre la información que hemos almacenado en la colección de users.

```
#obtener todos los documentos de una colección
db.users.find()

#obtener todos los documentos que coincidan con la consulta realizada por alias
db.users.find(
    { alias: "engineer" }
)

#consulta con ordenación
db.users.find( { alias: "engineer" } ).sort( { name: -1 } )
```

También se pueden pasar una serie de métodos que permiten establecer condiciones al estilo de las que se pasaban en las cláusulas WHERE de las sentencias SQL. La siguiente consulta buscará todos los documentos que tengan como alias el valor 'engineer'.

```
db.users.find(
    { alias: { $eq: "engineer"}}
)
```

La siguiente consulta buscará a todos los usuarios que tengan más de 30 años:

```
db.users.find(
    { age: { $gt: 30}}
)
```

La siguiente consulta buscará a todos los usuarios que tengan menos de 30 años:

```
db.users.find(
    { age: { $lt: 30}}
)
```

También podríamos utilizar operaciones booleanas para buscar por más de un criterio. Por ejemplo, la siguiente operación nos permite buscar usuarios que tengan una edad>30 y su alias sea "engineer".

```
db.users.find(
   {
    $and:
      [
        {age: {$gt:30}},
        {alias: "engineer" }
      ]
   }
)
```

La siguiente operación nos permite buscar usuarios que tengan un edad>30 o su alias sea "engineer".

```
db.users.find(
   {
    $or:
      [
        {age: {$gt:30}},
        {alias: "engineer" }
      ]
   }
)
```

Para eliminar datos de nuestra colección, utilizaremos el comando **remove**. Este comando recibe como parámetro la consulta que se utilizará para filtrar los documentos que se borrarán. Si no especificamos ninguna consulta, se eliminarán todos los datos de la colección. Como podemos ver, el comportamiento es muy similar al de una operación DELETE de una base de datos relacional. Si no especificamos un filtro con la sentencia WHERE, se borrarán todos los datos de la tabla.

```
db.users.remove({_id:1})
```

Otras operaciones relacionadas con el borrado de elementos están relacionadas con borrar una colección entera y borrar una base de datos.

```
#borrar colección de usuarios
db.users.drop()

#borrar base de datos y todas las colecciones asociadas a la misma
db.dropDatabase()
```

3.7.3 INDEXACIÓN EN MONGODB

El **mecanismo de indexación** que utiliza MongoDB hace que los datos se almacenen en forma de Árbol-B, manteniendo cada uno de los nodos de este balanceado. Esto incrementa la velocidad a la hora de buscar y también a la hora de devolver resultados ya ordenados.

MongoDB es capaz de recorrer los índices en los dos sentidos, lo que significa que con un solo índice podemos obtener una ordenación ascendente y descendente de la información. Este sistema gestor ofrece la posibilidad de resolver consultas en base a criterios de ordenación utilizando directamente la norma de ordenación con la que generó el índice, evitando así operaciones adicionales.

Además, al realizar una consulta que coincida con el criterio de ordenación del índice, la plataforma devolverá todos los documentos indexados sin la necesidad de escanear la colección o cargar dichos datos en memoria. Los diferentes tipos de índices más importantes en nuestra plataforma son:

- ▶ **Índice por defecto:** todas las colecciones dispondrán de un índice individual por el campo _id (identificador único del documento dentro de la colección).

- ▶ **Índices individuales:** índices que se configuran sobre un único campo, pudiendo tener orden ascendente o descendente.

- ▶ **Índices compuestos**: índices que permiten acceder a los datos a través de dos campos simultáneamente.

- ▶ **Índices multiclave:** permite realizar indexación en base a los campos de un array asociativo.

- ▶ **Índices geoespaciales:** permiten la consulta eficiente a bases de datos espaciales, pudiendo existir únicamente un índice de este tipo por colección. Son de dos tipos:
  - **2d:** se utilizan para indexar puntos definidos en un plano euclidiano de dos dimensiones.
  - **2dsphere:** permiten soportar consultas con cálculos geométricos en una esfera similar a la tierra.

- ▶ **Índices de texto**: índices que permiten realizar búsqueda por textos.

- ▶ **Índices Hash**: se utilizan en entornos distribuidos e indexan el valor hash de un campo determinado, facilitando una distribución más aleatoria de los datos a través del sistema distribuido.

3.7.4 REPLICACIÓN EN MONGODB

Los Replica Sets en MongoDB son conjuntos de nodos de un clúster que contienen los mismos datos replicados. En cada Replica Set solo hay un nodo primario, el resto de nodos son secundarios, y contiene de 2 a 50 copias de los datos. Las lecturas y las escrituras de datos se realizan en el nodo primario. Aunque no está recomendado, también se puede configurar para permitir las lecturas de datos sobre nodos secundarios.

La replicación nos permite tener capacidades de alta disponibilidad, recuperación de desastres y mejorar las operaciones de mantenimiento. Además, nos permite aislar las cargas de trabajo y soportar aplicaciones operacionales (transaccionales) y analíticas en el mismo clúster.

De esta forma, parte de los nodos secundarios en modo solo lectura se podrían destinar a operaciones analíticas. Si el nodo primario pierde la conectividad o no se encuentra disponible, se elige un nodo secundario para que actúe a partir de ese momento como nodo primario. El mecanismo de replicación de MongoDB es capaz de autogestionar los fallos, con failover en menos de 5 segundos y con reintentos de lecturas y escrituras para gestionar excepciones temporales.

3.7.5 USO DE MONGODB DESDE PYTHON

Lo primero que tenemos que hacer es instalar las librerías de Python para MongoDB. Para ello debemos ejecutar el siguiente comando para descargarnos e instalar los paquetes de MongoDB.

```
$ pip install pymongo
```

En este ejemplo vamos a guardar en una colección de la base de datos que llamaremos "Books", información relacionada sobre libros. Para ello lo primero que vamos a hacer para estructurar bien el proyecto es definir la clase Book que tendrá la siguiente forma:

```
def __init__(self, titulo, autor, anyo, descripcion):
    self.titulo = titulo
    self.autor = autor
    self.anyo = anyo
    self.descripcion = descripcion
```

En nuestro script principal (**main.py**) vamos a declarar una lista de objetos de la clase Book, que serán con los que haremos el CRUD. La lista con los libros es la siguiente:

```
# Creo una lista de objetos a insertar en la BD
books = [
    Book('MongoDB','author',2019,'MongoDB'),
    Book('Cassandra','author',2020,'Cassandra'),
    Book('Neo4j','author',2021,'Neo4j'),
    Book('ElasticSearch','author',2022,'Elastic')
]
```

Una vez definido lo que queremos guardar en nuestra base de datos, vamos a ver cómo nos conectamos a la misma para poder hacer las queries que queramos. En primer lugar hay que hacer una conexión al servidor donde está alojado nuestro **MongoDB**:

```
# PASO 1: Conexión al servidor de MongoDB pasándole por parámetro el host y el
puerto
mongoClient = MongoClient('localhost',27017)
```

Después de habernos conectado al servidor, podríamos conectarnos a la base de datos que hemos llamado "Book" y después especificaremos la colección con la que vamos a trabajar que se llamará "Books":

```
# PASO 2: Conexión a la base de datos
db = mongoClient.Book

# PASO 3: Obtenemos una colección para trabajar con ella
collection = db.Books
```

Llegados a este punto ya tenemos hecha nuestra conexión a la base de datos y tenemos una referencia a la colección "Books" (con la variable 'collection') con la que haremos el CRUD. Python tiene un tipo de dato que se adapta muy bien a MongoDB que son los "diccionarios" que son estructuras de datos con pares "<clave, valor>"; por tanto, a la hora de trabajar con Python y MongoDB vamos a utilizar estas estructuras de datos, ya que MongoDB guarda documentos (en formato JSON) con la estructura "<clave,valor>".

Para trabajar de una forma más limpia y organizada, se ha creado una función en la clase "Book" (toDBCollection) que pasa un objeto de la clase Book a un Diccionario con los pares "<clave,valor>" que guardaremos en MongoDB, que es la siguiente:

```
def toDBCollection (self):
        return {
            "titulo":self.titulo,
            "autor":self.autor,
            "anyo": self.anyo,
            "descripcion":self.descripcion
        }
```

Vamos a insertar en la colección Books cada uno de los objetos book que hemos creado y que tenemos en la lista books. Para ello vamos a utilizar la función "**insert**" que la aplicaremos a la colección Books. Podemos realizar un "foreach" de esta lista para insertar en la base de datos, los datos de los libros:

```
# PASO 4: "CREATE"
for book in books:
    print(book.toDBCollection())
    collection.insert_one(book.toDBCollection())
```

Como vemos al llamar a la función "**toDBCollection**" transformamos el objeto a un "diccionario" que "entienden" las librerías de MongoDB. Como primera consulta, vamos a leer todos los documentos de la colección Books.

```
# PASO 5:Obtener el número documentos
print(collection.count_documents({}))
```

Para hacer las lecturas (o consultas find), Mongo nos devuelve una lista (o un cursor) con objetos con pares "<clave,valor>"; por tanto, hecha la consulta, debemos de recorrer (en este caso con un "foreach") cada uno de los objetos y acceder a su clave para poder imprimirlos por pantalla.

```
# PASO 6: Leemos todos los documentos de la base de datos
cursor = collection.find()
for book in cursor:
    print(book['titulo'], book['autor'], book['anyo'], book['descripcion'])
```

Pasamos ahora a hacer una actualización o modificación de los documentos. Para este ejemplo, vamos a actualizar la descripción de los libros a todos aquellos libros cuyo año sea mayor de 2020. Las consultas de actualización requieren 4 parámetros; uno que es la búsqueda de los documentos a actualizar u otro que es el campo que se actualiza, y los dos últimos son el "Upsert" (sino existe lo insertas y si existe lo actualizas) y el "multi" (para que se aplique al primer documento encontrado o a todos).

```
# PASO 7: "UPDATE" -> Actualizamos la descripción de los libros
collection.update_many({"anyo":{"$gt":2020}},{"$set":{"descripcion":"nueva
descripcion"}}, upsert = False)
```

Por último vamos a mostrar cómo borrar documentos. Para ello se utilizará la función "remove" al que se la pasa como parámetro la búsqueda de los documentos a eliminar. En el ejemplo, vamos a eliminar todos los documentos que sean del año 2019.

```python
# PASO 8: "DELETE" -> Borramos los libros donde anyo=2019
collection.delete_one({"anyo":2019})
```

Con todo esto ya hemos visto cómo utilizar las librerías de Python para MongoDB, conectándonos al servidor y ejecutando diferentes operaciones que soporta la librería. A continuación, el código completo del proyecto junto con la clase **Book** que representa nuestra entidad libro:

main_mongo.py

```python
from pymongo import MongoClient
from Book import Book

# Creo una lista de objetos a insertar en la BD
books = [
    Book('MongoDB','author',2019,'MongoDB'),
    Book('Cassandra','author',2020,'Cassandra'),
    Book('Neo4j','author',2021,'Neo4j'),
    Book('ElasticSearch','author',2022,'Elastic')
]

# PASO 1: Conexión al Server de MongoDB Pasandole el host y el puerto
mongoClient = MongoClient('localhost',27017)
print(mongoClient)
# PASO 2: Conexión a la base de datos
db = mongoClient.Book
print(db)
# PASO 3: Obtenemos una colección para trabajar con ella
collection = db.Books
print(collection)

# PASO 4: "CREATE"
for book in books:
    print(book.toDBCollection())
    collection.insert_one(book.toDBCollection())

# PASO 5:Obtener el número documentos
print(collection.count_documents({}))

# PASO 6: "READ" -> Leemos todos los documentos de la base de datos
cursor = collection.find()
for book in cursor:
    print(book['titulo'], book['autor'], book['anyo'], book['descripcion'])

# PASO 7: "UPDATE" -> Actualizamos la descripción de los libros.
collection.update_many({"anyo":{"$gt":2020}},{"$set":{"descripcion":"nueva descrip-
cion"}}, upsert = False)

# PASO 8: "DELETE" -> Borramos todos los libros donde  anyo=2019
collection.delete_one({"anyo":2019})
```

Book.py

```python
class Book:
    def __init__(self, titulo, autor, anyo, descripcion):
        self.titulo = titulo
        self.autor = autor
        self.anyo = anyo
        self.descripcion = descripcion

    def toDBCollection (self):
        return {
            "titulo":self.titulo,
            "autor":self.autor,
            "anyo": self.anyo,
            "descripcion":self.descripcion

        }

    def __str__(self):
        return "Titulo: %s - Autor: %s - Anyo: %i - Descripcion: %s"%(self.titulo,
self.autor, self.anyo, self.descripcion)
```

Si ejecutamos el script **main_mongo.py** podemos ver la conexión con el servidor de mongodb y las distintas operaciones sobre la base de datos de Books.

```
MongoClient(host=['localhost:27017'], document_class=dict, tz_aware=False,
connect=True)
Database(MongoClient(host=['localhost:27017'], document_class=dict, tz_aware=False,
connect=True), 'Book')
Collection(Database(MongoClient(host=['localhost:27017'], document_class=dict, tz_
aware=False, connect=True), 'Book'), 'Books')
{'titulo': 'MongoDB', 'autor': 'author', 'anyo': 2019, 'descripcion': 'MongoDB'}
{'titulo': 'Cassandra', 'autor': 'author', 'anyo': 2020, 'descripcion': 'Cassan-
dra'}
{'titulo': 'Neo4j', 'autor': 'author', 'anyo': 2021, 'descripcion': 'Neo4j'}
{'titulo': 'ElasticSearch', 'autor': 'author', 'anyo': 2022, 'descripcion': 'Elas-
tic'}
7
Cassandra author 2020 Cassandra
Neo4j author 2021 nueva descripcion
ElasticSearch author 2022 nueva descripcion
MongoDB author 2019 MongoDB
Cassandra author 2020 Cassandra
Neo4j author 2021 Neo4j
ElasticSearch author 2022 Elastic
```

3.7.6 COUCHDB

CouchDB *http://couchdb.apache.org/* es una base de datos compuesta por colecciones de documentos donde estos pueden contener datos en formato JSON así que podemos lograr casi cualquier tipo de estructura. Para poder consultar y obtener datos, CouchDB implementa Views (vistas) que le permiten agrupar conjuntos de documentos y de esta manera estructurar la información relacionada.

Como características más importantes cabe destacar el uso de Restful HTTP API como interfaz y JavaScript como principal lenguaje de interacción. Para el almacenamiento de los datos se utilizan archivos JSON. Permite la creación de vistas, que son el mecanismo que permite la combinación de documentos para retornar valores de varios documentos, es decir, CouchDB permite la realización de las operaciones JOIN típicas de SQL.

CouchDB usa varios formatos y protocolos para almacenar, transmitir y procesar datos. El formato principal para el almacenamiento de datos es JSON. También, usa JavaScript como lenguaje de consulta y MapReduce para el procesamiento. Además, utiliza el protocolo HTTP para las comunicaciones.

CouchDB también está diseñado para manejar el tráfico variable. Por ejemplo, si un sitio web experimenta un pico repentino de tráfico, CouchDB generalmente absorberá una gran cantidad de peticiones concurrentes sin caerse. Puede tardar un poco más de tiempo para cada petición, pero todas se responden. Cuando el pico haya pasado, CouchDB volverá a funcionar con la velocidad habitual.

3.7.7 ARQUITECTURA DE COUCHDB

CouchDB garantiza la escalabilidad con su arquitectura para distribuir los datos de forma global a lo largo del clúster. Un clúster de varios nodos guarda todos los datos de forma redundante, para que siempre estén disponibles cuando sean necesarios.

CouchDB puede desplegarse con un único nodo o bien en modo clúster. La mayoría de proyectos pueden comenzar con una sola instancia de CouchDB. Los proyectos más exigentes pueden actualizarse cuando sea necesario a un despliegue en modo clúster. Este modo clúster permite ejecutar un único servicio de base de datos en cualquier número de servidores o de máquinas virtuales. El clúster mejora la capacidad y dota al sistema de alta disponibilidad.

Su arquitectura interna es tolerante a fallos, y los fallos se producen en un entorno controlado. La arquitectura de CouchDB intenta evitar que los problemas individuales se propaguen en cascada por todo el sistema e intenta aislarlos.

Sus componentes pueden utilizarse como bloques de construcción que resuelven los problemas de almacenamiento de formas ligeramente diferentes para sistemas más grandes y complejos. Ya sea que necesites un sistema que sea muy rápido pero que no se preocupe demasiado por la fiabilidad, o uno que garantice el almacenamiento en dos o más ubicaciones físicamente separadas, pero que estés dispuesto a sacrificar parte del rendimiento, CouchDB te puede resultar útil.

En cuanto a la **replicación de datos**, el protocolo de replicación de CouchDB es la base de toda una nueva generación de aplicaciones «Offline First» para aplicaciones móviles y otros entornos con infraestructuras de red difíciles.

La función principal de la replicación es sincronizar dos o más bases de datos. Para ello, debe sincronizar de forma fiable las bases de datos entre varias máquinas para el almacenamiento redundante de datos. También distribuye los datos en un clúster de instancias que comparten las peticiones que llegan al clúster equilibrando la carga. Por último, debe distribuir los datos entre ubicaciones físicamente distantes.

La replicación de CouchDB utiliza la misma API REST que utilizan todos los clientes. La replicación funciona de forma incremental: si durante la replicación algo va mal, como la caída de la conexión de red, se retomará donde se quedó la próxima vez que se ejecute. El proceso de replicación es incremental. A nivel de la base de datos, la replicación sólo examina los documentos actualizados desde la última replicación.

En cuanto al **almacenamiento de documentos**, un despliegue de CouchDB aloja bases de datos que almacenan documentos. Cada documento tiene un nombre único en la base de datos y se proporciona una API HTTP REST para leer, actualizar y eliminar los documentos.

Los documentos son la unidad de datos en CouchDB y están formados por cualquier número de campos. Los documentos también incluyen metadatos que son mantenidos por el sistema. Los campos de los documentos tienen un nombre único y pueden contener valores de distintos tipos, como por ejemplo texto, números o booleanos. No hay un límite para el tamaño del texto o del número de elementos.

El modelo de actualización de documentos de CouchDB es optimista y sin bloqueos. Las ediciones de documentos se realizan mediante aplicaciones cliente que cargan los documentos, aplican los cambios y los guardan de nuevo en la base de datos. Si otro cliente que edita el mismo documento guarda sus cambios primero, el cliente recibe un error de conflicto de edición al guardar. Para resolver el conflicto de actualización, se puede abrir la última versión del documento, volver a aplicar los cambios e intentar la actualización de nuevo.

Las **actualizaciones** de un solo documento (añadir, editar, eliminar) son **transaccionales**: o tienen éxito por completo o fallan por completo. De esta forma, cuando los documentos de CouchDB se actualizan, todos los datos y los índices asociados se vuelcan al disco y el commit transaccional siempre deja la base de datos en un estado completamente consistente.

También cuenta con las propiedades ACID (**Atomic, Consistent, Isolated, Durable**), asegurando que los archivos de la base de datos están siempre en un estado consistente. Además, CouchDB puede garantizar la semántica transaccional en cada documento. Esto es posible ya que cualquier número de clientes puede estar leyendo documentos sin ser bloqueados o interrumpidos por actualizaciones concurrentes, incluso en el mismo documento.

Las operaciones de lectura de CouchDB utilizan un modelo de control de concurrencia multiversión o mediante versiones múltiples (MVCC) en el que cada cliente ve una instantánea consistente de la base de datos desde el principio hasta el final de la operación de lectura.

Una de las ventajas que ofrece CouchDB es la buena sincronización de varias bases de datos, algo especialmente importante para distribuir datos en un clúster CouchDB. De esta manera, las redundancias de datos resultantes alivian todo el sistema. Las consultas a la base de datos, por consiguiente, pueden obtener respuesta de diferentes instancias de CouchDB. Es posible gestionar sin problema redes de bases de datos enormes distribuidas geográficamente.

Al sincronizar la base de datos para diferentes usuarios en diferentes ubicaciones, Apache CouchDB apuesta por una estrategia gradual, que ofrece una ventaja decisiva: el proceso de sincronización no se interrumpe en caso de conexiones de red deficientes o interrumpidas. Cuando terminan los problemas de conexión, la base de datos continúa justo donde lo había dejado antes de la interrupción de la señal. Los desarrolladores destacan a este respecto que el sistema no ignora esta posibilidad y asume que este tipo de errores pueden ocurrir en la vida cotidiana.

3.8 BASES DE DATOS ORIENTADAS A COLUMNAS

Las bases de datos tradicionales, orientadas a filas, son excelentes para el procesamiento de transacciones online con gran necesidad de recarga de datos, pero su performance disminuye drásticamente cuando el volumen de datos crece y a medida que los datos empiezan a ser menos estructurados.

Las bases de datos columnares almacenan los datos enfocándose en columnas, a diferencia de las bases de datos orientadas a filas, esto permite una gran posibilidad de compresión de datos y tiempos de respuesta de queries muy rápidos. La desventaja de estas bases de datos es que generalmente sólo se permite la actualización de proceso por lotes, que tiene un tiempo de actualización mucho más lento que los modelos tradicionales.

Son muy utilizadas cuando se ejecutan trabajos tipo **MapReduce**, cuando hay que **actualizar y almacenar registros únicos**, como por ejemplo todo el histórico de relación con un cliente. También son buenas ejecutando el cálculo de métricas de una columna o un conjunto de columnas. En cambio, si han de analizar o escribir filas, es decir, registros, su rendimiento no es del todo óptimo.

También son muy utilizadas en **entornos analíticos como OLAP** (On Line Analytic Processing, los famosos "cubos" tan utilizados en entornos financieros y de marketing), tradicionales en el mundo del Business Intelligence, desde el que ha evolucionado el Big Data.

Un modelo basado en columnas se representa como una estructura agregada de dos niveles. El primer nivel está formado por un almacén clave-valor, siendo la clave el identificador de la fila, y el valor se trata de una estructura en forma de mapa con los datos agregados de la fila (familias de columnas). Los valores de este segundo nivel son las columnas. De este modo, podemos acceder a los datos de un fila, o a una determinada columna:

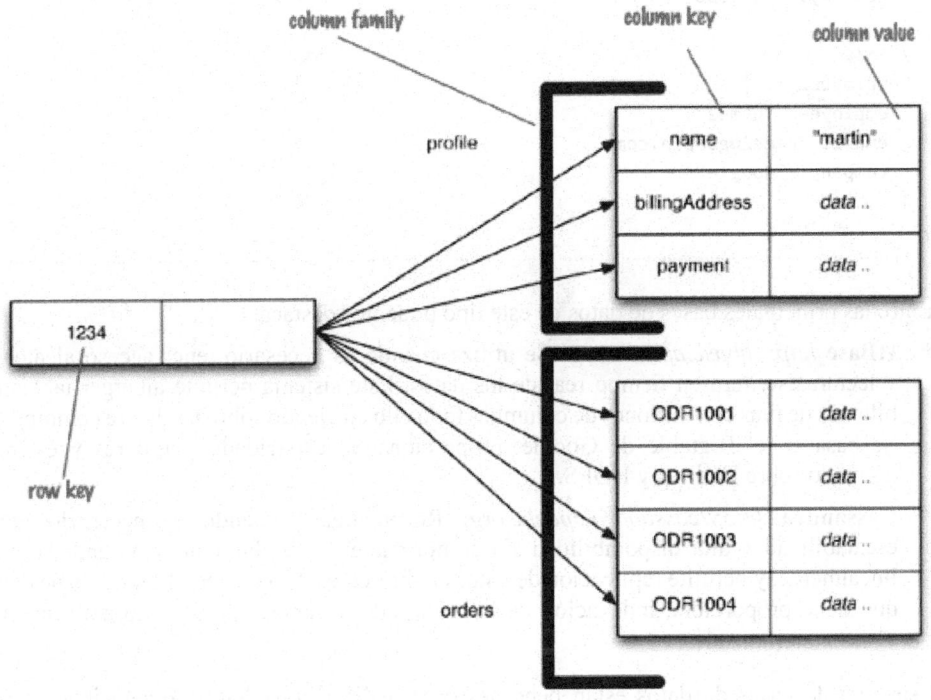

Figura 3.5. Estructuras de datos en BD orientada a columnas

Su nombre viene tras la implementación de Google de BigTable *http://research.google.com/archive/bigtable.html*, el cual consiste en columnas separadas y sin esquema, a modo de mapa de dos niveles. Los almacenes basados en columnas utilizan un mapa ordenado multidimensional y distribuido para almacenar los datos. Están pensados para que cada fila tenga una gran número de columnas, almacenando las diferentes versiones que tenga una fila (pudiendo almacenar del orden de miles de millones de filas).

Una columna consiste en una pareja clave-valor. Además, contiene un atributo timestamp para poder expirar datos y resolver conflictos de escritura.

```
{
  name: "empleado",
  value: "Employee",
  timestamp: 12345667890
}
```

Una fila es una colección de columnas agrupadas a una clave. Si agrupamos filas similares tendremos una familia de columnas:

```
// familia de columnas
{
  // fila
  "employee1" : {
    employee: "name",
    email: "name@mongo.com",
    company: "MongoDB"
  }
  // fila
  "employee2" : {
    employee: "name2",
    email: "name2@google.com",
    company: "Google"
  }
}
```

Entre las principales bases de datos de este tipo podemos destacar:

▶ **HBase** *http://hbase.apache.org*: Se utiliza cuando es necesario tener acceso aleatorio, y lectura/escritura en tiempo real de los datos. Este sistema permite albergar tablas de billones de filas con millones de columnas todo ello corriendo sobre hardware commodity. Se basa en el Bigtable de Google, proporcionando capacidades similares y estando montado sobre Hadoop y HDFS.

▶ **Cassandra** *http://cassandra.apache.org*: Recomendada cuando es necesario tener escalabilidad y alta disponibilidad sin comprometer el rendimiento. Cassandra escala linealmente, y permite replicación de datos en diferentes data centers. El modelo de datos que tiene proporciona indexación de las columnas y soporte para desnormalización y vistas materializadas.

Este tipo de bases de datos están pensadas para realizar consultas y agregaciones sobre grandes cantidades de datos y funcionan de forma parecida a las bases de datos relacionales, pero almacenando columnas de datos en lugar de registros. En resumen, las bases de datos basadas en columnas, almacenan los datos en familias de columnas como filas, las cuales tienen muchas columnas asociadas al identificador de una fila. Las familias de columnas son grupos de datos relacionados, a las cuales normalmente se accede de manera conjunta.

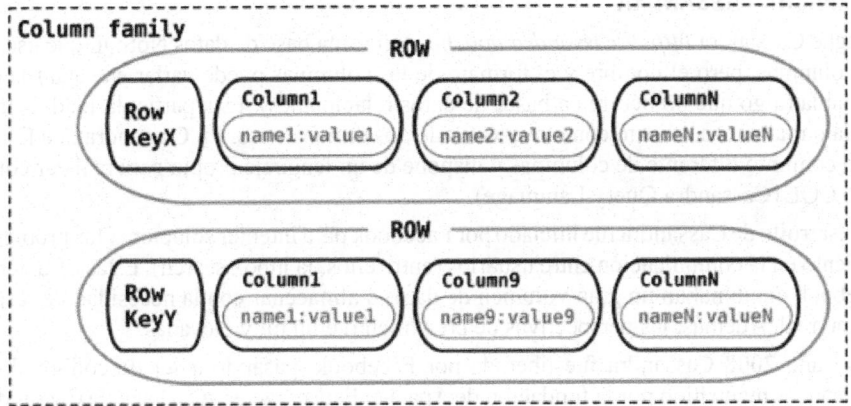

Figura 3.6.Agrupación mediante familias de columnas

A la hora de consultar los datos, éstos se pueden obtener por la clave primaria de la familia. Así pues, podemos obtener toda una familia, o la columna de una familia:

```
// Mediante Cassandra
GET Employees['employee'];  // familia
GET Employees['employee']['company']; // columna
```

Algunos productos ofrecen un soporte limitado para índices secundarios, pero con restricciones. Por ejemplo, Cassandra ofrece el lenguaje **CQL** similar a SQL pero sin joins, ni subconsultas donde las restricciones de where son sencillas:

```
SELECT * FROM Employees
SELECT employee,email FROM Employees
SELECT employee,email FROM Employees WHERE company='MongoDB'
```

Las actualizaciones se realizan en dos pasos: primero encontrar el registro y segundo modificarlo. En estos sistemas, una modificación puede suponer una reescritura completa del registro independientemente que hayan cambiado unos pocos bytes del mismo.

Esta distribución es una representación muy parecida a la estrategia para mejorar el desempeño de las bases de datos orientadas a filas, que es la indexación de los datos. Pero, es el mapeo de los datos donde existe la diferencia sustancial. En un sistema de indexado orientada a filas, la clave principal es el ROWID que se asigna a los datos indexados. En el sistema orientado a columnas la clave principal es el dato en sí mismo. Las características principales de los gestores de base de datos orientadas a columnas son las siguientes:

▶ Poseen una estructura tabular en las que las filas admiten un número variable de columnas.

▶ Facilitan la representación de datos semiestructurados.

▶ Optimizados para operaciones a nivel de columnas.

▶ Logran altos niveles de escalabilidad al dividir filas y las columnas y distribuirlas a través de múltiples nodos.

3.8.1 APACHE CASSANDRA

Apache Cassandra *https://cassandra.apache.org* es una base de datos NoSQL que usa tablas, filas y columnas, pero el nombre y el formato de las columnas puede variar en cada fila de una misma tabla (algo que no ocurre en bases de datos relacionales). Esta particularidad también se puede llamar almacenamiento con clave-valor de dos dimensiones. En Cassandra una fila puede tener un conjunto diferente de columnas y dispone de un lenguaje propio para realizar consultas llamado CQL (Cassandra Query Language).

El desarrollo de Cassandra fue iniciado por Facebook para intentar solucionar los problemas de rendimiento en la comunicación entre usuarios (entre ellos, la inbox search). Estas características de Facebook combinaban un gran volumen de datos a almacenar con la necesidad de responder en tiempo real. Además, las perspectivas de crecimiento eran muy elevadas.

En el año 2008 Cassandra fue liberada por Facebook, pasando a ser de código abierto y actualmente es mantenido por la fundación de Apache. Esta característica hace de Cassandra una base de datos NoSQL interesante, ya que aparte de combinar lo mejor de Dynamo (consistencia eventual) con lo mejor de BigTable (familias de columnas) es gratuita y de libre uso y distribución.

A nivel empresarial, DataStax *https://www.datastax.com* es la empresa encargada de añadir funcionalidad y mejorar el rendimiento a Cassandra. Entre otras mejoras, DataStax elimina la necesidad de ejecutar scripts de reparación y elimina las interrupciones del clúster que pueden ocurrir cuando se produce un fallo en el clúster. Las principales características del modelo de datos de Cassandra son las siguientes:

- ▶ **Facilidad de escalado**: Cassandra es altamente escalable permitiendo con facilidad más recursos.

- ▶ **Tolerancia a fallos**: Cassandra es tolerante a fallos, cada nodo funciona de manera independiente, si uno se cae se sigue dando servicio con el resto.

- ▶ **Almacenamiento flexible**: Se permite el almacenaje de estructuras flexibles, por ejemplo, no todos los registros deben tener el mismo número de columnas.

- ▶ **Soporta ACID:** Atomicity, Consistency, Isolation and Durability.

- ▶ **Escrituras rápidas**.

- ▶ **Tolerancia a fallos**. No tiene un único punto de fallo al trabajar con nodos independientes.

- ▶ **La información puede ser particionada entre varios nodos**.

- ▶ **Los datos tienen un tiempo de vida**, por lo que no es necesario borrar de la base de datos.

- ▶ **Lenguaje de queries propio**: Cassandra Query Language (CQL) es un dialecto de SQL para definir y manipular los datos. Entre las características más importantes se encuentra que Cassandra no soporta operaciones de tipo JOIN.
  - *https://docs.datastax.com/en/cql-oss/3.1/cql/cql_intro_c.html*

Cassandra también se encarga de replicar los datos a distintos nodos para garantizar la tolerancia a fallos y una alta disponibilidad. Para conseguir una velocidad de escritura elevada, también hace uso de unas estructuras en memoria llamadas **memtables**. Sobre estas estructuras volátiles se realizan las escrituras de datos y una vez que se llenan se realiza el volcado a disco. En paralelo, también se escribe en el commit log (que es persistente) y de esta forma se evita la pérdida de datos.

El objetivo principal de Cassandra es poder gestionar una gran carga de datos a través de múltiples nodos. Para ello **replica y distribuye la información a través de todos sus nodos.** Los datos se distribuyen de la siguiente forma:

▶ Una tabla de datos por cada instancia de Cassandra.

▶ Cada familia de columnas puede contener o bien columnas o bien super columnas.

▶ Cada columna contiene elementos de la forma clave-valor-tiempo, donde el valor del campo tiempo es definible por el usuario.

▶ Cada fila de una tabla puede tomar valores en columnas distintas de una familia de columnas que otra fila, es decir, puede (y suele) haber celdas vacías.

3.8.2 CONSISTENCIA EN APACHE CASSANDRA

Cassandra permite ajustar la disponibilidad y la consistencia de los datos configurando las propiedades **"factor de replicación"** y **"nivel de consistencia"**. Por ejemplo, si ajustamos el nivel de consistencia en 3 en un clúster con 3 nodos, se necesitaría que los 3 nodos tengan consenso para tener el dato disponible.

El nivel de consistencia se define por consulta y permite ajustar el momento en el que se ofrece el resultado a los clientes. Por otro lado, el factor de replicación se asegura de que las escrituras se envíen a todas las réplicas. Podríamos resumir este comportamiento con tres niveles de consistencia:

▶ **Bajo**: Con este modo, se corre el riesgo de que el primer nodo disponible devuelva un dato antiguo pero garantiza la respuesta más rápida.

▶ **Medio**: Este modo reduciría la probabilidad de devolver un dato antiguo, forzando a Cassandra a llegar a un consenso entre nodos.

▶ **Alto**: De esta forma, Cassandra espera a que todos los nodos con el dato respondan, lo que sacrifica la velocidad de la respuesta pero garantiza el dato más actualizado.

Todos los nodos en el clúster tienen el mismo papel, y para ofrecer la replicación desde el principio necesitan que todos los nodos se encuentren conectados entre sí. En el caso en el que un nodo se caiga o falle, otro nodo funcionará en su lugar, por eso cada nodo tiene que funcionar de manera independiente.

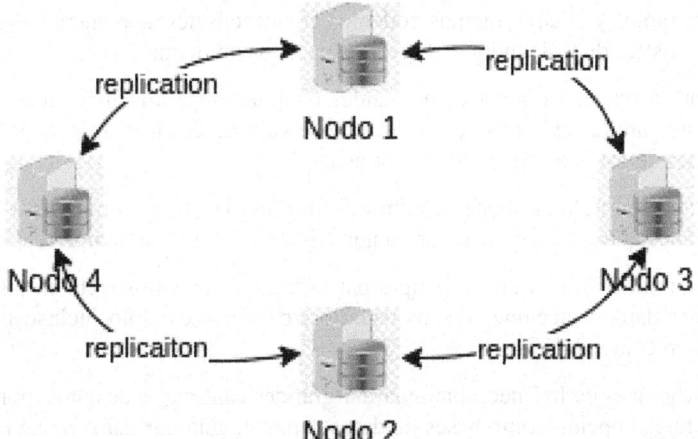

Figura 3.7. Replicación entre nodos dentro de un clúster de Cassandra

En un clúster de Cassandra, varios nodos pueden actuar como réplicas, y si se detecta que alguno de estos nodos responde con información desactualizada, se buscará la información más actualizada para devolverla. Una vez se ha devuelto la información, se actualizará el valor del nodo para que tenga la información completamente actualizada. La **arquitectura** de Cassandra se compone de los siguientes componentes:

- ▼ **Nodo**: Componente básico de cualquier instalación, es el lugar en el que la información es guardada.

- ▼ **Data Center**: Es una colección o grupos de nodos.

- ▼ **Clúster**: Es una colección de data centers.

- ▼ **Commit log:** Al igual que otras bases de datos, Cassandra tiene un mecanismo de recuperación, para ello escribe todas las operaciones que realiza en un log.

- ▼ **Mem table**: Este componente es una estructura en memoria por el cual se escribe la información después de hacer el commit log.

- ▼ **SSTable**: Se escribe la información desde la mem table a disco.

- ▼ **Bloom filter:** es una estructura que es usada para conocer si un elemento está presente en la base de datos. Es un algoritmo que se podría decir que es una especie de cache, es extremadamente rápido.

Para distribuir los datos, se usa un modelo peer-to-peer basado en claves de partición. Para determinar qué nodo contiene el dato que se está buscando, Cassandra usa tokens. Un token es un entero de 64 bits, y cada nodo del clúster tiene asignado un rango de tokens. De esta forma, al buscar una fila, Cassandra calcula el token asociado (con una función Hash), y con ello determina de forma única el nodo al que pertenece. Al añadir más nodos a un clúster o al eliminar nodos se deben redistribuir los tokens asignados a cada uno de los nodos presentes.

Una vez analizadas las principales características y su arquitectura, podríamos ver cuándo es mejor usar Cassandra como base de datos columnar. Cuando cumplamos con los siguientes puntos será un buen momento para plantearnos Cassandra:

- ▼ Ya que las escrituras son muy rápidas, si tenemos un gran número de escrituras que supere las lecturas. Por ejemplo en aplicaciones de mensajería, donde la escritura de los mensajes de forma rápida y eficaz. Además podemos crear mensajes de manera temporal gracias a la característica de Cassandra de borrarlos pasados un tiempo.

- ▼ Cassandra es capaz de almacenar grandes cantidades de información de forma rápida, por lo que para las aplicaciones en las que se va a necesitar guardar y procesar grandes cantidades de datos es un buen caso de uso.

- ▼ Cassandra permite una buena gestión del flujo de datos de entrada para poder realizar aplicaciones que necesiten realizar un análisis de los datos en tiempo real.

- ▼ Cassandra puede ser un buen ejemplo para ser usada en sitios web, en las que se podrá almacenar datos y acciones de los usuarios, para por ejemplo incluso poder crear un motor de recomendación.

- ▼ Las aplicaciones de IoT necesitan guardar grandes cantidades de datos, por lo que podría ser una buena opción como bases de datos capaz de guardar datos de una manera ágil y rápida.

▶ Por lo general va a ser una buena elección cuando las escrituras primen sobre las búsquedas y la carga sea muy alta.

3.8.3 CASOS DE USO

De manera similar a los almacenes clave-valor, el mercado de estos sistemas son las aplicaciones que sólo necesitan consultar los datos por un único valor. En cambio, estas aplicaciones centran sus objetivos en el rendimiento y la escalabilidad. Entre los casos de uso destacamos:

▶ **Sistemas de flujo de eventos:** para almacenar estados de las aplicaciones o errores de las mismas.

▶ **Gestores de Contenido, plataformas de Blogging:** mediante familias de columnas podemos almacenar las entradas y las etiquetas, categorías, enlaces, trackbacks en columnas. Los comentarios se pueden almacenar en la misma fila o en otra base de datos.

▶ **Contadores**: para poder almacenar las visitas de cada visitante a cada apartado de un site

▶ **Sistemas operacionales con transacciones complejas**

▶ **Sistemas con consultas agregadas.** Si los criterios de las consultas no paran de cambiar, acabaremos normalizando los datos.

▶ **Prototipado inicial** o sistemas donde el esquema no esté fijado de antemano, ya que las consultas dependen del diseño de las familias de columnas

3.9 BASES DE DATOS CLAVE-VALOR(KEY-VALUE)

Un almacén clave-valor es una simple tabla hash donde todos los accesos a la base de datos se realizan a través de la clave primaria. Desde una perspectiva de modelo de datos, los almacenes de clave-valor son los más básicos.

Este tipo de bases de datos destacan por su alta escalabilidad y abarcan proyectos con **textos estructurados y semiestructurados**, datos de redes sociales, logs de servidores web y la mayoría de los datos orientados a negocio, por lo que este tipo de bases de datos son de las más utilizadas en proyectos Big Data. También son utilizadas cuando se realizan grandes volúmenes de escrituras en múltiples nodos o cuando se realizan analíticas a gran escala en grandes clústers.

Encajan muy bien en proyectos en los que **la escritura se realiza una única vez y se realizan muchas lecturas**. Consecuentemente necesitan almacenar la información y recuperarla a alta velocidad. En este tipo de sistema, cada elemento está identificado por una clave única, lo que permite la recuperación de la información de forma muy rápida, información que habitualmente está almacenada como un objeto binario (BLOB). Se caracterizan por ser muy eficientes tanto para las lecturas como para las escrituras.

Su funcionamiento es similar a tener una tabla relacional con dos columnas, por ejemplo el identificador (id) y nombre, siendo id la columna utilizada como clave y nombre como valor. Cuando una aplicación accede mediante la clave y el valor, se almacenan el par de elementos. Si la clave ya existe, el valor se modifica para esa clave.

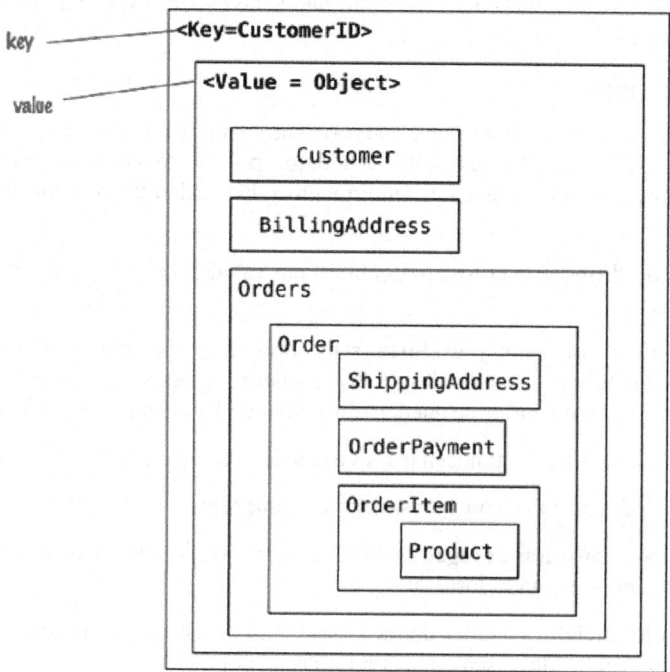

Figura 3.8. Almacenamiento de objetos en formato clave-valor

El cliente puede tanto obtener el valor por la clave, asignar un valor a una clave o eliminar una clave del almacén. El valor, sin embargo, es opaco al sistema, el cual no sabe que hay dentro de él, ya que los datos sólo se pueden consultar por la clave, lo cual puede ser un inconveniente. Así pues, la aplicación es responsable de saber qué hay almacenado en cada valor. Algunos ejemplos son:

▶ **DynamoDB** *http://aws.amazon.com/es/dynamodb*: Es una base de datos propietaria desarrollada por Amazon, y se presenta como parte de Amazon Web Services e implementar un sistema de persistencia tipo key-value. Se dice que es un «managed service» o servicio gestionado y altamente escalable ya que no existen límites en la cantidad de datos que se pueden almacenar. Se puede considerar también una base de datos schemaless y destaca la capacidad de almacenar atributos multivaluados.

▶ **Riak** *https://riak.com*: Es una base de datos con almacenamiento basado en un modelo clave-valor muy simple. Los objetos en Riak consisten en una clave única y un valor, que se almacenan en un espacio de nombres plano denominado bucket. Se puede almacenar lo que se quiera, desde texto o imágenes hasta ficheros de logs.

▶ **MemcacheDB** *https://memcached.org*: Es un sistema basado en memoria caché distribuida, que se utiliza frecuentemente para agilizar websites dinámicas orientadas a datos mediante el cacheo de datos en objetos en memoria. Además, permite persistir datos, con lo que no se limita simplemente a trabajar en memoria.

Este tipo de bases de datos permiten un escalado horizontal que muchos otros motores de bases de datos no soportan. Aunque su estructura es muy simple, permite velocidades de consulta mayores que las bases de datos relacionales, lo que lo hace muy útil para ser utilizados en bases de datos masivas. Este modelo soporta bien las operaciones de consulta basadas en clave primaria.

3.9.1 REDIS

Redis *http://redis.io* es una base de datos NoSQL que implementa el paradigma clave-valor (key-value). Podríamos imaginarlo como un array gigante en memoria para almacenar datos y estos datos pueden ser strings, hashes, conjuntos (ordenados y desordenados) y listas; con la ventaja de que sus operaciones son atómicas y persistentes. La arquitectura de Redis es de tipo cliente-servidor donde el cliente y el servidor pueden encontrarse en la misma máquina o bien estar distribuidos en diferentes máquinas.

A nivel de operaciones tenemos las operaciones **insertar (put)** y **obtener (get)** además de las operaciones comunes sobre conjuntos (diferencia, unión, intersección). La **replicación** en Redis es de tipo **maestro-esclavo** donde cada servidor puede tener varias réplicas, que además de lecturas, también pueden configurarse para aceptar escrituras.

También soporta la extensión de estas estructuras de datos a través de los Redis Modules. Estos módulos soportan el almacenamiento de documentos, series de datos temporales o su uso como motor de búsqueda, entre otros.

Los datos se almacenan en estructuras en memoria, pero también es posible escribirlos en el disco para asegurar su persistencia y durabilidad. La persistencia en Redis se puede conseguir de dos maneras: mediante snapshots periódicos de los datos, que se escriben en el disco de forma asíncrona; o mediante journaling, que consiste en escribir un registro de operaciones en un fichero a medida que se van produciendo.

3.10 BASES DE DATOS ORIENTADAS A GRAFOS

Las bases de datos de grafos almacenan entidades y las relaciones entre estas entidades. Las entidades se conocen como nodos, los cuales tienen propiedades. Cada nodo es similar a una instancia de un objeto. Las relaciones, también conocidas como vértices, a su vez tienen propiedades, y su sentido es importante.

Los nodos se organizan mediante relaciones que facilitan encontrar patrones de información existente entre los nodos. Este tipo de organización permite almacenar los datos una vez e interpretar los datos de diferentes maneras dependiendo de sus relaciones.

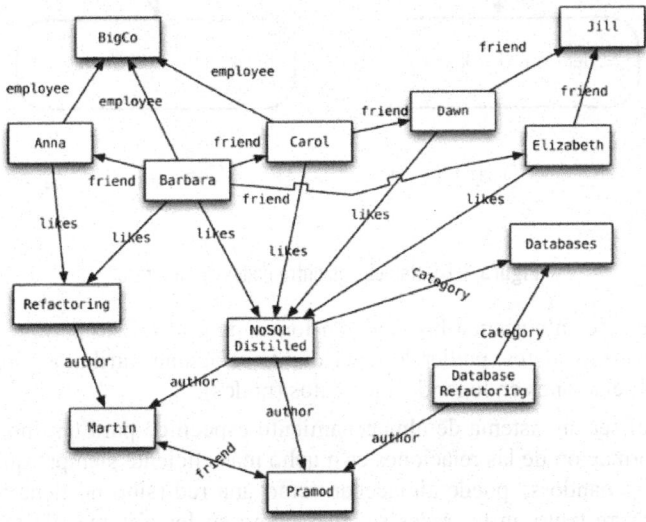

Figura 3.9. Conexión entre nodos en una BD orientada a grafos

Los nodos son entidades que tienen propiedades, tales como el nombre. Por ejemplo, en el gráfico cada nodo tiene una propiedad nombre. También podemos ver que las relaciones tienen tipos, como likes, author, etc. Estas propiedades permiten organizar los nodos. Las relaciones pueden tener múltiples propiedades, y además tienen dirección, con lo cual si queremos incluir bidireccionalidad tenemos que añadir dos relaciones en sentidos opuestos. Entre las principales características podemos destacar:

▼ Los datos se modelan como un conjunto de relaciones entre elementos.

▼ Alto rendimiento en consultas de relaciones de proximidad entre datos, y no para ejecutar consultas globales.

▼ Flexibilidad en la definición de atributos y longitud de registros.

Estas bases de datos tienen la capacidad de representar la información como nodos de un grafo y sus relaciones como las aristas del mismo, de manera que se pueda usar la teoría de grafos para recorrerla. Una base de datos orientada a grafos debe estar completamente normalizada, de forma que cada tabla tenga una sola columna y cada relación solamente dos. Con esto se consigue que cualquier cambio en la estructura de la información tenga efecto local.

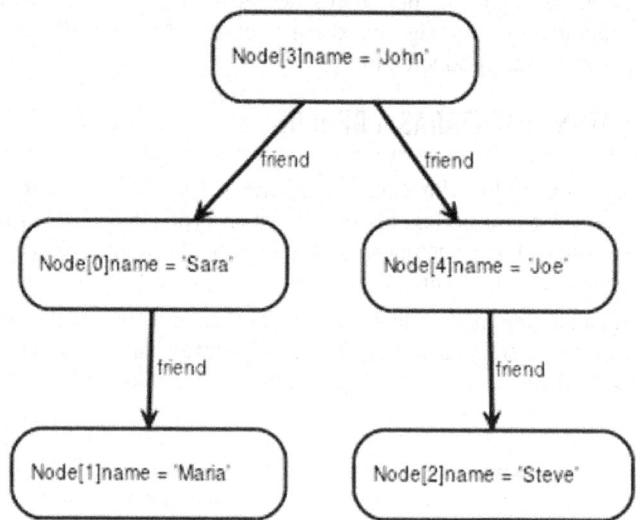

MATCH (john {name: 'John'})-[:friend]->()-[:friend]->(fof)
RETURN john, fof

Figura 3.10. Relaciones entre nodos de un grafo

Estas bases de datos almacenan los datos en forma de grafo. Esto permite dar importancia a las relaciones entre los datos, pudiendo tener dichas relaciones atributos y realizar consultas directamente a las relaciones en lugar de a los datos (nodos).

Obviamente, al ser un sistema de almacenamiento específico para un tipo de información, el acceso a la información de las relaciones es mucho más eficiente siempre que la información que estemos almacenando se puede almacenar como una red (sino no tiene sentido). A nivel industrial, esto ocurre tanto en las redes sociales como en los sistemas de recomendación de productos, donde además se tiene la ventaja de poder aplicar algoritmos estadísticos para determinar recomendaciones que se basan en recorrer grafos.

En este tipo de bases de datos, la información se representa como nodos de un grafo y sus relaciones con las aristas del mismo, de manera que se puede hacer uso de la teoría de grafos para recorrerla. Para sacar el máximo rendimiento a este tipo de bases de datos, su estructura debe estar totalmente normalizada, de forma que cada tabla tenga una sola columna y cada relación dos. Este tipo de bases de datos ofrece una navegación más eficiente entre relaciones que en un modelo relacional.

Este tipo de bases de datos son especialmente útiles **cuando los datos están muy interconectados** y se utilizan en todo tipo de aplicaciones relacionadas con la **web semántica**, **ontologías**, y son también muy utilizados en almacenamiento de imágenes y cuando en los datos están implicados **algoritmos sustentados en la teoría de grafos**.

3.10.1 CASOS DE USO BASES DATOS DE GRAFOS

Mientras que el modelo de grafos no es muy intuitivo y tiene una importante curva de aprendizaje, se puede usar en un gran número de aplicaciones. Su principal atractivo es que facilitan almacenar las relaciones entre entidades de una aplicación, como por ejemplo de una red social, o las intersecciones existentes entre carreteras. Es decir, se emplean para almacenar datos que se representan como nodos interconectados. Por lo tanto, los casos de uso son:

▶ **Datos conectados:** redes sociales con diferentes tipos de conexiones entre los usuarios.

▶ **Enrutamiento, entrega o servicios basados en la posición:** si las relaciones almacenan la distancia entre los nodos, podemos realizar consultas sobre lugares cercanos, trayecto más corto, etc.

▶ **Motores de recomendaciones:** de compras, de lugares visitados, etc.

3.10.2 NEO4J

Neo4j es una base de datos open-source orientada a grafos, está escrita en java y pertenece a este tipo de base de datos NoSQL. Un grafo estructura la información en forma de nodos y relaciones. Por este motivo, podría ser una solución válida para soluciones tipo red social, sistemas de recomendación, mapas topográficos, averiguar el camino más corto entre dos puntos, donde la necesidad es la navegación óptima por los datos independientemente del volumen total.

En Neo4j no se define ningún esquema y cada nodo o relación puede tener una estructura de datos diferente, lo que favorece la escalabilidad. Directamente se crean los datos y la forma de decirle los datos a neo4j es en json. La documentación de Neo4j *https://neo4j.com/docs* es bastante completa para profundizar en todo lo que queramos. Neo4j tiene las siguientes características:

▶ **Procesamiento en grafo de forma nativa (Native Graph processing).** Soporta index-free adjacency donde cada nodo tiene una referencia directa a su nodo adyacente. Esto hace que el tiempo de una query no dependa del tamaño total de la base de datos sino al área de búsqueda del grafo. Esta característica es clave para un alto rendimiento en las consultas.

▶ **Almacenamiento en grafo de forma nativa (Native Graph Storage).** Hay ficheros para nodos, relaciones y propiedades. Al estar las propiedades de cada nodo y relación almacenado en un fichero diferente, el almacenamiento de nodos y relaciones se preocupa sólo de la estructura del grafo. Los tamaños son fijos y se puede obtener rápidamente en memoria nodos en base a su id, porque se sabe exactamente en qué posición se encuentra este.

▼ **Rápido recorriendo relaciones**, este tipo de queries se conoce como transversales.

▼ Lenguaje de consultas propio llamado **Cypher.**

▼ **Alta disponibilidad**, instalación en diferentes máquinas con balanceador de carga.

▼ Proporciona una **API REST** pudiendo utilizarse desde diferentes lenguajes.

En el siguiente ejemplo estamos creando un grafo con 2 nodos relacionados entre ellos:

```
Node nodo1 = graphDb.createNode();
nodo1.setProperty("name", "employee");

Node nodo2 = graphDb.createNode();
nodo2.setProperty("name", "employee2");

nodo1.createRelationshipTo(nodo2, FRIEND);
nodo2.createRelationshipTo(nodo1, FRIEND);
```

Los nodos permiten tener diferentes tipos de relaciones entre ellos y así representar relaciones entre las entidades del dominio, y tener relaciones secundarias para características como categoría, camino, árboles de tiempo, listas enlazadas para acceso ordenado, etc. Al no existir un límite en el número ni en el tipo de relaciones que puede tener un nodo, todas se pueden representar en la misma base de datos. Podemos encontrar algunos casos de uso de Neo4j en diferentes organizaciones:

▼ eBay la usa para planificar las rutas del servicio de comercio electrónico.

▼ Walmart analiza cada venta de un producto para entender qué tipo de artículos te gusta comprar y qué tipo de productos te puede recomendar.

▼ Cisco ofrece soluciones personalizadas a sus clientes sin que tengan que levantar el teléfono y hablar con el servicio de asistencia.

Las **ventajas** de esta base de datos son las siguientes:

▼ Tienen un **mejor rendimiento** que las relacionales y las no relacionales tradicionales. Aunque las consultas de datos aumenten exponencialmente, el rendimiento de Neo4j no desciende

▼ **Agilidad, flexibilidad y escalabilidad.** Cuando aumentan las necesidades, las posibilidades de añadir más nodos y relaciones a un grafo ya existente son importantes; detección del fraude, Neo4j ya trabaja con varias corporaciones en la detección del fraude en sectores como la banca, los seguros o el comercio electrónico.

Esta base de datos puede descubrir patrones que con otro tipo de base de datos sería difícil de detectar; recomendaciones en tiempo real y redes sociales, Neo4j permite conectar de forma eficaz a las personas con nuestros productos y servicios, en función de la información personal, sus perfiles en redes sociales y su actividad online reciente.

Con esa información, una empresa puede ajustar sus productos y servicios a su público objetivo y personalizar las recomendaciones en función de los perfiles. La flexibilidad, rendimiento y escalabilidad de Neo4j permite gestionar, monitorizar y optimizar todo tipo de redes físicas y virtuales; gestión de sistemas de datos maestros donde el objetivo final es que cada miembro de una organización use los mismos formatos y aplicaciones para los datos.

3.11 TEOREMA CAP

Propuesto por Eric Brewer en el año 2000, prueba que podemos crear una base de datos distribuida que elija dos de las siguientes tres características:

▼ **Consistencia**: las escrituras son atómicas y todas las peticiones posteriores obtienen el nuevo valor, independientemente del lugar de la petición.

▼ **Disponibilidad** (Availa): la base de datos devolverá siempre un valor. En la práctica significa que no hay downtime.

▼ **Tolerancia a Particiones**: el sistema funcionará incluso si la comunicación con un servidor se interrumpe de manera temporal (para ello, ha de dividir los datos entre diferentes nodos).

Figura 3.11. Teorema CAP

El teorema CAP es útil cuando consideramos el sistema de base de datos que necesitamos, ya que nos permite decidir cuál de las tres características vamos a descartar. La elección realmente se centra entre la disponibilidad y la consistencia, ya que la tolerancia a particiones es una decisión de arquitectura (sea o no distribuida).

Aunque el teorema dice que si en un sistema distribuido elegimos disponibilidad no podemos tener consistencia, todavía podemos obtener consistencia eventual. Es decir, cada nodo siempre estará disponible para servir peticiones, aunque estos nodos no pueden asegurar que la información que contienen sea consistente (pero sí bastante precisa), en algún momento lo será.

Algunas bases de datos tolerantes a particiones se pueden ajustar para ser más o menos consistentes o disponibles a nivel de petición. Por ejemplo, Riak trabaja de esta manera, permitiendo a los clientes decidir en tiempo de petición que nivel de consistencia necesitan.

Las bases de datos NoSQL están pensadas para ser escalables y distribuidas. Precisamente por ser distribuidas tendremos en cuenta el teorema CAP, que básicamente dice que en sistemas distribuidos es imposible garantizar a la vez: consistencia, disponibilidad y tolerancia a particiones (Consistency-Availability-Partition Tolerance).

Con el comienzo de la utilización de sistemas distribuidos de almacenamiento, surge el teorema CAP (Consistency – Availability – Partition Tolerance), también conocido como Teorema de Brewer. Dicho teorema consiste en que en este tipo de sistemas no se pueden garantizar al mismo tiempo las propiedades de consistencia, disponibilidad y tolerancia de particionado o a fallos.

▶ La **consistencia** garantiza que todos los nodos tienen acceso a la misma información de manera simultánea en cualquier momento.

▶ La **disponibilidad** garantiza que todos los clientes puedan obtener una respuesta a sus operaciones de escritura o lectura, ya sea exitosa o fallida. Independientemente de que haya algún nodo concreto que esté caído, todos los clientes pueden seguir accediendo al sistema.

▶ La **tolerancia** es la propiedad que garantiza que el sistema sigue funcionando, aunque haya habido alguna pérdida de datos o algún fallo parcial. Un sistema que garantiza la tolerancia a particiones es capaz de resistir ante fallos parciales de red debido a la replicación de los datos en diferentes combinaciones de nodos y redes para permanecer funcionando durante cortes temporales.

Así pues, las bases de datos NoSQL se clasifican en:

▶ **CP: Consistente y tolerante a particiones.** Tanto MongoDB como HBase son CP, ya que dentro de una partición pueden no estar disponibles para responder una determinada consulta (por ejemplo, evitando lecturas en los nodos esclavo), aunque son tolerantes a fallos porque cualquier nodo secundario se puede convertir en principal y asumir el rol del nodo caído.

▶ **AP: Disponibles y tolerantes a particiones.** CouchDB permite replicar los datos entre sus nodos aunque no garantiza la consistencia en ninguno de los sus servidores.

▶ **CA: Consistentes y disponibles**. Aquí es donde situaremos a los SGBD relacionales. Por ejemplo, MariaDB y MySQL son CA, ya que no distribuyen los datos y por tanto la partición no es una restricción.

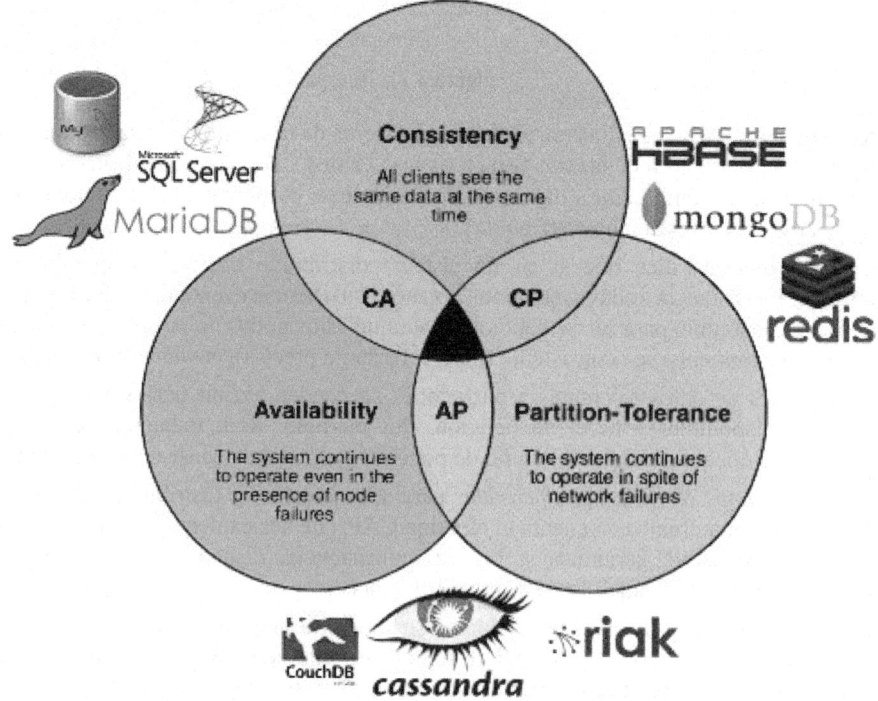

Figura 3.12. Clasificación de bases de datos NoSQL

Si se intentan encajar distintos tipos de bases de datos dentro del teorema CAP, lo primero a destacar es que las bases de datos relacionales como SQL Server, MySQL y MariaDB, por el hecho de seguir cumpliendo con el principio ACID, se incluyen dentro del grupo que garantiza consistencia y disponibilidad (CA). El grupo CA, garantiza consistencia y disponibilidad, pero tiene problemas con la tolerancia a particiones, que suelen solventar mediante la replicación de datos.

Dentro de los sistemas que caen dentro del criterio de consistencia y tolerancia a particiones (CP), nos encontramos principalmente aquellos hechos para trabajar en cachés distribuidas mientras el cliente esté accediendo a los mismos datos, como pueden ser MongoDB, HBase, Redis o MemcacheDB. En este grupo lo que se sacrifica es la disponibilidad.

Por último, nos encontramos los sistemas de almacenamiento AP, que garantizan la disponibilidad y la tolerancia a particiones, pero renuncian a la consistencia, al menos de forma total, aunque sí que en algunos casos se consigue consistencia parcial mediante replicación y verificación. En este grupo nos encontramos, por ejemplo, Cassandra, CouchDB y Riak.

3.12 CONCLUSIONES NOSQL

Algunas de las razones que nos pueden llevar a decantarnos por el uso de las bases de datos NoSQL en lugar de las clásicas SQL son:

▶ Cuando el volumen de los datos crece muy rápidamente en momentos puntuales, pudiendo llegar a superar el Terabyte de información.

▶ Cuando la escalabilidad de la solución relacional no es viable tanto a nivel de costes como a nivel técnico.

▶ Cuando tenemos elevados picos de uso del sistema por parte de los usuarios en múltiples ocasiones.

▶ Cuando el esquema de la base de datos no es homogéneo, es decir, cuando en cada inserción de datos la información que se almacena puede tener campos distintos.

Las bases de datos NoSQL están compuestas por una amplia clase de sistemas de gestión de bases de datos que difieren del modelo clásico del sistema de gestión de bases de datos relacionales (RDBMS), aportando frente a estos esquemas más flexibles y entornos altamente distribuidos.

Este tipo de bases de datos crecieron al amparo de las principales compañías de Internet con el fin de solucionar los desafíos del tratamiento de datos que las tradicionales RDBMS no solucionaban.

Modelo de datos	Características	Tipo de aplicaciones	Ejemplos
Clave-Valor **Columnas** Variante de clave-valor que permite más de un valor (columna) por clave.	• Muy alto rendimiento. • Muy escalable. • Útil para representar datos no estructurados. • No existe el concepto de relaciones	Aplicaciones que buscan alto rendimiento en las consultas, que precisen de alta escalabilidad y no necesiten implementar relaciones entre sus datos.	Cassandra Redis HBase Memcached Riak MariaDB
Documentos XML, JSON o BSON.	• Almacenan datos de tipo documento (los documentos representan estructuras clave valor anidadas) • Se representan en formato XML, JSON o BSON. • Flexible en esquemas de datos dinámicos. • Reducción de la complejidad en la consultas para datos asociados	Aplicaciones que tienen esquemas cambiantes y necesiten flexibilidad.	MongoDB Couchbase Amazon Dynamo CouchDB RethinkDB RavenDB Cloudant GemFire
Grafos **Atributos: Nodos con propiedades.** **Aristas: relaciones.**	• Los datos se modelan como un conjunto de relaciones entre elementos. • Alto rendimiento en consultas de relaciones de proximidad entre datos, y no para ejecutar consultas globales. • Flexibilidad en la definición de atributos	Redes sociales, software de recomendación, aplicaciones de geolocalización, aplicaciones de optimización de rutas, topologías de red, etc.	Neo4j Titan DEX/Sparksee AllegroGraph OrientDB InfiniteGraph Sones GraphDB InfoGrid HyperGraphDB

4

INTRODUCCIÓN A LA CIENCIA DE DATOS Y MACHINE LEARNING

4.1 DEFINICIÓN DE CIENCIA DE DATOS

La demanda de científicos de datos se ha incrementado de manera constante en los últimos años, existe en el mercado una amplia oferta para los científicos de datos. Por otro lado, las empresas son cada vez más conscientes de la necesidad de aplicar técnicas de Machine Learning para explotar los datos que tienen y no perder el tren de la competencia.

¿Qué aporta Big Data?, para poder contestar a esta pregunta, simplemente debemos tener en cuenta la diferencia fundamental en el cambio de enfoque. Los sistemas tradicionales de BI nos ayudan a contestar que ha pasado mediante el seguimiento, normalmente a través de cuadros de mandos de qué ha ocurrido. El cambio fundamental y el valor que aporta big data no es simplemente el uso de muchas fuentes y diversas de datos, sino el poder preguntar a los datos ¿Qué es lo que va a ocurrir?, la clave es Machine Learning.

Para poder construir sistemas que aporten un valor diferencial debemos construir modelos Machine Learning capaces de contestar a las preguntas de negocio. Esta es la misión de un científico de datos. Parte del trabajo del científico de datos es la captura, depuración y almacenamiento de la información en un formato adecuado para su tratamiento y análisis.

Data Science se encarga del análisis de información usando técnicas y teorías en muchos campos como las matemáticas, la estadística, reconocimiento de patrones, visualización, etc, con el objetivo final de obtener datos.

4.2 DEFINICIONES DE APRENDIZAJE Y MACHINE LEARNING

Una de las tareas más desafiantes en la ciencia de la computación es construir máquinas o programas de computadoras que sean capaces de aprender. El darles la capacidad de aprendizaje abre una amplia gama de nuevas aplicaciones. El entender también cómo estas pueden aprender nos puede ayudar a entender las capacidades y limitaciones humanas de aprendizaje. En general, se busca construir programas que mejoren automáticamente con la experiencia.

Algunas **definiciones de aprendizaje** son:

▶ Cambios adaptativos en el sistema para hacer la misma tarea de la misma población de una manera más eficiente y efectiva la próxima vez.

▶ Un programa de computadora se dice que aprende de experiencia E con respecto a una clase de tareas T y medida de desempeño D, si su desempeño en las tareas en T, medidas con D, mejoran con experiencia E.

Machine Learning es un término asociado a la Inteligencia Artificial que trata sobre el estudio de sistemas que pueden aprender a partir del análisis de los datos que reciben. Con machine learning nos referimos al hecho de que las máquinas puedan aprender mediante programas capaces de generalizar y automatizar comportamientos a partir de unos datos de entrada.

El Machine Learning (ML) o Aprendizaje Autónomo es una rama de la Inteligencia Artificial (IA) que tiene como objetivo crear sistemas capaces de aprender por ellos mismos a partir de un conjunto de datos (dataset), sin ser programados de forma explícita.

Machine Learning es la actividad de adquirir datos y descubrir patrones de eventos que nos permitan generar modelos destinados a permitir a las computadoras predecir comportamientos y en consecuencia tomar decisiones. Los modelos, por más complejos que se tornen, nunca podrán sustituir la intuición y la creatividad humana, sin embargo dada la gran facilidad de acceder a la información que hoy día poseemos, es posible predecir comportamientos en áreas muy diferentes.

Para que estos sistemas puedan aprender por ellos mismos, se utilizan una serie de técnicas y algoritmos capaces de crear modelos predictivos, patrones de comportamiento, etc. Aunque no existe en la bibliografía actual un listado concreto y acotado de aquellas técnicas y algoritmos que se enmarcan dentro de la rama del ML (aunque hay algunas técnicas que claramente son propias de dicha área), si que podemos decir que en el área del ML encaja todo proceso de resolución de problemas, basados más o menos explícitamente en una aplicación rigurosa de la teoría de la decisión estadística; por tanto, es muy normal que el área del ML se solape con el área de la estadística.

El aprendizaje automático es un conjunto de técnicas pertenecientes al campo de la inteligencia artificial que permiten descubrir patrones y aprender modelos a partir de los datos. Algunos de ejemplos de aplicaciones de problemas que se pueden solucionar empleando técnicas de machine learning:

- **Detectar automáticamente si un correo es spam** a partir de su contenido, basándose en los reportes que han hecho los usuarios sobre correos electrónicos anteriores.

- **Predecir el gasto** que va a realizar un usuario en nuestro comercio en función de la información geográfica que disponemos sobre ese usuario.

- **Problemas de clasificación**. La clasificación consiste en aprender un modelo a partir de datos que están previamente clasificados o etiquetados, que puede explotarse para predecir la clase de nuevos datos, como pueden ser nuevos correos electrónicos que no sabemos si son spam u operaciones con tarjeta con el objetivo de terminar transacciones fraudulentas.

- **Problemas de regresión**. La diferencia entre los problemas de clasificación y los de regresión es que en los de clasificación se trata de predecir el valor de una clase, categoría o etiqueta, mientras que en los de regresión se trata de predecir un valor numérico.

Muchos de los servicios que utilizamos en nuestro día a día como Google, Gmail, Netflix, Spotify o Amazon se valen de las herramientas que les brinda el Machine Learning para alcanzar un servicio cada vez más personalizado y lograr así ventajas competitivas sobre sus rivales.

El Machine Learning o Aprendizaje automático es un área que lleva con nosotros ya unos cuantos años. Básicamente, el objetivo de este campo de la Inteligencia Artificial, es que los algoritmos, las reglas de codificación de nuestros objetivos de resolución de un problema, aprendan por sí solos. De ahí lo de "aprendizaje automático". Es decir, que los propios algoritmos generalicen conocimiento y lo induzcan a partir de los comportamientos que van observando.

Los patrones, tendencias e interrelaciones entre las variables que el algoritmo de Machine Learning observa, se pueden ahora obtener con una mayor precisión gracias a la disponibilidad de datos. Con el auge de las redes sociales y las grandes empresas tecnológicas que generan datos a un gran volumen, velocidad y variedad (Google, Amazon, etc.), esto se generaliza a otros sectores. Ahora, se convierten en pieza clave del día a día de muchas compañías, que ven cómo el gran volumen de datos además, les ayuda a obtener más valor de la forma de trabajar que tienen.

En la siguiente ilustración que nos genera Google Trends sobre el volumen de búsqueda de ambos términos se puede observar cómo el "Aprendizaje Automático" se destaca de nuevo cuando el Big Data entra en el "mainstream".

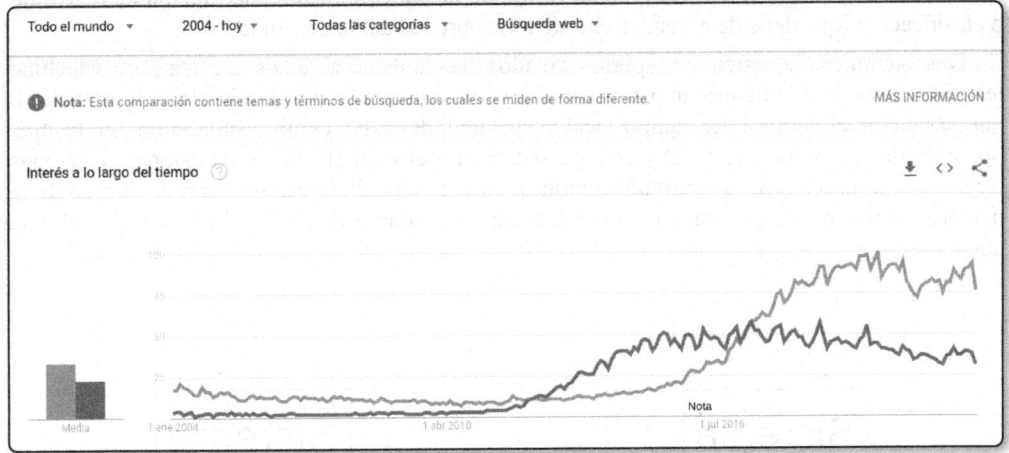

Figura 4.1. Búsquedas de Big Data y Aprendizaje automático.
Fuente: *https://trends.google.es/trends/explore?date=today%205-y&q=%2Fm%2F01hyh_,big%20data*

¿Y por qué le ha venido tan bien al Machine Learning el Big Data? Básicamente porque los algoritmos necesitan de datos, primero para aprender, y segundo para obtener resultados. Cuando los datos eran limitados, corríamos el peligro de sufrir problemas de "underfitting". Es decir, de entrenar poco al modelo, y que éste perdiera precisión. Y, si utilizamos todos los datos para entrenar al modelo, nos podría pasar lo contrario, problemas de "overfitting ", que entonces nos generaría modelos demasiado ajustados a la muestra, y quizás, poco generalizables a otros casos.

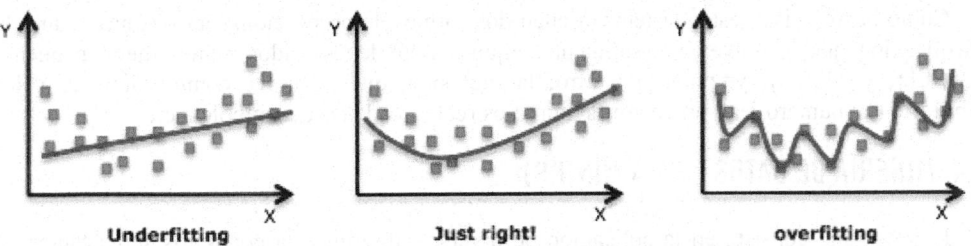

Figura 4.2. Tipos de ajustes del modelo de aprendizaje a los datos

En el caso de Big Data, al tener datos suficientes, no nos debe preocupar el equilibrio entre "datos de entrenamiento" y "datos para probar el modelo y su eficiencia/precisión". La optimización del rendimiento del modelo (el "Just Right" de la gráfica anterior) ahora se puede elegir con mayor flexibilidad, dado que podemos disponer de datos para llegar a ese punto de equilibrio.

4.3 SISTEMAS EXPERTOS

Como se ha comentado en la definición de Machine learning, este área debe de crear sistemas que tienen que ser capaces de aprender por ellos mismos sin ser programados de forma explícita, con la finalidad de predecir hechos futuros, realizar recomendaciones, clasificaciones de elementos, eventos, tags, etc. Por tanto, después de una fase de aprendizaje, tendremos un "sistema experto" que dada una determinada entrada nos proporcionará una salida (predicción, recomendación, clasificación, etc.), como resultado de haber aplicado una función de regresión o clasificación (que debe de aprender el sistema) sobre los datos de entrada.

Dos ejemplos de sistemas expertos creados tras aplicar alguna/s técnica/s de Machine learning, serían los siguientes: uno, un sistema experto en predicción de quinielas (clasificación), que pasándole el nombre del equipo local y visitante, devuelve como resultado una de las tres opciones de la quiniela (1, X, 2) y otro un sistema experto en el cálculo de calorías quemadas (regresión) al hacer carrera continua (running), en el que pasándole como entrada el peso de la persona, el tiempo de carrera y la velocidad, devuelva como resultado el número de calorías quemadas.

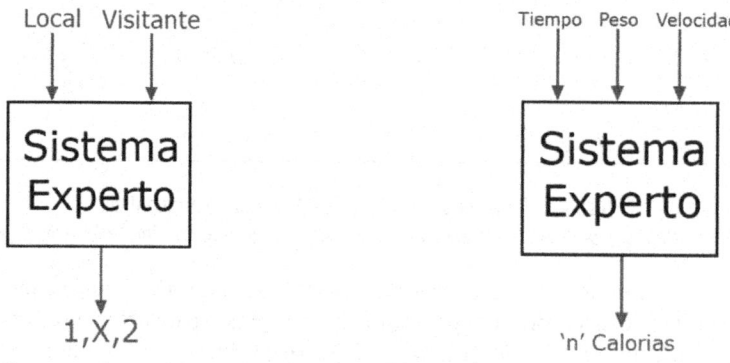

Ilustración 2: Esquema de un sistema experto en predicción de quinielas

Ilustración 3: Esquema de un sistema experto en predicción de calorías quemadas

Figura 4.3. Ejemplos de sistemas expertos

Como hemos visto, estos sistemas tienen dos formas de proporcionar un resultado: uno; la clasificación, que devuelve como salida un conjunto finito de resultados; generalmente pequeño, ($y=\{0,1\}$, $y=\{1,X,2\}$, $y=\{si,no\}$) y otro; la regresión, que devuelve como salida un valor arbitrario (un número real, un vector de números reales, cadenas de símbolos, etc.).

4.4 MINERÍA DE DATOS (DATA MINING)

Data Mining consiste en la aplicación de diversos algoritmos a conjuntos subyacentes de datos con el objetivo de resolver problemas relacionados con dichos datos. Varios de dichos algoritmos se utilizan en Machine Learning, por lo que a su vez se está usando la estadística y la Inteligencia Artificial. Sin embargo se suele encuadrar dentro del área de Base de Datos, debido a que los datos están almacenados y organizados en Bases de Datos y suelen ser las personas formadas en Bases de Datos y en Business Intelligence los encargados de tareas relacionadas con Data Mining.

El Data Mining es un proceso que, a través del descubrimiento y cuantificación de relaciones predictivas en los datos, permite transformar la información disponible en conocimiento útil de negocio. Esto es debido a que no es suficiente "navegar" por los datos para resolver los problemas de negocio, sino que se hace necesario seguir una metodología ordenada que permita obtener rendimientos tangibles de este conjunto de herramientas y técnicas de las que dispone el usuario.

Se trata de un concepto de explotación de naturaleza radicalmente distinta a la de los sistemas de información de gestión, dado que no se basa en coeficientes de gestión o en información altamente agregada, sino en la información de detalle contenida en el almacén. Adicionalmente, el usuario no se conforma con la mera visualización de datos, sino que trata de obtener una relación entre los mismos que tenga repercusiones en su negocio.

La minería de datos es un proceso no elemental para encontrar relaciones, correlaciones, dependencias, asociaciones, modelos, estructuras, tendencias, clases, segmentos, en grandes conjuntos de datos, los cuales están almacenados en bases de datos relacionales o no relacionales; mediante métodos matemáticos, estadísticos o algorítmicos, trabajando de manera automatizada.

Data Mining es utilizado principalmente con dos objetivos.

- La predicción de tendencias.
- Extracción de patrones no conocidos anteriormente. Esto se complementa con las herramientas de Business Intelligence, ya que permite predecir lo que sucederá.

El objetivo general de hacer Business Intelligence es apoyar a las organizaciones para mejorar su competitividad, facilitando la información necesaria para la toma de decisiones. Es importante que al integrar diferentes soluciones BI tomes en cuenta los objetivos y metas de cada una para verificar que se cumplan durante el proceso de integración y al final.

Esta herramienta se apoya en diferentes ciencias como la estadística, la matemática, el aprendizaje de máquinas o incluso la inteligencia artificial con el objetivo de extraer de bases de datos información relevante para la empresa. Los patrones que pretende extraer pueden ser correlaciones, tendencias o modelos predictivos. Finalmente, debemos saber que existen herramientas más específicas según la fuente de datos como son la minería web, de textos o de sentimientos.

La ventaja principal de la minería de datos es que permite extraer datos antiguos presentes en bases de datos, donde no existía el conocimiento de esos datos. La minería de datos puede presentar las conclusiones extraídas de diferentes formas:

- **Clustering**: dentro de los datos busca aquellos elementos que guardan relación entre sí.
- **Árboles de decisión.**
- **Series Temporales:** combina magnitudes y tiempo para tratar de predecir comportamientos.

Dentro de la minería de datos, debemos reservar un apartado para hablar de la minería de sentimientos. El análisis de sentimientos o minería de sentimientos permite analizar la opinión expresada en un texto, red social o documento. Es decir, nos permite conocer las reacciones positivas, negativas o neutras vertidas en palabras. Esto es importante debido a la proliferación del uso de las redes sociales y de la influencia de estas a la hora de tomar decisiones por las empresas. Las herramientas utilizadas para este análisis están dotadas de una gran capacidad de procesamiento ya que aquella frase que contiene palabras positivas puede ser negativa y viceversa.

- El objetivo fundamental de la minería de datos es encontrar modelos inteligibles a partir de los datos.
- La minería de datos para ser efectiva debe de ser un proceso automático o semiautomático.

➤ Los modelos descubiertos deberían ayudar a tomar decisiones que aporten algún beneficio al sistema.

➤ El resultado de aplicar minería de datos es un modelo o varios modelos construidos a partir de los datos de entrada (datos preprocesados).

Independientemente de la ubicación dentro de la clasificación al problema por solucionar o de la técnica empleada, la minería de datos trabaja para encontrar información de valor dentro de los grandes datos en un proceso automatizado para ayudar en la toma de decisiones.

La minería de datos forma parte de un proceso más grande llamado **Descubrimiento de Conocimientos en Base de Datos (KDD – Knowledge Discovery in Database)** como un proceso de extracción de conocimiento.

La siguiente figura muestra el diagrama del proceso **KDD** donde es importante notar que dentro del citado proceso la minería de datos es el penúltimo paso. En la etapa de minería de datos se establecen modelos y patrones, para que finalmente sean interpretados para presentarlos como el conocimiento obtenido.

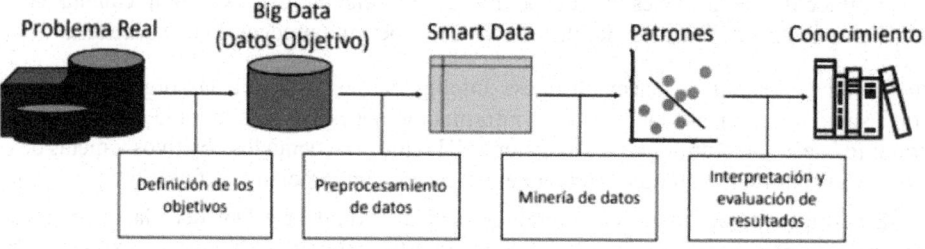

Figura 4.4. Proceso de Descubrimiento de Conocimientos en Base de Datos(KDD)

El proceso KDD es responsable de detectar relaciones y patrones ocultos en los datos, que aporten conocimiento de utilidad. Aunque existen algunas diferencias en cuanto a la definición de las etapas del proceso KDD, compuesto por las siguientes cinco etapas:

➤ **Definición de los objetivos**: En esta etapa se realiza una selección de los datos que constituyen el problema demandado por el usuario final, con la ayuda del conocimiento experto durante la recogida de los datos.

➤ **Preprocesamiento de datos:** En esta etapa se realiza una preparación de los datos con el objetivo de facilitar el trabajo en las siguientes etapas. Concretamente, esta etapa trata de solucionar problemas con integración, transformación ruido, MVs y reducción de datos principalmente. Para ello, se unifican las múltiples fuentes de datos en una sola y se aplican técnicas de limpieza de ruido, imputación de MVs, y reducción de datos. Finalmente, tras aplicar las distintas transformaciones se obtienen datos de calidad que pasarán a utilizarse en la siguiente etapa.

➤ **Transformación**: En esta etapa se utilizan métodos de reducción de la dimensión u otros métodos de transformación, para poder aplicar las técnicas de Data Mining elegidas.

➤ **Minería de datos:** En esta etapa se intenta resolver las preguntas planteadas con las técnicas de Minería de datos escogidas (por ejemplo Modelos Predictivos), o se emprende la búsqueda de nuevos hallazgos, se intenta detectar patrones en los datos. En primer lugar, se debe identificar el área más adecuada para afrontar el problema, que podría ser asociación, clustering, regresión o clasificación. A continuación, se selecciona la técnica perteneciente a alguna de las familias anteriores, y se adaptaría el algoritmo en cuestión optimizando los parámetros de acuerdo a un procedimiento de validación. El algoritmo extrae los patrones válidos que serán evaluados en la siguiente etapa.

▶ **Interpretación y evaluación de resultados**: la última etapa se encarga de describir los patrones obtenidos, extrayendo conocimiento de valor, de forma que puedan ser útiles para los usuarios.

En minería de datos se destacan dos metodologías, CRISP-DM (Cross Industry Standard Process for Data Mining), la cual es utilizada por Clementine – SPSS y SEMMA (Sample, Explore, Modify, Model, Access) empleada por SAS Enterprise Miner. Ambos sistemas pasan por las mismas etapas: recoger datos, depurarlos y analizarlos, para luego construir un modelo predictivo (con diferencias en las etapas de presentación e implementación). Genéricamente un proyecto de minería de datos se realiza en las siguientes etapas:

▶ **Definición del problema**: conocer perfectamente lo que el estudio desea obtener, en común con todos los involucrados en el proyecto.

▶ **Adquisición y evaluación de datos:** adquirir, formatear y validar los datos, tomar muestras aleatorias.

▶ **Extracción de características**: identificar atributos que contribuyan en la solución, los que no se alteran deben salir del estudio, para producir un dataset representativo y confiable.

▶ **Plan para el prototipo**: desarrollo de hipótesis y del prototipo

▶ **Desarrollo del modelo**: desarrollar modelos descriptivos y/o predictivos.

▶ **Evaluación del modelo**: considerar los resultados del prototipo.

▶ **Implementación**: presentación del producto final.

▶ **Evaluación del retorno de la inversión:** se evalúa si la inversión en el proyecto está generando utilidades para los inversionistas.

En una tarea de minería de datos se suelen llevar a cabo los siguientes pasos para conseguir extraer conocimiento a partir de los datos:

1. **Integración y recopilación de información:** El primer paso es obtener los datos que vamos a utilizar, los cuales pueden provenir de distintas fuentes, y por tanto habrá que integrarlos en un almacén de datos que permita su posterior tratamiento.

2. **Selección, limpieza, y transformación de datos:** Una vez que hemos obtenido todos los datos necesarios, el siguiente paso es seleccionar las variables relevantes, eliminar las variables irrelevantes o redundantes, eliminar ejemplos con información errónea o incompleta, generar nuevas variables mediante una transformación de las variables originales, decidir si daremos algún tratamiento especializado a los outliers o valores atípicos (valores demasiado altos o demasiado bajos respecto al resto), etc.

3. **Minería de datos:** En esta etapa debemos aplicar un algoritmo adecuado en función de la tarea que queramos llevar a cabo, teniendo en cuenta si es una tarea de clasificación, regresión, agrupamiento (clustering), búsqueda de correlaciones, reglas de asociación, etc. Además de elegir el algoritmo más conveniente para la tarea que queremos llevar a cabo, también tendremos que ocuparnos de los hiper parámetros del algoritmo elegido.

4. **Evaluación e interpretación:** Por último, una vez que hemos generado un modelo, debemos evaluar su comportamiento, y en caso de no ser bueno, habría que volver a las fases anteriores para ver si podemos mejorar su rendimiento. También puede ser útil interpretar nuestro modelo para sacar conclusiones sobre por qué funciona cómo funciona.

No obstante, hay algoritmos que generan modelos difícilmente interpretables, como por ejemplo una red neuronal artificial que termina generando una matriz de pesos. Mientras que otros modelos, como por ejemplo un árbol de decisión, se pueden comprender e interpretar mejor.

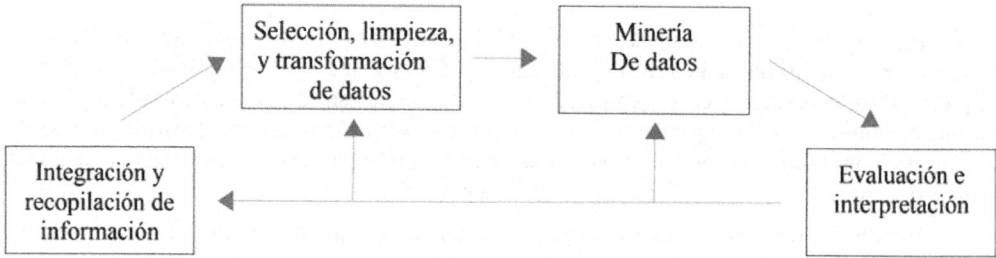

Figura 4.5. Etapas para la extracción de conocimiento

Este proceso de 4 etapas es un proceso iterativo, y tras llevar a cabo la etapa 4 y evaluar nuestro modelo, si no obtenemos un resultado satisfactorio, podría ser necesario volver de nuevo a alguno de los pasos anteriores: intentar recopilar más información, tratar de eliminar alguna variable irrelevante que esté generando mucho ruido, optimizar los parámetros de nuestro algoritmo, o incluso elegir otro algoritmo diferente.

4.4.1 INTEGRACIÓN Y RECOPILACIÓN DE INFORMACIÓN

El primer paso que debemos dar antes de llevar a cabo cualquier tarea de extracción de conocimiento es obtener la materia prima que usaremos para generar dicho conocimiento, y dicha tarea no es trivial porque hoy en día existe conocimiento almacenado en todo tipo de fuentes. Por tanto, debemos tener en cuenta que una parte importante del trabajo es la integración y recopilación de información.

Hoy en día, existen múltiples herramientas que nos permiten llevar a cabo el proceso de integración y recopilación de información, y dado la diversidad de fuentes que existen, no podemos citar todas y cada una de ellas, ya que el uso de una u otra herramienta dependerá de la fuente de donde provienen nuestros datos. Por ejemplo, si tuviéramos nuestros datos en una base de datos relacional como Oracle, podríamos utilizar Apache Sqoop, una herramienta que usa procesos Mapreduce para obtener los datos de las tablas que necesitemos, y los exporta directamente al HDFS en el formato que le especifiquemos de entre los que soporta (CSV, parquet, Hbase, etc.).

Al usar Hadoop, para su funcionamiento, Sqoop nos permite extraer grandes cantidades de datos de bases de datos relacionales en un tiempo razonable, aunque eso sí, tendremos que tener en cuenta el impacto que puede llegar a tener en el rendimiento de dicha base de datos, ya que Sqoop cuando está llevando a cabo una extracción puede abrir un número elevado de conexiones y hacer que el rendimiento de la base de datos se resienta.

A día de hoy, uno de los mayores problemas a los que se enfrentan estos robots que recorren la World Wide Web recopilando todo tipo de información, no es un problema tecnológico, sino un problema legal, y es que los propietarios de muchas páginas web pueden no estar de acuerdo en que la información que tienen en sus servidores sea recopilada de forma periódica por un robot y usada para sus propios fines.

Por tanto, antes de iniciar un proceso de "web scraping", deberíamos tener en cuenta la legalidad vigente en el país de origen, las condiciones legales del sitio web, derechos de autor, de propiedad intelectual, o de marca registrada. O incluso tendremos que informarnos sobre si el uso de los datos obtenidos mediante nuestro robot podría considerarse como competencia desleal.

Por último, tras recopilar toda la información que necesitemos de múltiples fuentes (bases de datos relacionales, archivos en cualquier formato como CSV, XML, parquet, etc., o directamente de páginas web de Internet), el siguiente paso sería usar una herramienta que nos permita integrar toda esa información en un mismo sitio y a ser posible en un mismo formato que sea fácilmente digerible por nuestros algoritmos de minería de datos. Además, seguramente, necesitaremos unir los datos de distintas fuentes pero que se refieren a una misma instancia.

Por ejemplo, podríamos haber recopilado de una base de datos el título de un disco de música, y el ID del usuario que ha comprado dicho disco, y por otra parte, podríamos haber usado un robot para obtener información adicional sobre cientos de miles de discos de música, y nos puede interesar unir dicha información por ejemplo, para utilizar posteriormente un algoritmo recomendado, que nos recomiende discos de música en función de los discos que hemos comprado anteriormente.

4.4.2 SELECCIÓN, LIMPIEZA Y TRANSFORMACIÓN DE DATOS

En cuanto al segundo paso del proceso de extracción de conocimiento, la selección, limpieza, y transformación de datos, cabe decir que la selección de variables relevantes es un foco de investigación en la actualidad. Básicamente, existen dos tipos de métodos de selección de variables:

▸ **Métodos de filtro:** tienen en cuenta principalmente medidas estadísticas para aplicar una puntuación a cada variable, y poder seleccionar así las variables más relevantes (coeficientes de correlación, test Chi-cuadrado, ganancia de información, etc.)

▸ **Métodos basados en modelo:** usan diferentes subconjuntos de los atributos para generar modelos y evaluar su calidad. Normalmente, se obtienen mejores resultados usando este tipo de métodos, sin embargo son métodos muy costosos computacionalmente, puesto que hay que generar muchos modelos (uno por cada subconjunto de variables que queramos probar), lo cual puede ser un problema si tenemos un número muy elevado de variables, o si tenemos un dataset con muchos ejemplos.

▸ **Análisis de componentes principales (PCA):** método de transformación de variables que nos permite reducir el número de variables de entrada a nuestro modelo, pero a costa de transformar las variables originales en otras nuevas, y por tanto perdiendo poder de compresibilidad de los modelos que generemos posteriormente con ellas.

Otra de las opciones que tenemos para la selección de variables sería utilizar una selección paso a paso de atributos, de forma que empezamos realizando una clusterización con cada uno de los atributos por separado, escogemos aquel atributo que forma grupos de mayor calidad de acuerdo a algún índice de validación interna o externa, y le añadimos a la lista de atributos seleccionados. Después haríamos lo mismo con el resto de atributos individuales y con la lista de atributos seleccionados, y de esta forma seleccionar aquellos que mejor resultado dan, hasta obtener el número de atributos que deseamos.

Actualmente, gracias al auge de herramientas big data, ya no es tan necesario llevar a cabo una "selección de datos", es decir, un muestreo del dataset para quedarnos con un número más reducido de datos en beneficio de un menor tiempo de generación del modelo que queremos obtener. No obstante, puede ser interesante realizar un muestreo de datos para generar varios prototipos, que nos ayuden a decidir qué modelo aplicar, aunque siempre correremos el riesgo de haber dejado fuera de la muestra algunos ejemplos que fueran muy relevantes por sus características y que pudieran impactar de forma importante en el modelo generado.

Respecto a la transformación de datos, en muchos casos, es conveniente recurrir a un experto en el dominio que puede sugerirnos algunas transformaciones interesantes que pueden ayudarnos a la hora de crear un modelo con mayor poder predictivo. Por ejemplo, si estamos interesados en predecir el precio por metro cuadrado de la vivienda en distintos barrios, y tenemos varios atributos, entre ellos, el número de habitantes de un barrio, y la superficie que ocupa dicho barrio, podría ser interesante obtener un nuevo atributo, que nos de la densidad de habitantes de ese barrio, dividiendo el número de habitantes entre la superficie ocupada por el barrio (en kilómetros cuadrados por ejemplo).

También es importante llevar a cabo la limpieza de los datos recopilados, por ejemplo detectando ejemplos que parecen incorrectos, como por ejemplo, ejemplos donde aparece que una persona tiene una edad negativa o mayor de 200 años, o imaginemos que la superficie ocupada por un barrio fuera mayor que el tamaño del país en el cual se encuentra dicho barrio. Para detectar estos casos, podemos recurrir a una sumarización de los datos, obteniendo estadísticos básicos como media, desviación típica, varianza, mínimo, máximo, etc. y también podemos recurrir a histogramas, o cualquier otra herramienta estadística que nos ayude a detectar estos casos.

Igualmente importante es detectar atributos que son nulos o incorrectos para la mayoría de ejemplos que forman parte de nuestro dataset, y para esos casos hay que pensar si merece la pena emplear tiempo en "intentar" arreglar esos atributos, o si es mejor directamente descartarlos y tratar de buscar otra fuente de información más fiable para obtener información relacionada con dichos atributos.

Uno de los mayores problemas que nos podemos encontrar cuando tenemos muchas variables y no realizamos correctamente la selección de variables relevantes es que caigamos en la denominada "maldición de la dimensionalidad". Esta expresión fue acuñada por Bellman en 1961 para referirse al problema que observaba en muchos algoritmos, los cuales funcionaban bastante bien cuando trabajaban con pocas dimensiones, pero no ofrecían buenos resultados cuando usaban muchas dimensiones.

El problema es que cuantas más variables tenemos, más difícil es para un algoritmo generalizar a partir de los datos usados para el entrenamiento, puesto que el espacio cubierto por el dataset es una parte muy pequeña del espacio formado por tantas variables. Y esto hace que en espacios con muchas dimensiones, todos los ejemplos se parezcan mucho.

Otro de los temas que puede ser importante está relacionado con la **detección de valores anómalos o atípicos (conocidos como "outliers")**, que son objetos del dataset que presentan valores muy diferentes respecto al resto de los objetos del dataset, ya sea debido a errores en los datos, o a valores reales pero muy extremos.

Existen tareas de minería de datos, como la detección de fraude en operaciones financieras, o la detección de intrusiones no deseadas en sistemas conectados a una red, cuyo principal objetivo es la detección de outliers. Existen varias **técnicas para la detección de outliers:**

▶ **Técnicas basadas en k-NN:** Podemos utilizar el método k-NN (k vecinos más cercanos), el cual se basa en calcular la distancia máxima d entre cada punto y sus k vecinos más próximos, y luego ordenar los objetos en orden descendente por dicha distancia máxima d, de forma que los primeros objetos de la lista serían outliers. La generación del modelo de k-NN no tiene ningún coste computacional a priori, ya que dicho modelo simplemente memoriza todos los ejemplos del dataset y es en el momento de llevar a cabo una predicción cuando se realizan los cálculos pertinentes. Para la detección de outliers, podemos guardar también las distancias máximas de los elementos que consideremos como outliers, y posteriormente, con cada nuevo ejemplo comparamos la distancia máxima a sus k vecinos más próximos con la distancia máxima de los l outliers que hemos seleccionado anteriormente.

▼ **Técnicas estadísticas:** este tipo de técnicas simplemente buscan objetos del dataset que se encuentren muy alejados del resto. Por ejemplo, podríamos estandarizar los datos (centrando en la media y dividiendo por la desviación típica), y luego detectar aquellos puntos del dataset que tienen en alguna de sus dimensiones un valor superior o inferior a un determinado valor (si nuestras variables siguen una distribución cercana a la normal, podríamos elegir 5, por ejemplo, ya que prácticamente ningún ejemplo debería desviarse tanto de la media). Este método de detección de outliers es muy simple, y no tiene en cuenta por ejemplo que pueda haber distintos grupos de elementos que tienen sus propias características diferenciadoras del resto y que no deberían considerarse outliers. Otro de los problemas que presenta este método es que es univariado, y en cuanto una variable se desvía de la media, aunque el resto de variables tengan valores normales para esa instancia, se va a considerar como un outlier.

▼ **Técnicas basadas en clustering:** las técnicas de detección de outliers basadas en clustering, en general, se basan en considerar como outliers a aquellos elementos que tras ser agrupados por un proceso de clusterización (por ejemplo usando el algoritmo k-means) se encuentran más alejados de su centroide. Este algoritmo puede ser una buena alternativa cuando conocemos el número de grupos en los que se divide nuestro dataset, y además tenemos una buena estimación del número de outliers que nos podemos encontrar. Por otra parte, si necesitamos obtener los outliers de datasets de gran tamaño, este método puede resultar una buena elección, ya que resulta un algoritmo totalmente escalable y con un orden de complejidad lineal. Para utilizar esta técnica de detección de outliers hay que tener en cuenta que debemos conocer el número de grupos k en los que se divide el dataset, y el número de outliers que contiene dicho dataset. Esta técnica que nos permite clusterizar un dataset a la vez que vamos obteniendo outliers de una forma unificada funciona de la siguiente manera:

a. Seleccionamos k puntos al azar del dataset, que serán considerados centroides.
b. Calculamos la distancia de cada punto del dataset original a su centroide más cercano.
c. A continuación, los puntos son ordenados en forma decreciente, en función de la distancia a su centroide más cercano.
d. Se crea un nuevo dataset usando todos los puntos del dataset original menos los puntos seleccionados en el paso 3.
e. Calculamos los nuevos centroides a partir del dataset generado en el punto anterior, y volvemos a repetir todo el proceso desde el punto 2 hasta que logremos la convergencia o alcancemos un número máximo de iteraciones.

4.4.3 TÉCNICAS DE MINERÍA DE DATOS

El término Data Mining puede estar referido a múltiples actividades con distintas finalidades. En esta sección analizamos una posible clasificación para diferenciar las diferentes técnicas empleadas en la etapa de modelado de datos. A continuación, se agrupan dichas técnicas en función de si utilizan algoritmos de aprendizaje supervisado o algoritmos de aprendizaje no supervisado.

El objetivo principal del aprendizaje automático es analizar y construir algoritmos que puedan en base a datos históricos, aprender y realizar predicciones sobre nuevos datos de entrada y que sean capaces de definir que tan bien el modelo realizado está aprendiendo. En base al tipo de datos de entrada podríamos realizar una clasificación del tipo de tarea de aprendizaje en:

▶ **Aprendizaje no supervisado**: Utilizado para detectar por ejemplo patrones de comportamiento en base a datos que no traen asociados una descripción adjunta.

▶ **Aprendizaje supervisado:** Utilizado para, por ejemplo, crear una plataforma para realizar encuestas que clasifican los datos y preferencias de las personas de forma tal de poder encontrar patrones que permitan generar una regla que asigna a una determinada preferencia una salida específica. En este caso se pueden utilizar técnicas de regresión lineal o clasificación para encontrar tendencias.

• **Clasificación**: consiste en examinar las características de un conjunto de datos u objetos y asignar cada uno de ellos a una clase predefinida o etiqueta. Los objetos a clasificar suelen estar representados por registros en una base de datos y pueden tener formatos muy variados, texto plano, imágenes, señales de comunicaciones. Para ello, es habitual dividir los datos del dataset en dos conjuntos: un primer conjunto de datos de entrenamiento formado por elementos previamente clasificados y un segundo conjunto cuya clase es desconocida. El objetivo es utilizar el primer conjunto para elaborar un modelo que permita clasificar con la mayor precisión posible el segundo conjunto.

Las técnicas de clasificación tienen como objetivo predecir una instancia no vista dentro de un dominio determinado y finito de categorías conocidas. Generalmente, un clasificador aprende un modelo con la información del conjunto de entrada, nombrado conjunto de entrenamiento. Posteriormente, se utiliza el modelo para predecir el valor de la variable objetivo de una instancia o conjunto de instancias no utilizadas en el aprendizaje, denominado conjunto de prueba.

Un ejemplo sencillo de aplicación se puede encontrar sobre el dataset MNIST *https:// en.wikipedia.org/wiki/MNIST_database* que almacena un vector de 10.000 imágenes (muestras) con trazos de números manuscritos entre 0 y 9. Esta base de datos está preparada para trabajar sobre ella omitiendo las etapas de preprocesado de los datos, siendo el objetivo del problema utilizar un algoritmo que aprenda a averiguar qué número se ha escrito en cada caso y evaluar las prestaciones de dicho algoritmo en función del número de aciertos.

Para la resolución de este problema, se puede recurrir a algoritmos de Machine Learning como el KNN (K-Nearest Neighbours). Este algoritmo supervisado se basa en el concepto de distancia euclídea para realizar la clasificación de las muestras. Por otro lado, existen otros modelos que pueden ser utilizados en problemas de clasificación de mayor complejidad tales como las redes neuronales, los árboles de decisión o las Máquinas de Vectores de Soporte (SVM).

Con respecto al análisis predictivo, la principal diferencia entre el análisis predictivo y otras técnicas como la clasificación o la estimación radica en que estas últimas parten del aprendizaje de resultados anteriores que sirven para entrenar el algoritmo, existiendo cierta incertidumbre en los resultados que se mide a través de la precisión del algoritmo empleado. En el lado opuesto se encuentran las técnicas de predicción, que se basan en estimaciones futuras del comportamiento de las variables involucradas en el problema. En este caso, la única forma de medir la precisión de la técnica empleada es esperar a comparar los resultados con lo que ocurra en el futuro.

Una de las técnicas más empleadas para llevar a cabo análisis predictivo es la regresión. Esta técnica da como resultado un modelo basado en una función que ajusta un gran número de puntos que representan la población a estudiar. Este modelo puede ajustar la nube de puntos a diferentes tipos de funciones (lineal, segmentada por intervalos, parabólica...)

Con respecto a las técnicas de aprendizaje **no supervisado** la más usada es la técnicas de **clustering que** consiste en segmentar un grupo de datos de carácter diverso en subgrupos de datos que cumplan características similares (clústers). Para clasificar cada objeto en un grupo u otro se utiliza generalmente como criterio de referencia la distancia. En este caso no existen clases predefinidas ni datos de prueba para entrenar a los algoritmos, sino que tiene que ser el propio analista quien interprete los resultados obtenidos una vez aplicadas las técnicas de agrupamiento.

El clustering tiene múltiples aplicaciones en campos tan diversos como la biología, la meteorología, el marketing y los negocios. Por ejemplo, es una técnica comúnmente empleada a la hora de agrupar consumidores en distintos segmentos en función de los datos obtenidos en encuestas. De esta forma, se pueden observar las tendencias de consumo, los clientes potenciales y las relaciones entre diferentes tipos de clientes con el objetivo de desarrollar nuevos productos o entrar en nuevos mercados.

En los algoritmos de clustering es relevante el concepto de **Centroide** del clúster, que es la media de los valores de los datos que pertenecen a un agrupamiento. Cuando queremos clasificar un dato nuevo, medimos la distancia con todos los puntos como primer criterio para incorporarlo a uno u otro clúster.

En cuanto a la definición de distancia a utilizar dos son las más utilizadas: el **teorema de Euclides**, que todos estudiamos de pequeños para calcular la hipotenusa de un triángulo y la **distancia de Manhattan**, que evoca a la ciudad de los rascacielos en la que para ir de un punto a otro no se pueden atravesar los edificios sino recorrer las calles, lo que en la práctica significa sumar los valores de los dos catetos componiendo un triángulo rectángulo entre dos puntos.

4.5 INTRODUCCIÓN AL APRENDIZAJE AUTOMÁTICO

Visto el tipo de sistemas expertos que queremos conseguir tras aplicar alguna/s técnica/s de ML, tenemos que ver cómo aprenden estos sistemas para obtener esa función de clasificación o regresión, que en adelante la denominaremos "hipótesis".

Para que los sistemas aprendan, se ha de tener un conjunto de datos (o dataset) de aprendizaje o entrenamiento que son utilizados para obtener una hipótesis (modelo o función) que generalice esos datos adecuadamente. Cuando se habla de "generalizar", se habla de predecir la salida a partir de nuevos datos de entrada (datos de test) distintos a los datos de entrenamiento.

Aplicando alguna de las técnicas de ML, obtendremos una hipótesis que a priori debería ser la mejor función que se ajusta y generaliza los datos de entrenamiento. Para entender este esquema, supongamos que estamos en el caso de un aprendizaje supervisado, en el que para cada entrada de los datos de entrenamiento, conocemos cuál va a ser su salida. Por tanto; para obtener la hipótesis en este tipo de aprendizaje, tenemos que obtener una función que se ajuste a esos datos de entrenamiento; o dicho de otra manera, que minimice el "error empírico" que es el error medido tras aplicar la hipótesis a los datos de entrenamiento.

En este punto lo que interesa es que la hipótesis obtenida tenga el menor error posible con los datos de test, pero se asume que los datos de entrenamiento son una muestra lo suficientemente representativa como para que el error cometido con los datos de test sea similar al error empírico.

En resumen, el objetivo de estas técnicas es encontrar aquella función o modelo (hipótesis); dentro de todo el conjunto de funciones o modelos, que mejor se ajusta y generaliza los datos de entrenamiento para aplicarlo a los datos de test y así obtener una predicción, recomendación, clasificación, etc

4.6 TIPOS DE APRENDIZAJE AUTOMÁTICO

Dependiendo de cómo sean los datos de los que dispongamos para entrenar al sistema, podemos aplicar un tipo de aprendizaje u otro. A continuación, se enumeran y explican los tipos de aprendizaje más comunes:

▼ **Aprendizaje supervisado:** Tipo de aprendizaje en el que se tiene la información completa de los datos de entrenamiento; es decir, los datos de entrada y la salida de los mismos. Es el tipo de aprendizaje que mejores resultados ofrece ya que es el que más información tiene.

▼ **Aprendizaje no supervisado**: Tipo de aprendizaje en el que únicamente se disponen de los datos de entrada y tiene como objetivo el obtener información sobre la estructura del dominio de salida.

▼ **Aprendizaje semisupervisado:** Es un tipo de aprendizaje híbrido entre el aprendizaje supervisado y no supervisado.

▼ **Aprendizaje adaptativo:** Tipo de aprendizaje en el que se parte de un modelo previo cuyos parámetros se modifican o adaptan usando los nuevos datos de entrenamiento.

▼ **Aprendizaje por refuerzo:** Tipo de aprendizaje híbrido entre el aprendizaje on-line y aprendizaje semisupervisado en el que la supervisión es incompleta; normalmente una información del tipo {si,no}, {0,1}, {premio, castigo}.

La creación de aplicaciones de aprendizaje automático, aunque es similar en muchos aspectos al paradigma de la ingeniería estándar, difiere en un aspecto crucial: la necesidad de trabajar con datos como materia prima. El éxito de un proyecto dependerá, en gran parte, de la calidad de los datos que se adquiera, así como del manejo de dichos datos. Y cómo trabajar con datos cae en el dominio de la ciencia de datos, es útil comprender el flujo de trabajo de la ciencia de datos, el cual está compuesto por siete pasos:

1. **Comprender el negocio**. Es necesario realizar previamente a iniciar el análisis, un estudio del negocio o emprendimiento al cual nos vamos a abocar y cuáles pueden ser las fuentes de datos existentes o a desarrollar para retroalimentar con información precisa los modelos desarrollados.

2. **Adquisición**. Los datos para aplicaciones de aprendizaje automático pueden provenir de varios tipos de fuentes, como un correo electrónico, una encuesta online, un captcha o un sin número de opciones más, y en varios formatos, que pueden ser números, texto, imágenes, audio, etc. Independientemente de la fuente y del formato es crucial comprender bien cuál es el contenido de los datos.

3. **Inspección**. Una vez adquiridos los datos, el siguiente paso es inspeccionarlos. El objetivo principal en esta etapa es verificar la integridad de los datos, y la mejor manera de lograrlo es buscar cosas que sean imposibles o muy poco probables. Como ejemplo, si los datos tienen un identificador único, verifique que exista uno solo; si los datos se basan en el precio, verifique que siempre sea positivo; y cualquiera que sea el tipo de datos, verifique los casos más extremos. Es una buena práctica realizar estadísticas simples en los datos y visualizarlos. Este paso tiene un impacto directo sobre la eficacia del modelo realizado.

4. **Preparación**. Luego de inspeccionar los datos, debemos estar seguros de que se encuentran ordenados de forma de colocar en un formato que resulte fácil de modelar. En esta etapa es imprescindible comprender bien cuál es el tipo de datos con el cual estamos trabajando, así como las bibliotecas y algoritmos a utilizar.

5. **Modelado**. Una vez que se completa la preparación de los datos, la siguiente fase es el modelado. Aquí, seleccionaremos un algoritmo apropiado y utilizaremos los datos para entrenar un modelo.

6. **Evaluación**. En esta etapa debemos evaluar cómo responde el modelo, la forma de evaluación depende en gran medida del tipo de datos que estamos utilizando y del tipo de modelo seleccionado, pero en líneas generales estamos buscando conocer que tan bien responde a las predicciones realizadas.

7. **Despliegue o puesta en producción**. Al final nos resta implementar el modelo en la práctica, el cual puede ubicarse dentro de una aplicación ya creada, una página web u otro tipo de forma de obtener datos del medio.

4.7 APRENDIZAJE SUPERVISADO VS NO SUPERVISADO

Los problemas de aprendizaje automático tratan de predecir las propiedades o el modo de trabajo de una colección de datos seleccionados. Podemos dividir los problemas de aprendizaje automático en dos grandes categorías:

▶ **Aprendizaje supervisado**, cuando el conjunto de datos viene con los atributos adicionales que queremos predecir. El problema puede clasificarse en dos categorías:

  • **Regresión:** La regresión como método de aprendizaje supervisado tiene como objetivo predecir valores continuos a partir de datos históricos etiquetados. Un ejemplo es la predicción del valor de una casa en función de su superficie útil, número de habitaciones, cuartos de baños, etc.

  • **Clasificación:** las muestras pertenecen a dos o más clases y queremos aprender a partir de lo que ya conocemos cómo clasificar nuevas muestras. Tenemos como ejemplo el Iris dataset que ya mostramos en la entrada anterior.

▶ **Aprendizaje no supervisado**, cuando no hay un conocimiento a priori de las salidas que corresponden al conjunto de datos de entrada. En estos casos el objetivo es encontrar grupos mediante clustering o determinar una distribución de probabilidad sobre un conjunto de entradas.

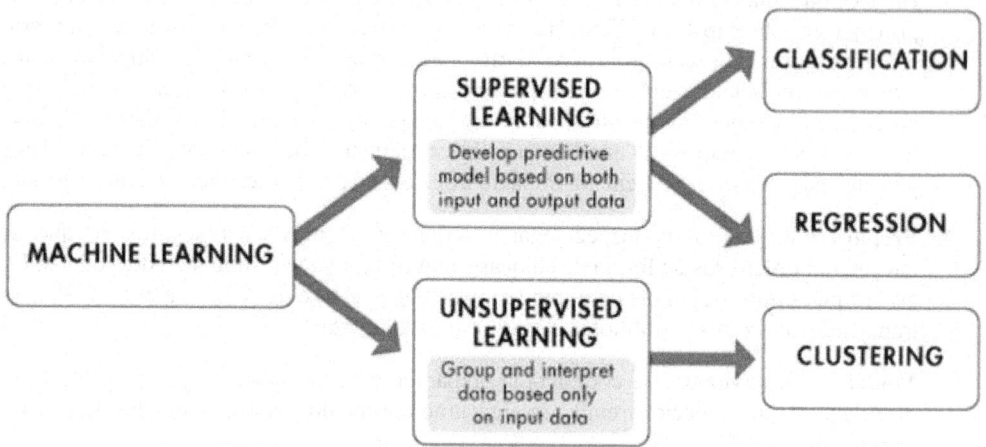

Figura 4.6. Aprendizaje Supervisado vs No Supervisado

La siguiente tabla presenta una lista de algoritmos junto con la categoría asociada a cada uno:

Algoritmo	Categoría
K-Means	Clustering
Gaussian Mixtures	Clustering
Ordinary Least Squares (OLS)	Regresión, Selección de Características
Naive Bayes (NB)	Clasificación
K-Nearest Neighbors (k-NN)	Clasificación, Regresión
Support vector machines (SVM)	Clasificación, Regresión
Decision Trees (DT)	Clasificación, Regresión
Random Forest (RF)	Clasificación, Regresión
Recurrent Neural Networks(RNN)	Clasificación, Regresión

En la siguiente tabla podemos ver un resumen de algunos algoritmos:

Regresión • Se pueden usar en análisis estadísticos para predecir valores, seleccionando la respuesta a partir del menor error.	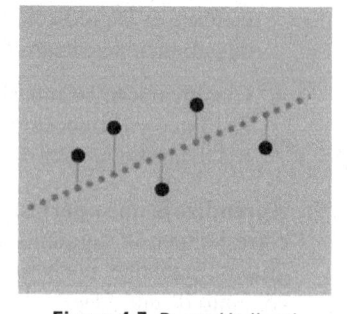 **Figura 4.7.** Regresión lineal

Basados en instancia
- Se crea un modelo a partir de una base de datos y se agregan nuevos datos comparando su similitud con la muestra, para realizar la predicción.

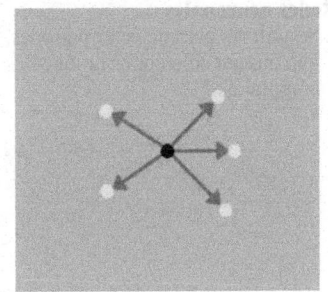

Figura 4.8. Basados en distancia

Árbol de decisión
- Seleccionará el árbol más adecuado basándose en probabilidades y la importancia de cada rama y hoja para clasificar la solución.

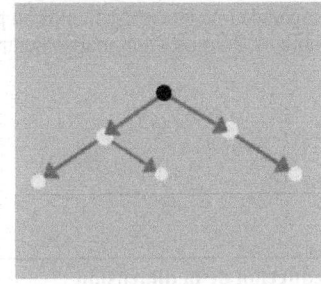

Figura 4.9. Árbol de decisión

Bayesianos
- Basados en el teorema de Bayes sobre la probabilidad de la clasificación y regresión.

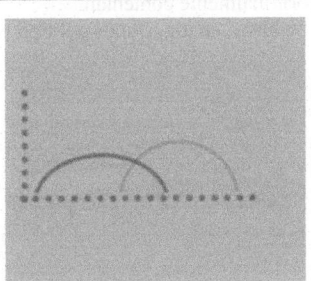

Figura 4.10. Bayesianos

Clustering
- Se agrupan datos buscando similitudes en grupos denominados "clústers".
- Se usan en ML no supervisado.

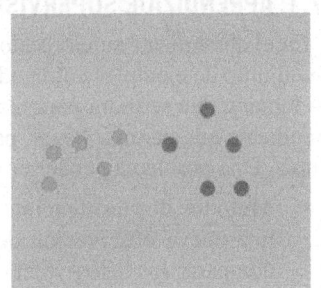

Figura 4.11. Clustering

Redes neuronales • Se utilizan para detectar patrones, tienen gran potencial ya que buscan soluciones no lineales para problemas de alta complejidad.	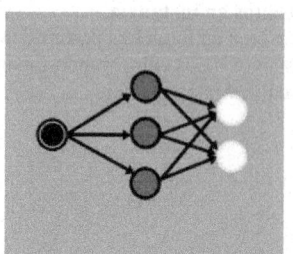 **Figura 4.12.** Redes neuronales
Deep learning • Utilizan redes neuronales interconectadas en capas con capacidad de ejecutar cálculos en paralelo. Pueden reconocer objetos, animales o humanos dentro de imágenes.	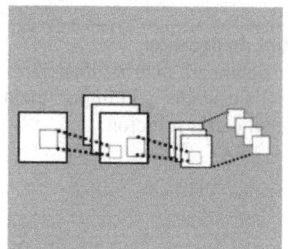 **Figura 4.13.** Deep learning
Reducción de la dimensión • Se usan para simplificar modelos complejos que originalmente contenían • Se basan en algoritmos del tipo No supervisado.	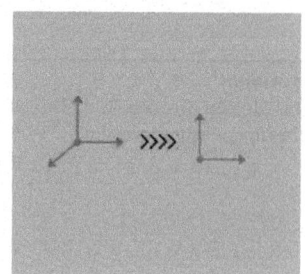 **Figura 4.14.** Reducción de la dimensión

4.7.1 APRENDIZAJE SUPERVISADO:CLASIFICACIÓN Y REGRESIÓN

En el aprendizaje supervisado, la función se genera a partir de datos de entrenamiento o de un conjunto de ejemplos entrenados. El algoritmo analiza los datos de entrenamiento y produce una función que se usará para mapear datos nuevos. Es necesario trabajar con un algoritmo de aprendizaje que permita llegar, partiendo de los datos de entrenamiento, a posibles situaciones futuras. Este problema puede ser resuelto por:

▶ **Métodos de clasificación**: consiste en la identificación de la categoría a la que pertenece una nueva observación de un conjunto de datos de entrenamiento. En otras palabras, comparar los datos ya etiquetados con los nuevos datos no etiquetados para predecir a qué categoría pertenecen.

▶ **Métodos de regresión**: consiste en la estimación de la relación entre variables. Las técnicas de regresión ayudan a comprender cómo cambia el valor de una variable dependiente cuando varía otra variable independiente.

La modelización supervisada consiste en ajustar una función matemática que asocia una serie de variables de entrada (inputs) a una o varias variables de salida (outputs) previamente "etiquetadas". El procedimiento de ajuste, etapa que se denomina con el nombre de "entrenamiento", requiere disponer de datos masivos a pasado (aunque pueden ser datos muy recientes), obteniendo con ello un modelo supervisado que generalmente sigue funcionando correctamente al reutilizarse sobre nuevos inputs, debido a que las relaciones inducidas de los datos suelen tener una cierta recencia temporal, lo que resulta de gran utilidad para realizar predicciones para la toma de decisiones.

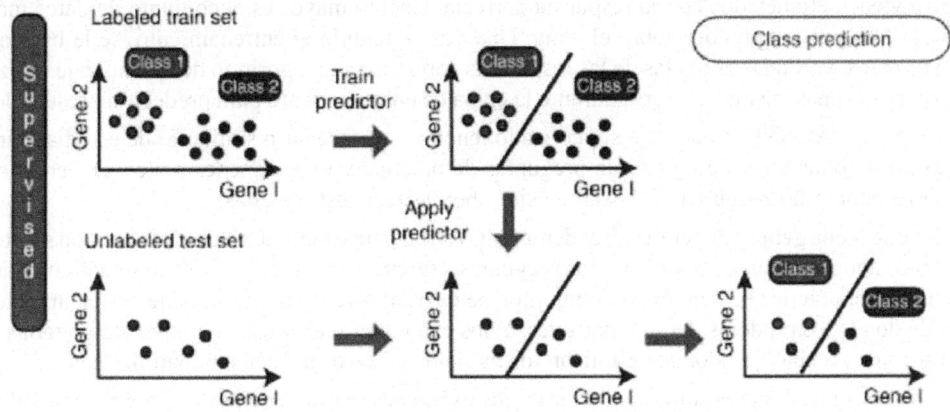

Figura 4.15. Aprendizaje Supervisado mediante clasificación

El modelo se suele entrenar mediante algoritmos de minimización del error o de maximización de la verosimilitud asociada a un modelo estadístico paramétrico determinado, lo cual se lleva a cabo mediante diferentes procedimientos de validación cruzada (es decir, sobre un subconjunto no utilizado para aprender, pues esto podría llevar al efecto indeseado del sobreajuste).

De este modo, partiendo de datos a pasado (inputs y outputs) se inicia una primera fase de entrenamiento en la que se pretende obtener el valor de los parámetros o pesos del modelo que minimizan la función de error (i.e. maximizan la verosimilitud). Una vez obtenida la fórmula del modelo, se aplica sobre inputs nuevos para obtener, como resultado de la fase de aplicación, predicciones acerca de los efectos futuros.

Aunque generalmente no existe ninguna certeza de que las predicciones vayan a ser correctas, durante la fase de entrenamiento se va comprobando el nivel de acierto del modelo aplicándolo sobre los propios datos pasados, gracias a lo cual se puede obtener una segunda predicción, en este caso acerca de la precisión del modelo.

Se trata de una predicción que, a no ser que por negligencia del modelizador se haya producido el nocivo efecto del sobreajuste, tenderá a mantenerse aproximadamente durante un cierto período temporal, de modo que los modelos predictivos, por defecto, no sólo hacen referencia a una predicción del valor esperado, sino que también se dispone de una estimación acerca del error esperado. Ya en fase de aplicación, se realiza un seguimiento tanto del grado de acierto del modelo y se va recalculando el error de predicción (que tiende a ir aumentando paulatinamente con el paso del tiempo si no se dispone de mecanismos de calibrado automático).

En el aprendizaje supervisado, tenemos un conjunto de datos que consta de características y etiquetas. La tarea consiste en construir un estimador que sea capaz de predecir la etiqueta de un objeto dado el conjunto de características. Entre algunos problemas de clasificación podemos destacar:

▶ Dada una imagen multicolor de un objeto a través de un telescopio, determine si ese objeto es una estrella, un cuásar o una galaxia.

▶ Dada una fotografía de una persona, identificar a una persona en la foto.

▶ Dada una lista de películas que una persona ha visto y su calificación personal de la película, recomendar una lista de películas que les gustaría,también llamados sistemas de recomendación.

En los problemas de aprendizaje supervisado se enseña o entrena al algoritmo a partir de datos que ya vienen etiquetados con la respuesta correcta. Cuanto mayor es el conjunto de datos más el algoritmo puede aprender sobre el tema. Una vez concluido el entrenamiento, se le brindan nuevos datos, ya sin las etiquetas de las respuestas correctas, y el algoritmo de aprendizaje utiliza la experiencia pasada que adquirió durante la etapa de entrenamiento para predecir un resultado.

En el contexto del aprendizaje supervisado tenemos un escenario similar al de estudiar para un examen. Tenemos un conjunto de preguntas de práctica y los exámenes reales. Deberíamos poder responder las preguntas del examen sin saber las respuestas a ellas.

Esto se llama **generalización**, aprendemos algo de nuestras preguntas de práctica y, con suerte, podemos aplicar el conocimiento a otras preguntas similares. En el aprendizaje automático, estas preguntas de práctica se denominan conjuntos de **entrenamiento** o muestras de entrenamiento. Son de donde los modelos derivan patrones. Y los exámenes reales son conjuntos de **pruebas** o muestras de prueba. Son donde se aplican los modelos y se extrae cuán compatibles son.

A veces, entre las preguntas de práctica y los exámenes reales, tenemos exámenes simulados para evaluar que tan bien vamos a hacer en los reales y para ayudar a la revisión. Estos exámenes simulados se denominan conjuntos de **validación** o muestras de validación en aprendizaje automático. Nos ayudan a verificar que tan bien se comportan los modelos en una configuración simulada, luego ajustamos los modelos en consecuencia para lograr mayores éxitos.

4.7.2 ÁRBOLES DE DECISIÓN

Los árboles de decisión son un tipo de aprendizaje supervisado donde un conjunto de condiciones se organiza jerárquicamente. El objetivo es crear un modelo que prediga el valor de una variable mediante el aprendizaje de reglas simples de decisión inferidas a partir de las características de los datos. De esta manera, es posible ir desde la raíz del árbol hasta las hojas para llegar a la decisión final.

Estos modelos consisten en estimar una variable endógena mediante secuencias de decisión en forma de particiones en las variables predictoras. Los árboles de decisión se entrenan explorando diferentes umbrales de corte dentro del conjunto de variables y seleccionando aquellos que mejor discriminen.

Tras hacer esto de forma recursiva hasta alcanzar algún criterio de parada, se aplican algoritmos de lo que se llama "post-poda", para reducir el sobreajuste, o se va repitiendo el mecanismo de creación del árbol ensamblando iterativamente modelos simples mediante técnicas de remuestreo. De este modo quedan conformados modelos complejos y precisos partiendo de árboles de decisión sencillos.

Los modelos de árbol donde el objetivo puede tomar un conjunto discreto de valores se denominan árboles de clasificación. Los árboles de decisión donde el objetivo puede tomar valores continuos se llaman **árboles de regresión** que consiste en segregar los datos en grupos según valores de variables, evaluar cada grupo y repetir el proceso en cada grupo creado hasta que el proceso de evaluación determine que no es necesario segregar más grupos. Cuando usamos más de un árbol hablamos de Bosque (Forest).

Random Forest es una combinación de predictores de árbol donde cada árbol depende de los valores de una muestra de vector aleatorio de forma independiente y con la misma distribución que el resto de los árboles del bosque. Random Forest comienza con una técnica de aprendizaje automático estándar llamada "árbol de decisiones", que corresponde a un aprendizaje. En un árbol de decisión, una entrada se introduce en la parte superior y hacia abajo a medida que atraviesa el árbol, los datos se acumulan en conjuntos cada vez más pequeños. En la siguiente figura se muestra el principal funcionamiento del algoritmo.

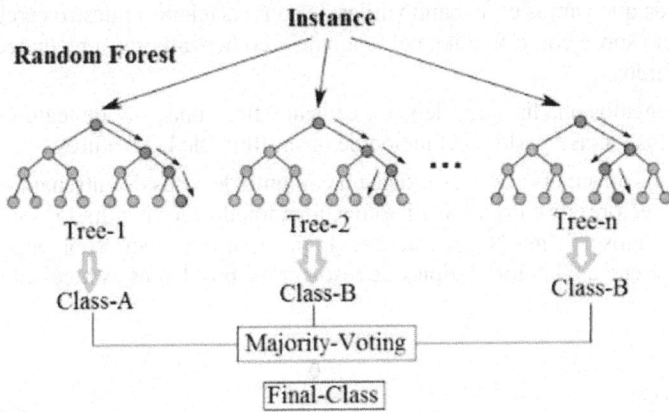

Figura 4.16. Representación del algoritmo Random Forest

4.7.3 ALGORITMO K-NEAREST NEIGHBOR

El algoritmo de vecino más cercano es un método utilizado para la clasificación y la regresión de reconocimiento de patrones. En la clasificación K-NN, las nuevas muestras se clasifican calculando la distancia al caso de entrenamiento más cercano y luego, el objeto se clasifica en función del voto mayoritario de sus vecinos. En la regresión K-NN, el valor de la salida es el promedio de los valores de los K vecinos más cercanos.

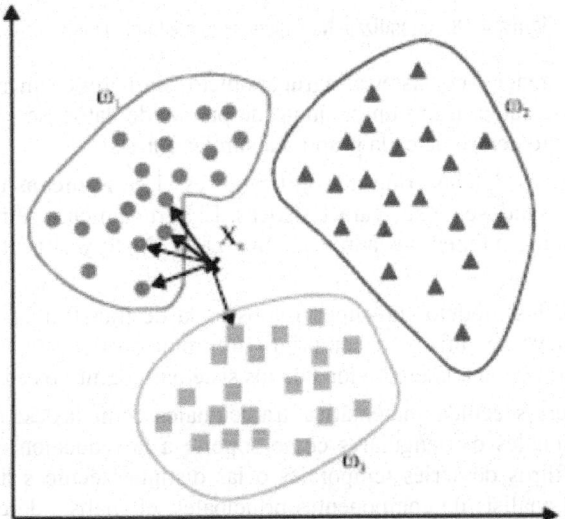

Figura 4.17. Representación del algoritmo vecino más cercano

4.7.4 APRENDIZAJE NO SUPERVISADO

En los problemas de aprendizaje no supervisado el algoritmo es entrenado usando un conjunto de datos que no tiene ninguna etiqueta; en este caso, nunca se le dice al algoritmo lo que representan los datos. La idea es que el algoritmo pueda encontrar por sí solo patrones que ayuden a entender el conjunto de datos.

El aprendizaje no supervisado es similar al método que utilizamos para aprender a hablar cuando somos pequeños, en un principio escuchamos hablar a nuestros padres y no entendemos nada; pero a medida que vamos escuchando miles de conversaciones, nuestro cerebro comenzará a formar un modelo sobre cómo funciona el lenguaje y comenzaremos a reconocer patrones y a esperar ciertos sonidos.

Por ejemplo, tenemos una lista de clientes y cada uno tiene una serie de features. El algoritmo tratará de agruparlos y clasificarlos en función de la similitud de las features

En el aprendizaje no supervisado, no existe un conjunto de datos de entrenamiento. Consisten en un conjunto de vectores de entrada sin ningún valor anotado y los resultados son desconocidos. Funciona solo con datos de entrada y operaciones lógicas para resolver problemas complejos; sin ningún dato de referencia. Una forma típica de resolver los problemas es mediante la agrupación o clustering.

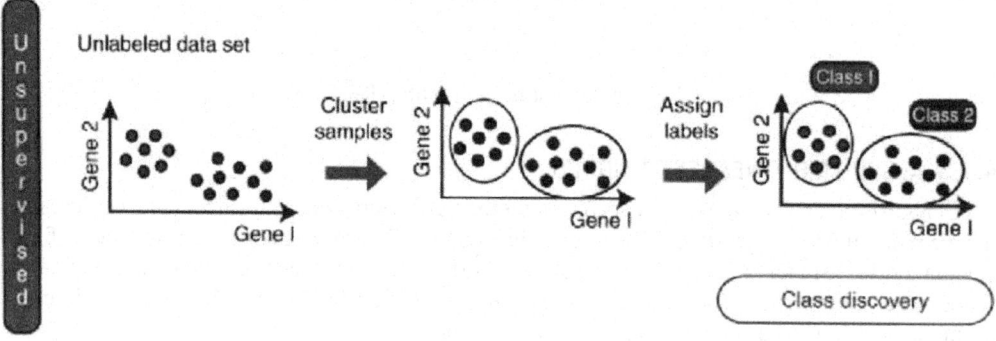

Figura 4.18. Aprendizaje No Supervisado mediante clustering

Los métodos de agrupación consisten en agrupar objetos similares en un mismo grupo creando diferentes conjuntos de datos. Dado un conjunto de puntos de datos, se crean un conjunto de grupos donde cada punto dentro de cada grupo sea similar entre sí.

Uno de los algoritmos de clustering más utilizados es el de **K-means** que permite agrupar objetos en k grupos basándose en sus características. El agrupamiento se realiza minimizando la suma de distancias, normalmente cuadrática, entre cada objeto y el centroide de su grupo o clúster.

Otra aplicación de los modelos no-supervisados es la de transformar el espacio de datos de entrada, lo cual suele ser útil para comprimir información o llevar a cabo todo tipo de proyecciones que contribuyan a la efectividad de los sistemas cognitivos en los que se integren.

Además de las diversas técnicas matemáticas tradicionales, como la descomposición matricial en componentes diagonales o triangulares como soporte a la reducción de dimensionalidad, las transformadas y filtros de series temporales o las distintas técnicas de proyección lineal tradicionales como el análisis de componentes principales, el análisis de correspondencias, la correlación canónica, el escalado multidimensional, etc. están surgiendo otras muy diversas técnicas alineadas con el paradigma del Deep Learning, como los Deep Autoencoders o las Deep Belief Networks, u otros muchos nuevos algoritmos de visualización que muestran gran potencialidad para sintetizar y ayudar a interpretar grandes volúmenes de datos.

4.8 TÉCNICAS DE MACHINE LEARNING

Resulta verdaderamente complejo hacer una jerarquización o clasificación de las técnicas de ML en función de los problemas que pueden resolver; ya que por ejemplo, hay técnicas muy concretas como el K-means o el Expectation-Maximization (EM) que se utilizan claramente para problemas de Clustering y sin embargo técnicas como la de Support Vector Machine (SVM) o incluso las Redes Neuronales pueden encajar tanto en problemas de Regresión como de Clasificación, aunque sean más propias de la clasificación que de la regresión.

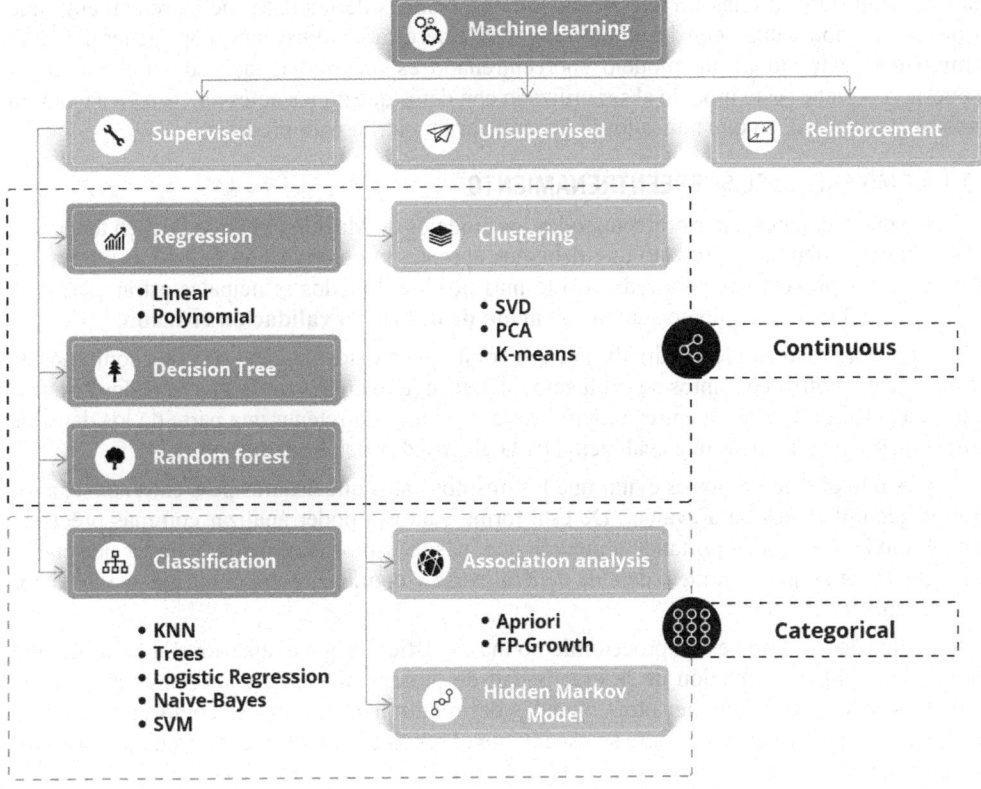

Figura 4.19. Técnicas de aprendizaje automático

Independientemente de que cada una de las técnicas pueda ser clasificada de una manera o de otra, lo que sí es obvio es que los profesionales de Machine Learning deben de preocuparse en aprender correctamente cuantas más técnicas mejor y de esta forma tener una formación lo suficientemente alta como para saber abordar y solucionar los problemas utilizando las técnicas que mejor se puedan adaptar.

4.9 PROBLEMA DEL SOBREENTRENAMIENTO

Si tengo un conjunto de datos que se parecen mucho entre sí, mi sistema va a ser capaz de aprender muy bien el conjunto de entrenamiento. Lo ideal es tener separado por una parte datos entrenamiento y datos de prueba para realizar predicciones más realistas.

Como mencionamos cuando definimos Machine Learning, la idea fundamental es encontrar patrones que podamos generalizar para luego poder aplicar esta generalización sobre los casos que todavía no hemos observado y realizar predicciones. Pero también puede ocurrir que durante el entrenamiento solo descubramos casualidades en los datos que se parecen a patrones interesantes, pero que no generalicen. Esto es lo que se conoce con el nombre de sobreentrenamiento o sobreajuste.

El sobreentrenamiento es la tendencia que tienen la mayoría de los algoritmos de Machine Learning a ajustarse a unas características muy específicas de los datos de entrenamiento que no tienen relación causal con la función objetivo que estamos buscando para generalizar. El ejemplo más extremo de un modelo sobreentrenado es un modelo que solo memoriza las respuestas correctas; este modelo al ser utilizado con datos que nunca antes ha visto va a tener un rendimiento azaroso, ya que nunca logró generalizar un patrón para predecir.

4.9.1 CÓMO EVITAR EL SOBREENTRENAMIENTO

Como mencionamos anteriormente, todos los modelos de Machine Learning tienen tendencia al sobreentrenamiento; es por esto que debemos aprender a convivir con el mismo y tratar de tomar medidas preventivas para reducirlo lo más posible. Las dos principales estrategias para lidiar con el sobreentrenamiento son: la **retención de datos** y la **validación cruzada**.

En el primer caso, la idea es dividir nuestro conjunto de datos , en uno o varios conjuntos de entrenamiento y otros conjuntos de evaluación. Es decir, que no le vamos a pasar todos nuestros datos al algoritmo durante el entrenamiento, sino que vamos a retener una parte de los datos de entrenamiento para realizar una evaluación de la efectividad del modelo.

Con esto lo que buscamos es evitar que los mismos datos que usamos para entrenar sean los mismos que utilizamos para evaluar. De esta forma vamos a poder analizar con más precisión como el modelo se va comportando a medida que más lo vamos entrenando y poder detectar el punto crítico en el que el modelo deja de generalizarse y comienza a sobre ajustarse a los datos de entrenamiento.

La validación cruzada es un procedimiento más sofisticado que el anterior. En lugar de solo obtener una simple estimación de la efectividad de la generalización ; la idea es realizar un análisis estadístico para obtener otras medidas del rendimiento estimado, como la media y la varianza, y así poder entender cómo se espera que el rendimiento varíe a través de los distintos conjuntos de datos.

Esta variación es fundamental para la evaluación de la confianza en la estimación del rendimiento. La validación cruzada también hace un mejor uso de un conjunto de datos limitado; ya que a diferencia de la simple división de los datos en uno el entrenamiento y otro de evaluación; la validación cruzada calcula sus estimaciones sobre todo el conjunto de datos mediante la realización de múltiples divisiones e intercambios sistemáticos entre datos de entrenamiento y datos de evaluación.

4.10 FASES PARA ABORDAR UN PROBLEMA DE ML

Un flujo de trabajo clásico Machine Learning normalmente implica los siguientes pasos: preparación de los datos, representación, aprendizaje y evaluación del modelo utilizado.

▶ **Recolectar la información**. En esta fase el objetivo es recolectar y preparar los datos a partir de otras bases de datos como datasets públicos o incluso datos que se pueden obtener mediante técnicas de scraping.

▶ **Representación de los datos.** En esta fase el objetivo es extraer aquellas características más relevantes que nos permitan entrenar el modelo.

▶ **Aprendizaje**. Para esta fase debemos elegir un algoritmo que alimentaremos con datos de entrenamiento. De esta forma, se obtiene un modelo que puede generar predicciones basadas en datos.

▶ **Evaluación del modelo**. Al retomar los datos de una predicción generada por el modelo se pueden comparar con los datos reales que se utilizaron para alimentar el algoritmo. Así se puede obtener una retroalimentación con el objetivo de obtener una serie de métricas de rendimiento para decidir si el modelo es satisfactorio o si se debe iterar el proceso.

Generalmente hay tres fases para abordar un problema con machine learning:

▶ **Fase 1 - Fase de entrenamiento**: Esta es la fase donde los datos de entrenamiento se usan para entrenar el modelo emparejando la entrada dada con la salida esperada. El resultado de esta fase es el propio modelo de aprendizaje.

▶ **Fase 2: Fase de validación y prueba:** Esta fase consiste en medir cuánto de bueno es el modelo de aprendizaje que ha sido entrenado y estimar las propiedades del modelo, tales como medidas de error, memoria, precisión y otros. Esta fase utiliza un conjunto de datos de validación, y la salida es un modelo de aprendizaje sofisticado.

▶ **Fase 3 - Fase de aplicación**: En esta fase, el modelo está sujeto a los datos del mundo real para los cuales los resultados deben derivarse.

4.10.1 PASOS PARA CONSTRUIR UN MODELO DE ML

Construir un modelo de Machine Learning , no se reduce solo a utilizar un algoritmo de aprendizaje o utilizar una librería de Machine Learning ; sino que es todo un proceso que suele involucrar los siguientes pasos:

1. **Recolectar los datos**. Podemos recolectar los datos desde muchas fuentes, podemos por ejemplo extraer los datos de un sitio web u obtener los datos utilizando una API o desde una base de datos. Podemos también utilizar otros dispositivos que recolectan los datos por nosotros; o utilizar datos que son de dominio público. El número de opciones que tenemos para recolectar datos no tiene fin. Este paso parece obvio, pero es uno de los que más complicaciones trae y más tiempo consume.

2. **Preprocesar los datos.** Una vez que tenemos los datos, tenemos que asegurarnos que tiene el formato correcto para nutrir nuestro algoritmo de aprendizaje. Es prácticamente inevitable tener que realizar varias tareas de preprocesamiento antes de poder utilizar los datos. Igualmente este punto suele ser mucho más sencillo que el paso anterior.

3. **Explorar los datos**. Una vez que ya tenemos los datos y están con el formato correcto, podemos realizar un pre análisis para corregir los casos de valores faltantes o intentar encontrar a simple vista algún patrón en los mismos que nos facilite la construcción del modelo. En esta etapa suelen ser de mucha utilidad las medidas estadísticas y los gráficos

en 2 y 3 dimensiones para tener una idea visual de cómo se comportan nuestros datos. En este punto podemos detectar valores atípicos que debamos descartar; o encontrar las características que más influencia tienen para realizar una predicción.

4. **Entrenar el algoritmo**. Aquí es donde comenzamos a utilizar las técnicas de Machine Learning realmente. En esta etapa nutrimos al o los algoritmos de aprendizaje con los datos que venimos procesando en las etapas anteriores. La idea es que los algoritmos puedan extraer información útil de los datos que le pasamos para luego poder hacer predicciones.

5. **Evaluar el algoritmo**. En esta etapa ponemos a prueba la información o conocimiento que el algoritmo obtuvo del entrenamiento del paso anterior. Evaluamos qué tan preciso es el algoritmo en sus predicciones y si no estamos muy conforme con su rendimiento, podemos volver a la etapa anterior y continuar entrenando el algoritmo cambiando algunos parámetros hasta lograr un rendimiento aceptable.

6. **Utilizar el modelo**. En esta última etapa, ya ponemos a nuestro modelo a enfrentarse al problema real. Aquí también podemos medir su rendimiento, lo que tal vez nos obligue a revisar todos los pasos anteriores. El modelo determina cómo los datos de entrada para cada solicitante se pueden utilizar para predecir mejor el resultado del préstamo. Al encontrar y usar patrones en el conjunto de entrenamiento, ML produce un modelo (que se puede pensar en esto como una caja negra) que produce una predicción del resultado para cada nuevo solicitante, basado en los datos de ese solicitante.

4.10.2 EVALUACIÓN DE MODELOS

Una buena práctica consiste en dividir el conjunto de datos etiquetados en 2 subconjuntos, uno de entrenamiento y otro de test. Normalmente se debe decidir el tamaño de cada uno de los conjuntos. Aunque no existe una regla de oro para decidir cuántas instancias asignamos a cada uno de ellos, es frecuente ver problemas donde un 80% corresponde a datos de entrenamiento y un 20% corresponde a datos de test.

▶ **El conjunto de entrenamiento** se emplea para aprender un modelo de clasificación o regresión.

▶ **El conjunto de test** se emplea para predecir el valor de una determinada instancia de nuestro modelo.

Una vez que tenemos un objetivo para el que queremos probar Machine Learning, el primer paso consiste en estudiar qué datos tenemos, cuántos son y qué características tenemos de esos datos. Lo ideal sería que tengamos un conjunto de datos grande, o al menos mediano. Nos podemos encontrar, sin embargo, que sólo dispongamos de un conjunto relativamente pequeño. En ese caso los resultados que demos deberán venir acompañados de una advertencia, ya que cuanto más pequeño sea el conjunto de datos sobre el que saquemos conclusiones, más posible es que el modelo obtenido no sea válido.

La elección de características debe hacerse en función del conocimiento experto del problema. Si podemos elegir, los datos deben reflejar la estructura del problema, reflejando la máxima diversidad posible y balancear entre características. Los datos van a tener siempre ruido, un conjunto de datos de comportamiento anómalo y lo ideal es encontrar un conjunto de datos que reflejen de forma correcta y completa el conjunto de datos.

El siguiente paso consiste en organizar los datos. El proceso de Machine Learning conlleva la separación de los datos disponibles en dos grupos: **datos de entrenamiento** (training set) y **datos de prueba** (test set), con una proporción recomendada de 60%-40%. Si hay disponible un tamaño grande de datos podemos considerar un tercer grupo, que llamaremos de **conjunto de validación**, separando en dos el conjunto de datos de prueba. Usaremos en el proceso el conjunto de datos de entrenamiento y a posteriori probaremos el resultado con el conjunto de datos de prueba. De esta manera estaremos simulando con los datos de prueba un escenario real en el que llegarán datos nuevos que previamente no estarán disponibles y que deberán ser clasificados por el sistema de machine learning.

A la hora de tratar el conjunto de datos de entrenamiento usaremos también una técnica denominada **validación cruzada** (en inglés "**Cross-validation**"). Consiste en dividir el conjunto de datos de entrenamiento a su vez en varios conjuntos de datos de entrenamiento y de pruebas que usaremos durante los siguientes pasos.

A continuación, tenemos que diseñar el predictor en función de las características disponibles de los datos, es decir el algoritmo, la función de predicción, que aplicaremos al conjunto de entrenamiento. Al diseñar este algoritmo tendremos que balancear la exactitud de sus resultados contra otras características necesarias: que sea interpretable, o sea razonablemente de interpretar sus resultados, que sea sencillo, rápido de entrenar y probar y finalmente que sea escalable, es decir que una vez diseñado sea viable el ser ejecutado en un sistema en tiempo real y datos reales.

Por una parte tenemos los datos, que ya tenemos organizados en datos de entrenamiento y datos de prueba. Por otra parte tenemos la función de predicción, para la que usaremos algunos de los algoritmos mencionados. Podríamos aplicar la función de predicción a los datos de entrenamiento, siguiendo la técnica de validación cruzada y vamos refinando la función de predicción hasta que nos resulte un modelo con un error aceptable. El resultado final también puede ser la combinación de varios predictores previamente ensayados.

Una vez que lo tengamos **pasaremos a evaluar la precisión de la función de predicción**. Para ello aplicamos la función de predicción a los datos de prueba y mediremos el error resultante. Si el error supera el umbral considerado como aceptable volveremos a empezar a refinar la función de predicción de nuevo. Los resultados los podríamos clasificar utilizando la siguiente **matriz de confusión**:

- **Falsos positivos:** resultados identificados como correctos pero que son falsos.
- **Falsos negativos:** resultados identificados como incorrectos pero que son verdaderos.
- **Positivos Verdaderos**: resultados positivos bien identificados.
- **Negativos Verdaderos**: resultados negativos bien identificados.

Figura 4.20. Matriz de confusión

A partir de esta clasificación establecemos dos **indicadores** importantes:

▼ **Sensibilidad**: (en inglés "sensitivity" o frecuentemente "recall") cociente entre positivos verdaderos y todos los positivos reales. Si queremos maximizar el número de positivos verdaderos bien clasificados buscaremos un modelo que maximice este indicador.

▼ **Especificidad**: cociente entre los negativos verdaderos y todos los negativos reales. Si queremos minimizar el número de falsos negativos buscaremos un modelo que maximice este indicador.

Estos dos indicadores son usados para determinar la calidad de un predictor, a través de las Curvas ROC (Receiver Operating Characteristic) *https://es.wikipedia.org/wiki/Curva_ROC*, que relacionan la sensibilidad y la especificidad. Construye una curva relacionando la sensibilidad y (1-especificidad). Si el área debajo de la curva (AUC = área under curve) se acerca a uno es que es un predictor muy bueno; a medida que se acerca a 0,5, el predictor pierde valor. En caso de disponer de varios posibles modelos los valores del indicador AUC de cada uno nos ayudará a elegir entre ellos.

A la hora de diseñar el predictor tenemos un riesgo conocido, denominado "Sobreajuste" (en inglés "Overfitting"), que se basa en el concepto de señal y ruido en los datos. Una función de predicción puede ser muy buena clasificando los datos de entrenamiento, debido a que termina siendo demasiado específica para poder incluir el ruido y a la hora de probarla en los datos de prueba (o en datos de validación, si disponemos de ellos) nos encontramos con que versiones de iteraciones anteriores de la función de predicción que está siendo diseñada muestran mejor comportamiento de predicción. El indicador AUC nos puede resultar muy útil para comparar las diferentes versiones de la función de predicción.

Otros indicadores usados habitualmente son:

▼ **Error cuadrático medio**: suma de las diferencias entre los valores válidos y los erróneos elevadas al cuadrado.

▼ **Desviación media**: media de la suma de las desviaciones absolutas, es decir, el valor absoluto de la diferencia entre cada valor y la media.

▼ **Precisión**: fracción de los datos clasificados correctamente, es decir, el cociente entre los positivos verdaderos y la suma de positivos verdaderos y falsos positivos.

▼ **Coeficiente kappa de Cohen (k)**: coeficiente que relación la concordancia observada y la concordancia por puro azar.

TRATAMIENTO DE DATOS CON PYTHON

5.1 JUPYTER NOTEBOOK

Jupyter *https://docs.jupyter.org/en/latest/index.html* es una de las herramientas más útiles en el análisis de datos con python. Cuando utilizamos jupyter, podemos cargar datos, transformarlos y modelarlos dentro de una única ventana, permitiendo probar el código y explorar ideas de forma rápida y fácil. Sumado a esto Jupyter nos permite documentar el código, agregando texto con formato de forma de incluso poder generar un reporte de lo realizado.

Los dos componentes principales de Jupyter Notebook son un conjunto de núcleos (Interpreter) y el Dashboard. Cada núcleo o kernel es un motor de ejecución para un lenguaje que se encarga de procesar las solicitudes y devolver las respuestas apropiadas. El kernel por defecto es IPython, un intérprete de líneas de comandos que permite trabajar con Python.

Gracias a los 50 kernels restantes, es posible trabajar también con otros lenguajes como C++, R, Julia, Ruby, JavaScript, CoffeeScript, PHP o Java. Por un lado, el Dashboard (panel de control) funciona como una interfaz de administración de cada uno de los kernels y, por otro, como un centro de control desde donde es posible crear nuevos documentos o abrir proyectos existentes.

El programa se ejecuta desde la aplicación web cliente que funciona en cualquier navegador estándar. El requisito previo es instalar y ejecutar en el sistema el servidor Jupyter Notebook. Los documentos creados en Jupyter pueden exportarse, entre otros formatos, a HTML, PDF, Markdown o Python y también pueden compartirse con otros usuarios por correo electrónico, utilizando Dropbox o GitHub o mediante el visor integrado de Jupyter Notebook. Tras la instalación, se puede iniciar el servidor del Notebook utilizando la línea de comando y luego el Dashboard en el navegador que prefieras mediante el URL *http://localhost:8888*.

De esta forma, podríamos crear nuevas carpetas en el directorio de Jupyter Notebook, abrir el editor de texto y el terminal integrados o crear un nuevo proyecto Jupyter. Mediante la barra del menú se pueden añadir nuevos campos, importar bibliotecas o incrustar widgets (elementos interactivos). Además, en la barra hay botones que permiten ejecutar y detener los códigos ya finalizados, guardar o exportar el documento completo y seleccionar el kernel subyacente. En la siguiente url *https://jupyter.org/try* podríamos probar la aplicación directamente online:

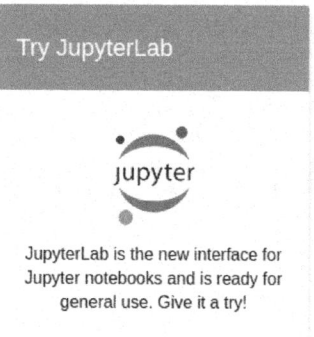

Figura 5.1. Accesos para probar Jupyter de forma online

JupyterLab es el sucesor oficial de Jupyter Notebook. Las diferencias entre ambos residen en que JupyterLab ofrece más opciones de personalización e interacción y en él es más sencillo aún implementar extensiones.

```
[1]: from matplotlib import pyplot as plt
     import numpy as np

     # Generate 100 random data points along 3 dimensions
     x, y, scale = np.random.randn(3, 100)
     fig, ax = plt.subplots()

     # Map each onto a scatterplot we'll create with Matplotlib
     ax.scatter(x=x, y=y, c=scale, s=np.abs(scale)*500)
     ax.set(title="Some random data, created with JupyterLab!")
     plt.show()
```

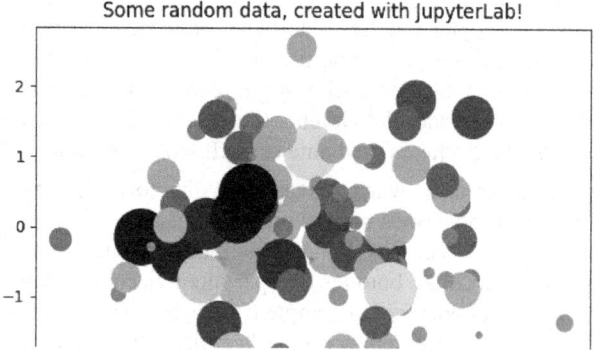

Figura 5.2. Ejemplo de ejecución con JupyterLab

Además de los editores de texto, terminales y otros componentes que pueden abrirse y visualizarse al mismo tiempo que los documentos de Notebook, la nueva interfaz de usuario, gracias a su nuevo diseño, incluye también accesos directos a Google Drive y otros servicios en la nube, nuevas opciones en el menú y atajos de teclado para que el trabajo en el entorno de código sea aún más fácil.

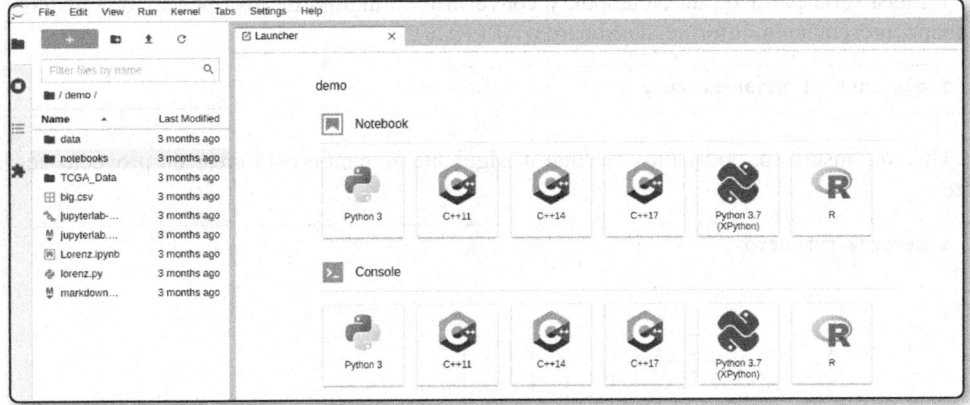

Figura 5.3. Interfaz de usuario de JupyterLab ·

Algunos de los principales usos que se da a Jupyter Notebook:

▶ **Depuración de datos:** distinguir entre los datos que son importantes y los que no lo son al ejecutar un análisis de big data.

▶ **Modelización estadística:** método matemático para estimar la probabilidad de distribución de una característica concreta.

▶ **Creación y entrenamiento de modelos de aprendizaje automático:** diseño, programación y entrenamiento de modelos basados en aprendizaje automático.

▶ **Visualización de datos:** representación gráfica de datos para visualizar con claridad patrones, tendencias, interdependencias, etc.

5.2 MERCURY

Mercury *https://github.com/mljar/mercury* es un proyecto que tiene como objetivo convertir un Notebook de Python en otros elementos que permiten visualizar los notebooks otros formatos,

Figura 5.4. Características de Mercury

La idea sería partir de un Notebook y convertirlo en alguno de los tipos soportados como webapp, presentación, informe, dashboard o API REST.

```
$ pip install mljar-mercury
```

Una vez instalado, podríamos ejecutar el siguiente comando para crear un proyecto desde cero.

```
$ mercury run demo
```

```
 _____ _____ _____ _____ _____ _____ __ __
|     |     |  ___|  ___|  _  |  ___|  |  |
| | | |   __|  _ -|  _ -| |  ,|  _ -|  |_|  |
|_|_|_|_____|__|__|__|__|__|_,_|__|__|  \_, |
                                       _/ |
                                      |__/
```

```
Filepond app init: Creating temporary file upload directory </home/linux/anaconda3/
lib/python3.8/site-packages/mercury/uploads-temp>
Filepond app init: Creating file store directory </home/linux/anaconda3/lib/py-
thon3.8/site-packages/mercury/uploads>...
Operations to perform:
  Apply all migrations: admin, auth, contenttypes, django_drf_filepond, notebooks,
sessions, tasks
Running migrations:
  Applying contenttypes.0001_initial... OK
  Applying auth.0001_initial... OK
  Applying admin.0001_initial... OK
  Applying admin.0002_logentry_remove_auto_add... OK
  Applying admin.0003_logentry_add_action_flag_choices... OK
  Applying contenttypes.0002_remove_content_type_name... OK
  Applying auth.0002_alter_permission_name_max_length... OK
  Applying auth.0003_alter_user_email_max_length... OK
  Applying auth.0004_alter_user_username_opts... OK
  Applying auth.0005_alter_user_last_login_null... OK
  Applying auth.0006_require_contenttypes_0002... OK
  Applying auth.0007_alter_validators_add_error_messages... OK
  Applying auth.0008_alter_user_username_max_length... OK
  Applying auth.0009_alter_user_last_name_max_length... OK
  Applying auth.0010_alter_group_name_max_length... OK
  Applying auth.0011_update_proxy_permissions... OK
  Applying auth.0012_alter_user_first_name_max_length... OK
  Applying django_drf_filepond.0001_initial... OK
  Applying django_drf_filepond.0002_add_upload_dir... OK
  Applying django_drf_filepond.0003_add_storedupload... OK
  Applying django_drf_filepond.0004_tempupload_mods... OK
  Applying django_drf_filepond.0005_add_uploaded_by... OK
  Applying django_drf_filepond.0006_permupload_mods... OK
  Applying django_drf_filepond.0007_altered_stored_upload_file... OK
  Applying django_drf_filepond.0008_temporaryuploadchunked... OK
  Applying django_drf_filepond.0009_temporaryuploadchunked_offset_utime... OK
  Applying django_drf_filepond.0010_temp_chunked_biginteger... OK
  Applying notebooks.0001_initial... OK
```

```
Applying sessions.0001_initial... OK
Applying tasks.0001_initial... OK

199 static files copied to '/home/linux/anaconda3/lib/python3.8/site-packages/mer-
cury/static'.
Initialize demo.ipynb
Successfully added a notebook (id:1)
Performing system checks...

System check identified no issues (0 silenced).
June 11, 2022 - 13:52:27
Django version 3.2.5, using settings 'server.settings'
Starting development server at http://127.0.0.1:8000/
Quit the server with CONTROL-C.
celery beat v5.1.2 (sun-harmonics) is starting.
__  - ... __    -
_
LocalTime -> 2022-06-11 13:52:29
Configuration ->
. broker -> sqla+sqlite:///celery.sqlite
. loader -> celery.loaders.app.AppLoader
. scheduler -> celery.beat.PersistentScheduler
. db -> celerybeat-schedule
. logfile -> [stderr]@%ERROR
. maxinterval -> 1.00 minute (60s)

 -------------- celery@linux-hpelitebook8470p v5.1.2 (sun-harmonics)
--- ***** -----
-- ******* ---- Linux-5.13.19-2-MANJARO-x86_64-with-glibc2.10 2022-06-11 13:52:30
- *** --- * ---
- ** ---------- [config]
- ** ---------- .> app:      server:0x7fe883758220
- ** ---------- .> transport:   sqla+sqlite:///celery.sqlite
- ** ---------- .> results:  sqlite:///celery.sqlite
- *** --- * --- .> concurrency: 1 (gevent)
-- ******* ---- .> task events: ON
--- ***** -----
 -------------- [queues]
             .> celery        exchange=celery(direct) key=celery


[11/Jun/2022 13:52:31] "GET / HTTP/1.1" 200 2246
[11/Jun/2022 13:52:31] "GET /static/css/2.c6cf5ff9.chunk.css HTTP/1.1" 200 229115
[11/Jun/2022 13:52:31] "GET /static/css/main.10b25b9c.chunk.css HTTP/1.1" 200 2564
[11/Jun/2022 13:52:31] "GET /static/js/main.28d17b8e.chunk.js HTTP/1.1" 200 51437
[11/Jun/2022 13:52:31] "GET /static/js/2.faca9c13.chunk.js HTTP/1.1" 200 1258932
[11/Jun/2022 13:52:31] "GET /static/favicon.ico HTTP/1.1" 200 15406
[11/Jun/2022 13:52:31] "GET /static/mercury_logo.svg HTTP/1.1" 200 42362
[11/Jun/2022 13:52:31] "GET /api/v1/welcome/ HTTP/1.1" 200 10
[11/Jun/2022 13:52:31] "GET /api/v1/notebooks/ HTTP/1.1" 200 906
[11/Jun/2022 13:52:31] "GET /api/v1/version/ HTTP/1.1" 200 15
[11/Jun/2022 13:52:31] "GET /media/demo-notebook.html HTTP/1.1" 200 576863
[11/Jun/2022 13:52:32] "GET /static/media/fontawesome-webfont.20fd1704.woff2
HTTP/1.1" 200 77160
```

El comando anterior nos despliega en nuestra máquina una instancia de mercury junto con un proyecto de ejemplo.

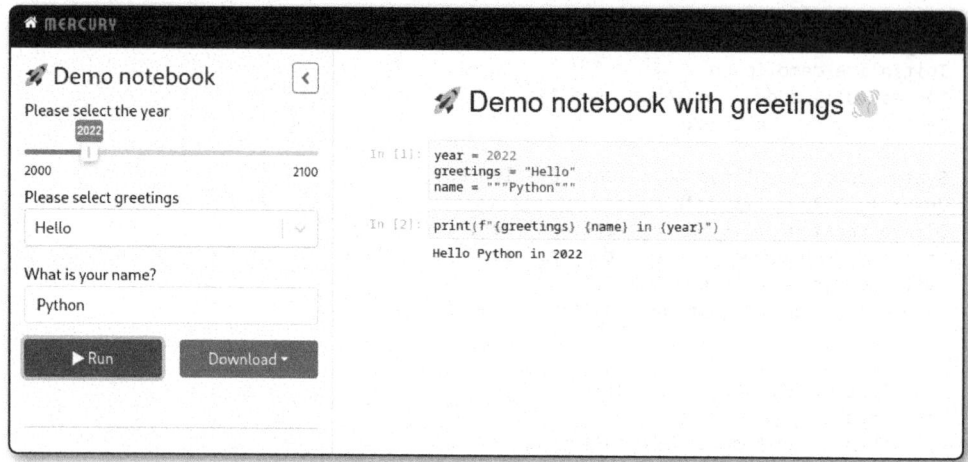

Figura 5.5. Ejecución de Mercury

En la página *https://mercury.mljar.com* disponemos de otros proyectos de ejemplo.

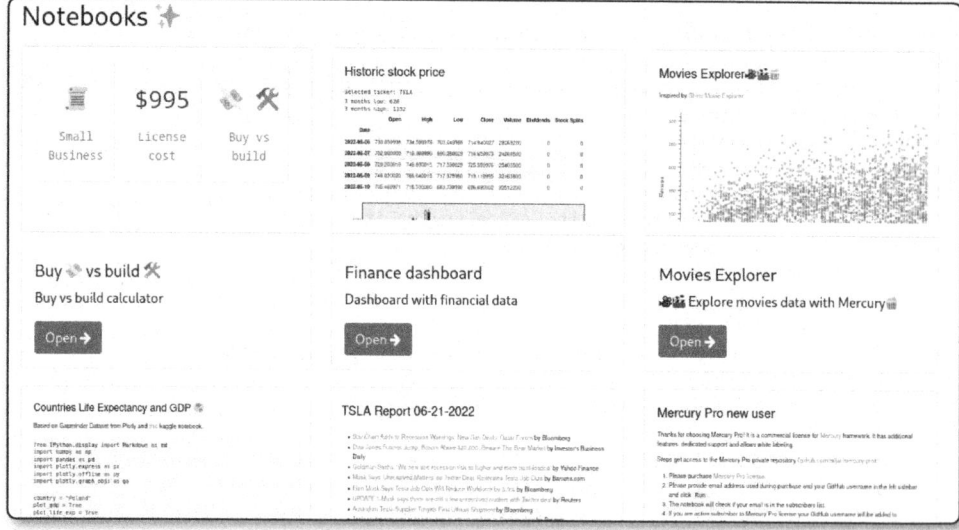

Figura 5.6. Proyectos de ejemplo de Mercury

5.3 NUMPY

NumPy *https://www.numpy.org*, abreviatura de **Numerical Python**, es el paquete principal para la computación científica en Python. Es una librería que incluye la funcionalidad necesaria para poder llevar a cabo computación científica con Python. Permite manejar vectores y matrices, así como realizar operaciones de álgebra lineal, transformaciones y manejo de números aleatorios.

Para los datos numéricos, los arrays de NumPy son una forma mucho más eficiente de almacenar y manipular datos que las otras estructuras de datos integradas de Python. Entre las principales características que ofrece podemos destacar:

▶ Un objeto de matriz multidimensional(ndarray) rápido y eficiente.

▶ Funciones para realizar arrays de cálculos de elementos.

▶ Herramientas para leer y escribir conjuntos de datos basados en matriz en disco.

▶ Operaciones de álgebra lineal, transformada de Fourier y generación de números aleatorios.

```
$ pip install numpy
```

Una de las características clave de NumPy es su objeto de matriz N-dimensional o ndarray, que es una estructura rápida y flexible para grandes conjuntos de datos en Python. Las matrices permiten realizar operaciones matemáticas en bloques completos de datos utilizando una sintaxis similar a las operaciones equivalentes entre elementos escalares. Esto es importante porque permite expresar las operaciones por lotes en los datos sin necesidad de escribir los bucles. Esto se suele denominar vectorización.

El modo de importar habitualmente numpy es con el nombre o alias de **np**, es una convención que no es obligatoria, pero sí conveniente para mayor claridad en el código.

```
import numpy as np
```

NumPy es una de las piedras fundamentales que posee python en el área de análisis numérico que suele ser utilizado por matemáticos, científicos e ingenieros, así como por diversas plataformas en el área de inteligencia artificial y machine learning.

Numpy permite trabajar con vectores y matrices de forma eficiente. Los vectores y matrices no son comparables a las listas de python aun cuando así lo parezca a simple vista. Aunque las listas de Python son muy fáciles de crear y manipular, no admiten operaciones vectorizadas, a diferencia de las matrices creadas con numpy. NumPy no sólo es más eficiente en operaciones de matrices multidimensionales en comparación con las listas de Python, sino que también proporciona muchos métodos matemáticos que pueden ser utilizados al importar la librería.

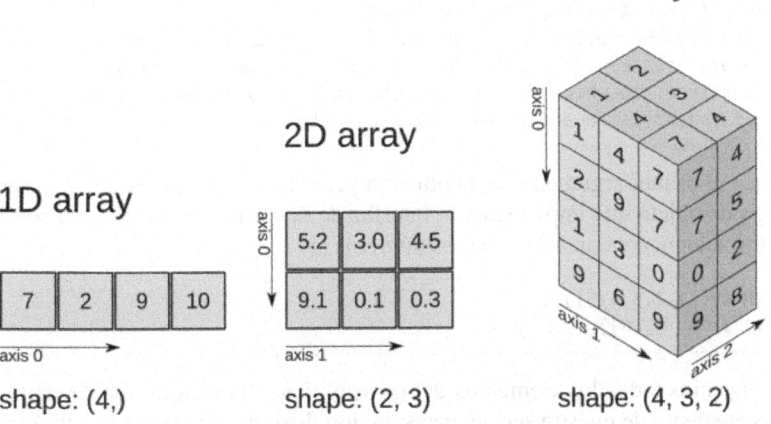

Figura 5.7. Estructuras de datos soportadas por numpy

El tipo ndarray es el contenedor fundamental del paquete NumPy, se trata de una estructura de array N-dimensional. A diferencia de otros contenedores como listas, tuplas y diccionarios, el ndarray es una estructura homogénea, todos los elementos del ndarray van a tener el mismo tipo, en caso de que no sea así al crearlo se producirán las transformaciones de tipos necesarias. Todas las operaciones que realizaremos dentro de esta sección de NumPy tendrán como objeto principal de la misma ndarrays.

Podemos crear un ndarray de múltiples maneras, por ejemplo podemos partir de un tipo contenedor básico, podemos hacerlo a través de la modificación de un ndarray previo o podemos leerlo directamente de un fichero.

Para crear ndarrays a partir de un contenedor básico contamos con la instrucción **np.ndarray()**. Podríamos ejecutar el comando help sobre dicha función para observar las distintas posibilidades que ofrece:

```
>>> help(np.array)

Help on built-in function array in module numpy:

array(...)
    array(object, dtype=None, *, copy=True, order='K', subok=False, ndmin=0,
          like=None)

    Create an array.

    Parameters
    ----------
    object : array_like
        An array, any object exposing the array interface, an object whose
        __array__ method returns an array, or any (nested) sequence.
    dtype : data-type, optional
        The desired data-type for the array.  If not given, then the type will
        be determined as the minimum type required to hold the objects in the
        sequence.
    copy : bool, optional
        If true (default), then the object is copied.  Otherwise, a copy will
        only be made if __array__ returns a copy, if obj is a nested sequence,
        or if a copy is needed to satisfy any of the other requirements
        (`dtype`, `order`, etc.).
    order : {'K', 'A', 'C', 'F'}, optional
        Specify the memory layout of the array. If object is not an array, the
        newly created array will be in C order (row major) unless 'F' is
        specified, in which case it will be in Fortran order (column major).
        If object is an array the following holds.
```

Vemos que el primer argumento es el objeto a partir del cual crear el array, y que puede ser cualquier tipo de objeto que implemente la interfaz de tipo array, y que el resto son opcionales. Con esta información, crea un array con los números [1, 2, 3, 4, 5]:

```
>>> np.array([1,2,3,4,5])
array([1, 2, 3, 4, 5])
```

Como indicamos todos los elementos del ndarray tienen el mismo tipo de dato, con lo que si uno de los elemento de nuestra secuencia es de tipo float, nuestro ndarray habrá convertido el resto de los números a floats.

```
>>> np.array([1,2,3,4,5.0])
array([1., 2., 3., 4., 5.])
```

Si un elemento fuese una cadena, convertiría el resto de elementos del array a formato cadena ya que siempre convierte al tipo de datos que sea necesario para poder almacenar todos los elementos del array:

```
>>> np.array([1,2,3,4,5.0,'prueba'])
array(['1', '2', '3', '4', '5.0', 'prueba'], dtype='<U32')
```

Al crear un ndarray NumPy va a asociar implícitamente el tipo adecuado a nuestro array. En el atributo .dtype del array tenemos almacenado el tipo:

```
>>> np.array([1,2,3,4,5.0,'prueba']).dtype
dtype('<U32')
>>> np.array([1,2,3,4,5.0]).dtype
dtype('float64')
```

Si necesitamos modificar el tipo del ndarray, y convertir los datos al tipo oportuno, el método correcto es utilizar el método astype() que nos convertirá el array y sus elementos al tipo que le indiquemos:

```
>>> np.array([1,2,3,4,5.0]).astype(int)
array([1, 2, 3, 4, 5])
```

El ndarray es un array n-dimensional, aunque hasta ahora hemos trabajado solo con arrays de una dimensión, los podemos crear de N-dimensiones. Para entender la forma del array tenemos el atributo .ndim que nos devuelve el número de dimensiones del array:

```
>>> np.array([1,2,3,4,5.0]).ndim
1
```

Para crear un array bidimensional lo inicializamos con una lista de listas, si queremos tridimensional será una lista de listas de listas, y así hasta el número de dimensiones que necesitemos:

```
>>> np.array([[1,2,3,4,5],[10,20,30,40,50]])
array([[ 1,  2,  3,  4,  5],
       [10, 20, 30, 40, 50]])
>>> np.array([[1,2,3,4,5],[10,20,30,40,50]]).ndim
2
```

Aunque lo más habitual es que nos interese no el número de dimensiones sino el tamaño del array, por ejemplo, para arrays bidimensionales el número de filas y columnas, para ello utilizaremos el atributo **.shape**. En este caso nos devuelve que tenemos un array bidimensional de 2 filas y 5 columnas.

```
>>> np.array([[1,2,3,4,5],[10,20,30,40,50]]).shape
(2, 5)
```

Mediante los métodos **shape()** o **reshape()** podríamos cambiar la forma del ndarray. Es bastante habitual crear un array y luego darle la forma real que necesitamos, en el siguiente ejemplo convertimos el anterior array de dimensiones 2x5 a un array bidimensional 5x2:

```
>>> np.array([[1,2,3,4,5],[10,20,30,40,50]]).reshape(5,2)
array([[ 1,  2],
       [ 3,  4],
       [ 5, 10],
       [20, 30],
       [40, 50]])
```

NumPy proporciona una serie de métodos para crear arrays frecuentemente utilizados:

▼ **np.ones(dimensiones)**: Crea un array de 1s con las dimensiones indicadas.

```
>>> np.ones((5,5))
array([[1., 1., 1., 1., 1.],
       [1., 1., 1., 1., 1.],
       [1., 1., 1., 1., 1.],
       [1., 1., 1., 1., 1.],
       [1., 1., 1., 1., 1.]])
```

▼ **np.zeros(dimensiones)**: Crea un array de 0s con las dimensiones indicadas

```
>>> np.zeros((5,5))
array([[0., 0., 0., 0., 0.],
       [0., 0., 0., 0., 0.],
       [0., 0., 0., 0., 0.],
       [0., 0., 0., 0., 0.],
       [0., 0., 0., 0., 0.]])
```

▼ **np.eye(dimensiones)**: Crea una matriz bidimensional de 0s con 1s en la diagonal.

```
>>> np.eye((5))
array([[1., 0., 0., 0., 0.],
       [0., 1., 0., 0., 0.],
       [0., 0., 1., 0., 0.],
       [0., 0., 0., 1., 0.],
       [0., 0., 0., 0., 1.]])
```

▼ **np.diag(dimensiones)**: Crea una matriz de 1s en la diagonal

```
>>> np.diag([1,1,1,1,1])
array([[1, 0, 0, 0, 0],
       [0, 1, 0, 0, 0],
       [0, 0, 1, 0, 0],
       [0, 0, 0, 1, 0],
       [0, 0, 0, 0, 1]])
```

▼ **np.arange():** Crea un ndarray de números secuenciales, acepta los mismos argumentos que la función range de Python.

```
>>> np.arange((5))
array([0, 1, 2, 3, 4])
```

▼ **np.random.rand(dimensiones):** Crea una matriz con números aleatorios

```
>>> np.random.rand(5)
array([0.37133027, 0.8018707 , 0.26634654, 0.04144016, 0.37104869])
>>> np.random.rand(5,5)
array([[0.43372015, 0.10668377, 0.16948672, 0.63249044, 0.69807439],
       [0.60406201, 0.01741124, 0.99482293, 0.30018969, 0.48609179],
       [0.77108593, 0.86909878, 0.33943672, 0.15457089, 0.39416468],
       [0.66642736, 0.99429685, 0.18740554, 0.94152334, 0.45406006],
       [0.70189183, 0.1606165 , 0.4904508 , 0.78380175, 0.43887689]])
```

Para seleccionar elementos de un array, o subconjuntos, utilizaremos el operador [] que funciona igual que con tuplas o listas. Cuando indicamos ":" queremos todos los elementos bien de la fila, bien de la columna, si indicamos un "número" queremos exclusivamente esa fila o columna, y tenemos la posibilidad de indicar intervalos con la opción "desde:hasta".

```
>>> np.random.rand(5,5)[4,4]
0.6916794084904095
>>> np.random.rand(5,5)[4,:]
array([0.62023754, 0.52075452, 0.03368101, 0.01350321, 0.22842701])
```

Una característica de NumPy, al igual que de herramientas como Matlab es la vectorización, es decir, las operaciones que realizamos sobre elementos ndarrays se aplican elemento a elemento. En el caso de los ndarrays, el funcionamiento es diferente, las operaciones que invoquemos van a ser funciones unitarias, se van a aplicar a cada elemento, así por ejemplo, si sobre un array invocamos la operación "+ 2" lo que va a hacer va a ser sumar 2 a cada elemento.

```
>>> np.random.rand(5,5)+2
array([[2.27816509, 2.47344424, 2.38649341, 2.3289075 , 2.76638492],
       [2.09814749, 2.79528322, 2.70098689, 2.82196807, 2.44812466],
       [2.47600915, 2.92048944, 2.18582639, 2.46317991, 2.42196541],
       [2.14075998, 2.54495518, 2.7678232 , 2.49769718, 2.62145264],
       [2.83496463, 2.93806308, 2.86782983, 2.25116977, 2.17540191]])
```

De igual modo, si realizamos operaciones entre dos arrays, se realizan elemento a elemento:

```
>>> array1 = np.arange(5)
>>> array2 = np.array([10,20,30,40,50])
>>> array1+array2
array([10, 21, 32, 43, 54])
>>> array1*array2
array([  0,  20,  60, 120, 200])
```

Además de los operadores básicos, numpy proporciona una serie de operaciones vectorizadas para aplicar sobre los arrays:

- ▶ **np.sqrt()**
- ▶ **np.exp()**
- ▶ **np.log(), np.log10()**
- ▶ **np.floor(), np.ceil()**
- ▶ **np.sign()**
- ▶ **np.sin(), np.cos(), np.tan()**
- ▶ **np.isfinite(), np.isinf(), np.isnan()**

```
>>> np.sqrt(1)
1.0
>>> np.exp(1)
2.718281828459045
>>> np.log(1)
0.0
>>> np.log10(1)
0.0
>>> np.floor(1.5)
1.0
>>> np.ceil(1.9)
2.0
>>> np.sign(1)
1
>>> np.sin(1)
0.8414709848078965
>>> np.cos(1)
0.5403023058681398
>>> np.tan(1)
1.5574077246549023
```

Además de las funciones unitarias, existen una serie de funciones que nos permiten sumarizar un array, bien de modo global o a lo largo de una de las dimensiones del mismo (filas o columnas). Las funciones más comunes que podemos estar utilizando van a estar implementadas como métodos de nd.array:

- ▶ **max, min**: valor máximo, valor mínimo
- ▶ **argmax, argmin**: posición del valor máximo, mínimo
- ▶ **sum**: suma de los valores
- ▶ **mean**: media
- ▶ **std, var**: desviación, varianza

```
>>> array1*array2
array([  0,  20,  60, 120, 200])
>>> np.max(array1*array2)
200
>>> np.min(array1*array2)
0
>>> np.argmax(array1*array2)
4
>>> np.argmin(array1*array2)
0
```

```
>>> np.sum(array1*array2)
400
>>> np.mean(array1*array2)
80.0
>>> np.std(array1*array2)
72.6636084983398
>>> np.var(array1*array2)
5280.0
```

Si necesitáramos concatenar varios arrays, debemos utilizar las funciones de stack:

- **np.vstack(lista de ndarrays)**: Permite concatenar ndarrays en vertical.
- **np.hstack(lista de ndarrays)**: Permite concatenar ndarrays en horizontal.
- **ndarray.T**: Transpuesta del array

```
>>> np.vstack([array1,array2])
array([[ 0,  1,  2,  3,  4],
       [10, 20, 30, 40, 50]])
>>> np.hstack([array1,array2])
array([ 0,  1,  2,  3,  4, 10, 20, 30, 40, 50])
>>> np.vstack([array1,array2]).T
array([[ 0, 10],
       [ 1, 20],
       [ 2, 30],
       [ 3, 40],
       [ 4, 50]])
```

5.4 SCIPY

SciPy *https://www.scipy.org* está construido sobre NumPy y proporciona muchas rutinas numéricas fáciles de usar y eficientes que abordan una serie de diferentes dominios de problemas estándar en computación científica como integración, solucionadores de sistemas lineales dispersos y diferenciados, optimizadores y algoritmos de búsqueda de raíces, etc.

SciPy sirve como complemento a NumPy para análisis científico, al igual que numpy se trata de una librería open source, e incluye módulos para estadísticas, análisis espacial, optimización, funciones algebraicas, polinomiales, transformadas, procesado de señal, etc.

La librería SciPy es una dependencia para las librerías de más alto nivel como pandas y scikit-learn (sklearn). No será habitual que invoquemos sus funciones directamente sino a través del recubrimiento de los objetos de más alto nivel, pero es interesante que conozcamos su existencia ya que deberá estar instalada para trabajar con pandas.

```
$ pip install scipy
```

SciPy es un software de código abierto para operaciones matemáticas, científicas y de ingeniería. Entre sus principales módulos destacan:

- Integración
- Optimización
- Operaciones estadísticas
- Clusterización
- Procesado de imágenes
- Procesado de señales

Si tuviésemos que importarla para invocar alguna operación específica o para un tipo de análisis concreto, lo haríamos con el alias o nombre sp:

```
import scipy as sp
```

5.5 PANDAS

Pandas *http://pandas.pydata.org* es una librería de Python que permite manejar fácilmente estructuras de datos y herramientas de análisis de datos. Permite manejar diferentes fuentes de datos entre los que podemos destacar datos tabulados, series temporales, matrices de datos y datos estadísticos. Pandas ofrece las siguientes estructuras de datos:

▶ **Series**: Son arrays unidimensionales con indexación (arrays con índice o etiquetados), similar a los diccionarios. Pueden generarse a partir de diccionarios o de listas.

▶ **DataFrame:** Son estructuras de datos similares a las tablas de bases de datos relacionales como SQL.

▶ **Panel, Panel4D y PanelND**: Estas estructuras de datos permiten trabajar con más de dos dimensiones.

Lo primero que podemos hacer es importar la librería de Pandas con la siguiente instrucción. Por convenio se pone "pd" como alias de la librería Pandas.

```
>>> import pandas as pd
```

5.5.1 ESTRUCTURAS DE DATOS EN PANDAS

Una **serie** es un objeto de tipo matriz unidimensional que contiene una matriz de datos (de cualquier tipo de datos NumPy) y una matriz asociada de etiquetas de datos, denominada índice.

```
>>import pandas as pd
>>import numpy as np
>>pd.Series([1,3,5,np.nan,6,8])

# 0 1
# 1 3
# 2 5
# 3 NaN
# 4 6
# 5 8
```

Un **DataFrame** representa una estructura tabular de datos similar a una hoja de cálculo que contiene una colección ordenada de columnas, cada una de las cuales puede ser un tipo de valor diferente (numérico, cadena, booleano, etc.).

```
>>dates = pd.date_range('20210101',periods=6)
>>pd.DataFrame(np.random.randn(6,4),index=dates,columns=list('ABCD'))

# A B C D
# 2021-01-01 0.469112 -0.282863 -1.509059 -1.135632
# 2021-01-02 1.212112 -0.173215 0.119209 -1.044236
# 2021-01-03 -0.861849 -2.104569 -0.494929 1.071804
```

```
# 2021-01-04 0.721555 -0.706771 -1.039575 0.271860
# 2021-01-05 -0.424972 0.567020 0.276232 -1.087401
# 2021-01-06 -0.673690 0.113648 -1.478427 0.524988
```

Pandas proporciona varias facilidades para combinar fácilmente objetos con varios tipos de lógica de conjuntos para los índices y la funcionalidad de álgebra relacional en el caso de operaciones de combinación.

```
>>key = ['key1', 'key2']
>>left = pd.DataFrame({'key': key, 'lval': [1, 2]})

# key lval
# 0 key1 1
# 1 key2 2

>>right = pd.DataFrame({'key': key, 'rval': [4, 5]})

# key rval
# 0 key1 4
# 1 key2 5

>>pd.concat([left,right])

# key lval rval
# 0 foo 1 NaN
# 1 foo 2 NaN
# 0 foo NaN 4
# 1 foo NaN 5

>>merged = pd.merge(left, right, on='key')

# key lval rval
# 0 key1 1 4
# 1 key1 1 5
# 2 key2 2 4
# 3 key2 2 5
```

5.5.2 SERIES

El primer contenedor que tenemos que estudiar en pandas es la serie, se trata de un array unidimensional homogéneo que puede contener objetos de cualquier tipo de datos disponible en numpy.

El primer ejemplo que vamos a poner va a ser el de definir una estructura de datos "Series" que como ya comentamos es un array de datos unidimensional con indexación. Las "Series" se definen de la siguiente manera:

```
>>> serie = pd.Series(data, index=index)
```

Es decir, que en el primer parámetro le indicamos los datos del array y en el segundo parámetro los índices. A diferencia del ndarray, la Serie de pandas incluye un índice y/o etiquetas. Podemos entender la serie como un ndarray de una dimensión etiquetado. Para crearlo llamamos al constructor de la clase **Series** de pandas:

```
>>> import pandas as pd
>>> data =[1,2,3,4,5]
>>> serie = pd.Series(data)
Out[24]:
0    1
1    2
2    3
3    4
4    5
dtype: int64
```

El constructor admite la mayoría de los posibles contenedores de Python, incluyendo los ndarrays. Como vemos en el ejemplo anterior, junto con los valores de la serie creada (1, 2, 3, 4, 5) vemos unos números a la izquierda que indican el número de fila. Esos números son el índice de la serie. Mediante el atributo **.index** de la serie podemos acceder a ese índice y también modificarlo:

```
>>> serie.index
Out[20]: RangeIndex(start=0, stop=5, step=1)

#modificar el index
>>> serie.index=['index 0','index 1','index 2','index 3','index 4']

Out[31]:
index 0    1
index 1    2
index 2    3
index 3    4
index 4    5
dtype: int64
```

De esta forma podríamos construir directamente nuestra serie de datos utilizando el constructor completo.

```
>>> serie = pd.Series(data,index=['index 0','index 1','index 2','index 3','index 4'])
```

Para acceder a un elemento o conjunto de elementos de una serie, recurriremos el habitual operador []. Así por ejemplo, si queremos el elemento en la segunda posición, utilizaremos [1], si queremos todos aquellos desde el principio hasta la cuarta posición utilizaremos [:4]:

```
>>> serie[1]
Out[36]: 2
>>> serie[:4]
Out[37]: index 0    1
index 1    2
index 2    3
index 3    4
dtype: int64
```

Además de poder seleccionar por posición, al tener un índice la serie, también podemos utilizar los valores de este índice para realizar la selección, así podemos indicar ['valor'] para acceder a la fila cuyo índice es "valor".

```
>>> serie['index 4']
Out[39]: 5
```

También podríamos acceder a conjuntos de filas:

```
>>> serie['index 1':'index 4']
Out[43]:
index 1    2
index 2    3
index 3    4
index 4    5
dtype: int64
```

También podríamos usar la selección por array booleano. Por ejemplo, serie>3 nos permite crear una serie de booleanos con valor True si el dato es > 3, y False en caso contrario, y luego utilizar esta selección para quedarnos solo con las filas que lo cumplen.

```
>>> serie>3
Out[44]: index 0    False
index 1    False
index 2    False
index 3    True
index 4    True
dtype: bool
```

La serie es un elemento mutable, es decir, podemos modificar sus valores, para ello, al igual que veíamos antes para acceder a cualquier campo, utilizamos el operador [] para seleccionar aquellos valores a modificar y les asignamos el valor deseado. Podemos utilizar posición o etiqueta para estas selecciones.

```
>>> serie['index 0']='primera posicion'
>>> serie['index 1']='segunda posicion'
>>> serie['index 2']='tercera posicion'
>>> serie['index 3']='cuarta posición'
>>> serie['index 4']='quinta posicion'
Out[49]:
index 0    primera posicion
index 1    segunda posicion
index 2    tercera posicion
index 3    cuarta posición
index 4    quinta posicion
dtype: object
```

Además de las etiquetas que ponemos a las "filas" de la serie, para ganar claridad podemos asignar un nombre al índice, e incluso un nombre a la misma serie.

```
>>> serie.name='Serie de datos'
>>> serie.index.name='indice'
Out[50]: indice
index 0    primera posicion
index 1    segunda posicion
index 2    tercera posicion
index 3    cuarta posición
index 4    quinta posicion
Name: Serie de datos, dtype: object
```

5.5.3 DATAFRAMES

Un Dataframe de pandas se trata de una estructura tabular de datos etiquetados, podemos entenderlo como una tabla donde las columnas pueden contener distintos tipos de datos. Cada columna en un Dataframe viene representada por una serie.

```
>>> df = pd.DataFrame(data,index=['index 0','index 1','index 2','index 3','index
4'])
>>> df
         0
index 0  1
index 1  2
index 2  3
index 3  4
index 4  5
>>> type(df)
<class 'pandas.core.frame.DataFrame'>
```

También podríamos crear un dataframe a partir de un diccionario con las distintas columnas que debe contener o a través de una lista de listas, el constructor.

```
>>> df = pd.DataFrame({'datos1':[1,2,3,4,5],'datos2':[10,20,30,40,50]},index=['ind
ex 0','index 1','index 2','index 3','index 4'])
>>> df
         datos1  datos2
index 0       1      10
index 1       2      20
index 2       3      30
index 3       4      40
index 4       5      50
>>> type(df['datos1'])
<class 'pandas.core.series.Series'>
>>> type(df['datos2'])
<class 'pandas.core.series.Series'>
```

Para seleccionar filas y columnas, podemos hacerlo de la forma tradicional.

```
>>> df['datos1']
index 0    1
index 1    2
index 2    3
index 3    4
index 4    5
Name: datos1, dtype: int64
>>> df['datos2']
index 0    10
index 1    20
index 2    30
index 3    40
index 4    50
Name: datos2, dtype: int64
```

Sin embargo, el modo más adecuado para seleccionar filas y columnas es utilizar el método .loc[] de indexación sobre el dataframe, con .loc[fila(s), columna(s)] podemos indicar las filas que queremos obtener, o las filas y columnas:

```
>>> df.loc['index 4']
datos1     5
datos2     50
Name: index 4, dtype: int64
>>> df.loc['index 4','datos1']
5
>>> df.loc['index 4','datos2']
50
```

En un dataframe podemos utilizar el método reindex() para reordenar las filas, o incluso agregar nuevas filas. Mediante el método .reindex(), podemos por ejemplo pasarle los nombres de los índices en un orden distinto.

```
>>> df.reindex(['index 4','index 3','index 2','index 1','index 0'])
          datos1  datos2
index 4      5      50
index 3      4      40
index 2      3      30
index 1      2      20
index 0      1      10
```

Mediante el método **apply()** podemos hacer que una función se ejecute sobre las distintas series del data. Esto nos puede ser muy útil si queremos sumarizar columnas, por ejemplo, buscar el máximo, el mínimo o cualquier otra agregación sobre la columna. Como argumento pasaremos la función a aplicar a la Series de la columna:

```
>>> df
          datos1  datos2
index 0      1      10
index 1      2      20
index 2      3      30
index 3      4      40
index 4      5      50
>>> df.apply(lambda x:[max(x),min(x)])
    datos1  datos2
0      5      50
1      1      10
```

Si lo que necesitamos es aplicar una función a cada celda, tenemos disponible el método **applymap()**, que recibe como argumento una función, por ejemplo podríamos aplicar una función lambda para elevar cada elemento al cuadrado.

```
>>> df.applymap(lambda x:x*x)
          datos1  datos2
index 0      1      100
index 1      4      400
index 2      9      900
index 3     16     1600
index 4     25     2500
```

Con la función **mean()** podríamos obtener la media de los valores para cada una de las columnas almacenadas en el dataframe.

```
>>> df.mean()
datos1    3.0
datos2   30.0
dtype: float64
```

Lo mismo para obtener la suma con la función sum().

```
>>> df.sum()
datos1  15
datos2 150
dtype: int64
```

Con el método **tolist()** podríamos transformar a lista una columna del dataframe.

```
>>> print(df['datos1'].tolist())
[1, 2, 3, 4, 5]
>>> print(df['datos2'].tolist())
[10, 20, 30, 40, 50]
```

También podríamos **filtrar por valores** que cumplan una condición.

```
>>> df[df['datos2'] > 20]
        datos1  datos2
index 2      3      30
index 3      4      40
index 4      5      50
>>> df[df['datos1'] > 4]
        datos1  datos2
index 4      5      50
```

Podríamos realizar la **unión de dos data frames** por columna.

```
>>> df1 = pd.DataFrame({'A1': ['A11', 'A12', 'A13', 'A14'],
... 'B1': ['B11', 'B12', 'B13', 'B14'],
... 'C1': ['C11', 'C12', 'C13', 'C14']})
>>> df2 = pd.DataFrame({'A2': ['A21', 'A22', 'A23', 'A24'],
... 'B2': ['B21', 'B22', 'B23', 'B24'],
... 'C2': ['C21', 'C22', 'C23', 'C24']})
>>> result = df1.merge(df2, left_on='A1', right_on='A2', how='outer')
>>> result
  A1   B1   C1   A2   B2   C2
0 A11  B11  C11  NaN  NaN  NaN
1 A12  B12  C12  NaN  NaN  NaN
2 A13  B13  C13  NaN  NaN  NaN
3 A14  B14  C14  NaN  NaN  NaN
4 NaN  NaN  NaN  A21  B21  C21
5 NaN  NaN  NaN  A22  B22  C22
6 NaN  NaN  NaN  A23  B23  C23
7 NaN  NaN  NaN  A24  B24  C24
```

5.5.4 LECTURA DE UN FICHERO CSV CON PANDAS

El formato de ficheros CSV es un formato bastante habitual para los dataset. En Python tenemos el paquete csv para leer de forma sencilla estos ficheros. Este paquete está compuesto por unas funciones globales y dos clases, una para leer **DictReader** y otra para escribir **DictWriter**. Entre las funciones que existen, las más interesantes son estas dos:

Función	Descripción
csv.reader(csvfile, dialect='excel', **fmtparams)	Devuelve un objeto de tipo csv.reader que nos permite iterar sobre las filas del fichero csv. El parámetro dialect nos permite modificar la forma de tratar el fichero csv y por defecto es 'Excel'.
csv.writer(csvfile, dialect='excel', **fmtparams)	Devuelve un objeto de tipo csv.writer que nos permite crear el fichero csv, habitualmente será un objeto de tipo file y es recomendable abrirlo en formato binario.

En el siguiente código estamos leyendo un fichero csv con el método **reader()**.

leer_csv.py

```
import csv
with open('file.csv') as file:
    reader = csv.reader(file, delimiter=',', quotechar='"')
    print("header: " + str(reader.__next__()))
    for line in reader:
        print(line)
```

Además de estas funciones predefinidas, también disponemos de la clase **DictReader** que nos permitirá iterar sobre las filas, convirtiendo cada una de ellas en un diccionario. Y la función DictWriter que nos permite escribir un diccionario en un fichero. En este ejemplo estamos utilizando la clase DictReader para leer un fichero y la clase DictWriter para escribir en un fichero de salida.

leer_csv_dictReader.py

```
import csv
with open('output.csv', mode='w') as file_output:
    with open('file.csv') as file:
        dictReader = csv.DictReader(file, delimiter=',', quotechar='"')
        dictWriter = csv.DictWriter(file_output, delimiter=',',quotechar='"',
fieldnames=dictReader.fieldnames)

        for line in dictReader:
            dictWriter.writerow(line)
```

Como alternativa al módulo csv, podemos utilizar la función **read_csv()** de pandas que está especializada en la carga de archivos CSV y es parte de un amplio rango de funciones, dedicado a la entrada/salida en diferentes formatos de archivo, según lo especificado por los pandas.

pd.read_csv() recibe como argumento el fichero a leer, y las características de formateo del mismo:

▼ **delimiter**= separador de campos

▼ **quotechar**= carácter para delimitar cadenas

▼ **header**= Si pasamos un número (0, 1) estaremos indicando la línea con las cabeceras, si el fichero no tiene cabeceras podemos pasar header=[lista de nombres de columnas] y asignará esos nombres a las columnas.

▼ **skiprows**= Número de filas a evitar desde el principio, 0 por defecto

▼ **nrows**= Número de filas a leer, todas por defecto

En la documentación podemos ver el uso de los parámetros que acepta la función:
https://pandas.pydata.org/pandas-docs/stable/reference/api/pandas.read_csv.html

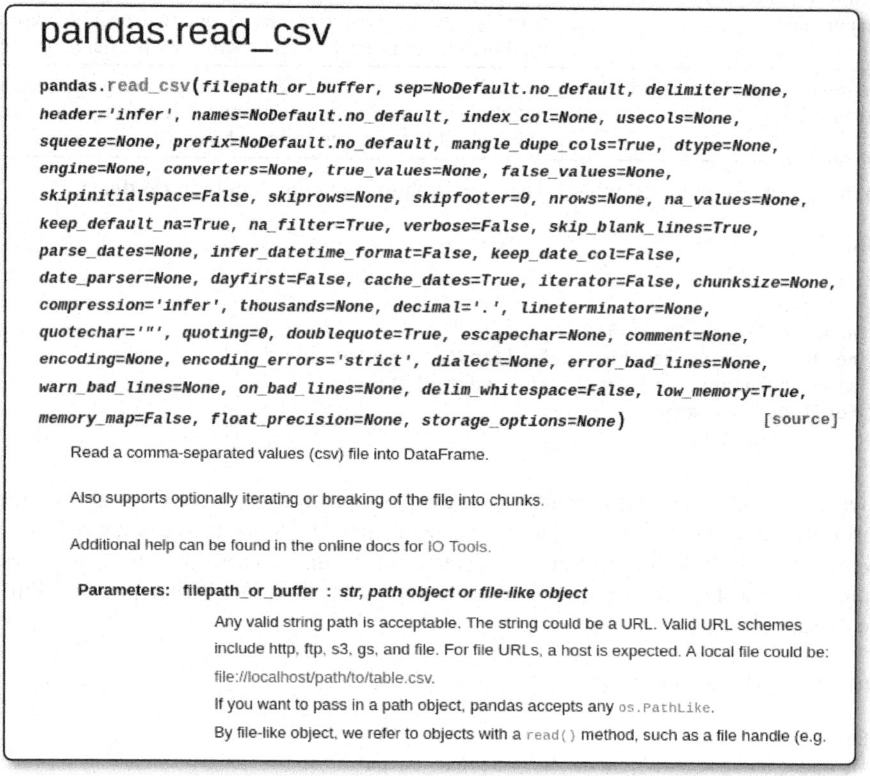

pandas.read_csv

```
pandas.read_csv(filepath_or_buffer, sep=NoDefault.no_default, delimiter=None,
header='infer', names=NoDefault.no_default, index_col=None, usecols=None,
squeeze=None, prefix=NoDefault.no_default, mangle_dupe_cols=True, dtype=None,
engine=None, converters=None, true_values=None, false_values=None,
skipinitialspace=False, skiprows=None, skipfooter=0, nrows=None, na_values=None,
keep_default_na=True, na_filter=True, verbose=False, skip_blank_lines=True,
parse_dates=None, infer_datetime_format=False, keep_date_col=False,
date_parser=None, dayfirst=False, cache_dates=True, iterator=False, chunksize=None,
compression='infer', thousands=None, decimal='.', lineterminator=None,
quotechar='"', quoting=0, doublequote=True, escapechar=None, comment=None,
encoding=None, encoding_errors='strict', dialect=None, error_bad_lines=None,
warn_bad_lines=None, on_bad_lines=None, delim_whitespace=False, low_memory=True,
memory_map=False, float_precision=None, storage_options=None)            [source]
```

Read a comma-separated values (csv) file into DataFrame.

Also supports optionally iterating or breaking of the file into chunks.

Additional help can be found in the online docs for IO Tools.

Parameters: **filepath_or_buffer** : *str, path object or file-like object*

Any valid string path is acceptable. The string could be a URL. Valid URL schemes include http, ftp, s3, gs, and file. For file URLs, a host is expected. A local file could be: file://localhost/path/to/table.csv.

If you want to pass in a path object, pandas accepts any `os.PathLike`.

By file-like object, we refer to objects with a `read()` method, such as a file handle (e.g.

Figura 5.8. Parámetros de la función read_csv()

```
>>> import pandas as pd
>>> filename='file.csv'
>>> data=pd.read_csv(filename)

>>>type(data)
pandas.core.frame.DataFrame

#devuelve los nombres de las columnas csv
>>> data.keys()

#devuelve el número de líneas del fichero
>>> data.shape

#devuelve las primeras 5 líneas del fichero
>>> data.head()

#devuelve las últimas 5 líneas del fichero
>>> data.tail()
```

Veámoslo con un ejemplo, para ello utilizaremos el dataset de Kaggle de supervivientes del Titanic, podemos descargarlo de *https://www.kaggle.com/c/titanic/data?select=train.csv*

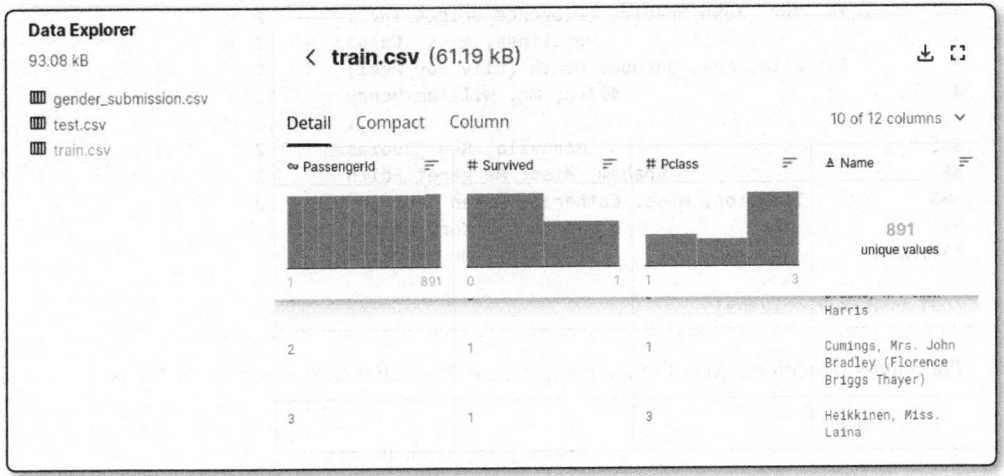

Figura 5.9. Dataset en formato csv para supervivientes del titanic

```
>>> df = pd.read_csv('train.csv',delimiter=",",quotechar='"',header=0)
        PassengerId  Survived  Pclass
Name      Sex    ...  Parch          Ticket     Fare Cabin  Embarked
0                 1         0       3                       Braund, Mr. Owen
Harris    male   ...       0       A/5 21171    7.2500  NaN         S
1                 2         1       1 Cumings, Mrs. John Bradley (Florence Briggs
Th...     female ...       0       PC 17599    71.2833  C85         C
2                 3         1       3                    Heikkinen, Miss.
Laina     female ...       0 STON/O2. 3101282   7.9250  NaN         S
3                 4         1       1    Futrelle, Mrs. Jacques Heath (Lily May
Peel)     female ...       0       113803     53.1000  C123        S
4                 5         0       3                    Allen, Mr. William
Henry     male   ...       0       373450      8.0500  NaN         S
..                ...       ...     ...
...       ...    ...       ...             ...      ...   ...        ...
886             887         0       2                    Montvila, Rev.
Juozas    male   ...       0       211536     13.0000  NaN         S
887             888         1       1                    Graham, Miss. Margaret
Edith     female ...       0       112053     30.0000  B42         S
888             889         0       3                    Johnston, Miss. Catherine Helen
"Carrie"  female ...       2       W./C. 6607  23.4500  NaN         S
889             890         1       1                    Behr, Mr. Karl
Howell    male   ...       0       111369     30.0000  C148        C
890             891         0       3                    Dooley, Mr.
Patrick   male   ...       0       370376      7.7500  NaN         Q

[891 rows x 12 columns]
```

Las mismas reglas de indexación aplicadas a Series aplican también a Dataframes, con la particularidad de que con el operador [] estaremos refiriéndonos a columnas y nos devolverá la serie correspondiente. Si necesitamos obtener varias columnas las indicaremos como lista dentro de [] y el resultado en vez de una serie será un Dataframe con las columnas indicadas.

```
>>> df[['Name','Pclass']]
                                            Name  Pclass
0                         Braund, Mr. Owen Harris       3
1      Cumings, Mrs. John Bradley (Florence Briggs Th...   1
2                          Heikkinen, Miss. Laina       3
3      Futrelle, Mrs. Jacques Heath (Lily May Peel)    1
4                        Allen, Mr. William Henry       3
..                                           ...     ...
886                         Montvila, Rev. Juozas       2
887                   Graham, Miss. Margaret Edith       1
888       Johnston, Miss. Catherine Helen "Carrie"       3
889                         Behr, Mr. Karl Howell       1
890                         Dooley, Mr. Patrick       3

[891 rows x 2 columns]
```

Podríamos seleccionar la columna que queremos consultar de dos formas distintas:

```
>>> df['Name']
0                           Braund, Mr. Owen Harris
1       Cumings, Mrs. John Bradley (Florence Briggs Th...
2                            Heikkinen, Miss. Laina
3       Futrelle, Mrs. Jacques Heath (Lily May Peel)
4                          Allen, Mr. William Henry
                              ...
886                          Montvila, Rev. Juozas
887                    Graham, Miss. Margaret Edith
888        Johnston, Miss. Catherine Helen "Carrie"
889                          Behr, Mr. Karl Howell
890                          Dooley, Mr. Patrick
Name: Name, Length: 891, dtype: object
>>> df.Name
0                           Braund, Mr. Owen Harris
1       Cumings, Mrs. John Bradley (Florence Briggs Th...
2                            Heikkinen, Miss. Laina
3       Futrelle, Mrs. Jacques Heath (Lily May Peel)
4                          Allen, Mr. William Henry
                              ...
886                          Montvila, Rev. Juozas
887                    Graham, Miss. Margaret Edith
888        Johnston, Miss. Catherine Helen "Carrie"
889                          Behr, Mr. Karl Howell
890                          Dooley, Mr. Patrick
Name: Name, Length: 891, dtype: object
```

Además de poder utilizar nuestras propias funciones sobre las columnas del dataframe, pandas proporciona funcionalidades para consultar las características principales del dataframe con el que estamos trabajando. El método describe() nos proporciona una detallada descripción, donde podemos ver el número de elementos, máximo, mínimo, etc.

```
>>> df = pd.read_csv('train.csv',delimiter=",",quotechar='"',header=0)
>>> df.describe()
```

```
>>> df.describe()
         PassengerId    Survived    Pclass        Age       SibSp       Parch        Fare
count    891.000000   891.000000  891.000000  714.000000  891.000000  891.000000  891.000000
mean     446.000000     0.383838    2.308642   29.699118    0.523008    0.381594   32.204208
std      257.353842     0.486592    0.836071   14.526497    1.102743    0.806057   49.693429
min        1.000000     0.000000    1.000000    0.420000    0.000000    0.000000    0.000000
25%      223.500000     0.000000    2.000000   20.125000    0.000000    0.000000    7.910400
50%      446.000000     0.000000    3.000000   28.000000    0.000000    0.000000   14.454200
75%      668.500000     1.000000    3.000000   38.000000    1.000000    0.000000   31.000000
max      891.000000     1.000000    3.000000   80.000000    8.000000    6.000000  512.329200
```

Figura 5.10. Salida del comando describe()

Si tuviésemos un dataframe con variables categóricas, el comportamiento de describe por defecto es ignorarlas, sin embargo, si queremos también solicitar algo de información de estas como el número de valores distintos, el número de nulos, etc., podemos utilizar el argumento **include='all'** al invocar al método **describe()**.

```
>>> df.describe(include='all')
```

```
>>> df.describe(include='all')
         PassengerId    Survived    Pclass              Name   Sex         Age       SibSp       Parch  Ticket        Fare Cabin Embarked
count    891.000000   891.000000  891.000000             891   891  714.000000  891.000000  891.000000     891  891.000000   204      889
unique          NaN          NaN         NaN             891     2         NaN         NaN         NaN     681         NaN   147        3
top             NaN          NaN         NaN  Stewart, Mr. Albert A  male         NaN         NaN         NaN  347082         NaN    G6        S
freq            NaN          NaN         NaN               1   577         NaN         NaN         NaN       7         NaN     4      644
mean     446.000000     0.383838    2.308642             NaN   NaN   29.699118    0.523008    0.381594     NaN   32.204208   NaN      NaN
std      257.353842     0.486592    0.836071             NaN   NaN   14.526497    1.102743    0.806057     NaN   49.693429   NaN      NaN
min        1.000000     0.000000    1.000000             NaN   NaN    0.420000    0.000000    0.000000     NaN    0.000000   NaN      NaN
25%      223.500000     0.000000    2.000000             NaN   NaN   20.125000    0.000000    0.000000     NaN    7.910400   NaN      NaN
50%      446.000000     0.000000    3.000000             NaN   NaN   28.000000    0.000000    0.000000     NaN   14.454200   NaN      NaN
75%      668.500000     1.000000    3.000000             NaN   NaN   38.000000    1.000000    0.000000     NaN   31.000000   NaN      NaN
max      891.000000     1.000000    3.000000             NaN   NaN   80.000000    8.000000    6.000000     NaN  512.329200   NaN      NaN
```

Figura 5.11. Salida de la ejecución del comando describe(incude="all")

Si queremos obtener una matriz de correlación de nuestro data frame podemos utilizar el método **.corr()**. Para ello es necesario disponer de un dataframe donde todas sus columnas sean numéricas. Si tenemos uno con categóricas y numéricas podemos utilizar los criterios de selección de columnas para calcular la correlación sobre un subconjunto del dataset completo:

```
>>> df.corr()
             PassengerId  Survived    Pclass       Age     SibSp     Parch      Fare
PassengerId     1.000000 -0.005007 -0.035144  0.036847 -0.057527 -0.001652  0.012658
Survived       -0.005007  1.000000 -0.338481 -0.077221 -0.035322  0.081629  0.257307
Pclass         -0.035144 -0.338481  1.000000 -0.369226  0.083081  0.018443 -0.549500
Age             0.036847 -0.077221 -0.369226  1.000000 -0.308247 -0.189119  0.096067
SibSp          -0.057527 -0.035322  0.083081 -0.308247  1.000000  0.414838  0.159651
Parch          -0.001652  0.081629  0.018443 -0.189119  0.414838  1.000000  0.216225
Fare            0.012658  0.257307 -0.549500  0.096067  0.159651  0.216225  1.000000
```

5.5.5 ALTERNATIVAS A PANDAS

Dentro del ecosistema de Python encontramos otros módulos con unas funcionalidades parecidas a las ofrecidas por Pandas. Entre estos módulos podemos destacar **datatable**, **modin**, **pyarrow**, **vaex y polars.**

▼ *https://datatable.readthedocs.io/en/latest*
▼ *https://modin.readthedocs.io*

▼ *https://arrow.apache.org/docs/python/index.html*
▼ *https://vaex.io/docs/index.html*
▼ *https://www.pola.rs*

```
$ pip install datatable
Collecting datatable
  Downloading datatable-1.0.0-cp38-cp38-manylinux_2_12_x86_64.whl (96.6 MB)
```

```
96.6/96.6 MB 3.4 MB/s eta 0:00:00
Installing collected packages: datatable
Successfully installed datatable-1.0.0
```

```
$ pip install modin
Collecting modin
  Downloading modin-0.15.2-py3-none-any.whl (868 kB)
```

```
868.9/868.9 kB 3.2 MB/s eta 0:00:00
Collecting pandas==1.4.3
  Downloading pandas-1.4.3-cp38-cp38-manylinux_2_17_x86_64.manylinux2014_x86_64.whl
(11.7 MB)
```

```
11.7/11.7 MB 7.5 MB/s eta 0:00:00
```

```
$ pip install pyarrow
Requirement already satisfied: pyarrow in /home/linux/anaconda3/lib/python3.8/site-
packages (9.0.0)
Requirement already satisfied: numpy>=1.16.6 in /home/linux/anaconda3/lib/python3.8/
site-packages (from pyarrow) (1.20.1)
```

```
s  pip install polars
Collecting polars
  Downloading polars-0.14.8-cp37-abi3-manylinux_2_17_x86_64.manylinux2014_x86_64.
whl (12.6 MB)
```

```
12.6/12.6 MB 4.2 MB/s eta 0:00:00
```

alternativas_pandas.py

```python
#pip install datatable
import datatable

#leer csv
data_frame = datatable.fread("airports.csv", header = None)
print(data_frame.head())

#seleccion de columnas
data_frame2 = data_frame[:,['name','abbrev']]
print(data_frame2.head(5))

#ordenar datos por una columna
ordenar = data_frame.sort('name')
print(ordenar.head(5))
```

```python
#pip install modin
import modin.pandas as pd

#leer csv
data_frame = pd.read_csv("airports.csv")
print(data_frame.head())

#pip install pyarrow
from pyarrow import csv

data_frame = csv.read_csv("airports.csv")
print(data_frame)
print(data_frame.schema)
print(data_frame['name'])

#seleccion de columnas
print(data_frame.select(["name", "abbrev"]))
print(data_frame.slice(0,10).to_pandas())

#pip install vaex
import vaex
data_frame = vaex.example()
print(data_frame.describe())

#pip install polars
import polars as pl

data_frame = pl.read_csv("airports.csv")
print(data_frame.head(5))
print(data_frame.describe())
```

En el caso de **pyarrow**, podríamos implementar otras funcionalidades como aquella que lee de un fichero csv y convierte los datos a otros formatos como Parquet que es un formato de archivo en columnas para la serialización de datos. Al leer un archivo Parquet es necesario descomprimir y decodificar su contenido en algún tipo de estructura de datos en memoria.

read_csv_pyarrow.py

```python
from pyarrow.csv import open_csv
import pyarrow as pa
import pyarrow.parquet as pq

mmap = pa.memory_map("airports.csv")
reader = open_csv(mmap)

# Open parquet file for writing with same schema as the CSV file
with pq.ParquetWriter("airports.parquet", reader.schema) as writer:
    while True:
        try:
            batch = reader.read_next_batch()
            writer.write_batch(batch)
        except StopIteration:
            break

# Load data directly from Parquet
reloaded_data = pq.read_table("airports.parquet")
print(reloaded_data)
print(reloaded_data.schema)
```

5.6 LECTURA DE UN FICHERO JSON

El formato JSON es un lenguaje de intercambios de datos como XML pero mucho más simple. Es un lenguaje muy utilizado en el envío de datos desde aplicaciones web y móviles realizadas con javascript. Por su similitud con el tipo de datos de objetos de javascript ha adquirido un papel muy importante en desarrolladores de esta comunidad.

En el caso de utilizar el lenguaje de programación Python podríamos utilizar el módulo json para leer una lista de usuarios.

leer_json.py

```python
import json

jsonString = '{"cuentaUsuarios": 2,"usuarios":[{"nombre": "usuario1","online":
true},{"nombre": "usuario2","online": false}]}'

jsonDecode = json.loads(jsonString)
print(jsonDecode)

print(jsonDecode["cuentaUsuarios"])
usuarios = jsonDecode["usuarios"]
print(usuarios)

#Acceder a los usuarios a través del array
usuario1 = usuarios[0]
usuario2 = usuarios[1]

print(usuario1["nombre"]+ ", " + str(usuario1["online"]))
print(usuario2["nombre"]+ ", " + str(usuario2["online"]))

#recorrer array de usuarios
for usuario in usuarios:
   print(str( usuario["nombre"]) +", "+ str(usuario["online"]))
```

La ejecución del script anterior devolvería la siguiente salida:

```
{'cuentaUsuarios': 2, 'usuarios': [{'nombre': 'usuario1', 'online': True},
{'nombre': 'usuario2', 'online': False}]}
2
[{'nombre': 'usuario1', 'online': True}, {'nombre': 'usuario2', 'online': False}]
usuario1, True
usuario2, False
usuario1, True
usuario2, False
```

Pandas utiliza el método **read_json()** para importar un archivo con este formato como se muestra a continuación:

```python
import pandas as pd
movies_json = pd.read_json('json1.json')
movies_json.head()
```

En la documentación de pandas podemos ver todos los formatos soportados por la librería de pandas.

▼ *https://pandas.pydata.org/docs/user_guide/io.html#other-file-formats*

5.7 LECTURA Y ESCRITURA EN FORMATO PICKLE

El módulo Pickle de Python *https://docs.python.org/3/library/pickle.html* permite almacenar en un fichero cualquier objeto python para su posterior carga y uso. Pickle codifica y decodifica objetos de cualquier tamaño, por muy complicada que sea su estructura interna. Por ejemplo, nos podría interesar guardar un objeto diccionario en un fichero y recuperarlo posteriormente.

La forma más sencilla de serializar un objeto usando pickle es mediante una llamada a la función dump pasando como argumento el objeto a serializar y un objeto archivo en el que guardarlo (o cualquier otro tipo de objeto similar a un archivo, siempre que ofrezca métodos read, readline y write).

pickle_ejemplo.py

```python
import pickle

datos = {
    'lenguajes': ['Python', 'Java','JavaScript'],
    'booleanos': {None, True, False}
}

with open('datos.pickle', 'wb') as fichero:
    pickle.dump(datos, fichero)
```

Para volver a cargar un objeto serializado se utiliza la función **load()**, a la que se le pasa por parámetro el archivo en el que se guardó.

```python
with open('datos.pickle', 'rb') as fichero:
    datos = pickle.load(fichero)
    print(datos)
```

En la siguiente imagen vemos la **ejecución** del ejemplo anterior en un jupyter notebook:

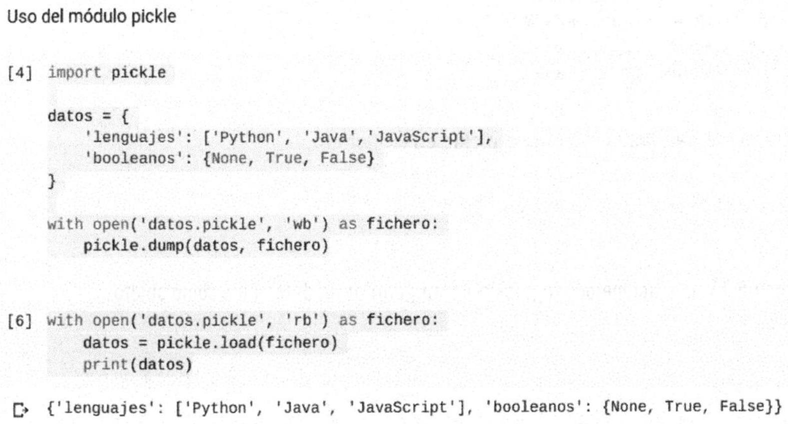

Uso del módulo pickle

```python
[4]  import pickle

     datos = {
         'lenguajes': ['Python', 'Java','JavaScript'],
         'booleanos': {None, True, False}
     }

     with open('datos.pickle', 'wb') as fichero:
         pickle.dump(datos, fichero)


[6]  with open('datos.pickle', 'rb') as fichero:
         datos = pickle.load(fichero)
         print(datos)

 ↳  {'lenguajes': ['Python', 'Java', 'JavaScript'], 'booleanos': {None, True, False}}
```

Figura 5.12. Ejecución del módulo pickle para serializar y deserializar objetos

Con el módulo de pandas podríamos guardar un dataframe en este formato utilizando el método **to_pickle()** para guardar un dataframe de pandas como objeto pickle y para recuperar el dataframe a partir del objeto utilizamos el método **read_pickle()**.

pandas_pickle.py

```python
import pandas as pd

datos = {
    'lenguajes': ['Python', 'Java','JavaScript'],
    'booleanos':[None, True, False]
}

df = pd.DataFrame(datos)

# guardar un dataframe de pandas como objeto pickle en un fichero
df.to_pickle('fichero_pickle.pickle')

# recuperar el dataframe a partir del fichero
df= pd.read_pickle('fichero_pickle.pickle')

print(df)
```

Los métodos **read_pickle()**, **DataFrame.to_pickle()** y **Series.to_pickle()** tienen la capacidad de leer y escribir en archivos comprimidos. Los tipos de compresión soportados para lectura y escritura son gzip, bz2, xz. El formato de archivo zip sólo soporta la operación de lectura. Para indicarle el formato se utiliza un parámetro adicional en estos métodos llamado **compression.**

Creamos dataframe de pandas a partir de los datos anteriores

```python
[9]  import pandas as pd
     df = pd.DataFrame(datos)
     print(df)

        lenguajes           booleanos
     0     Python  {None, True, False}
     1       Java  {None, True, False}
     2  JavaScript  {None, True, False}
```

Guardar un dataframe de pandas como objeto pickle en un fichero

```python
[11] df.to_pickle('fichero_pickle.pickle')
```

Figura 5.13. Uso del método to_pickle() para guardar un dataframe como objeto

Recuperar el dataframe a partir del fichero

```
[12] df= pd.read_pickle('fichero_pickle.pickle')
     print(df)

  ↳      lenguajes              booleanos
      0      Python  {None, True, False}
      1        Java  {None, True, False}
      2  JavaScript  {None, True, False}
```

Figura 5.14. Uso del método read_pickle() para obtener un dataframe guardado

En el siguiente ejemplo estamos guardando un dataframe en un fichero en formato pickle utilizando la compresión del algoritmo gzip. Posteriormente recuperamos el data frame leyendo del fichero utilizando la misma compresión.

```
df.to_pickle("fichero_pickle.pickle", compression="gzip")
datos = pd.read_pickle("fichero_pickle.pickle", compression="gzip")
```

Manejo de ficheros comprimidos

```
[13] df.to_pickle("fichero_pickle.pickle", compression="gzip")
     datos = pd.read_pickle("fichero_pickle.pickle", compression="gzip")
     print(datos)

  ↳      lenguajes              booleanos
      0      Python  {None, True, False}
      1        Java  {None, True, False}
      2  JavaScript  {None, True, False}
```

Figura 5.15. Ejecución del módulo pickle para el manejo de ficheros comprimidos

6

SCIKIT-LEARN COMO LIBRERÍA DE MACHINE LEARNING

6.1 INTRODUCCIÓN A SCIKIT-LEARN

Scikit-learn *http://scikit-learn.org* es una librería de Python de aprendizaje automático que contiene una serie de herramientas para realizar análisis y minería de datos. Para instalar dicho módulo es necesario instalar además la librería NumPy.

Scikit-learn, también conocida como sklearn es la principal librería de Machine Learning en Python, ofrece capacidades tanto para modelos supervisados (clasificación, regresión) como para modelos no supervisados. Para cada problema de aprendizaje sklearn dispone de diferentes algoritmos desde los más sencillos como árboles, rectas de regresión a modelos más complejos como svm o métodos de boosting.

Se trata de una librería construida sobre Scipy que contiene implementados muchos de los algoritmos de machine learning. Scikit-learn es la principal librería que existe para trabajar con Machine Learning , incluye la implementación de un gran número de algoritmos de aprendizaje.

La podemos utilizar para clasificaciones, extracción de características, regresiones, agrupaciones, reducción de dimensiones, selección de modelos, o preprocesamiento. Posee una API que es consistente en todos los modelos y se integra muy bien con el resto de los paquetes científicos que ofrece Python. Esta librería también nos facilita las tareas de evaluación, diagnóstico y validaciones cruzadas ya que nos proporciona varios métodos de fábrica para poder realizar estas tareas en forma muy simple.

> ▶ *http://scikit-learn.org/stable/tutorial/basic/tutorial.html*
> ▶ *http://scikit-learn.org/stable/install.html*

Esta librería se ha construido sobre SciPy (Scientific Python), que debe ser instalada antes de utilizarse, así como las siguientes librerías:

> ▶ SciPy *https://www.scipy.org/*
> ▶ NumPy *https://numpy.org/*
> ▶ Matplotlib *https://matplotlib.org/*
> ▶ SymPy *https://www.sympy.org/es/*
> ▶ Pandas *https://pandas.pydata.org/*

Se trata de la principal librería que existe para trabajar con Machine Learning e incluye la implementación de un gran número de algoritmos de aprendizaje. La podemos utilizar para clasificar, extracción de características, regresiones, agrupaciones, reducción de dimensiones, selección de modelos y preprocesamiento de los datos. Posee una API que es consistente en todos los modelos y se integra muy bien con el resto de los paquetes científicos que ofrece Python.

Esta librería se centra en el modelado de datos. De esta forma, para cargar y manipular los datos se utilizan otros módulos de python como numpy y pandas. Entre las principales funcionalidades que aporta Sklearn podemos destacar:

- ▶ Algoritmo de Clustering
- ▶ Validación cruzada
- ▶ Datasets de prueba
- ▶ Selección de características
- ▶ Optimización de parámetros para los algoritmos de machine learning

La librería proporciona diferentes métodos de aprendizaje automático entre los que podemos destacar:

- ▶ **Clasificación**: Con diferentes técnicas para identificar a qué categoría pertenece un objeto.

- ▶ **Regresión**: Para predecir un atributo de valores continuos asociado a un objeto.

- ▶ **Clusterización**: Agrupación de objetos similares en diferentes grupos.

- ▶ **Selección de modelos**: Técnicas para la comparación, validación y selección de parámetros y modelos.

- ▶ **Reducción de dimensión**: Reducción del número de las variables aleatorias a considerar.

- ▶ **Preprocesamiento**: Extracción de diferentes parámetros a considerar y normalización.

Si ya disponemos de una instalación de Python, podemos usar pip para instalar todos estos paquetes:

```
$ pip install numpy scipy matplotlib ipython pandas
```

Si disponemos de todos los módulos instalados, podríamos instalar directamente scikit-learn:

```
$ pip install scikit-learn
```

En la siguiente imagen vemos la importación de estos módulos en **jupyter notebook** junto con las versiones instaladas:

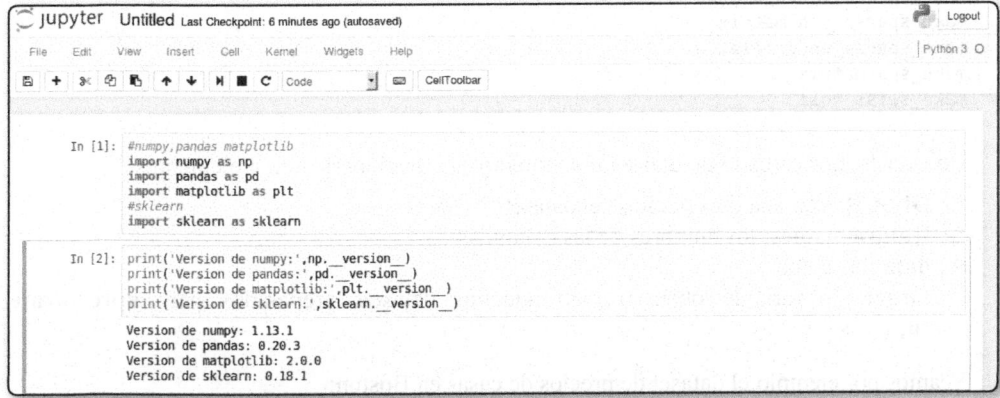

Figura 6.1. Comprobación de las versiones instaladas

6.2 DATASETS EN SCIKIT-LEARN

Para facilitar el aprendizaje, sklearn incluye algunos datasets de entrenamiento empaquetados dentro del módulo **sklearn.datasets**. Podríamos ver los datasets que vienen precargados de la siguiente forma:

```
>>> from sklearn import datasets
>>> for dataset in dir(datasets):
...     print(dataset)

load_boston
load_breast_cancer
load_diabetes
load_digits
load_files
load_iris
load_linnerud
load_sample_image
load_sample_images
load_svmlight_file
load_svmlight_files
load_wine
make_biclusters
make_blobs
make_checkerboard
make_circles
make_classification
make_friedman1
make_friedman2
make_friedman3
make_gaussian_quantiles
make_hastie_10_2
make_low_rank_matrix
make_moons
make_multilabel_classification
make_regression
make_s_curve
make_sparse_coded_signal
make_sparse_spd_matrix
make_sparse_uncorrelated
make_spd_matrix
make_swiss_roll
```

Una vez hemos cargado un dataset obtendremos un diccionario con 4 elementos:

- **DESCR:** con una descripción del dataset
- **feature_names**: los nombres de las columnas
- **data**: los datos
- **target**: la variable objetivo para aquellos datasets preparados para **aprendizaje supervisado**

Veamos por ejemplo el dataset de precios de casas en Boston:

```
>>> boston = datasets.load_boston()
>>> boston.keys()
dict_keys(['data', 'target', 'feature_names', 'DESCR', 'filename'])
```

Si imprimimos lo que está almacenado en la variable **DESCR**, vemos una descripción completa sobre el dataset y la información sobre las columnas del mismo:

```
>>> print(boston.DESCR)

Boston house prices dataset
---------------------------

**Data Set Characteristics:**

    :Number of Instances: 506

    :Number of Attributes: 13 numeric/categorical predictive. Median Value (attribu-
te 14) is usually the target.

        :Attribute Information (in order):
        - CRIM per capita crime rate by town
        - ZN    proportion of residential land zoned for lots over 25,000 sq.ft.
        - INDUS  proportion of non-retail business acres per town
        - CHAS Charles River dummy variable (= 1 if tract bounds river; 0 otherwise)
        - NOX   nitric oxides concentration (parts per 10 million)
        - RM    average number of rooms per dwelling
        - AGE   proportion of owner-occupied units built prior to 1940
        - DIS   weighted distances to five Boston employment centres
        - RAD   index of accessibility to radial highways
        - TAX   full-value property-tax rate per $10,000
        - PTRATIO  pupil-teacher ratio by town
        - B     1000(Bk - 0.63)^2 where Bk is the proportion of blacks by town
        - LSTAT % lower status of the population
        - MEDV  Median value of owner-occupied homes in $1000's
```

6.3 CARGANDO CONJUNTOS DE DATOS EN SCIKIT-LEARN

Scikit-learn proporciona diferentes métodos para cargar y buscar conjuntos de datos, así como generar datos artificiales. Todos estos se pueden encontrar en el paquete **sklearn.datasets** donde podemos encontrar algunos juegos de datos, que proporcionan a los científicos de datos un conjunto de datos para experimentar un nuevo algoritmo y evaluar la corrección de su código antes de aplicarlo a problema real. En el siguiente código cargamos el dataset de iris y lo representamos de forma gráfica los puntos de entrenamiento.

```
iris_dataset.py
```
```python
import numpy as np
import matplotlib.pyplot as plt
from sklearn import datasets

iris = datasets.load_iris()

# sólo tomamos las 2 primeras features
X = iris.data[:, :2]
Y = iris.target

# Pintamos los puntos de entrenamiento
plt.scatter(X[:, 0], X[:, 1], c=Y)
plt.xlabel('Sepal length')
plt.ylabel('Sepal width')
```

En la siguiente imagen mostramos las características correspondientes al ancho y largo del sépalo para el dataset de iris:

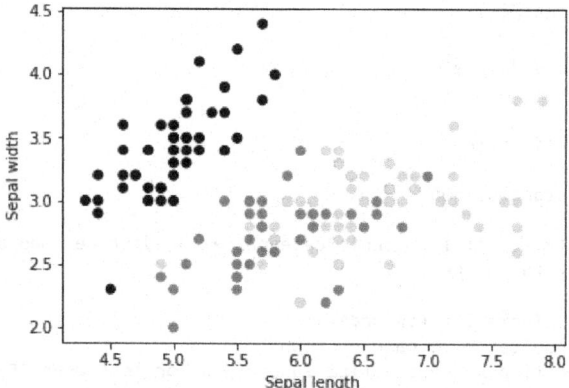

Figura 6.2. Características del dataset de iris

El paquete **sklearn.datasets** también permite descargar directamente conjuntos de datos desde el repositorio usando la función **fetch_openml**. Por ejemplo, podríamos descargar la base de datos de reconocimiento de dígitos **MNIST**, que contiene un total de 70000 ejemplos de dígitos manuscritos de tamaño 28×28 píxeles, etiquetados de 0 a 9:

sklearn_openml.py

```python
from sklearn.datasets import fetch_openml

mnist = fetch_openml('mnist_784')
print(mnist.data) # (70000, 784)
print(mnist.target.shape) # (70000,)
np.unique(mnist.target) # array([0, 1, 2, 3, 4, 5, 6, 7, 8, 9])
```

Salida:

```
       pixel1  pixel2  pixel3  pixel4  pixel5  pixel6  pixel7  pixel8  pixel9  \
0         0.0     0.0     0.0     0.0     0.0     0.0     0.0     0.0     0.0
1         0.0     0.0     0.0     0.0     0.0     0.0     0.0     0.0     0.0
2         0.0     0.0     0.0     0.0     0.0     0.0     0.0     0.0     0.0
3         0.0     0.0     0.0     0.0     0.0     0.0     0.0     0.0     0.0
4         0.0     0.0     0.0     0.0     0.0     0.0     0.0     0.0     0.0
...       ...     ...     ...     ...     ...     ...     ...     ...     ...
69995     0.0     0.0     0.0     0.0     0.0     0.0     0.0     0.0     0.0
69996     0.0     0.0     0.0     0.0     0.0     0.0     0.0     0.0     0.0
69997     0.0     0.0     0.0     0.0     0.0     0.0     0.0     0.0     0.0
69998     0.0     0.0     0.0     0.0     0.0     0.0     0.0     0.0     0.0
69999     0.0     0.0     0.0     0.0     0.0     0.0     0.0     0.0     0.0

       pixel10  ...  pixel775  pixel776  pixel777  pixel778  pixel779  \
0          0.0  ...       0.0       0.0       0.0       0.0       0.0
1          0.0  ...       0.0       0.0       0.0       0.0       0.0
2          0.0  ...       0.0       0.0       0.0       0.0       0.0
3          0.0  ...       0.0       0.0       0.0       0.0       0.0
4          0.0  ...       0.0       0.0       0.0       0.0       0.0
...        ...  ...       ...       ...       ...       ...       ...
```

```
69995      0.0 ...      0.0       0.0       0.0       0.0       0.0
69996      0.0 ...      0.0       0.0       0.0       0.0       0.0
69997      0.0 ...      0.0       0.0       0.0       0.0       0.0
69998      0.0 ...      0.0       0.0       0.0       0.0       0.0
69999      0.0 ...      0.0       0.0       0.0       0.0       0.0

       pixel780  pixel781  pixel782  pixel783  pixel784
0         0.0       0.0       0.0       0.0       0.0
1         0.0       0.0       0.0       0.0       0.0
2         0.0       0.0       0.0       0.0       0.0
3         0.0       0.0       0.0       0.0       0.0
4         0.0       0.0       0.0       0.0       0.0
...       ...       ...       ...       ...       ...
69995     0.0       0.0       0.0       0.0       0.0
69996     0.0       0.0       0.0       0.0       0.0
69997     0.0       0.0       0.0       0.0       0.0
69998     0.0       0.0       0.0       0.0       0.0
69999     0.0       0.0       0.0       0.0       0.0

[70000 rows x 784 columns]
(70000,)

array(['0', '1', '2', '3', '4', '5', '6', '7', '8', '9'], dtype=object)
```

6.3.1 CONJUNTOS DE DATOS GENERADOS DE FORMA ALEATORIA

A veces, los conjuntos de datos reales no son suficientes y necesitamos datos que siguen patrones específicos que no pueden lograrse a través de conjuntos de datos reales. **Scikit-learn incluye varios generadores de muestras aleatorias que pueden usarse para construir conjuntos de datos artificiales de tamaño y complejidad controlados**. Esto incluye datos de etiqueta única y múltiple, regresión, clasificaciones, agrupación y más. Vamos a crear varios conjuntos de datos para un problema de clasificación:

sklearn_datasets.py

```python
import matplotlib.pyplot as plt
from sklearn.datasets import make_classification
from sklearn.datasets import make_blobs
from sklearn.datasets import make_gaussian_quantiles

plt.figure(figsize=(8, 8))

plt.subplots_adjust(bottom=.05, top=.9, left=.05, right=.95)
plt.subplot(321)
plt.title("One informative feature, one cluster per class", fontsize='small')
X1, Y1 = make_classification(n_features=2, n_redundant=0, n_informative=1,
n_clusters_per_class=1)
plt.scatter(X1[:, 0], X1[:, 1], marker='o', c=Y1)
plt.subplot(322)

plt.title("Two informative features, one cluster per class", fontsize='small')
X1, Y1 = make_classification(n_features=2, n_redundant=0, n_informative=2,
n_clusters_per_class=1)
plt.scatter(X1[:, 0], X1[:, 1], marker='o', c=Y1)
plt.subplot(323)
plt.title("Two informative features, two clusters per class", fontsize='small')
X2, Y2 = make_classification(n_features=2, n_redundant=0, n_informative=2)
```

```
plt.scatter(X2[:, 0], X2[:, 1], marker='o', c=Y2)

plt.subplot(324)
plt.title("Multi-class, two informative features, one cluster", fontsize='small')
X1, Y1 = make_classification(n_features=2, n_redundant=0, n_informative=2,
n_clusters_per_class=1, n_classes=3)
plt.scatter(X1[:, 0], X1[:, 1], marker='o', c=Y1)

plt.subplot(325)
plt.title("Three blobs", fontsize='small')
X1, Y1 = make_blobs(n_features=2, centers=3)
plt.scatter(X1[:, 0], X1[:, 1], marker='o', c=Y1)
plt.subplot(326)
plt.title("Gaussian divided into three quantiles", fontsize='small')
X1, Y1 = make_gaussian_quantiles(n_features=2, n_classes=3)

plt.scatter(X1[:, 0], X1[:, 1], marker='o', c=Y1)
plt.show()
```

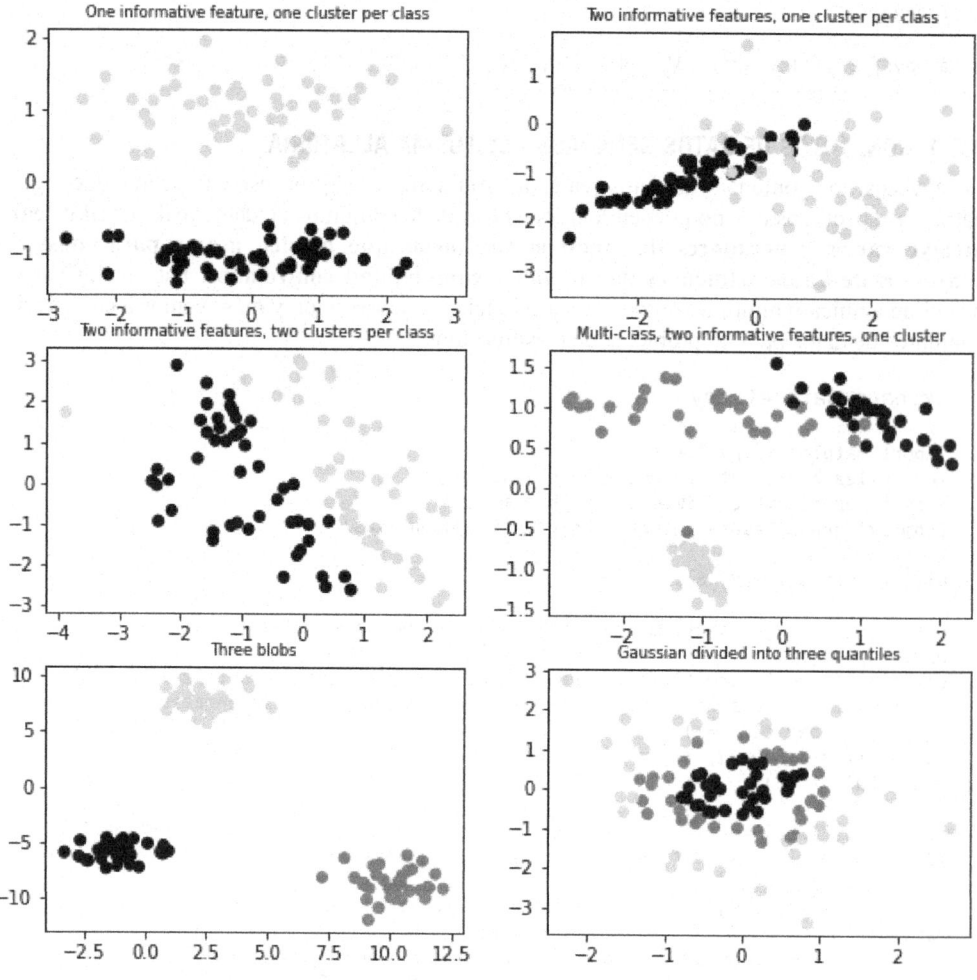

Figura 6.3. Representación de diferentes datasets

6.4 DIVIDIR DATOS DE ENTRENAMIENTO Y TEST

Scikit-learn contiene una función que baraja el conjunto de datos y lo divide en subconjuntos de datos: la función **train_test_split**. Esta función, en su comportamiento por defecto, extrae el 75% de las filas de los datos como conjunto de entrenamiento, junto con las etiquetas correspondientes para estos datos. El 25% restante de los datos, junto con las etiquetas restantes, se declara como el conjunto de pruebas.

sklearn_train_test_split.py

```python
from sklearn.model_selection import train_test_split
from sklearn import datasets

iris_dataset = datasets.load_iris()

X_train, X_test, y_train, y_test = train_test_split(iris_dataset['data'],iris_
dataset['target'],random_state=0)

print('X_train',X_train)
print('X_test',X_test)
print('y_train',y_train)
print('y_test',y_test)
```

En el ejemplo anterior utilizamos la función **train_test_split** que se encuentra dentro del paquete **sklearn.model_selection** para dividir aleatoriamente los datos en conjuntos de entrenamiento y prueba. Las proporciones de los datos para ambas particiones se pueden especificar usando argumentos de palabra clave. De forma predeterminada, el 25% de los datos se asignan al conjunto de pruebas. A continuación, vemos la salida de la ejecución del anterior script:

```
X_train [[5.9 3.  4.2 1.5]
 [5.8 2.6 4.  1.2]
 [6.8 3.  5.5 2.1]
 [4.7 3.2 1.3 0.2]
 [6.9 3.1 5.1 2.3]
 [5.  3.5 1.6 0.6]
 [5.4 3.7 1.5 0.2]
 [5.  2.  3.5 1. ]
 [6.5 3.  5.5 1.8]
 [6.7 3.3 5.7 2.5]
 [6.  2.2 5.  1.5]
 [6.7 2.5 5.8 1.8]
 [5.6 2.5 3.9 1.1]
 [7.7 3.  6.1 2.3]
 [6.3 3.3 4.7 1.6]
 [5.5 2.4 3.8 1.1]
 [6.3 2.7 4.9 1.8]
 [6.3 2.8 5.1 1.5]
 [4.9 2.5 4.5 1.7]
 [6.3 2.5 5.  1.9]
 [7.  3.2 4.7 1.4]
 [6.5 3.  5.2 2. ]
 [6.  3.4 4.5 1.6]
```

```
[4.8 3.1 1.6 0.2]
[5.8 2.7 5.1 1.9]
[5.6 2.7 4.2 1.3]
[5.6 2.9 3.6 1.3]
[5.5 2.5 4.  1.3]
[6.1 3.  4.6 1.4]
[7.2 3.2 6.  1.8]
[5.3 3.7 1.5 0.2]
[4.3 3.  1.1 0.1]
[6.4 2.7 5.3 1.9]
[5.7 3.  4.2 1.2]
[5.4 3.4 1.7 0.2]
[5.7 4.4 1.5 0.4]
[6.9 3.1 4.9 1.5]
[4.6 3.1 1.5 0.2]
[5.9 3.  5.1 1.8]
[5.1 2.5 3.  1.1]
[4.6 3.4 1.4 0.3]
[6.2 2.2 4.5 1.5]
[7.2 3.6 6.1 2.5]
[5.7 2.9 4.2 1.3]
[4.8 3.  1.4 0.1]
[7.1 3.  5.9 2.1]
[6.9 3.2 5.7 2.3]
[6.5 3.  5.8 2.2]
[6.4 2.8 5.6 2.1]
[5.1 3.8 1.6 0.2]
[4.8 3.4 1.6 0.2]
[6.5 3.2 5.1 2. ]
[6.7 3.3 5.7 2.1]
[4.5 2.3 1.3 0.3]
[6.2 3.4 5.4 2.3]
[4.9 3.  1.4 0.2]
[5.7 2.5 5.  2. ]
[6.9 3.1 5.4 2.1]
[4.4 3.2 1.3 0.2]
[5.  3.6 1.4 0.2]
[7.2 3.  5.8 1.6]
[5.1 3.5 1.4 0.3]
[4.4 3.  1.3 0.2]
[5.4 3.9 1.7 0.4]
[5.5 2.3 4.  1.3]
[6.8 3.2 5.9 2.3]
[7.6 3.  6.6 2.1]
[5.1 3.5 1.4 0.2]
[4.9 3.1 1.5 0.2]
[5.2 3.4 1.4 0.2]
[5.7 2.8 4.5 1.3]
[6.6 3.  4.4 1.4]
[5.  3.2 1.2 0.2]
[5.1 3.3 1.7 0.5]
[6.4 2.9 4.3 1.3]
[5.4 3.4 1.5 0.4]
[7.7 2.6 6.9 2.3]
```

```
 [4.9 2.4 3.3 1. ]
 [7.9 3.8 6.4 2. ]
 [6.7 3.1 4.4 1.4]
 [5.2 4.1 1.5 0.1]
 [6.  3.  4.8 1.8]
 [5.8 4.  1.2 0.2]
 [7.7 2.8 6.7 2. ]
 [5.1 3.8 1.5 0.3]
 [4.7 3.2 1.6 0.2]
 [7.4 2.8 6.1 1.9]
 [5.  3.3 1.4 0.2]
 [6.3 3.4 5.6 2.4]
 [5.7 2.8 4.1 1.3]
 [5.8 2.7 3.9 1.2]
 [5.7 2.6 3.5 1. ]
 [6.4 3.2 5.3 2.3]
 [6.7 3.  5.2 2.3]
 [6.3 2.5 4.9 1.5]
 [6.7 3.  5.  1.7]
 [5.  3.  1.6 0.2]
 [5.5 2.4 3.7 1. ]
 [6.7 3.1 5.6 2.4]
 [5.8 2.7 5.1 1.9]
 [5.1 3.4 1.5 0.2]
 [6.6 2.9 4.6 1.3]
 [5.6 3.  4.1 1.3]
 [5.9 3.2 4.8 1.8]
 [6.3 2.3 4.4 1.3]
 [5.5 3.5 1.3 0.2]
 [5.1 3.7 1.5 0.4]
 [4.9 3.1 1.5 0.1]
 [6.3 2.9 5.6 1.8]
 [5.8 2.7 4.1 1. ]
 [7.7 3.8 6.7 2.2]
 [4.6 3.2 1.4 0.2]]
X_test [[5.8 2.8 5.1 2.4]
 [6.  2.2 4.  1. ]
 [5.5 4.2 1.4 0.2]
 [7.3 2.9 6.3 1.8]
 [5.  3.4 1.5 0.2]
 [6.3 3.3 6.  2.5]
 [5.  3.5 1.3 0.3]
 [6.7 3.1 4.7 1.5]
 [6.8 2.8 4.8 1.4]
 [6.1 2.8 4.  1.3]
 [6.1 2.6 5.6 1.4]
 [6.4 3.2 4.5 1.5]
 [6.1 2.8 4.7 1.2]
 [6.5 2.8 4.6 1.5]
 [6.1 2.9 4.7 1.4]
 [4.9 3.6 1.4 0.1]
 [6.  2.9 4.5 1.5]
 [5.5 2.6 4.4 1.2]
 [4.8 3.  1.4 0.3]
```

```
 [5.4 3.9 1.3 0.4]
 [5.6 2.8 4.9 2. ]
 [5.6 3.  4.5 1.5]
 [4.8 3.4 1.9 0.2]
 [4.4 2.9 1.4 0.2]
 [6.2 2.8 4.8 1.8]
 [4.6 3.6 1.  0.2]
 [5.1 3.8 1.9 0.4]
 [6.2 2.9 4.3 1.3]
 [5.  2.3 3.3 1. ]
 [5.  3.4 1.6 0.4]
 [6.4 3.1 5.5 1.8]
 [5.4 3.  4.5 1.5]
 [5.2 3.5 1.5 0.2]
 [6.1 3.  4.9 1.8]
 [6.4 2.8 5.6 2.2]
 [5.2 2.7 3.9 1.4]
 [5.7 3.8 1.7 0.3]
 [6.  2.7 5.1 1.6]]
y_train [1 1 2 0 2 0 0 1 2 2 2 2 1 2 1 1 2 2 2 2 1 2 1 0 2 1 1 1 1 2 0 0 2 1 0 0 1
 0 2 1 0 1 2 1 0 2 2 2 2 0 0 2 2 0 2 0 2 2 0 0 2 0 0 0 1 2 2 0 0 0 1 1 0 0
 1 0 2 1 2 1 0 2 0 2 0 0 2 0 2 1 1 1 2 2 1 1 0 1 2 2 0 1 1 1 1 0 0 0 2 1 2
 0]
y_test [2 1 0 2 0 2 0 1 1 1 2 1 1 1 1 1 0 1 1 0 0 2 1 0 0 2 0 0 1 1 0 2 1 0 2 2 1 0
 1]
```

6.5 APRENDIZAJE AUTOMÁTICO CON SCIKIT-LEARN

El principal elemento de sklearn son los algoritmos disponibles para distintos tipos de análisis, podemos agruparlos en 2 grandes bloques:

1. **Aprendizaje supervisado:**

    a. **Modelos de regresión**

    b. **Clasificadores**

2. **Aprendizaje no supervisado**

    a. **Clustering**

    b. **Modelos para reducción de dimensionalidad**

En función del tipo de problema que nos estemos enfrentando habrá que ir contestando a las siguientes preguntas:

▶ ¿Intentamos predecir una categoría o un valor?
▶ ¿Tenemos datos etiquetados?
▶ ¿Cuántas muestras tenemos?

La decisión de la tecnología y herramienta a elegir es siempre en última instancia responsabilidad del analista, pero para ayudarnos scikit-learn.org proporciona un diagrama de flujo que nos puede resultar útil en algunas ocasiones en función del problema que queramos resolver.

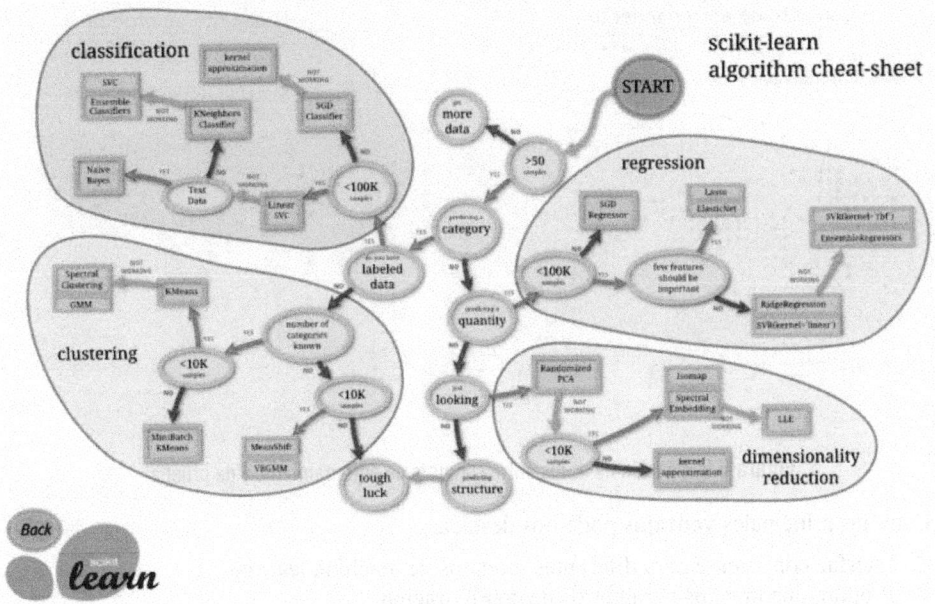

Figura 6.4. Algoritmos soportados por scikit-learn

Cuando queramos aplicar un modelo, el modo de trabajo con sklearn será:

▸ En primer lugar, instalamos nuestro estimador indicando los parámetros necesarios.

▸ A continuación, llamamos al método **fit()** del estimador con nuestros datos de entrenamiento, en función de que sea supervisado o no supervisado deberemos proveer una variable objetivo o no.

▸ En este punto, ya tendremos un estimador entrenado para poder realizar predicción sobre nuevos elementos, para ello llamamos al método **transform()** o **predict()** de nuestro estimador.

▸ En aprendizaje supervisado es recomendable que antes de llamar al método .fit() separemos nuestro dataset en dos conjuntos uno de entrenamiento y otro de test, para poder evaluar la bondad de nuestro estimador con el conjunto de test. También existe la posibilidad de implementar flujos de validación cruzada.

Por ejemplo, podríamos usar sklearn para entrenar nuestros datos. En este caso la librería nos proporciona una función llamada **train_test_split** que nos permite separar nuestro conjunto de datos en 2 partes, por un lado los datos de entrenamiento y por otro los datos de prueba. El objetivo es dividir el conjunto de datos principal en 2 subconjuntos de datos.

▸ **Conjunto de entrenamiento:** Conjunto de datos que se utilizará para aprender un modelo

▸ **Conjunto de prueba:** Conjunto de datos que se utilizará para evaluar el rendimiento del modelo finalmente obtenido.

```
from sklearn.model_selection import train_test_split
X_train, X_test, y_train, y_test = train_test_split(X_iris,y_iris,test_
size = 0.25)
```

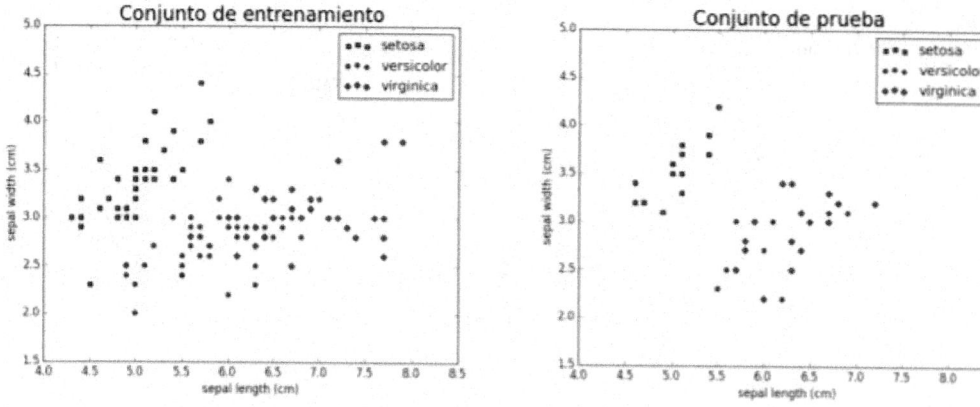

Figura 6.5. División de datos entre conjunto de entrenamiento y de prueba

Entre las principales **ventajas** podemos destacar:

▼ Interfaz consistente para diferentes modelos de machine learning.
▼ Proporciona muchos parámetros de configuración.
▼ Muy buena documentación.
▼ Desarrollo muy activo.
▼ Gran comunidad de desarrolladores.

Se podría decir que **scikit-learn es como una caja de herramientas orientada a su uso en Python** y pensada para ser utilizada para la minería de datos y, lo que comúnmente se conoce como ciencias de los datos, enfocada al aprendizaje automático. La misma librería dispone de una API de la cual se pueden usar los módulos necesarios para importar en el proyecto y realizar las llamadas a los métodos requeridos.

6.5.1 ESTABLECER UNA METODOLOGÍA DE EVALUACIÓN

Una vez conocido el objetivo a perseguir, hay que decidir cómo se va a medir el progreso para perseguir ese objetivo. Es aquí donde entra en juego el término de validación cruzada o también conocido como **cross-validation**. Esta técnica permite evaluar los resultados de un análisis estadístico y poder garantizar que son independientes de la partición entre el conjunto de datos que se utiliza para entrenamiento y el conjunto de test. Es utilizado en entornos donde el objetivo es la predicción y se quiere estimar cómo de preciso es el modelo generado

Esta técnica surgió para resolver el problema del método de retención que consiste en dividir en dos subconjuntos los datos con los que contamos, realizar el entrenamiento con uno de ellos que se llama "Conjunto de entrenamiento" y validar el análisis con el otro, llamado "Conjunto de test". Lo normal es dividir el conjunto de datos en un 70% para entrenamiento y un 30% para prueba o también un 80/20, aunque este ratio debe ser considerado dependiendo del tamaño de nuestro conjunto de datos.

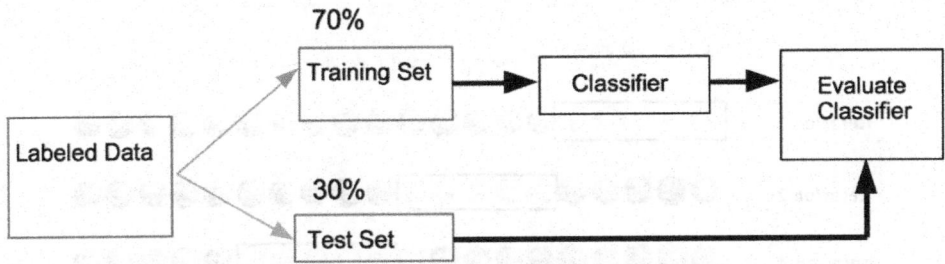

Figura 6.6. División de datos entre conjunto de entrenamiento y de prueba

El problema de esta técnica es que el modelo que se genera sólo se ajusta al conjunto de datos de entrenamiento y a partir de esto calcula los valores de salida para el conjunto de datos de prueba. Suele ser muy rápido pero no es del todo fiable porque es algo que depende cómo están posicionados los datos.

Si los datos están ordenados y en ese conjunto de entrenamiento que se ha creado solo hay información sobre 4 clases de 7 posibles, el modelo que va a generar será muy preciso para esas 4, pero para las 3 restantes no tiene información y por lo tanto no sabrá cómo clasificarlos. Si disponemos de suficientes datos, la situación ideal para ambos problemas es dividir aleatoriamente el dataset en tres partes:

▸ **Training set:** Es el conjunto de datos que permite ajustar el modelo.

▸ **Validation set:** Es el conjunto de datos que permite estimar el error en la predicción.

▸ **Test set:** Es el conjunto de datos que permite evaluar el "error de generalización" del modelo final.

Es adecuado que exista una distribución equitativa de cada clase en cada conjunto, para que así pueda entrenar todos los patrones para cada tipo y pueda encontrar un modelo general para todo el conjunto de datos. Es aquí donde la **validación cruzada** entra en juego. El método de validación cruzada consiste en repetir y calcular la media aritmética obtenida de las medidas de evaluación sobre diferentes particiones. Existen a su vez varias técnicas para la selección de las particiones:

▸ **K-fold**
▸ **Random**
▸ **Leave-one-out**

En el caso del **método K-fold** los pasos son:

▸ Dividir los datos en (k) partes.

▸ Reservar una parte de esos datos(conjunto de validación) y entrenar el modelo con la unión de las (k-1) restantes (conjunto de entrenamiento).

▸ Calcular la capacidad predictora del modelo en el conjunto de validación.

▸ Repetir los pasos anteriores otras (k-1) veces, considerando cada vez como conjunto de validación una parte distinta.

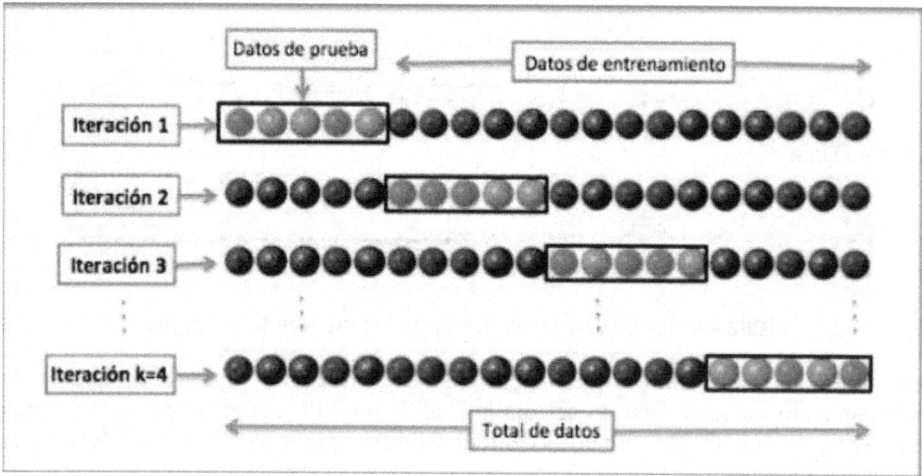

Figura 6.7. División de datos con el método K-Fold

En el caso del **método Random** consiste en dividir aleatoriamente el conjunto de datos de entrenamiento y el conjunto de datos de prueba. Para cada división, la función de aproximación se ajusta a partir de los datos de entrenamiento y calcula los valores de salida para el conjunto de datos de prueba. El resultado final se corresponde a la media aritmética de los valores obtenidos para las diferentes divisiones.

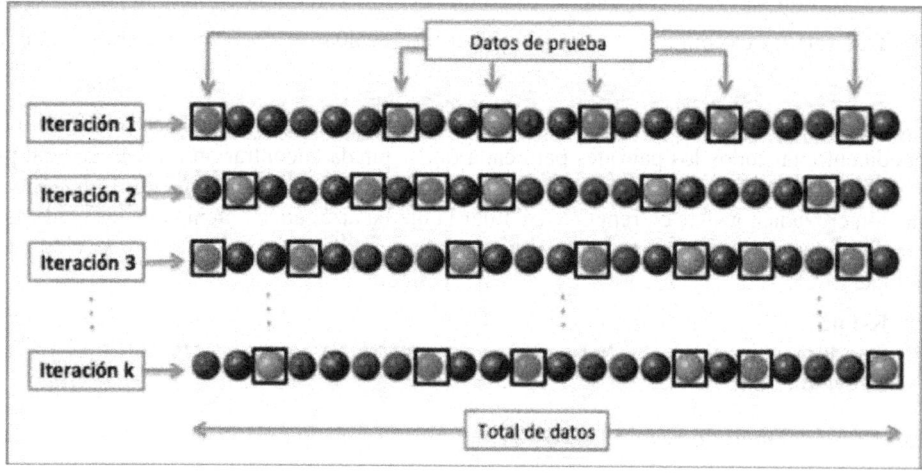

Figura 6.8. División de datos con el método Random

La ventaja de este método es que la división de datos entrenamiento-prueba no depende del número de iteraciones. Pero, en cambio, con este método hay algunas muestras que quedan sin evaluar y otras que se evalúan más de una vez, es decir, los subconjuntos de prueba y entrenamiento se pueden solapar.

La validación cruzada con el método **Leave-one-out** implica separar los datos de forma que para cada iteración tengamos una sola muestra para los datos de prueba, y el resto está conformado por los datos de entrenamiento. La evaluación viene dada por el error, y en este tipo de validación cruzada el error es muy bajo.

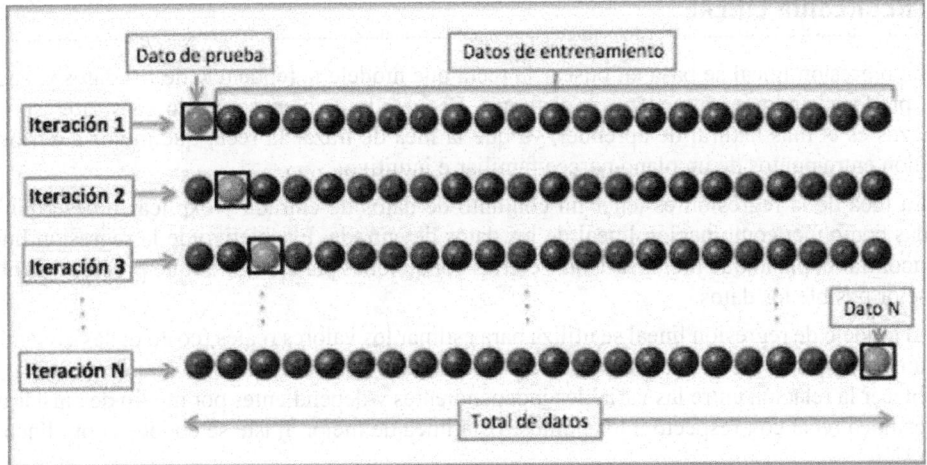

Figura 6.9. División de datos con el método Leave-one-out

La desventaja del método **Leave-one-out** es que es muy costoso a nivel computacional, puesto que se tiene que realizar un elevado número de iteraciones, tantas como N muestras tengamos y para cada una, hay que analizar los datos tanto de entrenamiento como de prueba.

El módulo **model_selection** del paquete scikit-learn provee de distintos tipos de validación cruzada que permitirán llevar a cabo esta división del conjunto de datos para proceder a su entrenamiento y posterior testeo para la extracción de las métricas y evaluar el comportamiento que ha tenido cada algoritmo o técnica. En scikit-learn podríamos usar la clase **StratifiedShuffleSplit** que se encarga de conservar el porcentaje de muestras de cada clase para cada uno de los pliegues en los que se divide el conjunto de entrenamiento.

https://scikit-learn.org/stable/modules/generated/sklearn.model_selection. StratifiedShuffleSplit.html

sklearn_StratifiedShuffleSplit.py

```
import numpy as np
from sklearn.model_selection import StratifiedShuffleSplit
X = np.array([[1, 2], [3, 4], [1, 2], [3, 4], [1, 2], [3, 4]])
y = np.array([0, 0, 0, 1, 1, 1])
sss = StratifiedShuffleSplit(n_splits=5, test_size=0.5, random_state=0)
sss.get_n_splits(X, y)
print(sss)
for train_index, test_index in sss.split(X, y):
    print("TRAIN:", train_index, "TEST:", test_index)
    X_train, X_test = X[train_index], X[test_index]
    y_train, y_test = y[train_index], y[test_index]
```

```
StratifiedShuffleSplit(n_splits=5, random_state=0, test_size=0.5,
            train_size=None)
TRAIN: [5 2 3] TEST: [4 1 0]
TRAIN: [5 1 4] TEST: [0 2 3]
TRAIN: [5 0 2] TEST: [4 3 1]
TRAIN: [4 1 0] TEST: [2 3 5]
TRAIN: [0 5 1] TEST: [3 4 2]
```

6.6 REGRESIÓN LINEAL

La regresión lineal se basa en buscar la recta que modele la tendencia de los datos y, según ella, predecir cualquier otro dato en el futuro. El método es bien conocido en varios campos y quizás es el más natural de aprender, ya que la idea de trazar la recta que mejor describe la relación entre puntos de un plano parece familiar e intuitivo.

La idea de la regresión es tener un conjunto de datos de entrada y explicar o describir las salidas como una combinación lineal de los datos de entrada. El objetivo de la regresión lineal es encontrar el plano que mejor satisface ciertas condiciones para asegurar que predice o explica lo mejor posible los datos.

El modelo de regresión lineal se utiliza para estimar los valores reales (costo de las viviendas, el número de llamadas, ventas totales, etc.) basados en variables continuas. La idea es tratar de establecer la relación entre las variables independientes y dependientes por medio de ajustar una mejor línea recta con respecto a los puntos. Esta línea de mejor ajuste se conoce como línea de regresión.

La regresión lineal encuentra los parámetros que minimizan el error cuadrático medio entre las predicciones y los verdaderos objetivos de regresión, y, en el conjunto de entrenamiento. El error cuadrático medio es la suma de las diferencias cuadradas entre las predicciones y los valores reales. La regresión lineal no tiene parámetros, lo cual es una ventaja, pero tampoco tiene forma de controlar la complejidad del modelo.

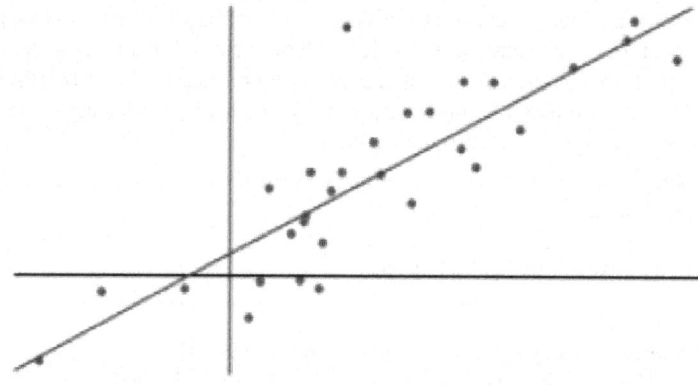

Figura 6.10. Modelo de regresión lineal en el plano X,Y

6.6.1 IMPLEMENTACIÓN DE REGRESIÓN LINEAL

En este ejemplo estamos generando un conjunto de puntos aleatorios utilizando la función **RandomState()** del módulo **np.random** dentro de la librería numpy.

`numpy_puntos_regressión_lineal.py`

```
import numpy as np
import matplotlib.pyplot as plt
random_state = np.random.RandomState(42)
X = random_state.uniform(size=(30,1))
```

```
a = random_state.normal(scale=10)
b = random_state.normal()
y = np.dot(X,a).ravel()+b
y= y+ random_state.normal(size=len(y))
plt.plot(X[:,0],y,'x')
```

En la siguiente imagen vemos la distribución de puntos de forma aleatoria sobre el plano X,Y.

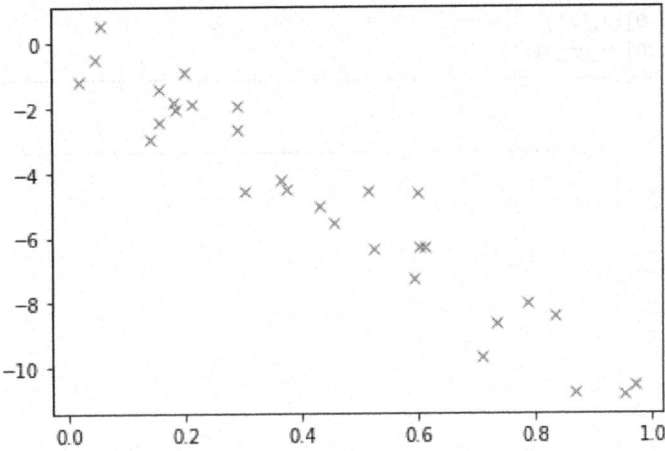

Figura 6.11. Distribución de puntos en el plano X,Y

A partir de estos puntos aleatorios que encontramos en el plano (X,Y), podríamos utilizar la clase **LinearRegression** para pintar una línea recta que se ajuste a estos puntos. En el siguiente ejemplo se muestra un ejemplo de regresión lineal simple sobre un conjunto de datos que se genera de forma aleatoria.

sklearn_regresion_lineal.py

```
from sklearn.linear_model import LinearRegression
import matplotlib.pyplot as plt
import numpy as np

random_state = np.random.RandomState(42)
X = random_state.uniform(size=(30,1))
a = random_state.normal(scale=10)
b = random_state.normal()
y = np.dot(X,a).ravel()+b
y = y + random_state.normal(size=len(y))

# Definir el modelo de regresión
model = LinearRegression()

# Calcular la regresión
```

```
model.fit(X, y)

# Mostrar los resultados de la regresión
coef = model.coef_[0]
intercept = model.intercept_
print("coef=", coef, "intercept=", intercept)

y_predict= model.predict(X)

plt.plot(X[:,0],y,'x')
plt.plot(X[:,0],y_predict)
```

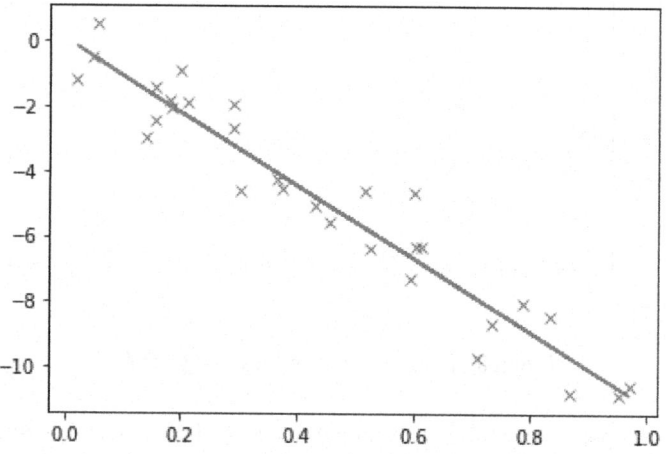

Figura 6.12. Regresión lineal que se ajusta a los puntos en el plano X,Y

6.6.2 PREDECIR EL VALOR DEL ALQUILER DE LAS VIVIENDAS

Un ejemplo típico de regresión lineal es aquel en el que queremos predecir el coste de una vivienda en función de determinadas características de la misma. Cada vivienda de nuestro conjunto de datos sería una instancia y sus atributos serían las características de la misma: su ubicación, año de construcción, tamaño, etc, la clase en este caso sería el coste de la vivienda ,que sería el valor que queremos predecir.

Veamos un pequeño ejemplo de cómo se implementa en Python. En este ejemplo vamos a utilizar el dataset Boston que ya viene junto con Scikit-learn y es ideal para practicar con Regresiones Lineales. Se trata de un dataset que contiene precios de casas de varias áreas de la ciudad de Boston.

Los modelos lineales son fundamentales tanto en estadística como en el aprendizaje automático, pues muchos métodos se apoyan en la combinación lineal de variables que describen los datos. Lo más sencillo es ajustar una línea recta con **LinearRegression**. Para mostrar cómo funcionan estos modelos vamos a emplear uno de los dataset que ya incorpora scikit-learn.

En primera instancia cargamos el dataset. En este caso en la propiedad **boston.data** tendremos la características y en boston.target tenemos la variable objetivo, el precio medio de esas propiedades. Con esto creamos un diccionario donde tenemos los datos como boston.data, en forma de ndarray con 506 observaciones:

```
>>> from sklearn import datasets
>>> boston = datasets.load_boston()
>>> len(boston.data)
506
>>> boston.data
array([[6.3200e-03, 1.8000e+01, 2.3100e+00, ..., 1.5300e+01, 3.9690e+02,
        4.9800e+00],
       [2.7310e-02, 0.0000e+00, 7.0700e+00, ..., 1.7800e+01, 3.9690e+02,
        9.1400e+00],
       [2.7290e-02, 0.0000e+00, 7.0700e+00, ..., 1.7800e+01, 3.9283e+02,
        4.0300e+00],
       ...,
       [6.0760e-02, 0.0000e+00, 1.1930e+01, ..., 2.1000e+01, 3.9690e+02,
        5.6400e+00],
       [1.0959e-01, 0.0000e+00, 1.1930e+01, ..., 2.1000e+01, 3.9345e+02,
        6.4800e+00],
       [4.7410e-02, 0.0000e+00, 1.1930e+01, ..., 2.1000e+01, 3.9690e+02,
        7.8800e+00]])
>>> boston.target
array([24. , 21.6, 34.7, 33.4, 36.2, 28.7, 22.9, 27.1, 16.5, 18.9, 15. ,
       18.9, 21.7, 20.4, 18.2, 19.9, 23.1, 17.5, 20.2, 18.2, 13.6, 19.6,
       15.2, 14.5, 15.6, 13.9, 16.6, 14.8, 18.4, 21. , 12.7, 14.5, 13.2,
       13.1, 13.5, 18.9, 20. , 21. , 24.7, 30.8, 34.9, 26.6, 25.3, 24.7,
       21.2, 19.3, 20. , 16.6, 14.4, 19.4, 19.7, 20.5, 25. , 23.4, 18.9,
       35.4, 24.7, 31.6, 23.3, 19.6, 18.7, 16. , 22.2, 25. , 33. , 23.5,
       19.4, 22. , 17.4, 20.9, 24.2, 21.7, 22.8, 23.4, 24.1, 21.4, 20. ,
       20.8, 21.2, 20.3, 28. , 23.9, 24.8, 22.9, 23.9, 26.6, 22.5, 22.2,
       23.6, 28.7, 22.6, 22. , 22.9, 25. , 20.6, 28.4, 21.4, 38.7, 43.8,
       33.2, 27.5, 26.5, 18.6, 19.3, 20.1, 19.5, 19.5, 20.4, 19.8, 19.4,
       21.7, 22.8, 18.8, 18.7, 18.5, 18.3, 21.2, 19.2, 20.4, 19.3, 22. ,
       20.3, 20.5, 17.3, 18.8, 21.4, 15.7, 16.2, 18. , 14.3, 19.2, 19.6,
       23. , 18.4, 15.6, 18.1, 17.4, 17.1, 13.3, 17.8, 14. , 14.4, 13.4,
       15.6, 11.8, 13.8, 15.6, 14.6, 17.8, 15.4, 21.5, 19.6, 15.3, 19.4,
       17. , 15.6, 13.1, 41.3, 24.3, 23.3, 27. , 50. , 50. , 50. , 22.7,
       25. , 50. , 23.8, 23.8, 22.3, 17.4, 19.1, 23.1, 23.6, 22.6, 29.4,
       23.2, 24.6, 29.9, 37.2, 39.8, 36.2, 37.9, 32.5, 26.4, 29.6, 50. ,
       32. , 29.8, 34.9, 37. , 30.5, 36.4, 31.1, 29.1, 50. , 33.3, 30.3,
       34.6, 34.9, 32.9, 24.1, 42.3, 48.5, 50. , 22.6, 24.4, 22.5, 24.4,
       20. , 21.7, 19.3, 22.4, 28.1, 23.7, 25. , 23.3, 28.7, 21.5, 23. ,
       26.7, 21.7, 27.5, 30.1, 44.8, 50. , 37.6, 31.6, 46.7, 31.5, 24.3,
       31.7, 41.7, 48.3, 29. , 24. , 25.1, 31.5, 23.7, 23.3, 22. , 20.1,
       22.2, 23.7, 17.6, 18.5, 24.3, 20.5, 24.5, 26.2, 24.4, 24.8, 29.6,
       42.8, 21.9, 20.9, 44. , 50. , 36. , 30.1, 33.8, 43.1, 48.8, 31. ,
       36.5, 22.8, 30.7, 50. , 43.5, 20.7, 21.1, 25.2, 24.4, 35.2, 32.4,
       32. , 33.2, 33.1, 29.1, 35.1, 45.4, 35.4, 46. , 50. , 32.2, 22. ,
       20.1, 23.2, 22.3, 24.8, 28.5, 37.3, 27.9, 23.9, 21.7, 28.6, 27.1,
       20.3, 22.5, 29. , 24.8, 22. , 26.4, 33.1, 36.1, 28.4, 33.4, 28.2,
       22.8, 20.3, 16.1, 22.1, 19.4, 21.6, 23.8, 16.2, 17.8, 19.8, 23.1,
       21. , 23.8, 23.1, 20.4, 18.5, 25. , 24.6, 23. , 22.2, 19.3, 22.6,
       19.8, 17.1, 19.4, 22.2, 20.7, 21.1, 19.5, 18.5, 20.6, 19. , 18.7,
       32.7, 16.5, 23.9, 31.2, 17.5, 17.2, 23.1, 24.5, 26.6, 22.9, 24.1,
```

```
18.6, 30.1, 18.2, 20.6, 17.8, 21.7, 22.7, 22.6, 25. , 19.9, 20.8,
16.8, 21.9, 27.5, 21.9, 23.1, 50. , 50. , 50. , 50. , 50. , 13.8,
13.8, 15. , 13.9, 13.3, 13.1, 10.2, 10.4, 10.9, 11.3, 12.3,  8.8,
 7.2, 10.5,  7.4, 10.2, 11.5, 15.1, 23.2,  9.7, 13.8, 12.7, 13.1,
12.5,  8.5,  5. ,  6.3,  5.6,  7.2, 12.1,  8.3,  8.5,  5. , 11.9,
27.9, 17.2, 27.5, 15. , 17.2, 17.9, 16.3,  7. ,  7.2,  7.5, 10.4,
 8.8,  8.4, 16.7, 14.2, 20.8, 13.4, 11.7,  8.3, 10.2, 10.9, 11. ,
 9.5, 14.5, 14.1, 16.1, 14.3, 11.7, 13.4,  9.6,  8.7,  8.4, 12.8,
10.5, 17.1, 18.4, 15.4, 10.8, 11.8, 14.9, 12.6, 14.1, 13. , 13.4,
15.2, 16.1, 17.8, 14.9, 14.1, 12.7, 13.5, 14.9, 20. , 16.4, 17.7,
19.5, 20.2, 21.4, 19.9, 19. , 19.1, 19.1, 20.1, 19.9, 19.6, 23.2,
29.8, 13.8, 13.3, 16.7, 12. , 14.6, 21.4, 23. , 23.7, 25. , 21.8,
20.6, 21.2, 19.1, 20.6, 15.2,  7. ,  8.1, 13.6, 20.1, 21.8, 24.5,
23.1, 19.7, 18.3, 21.2, 17.5, 16.8, 22.4, 20.6, 23.9, 22. , 11.9])
```

Cada fila tiene 14 variables, en **boston.features** podemos ver cuál es el nombre de cada una de ellas.

```
>>> boston.feature_names
array(['CRIM', 'ZN', 'INDUS', 'CHAS', 'NOX', 'RM', 'AGE', 'DIS', 'RAD',
       'TAX', 'PTRATIO', 'B', 'LSTAT'], dtype='<U7')
```

Es decir, la primera variable sería 'CRIM' que si comprobamos con boston.DESCR, vemos que es el ratio de crimen per cápita en la ciudad. Con la propiedad DESCR podemos obtener una descripción del dataset, con información sobre el mismo, como el tipo de atributos.

```
>>> boston.DESCR
Boston House Prices dataset
Notes
------
Data Set Characteristics:
:Number of Instances: 506
:Number of Attributes: 13 numeric/categorical predictive
:Median Value (attribute 14) is usually the target
:Attribute Information (in order):
- CRIM per capita crime rate by town
- ZN proportion of residential land zoned for lots over 25,000 sq.ft.
- INDUS proportion of non-retail business acres per town
- CHAS Charles River dummy variable (= 1 if tract bounds river; 0 otherwise)
- NOX nitric oxides concentration (parts per 10 million)
- RM average number of rooms per dwelling
- AGE proportion of owner-occupied units built prior to 1940
- DIS weighted distances to five Boston employment centres
- RAD index of accessibility to radial highways
- TAX full-value property-tax rate per $10,000
- PTRATIO pupil-teacher ratio by town
- B 1000(Bk - 0.63)^2 where Bk is the proportion of blacks by town
- LSTAT % lower status of the population
- MEDV Median value of owner-occupied homes in $1000's
:Missing Attribute Values: None
```

Vemos que tenemos 506 muestras con 13 atributos que nos ayudarán a predecir el precio medio de la vivienda. Ahora bien, no todos los atributos serán significativos ni todos tendrán el mismo peso a la hora de determinar el precio de la vivienda; pero eso es algo que iremos viendo conforme adquiramos experiencia e intuición.

Una vez hemos cargado nuestro dataset, podemos continuar con la creación del estimador. El objetivo es crear un modelo capaz de predecir el valor de una propiedad en base a las variables incluidas en el dataset, es decir, queremos crear un modelo de regresión. Una vez que hemos cargado los datos, vamos a ajustar una línea recta para ver cuál es la tendencia que siguen los precios en función del atributo. Lo primero es importar la clase **LinearRegression** y crear un objeto.

```
>>> from sklearn.linear_model import LinearRegression
>>> lr = LinearRegression(normalize=True)
```

En el código anterior, al utilizar la clase **LinearRegression**() podemos pasarle los parámetros que nos interese utilizar en el modelo. En el caso del modelo de regresión lineal podemos ver los parámetros en la documentación de la librería:

▶ *https://scikit-learn.org/stable/modules/generated/sklearn.linear_model.Linear Regression.html*

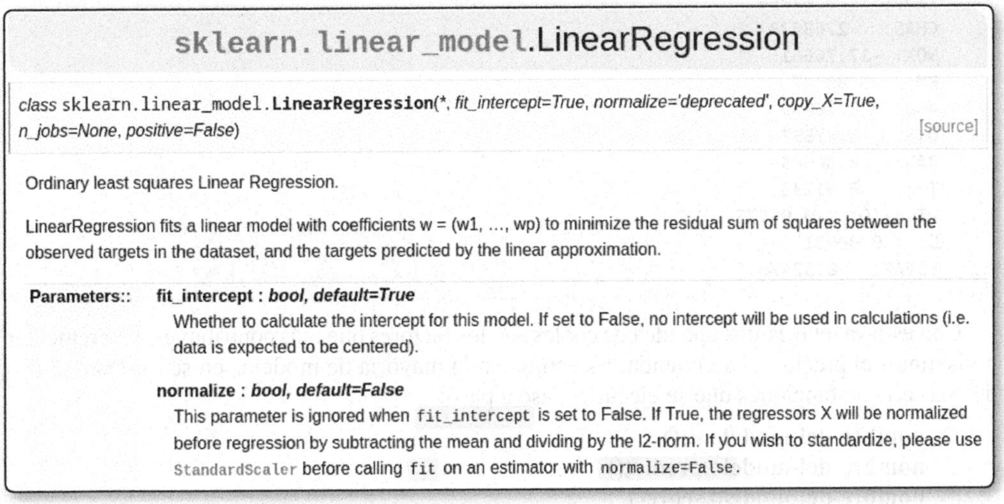

sklearn.linear_model.LinearRegression

class sklearn.linear_model.**LinearRegression**(*, *fit_intercept=True*, *normalize='deprecated'*, *copy_X=True*, *n_jobs=None*, *positive=False*)   [source]

Ordinary least squares Linear Regression.

LinearRegression fits a linear model with coefficients w = (w1, …, wp) to minimize the residual sum of squares between the observed targets in the dataset, and the targets predicted by the linear approximation.

Parameters::   **fit_intercept** : *bool, default=True*
               Whether to calculate the intercept for this model. If set to False, no intercept will be used in calculations (i.e. data is expected to be centered).

               normalize : *bool, default=False*
               This parameter is ignored when `fit_intercept` is set to False. If True, the regressors X will be normalized before regression by subtracting the mean and dividing by the l2-norm. If you wish to standardize, please use `StandardScaler` before calling `fit` on an estimator with `normalize=False`.

Figura 6.13. Parámetros de la clase LinearRegression()

Una vez tenemos el modelo a emplear, el siguiente paso es entrenarlo con los datos de variables independientes y variables dependientes que tenemos. Para ello, en scikit-learn tenemos funciones del tipo **nombre_modelo.fit(X, y)**

A continuación, podríamos entrenar el modelo con nuestros datos, el método para entrenar un regresor (o un clasificador) es mediante el método fit() que recibe dos argumentos (**X=boston. data, y=boston.target**)

```
>>> lr.fit(boston.data, boston.target)
LinearRegression(normalize=True)
```

Después de entrenar el modelo, se habrá ajustado la regresión y podríamos utilizar el estimador con nuevos ejemplos. En el caso de la regresión lineal, el modelo lo que hace es asignar un coeficiente a cada variable. Con la siguiente instrucción podemos observar estos coeficientes como atributo **coef_** del predictor.

```
>>> lr.coef_
array([-1.08011358e-01,  4.64204584e-02,  2.05586264e-02,  2.68673382e+00,
       -1.77666112e+01,  3.80986521e+00,  6.92224640e-04, -1.47556685e+00,
        3.06049479e-01, -1.23345939e-02, -9.52747232e-01,  9.31168327e-03,
       -5.24758378e-01])
```

Si queremos saber cuál es el coeficiente que ha asignado a cada variable/columna, podemos combinarlo con los nombres de las variables. Una vez completado el proceso podemos ver los coeficientes que ha asignado a cada atributo y así ver de qué manera contribuyen al precio final de la vivienda.

```
>>> for (feature, coef) in zip(boston.feature_names, lr.coef_):
...     print('{:>7}: {: 9.5f}'.format(feature, coef))
...
  CRIM:  -0.10801
  ZN:   0.04642
  INDUS:   0.02056
  CHAS:   2.68673
  NOX: -17.76661
  RM:   3.80987
  AGE:   0.00069
  DIS:  -1.47557
  RAD:   0.30605
  TAX:  -0.01233
  PTRATIO:  -0.95275
  B:   0.00931
  LSTAT:  -0.52476
```

Con esto ya tendríamos una idea de cuales son los factores que más contribuyen a incrementar o disminuir el precio de la vivienda. Es común en la mayoría de modelos en scikit-learn el uso de una serie de funciones que se ejecutan paso a paso:

- ▼ **nombre-del-modelo.fit()**
- ▼ **nombre-del-modelo.predict()**
- ▼ **nombre-del-modelo.score()**

Con la función **fit()** entrenamos el modelo para obtener los parámetros que utilizaremos sobre los datos de test con la función **predict()**. Finalmente, con **score()** podremos obtener una estimación de la capacidad de acierto de nuestro modelo sobre el conjunto de datos.

Una vez entrenado el regresor, ya está disponible para estimar precios de nuevas propiedades, tenemos para ello el método **predict()**. Imaginemos que para cada una de las propiedades que teníamos queremos ver cuál es el precio que nos estimaría nuestro predictor, para ello simplemente invocamos a transform pasándole el tablón de variables (X), nos devolverá un array con la estimación de precios para cada propiedad en el conjunto:

```
>>> X= boston.data
>>> estimated_price = lr.predict(X)
array([30.00384338, 25.02556238, 30.56759672, 28.60703649, 27.94352423,
```

```
        25.25628446, 23.00180827, 19.53598843, 11.52363685, 18.92026211,
        18.99949651, 21.58679568, 20.90652153, 19.55290281, 19.28348205,
        19.29748321, 20.52750979, 16.91140135, 16.17801106, 18.40613603,
....
```

Podemos ahora comparar los precios reales de las propiedades con los precios estimados, para entender cómo de bueno es el estimador que hemos creado, para ello, podemos simplemente crear un dataframe con dos columnas, precio real y precio estimado, y a partir de él crear una nueva columna con la diferencia entre la predicción y el real:

```
>>> boston_df = pd.DataFrame({'precio real':boston.target,'precio
estimado':estimated_price})
>>> boston_df['error'] = abs(boston_df['precio real']-boston_df['precio estimado'])
>>> boston_df
     precio real  precio estimado     error
0           24.0        30.003843   6.003843
1           21.6        25.025562   3.425562
2           34.7        30.567597   4.132403
3           33.4        28.607036   4.792964
4           36.2        27.943524   8.256476
..           ...              ...        ...
501         22.4        23.533341   1.133341
502         20.6        22.375719   1.775719
503         23.9        27.627426   3.727426
504         22.0        26.127967   4.127967
505         11.9        22.344212  10.444212

[506 rows x 3 columns]
```

Hasta ahora en los ejemplos hemos estado utilizando todo el mismo dataset para entrenar y para medir sobre él el performance del modelo, en un caso real queremos separar un conjunto de test haremos que no participe en el entrenamiento y evaluaremos el performance sobre este subconjunto.

El módulo cross-validation, además de utilidades para evaluar el ajuste de distintos estimadores, proporciona una función para separar de un modo rápido y sencillo un dataset en 2 conjuntos, uno para entrenamiento y otro para validación: **train_test_split()**. Esta función recibirá el tablón de variables, el vector con la variable objetivo, y un indicador del tamaño de la muestra que deseamos:

```
>>> from sklearn.model_selection import train_test_split
>>> X_entrenamiento, X_test, y_entrenamiento, y_test=train_test_split(boston.data,
boston.target)
>>> len(X_entrenamiento)
379
>>> len(X_test)
127
```

Nos retornará un conjunto de entrenamiento X_train con las variables, y_train con el outcome, y lo mismo para test (X_test, y_test). En un escenario típico estaremos utilizando X_train e y_train para entrenamiento, siendo ellos los objetos con que entrenaremos el modelo (método .fit()), y el conjunto de test X_test, y_test lo utilizaríamos para predicción (método .predict()), y es sobre este sobre el que evaluaremos la eficacia del modelo. En el siguiente script utilizamos este método para predecir el precio y

sklearn_boston_dataset.py

```python
from sklearn import datasets
from sklearn.model_selection import train_test_split
from sklearn.linear_model import LinearRegression

boston = datasets.load_boston()
lr = LinearRegression(normalize=True)
lr.fit(boston.data, boston.target)
for (feature, coef) in zip(boston.feature_names, lr.coef_):
  print('{:>7}: {: 9.5f}'.format(feature, coef))

precio_estimado = lr.predict(boston.data)

boston_df = pd.DataFrame({'precio real':boston.target,'precio estimado':precio_es-
timado})
boston_df['error'] = abs(boston_df['precio real']-boston_df['precio estimado'])
print(boston_df)

X = boston.data
y = boston.target

X_entrenamiento, X_test, y_entrenamiento, y_test=train_test_split(X, y)

len(X_entrenamiento)
len(X_test)
len(y_entrenamiento)
len(y_test)

print('X_entrenamiento:',X_entrenamiento)
print('X_test:',X_test)
print('y_entrenamiento:',y_entrenamiento)
print('y_test:',y_test)
lr = LinearRegression(normalize=True)
lr.fit(X_entrenamiento, y_entrenamiento)

precio_estimado = lr.predict(X_test)
print('precio_estimado:',precio_estimado)

from sklearn.metrics import r2_score

r2_score(y_test, precio_estimado)
```

6.7 ALGORITMO DE REGRESIÓN LOGÍSTICA

La regresión logística (Logistic Regression), a pesar de su nombre, es un modelo lineal para la clasificación en lugar de la regresión. La regresión logística también se conoce en la literatura como modelo de clasificación de máxima entropía. En este modelo, las probabilidades que describen los posibles resultados de un solo ensayo se modelan utilizando una función logística.

Veamos cómo aplicar la regresión logística aplicando el proceso a la clasificación de serie de puntos. Podríamos empezar por tomar una serie de puntos y representarlos sobre el plano X,Y.

sklearn_regresion_logistica.py

```python
import numpy as np
from sklearn import linear_model
from sklearn import model_selection
from sklearn.metrics import classification_report
from sklearn.metrics import confusion_matrix
from sklearn.metrics import accuracy_score
import matplotlib.pyplot as plt

X = np.array([[16,2], [3,1], [2,7], [13,4], [3,4], [12,5], [15,6], [4,6]])
plt.figure()
plt.scatter(X[:,0],X[:,1])
plt.show()
```

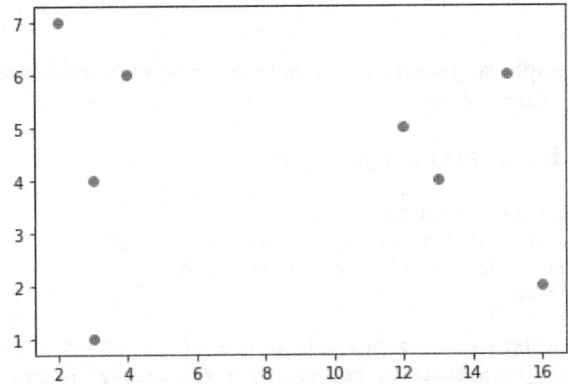

Figura 6.14. Representación de puntos sobre el plano X,Y

Dados los puntos de dispersión parecen existir dos grupos de datos, uno que se agrupa en torno al valor x = 3 y otro que se agrupa en torno al valor x = 14. Lo que haremos es en base a esta hipótesis asignar a los valores cercanos a 3 el valor de cero y a catorce el valor de uno y agregaremos los valores en el mismo orden dentro del array Y.

```python
Y = [1, 0, 0, 1, 0, 1, 1, 0]
```

En base a esta clasificación separaremos los datos en dos clases.

```python
clase0 = np.array([X[i] for i in range(len(X)) if Y[i]==0])
clase1 = np.array([X[i] for i in range(len(X)) if Y[i]==1])
```

Posteriormente, podríamos utilizar la clase **LogisticRegresion** y le pasaremos los datos que deseamos clasificar, haciendo que se ajuste mediante el uso del método (fit).

```python
clasificador = linear_model.LogisticRegression(solver='lbfgs', C=100)
clasificador.fit(X, Y)
```

Con la clasificación realizada, utilizaremos el método **predict()** para determinar cómo el modelo predice los propios valores pasados como datos. Este es un caso en el cual la predicción retorna exactamente los mismos valores, sin embargo en casos más complejos el ajuste no es del 100% y el modelo debe ser ajustado a medida que conocemos más la problemática del tema tratado.

```
prediccion = clasificador.predict(X)
print(prediccion)
>>>[1 0 0 1 0 1 1 0]
print(clasificador.score(X,Y))
```

Ahora en base a otros datos recopilados podemos ver como el modelo predice al grupo al cual deberían pertenecer los datos.

```
Xn = np.array([[6,4], [20,7], [4,17]])
Yn = clasificador.predict(Xn)
print(Yn)
>>>[0 1 0]
```

En el siguiente ejemplo se muestra un ejemplo de regresión logística sobre un conjunto de datos que se genera de forma aleatoria.

sklearn_regresion_logistica_blobs.py

```
# Definir las librerías a importar
from sklearn.datasets.samples_generator import make_blobs
from sklearn.linear_model import LogisticRegression
from time import time

# Generación de un dataset de 2 dimensiones X e Y
X, Y = make_blobs(n_samples=1000, centers=2, n_features=2, random_state=1)

start_time = time()

# Definir el modelo de regresión
model = LogisticRegression()

# Calcular la regresión
model.fit(X, Y)

prediccion = model.predict(X)
print(prediccion)

print(model.score(X,Y))
```

En el siguiente ejemplo clasificaremos las flores del dataset de iris de acuerdo a la longitud y anchura del sépalo:

sklearn_regresion_logistica_iris_dataset.py

```
import numpy as np
import matplotlib.pyplot as plt
from sklearn import linear_model, datasets

#importar iris dataset
iris = datasets.load_iris()
```

```
X = iris.data[:, :2]
Y = iris.target

#Entrenemos los datos con  LogisticRegression
model = linear_model.LogisticRegression(C=10000) # C = 1/alpha
model.fit(X, Y)

x_min, x_max = X[:, 0].min() - .5, X[:, 0].max() + .5
y_min, y_max = X[:, 1].min() - .5, X[:, 1].max() + .5

h = .02
xx, yy = np.meshgrid(np.arange(x_min, x_max, h), np.arange(y_min, y_max, h))
Z = model.predict(np.c_[xx.ravel(), yy.ravel()])

#Pintar el gráfico

Z = Z.reshape(xx.shape)
plt.pcolormesh(xx, yy, Z, cmap=plt.cm.Paired)
plt.scatter(X[:, 0], X[:, 1], c=Y)
plt.xlabel('Sepal length')
plt.ylabel('Sepal width')
plt.xlim(xx.min(), xx.max())
plt.ylim(yy.min(), yy.max())
plt.show()
```

En la siguiente imagen vemos la distribución de puntos para clasificar el dataset de iris de acuerdo a la anchura y la longitud del sépalo.

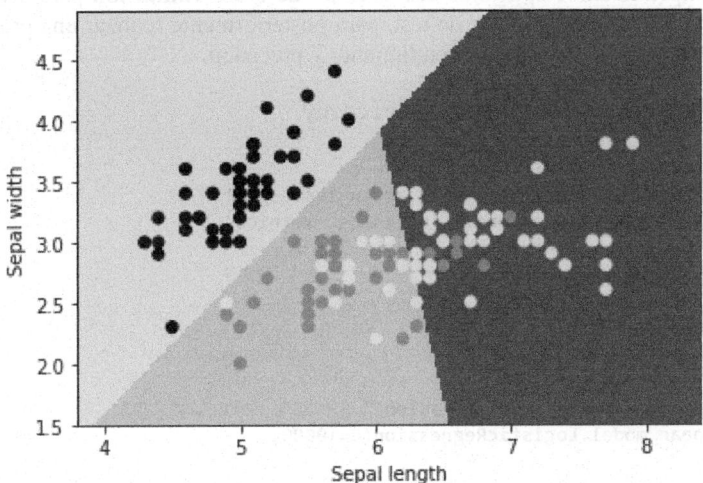

Figura 6.15. Clasificación del dataset de iris

6.7.1 VALIDACIÓN CRUZADA EN SCIKIT-LEARN

La validación cruzada se implementa en scikit-learn utilizando la función **cross_val_score** del módulo **model_selection**. Los parámetros de la función **cross_val_score** son el modelo que queremos evaluar, los datos de entrenamiento y las etiquetas. Vamos a evaluar LogisticRegression en el conjunto de datos iris:

```
from sklearn.model_selection import cross_val_score
from sklearn.datasets import load_iris
from sklearn.linear_model import LogisticRegression

iris = load_iris()
model = LogisticRegression()

scores = cross_val_score(model, iris.data, iris.target)
print("Cross-validation scores: {}".format(scores))
```

De forma predeterminada, el método **cross_val_score()** realiza tres veces la validación cruzada, devolviendo tres valores de precisión. Podemos cambiar el número de validaciones al cambiar el parámetro cv:

```
scores = cross_val_score(model, iris.data, iris.target, cv=5)
print("Cross-validation scores: {}".format(scores))
```

En la validación cruzada, con el parámetro cv se puede decidir sobre el número de validaciones a realizar.

```
from sklearn.cross_validation import cross_val_score
scores = cross_val_score(model, X_train, y_train, cv=3,scoring='accuracy',
n_jobs=-1)
print("ExtraTreesClassifier -> cross validation accuracy: mean = %0.3f std =
%0.3f" % (np.mean(scores), np.std(scores)))
```

En este ejemplo estamos aplicando el algoritmo de **cross validation** para dividir los datos entre datos de entrenamiento y datos de test, para posteriormente realizar una predicción sobre los datos y obtener los coeficientes de rendimiento y precisión.

sklearn_regresion_logistica_metrics.py

```
import numpy as np
from sklearn.model_selection import train_test_split
from sklearn import linear_model, datasets, metrics

#importar iris dataset
iris = datasets.load_iris()
X = iris.data[:, :2]
Y = iris.target

#Definimos el modelo LogisticRegression
model = linear_model.LogisticRegression(C=10000)

#Dividimos en dataset
x_train, x_test, y_train, y_test = train_test_split(X, Y)

#Entrenemos los datos con  el modelo
model.fit(x_train, y_train)

#Realizamos una prediccion
y_pred = model.predict(x_test)

#Obtenemos rendimiento
```

```
print("Accuracy: %2f" % metrics.accuracy_score(y_test, y_pred))
print("Precision: %2f" % metrics.precision_score(y_test, y_pred,average="macro"))
print("F1: %2f" % metrics.f1_score(y_test, y_pred, average="macro"))

#Accuracy: 0.842105
#Precision: 0.827778
#F1: 0.816667
```

6.7.2 OBTENER LA MATRIZ DE CONFUSIÓN

Para entender las distintas métricas que se van a plantear a continuación es necesario entender previamente de donde se extraen las mismas. Para ello se procede a explicar lo que es la **matriz de confusión** que ayuda a saber cómo ha realizado la clasificación un algoritmo.

Una matriz de confusión es una tabla que utilizamos para entender el desempeño de un modelo de clasificación y nos ayuda a entender cómo clasificamos los datos de prueba en diferentes clases. Cuando queremos afinar nuestro algoritmo, tenemos que entender cómo los datos se clasifican antes de hacer estos cambios en los mismos.

Esta matriz simplemente muestra en un cuadro los siguientes valores, una vez realizado el entrenamiento y posterior validación con aquellos datos que tenemos para testear usando la validación cruzada: falsos positivos, falsos negativos, verdaderos positivos y verdaderos negativos. Para entender mejor este concepto se va a mostrar cómo sería esta matriz para una clasificación binaria:

		Predicción	
		Positivos	**Negativos**
Observación	**Positivos**	Verdaderos Positivos (VP)	Falsos Negativos (FN)
	Negativos	Falsos Positivos(FP)	Verdaderos Negativos(VN)

Figura 6.16. Matriz de confusión

Como se puede observar, las etiquetas conocidas corresponden a las filas, y las que el algoritmo predice a las columnas. Para definir correctamente estos valores podemos indicar que:

▸ **Verdaderos Positivos (VP):** es la cantidad de aquellas observaciones que fueron clasificados como pertenecientes a una clase y acertó.

▸ **Falsos Positivos (FP):** Esas observaciones que no pertenecían a una clase, pero se llegaron a considerar perteneciente a ellas, son considerados positivos pero como sabemos la salida también sabemos que se ha equivocado.

▸ **Falsos Negativos (FN):** Aquellas observaciones que pertenecían a una clase, pero no se consideraron en ella, considerados como negativos.

▸ **Verdaderos Negativos (VN):** es la cantidad de aquellas observaciones que no pertenecían a una clase y las clasificó correctamente.

De todo algoritmo en scikit-learn podemos sacar esta matriz de confusión, así con el método **confusion_matrix** del paquete **sklearn.metrics** podemos extraer los 4 valores indicados previamente. A partir de estos 4 valores previos podemos sacar nuevas métricas de rendimiento que nos ayudarán a extraer más información.

Ahora que tenemos una estimación de base de la precisión en el conjunto de entrenamiento, vamos a ver lo bien que se realiza en el conjunto de pruebas. En este caso generamos la matriz de confusión ya que queremos obtener falsos positivos y falsos negativos. Para obtener la matriz de confusión usamos el método **confusion_marix** dentro del paquete **sklearn.metrics**.

sklearn_regresion_logistica_matriz_confusion.py

```python
import numpy as np
from sklearn.model_selection import train_test_split
from sklearn import linear_model, datasets, metrics
from sklearn.metrics import confusion_matrix

#importar iris dataset
iris = datasets.load_iris()
X = iris.data[:, :2]
Y = iris.target

#Definimos el modelo LogisticRegression
model = linear_model.LogisticRegression(C=10000)

#Dividimos en dataset
x_train, x_test, y_train, y_test = train_test_split(X, Y)

#Entrenemos los datos con  el modelo
model.fit(x_train, y_train)

#Realizamos una prediccion
y_pred = model.predict(x_test)

#Obtenemos matriz confusión
confusionMatrix = confusion_matrix(y_test, y_pred)
print(confusionMatrix)

#Obtenemos accuracy
from sklearn.metrics import accuracy_score
accuracy_score(y_test, y_pred)

#Obtenemos informe de clasificación
print(classification_report(y_test, y_pred))
```

Salida:

```
[[11  0  0]
 [ 0  9  3]
 [ 0  5 10]]

0.7894736842105263
```

	precision	recall	f1-score	support
0	1.00	0.93	0.97	15
1	0.62	0.73	0.67	11
2	0.73	0.67	0.70	12
accuracy			0.79	38
macro avg	0.78	0.78	0.78	38
weighted avg	0.80	0.79	0.79	38

En la salida anterior vemos como una matriz de confusión es una tabla que utilizamos para entender el desempeño de un modelo de clasificación. Esto nos ayuda a entender cómo clasificamos los datos de prueba en diferentes clases. Cuando queremos afinar nuestros algoritmos, necesitamos entender cómo los datos se clasifican erróneamente antes de realizar estos cambios y la matriz de confusión nos ayudará a entender esto. Entre las **métricas** de rendimiento que se obtienen con el **classification report** podemos destacar:

▼ **Precisión** se refiere al número de elementos que se clasifican correctamente como un porcentaje del número total de elementos del dataset. La precisión mide la habilidad de un clasificador de no etiquetar como positiva una observación que se debe considerar como negativa. Cuanto mayor sea este valor mejor será para la precisión del modelo. Su fórmula es la siguiente:

$$Precision = \frac{VP}{VP + FP}$$

$$Precision\ promedio = \frac{1}{C}\sum_{i=1}^{C}\frac{VP_i}{VP_i + FP_i}$$

Figura 6.17. Fórmula del cálculo de la precisión

▼ **Recall** se refiere al número de elementos que se recuperan como un porcentaje del número total de elementos en los datos de entrenamiento.

6.8 INTRODUCCIÓN A LOS ÁRBOLES DE DECISIÓN

Un árbol de decisión es un modelo de aprendizaje automático que se emplea en problemas de clasificación, donde siguiendo una estructura en forma de árbol se baja por las ramas en función de los valores de los atributos hasta llegar a un nodo hoja que contiene la clase.

El árbol de decisión se suele utilizar en problemas en los que se tienen una serie de atributos de los cuáles se quiere aprender y conocer más acerca de los valores y son útiles cuando se desea tener un modelo gráfico que clasifique la información.

Se puede considerar también una estructura en la que si nos movemos a través de él podemos llegar a un nodo que nos da una decisión final. Un ejemplo de este tipo de algoritmo es el caso el titanic que tenemos como entrada los datos de pasajeros del titanic y para cada pasajero tenemos el nombre, clase en la que viajó y cuánto pagó. El objetivo es montar un árbol de decisión que nos diga para una determinada persona si sobrevivió o no.

Los árboles de decisión están compuestos por nodos internos, nodos terminales y ramas que emanan de los nodos interiores. Cada nodo interior en el árbol contiene una prueba de un atributo, y cada rama representa un valor distinto del atributo. Siguiendo las ramas desde el nodo raíz hacia abajo, cada ruta finalmente termina en un nodo terminal creando una segmentación de los datos.

Un árbol de decisión comienza con un solo nodo que se divide en varios posibles resultados. Estos resultados tendrán nodos adicionales que se van ramificando. Tiene una toma de entrada que será un objeto o situación descrita por un conjunto de atributos, que basándose en su valor, regresa una decisión "verdadero/falso"'. Existen tres tipos de nodos: de probabilidad (señala las probabilidades de algunas soluciones), de decisión (muestra una decisión siendo tomada) y de término (muestra el resultado final de un camino de decisión).

Cuanto más profundo es el árbol, más complejas son las reglas de decisión y más se ajusta al modelo. Algunas **ventajas** de los árboles de decisión son:

▶ Sencillos de entender e interpretar. Los árboles se pueden visualizar.

▶ Requiere poca preparación de datos.

▶ Permite trabajar con datos tanto numéricos como categóricos.

▶ Permite manejar problemas de salida múltiple.

▶ Posible validar un modelo utilizando pruebas estadísticas. Eso permite dar cuenta de la fiabilidad del modelo.

Algunas **desventajas** de los árboles de decisión incluyen:

▶ Los aprendices de árboles de decisión pueden crear árboles demasiado complejos o generalizan bien los datos. Esto se llama sobreajuste.

▶ Los árboles de decisión pueden ser inestables porque las pequeñas variaciones en los datos pueden dar lugar a que se genere un árbol completamente diferente.

▶ Los aprendices de árboles de decisión crean árboles sesgados si algunas clases dominan. Por lo tanto, se recomienda equilibrar el conjunto de datos antes de ajustar con el árbol de decisión.

La clave en los árboles de decisión es encontrar un atributo cuyo valor nos permita separar una clase de todas las demás. Dentro de las ventajas con que cuentan estos algoritmos están:

▶ Determinan aquellos atributos que aportan información relevante al sistema.

▶ Establece jerarquías de importancia entre los atributos.

▶ Rápido clasificando nuevos elementos.

▶ No tiene gran coste computacional la creación del modelo.

▶ El modelo puede ser modificable o pulido por un experto una vez creado.

▶ Entendible e interpretable fácilmente.

▶ El modelo se puede entender como un conjunto de reglas si , no, entonces.

A grandes rasgos este clasificador es especialmente útil cuando los ejemplos a partir de los que se desea aprender se puedan representar mediante atributos y valores, así como cuando se desea tener un modelo gráfico que clasifique la información, sin embargo, no resultan adecuados cuando la estructura de los ejemplos es variable, es decir, cuando no conocemos todos los valores posibles o límites máximos y mínimos de los atributos. También presentan inconvenientes con información incompleta.

Existen diversas y variadas formas de construirlos, la tendencia general es utilizar una fórmula que nos indique qué atributo desplegar. Para ello podemos utilizar el concepto de **entropía** que describe la tendencia al orden en un sistema (también conocida como medida de incertidumbre). Básicamente determina en base a una situación, la probabilidad de que ocurra cada uno de los casos subsecuentes posibles. Tiene un valor entre 0 y 1, donde 0 es el orden total y 1 el desorden total.

La **entropía** se define como el valor esperado de la información. Primero, necesitamos definir la información. Si está clasificando algo que puede tomar varios valores, la información para el símbolo Xi se define como:

$$l(Xi) = log2p(Xi)$$

Figura 6.18. Fórmula que calcula el valor esperado de información

p(Xi) es la probabilidad de elegir esta clase. Para calcular entropía, se necesita el valor esperado de toda la información de todos los valores posibles de nuestra clase. Esto viene dado por la fórmula:

$$H = - \sum_{i=1}^{n} p(Xi)log2p(Xi)$$

Figura 6.19. Fórmula que calcula la entropía

De esta forma, nuestro objetivo sería dividir nuestro conjunto de datos de una manera que haga que nuestros datos no organizados estén más organizados. Una forma de organizar este desorden es medir la información. Utilizando la teoría de la información, puede medir la información antes y después de la división.

La teoría de la información es una rama de la ciencia que se ocupa de cuantificar la información. El cambio en la información antes y después de la división se conoce como ganancia de información. Cuando se sabe cómo calcular la ganancia de información, puede dividir sus datos en todas las funciones para ver qué división le proporciona la mayor ganancia de información.

La división con la mayor ganancia de información es la mejor opción. Antes de poder medir la mejor división y comenzar a dividir nuestros datos, debe saber cómo calcular la ganancia de información. La medida de la información de un conjunto se conoce como la entropía de Shannon, o simplemente la entropía para abreviar. Su nombre proviene del padre de la teoría de la información, Claude Shannon.

La mayoría de los algoritmos de aprendizaje automático están diseñados para aprender cuáles son los atributos más apropiados para usar para tomar sus decisiones. Por ejemplo, los métodos de árboles de decisión eligen el atributo más prometedor para dividirse en cada punto y deberían no seleccionar atributos irrelevantes. Tener más características debería, en teoría, resultar en un poder más discriminatorio, nunca menos. En la práctica, añadir atributos irrelevantes o que distraen a un conjunto de datos, suele confundir a los sistemas de aprendizaje automático.

6.8.1 ALGORITMO DE ÁRBOLES DE DECISIÓN EN SCIKIT-LEARN

En primer lugar, importamos las librerías y módulos necesarios.

```
>>> from sklearn.tree import DecisionTreeClassifier
>>> from sklearn.datasets import load_iris
>>> from sklearn.model_selection import train_test_split
>>> from sklearn.tree import export_graphviz
>>> import graphviz
>>> import matplotlib.pyplot as plt
```

Posteriormente, cargamos el dataset en la variable iris:

```
>>> iris = load_iris()
```

Utilizamos el método **train_test_split()** para crear las variables de entrenamiento y test:

```
>>> X_entrenamiento, X_test, y_entrenamiento, y_test = train_test_split(iris.data,
iris.target, test_size=0.3)
```

Creamos un objeto de clasificación y le indicamos la profundidad del árbol, es decir cuántos niveles nos podría interesar tener. Si no indicamos un nivel de profundidad, el árbol podría generar un sobre ajuste de los datos, que si bien nos retornaría un 100 acierto para los datos de entrenamiento, sería demasiado específico

```
>>> clasificador = DecisionTreeClassifier(max_depth=3)
```

Ejecutamos el método fit() usando los datos de entrenamiento:

```
>>> clasificador.fit(X_entrenamiento, y_entrenamiento)
DecisionTreeClassifier(max_depth=3)
```

Para evaluar el clasificador intentamos predecir las etiquetas en nuestro conjunto de test y las enfrentamos con los valores reales:

```
>>> predicciones = clasificador.predict(X_test)
>>> predicciones
array([2, 1, 0, 1, 1, 2, 2, 2, 1, 1, 1, 0, 2, 2, 2, 2, 2, 1, 0, 2, 0, 0,
       2, 2, 2, 0, 1, 0, 0, 0, 2, 1, 1, 2, 1, 0, 0, 1, 0, 1, 2, 0, 0, 2,
       1])
>>> valores_reales = y_test
>>> valores_reales
array([2, 1, 0, 1, 1, 2, 2, 2, 1, 1, 1, 0, 2, 1, 2, 2, 2, 1, 0, 2, 0, 0,
       2, 2, 2, 0, 1, 0, 0, 0, 2, 1, 1, 2, 2, 0, 0, 1, 0, 1, 2, 0, 0, 2,
       1])
```

El propio clasificador proporciona un método para evaluar la tasa de acierto (score()), sin necesidad de que lo tengamos que calcular como hemos hecho en el bloque de arriba, simplemente pasándole el conjunto de test. En base al modelo ahora realizamos una predicción mediante score() para los datos de prueba:

```
>>> clasificador.score(X_test, y_test)
0.9555555555555556
```

sklearn_arbol_decision_iris_dataset.py

```
from sklearn.tree import DecisionTreeClassifier
from sklearn.datasets import load_iris
from sklearn.model_selection import train_test_split
import matplotlib.pyplot as plt

# Cargamos dataset
iris = load_iris()

#Dividimos entre entrenamiento y test
X_train, X_test, y_train, y_test = train_test_split(iris.data, iris.target,
stratify=iris.target, random_state=42)
```

```
#Creamos el modelo
model = DecisionTreeClassifier(random_state=0)

#Entrenamos los datos
model.fit(X_train, y_train)

#Obtenemos rendimiento sobre datos de entrenamiento y sobre datos de test
print("Accuracy on training set: {:.3f}".format(tree.score(X_train, y_train)))
print("Accuracy on test set: {:.3f}".format(tree.score(X_test, y_test)))
```

Podríamos visualizar la importancia de cada característica de una manera que sea similar a la manera que visualizamos los coeficientes en el modelo lineal. Con el siguiente código podemos valorar la importancia de cada característica.

```
def plot_feature_importances_iris(model):
    n_features = iris.data.shape[1]
    plt.barh(range(n_features), model.feature_importances_, align='center')
    plt.yticks(np.arange(n_features), iris.feature_names)
    plt.xlabel("Feature importance")
    plt.ylabel("Feature")
plot_feature_importances_iris(model)
```

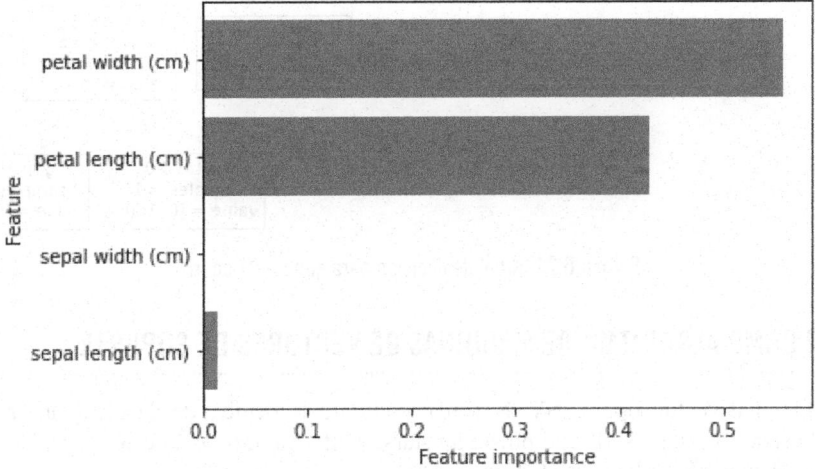

Figura 6.20. Extracción de la importancia de las características

Por último, podríamos realizar la visualización de árbol de decisión:

```
#Dibujar el árbol entrenado
from sklearn import tree
fig, ax = plt.subplots(figsize=(10, 10)) #Tamaño del gráfico
tree.plot_tree(model, fontsize = 10)
```

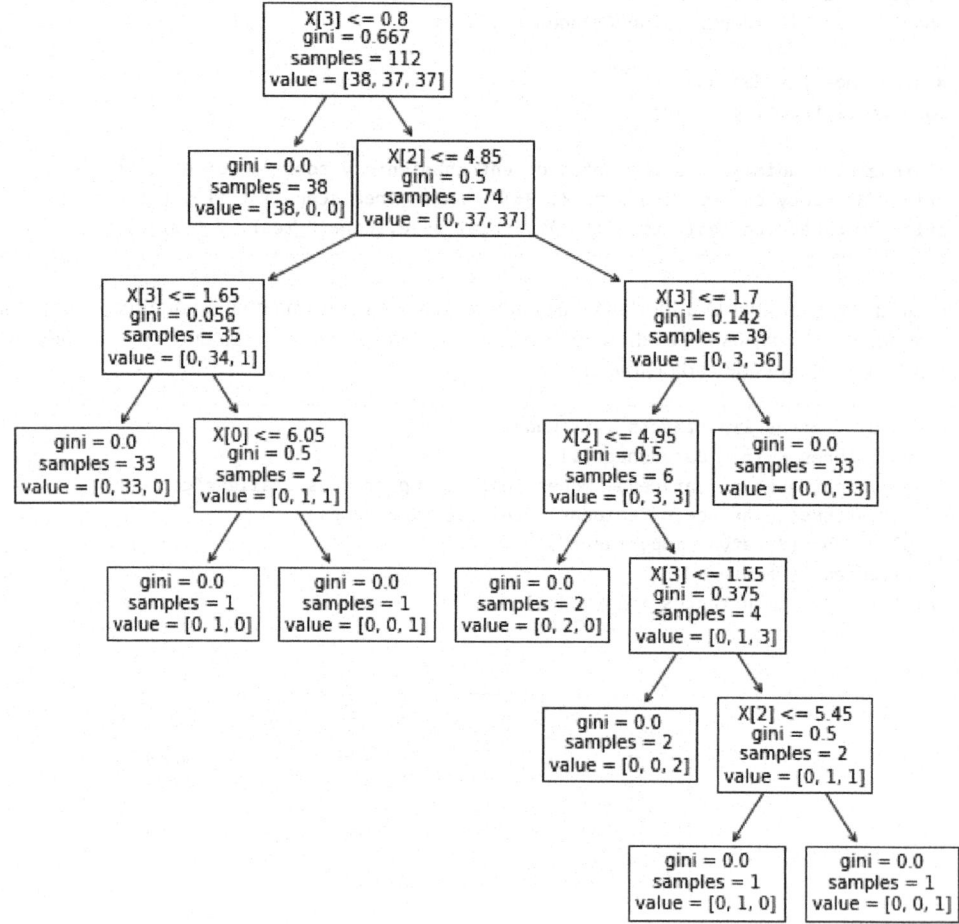

Figura 6.21. Árbol de decisión para el dataset de iris

6.9 SVM COMO ALGORITMO DE MÁQUINAS DE VECTORES DE SOPORTE

Las Máquinas Vector soporte (SVMs) son un conjunto de técnicas de clasificación y regresión, que son bastante versátiles ya que puede ajustarse tanto a modelos lineales como no lineales gracias a la disponibilidad de usar funciones-kernel.

La estrategia que siguen las Máquinas de Soporte Vectorial también representa claramente el paradigma experimental y pragmático del Data Science, quedando en cierto modo a caballo entre los modelos paramétricos y los basados en similitudes. Los SVM emplean lo que se conoce como "el truco del núcleo", que consiste en aumentar la dimensión del espacio paramétrico introduciendo registros de referencia significativos ("soportes") dentro de funciones kernel, lo que permite redefinir las relaciones entre casos. Estas técnicas han mostrado una eficacia muy notable para la clasificación automática de textos y para la predicción de efectos no lineales.

Los kernels o núcleos son funciones generalmente no lineales para representar pseudo-distancias a puntos de soporte sobre un espacio de dimensionalidad mayor, con el fin de establecer mejores planos de separación entre clases.

El objetivo de tales funciones kernel es poder mapear las características de entrada en un nuevo vector de características más complejo. Las funciones del kernel recombinan no linealmente el original, haciendo posible el mapeo de la respuesta por funciones muy complejas. En este sentido, los SVMs son comparables a las redes neuronales como aproximadores universales, y por lo tanto puede presumir un poder predictivo similar en muchos problemas.

Las Máquinas de Vectores Soporte constituyen un método basado en aprendizaje para la resolución de problemas de clasificación y regresión. En ambos casos, esta resolución se basa en una primera fase de entrenamiento y una segunda fase para la resolución de problemas. En ella, las SVM se convierten en una "caja negra" que proporciona una respuesta (salida) a un problema dado (entrada).

La idea detrás de SVM es encontrar un plano que separe los grupos dentro de los datos de la mejor forma posible. Aquí, la separación significa que la elección del plano maximiza el margen entre los puntos más cercanos en el plano; estos puntos se denominan vectores de soporte. La SVM encuentra la frontera de decisión óptima haciendo un proceso de optimización continua en que busca encontrar el hiperplano que mejor separa las dos clases utilizando funciones llamadas kernels. Estos permiten flexibilizar la frontera permitiendo otras opciones aparte de un separador linear.

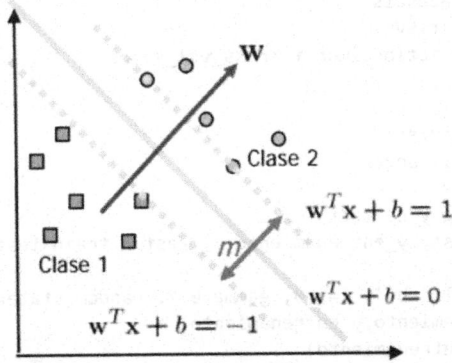

Figura 6.22. Planos de separación entre 2 conjuntos de datos

Al vector formado por los puntos más cercanos al hiperplano se le llama vector de soporte. Los modelos basados en SVMs están estrechamente relacionados con las redes neuronales. Usando una función kernel, resultan un método de entrenamiento alternativo para clasificadores polinomiales, funciones de base radial y perceptrón multicapa.

En general, el objetivo es encontrar el hiperplano que divide de forma eficaz la representación de clase de los datos. El hiperplano puede definirse como una generalización de una línea en 2 dimensiones y un plano en 3 dimensiones. La elección del mejor hiperplano se define por el grado en que se deja un margen máximo para ambas clases. El margen es la distancia entre el hiperplano y el punto más cercano de la clasificación.

6.9.1 ALGORITMO DE SUPPORT VECTOR MACHINE EN SCIKIT-LEARN

Como hemos analizado, las Máquinas Vectoriales de Soporte (SVMs) son un conjunto de técnicas de aprendizaje supervisado para clasificación y regresión (y también para detección de valores atípicos), que es bastante versátil ya que puede encajar tanto en modelos lineales como no lineales gracias a la disponibilidad de funciones especiales. El objetivo de las funciones kernel es poder asignar las características de entrada a un nuevo vector de características más complejo utilizando una cantidad limitada de cálculos.

Las **funciones del kernel** recombinan no linealmente las características originales, haciendo posible el mapeo de la respuesta por funciones muy complejas. En este sentido, las SVM son comparables a las redes neuronales como aproximaciones universales, y por lo tanto pueden presumir un poder predictivo similar en muchos problemas. El clasificador SVM permite configurar el tipo de kernel a usar y dependiendo del mismo obtenemos fronteras de decisión distintas. Entre los diferentes **hyper parámetros** podemos destacar:

▶ **kernel**: SVM se puede ajustar a una serie de funciones kernel como linear, poly, rbf, sigmoid. El más utilizado es rbf.

▶ **gamma**: Este es un coeficiente para las funciones kernel 'rbf', 'poly' y 'sigmoid'. Los valores altos tienden a ajustarse mejor a los datos.

En el siguiente ejemplo estamos entrenando nuestro conjunto de datos mediante la clase SVC con la función kernel RBF (C y gamma fueron elegidos sobre la base de otros ejemplos conocidos) y obtenemos el accuracy los resultados utilizando la función **cross_val_score**:

sklearn_svm_iris_dataset.py

```python
from sklearn import datasets
from sklearn.svm import SVC
from sklearn.model_selection import cross_val_score
import numpy as np

iris = datasets.load_iris()
X, y = iris.data, iris.target

#Data sets de training y de test
X_entrenamiento, X_test, y_entrenamiento, y_test = train_test_split(X, y, random_state=1)
classifier = SVC(kernel='rbf', C=1.0, gamma=0.7, random_state=101)
classifier.fit(X_entrenamiento,y_entrenamiento)
classifier.predict(X_entrenamiento)
print(classifier.score(X_entrenamiento,y_entrenamiento))
print(classifier.score(X_test,y_test))

scores = cross_val_score(classifier, X, y, cv=20, scoring='accuracy')
print('Accuracy: %0.3f' % np.mean(scores))
```

Estos serían los pasos para entrenar nuestro modelo utilizando la clase **LinearSVC()**:

1. **Instanciar objeto svm mediante la inicialización del parámetro C**

```python
classifier = SVC(kernel='rbf', C=1.0, gamma=0.7, random_state=101)
```

2. **Entrenar nuestro modelo**

```python
classifier.fit(X_entrenamiento,y_entrenamiento)
```

3. **Realizar predicciones sobre nuestro modelo**

```python
classifier.predict(X_entrenamiento)
```

4. **Evaluar nuestro modelo sobre los datos de entrenamiento y sobre los datos de test de forma separada.**

```
classifier.score(X_entrenamiento,y_entrenamiento)
classifier.score(X_test,y_test)
```

6.9.2 OPTIMIZANDO PARÁMETROS CON GRIDSEARCHCV

Los hiper parámetros son parámetros que no se aprenden directamente dentro de los estimadores. En scikit-learn se pasan como argumentos al constructor de la clase del estimador. Entre estos parámetros podemos destacar C, kernel y gamma para **Support Vector Classifier(SVC)**. **GridSearchCV** lo que hace internamente es ir probando con los parámetros especificados con el parámetro param_grid.

▶ *https://scikit-learn.org/stable/modules/generated/sklearn.model_selection.GridSearchCV.html*

Por ejemplo, la siguiente variable **param_grid** indica que se deben explorar dos funciones kernel: una con un kernel lineal con los valores C en [1, 10, 100, 1000], y la segunda con un kernel RBF con la combinación de valores C que van en [1, 10 , 100, 1000] y valores gamma en [0,001, 0,0001].

```
param_grid = [
  {'C': [1, 10, 100, 1000], 'kernel': ['linear']},
  {'C': [1, 10, 100, 1000], 'gamma': [0.001, 0.0001], 'kernel': ['rbf']},
  ]
```

Cualquier parámetro proporcionado al construir un estimador puede optimizarse de esta manera. Específicamente, para encontrar los nombres y los valores actuales de todos los parámetros para un estimador determinado se puede utilizar el método get_params(). Para obtener las puntuaciones y los mejores valores de estos parámetros podemos hacerlo mediante los métodos **score()** y la propiedad **_best_params_**.

sklearn_svm_gridsearch.py

```
from sklearn import datasets
from sklearn.svm import SVC
from sklearn.model_selection import cross_val_score
from sklearn.model_selection import GridSearchCV
import numpy as np

iris = datasets.load_iris()
X, y = iris.data, iris.target

#Data sets de training y de test
X_entrenamiento, X_test, y_entrenamiento, y_test = train_test_split(X, y, random_
state=1)

param_grid = [
  {'C': [1, 10, 100, 1000], 'kernel': ['linear']},
  {'C': [1, 10, 100, 1000], 'gamma': [0.001, 0.0001], 'kernel': ['rbf']},
  ]
```

```
grid_search = GridSearchCV(SVC(),param_grid,cv=5,verbose=2)
grid_search.fit(X_entrenamiento,y_entrenamiento)
print(sorted(grid_search.cv_results_.keys()))
print(grid_search.best_params_,grid_search.best_score_  )
grid_search.score(X_test,y_test)
```

En la salida de la ejecución del script anterior vemos como prueba con diferentes parámetros definidos en la variable **param_grid** y obtiene aquel que de un mejor score.

```
Fitting 5 folds for each of 12 candidates, totalling 60 fits
[CV] END ..............................C=1, kernel=linear; total time=   0.0s
[CV] END ..............................C=1, kernel=linear; total time=   0.0s
[CV] END ..............................C=1, kernel=linear; total time=   0.0s
[CV] END ..............................C=1, kernel=linear; total time=   0.0s
[CV] END ..............................C=1, kernel=linear; total time=   0.0s
[CV] END .............................C=10, kernel=linear; total time=   0.0s
[CV] END .............................C=10, kernel=linear; total time=   0.0s
[CV] END .............................C=10, kernel=linear; total time=   0.0s
[CV] END .............................C=10, kernel=linear; total time=   0.0s
[CV] END .............................C=10, kernel=linear; total time=   0.0s
[CV] END ............................C=100, kernel=linear; total time=   0.0s
[CV] END ............................C=100, kernel=linear; total time=   0.0s
[CV] END ............................C=100, kernel=linear; total time=   0.0s
[CV] END ............................C=100, kernel=linear; total time=   0.0s
[CV] END ............................C=100, kernel=linear; total time=   0.0s
[CV] END ...........................C=1000, kernel=linear; total time=   0.0s
[CV] END ...........................C=1000, kernel=linear; total time=   0.0s
[CV] END ...........................C=1000, kernel=linear; total time=   0.0s
[CV] END ...........................C=1000, kernel=linear; total time=   0.0s
[CV] END ...........................C=1000, kernel=linear; total time=   0.0s
[CV] END ...................C=1, gamma=0.001, kernel=rbf; total time=   0.0s
[CV] END ...................C=1, gamma=0.001, kernel=rbf; total time=   0.0s
[CV] END ...................C=1, gamma=0.001, kernel=rbf; total time=   0.0s
[CV] END ...................C=1, gamma=0.001, kernel=rbf; total time=   0.0s
[CV] END ...................C=1, gamma=0.001, kernel=rbf; total time=   0.0s
[CV] END ..................C=1, gamma=0.0001, kernel=rbf; total time=   0.0s
[CV] END ..................C=1, gamma=0.0001, kernel=rbf; total time=   0.0s
[CV] END ..................C=1, gamma=0.0001, kernel=rbf; total time=   0.0s
[CV] END ..................C=1, gamma=0.0001, kernel=rbf; total time=   0.0s
[CV] END ..................C=1, gamma=0.0001, kernel=rbf; total time=   0.0s
[CV] END ..................C=10, gamma=0.001, kernel=rbf; total time=   0.0s
[CV] END ..................C=10, gamma=0.001, kernel=rbf; total time=   0.0s
[CV] END ..................C=10, gamma=0.001, kernel=rbf; total time=   0.0s
[CV] END ..................C=10, gamma=0.001, kernel=rbf; total time=   0.0s
[CV] END .................C=10, gamma=0.0001, kernel=rbf; total time=   0.0s
[CV] END .................C=10, gamma=0.0001, kernel=rbf; total time=   0.0s
[CV] END .................C=10, gamma=0.0001, kernel=rbf; total time=   0.0s
[CV] END .................C=10, gamma=0.0001, kernel=rbf; total time=   0.0s
[CV] END .................C=10, gamma=0.0001, kernel=rbf; total time=   0.0s
[CV] END .................C=100, gamma=0.001, kernel=rbf; total time=   0.0s
[CV] END .................C=100, gamma=0.001, kernel=rbf; total time=   0.0s
[CV] END .................C=100, gamma=0.001, kernel=rbf; total time=   0.0s
[CV] END .................C=100, gamma=0.001, kernel=rbf; total time=   0.0s
[CV] END .................C=100, gamma=0.001, kernel=rbf; total time=   0.0s
[CV] END ................C=100, gamma=0.0001, kernel=rbf; total time=   0.0s
```

```
[CV] END .................C=100, gamma=0.0001, kernel=rbf; total time=   0.0s
[CV] END .................C=100, gamma=0.0001, kernel=rbf; total time=   0.0s
[CV] END .................C=100, gamma=0.0001, kernel=rbf; total time=   0.0s
[CV] END .................C=100, gamma=0.0001, kernel=rbf; total time=   0.0s
[CV] END .................C=1000, gamma=0.001, kernel=rbf; total time=   0.0s
[CV] END .................C=1000, gamma=0.001, kernel=rbf; total time=   0.0s
[CV] END .................C=1000, gamma=0.001, kernel=rbf; total time=   0.0s
[CV] END .................C=1000, gamma=0.001, kernel=rbf; total time=   0.0s
[CV] END .................C=1000, gamma=0.001, kernel=rbf; total time=   0.0s
[CV] END ................C=1000, gamma=0.0001, kernel=rbf; total time=   0.0s
[CV] END ................C=1000, gamma=0.0001, kernel=rbf; total time=   0.0s
[CV] END ................C=1000, gamma=0.0001, kernel=rbf; total time=   0.0s
[CV] END ................C=1000, gamma=0.0001, kernel=rbf; total time=   0.0s
[CV] END ................C=1000, gamma=0.0001, kernel=rbf; total time=   0.0s
['mean_fit_time', 'mean_score_time', 'mean_test_score', 'param_C', 'param_gamma',
'param_kernel', 'params', 'rank_test_score', 'split0_test_score', 'split1_test_sco-
re', 'split2_test_score', 'split3_test_score', 'split4_test_score', 'std_fit_time',
'std_score_time', 'std_test_score']
{'C': 1, 'kernel': 'linear'} 0.982213438735178
```

6.10 KNN COMO ALGORITMO DE CLASIFICACIÓN SUPERVISADA

El algoritmo kNN es una forma de aprendizaje automático supervisado que se utiliza para predecir categorías. El paquete **sklearn.neighbors** proporciona funcionalidad para los métodos de aprendizaje supervisado basado en vecinos más cercanos y se podría utilizar para los siguientes tipos de tareas:

▶ **Clasificación para datos con etiquetas discretas**
▶ **Regresión para datos con etiquetas**

https://scikit-learn.org/stable/modules/classes.html#module-sklearn.neighbors

sklearn.neighbors: Nearest Neighbors

The sklearn.neighbors module implements the k-nearest neighbors algorithm.

User guide: See the Nearest Neighbors section for further details.

neighbors.BallTree(X[, leaf_size, metric])	BallTree for fast generalized N-point problems
neighbors.KDTree(X[, leaf_size, metric])	KDTree for fast generalized N-point problems
neighbors.KernelDensity(*[, bandwidth, ...])	Kernel Density Estimation.
neighbors.KNeighborsClassifier([...])	Classifier implementing the k-nearest neighbors vote.
neighbors.KNeighborsRegressor([n_neighbors, ...])	Regression based on k-nearest neighbors.
neighbors.KNeighborsTransformer(*[, mode, ...])	Transform X into a (weighted) graph of k nearest neighbors.
neighbors.LocalOutlierFactor([n_neighbors, ...])	Unsupervised Outlier Detection using the Local Outlier Factor (LOF).
neighbors.RadiusNeighborsClassifier([...])	Classifier implementing a vote among neighbors within a given radius.
neighbors.RadiusNeighborsRegressor([radius, ...])	Regression based on neighbors within a fixed radius.
neighbors.RadiusNeighborsTransformer(*[, ...])	Transform X into a (weighted) graph of neighbors nearer than a radius.
neighbors.NearestCentroid([metric, ...])	Nearest centroid classifier.
neighbors.NearestNeighbors(*[, n_neighbors, ...])	Unsupervised learner for implementing neighbor searches.
neighbors.NeighborhoodComponentsAnalysis([...])	Neighborhood Components Analysis.

neighbors.kneighbors_graph(X, n_neighbors, *)	Computes the (weighted) graph of k-Neighbors for points in X
neighbors.radius_neighbors_graph(X, radius, *)	Computes the (weighted) graph of Neighbors for points in X

Figura 6.23. Algoritmos soportados dentro del paquete sklearn.neighbors

El principio detrás de los métodos del vecino más cercano es encontrar un número predefinido de ejemplos de entrenamiento más cercanos a la distancia al nuevo punto, y predecir la etiqueta a partir de estos. El número de muestras puede ser una constante definida por el usuario, o variar según la densidad local de puntos.

A pesar de su simplicidad, los vecinos más cercanos han tenido éxito en una gran cantidad de problemas de clasificación y regresión, en áreas de salud, análisis de imágenes satelitales, finanzas, ciencias políticas, reconocimiento de video y más. Al ser un método no paramétrico, a menudo tiene éxito en situaciones de clasificación donde el límite de decisión es muy irregular. Además, KNN tiene las características de que es un algoritmo de aprendizaje no paramétrico y perezoso.

▼ **No paramétrico** significa que no hay suposiciones para la distribución de datos subyacentes, por lo que es muy útil en la práctica donde la mayoría de los conjuntos de datos del mundo real no siguen supuestos teóricos matemáticos.

▼ **Perezoso** significa que no necesita datos de entrenamiento para la generación del modelo. Todos los datos de entrenamiento son utilizados en la fase de prueba. Esto hace que la fase de entrenamiento sea más rápida y la fase de prueba más lenta y costosa. En el peor de los casos, KNN necesita más tiempo para escanear todos los puntos de datos y escanear todos los puntos de datos requerirá más memoria para almacenar datos de entrenamiento.

La clasificación basada en vecinos es un tipo de aprendizaje basado en instancias o no generalizado, no intenta construir un modelo interno general, sino que simplemente almacena instancias de los datos de entrenamiento. La clasificación se calcula a partir de una mayoría simple de votos de los vecinos más cercanos de cada punto, a un punto de consulta se le asigna la clase de datos que tiene más representantes dentro de los vecinos más cercanos de dicho punto. Entre los principales algoritmos implementados en la librería podemos destacar:

▼ **KNeighborsClassifier** implementa el aprendizaje basado en los más cercanos de cada punto de consulta, donde k es un valor entero especificado por el usuario.

▼ **RadiusNeighborsClassifier** implementa el aprendizaje basado en el número de vecinos dentro de un radio fijo de cada punto de entrenamiento, que es un valor de punto flotante especificado por el usuario. En los casos en que los datos no se generen de manera uniforme, la clasificación de vecinos basada en el radio puede ser una mejor opción. En este caso, el usuario especifica un radio fijo, de modo que los puntos en vecindarios más dispersos usan menos vecinos cercanos para la clasificación.

La clasificación básica de vecinos más cercanos utiliza ponderaciones uniformes: es decir, el valor asignado a un punto de consulta se calcula a partir de una mayoría simple de votos de los vecinos más cercanos. En algunas circunstancias, es mejor ponderar a los vecinos de modo que los vecinos más cercanos contribuyan más al ajuste. Esto se puede lograr a través de la palabra clave **weights**:

▼ **weights** = '**uniform**' asigna pesos uniformes a cada vecino.

▼ **weights** = '**distance**' asigna pesos proporcionales al inverso de la distancia desde el punto de consulta. Alternativamente, se puede suministrar una función de la distancia definida por el usuario para calcular los pesos.

Supongamos que tenemos una muestra clasificada en dos clases (clase 1 y clase 2) según se muestra a continuación, y tomemos el valor de k = 3.

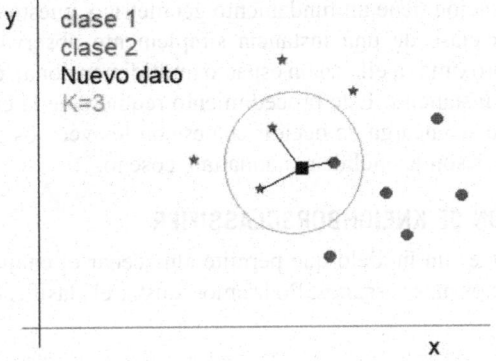

Figura 6.24. Aplicación del algoritmo vecino más cercano

En este caso dado un nuevo punto a clasificar, se realizan los siguientes pasos:

1. Se calcula la distancia a los datos.
2. Se encuentran los vecinos más cercanos.
3. Se clasifica según categoría de la mayoría.

En la siguiente imagen vemos como la muestra a clasificar en primer lugar se calcula la distancia de este elemento a cada elemento más cercano. En este caso sus vecinos más cercanos son 3 de la clase círculo y 2 de la clase triángulo. Por lo tanto, el nuevo elemento se clasificaría como de la clase círculo ya que es la clase mayoritaria.

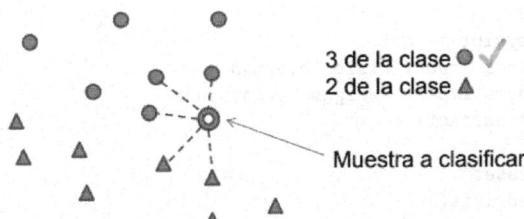

Figura 6.25. Aplicación del algoritmo vecino más cercano

Como vemos, a la hora de clasificar un nuevo elemento, buscamos en el conjunto de datos de que disponemos, los k -puntos más cercanos, y le asignamos su categoría.

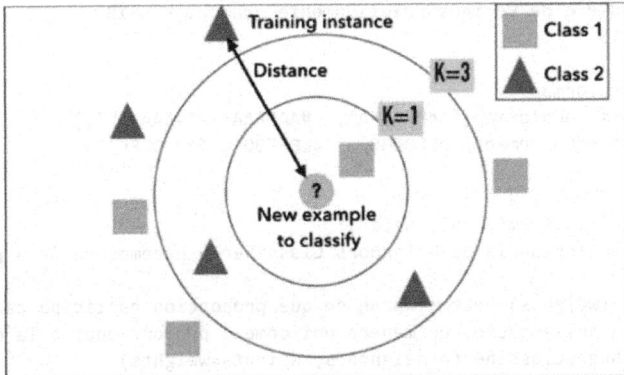

Figura 6.26. Aplicación del algoritmo vecino más cercano

Esta técnica de clasificación tiene un fundamento geométrico, puesto que su funcionamiento se basa en determinar la clase de una instancia simplemente observando la clase de las k instancias que están más próximas a ella en un espacio multidimensional, con tantas dimensiones como atributos tienen las instancias. Este procedimiento requiere de la elección de una medida de distancia ,que es la que se encarga de decidir cuáles son los vecinos más cercanos. Algunas medidas de distancia típicas son la euclídea, manhattan, coseno.

6.10.1 IMPLEMENTACIÓN DE KNEIGHBORSCLASSIFIER

KNeighborsClassifier es un modelo que permite almacenar el conjunto de datos para que podamos calcular los vecinos más cercanos. Podríamos ajustar el clasificador usando el conjunto de entrenamiento.

```
from sklearn.neighbors import KneighborsClassifier
clf = KneighborsClassifier(n_neighbors=3)
clf.fit(X_train, y_train)
```

Para cada punto de datos en el conjunto de pruebas, este calcula sus vecinos más cercanos en el conjunto de entrenamiento y encuentra la clase más común entre estos. Para medir o evaluar el porcentaje de aciertos de los datos de entrenamiento, tenemos la función score que mide el accuracy que el porcentaje de aciertos sobre el total de clasificaciones.

sklearn_knn_iris_dataset.py

```
import numpy as np
import pandas as pd
import matplotlib.pyplot as plt
from matplotlib.colors import ListedColormap
from sklearn.neighbors import KNeighborsClassifier
from sklearn import datasets

# Importamos el dataset
iris = datasets.load_iris()

# Tomamos el ancho y longitud del pétalo
X = iris.data[:, :2]  # we only take the first two features.
y = iris.target


#Definimos un número de vecinos relativamente grande, k = 15
n_neighbors = 15

# Creamos los colormap
cmap_light = ListedColormap(['#FFAAAA', '#AAFFAA', '#AAAAFF'])
cmap_bold = ListedColormap(['#FF0000', '#00FF00', '#0000FF'])


for weights in ['uniform', 'distance']:
    # Creamos una instancia de Neighbors Classifier y hacemos un fit a partir de los
    # datos.
    # Los pesos (weights) determinarán en qué proporción participa cada punto en la
    # asignación del espacio. De manera uniforme o proporcional a la distancia.
    clf = KNeighborsClassifier(n_neighbors, weights=weights)
    clf.fit(X, y)
```

```
# Creamos una gráfica con las zonas asignadas a cada categoría según el modelo
# k-nearest neighborgs. Para ello empleamos el meshgrid de Numpy.
# A cada punto del grid o malla le asignamos una categoría según el modelo knn.
# La función c_() de Numpy, concatena columnas.
h = .02
x_min, x_max = X[:, 0].min() - 0.5, X[:, 0].max() + 0.5
y_min, y_max = X[:, 1].min() - 0.5, X[:, 1].max() + 0.5
xx, yy = np.meshgrid(np.arange(x_min, x_max, h),
np.arange(y_min, y_max, h))
Z = clf.predict(np.c_[xx.ravel(), yy.ravel()])

# Ponemos el resultado en un gráfico.
Z = Z.reshape(xx.shape)
plt.figure()
plt.pcolormesh(xx, yy, Z, cmap=cmap_light)

# Representamos también los datos de entrenamiento.
plt.scatter(X[:, 0], X[:, 1], c=y, cmap=plt.cm.Set1, edgecolor="k")
plt.xlim(xx.min(), xx.max())
plt.ylim(yy.min(), yy.max())
plt.title("3-Class classification (k = %i, weights = '%s')" % (n_neighbors,
weights))
plt.xlabel('Petal Width')
plt.ylabel('Petal Length')
plt.savefig('iris-knn-{}'.format(weights))
```

El modelo que hemos empleado ha considerado que la separación de categorías es más bien tirando a horizontal. Visualmente también podemos apreciar que este modelo incluye más puntos dentro de la categoría correcta.

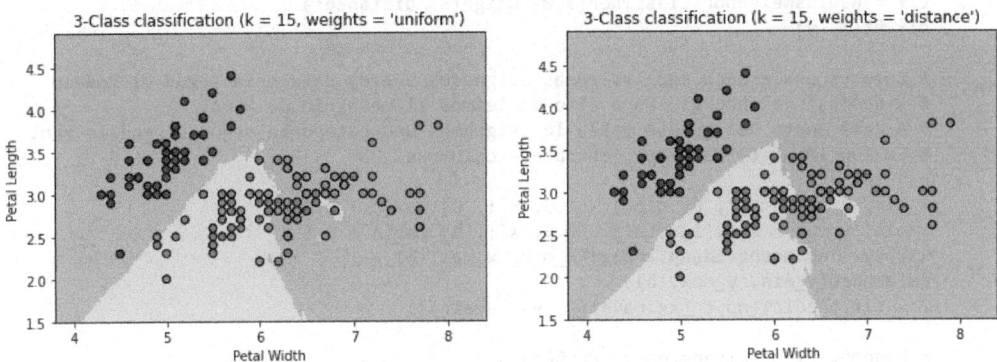

Figura 6.27. Visualización utilizando KNeighborsClassifier

Si recurrimos a la función score(), obtendremos una puntuación del 96% en el caso de weights='uniform', y del 98.6% si optamos por weights='distancia'. Cabe recordar que en este caso tampoco se ha recurrido a un cross validation para puntuar el modelo, por lo que esta puntuación puede ser algo optimista.

6.10.2 RADIUSNEIGHBORSCLASSIFIER

Para comprobar el funcionamiento **RadiusNeighborsClassifier**, bastaría con cambiar la línea donde declaramos el clasificador.

```
clf = neighbors.RadiusNeighborsClassifier(3.0, weights='distance')
```

sklearn_radius_iris_dataset.py

```python
import numpy as np
import pandas as pd
import matplotlib.pyplot as plt
from matplotlib.colors import ListedColormap
from sklearn.neighbors import RadiusNeighborsClassifier
from sklearn import datasets

# Importamos el dataset
iris = datasets.load_iris()

# Tomamos el ancho y longitud del pétalo
X = iris.data[:, :2]  # we only take the first two features.
y = iris.target

#Definimos un número de vecinos relativamente grande, k = 15
n_neighbors = 15

# Creamos los colormap
cmap_light = ListedColormap(['#FFAAAA', '#AAFFAA', '#AAAAFF'])
cmap_bold = ListedColormap(['#FF0000', '#00FF00', '#0000FF'])

for weights in ['uniform', 'distance']:
    # Creamos una instancia de Neighbors Classifier y hacemos un fit a partir de los
    # datos.
    # Los pesos (weights) determinarán en qué proporción participa cada punto en la
    # asignación del espacio. De manera uniforme o proporcional a la distancia.
    clf = RadiusNeighborsClassifier(3.0, weights='distance')
    clf.fit(X, y)

    # Creamos una gráfica con las zonas asignadas a cada categoría según el modelo
    # k-nearest neighborgs. Para ello empleamos el meshgrid de Numpy.
    # A cada punto del grid o malla le asignamos una categoría según el modelo knn.
    # La función c_() de Numpy, concatena columnas.
    h = .02
    x_min, x_max = X[:, 0].min() - 0.5, X[:, 0].max() + 0.5
    y_min, y_max = X[:, 1].min() - 0.5, X[:, 1].max() + 0.5
    xx, yy = np.meshgrid(np.arange(x_min, x_max, h),
    np.arange(y_min, y_max, h))
    Z = clf.predict(np.c_[xx.ravel(), yy.ravel()])

    # Ponemos el resultado en un gráfico.
    Z = Z.reshape(xx.shape)
    plt.figure()
    plt.pcolormesh(xx, yy, Z, cmap=cmap_light)

    # Representamos también los datos de entrenamiento.
    plt.scatter(X[:, 0], X[:, 1], c=y, cmap=plt.cm.Set1, edgecolor="k")
    plt.xlim(xx.min(), xx.max())
    plt.ylim(yy.min(), yy.max())
    plt.title("3-Class classification (k = %i, weights = '%s')" % (n_neighbors, weights))
    plt.xlabel('Petal Width')
    plt.ylabel('Petal Length')
    plt.savefig('iris-knn-{}'.format(weights))
```

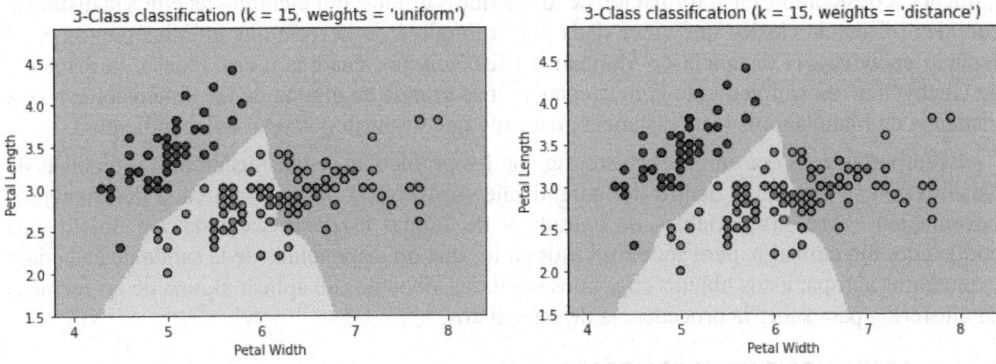

Figura 6.28. Visualización utilizando Radius Neighbor Classifier

6.11 CLUSTERING Y APRENDIZAJE NO SUPERVISADO

Una tarea de "**clustering**" es una tarea de **aprendizaje no supervisado**, en la cual sólo disponemos de un conjunto de variables sobre cada elemento de nuestro dataset, y debemos agrupar dichos elementos utilizando única y exclusivamente la información que nos proporcionan dichas variables. Uno de los problemas más difíciles de resolver en este tipo de tareas es decidir cuál es el número de grupos en el que se divide nuestro dataset.

Podemos utilizar sklearn para trabajar con agrupaciones de datos sin etiquetar, es decir, no necesitamos las etiquetas como en el caso de los métodos supervisados, sino sólo sus características y esperaríamos que el método encuentre algún patrón para reclasificación. Cada algoritmo de agrupación viene en dos variantes:

▶ **una clase, que implementa el método de ajuste para aprender los agrupamientos en datos.**

▶ **una función, que, dados los datos, retorna una serie de etiquetas de números enteros correspondientes a las diferentes agrupaciones.**

El objetivo principal de la técnica de agrupamiento es encontrar grupos similares u homogéneos en los datos que se llaman clústers. La forma en que se hace esto es: las instancias de datos que son similares o, en resumen, están cerca una de la otra, se agrupan en un clúster y las instancias que son diferentes se agrupan en un clúster diferente.

En el aprendizaje no supervisado no tenemos una variable objetivo como lo hicimos en la clasificación y la regresión. En lugar de decirle a la máquina "Predecir Y para nuestros datos X", estamos preguntando "¿Qué puede decirme acerca de X?" Cosas que le pedimos a la máquina que nos diga acerca de X puede ser "¿Cuáles son los seis mejores grupos que podemos hacer fuera de X? "O" ¿Cuáles son las tres características que ocurren con más frecuencia en X? "

El objetivo es conseguir que los individuos de un mismo grupo resulten muy similares entre sí, y a su vez que se diferencien lo máximo posible de los individuos pertenecientes a otros grupos. También intentaremos que los grupos que estamos obteniendo sean compactos, y se encuentren dispersos. Es importante definir formalmente a qué nos referimos cuando decimos que dos instancias o ejemplos son "similares".

Para ello, vamos a usar el concepto matemático de "distancia", y tendremos que tener en cuenta que existen varias métricas de distancia, y la elección de una u otra va a tener una influencia considerable en la formación de los distintos grupos. Por ejemplo, tenemos la distancia euclídea (distancia clásica que viene dada por la longitud de la recta que une dos puntos en el espacio euclídeo), la distancia de Manhattan (distancia por cuadras o city block), la distancia de Chebychev (es simplemente la discrepancia más grande en alguna de las dimensiones), o la distancia de Mahalanobis (esta distancia no asume que los atributos sean independientes).

Es importante no confundir el clustering con los problemas de clasificación. Las técnicas de clasificación se enmarcan dentro del aprendizaje supervisado porque para cada dato tenemos información sobre sus variables de entrada y de salida; es decir, cada dato u objeto está etiquetado. Sin embargo, para aquellos casos en los que no disponemos de la salida de cada dato y queramos agrupar estos objetos en grupos similares, debemos de aplicar alguna de las técnicas de clustering para saber la procedencia de estos datos.

6.11.1 APRENDIZAJE NO SUPERVISADO

El aprendizaje no supervisado es un paradigma en el aprendizaje automático donde construimos modelos sin etiquetas. Estos algoritmos se utilizan cuando queremos encontrar subgrupos dentro de conjuntos de datos utilizando alguna métrica de similitud.

Uno de los métodos más comunes es la agrupación. Lo usamos principalmente para el análisis de datos donde queremos encontrar clústers en nuestros datos. Estos grupos se encuentran generalmente utilizando cierto tipo de medida de similitud como la distancia euclidiana. El aprendizaje sin supervisión se utiliza ampliamente en muchos campos, tales como minería de datos, imágenes médicas, análisis de mercado de valores, visión por computadora, segmentación de mercado, y así sucesivamente

El algoritmo k-means es uno de los algoritmos de agrupamiento más populares. Este algoritmo se utiliza para dividir los datos de entrada en k subgrupos usando varios atributos de los datos. El agrupamiento se logra utilizando una técnica de optimización donde se intenta minimizar la suma de cuadrados de distancias entre los puntos de datos y el centroide correspondiente del grupo. En la siguiente url podemos ver un simulador de este algoritmo con el objetivo de ver las diferentes iteraciones de forma gráfica.

▸ *http://www.onmyphd.com/?p=k-means.clustering&ckattempt=1*

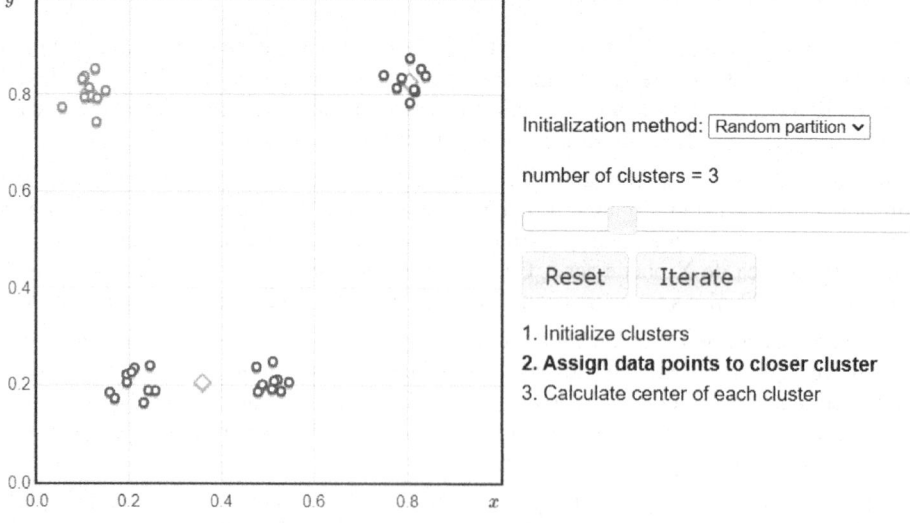

Figura 6.29. Simulación del algoritmo de clustering

6.11.2 TIPOS DE CLUSTERING Y APLICACIONES

Otra peculiaridad es como queremos que se formen los grupos:

- **Particionales:** Los grupos se definen perfectamente, de tal manera que un elemento solo puede pertenecer a un grupo.

- **Jerárquico:** Los elementos están agrupados en jerarquías, de tal manera que un elemento pertenece a un grupo, pero puede al mismo tiempo pertenecer a un subgrupo.

- **Basados en conexiones:** los algoritmos de clustering basados en conexiones buscan conectar las instancias para ir formando clústers,empleando la función de distancia que hayamos definido. Esta jerarquía puede verse como un árbol, donde la raíz contiene un único clúster que agrupa a todas las distancias, mientras que las hojas contienen un clúster por cada instancia. Aquí los elementos están conectados de alguna manera con su grupo particular y desconectados de los otros grupos. Estos algoritmos son útiles para encontrar grupos con formas no comunes.

- **Difusos:** Estos definen que un elemento puede tener cierto grado de pertenencia a un grupo u otro, por ejemplo, digamos que tenemos dos grupos, uno donde se definen a los delgados y otro que define a los obesos, supongamos que nos llega una persona que tiene 3 kilos de sobrepeso, podríamos ponerla con un 40% de pertenencia al grupo de delgados y un 60% al grupo de obesos.

- **Basados en densidad:** Estos grupos se forman organizando los elementos en base a regiones pobladas, usualmente aquellos elementos que se encuentran fuera de estas regiones son ignorados o se consideran que no forman parte del grupo.

- **Basados en prototipos:** En estos algoritmos se suele determinar la pertenencia a un grupo en base a alguna medida de distancia. Como punto de partida es común usar algún dato muy representativo de cada grupo o alguna medida estadística como la media o la mediana.

- **Clustering basado en centroides:** Un centroide no es más que un punto en el espacio que determina el centro de gravedad de cada clúster. Tras ejecutar el algoritmo de clustering, dispondremos de una serie de clústers que estarán identificados cada uno por un centroide. Calcular la pertenencia de una determinada instancia a un clúster es sencillo, basta con escoger aquel clúster cuyo centroide sea el más cercano. Uno de los algoritmos más extendidos para efectuar clustering basado en centroides es el de k means que por definición emplea la distancia euclídea.

El clustering lo podemos aplicar en diferentes tipos de proyectos cuyo objetivo sea agrupar un conjunto de datos en diferentes grupos:

- **Segmentación de mercados** en la que puedes tener una base de datos de clientes y quieres agruparlos en diferentes segmentos de mercado para que puedas vender u ofrecer un servicio mejor a los diferentes segmentos.

- **Análisis de las redes sociales** para obtener aquellos grupos de personas que son más seguidores de una redes sociales que de otras.

6.11.3 K-MEANS COMO ALGORITMO DE CLUSTERING

K-means es un algoritmo de clustering que separa 'K' grupos de objetos llamados clústers de similar varianza, minimizando un concepto conocido como inercia, que es la suma de las distancias al cuadrado de cada objeto del clúster a un punto 'μ' conocido como Centroide (punto medio de todos los objetos del cluster).

El funcionamiento de este algoritmo comienza eligiendo un centroide para cada uno de los 'K' clusters. El método de elección de estos centroides puede ser cualquiera; siendo los dos más comunes, el inicializarlo de forma aleatoria o el de elegir 'K' objetos del dataset, bien sea de forma aleatoria o haciendo un preprocesamiento de los datos. Lo recomendable sería la segunda opción e inicializar estos clústers con objetos del data set.

El algoritmo **KMeans** agrupa los datos al tratar de separar muestras en n grupos de igual varianza, minimizando un criterio conocido como la inercia o la suma de cuadrados dentro del clúster. Este algoritmo requiere que se especifique la cantidad de grupos. bien a un gran número de muestras y se ha utilizado en una amplia gama de áreas de aplicación en muchos campos diferentes.

Una vez inicializados los centroides, el algoritmo continúa alternando los dos siguientes pasos (asignación y actualización) de forma iterativa hasta que los centroides converjan. Veamos a continuación un ejemplo de ejecución del K-means para 3 clusters, dado un dataset en el que cada objeto está representado por un punto en un espacio de dos dimensiones:

1. **Inicialización del cluster:** Para ello cogemos al azar 3 puntos del dataset y los asignamos a un cluster.

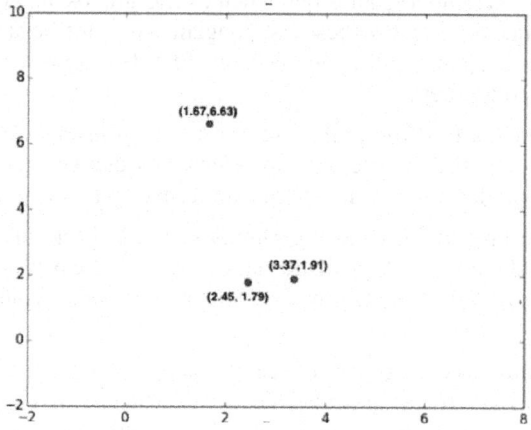

Figura 6.30. Inicialización del cluster

2. **Primera asignación y actualización:** Tras haber elegido al azar 3 puntos, se asigna cada punto al clúster más cercano. Una vez que están asignados todos los puntos, se calcula un nuevo centroide siendo este el valor medio de todos los puntos.

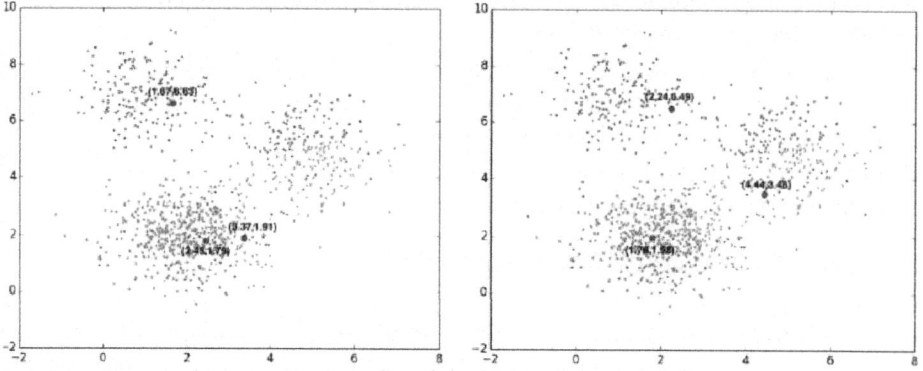

Figura 6.31. Primera asignación y actualización

3. **Segunda asignación y actualización:** Con los nuevos centroides, volvemos a calcular para cada punto cuál es el centroide más cercano y asignamos ese punto al centroide. Una vez asignados los puntos a los clusters, volvemos a calcular los centroides.

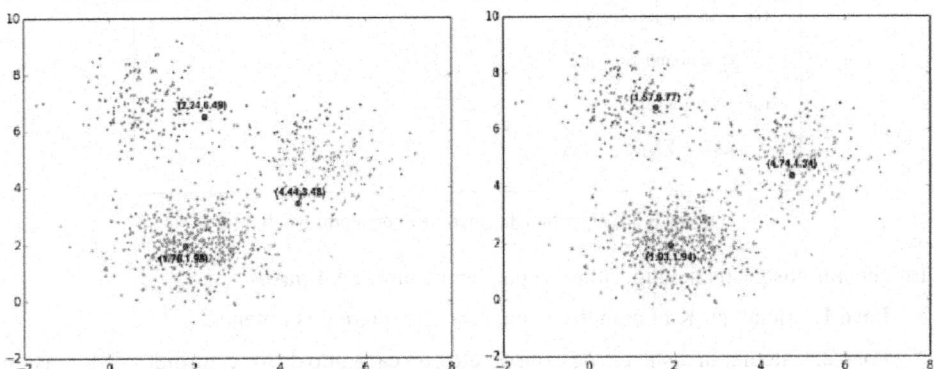

Figura 6.32. Segunda asignación y actualización

4. **Convergencia y resultado final:** Estos pasos de asignación y actualización se repiten hasta que los centroides de los clústers convergen; es decir, hasta que el valor de los centroides de la última iteración de actualización coincida con el valor de los centroides de la iteración anterior de actualización:

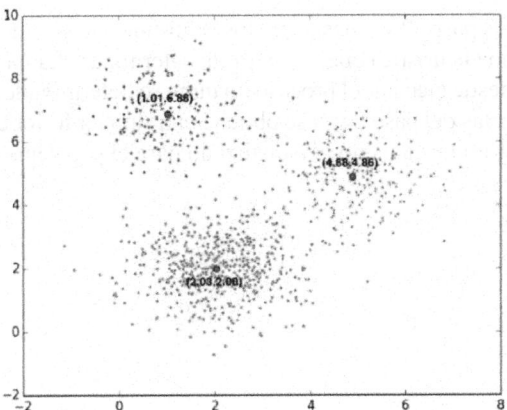

Figura 6.33. Convergencia y resultado final

En primer lugar, los k centroides se asignan aleatoriamente a un punto. A continuación, cada punto del conjunto de datos se asigna a un clúster. La asignación se realiza encontrando el centroide más cercano y asignando el punto a ese grupo. Después de este paso, los centroides se actualizan tomando el valor medio de todos los puntos de ese grupo.

El algoritmo va a ser un proceso iterativo donde a partir de una primera inicialización, cada muestra se va a asignar al representante más cercano y esta asignación se va a utilizar para recalcular los representantes de cada cluster.

```
K = num_clusters

1.- Inicializar K Clusters con sus centroides μ1,…,μk de forma aleatoria

2.- while not converge:

    for i in range(dataset):

        c_k := argmin‖x_i − μ_k‖²

    for j in range(K):

        μ_j := 1/N Σ_{l=1}^{N} x_i
```

Figura 6.34. Algoritmo de clustering como proceso iterativo

En general, los pasos del algoritmo se pueden resumir en **4 pasos**:

▸ **Paso 1**. Inicializar K al número de clústers que queremos obtener.

▸ **Paso 2.** Calcular la distancia de cada objeto con cada uno de los centroides de K y asígnale al centroide del cual su distancia sea menor. Para este paso se puede utilizar cualquier fórmula de distancia. Cada objeto será comparado con todos los centroides y se asignará al centroide que haya tenido una distancia menor.

▸ **Paso 3.** Cuando todos los objetos sean asignados, entonces recalcula la posición de los centroides. Para este paso se utiliza alguna heurística personalizada para determinar cómo modificar los centroides. En la práctica se suele calcular la media o mediana de sus objetos y mover los centroides a esa posición.

▸ **Paso 4.** Repetir los pasos 2 y 3 hasta que los centroides no se muevan más. Para este paso se suele utilizar una heurística que nos permita determinar alguna condición de parada del bucle, estas van desde ejecutar el proceso un número determinado de ocasiones, sumar las distancias más cortas del paso 2 y si se obtiene una suma inferior continuar con el proceso o bien determinar un mecanismo personalizado para el problema en cuestión.

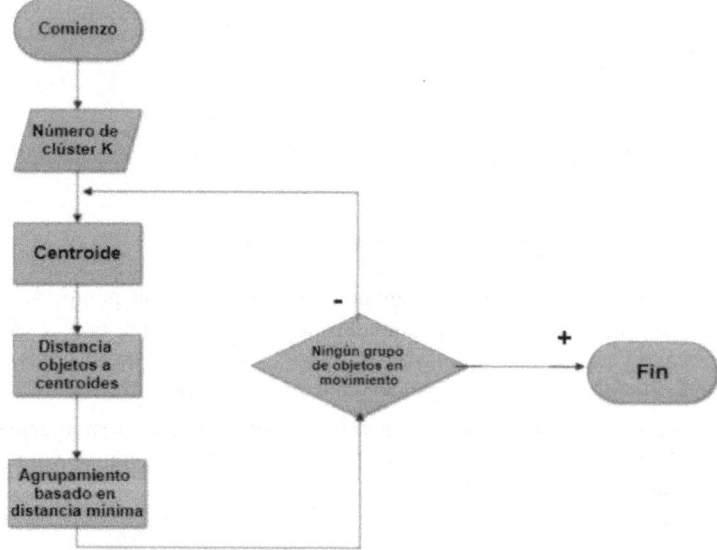

Figura 6.35. Diagrama de actividad para el algoritmo de clustering

Definido el funcionamiento del algoritmo paso por paso y con un ejemplo, pasamos a mostrarlo en **pseudocódigo**:

```
Crear k puntos para iniciar centroides (a menudo al azar)
Mientras que cualquier punto ha cambiado la asignación de clúster
    Para cada punto de nuestro conjunto de datos:
        Para cada centroide
            Calcular la distancia entre el centroide y el punto
            Asignar el punto al cluster con la distancia más baja
        Para cada grupo calcular la media de los puntos en ese grupo
        Asignar el centroide a la media
```

6.11.4 IMPLEMENTACIÓN DE K-MEANS EN SCIKIT-LEARN

En la librería de scikit-learn está implementado el K-means de forma bastante optimizada, pudiendo ser ejecutado de diferentes formas en función de los parámetros que se le pase. Dado que las librerías en general evolucionan y son modificadas en el tiempo, no vamos a entrar a explicar cada uno de los parámetros que se le puede pasar al constructor de la clase **sklearn.cluster. KMeans()**, pero sí que vamos a mostrar aquellos parámetros que se consideran importantes para cualquier implementación del K-means.

El constructor de la clase KMeans presenta los siguientes parámetros y sus valores por defecto:

▶ *https://scikit-learn.org/stable/modules/generated/sklearn.cluster.KMeans.html*

```
class sklearn.cluster.KMeans(n_clusters=8, *, init='k-means++', n_init=10, max_
iter=300, tol=0.0001, verbose=0, random_state=None, copy_x=True, algorithm='lloyd')
```

Como parámetros necesarios e importantes a especificar para que la ejecución del K-means sea correcta según el dataset utilizado, debemos de definir correctamente los siguientes dos parámetros:

▶ **n_clusters**: representa el número de clústers que queremos obtener para agrupar los objetos del data set.

▶ **max_iter**: representa el número máximo de iteraciones de los pasos de asignación y actualización a realizar en el caso de que no converjan los centroides.

De forma opcional podríamos definir una serie de parámetros con los valores que consideremos, siendo los más prácticos los siguientes:

▶ **init**: indicamos la forma de inicializar los Clusters. Anteriormente se propusieron diferentes formas de inicializar estos clústers bien sea de forma aleatoria o cogiendo al azar 'k' objetos del data set. En este caso se proponen dos formas: una la opción 'random' que inicializa los clústers de forma aleatoria y otra la opción 'k-means++' que hace un pequeño preprocesamiento de los datos del dataset para inicializar los clústers con unos centroides que sean lo suficientemente buenos para que el algoritmo converja rápidamente. **La opción de k-means ++ mejora el algoritmo k-means original en términos de tiempo de ejecución y tasa de éxito para obtener las mejores agrupaciones.**

▶ **tol**: Con este valor indicamos el umbral, tolerancia o margen de error para la convergencia de los centroides de los Clusters; es decir, que el valor de los centroides no tiene por qué ser iguales de una iteración a otra pero sí que su diferencia se inferior a la indicada en este parámetro.

▶ **n_jobs**: Le indicamos el número de hilos (threads) a utilizar.

Dado el tiempo suficiente, K-medias siempre convergerá, sin embargo, esto puede ser a un mínimo local. Esto depende en gran medida de la inicialización de los centroides. Como resultado, el cálculo a menudo se realiza varias veces, con diferentes inicializaciones de los centroides. Un método para ayudar a resolver este problema es el esquema de inicialización k-means++, que se ha implementado en sklearn a través del parámetro init = 'k-means ++'.

Esto inicializa los centroides para que estén (generalmente) distantes entre sí, lo que lleva a resultados probablemente mejores. El algoritmo admite ponderaciones de muestra, que se pueden dar mediante un parámetro sample weight. Esto permite asignar más peso a algunas muestras al calcular centros de clúster y valores de inercia.

Una vez construido el objeto de la clase KMeans, debemos de llamar a los métodos pertinentes para que nos agrupe los objetos del dataset en los diferentes clusters. En el siguiente ejemplo estamos creando un clúster de 3 grupos generando de forma aleatoria datos utilizando el método make_blobs:

sklearn_kmeans_blobs.py

```
from sklearn.datasets import make_blobs
from sklearn.cluster import Kmeans

# generar datos en 2 dimensiones
X, y = make_blobs(random_state=1)

# construir el modelo de clustering
kmeans = KMeans(n_clusters=3)
kmeans.fit(X)
```

Como resultado del algoritmo, a cada punto de datos de entrenamiento en X se le asigna una etiqueta de cluster. Podemos encontrar estas etiquetas en el atributo **kmeans.labels_**

```
print("Etiquetas del Cluster:\n{}".format(kmeans.labels_))

Etiquetas del Cluster:
[1 2 2 2 0 0 0 2 1 1 2 2 0 1 0 0 0 1 2 2 0 2 0 1 2 0 0 1 1 0 1 1 0 1 2 0 2
 2 2 0 0 2 1 2 2 0 1 1 1 1 2 0 0 0 1 0 2 2 1 1 2 0 0 2 2 0 1 0 1 2 2 2 0 1
 1 2 0 0 1 2 1 2 2 0 1 1 1 1 2 1 0 1 1 2 2 0 0 1 0 1]]
```

En este caso llamamos el método fit(x) al que pasamos como parámetro una lista de puntos (cada punto en un numpy array) y nos devuelve los centroides del clúster (en el atributo cluster_centers_), una lista alineada con la lista de puntos que le pasamos en el que nos dice a qué clúster pertenece cada punto (en el atributo labels_).

El valor de los centroides y el clúster al que pertenece cada punto lo tenemos en los atributos cluster_centers_ y labels_ respectivamente, siendo el atributo cluster_centers_ un array de numpy y labels_ una lista de enteros que indica el número del clúster al que pertenece cada punto del data set.

Veamos ahora cómo se ve en un conjunto de datos binario bidimensional. Primero creamos un conjunto de 1.000 puntos concentrados en cuatro lugares simétricos con respecto al origen.

sklearn_cluster.py

```
import matplotlib
import numpy as np
```

```
import pandas as pd
import matplotlib.pyplot as plt
%matplotlib inline

from sklearn.datasets.samples_generator import make_blobs
centers = [[1, 1], [1, -1], [-1, -1], [-1, 1]]
X, y = make_blobs(n_samples=1000, centers=centers, cluster_std=0.5, random_sta-
te=101)
plt.scatter(X[:,0], X[:,1], c=y, edgecolors='none', alpha=0.9)
plt.show()
```

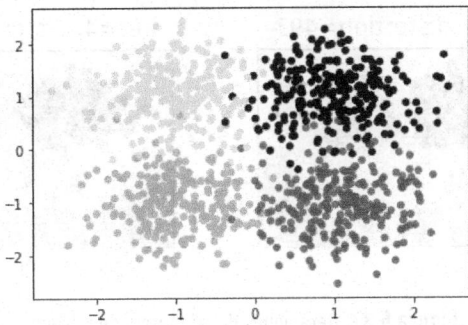

Figura 6.36. Representación de un clúster de 4 conjuntos de datos

Ahora ejecutamos K-means e inspeccionamos lo que está pasando en cada iteración. La elección inicial de los centroides normalmente se hace al azar, es decir, se eligen cuatro puntos de entrenamiento en la primera iteración durante la fase de expectativa del entrenamiento:

sklearn_cluster.py

```
from sklearn.cluster import KMeans

for n_iter in range(1, 5):
    cls = KMeans(n_clusters=4, max_iter=n_iter, n_init=1, init='random', random_sta-
te=101)
    cls.fit(X)

    plt.subplot(2, 2, n_iter)
    h=0.02
    xx, yy = np.meshgrid(np.arange(-3, 3, h), np.arange(-3, 3, h))
    Z = cls.predict(np.c_[xx.ravel(), yy.ravel()]).reshape(xx.shape)
    plt.imshow(Z, interpolation='nearest', cmap=plt.cm.Accent, extent=(xx.min(),
xx.max(), yy.min(), yy.max()), aspect='auto', origin='lower')
    plt.scatter(X[:,0], X[:,1], c=cls.labels_, edgecolors='none', alpha=0.7)
    plt.scatter(cls.cluster_centers_[:,0], cls.cluster_centers_[:,1], marker='x',
color='r', s=100, linewidths=4)
    plt.title("iter=%s, distortion=%s" %(n_iter, int(cls.inertia_)))
    plt.show()
```

En este ejemplo vemos que la distorsión es cada vez menor a medida que aumenta el número de iteraciones. Para este conjunto de datos ficticio, parece que usando 4 iteraciones, hemos llegado a la convergencia.

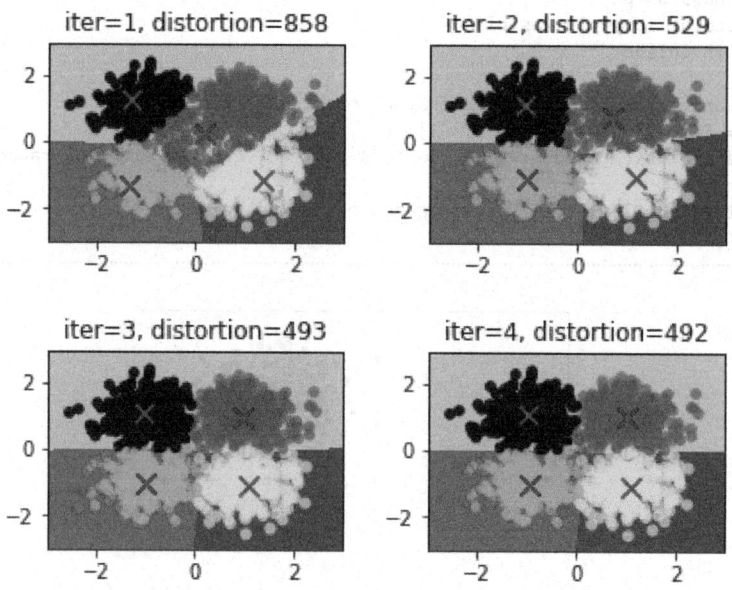

Figura 6.37. Iteraciones del algoritmo de K Means

6.11.5 LIMITACIONES DE K-MEANS

El algoritmo k-means es un algoritmo rápido, sencillo, y paralelizable, lo cual ha contribuido a su éxito. Sin embargo, k-means tiene varios problemas, no sólo a la hora de inicializar sus centroides, sino en otros aspectos, y conviene tener en cuenta dichos problemas a la hora de seleccionar el mejor algoritmo de clusterización que podemos usar para la tarea que tengamos que abordar.

El algoritmo k-means también tiene problemas para llevar a cabo su tarea cuando tenemos clústers de distinto tamaño o de diferente densidad. Por ejemplo, imaginemos que quisiéramos realizar una clusterización del dataset de la figura de la izquierda, compuesto por 3 grupos claramente diferenciados, pero que contiene un grupo muy grande (en rojo), y otros dos grupos mucho más pequeños (en azul y verde):

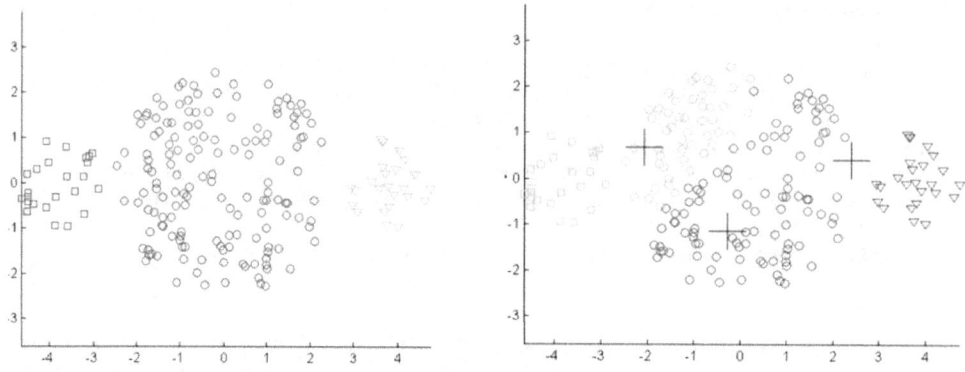

Figura 6.38. Algoritmo de clustering sobre grupos heterogéneos

Al aplicar k-means con k=3, obtenemos la clusterización de la figura derecha, con 3 grupos de un tamaño más o menos similar, lo cual no sería correcto. Esto se debe a que en un intento de minimizar la suma de cuadrados dentro de cada grupo, k-means da mayor prioridad a los grupos grandes, y no le importa que unos pocos ejemplos de otros grupos queden muy alejados de su centroide.

Por otra parte, si tenemos grupos de distinta densidad como los de la figura de la izquierda, también podemos encontrarnos problemas a la hora de utilizar el algoritmo k-means, ya que en función de la suerte que tengamos a la hora de inicializar los centroides, podríamos obtener una agrupación similar a la de la figura derecha.

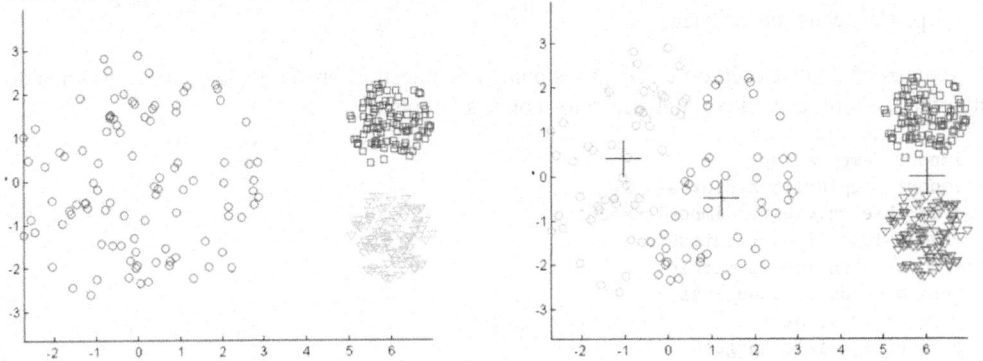

Figura 6.39. Algoritmo de clustering sobre grupos de diferente densidad

En resumen, podríamos decir que k-means presenta los siguientes problemas o limitaciones:

▶ La selección de centroides iniciales aleatoria que se realiza en el algoritmo k-means estándar puede acarrear muchos problemas, como por ejemplo, hacernos caer en un mínimo local, por lo que es aconsejable usar otras alternativas para la selección inicial de centroides como k-means++ o su versión paralelizable si vamos a tratar con muchos datos.

▶ El algoritmo k-means no funciona correctamente cuando tenemos grupos no convexos. Por lo que sí sabemos o intuimos que nuestro dataset podría contener grupos no convexos, entonces deberíamos plantearnos utilizar otro algoritmo de clusterización, como por ejemplo, un algoritmo de clustering espectral.

▶ Podemos tener problemas cuando nos encontramos con grupos de distinto tamaño o distinta densidad. Este problema puede ser más o menos grave en función de la selección inicial de centroides que hagamos, y podemos ayudarnos para ello por ejemplo de k-means++. No obstante, otros algoritmos de clusterización como las mezclas gaussianas son capaces de tratar mejor estas diferencias respecto a la densidad y el tamaño de los distintos grupos.

▶ El algoritmo k-means es sensible al ruido y a outliers (valores atípicos), ya que pueden desplazar nuestro centroide, y dificultar la asignación de puntos a cada grupo. Una posible solución a este problema es utilizar un algoritmo conocido como k-medoids, que es similar a k-means, pero con la diferencia de que en vez de usar como centroide de un grupo, un punto no existente en el dataset, utiliza uno que es un punto del propio dataset. El principal problema del algoritmo k-medoids es que es mucho más costoso computacionalmente que el algoritmo k-means, y además tiene un orden de complejidad superior, haciendo difícil usar dicho algoritmo cuando tenemos datasets muy grandes.

▶ Otro problema al que se enfrenta el algoritmo k-means es que los ejemplos de nuestro dataset siempre van a pertenecer única y exclusivamente a un único grupo, mientras que en otros algoritmos como mezclas gaussianas podemos tener un ejemplo que tenga un 51% de probabilidades de pertenecer a un grupo, pero también un 49% de probabilidades de pertenecer a otro grupo, y esta información puede ser muy valiosa, por ejemplo, para dar un tratamiento específico a dichos ejemplos, o simplemente para que tengamos en cuenta que hay ciertos ejemplos cuyo grupo de pertenencia es dudoso.

▶ Y por último, tenemos una limitación respecto a la forma de los grupos, ya que k-means podría ser visto como un caso especial de mezclas gaussianas, donde todas las dimensiones del dataset tienen la misma varianza, lo que hace que la forma de los grupos producidos por k-means sea esférica.

Veamos cómo este método clasifica los puntos de nuestra librería de datos iris, partamos de importar las librerías y el conjunto de datos con sus etiquetas:

```
import numpy as np
import matplotlib.pyplot as plt
from sklearn.cluster import KMeans
from sklearn import datasets
from sklearn import metrics
iris = datasets.load_iris()
datos = iris.data
etiquetas = iris.target
```

Al utilizar el método KMeans podemos estimar:

▶ La cantidad de centroides, que corresponde a la cantidad de grupos que esperamos (etiquetas) (n_clusters)

▶ El número máximo de iteraciones (max_iter), es decir cuántas veces se mueve el centroide de posición para realizar el ajuste.

```
k_means = KMeans(n_clusters=3, max_iter=2000)
```

Posteriormente realizamos el entrenamiento con los datos y obtenemos las predicciones realizadas por el modelo:

```
k_means.fit(datos)
predicciones = k_means.predict(datos)
```

Dado que para iris tenemos ya la clasificación, podemos evaluar cuánto de preciso es el método de clasificación.

```
score = metrics.adjusted_rand_score(etiquetas, predicciones)
```

En este caso hemos obtenido como resultado 3 centroides como esperábamos un porcentaje de coincidencia del 73%. Si dibujamos los porcentajes de coincidencia en función de la cantidad de centroides, obtenemos el siguiente histograma:

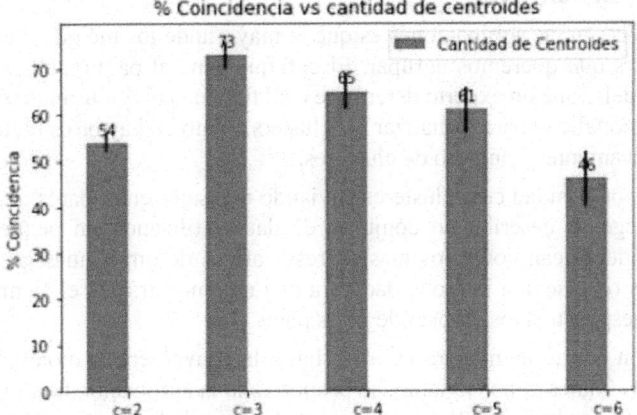

Figura 6.40. Histograma de la cantidad de centroides

En este gráfico podemos ver la representación de la clasificación realizada para una de las columnas de datos en función de la predicción para el caso de tres centroides. Observamos como la clasificación obtiene una mayor tasa de aciertos al considerar 3 centroides(c=3).

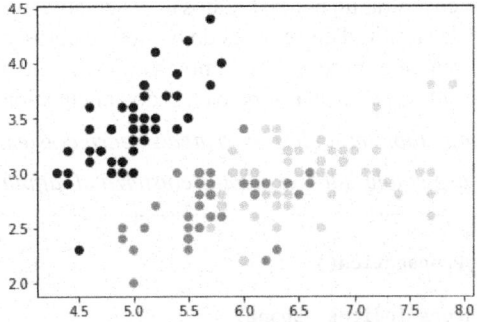

Figura 6.41. Clustering sobre el dataset de iris

6.11.6 MINIBATCHKMEANS

El algoritmo K-means posee una variante llamada MiniBatchKMeans, el cual utiliza mini lotes para reducir el tiempo de cálculo, mientras intenta optimizar la misma función objetivo. Los mini lotes son subconjuntos de los datos de entrada, muestreados aleatoriamente en cada iteración de entrenamiento.

Estos mini lotes reducen la cantidad de cálculos necesarios para converger a una solución local. En contraste con otros algoritmos que reducen el tiempo de convergencia de k-means, los mini-batch-k-means producen resultados que son generalmente un poco peores que el algoritmo estándar.

MiniBatchKMeans converge más rápido que KMeans, pero la calidad de los resultados se reduce. En la práctica, esta diferencia en la calidad puede ser bastante pequeña, de hecho si en nuestro caso anterior ejecutamos este método obtenemos para tres centroides un porcentaje ligeramente superior del 75,8% contra el 73% que habíamos obtenido.

6.11.7 AFFINITY PROPAGATION

Un problema típico en las agrupaciones es que la mayoría de los métodos requieren indicar el número de clústers que queremos agrupar. El enfoque general para resolver esto es probar diferentes valores y dejar que un experto determine cuál funciona mejor usando técnicas como la reducción de dimensionalidad para visualizar los clusters. También hay otros métodos que tratan de calcular automáticamente el número de clústeres.

La propagación por afinidad crea clústeres enviando mensajes entre pares de muestras hasta la convergencia, luego se describe un conjunto de datos utilizando un pequeño número de ejemplares, que se identifican como los más representativos de otras muestras. Los mensajes enviados entre pares representan la idoneidad para que una muestra sea el ejemplar de la otra, que se actualiza en respuesta a los valores de otros pares.

Esta actualización ocurre de manera iterativa hasta la convergencia, momento en el que se eligen los ejemplares finales y, por lo tanto, se proporciona la agrupación final. La propagación de afinidad puede retornar la cantidad de clústeres en función de los datos proporcionados, para este propósito, los dos parámetros importantes son:

▸ **preference**, el cual controla cuántos ejemplares se utilizan.

▸ **damping** (factor de amortiguamiento), el cual permite evitar oscilaciones numéricas.

Scikit-learn incluye una implementación de Affinity Propagation, un método que busca instancias que son las más representativas de otros, y las utiliza para agrupar y determinar el número de clusters. Para ello intenta encontrar un punto de datos representativo para cada clúster en nuestros datos y encontrar medidas de similitud entre pares de puntos de datos y considera todos nuestros puntos de datos como representantes potenciales, también llamados ejemplares, de sus respectivos clusters. Puede obtener más información al respecto en la documentación oficial:

▸ *http://scikit-learn.org/stable/modules/generated/sklearn.cluster.AffinityPropagation.html*

▸ *https://scikit-learn.org/stable/auto_examples/cluster/plot_affinity_propagation.html*

```
# Affinity propagation
aff = cluster.AffinityPropagation()
aff.fit(X_train)
print(aff.cluster_centers_indices_.shape)
```

Podríamos aplicar este algoritmo a los datos de iris y comparar los resultados obtenidos:

sklearn_affinity_propagation.py

```
import numpy as np
import matplotlib.pyplot as plt
from sklearn.cluster import AffinityPropagation
from sklearn import datasets
from sklearn import metrics

iris = datasets.load_iris()
datos = iris.data
etiquetas = iris.target
af = AffinityPropagation(preference=-50)
af.fit(datos)
print(af.cluster_centers_indices_.shape)
cluster_centers_indices = af.cluster_centers_indices_
labels = af.labels_
n_clusters_ = len(cluster_centers_indices)
```

```
print('Estimated number of clusters: %d' % n_clusters_)
af.fit(datos)
predicciones=af.predict(datos)
score=metrics.adjusted_rand_score(etiquetas, predicciones)
print(score)
plt.scatter(datos[:, 0], datos[:, 1], c=predicciones)
plt.show()
```

A partir de los datos de iris, el modelo predice tres clústers con un porcentaje de acierto del 80%.

```
Estimated number of clusters: 3
0.8022085453675192
```

6.11.8 EVALUACIÓN DEL RENDIMIENTO DE KMEANS

Una buena manera de medir el rendimiento de un algoritmo de agrupación k-means es observar cuánto de bien están separados los clústeres. Necesitamos una métrica que pueda cuantificar este comportamiento.

Una de las métricas más utilizadas es la de **Silhouette Coefficient score**. Esta es una medida de cómo los grupos están bien definidos dentro del modelo de k-means. El Coeficiente de Silueta para un conjunto de datos dado es la media del coeficiente para cada muestra, donde dicho coeficiente se calcula de la siguiente manera:

$$s = b - a/max(a, b)$$

Figura 6.42. Cálculo del coeficiente de Silhouette

Dónde:

▸ a = distancia media entre una muestra y todos los demás puntos del mismo grupo.

▸ b = distancia media entre una muestra y todos los demás puntos del siguiente grupo más próximo.

Esta puntuación está comprendida entre -1 y 1, donde un valor de -1 indica una agrupación incorrecta, un valor de 1 indica agrupación muy densa y una puntuación cerca de 0 indica agrupaciones superpuestas.

sklearn_silhouette_score.py

```
import numpy as np
import matplotlib.pyplot as plt
from sklearn.cluster import KMeans
from sklearn import datasets
from sklearn import metrics
from sklearn.metrics.cluster import silhouette_score
iris = datasets.load_iris()
datos = iris.data
etiquetas = iris.target
scores=[]
for n_clusters in range(2,10):
  k_means = KMeans(n_clusters=n_clusters, max_iter=2000).fit(datos)
  scores.append(silhouette_score(datos,k_means.labels_))

plt.plot(range(2,10),scores)
```

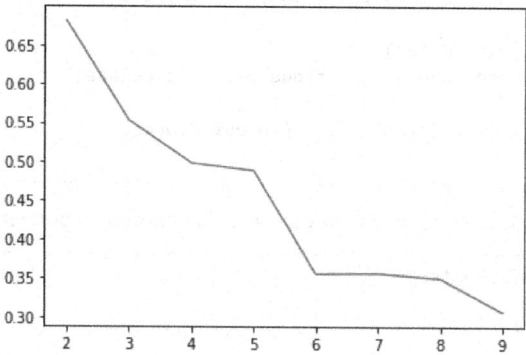

Figura 6.43. Cálculo del coeficiente de Silhouette para diferentes valores

6.11.9 CONCLUSIONES KMEANS CLUSTERING

El análisis clúster es el nombre genérico que recibe un tipo de procedimientos de aprendizaje no supervisado usados para crear clasificaciones o agrupaciones. De forma más detallada, se podría decir que consiste en procedimientos de clasificación no supervisada (no existe una información previa) sobre una muestra de 'individuos' que intenta organizarlos en grupos que pretenden ser homogéneos. Estos grupos son los que se conocen como 'clusters'.

En este tipo de problemas no se dispone de información previa sobre la posible estructura de las clases o categorías, solo se dispone de un conjunto de observaciones o medidas y se trata de asociar estas observaciones en grupos en los cuales hay alta 'similitud' entre los miembros del mismo grupo y baja 'similitud' con miembros de otros grupos.

El algoritmo sigue una manera simple de clasificar un determinado conjunto de datos a través de un cierto número K de clústeres. La idea principal es definir K centroides, uno para cada grupo. El siguiente paso es tomar cada punto perteneciente a un conjunto de datos dado y asociarlo al centroide más cercano.

En este punto necesitamos volver a calcular K nuevos centroides de los clústers resultantes del paso anterior. Después de que tengamos estos nuevos centroides, se debe realizar una nueva unión entre los mismos puntos de ajuste de datos y el nuevo centroide más próximo. Como resultado de este bucle podemos notar que los centroides K cambian su ubicación paso a paso hasta que no se hacen más cambios.

6.12 EXTRACCIÓN DE CARACTERÍSTICAS

Es posible que cuanta más y mejor información, obtengamos una predicción más acertada. Pero también empezaremos a notar que la ejecución de nuestro algoritmo seleccionado (regresión lineal, redes neuronales, etc.) empezará a tomar más y más tiempo y recursos. Es posible que algunas de las variables sean menos importantes y no aporten demasiado valor a la predicción. También podríamos acercarnos peligrosamente a causar overfitting al modelo.

Al quitar variables estaríamos haciendo una **reducción de la dimensiones**. Al hacer reducción de dimensiones tendremos menos relaciones entre variables a considerar. Para reducir las dimensiones podemos hacer dos cosas:

▶ Eliminar las dimensiones que no sean necesarias.
▶ Extracción de características.

6.12.1 PCA (PRINCIPAL COMPONENT ANALYSIS)

Principal Component Analysis es una técnica de extracción de características donde combinamos las entradas de una manera específica y podemos eliminar algunas de las variables "menos importantes".

En sklearn PCA se implementa como un objeto transformador que aprende componentes en su método de ajuste, y se pueden utilizar en nuevos datos para proyectarlos en estos componentes.

▼ *https://scikit-learn.org/stable/modules/generated/sklearn.decomposition.PCA.html*

Podríamos utilizar PCA para reducir el número de dimensiones que tenemos en el set de datos, indicando que realice la representación en dos ejes.

sklearn_PCA.py

```python
import matplotlib.pyplot as plt
from mpl_toolkits.mplot3d import Axes3D
from sklearn import datasets
from sklearn.decomposition import PCA

# import some data to play with
iris = datasets.load_iris()
X = iris.data[:, :2]  # we only take the first two features.
y = iris.target

x_min, x_max = X[:, 0].min() - 0.5, X[:, 0].max() + 0.5
y_min, y_max = X[:, 1].min() - 0.5, X[:, 1].max() + 0.5

plt.figure(2, figsize=(8, 6))
plt.clf()

# Plot the training points
plt.scatter(X[:, 0], X[:, 1], c=y, cmap=plt.cm.Set1, edgecolor="k")
plt.xlabel("Sepal length")
plt.ylabel("Sepal width")

plt.xlim(x_min, x_max)
plt.ylim(y_min, y_max)
plt.xticks(())
plt.yticks(())

# To getter a better understanding of interaction of the dimensions
# plot the first three PCA dimensions
fig = plt.figure(1, figsize=(8, 6))
ax = Axes3D(fig, elev=-150, azim=110)
X_reduced = PCA(n_components=3).fit_transform(iris.data)
ax.scatter(
    X_reduced[:, 0],
    X_reduced[:, 1],
    X_reduced[:, 2],
    c=y,
    cmap=plt.cm.Set1,
    edgecolor="k",
    s=40,
)
ax.set_title("First three PCA directions")
ax.set_xlabel("1st eigenvector")
ax.w_xaxis.set_ticklabels([])
ax.set_ylabel("2nd eigenvector")
ax.w_yaxis.set_ticklabels([])
```

```
ax.set_zlabel("3rd eigenvector")
ax.w_zaxis.set_ticklabels([])

plt.show()
```

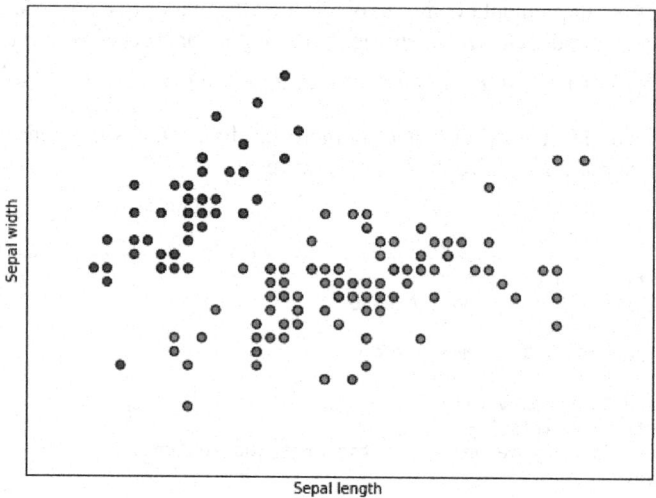

Figura 6.44. Representación del conjunto de datos utilizando PCA en el plano 2D

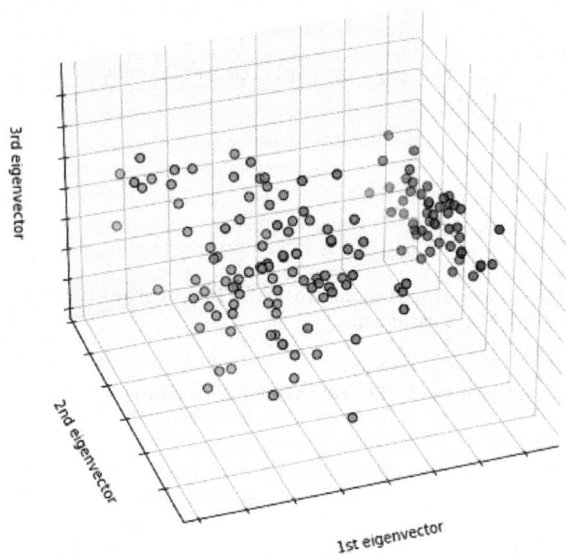

Figura 6.45. Representación del conjunto de datos utilizando PCA en el plano 3D

REDES NEURONALES ARTIFICIALES

7.1 INTRODUCCIÓN

Otra de las técnicas que se pueden clasificar como **algoritmos no supervisados** son las redes neuronales artificiales que suelen estar compuestas por una serie de capas ocultas de unidades de memoria, llamadas neuronas, intercaladas entre las capas de entrada y de salida, estableciéndose una serie de pesos entre ellas (vectores, matrices, filtros o tensores) ajustables mediante aprendizaje hebbiano, que está inspirado en nuestro sistema nervioso.

Las redes neuronales no son más que redes interconectadas masivamente en paralelo de elementos simples y con organización jerárquica, las cuales intentan interactuar con los objetos del mundo real del mismo modo que lo hace el sistema nervioso biológico. Son ideales para técnicas de optimización y para la búsqueda de patrones no lineales y se suelen emplear en diferentes campos como aplicaciones meteorológicas, reconocimiento facial, reconocimiento de texto, detección de fraude, etc.

En este modelo, cada neurona toma como entradas las salidas de las neuronas de las capas antecesoras y cada una de esas entradas se multiplica por un peso con el objetivo de agregar los resultados parciales y mediante una función de activación se calcula la salida. Esta salida es a su vez la entrada de la neurona a la que precede. La unión de todas estas neuronas interconectadas es lo que compone la red neuronal artificial.

Para entender mejor su funcionamiento revisamos algunos conceptos asociados a cada neurona.

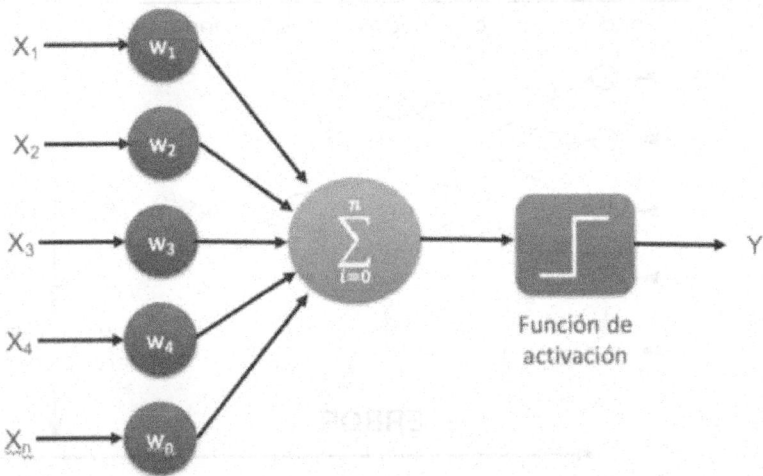

Figura 7.1. Entradas y función de activación para una neurona

▸ **Conjunto de entradas x1,...xn.** Representan las entradas de la red neuronal.

▸ **Pesos sinápticos w1,...wn.** Cada entrada tiene un peso que se va ajustando de forma automática a medida que la red neuronal va aprendiendo.

▸ **Función de agregación, Σ.** Realiza el sumatorio de todas las entradas ponderadas por sus pesos.

▸ **Función de activación, F.** Se encarga de mantener el conjunto de valores de salida en un rango determinado, normalmente (0,1) o (-1,1). Existen diferentes funciones de activación que cumplen este objetivo, la más habitual es la función sigmoide. La función **sigmoide** transforma los valores introducidos a una escala (0,1), donde los valores altos tienen de manera asintótica a 1 y los valores muy bajos tienden de manera asintótica a 0.

$$f(x) = 1/(1 - e^{-x})$$

Figura 7.2. Función sigmoide como función de activación

▸ **Salida, Y.** Representa el valor resultante tras pasar por la red neuronal.

La red tiene un primer conjunto de nodos de entrada, seguida de diferentes capas de nodos intermedias y ocultas y un último conjunto de nodos de salida. Cada nodo tiene un valor en las decisiones del proceso. Se les proporciona datos a los nodos de entrada que por ensayo el algoritmo ajusta el valor de cada nodo hasta conseguir un criterio de parada definido.

Durante el entrenamiento de una red neuronal artificial, bajo el aprendizaje no supervisado, los vectores de entrada de tipo similar se combinan para formar clúster. Cuando se aplica un nuevo patrón de entrada, la red neuronal da una respuesta de salida que indica la clase a la que pertenece el patrón de entrada. En las redes neuronales no supervisadas, no hay ningún indicador para saber si el resultado es correcto o no. Por lo tanto, es la red en sí la responsable de descubrir los patrones, presentando datos de entrada y presentando la relación de los datos de entrada sobre la salida.

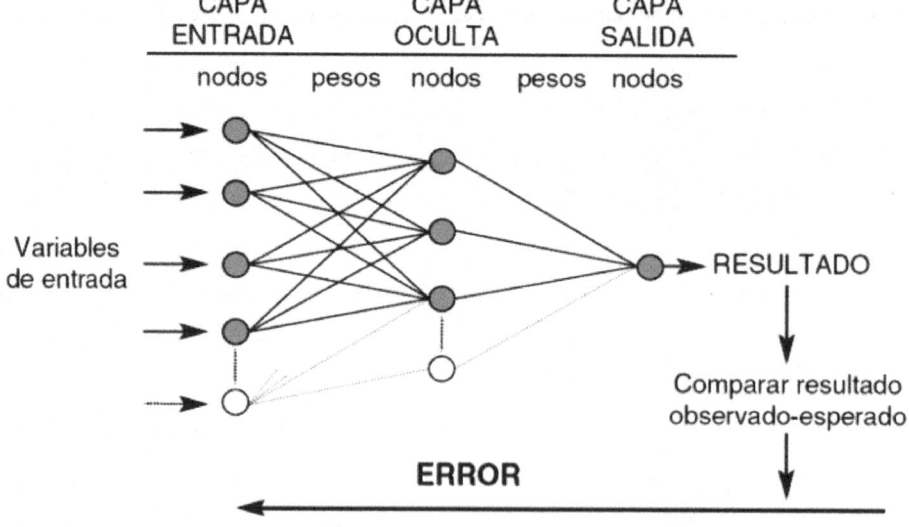

Figura 7.3. Entrenamiento de una red neuronal

Las redes neuronales son capaces de clasificar o de reconocer patrones atendiendo a unas características. Fueron diseñadas para modelar el cerebro humano llevando a cabo la conexión de las distintas neuronas que tenemos en el mismo, para así simular cómo somos capaces de aprender a través de un entrenamiento previo. Podemos encontrar numerosas referencias donde se usan redes neuronales tanto para el área médica como en otras, como la detección de correo spam y además demuestran que en muchos casos mejoran la predicción y clasificación que un experto podría hacer.

Para la mayoría de casos existen numerosas variables y distintos patrones que en ocasiones pueden llevar a confusión por mucha experiencia que se tenga, además de la fatiga que un ser humano pueda tener. Las redes neuronales llevan a cabo gran cantidad de operaciones hasta llegar a conseguir la salida deseada, o lo más parecido, cuando se está realizando el entrenamiento.

El número de capas ocultas o la cantidad de neuronas internas a usar en cada una de ellas es un número que no se sabe a priori cuál usar, requiere de cierta experiencia y un estudio adecuado del tipo de problema para ajustar adecuadamente dichos valores para poder conseguir el mejor resultado, así como el usar más capas o más neuronas no quiere decir que se consigan mejores resultados. La topología en una red neuronal se refiere a su estructura, es decir, al número de capas que posee y cómo se realiza la interconexión de sus elementos. Los tipos más destacados son:

- Perceptrón Simple
- Perceptrón Multicapa

7.2 PERCEPTRÓN SIMPLE

El perceptrón es la red neuronal más básica que existe de aprendizaje supervisado que data de los años 50. El funcionamiento del perceptrón consiste en leer los valores de entrada, suma todos las entradas de acuerdo a unos pesos y el resultado lo pasa a una función de activación que genera el resultado final.

El **entrenamiento** del perceptrón consiste en determinar los pesos sinápticos y el umbral que mejor hagan que la entrada se ajuste a la salida. Para la obtención de estas variables, se sigue un proceso adaptativo que comienza con valores aleatorios y se van modificando estos valores según la diferencia entre los valores deseados y los calculados por la red neuronal. En resumen, el perceptrón **aprende de manera iterativa** siguiendo estos pasos:

1. Inicializar pesos y umbrales
2. Bucle: hasta que resultado de pesos sea aceptable
   - Bucle: para todos los ejemplos
     - Leer valores de entrada
     - Calcular error
     - Actualizar pesos según el error
       - Actualizar pesos de entradas
       - Actualizar el umbral

El perceptrón simple tiene dos capas de neuronas, en la primera se introduce la información y en la segunda se procesa. Cada neurona de la primera capa se conecta con todas las de la segunda capa para generar una salida.

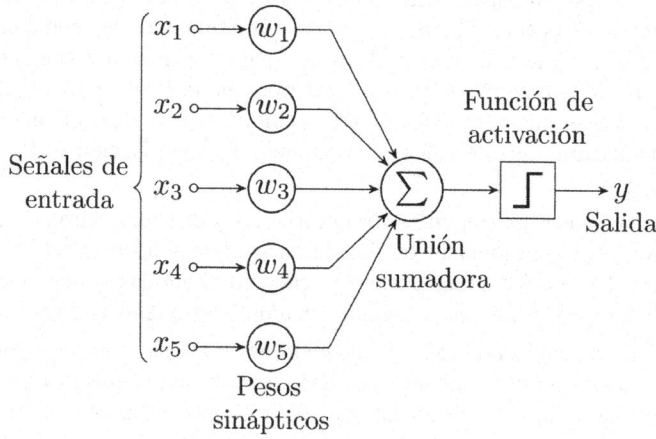

Figura 7.4. Modelo de perceptrón simple

En la figura anterior, el establecimiento de los valores iniciales de los pesos sinápticos y el umbral se realiza a través de un proceso adaptativo con unos valores iniciales aleatorios y que se irán modificando según obtenga o no la salida deseada en el entrenamiento.

Como vemos en la figura, este tipo de red neuronal está basado en una capa de neuronas sensoriales desde donde recibe los datos que vamos a procesar. También encontramos una capa de neuronas de salida que, dependiendo del valor obtenido, indica si el dato con las características introducidas pertenece a una clase u otra.

Para poder entender en qué consiste el algoritmo del perceptrón simple, es necesario también entender las funciones en las que se basa para poder llevar a cabo esa clasificación de datos. Se supone que tenemos la función f de Rn en {-1, 1}, a la que le podemos aplicar un patrón de entrada x =(x1,x2,...,xn) T ∈ Rn y donde tendremos una salida deseada z ∈ {-1, 1}, o lo que es lo mismo, f(x)= z.

Dicho patrón de entrada, es lo que se va a considerar como los atributos que cada dato del conjunto de datos tiene y que se le pasa a la función previamente mencionada. Al tener un número de patrones de entrada al cual queremos llevar a cabo la clasificación, tendríamos la siguiente relación {x1, z1}, {x2, z2}....{xp, zp}, donde xi es el patrón de entrada i ∈ Rn y z = f(xi).

Esta función lo que hace es una partición del conjunto de entrada en dos espacios, lo que se dice una clasificación binaria. Por una parte se tendrían aquellos patrones cuya salida da +1 y por otro lado aquellos que da como salida -1. Esto indica que la función previamente comentada es capaz de distinguir entre dos clases.

El siguiente paso sería el de construir un modelo que cumpla con la función previamente mencionada. Para ello vamos a partir de una unidad de proceso bipolar la cual cumple la siguiente función:

$$\left\{ \begin{array}{l} 1 \; si \; w_1x_1 + w_2x_2 + \cdots + w_nx_n \geq \theta \\ -1 \; si \; w_1x_1 + w_2x_2 + \cdots + w_nx_n < \theta \end{array} \right\}$$

Figura 7.5. Función de activación para un modelo de perceptrón simple

Aquí se tiene que los parámetros **Wi** son los llamados **pesos sinápticos**. Estos pesos representan la importancia que le vamos a dar a cada característica o valor de entrada. Por otro lado, se encuentra la suma ponderada que se llamará potencial sináptico y finalmente dice que está activa y en caso contrario será -1, o que está inactiva.

7.3 PERCEPTRÓN MULTICAPA

El perceptrón multicapa evoluciona el perceptrón simple y para ello incorpora **capas de neuronas ocultas**, consiguiendo representar funciones no lineales. El perceptrón multicapa está compuesto por una capa de **entrada**, una capa de **salida** y n capas **ocultas** entremedias.

La arquitectura de un perceptrón multicapa se basa en una disposición de sus neuronas en varios niveles o capas. Esta arquitectura es una de red de alimentación hacia adelante (feedforward) y en la cual se encontrará una capa de entrada con un número, dependiendo de la cantidad de características de nuestro conjunto de datos, otra capa de salida, que serán los distintos tipos a clasificar, y un número determinado de capas intermedias de proceso, que se pueden llamar ocultas, ya que no existe conexión con el exterior. El papel que desempeña la capa oculta o intermedia es la de una proyección de los patrones de entrada en un cubo cuya dimensión viene dada por el número de unidades de la capa oculta.

La principal diferencia entre una red neuronal multicapa y una simple está en que mientras la red neuronal monocapa está compuesta por una capa de neuronas de entrada y una capa de neuronas de salida, la multicapa dispone de un conjunto de capas intermedias (capas ocultas) entre la capa de entrada y la de salida.

Se caracteriza por tener salidas disjuntas pero relacionadas entre sí, de tal manera que la salida de una neurona es la entrada de la siguiente. En el perceptrón multicapa se pueden diferenciar una 2 fases:

1. **Fase de propagación** en la que se calcula el resultado de salida de la red desde los valores de **entrada hacia delante**.

2. **Fase de aprendizaje** en la que los errores obtenidos a la salida del perceptrón se van propagando hacia atrás (**backpropagation**) con el objetivo de modificar los pesos de las conexiones para que el valor estimado de la red se asemeja cada vez más al real, esta aproximación se realiza mediante la **función gradiente** del error.

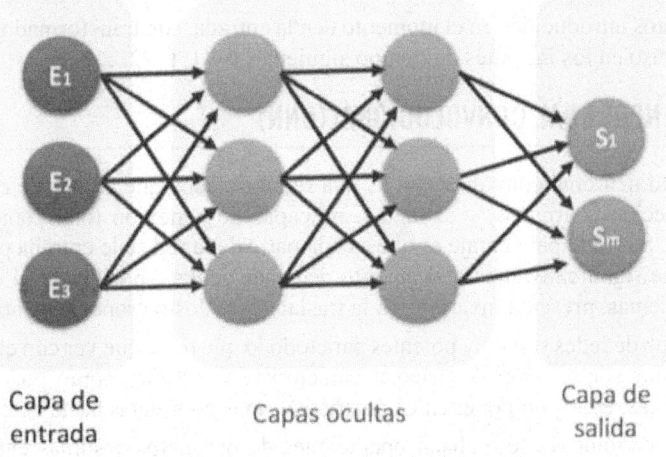

Capa de entrada   Capas ocultas   Capa de salida

Figura 7.6. Modelo de perceptrón multicapa

> ▼ **Capa de entrada**: conecta la red con el exterior, cada neurona se corresponde con cada una de las variables de entrada de la red.

> ▼ **Capas ocultas**: son una aglomeración de capas en las que cada activación de una salida procede de la suma ponderada de las activaciones de la capa anterior conectadas, más sus correspondientes umbrales (bias, sesgos).

> ▼ **Capa de salida**: conecta las capas ocultas con la salida de la red que proporciona los resultados.

Este modelo posee una capa de entrada, diversas capas ocultas y una capa de salida. Las neuronas de entrada se conectan con cada una de las de las capas ocultas para realizar el procesamiento de la información, luego estas neuronas se enlazan con las de la capa de salida para mostrar el resultado del procesamiento.

7.4 RED NEURONAL RECURRENTE

Las redes neuronales recurrentes no tienen una estructura de capas, sino que permiten conexiones arbitrarias entre las neuronas, incluso pudiendo crear ciclos, con esto se consigue crear la temporalidad, permitiendo que la red tenga memoria.

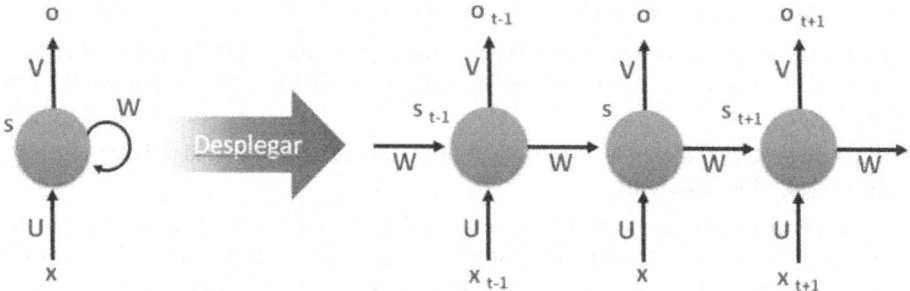

Figura 7.7. Modelo de red neuronal recurrente

Los datos introducidos en el momento t en la entrada, son transformados y van circulando por la red incluso en los instantes de tiempo siguientes t + 1, t + 2, ...

7.5 RED NEURONAL CONVOLUCIONAL(CNN)

Una red neuronal convolucional es una red multicapa que consta de capas convolucionales y de reducción alternadas, y al final tiene capas de conexión total como una red perceptrón multicapa. Su principal ventaja es que a cada parte de la red se le entrena para realizar una tarea, esto reduce significativamente el número de capas ocultas, por lo que el entrenamiento es más rápido. Además, presenta invarianza a la traslación de los patrones a identificar.

Este tipo de redes son muy potentes para todo lo que tiene que ver con el análisis de imágenes, debido a que son capaces de detectar características simples como por ejemplo detección de bordes, líneas, etc y componer en características más complejas hasta detectar lo que se busca.

En la convolución se realizan operaciones de productos y sumas entre la capa de partida y los n filtros (o kernel) que genera un mapa de características. Las características extraídas corresponden a cada posible ubicación del filtro en la imagen original.

La ventaja es que el mismo filtro sirve para extraer la misma característica en cualquier parte de la entrada, con esto que consigue reducir el número de conexiones y el número de parámetros a entrenar en comparación con una red multicapa de conexión total.

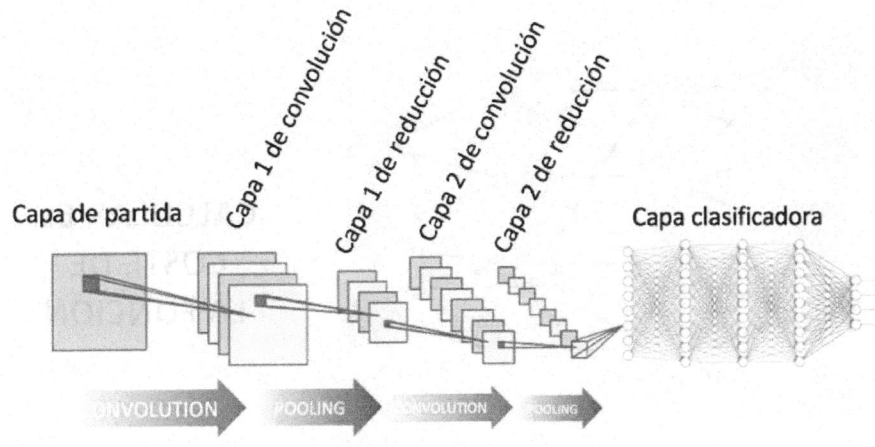

Figura 7.8. Modelo de red neuronal convolucional

La principal diferencia de la red neuronal convolucional con el perceptrón multicapa viene en que cada neurona no se une con todas y cada una de las capas siguientes sino que solo con un subgrupo de ellas (se especializa), con esto se consigue reducir el número de neuronas necesarias y la complejidad computacional necesaria para su ejecución.

7.6 REDES NEURONALES CON TENSOR FLOW

Una red neuronal se trata de un conjunto de neuronas con varias capas ocultas y conectadas entre sí todas para conseguir un resultado. El número de neuronas de entrada se corresponde con la cantidad de características del conjunto de datos, y el número de neuronas de salida se corresponderá con las distintas clases que tiene el problema.

Las redes neuronales artificiales aportan la posibilidad de combinar de manera múltiple funciones discriminantes lineales con funciones de activación no lineales, La función de activación f() puede ser una simple transformación lineal, la sigmoide o la tangente hiperbólica. Se pueden utilizar otras funciones de activación, pero es importante que cumplan que su derivada sea fácilmente calculable. Los pesos wji se estiman mediante el algoritmo de descenso por gradiente, error backpropagation, cuya estrategia es propagar el error hacia atrás.

7.6.1 ALGORITMO DE BACKPROPAGATION

En redes neuronales se busca ajustar los pesos de cada neurona de tal manera que se minimice el error. El algoritmo de backpropagation nos indica cuánto peso tiene cada neurona del error global cometido. La forma en cómo se calcula el peso que tiene cada neurona en el error es lo que da sentido al nombre de backpropagation, ya que primeramente calcula el peso del error de cada neurona de la última capa y lo va propagando hacia atrás para ver cuánto peso tienen el resto. Se podría decir que pondera el reparto del error para cada una de las neuronas de la red.

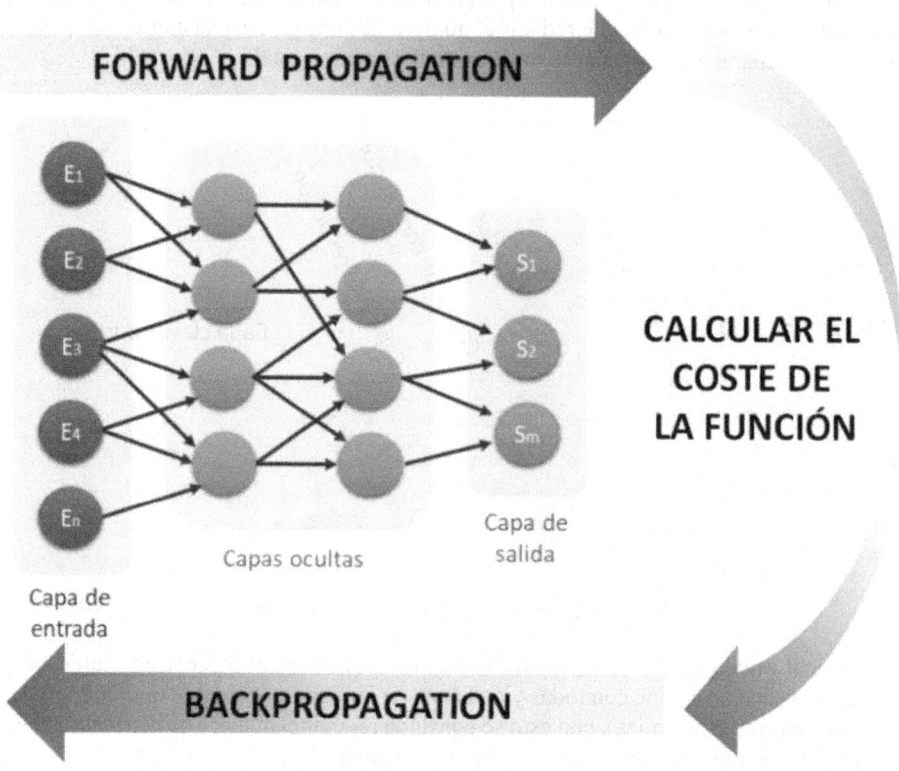

Figura 7.9. Algoritmo de backpropagation

La principal virtud de backpropagation es que permite calcular el error respecto de cada neurona de las capas ocultas y estimar así en qué medida actualizar cada peso. Los pesos deben inicializarse a valores muy pequeños de manera aleatoria, Al igual que para las regresión lineal, se puede redefinir la función de error para incluir un término proporcional al cuadrado de los pesos w con objeto de evitar que los pesos tomen valores excesivamente altos. Es aconsejable que cada componente de los vectores de entrada tenga media cero y varianza uno.

7.6.2 PLAYGROUND TENSOR FLOW

Tensor Flow es una librería que actúa en forma de interfaz que se utiliza actualmente para la investigación en algoritmos de aprendizaje automático. Se trata de un framework de desarrollo de redes neuronales que ofrece la posibilidad de entrenar grandes conjuntos de dataset utilizando técnicas de **aprendizaje profundo (deep learning),** que consiste básicamente en realizar predicciones sobre datos de entrada utilizando diferentes capas de neuronas donde la salida de una capa pasa a la entrada de la siguiente y que sea la máquina que según su algoritmo defina sus funciones internas para encontrar una relación con los datos suministrados y esto lo hace con redes neuronales.

En el siguiente ejemplo aplicamos redes neuronales a diferentes problemas de clasificación entre dos clases, a través de un **playground** de tensorflow *http://playground.tensorflow.org*

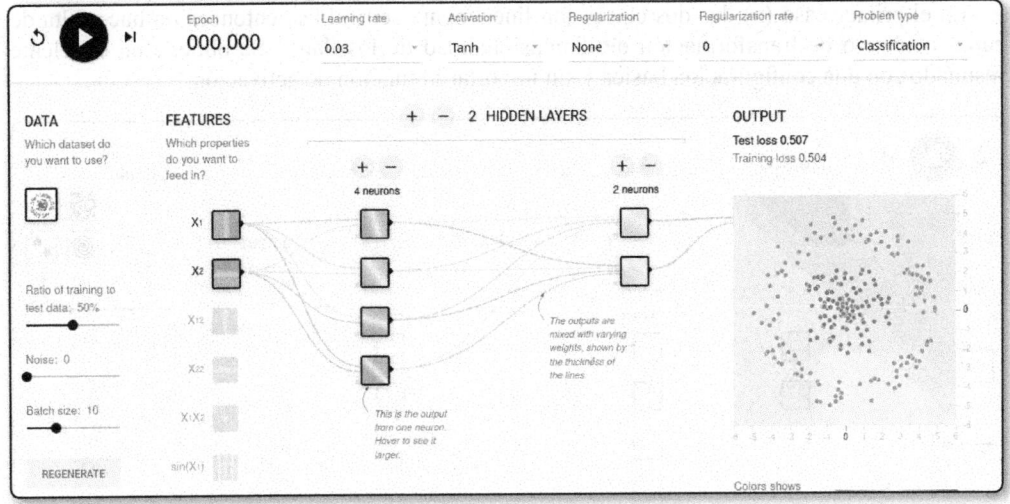

Figura 7.10. Interfaz de playground tensor flow

Los diferentes dataset se muestran en la siguiente imagen:

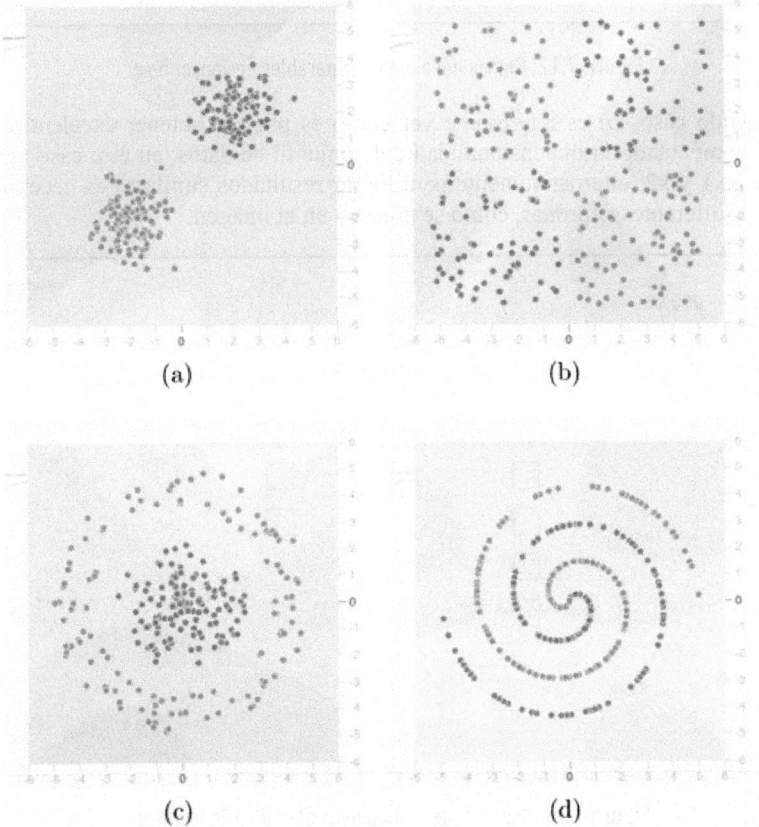

(a)   (b)

(c)   (d)

Figura 7.11. Datasets de ejemplo en playground tensor flow

En el primer caso (a), las dos clases son linealmente separables, entonces no hace falta de capas ocultas o de transformación de dimensionalidad de los datos, Se obtiene un excelente resultado con una configuración básica y sin importar la función de activación.

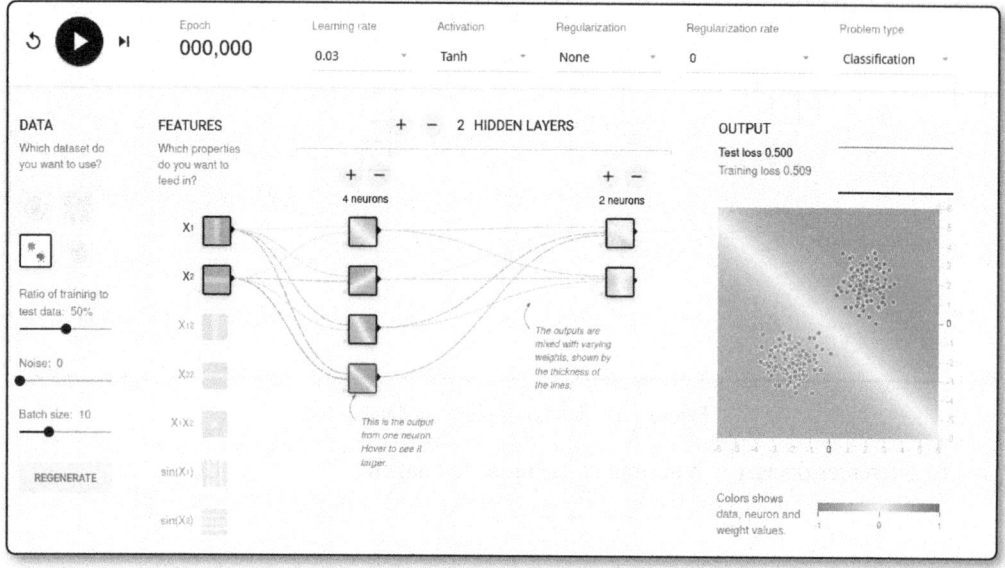

Figura 7.12. Clases linealmente separables en Tensor flow

En el segundo caso (b) es interesante ver cómo es posible obtener excelentes resultados simplemente aumentando la dimensionalidad del conjunto de datos, en este caso agregando el producto entre x1 y x2, alternativamente para lograr resultados similares es necesario colocar capas ocultas y diferentes neuronas, como se muestra en la imagen.

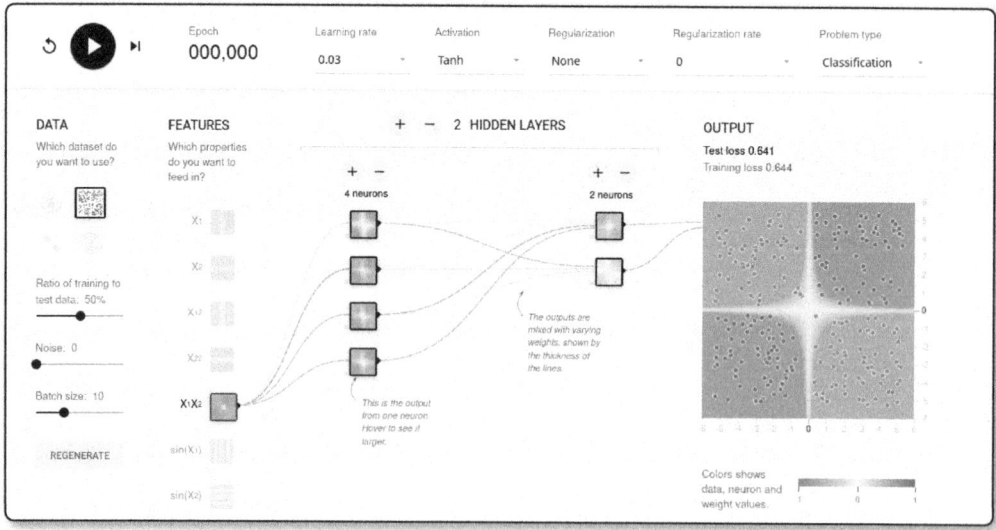

Figura 7.13. Aumento de la dimensionalidad en Tensor flow

En el caso de la figura (c), es necesaria una transformación en los datos iniciales y la presencia de una capa oculta con **función de activación ReLu** para obtener buenos resultados, además, los resultados mejoran ligeramente si se utilizan más neuronas en la capa oculta.

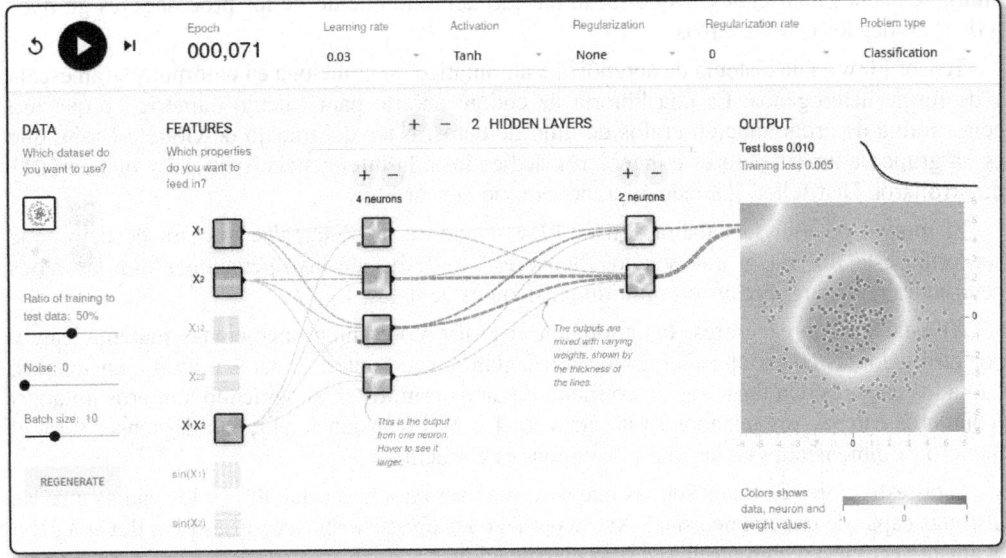

Figura 7.14. Uso de la función de activación ReLu en Tensor flow

En el caso de la figura (d), que es la más complicada de las que se muestran, es necesario usar dos capas ocultas con un número elevado de neuronas en cada capa para obtener un buen resultado, además el resultado mejora si se usa una función on de activación tangente y regularización L2.

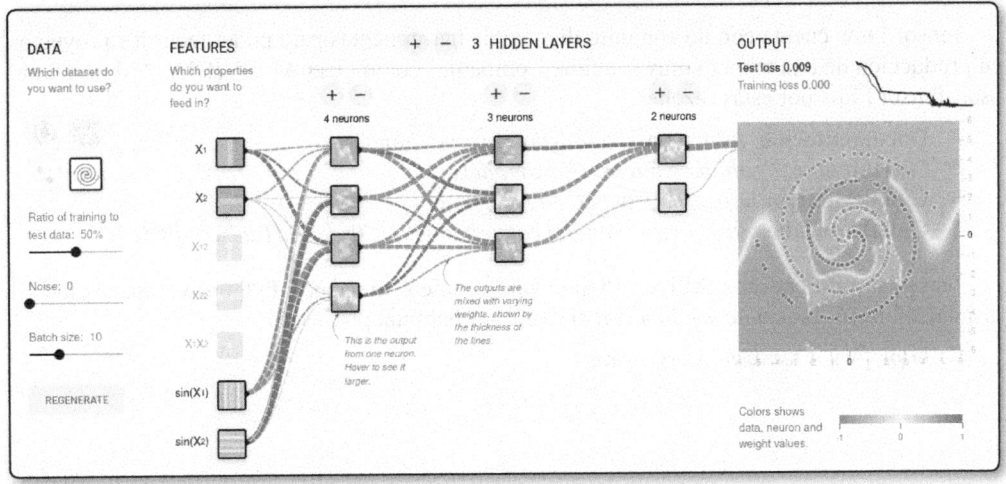

Figura 7.15. Uso de capas ocultas en Tensor flow

7.6.3 INTRODUCCIÓN A TENSOR FLOW

Un de las principales librerías que se usan para construir redes neuronales es la de **Tensor Flow** *https://www.tensorflow.org*, ya que está enfocada en el uso de este tipo de operaciones, multiplicaciones matriciales, y que sacan partido del rendimiento de los procesadores gráficos (GPU) enfocados en esas tareas.

Tensor Flow es un sistema de aprendizaje automático que funciona en entornos a gran escala y de forma heterogénea. Es una librería de código abierto para cálculo numérico y que usa como forma de programación grafos de flujo de datos. Nace del trabajo de Google Brain, que es un grupo de investigadores e ingenieros dedicados a la Inteligencia Artificial y que en 2011 desarrollaron DistBelief, llamado el predecesor de Tensor Flow.

El motivo de usar la palabra Tensor Flow viene de la principal estructura de datos que conforma esta librería, y que son los "tensores", y deriva de las operaciones que las redes neuronales realizan sobre arrays multidimensionales de datos.

Al estar basado en grafos, los nodos en el grafo representan operaciones matemáticas, y por otro lado, las conexiones del grafo representan los conjuntos de datos multidimensionales, llamados tensores. Un tensor es un conjunto de datos primitivos, suponiendo números flotantes o números enteros, organizados en un array de 1 o N dimensiones, el rango del tensor sería el número de dimensiones en las que se compone la estructura.

Estas estructuras de datos son las que se van a usar para hacer que fluyan los datos entre las distintas capas de una red neuronal. Así se realizan las operaciones necesarias para llevar a cabo el ajuste necesario y entrenar la red para clasificación.

A la hora de desarrollar un modelo de aprendizaje neuronal, contamos con una plataforma desarrollada por Google llamada Tensor Flow, la cual es de uso libre desde el 2015 y tiene un enfoque que facilita el desarrollo y mantenimiento de los modelos, aún cuando requiere algunos conocimientos de álgebra lineal. En el siguiente repositorio de **GitHub** podemos encontrar el código fuente del proyecto:

▶ *https://github.com/tensorflow/tensorflow*

Tensor Flow cuenta con un conjunto diverso de herramientas para poder tener los proyectos en producción de una manera muy sencilla. Compañías como OpenAI, NVIDIA, Airbnb e Intel usan Tensor Flow por estas razones.

▶ **Documentación**: *https://www.tensorflow.org/api_docs*
▶ **GitHub** *https://github.com/tensorflow/models*
▶ **Canal Medium** *https://medium.com/tensorflow*
▶ **Canal Youtube** *https://www.youtube.com/channel/UC0rqucBdTuFTjJiefW5t-IQ*

Tensor Flow tiene una API en Python que requiere al menos Python 3.5 instalado. Su instalación resulta bastante sencilla con el comando habitual pip install.

▶ *https://www.tensorflow.org/install*

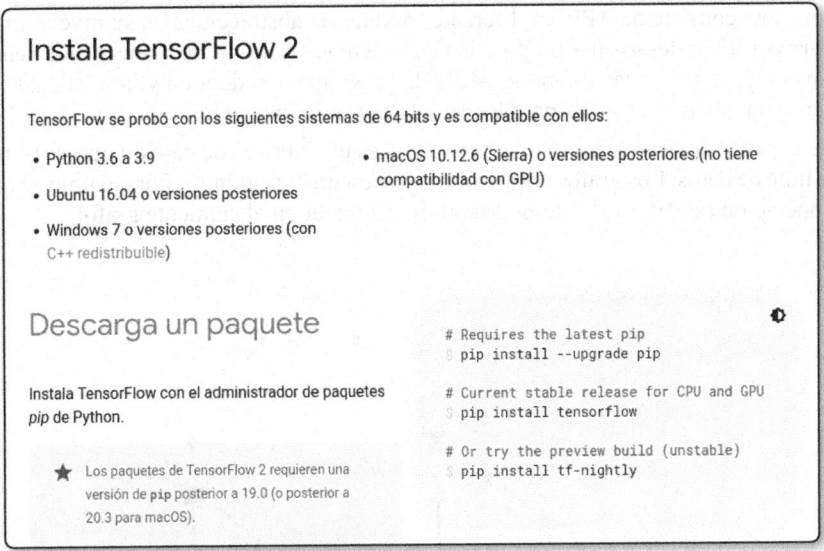

Figura 7.16. Instalación de Tensor flow

A continuación, vemos la importación del módulo de tensor flow junto con la versión instalada:

```
import tensorflow as tf
print(tf.__version__)
```

Su arquitectura flexible le permite implementar la computación a una o más CPUs o GPUs en un servidor o dispositivo móvil a través de una API. La mayoría de los cálculos de aprendizaje realizados en la primera capa están codificados en C ++. Para ejecutar operaciones en la GPU, Tensor Flow usa una biblioteca desarrollada por NVIDIA llamada CUDA, por lo cual necesitamos tener instalado CUDA. La segunda capa pertenece a Python, el cual llama a un método Python de Tensor Flow el cual invoca código C++. La tercera capa está constituida por el API de Estimator el cual contiene varias funciones y componentes que permiten construir un modelo de aprendizaje automático.

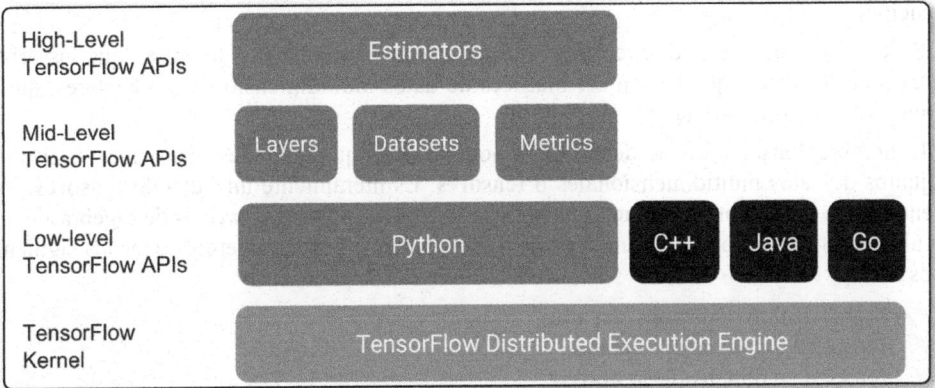

Figura 7.17. APIs de Tensor flow

Tensor Flow consiste de APIs en diferentes niveles de abstracción. En su nivel más alto, los **Estimators** permiten desarrollar un pipeline de Machine Learning de manera muy sencilla. En el nivel más bajo tenemos las diferentes APIs de programación donde Python, el cual es el más usado, pero también existen APIs para los lenguajes C++, Java y Go.

Desde el punto de vista operativo, Tensor Flow es una librería de cálculo numérico mediante grafos de flujo de datos. Los grafos nos permiten representar programas. Por ejemplo, si queremos hacer la operación $(x^2)*y + y + 2$ lo podríamos representar en el siguiente grafo:

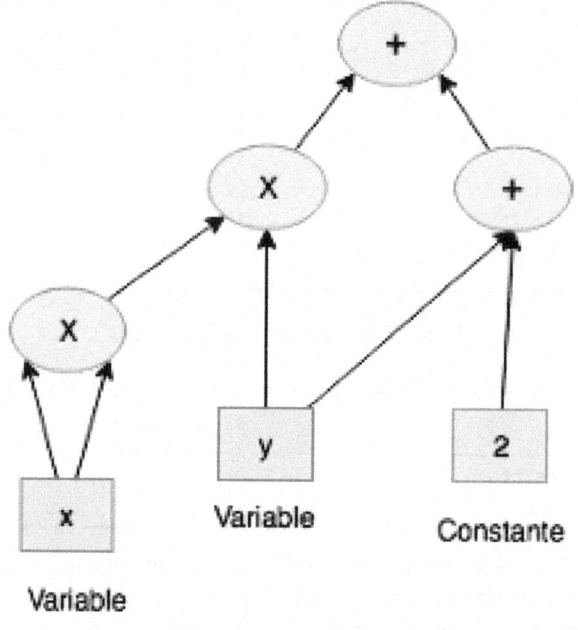

Figura 7.18. Flujo de operaciones de Tensor flow

Podemos utilizar este framework para hacer cálculos numéricos que se realizan con gráficos de flujo de datos. En la parte de abajo están las entradas, las cuales, en este caso, son dos variables (x,y) y una constante (2). Los nodos del grafo representan operaciones (suma y multiplicación). Lo importante es entender cómo Tensor Flow separa la definición de sus operaciones de la ejecución.

En estos grafos, los nodos representan operaciones matemáticas, mientras que las aristas representan los datos, que suelen ser matrices de datos multidimensionales o tensores, que se comunican entre estas aristas.

El nombre Tensor Flow se deriva de las operaciones que las redes neuronales realizan en conjuntos de datos multidimensionales o **tensores**. Es literalmente un **flujo de tensores.** Para entender bien los tensores, es bueno tener algunos conocimientos prácticos de álgebra lineal y cálculo vectorial. Un tensor es un array de n dimensiones, donde podemos tener los siguientes casos::

- Tensor de 0 dimensiones: **escalar.**
- Tensor de 1 dimensión: **vector.**
- Tensor de n dimensiones: **matriz.**

Con el comando **help(tensorflow)** podemos consultar la ayuda desde el intérprete de python:

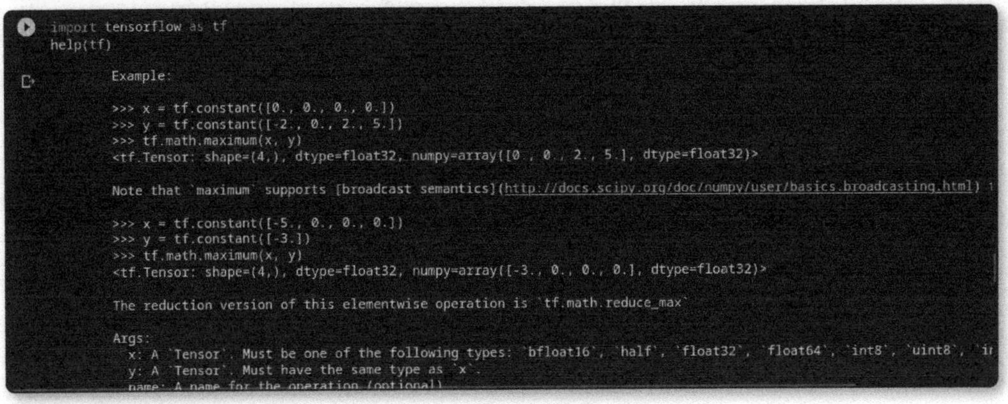

Figura 7.19. Ayuda de Tensor flow

7.6.4 FUNCIONAMIENTO DE TENSOR FLOW

Tensor Flow usa grafos de flujo de datos para representar la computación, en un estado compartido, y las operaciones que cambian dicho estado. De lo que se encarga es de mapear los nodos de un flujo de datos a través de muchos equipos que están en clúster y dentro de muchos dispositivos para realizar computación, aquí se pueden incluir CPU con multicores, unidades dedicadas exclusivamente a GPU para procesamiento gráfico e incluso dispositivos modificados exclusivamente para funcionar con Tensor Flow conocidos como Tensor Processing Units (TPUs).

Tensor Flow se encarga de proporcionar esto al programador a través del lenguaje de programación Python. Al fin y al cabo los nodos y los tensores son objetos de Python, y por otro lado, las aplicaciones de Tensor Flow son en sí las mismas aplicaciones de Python. Sin embargo, las operaciones matemáticas que requieren estos procesamientos no se realizan en Python. Las bibliotecas a las que se referencian para realizar dichas operaciones matemáticas están escritas en lenguaje C++ de alto rendimiento. Python solo se encarga de dirigir el tráfico entre las distintas piezas y lo que hace es proporcionar la abstracción de programación de alto nivel necesaria para conectarlas.

Tensor Flow se encarga de usar eficientemente gran cantidad de servidores con habilitación para usar GPUs para un entrenamiento rápido, y se encarga de ejecutar modelos ya entrenados y ajustados para que se ejecuten en gran cantidad de servidores. Los nodos en el grafo los llama "ops", el cual puede tomar cero o más tensores y que desempeña una operación computacional que da lugar a cero o más tensores.

Las aplicaciones que Tensor Flow permite son varias y es que se puede ejecutar en la mayoría de destinos que necesitemos conveniente, ya sea una máquina local, un clúster en la nube, un dispositivo con iOS o Android e incluso cualquier CPU o GPU. Los modelos resultantes que creemos podremos guardarlos y ser importados en cualquier dispositivo donde se usarán para realizar predicciones.

El beneficio que ofrece para el aprendizaje automático es la posibilidad de abstracción. En vez de tener que llevar a cabo la implementación de los algoritmos o saber cómo debe conectar el flujo de los datos de una función a otra, simplemente tiene que centrarse en la lógica de la aplicación.

Cuando trabajamos con Tensor Flow contamos con diferentes tipos de datos con los cuales podemos trabajar, pero para poder hacerlo debemos definir un "Tensor" que es un bloque de datos. Veamos a continuación cómo podemos definir los tipos de datos más habituales, asumiendo que hemos importado la librería y llamado a la misma como tf. Para definir una constante utilizamos **tf.constant()** con los siguientes parámetros:

- ▶ El valor a considerar constante.
- ▶ El tipo de dato.
- ▶ Un nombre.

```
constante1 = tf.constant([1,2,3], dtype=tf.float32, name='primera_constante')
```

La anterior instrucción crea en Tensor Flow una constante con la siguiente forma:

```
tf.Tensor([1. 2. 3.], shape=(3,), dtype=float32)

Tensor("primera_constante:0", shape=(3,), dtype=float32)
```

Para definir una variable utilizamos **tf.variable()** utilizando los mismos parámetros de la siguiente forma:

```
variable1=tf.Variable([1,2,3], dtype=tf.float32, name='primera_variable')
```

Lo cual crea en TensorFlow una variable con la siguiente forma:

```
<tf.Variable 'primera_variable:0' shape=(3,) dtype=float32, numpy=array([1., 2.,
3.], dtype=float32)>
```

Los placeholders son variables que inicialmente se encuentran vacías a las cuales vamos a ir añadiendo datos a medida que el código se vaya ejecutando. Se definen como con **tf.placeholder()** de la siguiente manera:

```
tf.compat.v1.disable_eager_execution()
placeholder1=tf.compat.v1.placeholder(tf.float32, name='primer_placeholder')
print(placeholder1)
```

Lo cual crea en Tensor Flow el siguiente objeto Tensor:

```
Tensor("primer_placeholder:0", dtype=float32)
```

Podemos también partir de un array de numpy para definir un tensor unidimensional. Para ello convertimos el array en un tensor de Tensor Flow mediante el método especificando el array y el tipo de datos.

array_tensor_flow.py

```
import numpy as np
import tensorflow as tf

array = np.array([1, 2, 3, 4, 5])
print(array)
```

```
print (array.ndim)
print (array.shape)
print (array.dtype)

tensor = tf.convert_to_tensor(array,tf.int32)
print(tensor)
```

Ejecución:

```
[1 2 3 4 5]
1
(5,)
int64
Tensor("Const:0", shape=(5,), dtype=int32)
```

De igual forma que trabajamos con matrices unidimensionales podemos trabajar con matrices bidimensionales y tridimensionales. Como ejemplo veamos el siguiente caso de una matriz bidimensional:

array_multidimensional_tensor_flow.py

```
array= np.array([[(1, 2, 3, 4, 5),(6, 7, 8, 9, 10), (11, 12, 13, 14, 15)]])
print(array)
print (array.ndim)
print (array.shape)
print (array.dtype)
tensor = tf.convert_to_tensor(array,tf.int32)
print(tensor)
```

Ejecución:

```
[[ 1  2  3  4  5]
 [ 6  7  8  9 10]
 [11 12 13 14 15]]
2
(3, 5)
int64
Tensor("Const_1:0", shape=(3, 5), dtype=int32)
```

Hasta aquí hemos analizado los tipos de datos en Tensor Flow, sin embargo aún no podemos trabajar con los mismos ya que no han sido inicializados, solo hemos declarado el tipo de Tensor. Para inicializar los datos podemos ejecutar el comando **tf.global_variables_initializer()** y luego crear una sesión mediante **tf.Session()** Una vez creada la sesión, ejecutamos la inicialización de datos mediante el método **run()**.

```
tf.compat.v1.disable_eager_execution()
init = tf.compat.v1.global_variables_initializer()
session=tf.compat.v1.Session()
session.run(init)
print(session.run(tensor))
```

7.7 USO DE LA LIBRERÍA KERAS EN DEEP LEARNING

Para implementar una red neuronal en Tensor Flow se va a utilizar la librería para aprendizaje profundo (deep learning) Keras. Esta librería es una API para redes neuronales y que permite ejecutarse en varias herramientas de aprendizaje automático, una de ellas es Tensor Flow, que es nuestro objetivo. Como principales características podemos destacar:

▼ **Facilidad de uso:** está pensado para que su uso sea lo más sencillo posible, con el mínimo de acciones requeridas por el usuario y con una API simple y consistente.

▼ **Fácilmente extensible:** se pueden añadir nuevos módulos como funciones y clases que nos permite acceder a más ejemplos de modelos.

▼ **Funciona con Python:** ésta es una característica principal ya que el trabajo se centra en el uso de las distintas librerías basadas en este lenguaje de programación.

Tensor Flow implementa keras según la especificación de la API de Keras mediante la importación del paquete **tf.keras**, haciendo que Tensor Flow sea más fácil de usar sin sacrificar la flexibilidad y el rendimiento. Podemos ver un ejemplo de utilización de Tensor Flow con Keras, como un ejemplo de clasificación binaria, en donde se utilizará un conjunto de datos de 50.000 reseñas de películas de la base de datos de IMDB. De los datos se utilizarán 25.000 revisiones para datos de entrenamiento y 25.000 para datos de pruebas.

```
from __future__ import absolute_import, division, print_function, unicode_literals
import tensorflow as tf
from tensorflow import keras
import numpy as np
```

Descargamos el conjunto de datos de IMDB, el cual viene junto con Tensor Flow. Estos datos ya se encuentran procesados de tal manera que las secuencias de palabras se han convertido en secuencias de enteros, donde cada entero representa una palabra específica en un diccionario. El parámetro **num_words = 10000** indica que se carguen las 10.000 palabras que aparecen con mayor frecuencia en los datos de entrenamiento.

```
imdb = keras.datasets.imdb
(train_data, train_labels), (test_data, test_labels) =
imdb.load_data(num_words=10000)
```

El conjunto de datos viene procesado de forma tal que cada que cada ejemplo es una matriz de enteros que representan las palabras de la reseña de la película. Cada etiqueta es un valor entero de 0 o 1, donde 0 es una revisión negativa y 1 es una revisión positiva.

```
print("Entradas de entrenamiento: {}, etiquetas: {}". format(len (train_data), len
(train_labels)))
```

Ejecución:

```
Downloading data from https://storage.googleapis.com/tensorflow/tf-keras-datasets/
imdb.npz
17465344/17464789 [==============================] - 0s 0us/step
17473536/17464789 [==============================] - 0s 0us/step
Entradas de entrenamiento: 25000, etiquetas: 25000
```

El texto de las revisiones se ha convertido en enteros, donde cada entero representa una palabra específica en un diccionario. Así es como se ve la primera revisión:

```
print(train_data[0])

[1, 14, 22, 16, 43, 530, 973, 1622, 1385, 65, 458, 44
100, 43, 838, 112, 50, 670, 2, 9, 35, 480, 284, 5, 150, 4, 172, 112, 167, 2, 336,
385, 39, 4,
172, 4536, 1111, 17, 546, 38, 13, 447, 4, 192, 50, 16, 6, 147, 2025, 19, 14, 22, 4,
1920,
4613, 469, 4, 22, 71, 87, 12, 16,
626, 18, 2, 5, 62, 386, 12, 8, 316, 8, 106, 5, 4, 2223, 5244, 16, 480, 66, 3785,
33, 4, 130,
12, 16, 38, 619, 5, 25, 124, 51, 36, 135, 48, 25, 1415, 33, 6, 22, 12, 215, 28, 77,
52, 5, 14,
407, 16, 82, 2, 8, 4, 107, 117, 5952, 15, 256, 4, 2, 7, 3766, 5, 723, 36, 71, 43,
530, 476,
26, 400, 317, 46, 7, 4, 2, 1029, 13, 104, 88, 4, 381, 15, 297, 98, 32, 2071, 56,
26, 141, 6,
194, 7486, 18, 4, 226, 22, 21, 134, 476, 26, 480, 5, 144, 30, 5535, 18, 51, 36,
25, 104, 4, 226, 65, 16, 38, 1334, 88, 12, 16, 283, 5, 16, 4472, 113, 103, 32, 15,
16, 5345,
19, 178, 32]
```

Las reseñas de películas pueden tener diferentes tamaños, en el siguiente código se muestra el número de palabras en la primera y segunda revisión. Dado que las entradas de una red neuronal deben tener la misma longitud, tendremos que resolver esto más adelante.

```
len(train_data[0]), len(train_data[1])
  (218, 189)
```

También nos podría interesar convertir los enteros de nuevo a palabras, podemos convertir el número que representa la misma de la siguiente manera:

```
# Un diccionario que mapea palabras a un índice entero
word_index = imdb.get_word_index()
# Los primeros índices están reservados
word_index = {k:(v+3) for k,v in word_index.items()}
word_index["<PAD>"] = 0
word_index["<START>"] = 1
word_index["<UNK>"] = 2 # unknown
word_index["<UNUSED>"] = 3
reverse_word_index = dict([(value, key) for (key, value) in word_index.items()])

def decode_review(text):
    return ' '.join([reverse_word_index.get(i, '?') for i in text])
```

Ahora ya podemos usar la función **decode_review()** para mostrar el texto de la primera revisión realizada:

```
decode_review(train_data[0])

"<START> this film was just brilliant casting location scenery story
direction everyone's really suited the part they played and you could just
```

```
imagine being there robert <UNK>
director <UNK> father came from the same scottish island as myself so i
loved the fact there was a real connection with this film the witty remarks
throughout the film were great it was just brilliant so much tha
the film as soon as it was released for <UNK> and would recommend it to
everyone to watch and the fly fishing was amazing really cried at the end
it was so sad and you know what they say if you cry at a film it must have
been good and this definitely was also <UNK> to the two little boy's that
played the <UNK> of norman and paul they were just brilliant children are
often left out of the <UNK> list i think because the stars that play them
all grown up are such a big profile for the whole film but
are amazing and should be praised for what they have done don't you think
the whole story was so lovely because it was true and was someone's life
after all that was shared with us all"
```

Las matrices de enteros que corresponden a las revisiones, deben convertirse en tensores antes de que podamos alimentar con ellos la red neuronal, esta conversión se puede realizar de diferentes maneras, una de ellas es rellenar los arreglos para que todos tengan la misma longitud.

Podríamos usar una capa de preprocesamiento que permita manejar esta primera capa de nuestra red neuronal. Dado que las revisiones de películas deben tener la misma duración, utilizaremos la función **pad_sequences()** que se encuentra en el paquete **keras.preprocessing. sequence** para estandarizar las longitudes de esas revisiones.

```
train_data = keras.preprocessing.sequence.pad_sequences(train_data,
value=word_index["<PAD>"],
padding='post',
maxlen=256)

test_data = keras.preprocessing.sequence.pad_sequences(test_data,
value=word_index["<PAD>"],
padding='post',
maxlen=256)
```

Para construir el modelo con Keras, podríamos utilizar un modelo de tipo secuencial, en el cual Keras nos permite ensamblar diferentes capas para formar el modelo, entendiendo de esta forma a nuestro modelo como una pila de capas. Este tipo de modelo lo podemos crear a partir de **tf.keras.Sequential.** En este punto tendríamos que tomar dos decisiones arquitectónicas básicas:

▶ ¿Cuántas capas hay que usar en el modelo?

▶ ¿Cuántas unidades ocultas habría que usar para cada capa?

En este ejemplo, los datos de entrada consisten en una matriz de índices de palabras. Las etiquetas para predecir son 0 o 1. Las capas se apilan secuencialmente para construir el clasificador, en este caso construimos 4 capas de neuronas con Keras:

▶ La primera capa de entrada es la **capa de embedding**.

▶ La segunda capa se trata de una **capa oculta** que devuelve un vector de salida de longitud fija para cada ejemplo promediando la dimensión de la secuencia. Esto permite que el modelo maneje la entrada de longitud variable, de la manera más simple posible.

▶ En la tercera capa, el vector de salida de la etapa anterior se pasa a través de una capa totalmente conectada (Densa) (Intermedia) con 16 unidades ocultas y uso de la **función de activación relu**.

▼ La última capa de salida está conectada de forma densa con un nodo de salida. Usando la función de activación **sigmoide**, este es un valor entre 0 y 1 y representa una probabilidad o nivel de confianza.

```
vocabulary_size = 10000
model = keras.Sequential()
model.add(keras.layers.Embedding(vocabulary_size, 16))
model.add(keras.layers.GlobalAveragePooling1D())
model.add(keras.layers.Dense(16, activation=tf.nn.relu))
model.add(keras.layers.Dense(1, activation=tf.nn.sigmoid))
model.summary()
```

En la siguiente imagen vemos un resumen de la ejecución del modelo anterior:

```
Model: "sequential"
_____
Layer (type)                 Output Shape              Param #
=================================================================
embedding (Embedding)        (None, None, 16)          160000

global_average_pooling1d (G  (None, 16)                0
lobalAveragePooling1D)

dense (Dense)                (None, 16)                272

dense_1 (Dense)              (None, 1)                 17

=================================================================
Total params: 160,289
Trainable params: 160,289
Non-trainable params: 0
```

Figura 7.20. Ejecución del modelo de neuronas en Keras

Hay muchos tipos de capas diferentes disponibles mediante **tf.keras.layers** los cuales contienen varios parámetros comunes. Por ejemplo:

▼ **activation:** es el parámetro que establece la función de activación de la capa. Este parámetro se especifica mediante el nombre de una función incorporada o como un objeto que se puede llamar. Si no se utiliza, no se aplica ninguna activación por defecto.

▼ **kernel_initializer y bias_initializer**: esquemas de inicialización que crean los pesos de la capa (kernel y bias).

▼ **kernel_regularizer y bias_regularizer**: esquemas de regularización que aplican los pesos de la capa (kernel y bias), como la regularización L1 o L2. Por defecto no se aplica ninguna regularización.

Un modelo necesita una función de pérdida y un optimizador para la fase de entrenamiento. Como estamos ante un problema de clasificación binaria y el modelo genera una probabilidad (una capa de una sola unidad con una activación sigmoide), podríamos usar la función de pérdida **binary_crossentropy**.

```
model.compile(optimizer='adam', loss='binary_crossentropy', metrics=['acc'])
```

Creamos un conjunto de validación al separar 10.000 ejemplos de los datos de entrenamiento originales.

```
x_val = train_data[:10000]
partial_x_train = train_data[10000:]
y_val = train_labels[:10000]
partial_y_train = train_labels[10000:]
```

Entrenamos el modelo para 40 iteraciones sobre todas las muestras en los tensores **x_train** y **y_train**, supervisando la pérdida y precisión del modelo con las 10,000 muestras del conjunto de validación:

```
history = model.fit(partial_x_train,
partial_y_train,
epochs=40,
batch_size=512,
validation_data=(x_val, y_val),
verbose=1)
```

tf.keras.model.fit() es una función que acepta diferentes parámetros entre los que podemos destacar:

1. **Epochs:** Se trata de un parámetro a definir al entrenar nuestro modelo. Representa el **número de iteraciones** sobre todos los datos de entrada (esto se hace en lotes más pequeños).

2. **batch_size:** cuando se pasan los datos, el modelo divide los datos en lotes más pequeños y va iterando sobre estos lotes durante el proceso de entrenamiento. Este número indica el tamaño de cada lote. Hay que tener en cuenta que el último lote puede ser más pequeño si el número total de muestras no es divisible por el tamaño del lote.

3. **validation_data:** Al crear un prototipo de un modelo, es deseable validar su rendimiento con algunos datos de validación.

La siguiente ejecución del modelo nos retorna dos valores:

▼ Función de pérdida (un número que representa nuestro error, de forma que los valores más bajos son mejores)

▼ La precisión.

```
resultados = model.evaluate(test_data, test_labels)
print(resultados)
```

Con este enfoque vemos cómo obtenemos un valor de accuracy(acc) del 0.87 lo que indica una precisión del 87%. Con parámetros más avanzados el modelo podría acercarse al 95%.

```
Epoch 1/40
30/30 [==============================] - 2s 37ms/step - loss: 0.6918 - acc: 0.5557
- val_loss: 0.6896 - val_acc: 0.6664
Epoch 2/40
30/30 [==============================] - 1s 29ms/step - loss: 0.6853 - acc: 0.6468
- val_loss: 0.6802 - val_acc: 0.7284
Epoch 3/40
30/30 [==============================] - 1s 28ms/step - loss: 0.6695 - acc: 0.7579
- val_loss: 0.6596 - val_acc: 0.7509
Epoch 4/40
```

```
30/30 [==============================] - 1s 28ms/step - loss: 0.6417 - acc: 0.7781
- val_loss: 0.6285 - val_acc: 0.7713
Epoch 5/40
30/30 [==============================] - 1s 27ms/step - loss: 0.6025 - acc: 0.7942
- val_loss: 0.5881 - val_acc: 0.7887
Epoch 6/40
30/30 [==============================] - 1s 30ms/step - loss: 0.5551 - acc: 0.8139
- val_loss: 0.5438 - val_acc: 0.7976
Epoch 7/40
30/30 [==============================] - 1s 29ms/step - loss: 0.5051 - acc: 0.8353
- val_loss: 0.4981 - val_acc: 0.8227
Epoch 8/40
30/30 [==============================] - 1s 30ms/step - loss: 0.4565 - acc: 0.8501
- val_loss: 0.4580 - val_acc: 0.8382
Epoch 9/40
30/30 [==============================] - 1s 29ms/step - loss: 0.4135 - acc: 0.8673
- val_loss: 0.4225 - val_acc: 0.8490
Epoch 10/40
30/30 [==============================] - 1s 30ms/step - loss: 0.3763 - acc: 0.8781
- val_loss: 0.3938 - val_acc: 0.8559
Epoch 11/40
30/30 [==============================] - 1s 27ms/step - loss: 0.3455 - acc: 0.8866
- val_loss: 0.3711 - val_acc: 0.8624
Epoch 12/40
30/30 [==============================] - 1s 28ms/step - loss: 0.3197 - acc: 0.8935
- val_loss: 0.3532 - val_acc: 0.8670
Epoch 13/40
30/30 [==============================] - 1s 28ms/step - loss: 0.2977 - acc: 0.8987
- val_loss: 0.3392 - val_acc: 0.8703
Epoch 14/40
30/30 [==============================] - 1s 30ms/step - loss: 0.2789 - acc: 0.9049
- val_loss: 0.3273 - val_acc: 0.8740
Epoch 15/40
30/30 [==============================] - 1s 29ms/step - loss: 0.2621 - acc: 0.9107
- val_loss: 0.3176 - val_acc: 0.8761
Epoch 16/40
30/30 [==============================] - 1s 30ms/step - loss: 0.2472 - acc: 0.9156
- val_loss: 0.3103 - val_acc: 0.8787
Epoch 17/40
30/30 [==============================] - 1s 25ms/step - loss: 0.2341 - acc: 0.9198
- val_loss: 0.3039 - val_acc: 0.8815
Epoch 18/40
30/30 [==============================] - 1s 21ms/step - loss: 0.2220 - acc: 0.9240
- val_loss: 0.2997 - val_acc: 0.8801
Epoch 19/40
30/30 [==============================] - 1s 20ms/step - loss: 0.2115 - acc: 0.9273
- val_loss: 0.2956 - val_acc: 0.8822
Epoch 20/40
30/30 [==============================] - 1s 19ms/step - loss: 0.2009 - acc: 0.9309
- val_loss: 0.2917 - val_acc: 0.8847
Epoch 21/40
30/30 [==============================] - 1s 20ms/step - loss: 0.1914 - acc: 0.9353
- val_loss: 0.2897 - val_acc: 0.8841
Epoch 22/40
30/30 [==============================] - 1s 19ms/step - loss: 0.1830 - acc: 0.9394
- val_loss: 0.2875 - val_acc: 0.8849
Epoch 23/40
```

```
30/30 [==============================] - 1s 20ms/step - loss: 0.1746 - acc: 0.9435
- val_loss: 0.2873 - val_acc: 0.8840
Epoch 24/40
30/30 [==============================] - 1s 21ms/step - loss: 0.1677 - acc: 0.9455
- val_loss: 0.2853 - val_acc: 0.8856
Epoch 25/40
30/30 [==============================] - 1s 20ms/step - loss: 0.1596 - acc: 0.9498
- val_loss: 0.2852 - val_acc: 0.8862
Epoch 26/40
30/30 [==============================] - 1s 20ms/step - loss: 0.1527 - acc: 0.9529
- val_loss: 0.2853 - val_acc: 0.8854
Epoch 27/40
30/30 [==============================] - 1s 20ms/step - loss: 0.1464 - acc: 0.9553
- val_loss: 0.2875 - val_acc: 0.8850
Epoch 28/40
30/30 [==============================] - 1s 21ms/step - loss: 0.1408 - acc: 0.9567
- val_loss: 0.2867 - val_acc: 0.8852
Epoch 29/40
30/30 [==============================] - 1s 20ms/step - loss: 0.1343 - acc: 0.9603
- val_loss: 0.2878 - val_acc: 0.8859
Epoch 30/40
30/30 [==============================] - 1s 20ms/step - loss: 0.1289 - acc: 0.9629
- val_loss: 0.2897 - val_acc: 0.8863
Epoch 31/40
30/30 [==============================] - 1s 22ms/step - loss: 0.1237 - acc: 0.9644
- val_loss: 0.2922 - val_acc: 0.8840
Epoch 32/40
30/30 [==============================] - 1s 20ms/step - loss: 0.1190 - acc: 0.9667
- val_loss: 0.2957 - val_acc: 0.8833
Epoch 33/40
30/30 [==============================] - 1s 20ms/step - loss: 0.1145 - acc: 0.9672
- val_loss: 0.2960 - val_acc: 0.8845
Epoch 34/40
30/30 [==============================] - 1s 20ms/step - loss: 0.1096 - acc: 0.9698
- val_loss: 0.2983 - val_acc: 0.8852
Epoch 35/40
30/30 [==============================] - 1s 19ms/step - loss: 0.1059 - acc: 0.9704
- val_loss: 0.3021 - val_acc: 0.8830
Epoch 36/40
30/30 [==============================] - 1s 20ms/step - loss: 0.1012 - acc: 0.9722
- val_loss: 0.3046 - val_acc: 0.8828
Epoch 37/40
30/30 [==============================] - 1s 19ms/step - loss: 0.0976 - acc: 0.9739
- val_loss: 0.3065 - val_acc: 0.8834
Epoch 38/40
30/30 [==============================] - 1s 21ms/step - loss: 0.0934 - acc: 0.9761
- val_loss: 0.3100 - val_acc: 0.8827
Epoch 39/40
30/30 [==============================] - 1s 20ms/step - loss: 0.0897 - acc: 0.9776
- val_loss: 0.3143 - val_acc: 0.8817
Epoch 40/40
30/30 [==============================] - 1s 21ms/step - loss: 0.0861 - acc: 0.9787
- val_loss: 0.3177 - val_acc: 0.8815
782/782 [==============================] - 2s 2ms/step - loss: 0.3392 - acc: 0.8709
```

Como resultado final obtenemos el error obtenido junto con el valor de accuracy o precisión:

```
[0.33919745683670044, 0.8708800077438354]
```

El script completo lo podemos encontrar en el archivo **keras_modelo_imdb_dataset.py:**

```python
from __future__ import absolute_import, division, print_function, unicode_literals
import tensorflow as tf
from tensorflow import keras
import numpy as np
imdb = keras.datasets.imdb

(train_data, train_labels), (test_data, test_labels) = imdb.load_data(num_
words=10000)
print("Entradas de entrenamiento: {}, etiquetas: {}". format(len (train_data), len
(train_labels)))
print(train_data[0])
len(train_data[0]), len(train_data[1])

# Un diccionario que mapea palabras a un índice entero
word_index = imdb.get_word_index()
# Los primeros índices están reservados
word_index = {k:(v+3) for k,v in word_index.items()}
word_index["<PAD>"] = 0
word_index["<START>"] = 1
word_index["<UNK>"] = 2 # unknown
word_index["<UNUSED>"] = 3
reverse_word_index = dict([(value, key) for (key, value) in word_index.items()])

def decode_review(text):
  return ' '.join([reverse_word_index.get(i, '?') for i in text])

decode_review(train_data[0])


train_data = keras.preprocessing.sequence.pad_sequences(train_data, value=word_
index["<PAD>"], padding='post', maxlen=256)

test_data = keras.preprocessing.sequence.pad_sequences(test_data, value=word_
index["<PAD>"], padding='post',
maxlen=256)

vocabulary_size = 10000
model = keras.Sequential()
model.add(keras.layers.Embedding(vocabulary_size, 16))
model.add(keras.layers.GlobalAveragePooling1D())
model.add(keras.layers.Dense(16, activation=tf.nn.relu))
model.add(keras.layers.Dense(1, activation=tf.nn.sigmoid))
model.summary()

model.compile(optimizer='adam', loss='binary_crossentropy', metrics=['acc'])
x_val = train_data[:10000]
partial_x_train = train_data[10000:]
y_val = train_labels[:10000]
partial_y_train = train_labels[10000:]

history = model.fit(partial_x_train, partial_y_train, epochs=40, batch_size=512,
validation_data=(x_val, y_val), verbose=1)
```

```
resultados = model.evaluate(test_data, test_labels)
print(resultados)
```

Como segundo ejemplo vamos a entrenar un modelo de red neuronal para clasificar imágenes. En primer lugar, importamos las librerías a utilizar.

```
from __future__ import absolute_import, division, print_function

import tensorflow as tf
from tensorflow import keras
import numpy as np
import matplotlib.pyplot as plt
```

Posteriormente importamos el conjunto de datos **MNIST** el cual contiene 70.000 imágenes en escala de grises en 10 categorías. Las imágenes muestran artículos individuales de ropa a baja resolución (28 por 28 píxeles). Usaremos 60.000 imágenes para entrenar la red y 10.000 imágenes para evaluar con qué precisión aprendió la red para clasificar las imágenes.

```
fashion_mnist = keras.datasets.fashion_mnist
(train_images, train_labels), (test_images, test_labels) = fashion_mnist.load_
data()
```

El código anterior devuelve cuatro estructuras de numpy en forma de variables:

- ▶ **train_images** y **train_labels** son el conjunto de datos de entrenamiento que el modelo utiliza para aprender.

- ▶ Las matrices **test_images y test_labels** son el conjunto de pruebas que utiliza el modelo.

Escalamos estos valores a un rango de 0 a 1 antes de alimentar el modelo de red neuronal. Para esto, dividimos los valores por 255. Es importante que el conjunto de entrenamiento y el conjunto de prueba se procesen de la misma manera:

```
train_images = train_images / 255.0
test_images = test_images / 255.0
```

Podemos ver las primeras 25 imágenes del conjunto de entrenamiento mostrando el nombre de la clase debajo de cada imagen, verificando que los datos estén en el formato correcto:

```
plt.figure(figsize=(10,10))
for i in range(25):
    plt.subplot(5,5,i+1)
    plt.xticks([])
    plt.yticks([])
    plt.grid(False)
    plt.imshow(train_images[i], cmap=plt.cm.binary)
    plt.xlabel([train_labels[i]])
plt.show()
```

A continuación, construimos el modelo de red neuronal, configurando las capas del mismo. La mayoría de las capas, como **tf.keras.layers.Dense**, tienen parámetros que se aprenden durante el proceso de entrenamiento.

La primera capa en esta red, **tf.keras.layers.Flatten**, transforma el formato de las imágenes de una matriz 2D (de 28 por 28 píxeles) a una matriz 1D de 28 * 28 = 784 píxeles. Podemos pensar esta capa como filas de píxeles en la imagen. Una vez que los píxeles se alinean, la red consta de una secuencia de dos capas:

▼ La primera capa densa está compuesta por 128 neuronas y utiliza la función de activación relu.

▼ La segunda es una capa que utiliza la función de activación de softmax de 10 neuronas, que devuelve una matriz de 10 puntuaciones de probabilidad que suman 1. Cada nodo contiene una puntuación que indica la probabilidad de que la imagen actual pertenezca a una de las 10 clases.

```
model = keras.Sequential([
keras.layers.Flatten(input_shape=(28, 28)),
keras.layers.Dense(128, activation=tf.nn.relu),
keras.layers.Dense(10, activation=tf.nn.softmax)
])
```

Compilamos el modelo, y mientras lo hacemos aplicamos algunas configuraciones mediante la configuración de tres parámetros:

▼ **Función de pérdida:** mide la precisión del modelo durante el entrenamiento. Queremos minimizar esta función para "dirigir" el modelo en la dirección correcta.

▼ **Optimizador:** así se actualiza el modelo según los datos que ve y su función de pérdida.

▼ **Métricas**: se utilizan para supervisar los pasos de entrenamiento y pruebas. El siguiente ejemplo utiliza la precisión, la fracción de las imágenes que se clasifican correctamente:

```
model.compile(optimizer='adam', loss='sparse_categorical_crossentropy',
metrics=['accuracy'])
```

A continuación, entrenamos el modelo utilizando las matrices **train_images** y **train_labels**.

▼ El modelo aprende a asociar imágenes y etiquetas.

▼ Le pedimos al modelo que haga predicciones sobre un conjunto de pruebas; en este ejemplo, la matriz **test_images**.

Para comenzar el entrenamiento, llamamos al método **model.fit()** donde el modelo está "ajustado" a los datos del entrenamiento:

```
model.fit(train_images, train_labels, epochs=5)
```

Verificamos que las predicciones coincidan con las etiquetas de la matriz test_labels.

```
test_loss, test_acc = model.evaluate(test_images, test_labels)
print('Test accuracy:', test_acc)
```

A medida que el modelo se entrena, se muestran las métricas de pérdida y precisión. Este modelo alcanza una precisión de aproximadamente 0.88 (88%) en los datos de entrenamiento como se muestra a continuación. Con el modelo entrenado, podemos usarlo para hacer predicciones sobre algunas imágenes.

```
predictions = model.predict(test_images)
```

El script completo lo podemos encontrar en el archivo **keras_modelo_fashion_mnist_dataset.py**:

```
import tensorflow as tf
from tensorflow import keras
import numpy as np
import matplotlib.pyplot as plt

fashion_mnist = keras.datasets.fashion_mnist
(train_images, train_labels), (test_images, test_labels) = fashion_mnist.load_data()
train_images = train_images / 255.0
test_images = test_images / 255.0

for i in range(25):
    plt.subplot(5,5,i+1)
    plt.xticks([])
    plt.yticks([])
    plt.grid(False)
    plt.imshow(train_images[i], cmap=plt.cm.binary)
    plt.xlabel([train_labels[i]])
plt.show()

model = keras.Sequential([
keras.layers.Flatten(input_shape=(28, 28)),
keras.layers.Dense(128, activation=tf.nn.relu),
keras.layers.Dense(10, activation=tf.nn.softmax)
])

model.compile(optimizer='adam', loss='sparse_categorical_crossentropy',
metrics=['accuracy'])
model.fit(train_images, train_labels, epochs=5)
test_loss, test_acc = model.evaluate(test_images, test_labels)

print('Test accuracy:', test_acc)
predictions = model.predict(test_images)
print(predictions)
```

Como resultado final, obtenemos las diferentes iteraciones (epoch) realizadas durante el proceso de entrenamiento, una precisión del 87% y la matriz de predicciones:

```
Epoch 1/5
1875/1875 [==============================] - 12s 6ms/step - loss: 0.5025 - accuracy: 0.8231
Epoch 2/5
1875/1875 [==============================] - 8s 4ms/step - loss: 0.3778 - accuracy: 0.8629
Epoch 3/5
1875/1875 [==============================] - 7s 4ms/step - loss: 0.3388 - accuracy: 0.8766
Epoch 4/5
1875/1875 [==============================] - 6s 3ms/step - loss: 0.3109 - accuracy: 0.8864
```

```
Epoch 5/5
1875/1875 [==============================] - 5s 3ms/step - loss: 0.2939 - accuracy: 0.8917
313/313 [==============================] - 1s 2ms/step - loss: 0.3617 - accuracy: 0.8726
Test accuracy: 0.8726000189781189
[[4.45954470e-07 2.03890202e-08 6.37748201e-08 ... 4.14399765e-02
  4.59489047e-06 9.48213935e-01]
 [1.03088554e-04 6.04790037e-11 9.98901844e-01 ... 7.11105176e-16
  1.67378289e-09 1.19018016e-11]
 [2.87534068e-08 1.00000000e+00 2.16210672e-09 ... 1.74279795e-16
  2.92474850e-10 3.09194537e-13]
 ...
 [3.32982279e-04 4.17987991e-08 1.32144109e-04 ... 5.47801915e-10
  9.99351919e-01 2.17697717e-11]
 [7.58468843e-08 9.99779880e-01 1.02560165e-07 ... 2.01980641e-12
  3.18580874e-07 1.64289027e-08]
 [1.16404146e-04 4.67117661e-06 6.94708506e-05 ... 2.09904276e-02
  3.34801897e-03 3.27327376e-04]]
```

7.8 USO DE GOOGLE COLAB

Google Colaboratory *https://colab.research.google.com/* es una herramienta de investigación para la educación y la exploración del aprendizaje automático, en un entorno que utiliza los Jupyter Notebook sin necesidad de configuración, además de ser un servicio gratuito.

El entorno permite escribir nuestro código, guardarlo y compartirlo como si fuera un documento de Google Drive. El motivo de usar este entorno es por el uso de la potencia de cómputo que puede dar un entorno con capacidad de uso de GPUs.

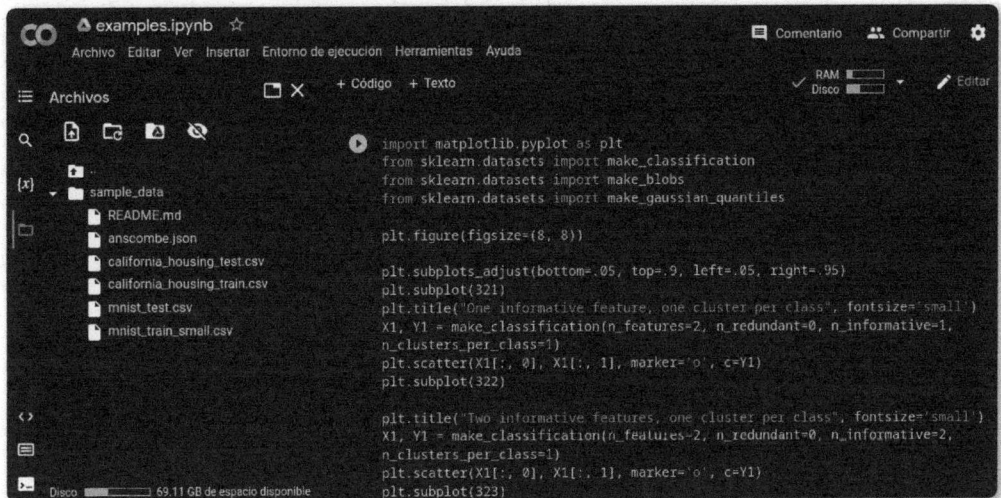

Figura 7.21. Entorno de Google Colab

Este entorno en la nube permite usar estas máquinas de forma totalmente gratuita y nos ayuda a sacar mejor partido del procesamiento usando librerías como Sklearn, Tensor Flow y Keras. Al no necesitar de configuración, tendremos un entorno listo y con las librerías necesarias.

7.9 REDES NEURONALES CON SKLEARN

Como se ha comentado previamente, existen distintas técnicas y algoritmos de aprendizaje automático para clasificación. Dependiendo de la técnica y la naturaleza del mismo, se pueden clasificar en distintas categorías: lineales, máquinas de vectores de soporte (SVM), análisis discriminante, conjunto, árboles de decisión y redes neuronales.

Inspirada por su contraparte biológica, la neurona artificial toma varias entradas, las suma y aplica una función de activación para obtener la señal de salida, que puede pasar a las siguientes neuronas en la red.

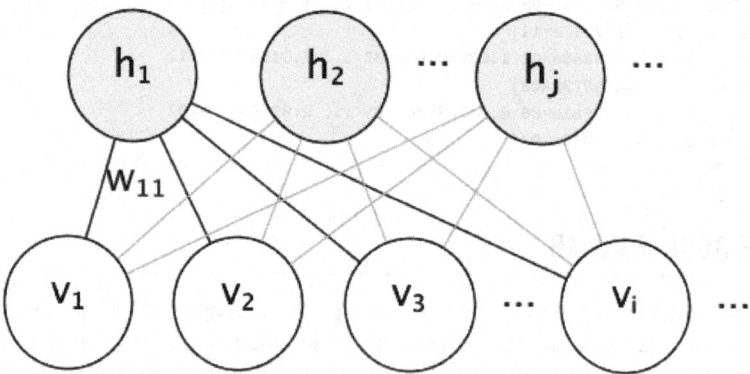

Figura 7.22. Modelo de neurona artificial.
Fuente: *https://scikit-learn.org/stable/modules/neural_networks_unsupervised.html*

Todas las capas que no son de entrada ni salida son consideradas capas ocultas. A continuación podemos ver un ejemplo de tres capas, una de entrada con 4 neuronas, otra oculta con 7 neuronas y finalmente la capa de salida con 2 neuronas.

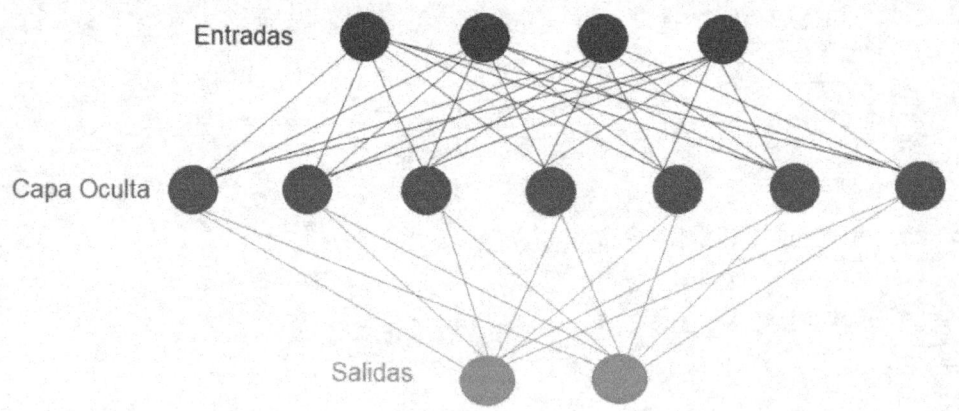

Figura 7.23 Modelo de red neuronal con una capa oculta

Este esquema lo podríamos utilizar para implementar el modelo de redes neuronales utilizando la clase **MLPClassifier** del módulo sklearn.

▼ *https://scikit-learn.org/stable/modules/generated/sklearn.neural_ network.MLPClassifier.html*

sklearn_red_neuronal.py

```
import sklearn
from sklearn.datasets import load_iris
from sklearn.model_selection import train_test_split
from sklearn.neural_network import MLPClassifier

iris=load_iris()
caracteristicas = iris.data
clases = iris.target
Xent, Xtest, yent, ytest= train_test_split(caracteristicas, clases)
red_neural = MLPClassifier(max_iter=7, hidden_layer_sizes=(7))
red_neural.fit(Xent, yent)
red_neural.score(Xtest, ytest)
```

Para mejorar el modelo podríamos aumentar la cantidad de iteraciones, por ejemplo a 15000. Con este valor observamos que la cantidad de aciertos en la predicción está en el 96,7%.

```
red_neural = MLPClassifier(max_iter=15000, hidden_layer_sizes=(7))
```

Otra opción sería añadir más capas ocultas y disminuir el número de iteraciones, por ejemplo podemos ver que con 3 capas ocultas y 7 nodos por capas, podemos ejecutar el modelo con solo 880 iteraciones, y lograr un porcentaje de precisión del 94,7%.

```
red_neural = MLPClassifier(max_iter=880, hidden_layer_sizes=(3, 7))
```

7.10 TABLA COMPARATIVA

En la siguiente tabla podemos ver una comparativa entre las principales librerías que podríamos utilizar desde Python.

Librería	Descripción
Keras *https://keras.io*	Biblioteca de aprendizaje profundo para Python que se ejecuta en TensorFlow o Theano.
Scikit learn *https://scikit-learn.org/stable*	Scikit learn es una librería de Python para aprendizaje automático creada sobre SciPy.
PyTorch *https://pytorch.org/*	PyTorch es una biblioteca de aprendizaje automático de código abierto para Python, basada en Torch. Se utiliza para aplicaciones como el procesamiento del lenguaje natural y fue desarrollado por el grupo de investigación de IA de Facebook.
Tensor Flow *https://www.tensorflow.org/*	Tensor Flow es una biblioteca de software de código abierto para el cálculo numérico que utiliza grafos de flujo de datos. Los nodos en el grafo representan operaciones matemáticas, mientras que las aristas del grafo representan los conjuntos de datos multidimensionales (tensores). La arquitectura le permite implementar el cálculo en una o más CPUs o GPUs.

PLATAFORMA HADOOP

8.1 INTRODUCCIÓN

En este capítulo se describirán las características principales del ecosistema Hadoop, así como las principales aplicaciones o herramientas. Abordaremos las principales soluciones que integran estas herramientas basadas en Hadoop, y veremos cómo nos permiten implementar una arquitectura desde un nivel de abstracción alto para poder llevar a cabo diversos proyectos dentro del ecosistema Big Data.

Hadoop se presenta como un sistema de archivos distribuidos y un framework de procesamiento distribuido, los cuales proveen un modelo de programación distribuida, usando para ello una arquitectura maestro/esclavo, que es escalable, tolerante a fallos, y capaz de ejecutarse sobre hardware no especializado. Hadoop está desarrollado en Java, por lo que cualquier máquina capaz de ejecutar la máquina virtual de Java, puede formar parte de un clúster de Hadoop.

Esta herramienta se ha convertido en la implementación más popular de utilización para procesamiento de largos volúmenes de datos utilizando MapReduce con el mismo. Tiene varias aplicaciones diferentes, pero uno de los principales casos de uso es para grandes volúmenes de datos en constante cambio.

La tecnología Hadoop nos ayuda a afrontar los problemas que están surgiendo a la hora de procesar grandes cantidades de datos. Las principales razones de por qué utilizar Hadoop comienzan cuando el procesamiento de grandes cantidades de datos empieza a ser un cuello de botella. Desde el punto de vista del tratamiento de grandes cantidades de datos, Hadoop soluciona algunos problemas entre los que podemos destacar:

▸ **Recuperación de datos**: Si un componente del sistema falla, la carga de trabajo debe ser asumida por unidades que aún funcionen en el sistema. Un error no debe dar lugar a la pérdida de los datos.

▸ **Recuperación de un componente**: Si un componente del sistema falla, debe ser capaz de volver a unirse al sistema. En un sistema Hadoop, esto se realiza automáticamente sin la necesidad de reiniciar todo el sistema.

▸ **Consistencia**: Si se produce algún fallo de los componentes del sistema durante la ejecución de un trabajo, el resultado del mismo no se debe de ver afectado. Así como no podemos aceptar la pérdida de datos, tampoco podemos aceptar la corrupción de datos. Independientemente de si las máquinas fallan durante nuestro trabajo, el resultado del mismo seguirá siendo válido y preciso gracias a la utilización de un sistema Hadoop.

▸ **Escalabilidad**: Una de las principales características de un sistema Hadoop es la escalabilidad. Añadir carga al sistema debe dar lugar a una disminución de rendimiento en los trabajos, pero nunca dar lugar a un fallo del sistema. Si aumentamos los recursos del sistema, obtenemos un aumento proporcional en la capacidad de carga de datos.

▶ **Tolerancia a fallos en un sistema Hadoop:** Cuando se produce un error en uno de los nodos el maestro lo detecta y automáticamente asigna el trabajo a un nodo diferente del sistema.

- Reiniciar una tarea no requiere de la comunicación con los nodos que están ejecutando otras partes del trabajo.
- Si se reinicia un nodo que ha fallado se añade automáticamente al sistema y se le asignan nuevas tareas.
- Si un nodo parece estar funcionando lentamente el maestro puede ejecutar de forma redundante otra instancia de la misma tarea.
- Se utilizarán los resultados de la tarea que termine primero. A esto se le conoce como **"ejecución especulativa"**.

8.2 HERRAMIENTAS

Hadoop abarca diversas herramientas diseñadas e implementadas para trabajar juntas. Debemos clasificar Hadoop como un ecosistema integrado por muchos componentes, que van desde el almacenamiento de datos hasta la integración, el procesamiento de los mismos o las herramientas especializadas para analistas de datos.

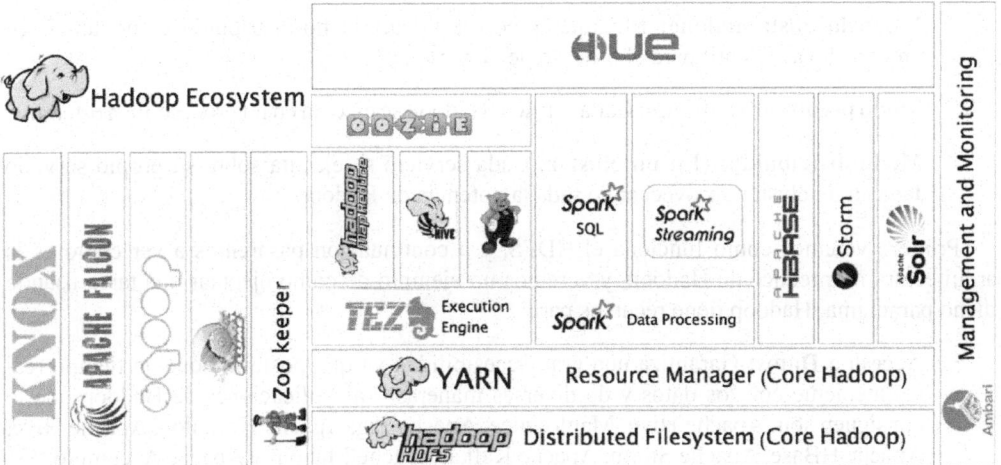

Figura 8.1. Plataforma Hadoop

▶ **Hadoop Distributed File System (HDFS):** Sistema de almacenamiento distribuido en un conjunto de servidores distintos.

▶ **Hadoop MapReduce:** Es el núcleo central de este software y permite el procesamiento paralelo de los archivos alojados en diferentes máquinas, para así poder analizar grandes cantidades de datos.

▶ **YARN**: YARN es el sistema operativo de datos de Hadoop responsable de la gestión del acceso a los recursos críticos de Hadoop. Permite al usuario interactuar con todos los datos de múltiples maneras al mismo tiempo, haciendo de Hadoop una plataforma de datos multi-uso.

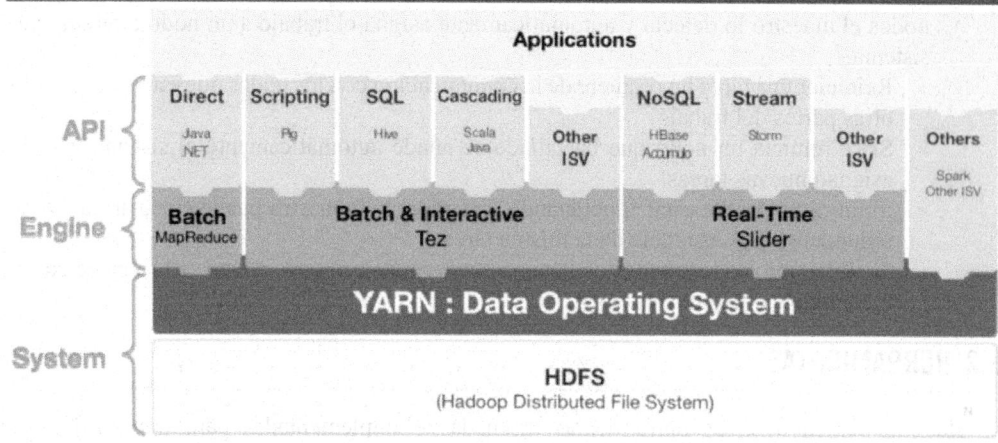

Figura 8.2. Componentes del sistema operativo YARN

Un clúster hadoop está compuesto por un nodo maestro y varios nodos esclavos. En este aspecto Hadoop tiene tres formas de ejecución:

▼ **Modo local/standalone:** El modo predeterminado es no-distribuido como un único proceso Java y es útil para el proceso de depuración.

▼ **Modo pseudo-distribuido:** Cada servicio Hadoop se ejecuta en un proceso Java diferente.

▼ **Modo distribuido: (En un clúster)** Cada servicio se ejecuta sobre su propio servicio Java en un clúster aprovechando toda la potencia de Hadoop.

Primero veremos cómo funciona el HDFS, y a continuación pasaremos a ver cómo es la arquitectura Mapreduce de Hadoop, y veremos un ejemplo de cómo ejecutar una tarea usando dicho paradigma. Hadoop tiene recursos para:

▼ **Acceso a Datos:** Garantiza una gran accesibilidad ya que posibilita que en tiempo real se interactúe con los datos y de diversas maneras. Las aplicaciones de Hadoop que lo consiguen son: Apache Hive, MapReduce, Apache Pig, Apache HCatalog, Apache Hive, Apache HBase, Apache Storm, Apache Kafka, Apache Mahout y Apache Accumulo.

▼ **Gestión de datos:** con HDFS es posible tratar y almacenar infinidad de datos en una capa de almacenamiento. HDFS trabaja con Apache Hadoop HILO que es un entorno que ofrece la posibilidad de planificar y gestionar las tareas y recursos.

▼ **Gobernabilidad e integración de datos:** Permite cargar rápida y eficientemente los datos con la ayuda de: Apache Falcon (encargado de gestionar el procesamiento y la vida los de datos), Apache Flume y Apache Sqoop (mueve datos dentro y fuera de la plataforma).

▼ **Seguridad y confidencialidad:** Apache Knox, en un clúster, ofrece autorización y acceso a los servicios.

▼ **Operaciones:** Apache Ambari facilita una interfaz junto con APIs, Apache Zookeeper coordina procesos distribuidos y Apache Oozie nos garantiza una lógica de trabajo.

Hadoop cuenta con características que nos permiten utilizarlo como base en una implementación de proyectos Big Data. Entre las principales características podemos destacar:

▸ **Escalabilidad**. Un clúster Hadoop puede estar compuesto desde una sola máquina hasta miles de máquinas. Un clúster puede crecer añadiendo nodos, permitiendo un crecimiento fácil.

▸ **Flexibilidad**: Al incrementar los nodos, también incrementa la capacidad de almacenamiento y procesamiento, siendo posible agregar o acceder a nuevas fuentes de datos, añadir herramientas e integrar otros aspectos. Con esto es posible adaptarse a las necesidades del negocio y consecuentemente es capaz de dar soluciones ante cualquier decisión u adversidad.

▸ **Tolerancia a fallos**. Los servicios de Hadoop llegan a ser tolerantes a fallos gracias a la redundancia. Por ejemplo, en el caso del sistema de archivos distribuido de Hadoop (Hadoop Distributed File System), considerando que el clúster tiene al menos tres nodos (por defecto), se replican automáticamente los bloques de datos a esos tres nodos separados. De esta forma, es posible recuperar datos de forma segura ya que cada nodo contiene la información y replicarla en otros nodos del clúster.

▸ **Código abierto**. El desarrollo de Hadoop está a cargo de la comunidad gobernada bajo la licencia de la Apache Software Foundation. Aquí se puede aportar en la mejora de Hadoop mediante la adición de características, corrección de fallos de software, mejora del rendimiento o en la escalabilidad.

▸ **Almacenamiento y procesamiento distribuido**. Los grandes conjuntos de datos se dividen automáticamente en trozos más pequeños, llamados bloques, que se distribuyen a través de los nodos del clúster. Cada máquina procesa su bloque local de datos, lo que significa que el procesamiento se distribuye, a la vez, mediante cientos de CPU y gigabytes de memoria.

▸ **Hardware genérico**. Todos los servicios de Hadoop se pueden ejecutar en hardware genérico (commodity hardware). Con esto no solo reduce los costos de implementación, sino también, los costos de soporte y mantenimiento. De manera más específica, diríamos que Hadoop es un motor que provee almacenamiento, vía HDFS y cómputo a través de las capacidades de YARN (Yet Another Resource Negotiator).

8.3 SERVICIOS Y HERRAMIENTAS DEL ECOSISTEMA HADOOP

Existen diversas plataformas y herramientas que interactúan dentro del ecosistema Hadoop. Por ejemplo, disponemos de aplicaciones como Ambari que disponen de una interfaz web que permite gestionar la configuración de un clúster de Hadoop.

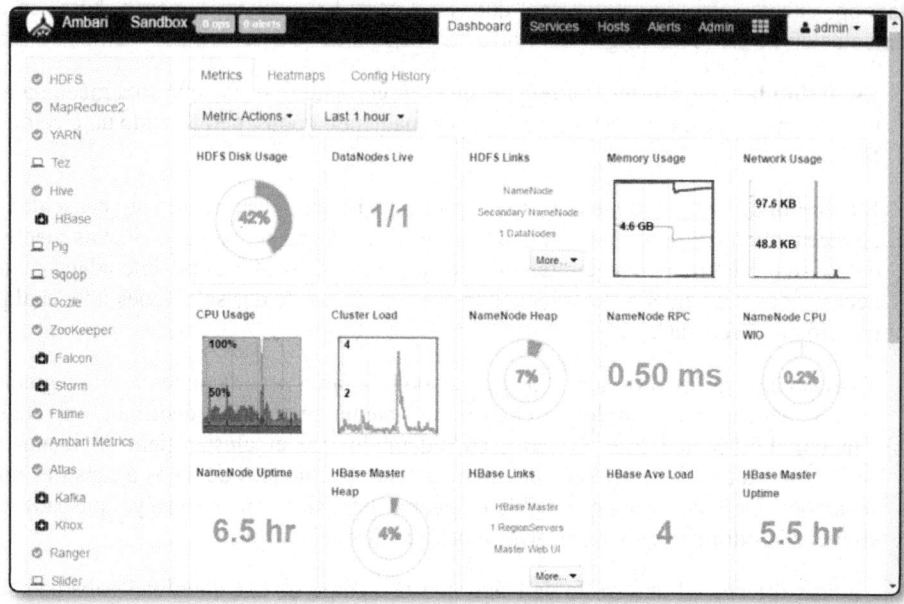

Figura 8.3. Interfaz de Ambari como herramienta de gestión

En un clúster Hadoop, es vital equilibrar el uso de la RAM, la CPU y el disco para que el procesamiento no se vea limitado y evitar en lo posible cuellos de botella. Como recomendación general, se puede decir que permitir 1-2 contenedores por disco y por núcleo proporciona el mejor equilibrio para la utilización del clúster.

Podríamos añadir nodos nuevos a un clúster existente al igual que se pueden eliminar del clúster. Para añadir un nuevo servidor desde la sección de **Hosts** en **Actions** seleccionaremos la opción de añadir un nuevo host.

Figura 8.4. Interfaz de Ambari para gestionar el cluster

La interfaz ofrece la posibilidad de añadir servicios en los nodos ya existentes en el clúster. Si se trata de un servicio ya instalado en el clúster (en otro nodo del clúster) pero que se quiere añadir en algún nodo/servidor más del clúster, debemos seleccionar el servidor en el cual deseamos instalarlo y pulsar sobre el botón +Add para seleccionar el servicio a añadir.

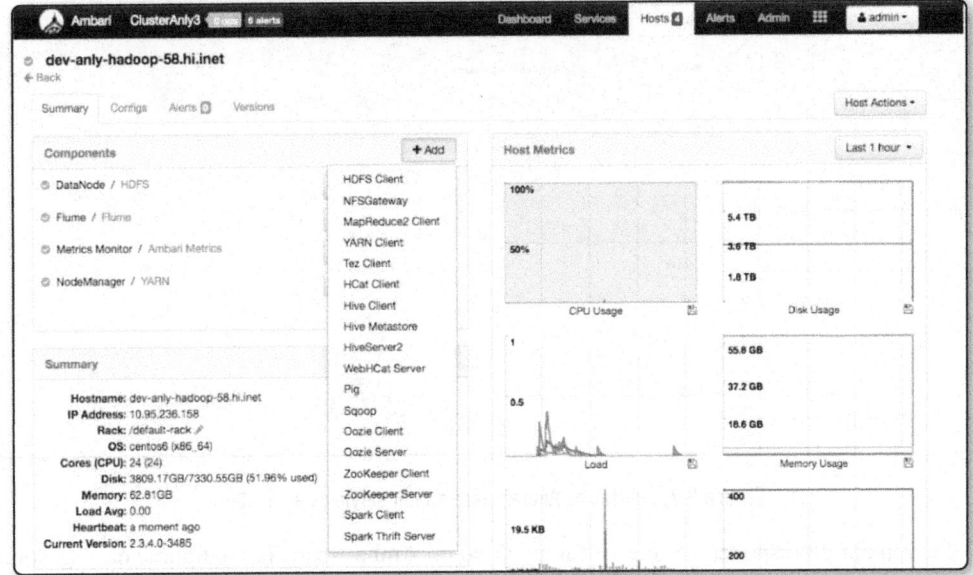

Figura 8.5. Interfaz de Ambari para gestionar los servicios del cluster

Si se trata de añadir un servicio que hasta el momento no está instalado en el clúster, desde el panel principal en la sección izquierda en la que se muestran todos los servicios desplegados pulsamos sobre **Actions** y **Add Service**:

Figura 8.6. Interfaz de Ambari para añadir servicios al cluster

La interfaz nos mostrará la pantalla con los servicios para que seleccionemos el servicio a instalar y se continuará con la instalación como en la instalación inicial del clúster.

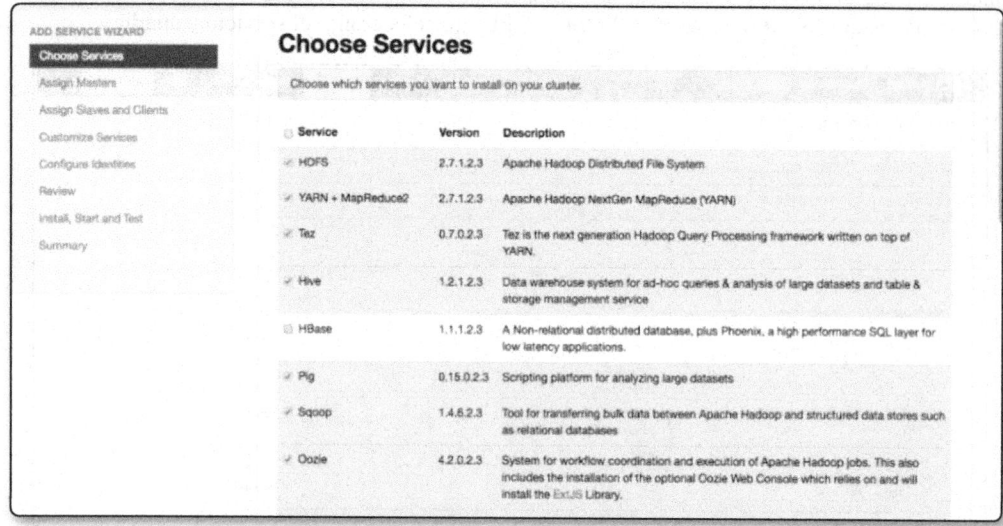

Figura 8.7. Interfaz de Ambari para añadir servicios al cluster

La ventaja de disponer de una herramienta como Ambari para la configuración y gestión del clúster es que nos permite modificar la configuración de los componentes desde su interfaz gráfica y automáticamente replica los cambios en todos los servidores del clúster. Ambari nos permite ver el histórico de modificaciones de la configuración de los diferentes componentes y podríamos establecer una configuración previamente almacenada.

Figura 8.8. Interfaz de Ambari para añadir servicios al cluster

Existen muchos otros proyectos que utilizan Hadoop core o ayudan a utilizarlo, como puede ser el caso de Sqoop, Flume o Oozie. La mayoría de los proyectos son ahora proyectos de Apache o proyectos de incubadora de Apache. A continuación veremos una breve descripción de cada uno de los proyectos.

8.3.1 HERRAMIENTAS DE ORQUESTACIÓN

Desde el punto de vista de la orquestación de un clúster podríamos destacar las siguientes herramientas:

▶ **YARN** (Yet Another Resource Negotiator). Es el sistema operativo de datos para Hadoop y es responsable de administrar el acceso a los recursos críticos. Soporta múltiples motores de acceso a datos heterogéneos que son analizados con el procesamiento por lotes, consultas interactivas, búsquedas o técnicas de Machine Learning. Estos se pueden ejecutar simultáneamente y son gestionados de forma centralizada por YARN. La arquitectura de YARN desacopla el modelo de programación de la infraestructura de gestión de los recursos y delega muchas funciones programadas a los componentes de cada aplicación. En este nuevo contexto, MapReduce es una de las aplicaciones que se ejecuta en el nivel superior de YARN. En la siguiente imagen se representa la arquitectura de YARN.

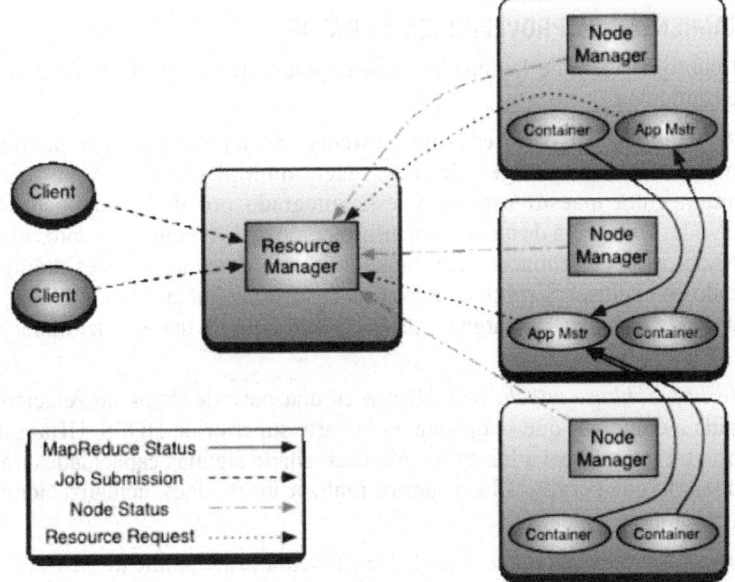

Figura 8.9. Arquitectura de YARN

La idea de YARN es dividir las dos principales responsabilidades de JobTracker/TaskTracker en entidades separadas: un Resource Manager global, un Applications Master por aplicación, un NodeManager esclavo por nodo y un contenedor por aplicación ejecutándose en un NodeManager.

▶ **Ambari** *https://ambari.apache.org*. Es una plataforma para la gestión y seguimiento de los clústeres de Hadoop. El componente principal es la interfaz de usuario utilizada para aprovisionar, administrar y supervisar los clústeres Hadoop. Ambari incluye el soporte para HDFS, MapReduce, Hive, HCatalog, HBase, ZooKeeper, Oozie, Pig y Sqoop.

▶ **Zookeeper** *https://zookeeper.apache.org*. Su función principal es la coordinación de las aplicaciones y servicios distribuidos. Un sistema distribuido debe ser capaz de llevar a cabo operaciones coordinadas teniendo en cuenta la escalabilidad, seguridad, consistencia, caídas de la red, las limitaciones de ancho de banda, y los problemas de sincronización. ZooKeeper está diseñado para dar soporte a estas necesidades. Se trata de un servicio centralizado que se encarga de administrar y gestionar la coordinación entre procesos en sistemas distribuidos. El objetivo de Apache con ZooKeeper es el de librar a los desarrolladores la tarea de implementar funciones de mantenimiento entre sus procesos, como la sincronización entre estos, y ofrecer alta disponibilidad a través de servicios redundantes.

▶ **Oozie** *https://oozie.apache.org.* Es un motor de flujos de trabajo utilizado para ejecutar trabajos de Hadoop. Permite a los usuarios crear y programar transformaciones en los datos mediante la combinación de MapReduce, Hive, Pig y el uso de Sqoop en una sola unidad lógica de trabajo. Funciona como un motor de flujos de trabajo a modo de servicio que permite lanzar, parar, suspender, retomar y volver a ejecutar una serie de trabajos Hadoop basándose en ciertos criterios, como temporales o de disponibilidad de datos. Los flujos de trabajo Oozie son grafos acíclicos dirigidos (DAGs) donde cada nodo es un trabajo o acción con control de dependencia.

8.3.2 HERRAMIENTAS DE PROVEEDORES DE DATOS

Desde el punto de vista de los proveedores de datos de un clúster podríamos destacar las siguientes herramientas:

▶ **HDFS (Hadoop Distributed File System).** Es un sistema que permite almacenar información desde un origen de datos hacia múltiples nodos. Asimismo, opera bajo una arquitectura maestro/esclavo y está integrado por dos componentes principales: NameNode, se encarga de manejar la información de los bloques de datos que hay en cada DataNode; es decir, almacena información acerca de cuántas veces un archivo ha sido replicado en el clúster y sobre cuantos bloques forman un archivo. Además, se encuentra el DataNode (esclavo), encargado del procesamiento de datos y del almacenamiento de los bloques actuales.

▶ **HBase** *https://hbase.apache.org.* HBase es una base de datos no relacional o NoSQL orientada a columnas que se ejecuta en la parte superior de HDFS. HBase ofrece acceso aleatorio en tiempo real a los datos. Además, añade algunas capacidades transaccionales a Hadoop, lo que permite a los usuarios realizar inserciones, actualizaciones, búsquedas y eliminación de los datos.

▶ **Chukwa** *https://chukwa.apache.org.* Herramienta principalmente pensada para trabajar sobre logs y realizar análisis. Está construido por encima de HDFS y Hadoop MapReduce, por lo que hereda su escalabilidad y robustez. Hadoop no trabaja bien con sistemas de logs ya que está más optimizado para trabajar con pocos ficheros de mayor tamaño; a contraposición de los sistemas de logs, que son directorios con un gran número de ficheros pequeños.

▶ **Flume** *http://flume.apache.org.* Herramienta distribuida para la recolección, agregación y transmisión de grandes volúmenes de datos. Los conceptos que maneja Flume son:
  ● **Evento:** un payload de bytes con encabezados opcionales que representan la unidad de datos que Flume puede transportar desde su punto de origen hasta su destino final. Un evento puesto en un canal permanece en ese canal hasta que un sink lo elimina para un transporte posterior.
  ● **Flujo:** movimiento de eventos desde el punto de origen hasta su destino final.
  ● **Cliente:** implementación que opera en el punto de origen de los eventos y los entrega a un agente Flume. Por ejemplo, Log4J aprende de Flume es un cliente.

- **Agente**: un proceso independiente que aloja los componentes Fume como las Fuentes (Source), canales y sumideros (Sink), tiene la capacidad de recibir, almacenar y reenviar eventos a su próximo destino.
- **Fuente (Source)**: cuando una fuente recibe un evento, se lo entrega a uno o más canales. Los sources pueden ser cualquier fuente de datos, dado que Flume cuenta con diversos adaptadores predefinidos. El siguiente esquema muestra cómo los flujos se pueden combinar en los agentes provenientes de diferentes fuentes.

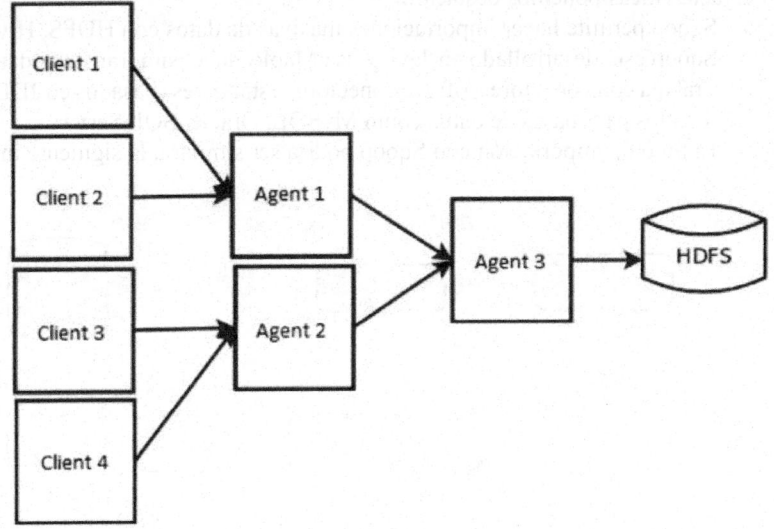

Figura 8.10. Combinación de flujos desde diferentes fuentes

- **Canal (Channel)**: es un almacenamiento temporal para eventos, donde los eventos se entregan al canal a través de fuentes que operan con el agente. Un canal es un almacén transitorio para eventos, donde los eventos son entregados al canal a través de fuentes que operan dentro del agente. Puesto que la fuente puede transmitir eventos en múltiples canales, los flujos se pueden dirigir a múltiples nodos de destino. En la siguiente imagen vemos como el agente lee el evento en los dos canales (canales 1 y 2) y posteriormente se transmiten a los elementos sink 1 y sink 2.

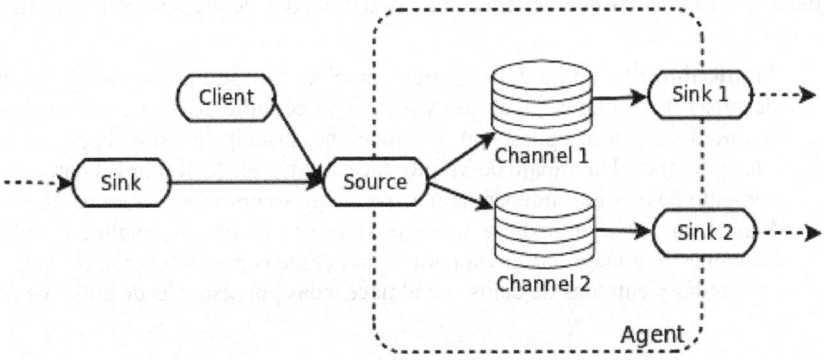

Figura 8.11. Transmisión de un evento en múltiples canales

- **Sumidero (Sink)**: implementación que puede eliminar eventos de un canal y transmitirlos al siguiente agente en el flujo, o hasta el destino final del evento. Un sink es el destino de una operación específica.

▶ **Sqoop** *https://sqoop.apache.org*. Sqoop es una herramienta diseñada para transferir datos entre Hadoop y los almacenes de datos estructurados como bases de datos relacionales. Se puede utilizar Sqoop para importar datos estructurados externos en el sistema de archivos de Hadoop (HDFS) o a sistemas relacionados como Hive y HBase. Entre las principales características podemos destacar:

- Sqoop permite hacer importaciones masivas de datos con HDFS, Hive y HBase.
- Sqoop está desarrollado en Java y usa MapReduce para transferir datos en paralelo.
- Trabaja con conectores, ofrece conectores estándares (basados en JDBC) y conectores directos para bases de datos como MySQL, Oracle, SQL Server.
- El flujo de importación con Sqoop podría ser similar a la siguiente imagen:

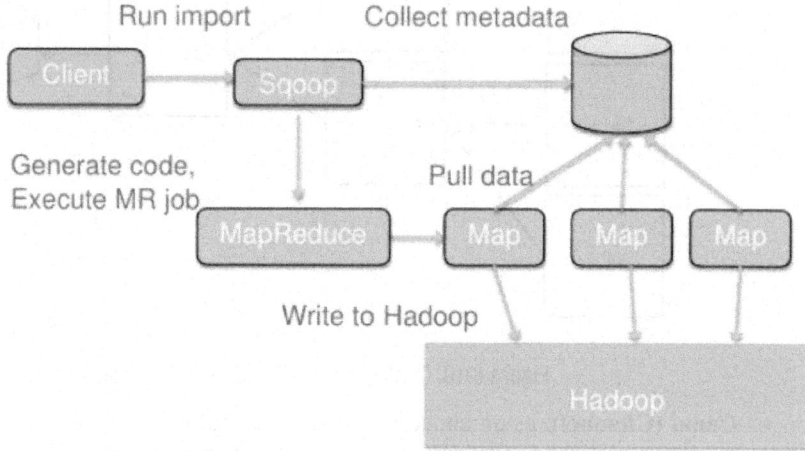

Figura 8.12. Flujo de importación de datos con Sqoop

8.3.3 HERRAMIENTAS DE PROVEEDORES DE APLICACIONES

Desde el punto de vista de los proveedores de aplicaciones de un clúster podríamos destacar las siguientes herramientas que pertenecen a las actividades de preparación, análisis, visualización y acceso.

▶ **MapReduce.** Es un modelo de programación utilizado por Hadoop para la distribución de tareas en los nodos del clúster y para el procesamiento distribuido de datos. La base de MapReduce está compuesta por dos funciones principales para el procesamiento de datos Map y Reduce. Un trabajo de MapReduce se encarga de dividir los datos de entrada en un conjunto de bloques independientes que luego son procesados en paralelo por la función Map. Una vez terminada la función Map, se ordena los resultados obtenidos por las funciones K y luego las envía para ser procesadas por la función Reduce. Mayormente, las salidas y entradas de datos son almacenadas por sistemas de archivos como HDFS.

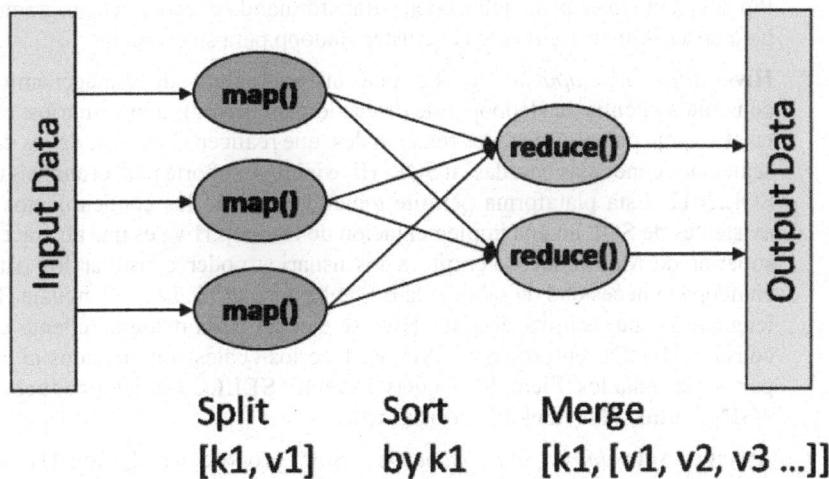

Figura 8.13. Modelo MapReduce

▶ **Mahout** *https://mahout.apache.org*. Es una biblioteca de algoritmos de aprendizaje automático escalable desarrollada en Java y construída sobre Hadoop utilizando MapReduce. El aprendizaje automático (Machine Learning) es una disciplina de la inteligencia artificial que se enfoca en que las máquinas puedan "aprender" sin ser programadas de forma explícita y es utilizado, mayormente, para mejorar el rendimiento futuro basado en los resultados anteriores. Una vez que los grandes conjuntos de datos se almacenan en el sistema de archivos distribuidos de Hadoop (HDFS), Mahout brinda las herramientas para encontrar patrones significativos de forma automática. Mahout soporta cuatro casos de uso principales referente a la ciencia de los datos:

● **Filtrado colaborativo:** a través del análisis del comportamiento del usuario se obtienen recomendaciones de productos (por ejemplo, Amazon).

● **Agrupación (clustering):** busca agrupaciones dado un conjunto de documentos para poder diferenciarlos y clasificarlos. Se tienen elementos de una clase en particular y se organizan en grupos de tal manera que los elementos que pertenecen a un mismo grupo son similares entre sí

● **Clasificación:** aprende de un grupo de documentos ya categorizados cómo son los documentos pertenecientes de cada categoría. De esta manera puede clasificar en un nuevo documento.

● **Sistemas de recomendación:** aprende a través del comportamiento de los usuarios qué es lo que les podría gustar.

8.3.4 HERRAMIENTAS DE CONSUMO DE DATOS

Desde el punto de vista del consumo de datos de un clúster podríamos destacar las siguientes herramientas:

▶ **Pig** *https://pig.apache.org*. Es una plataforma para la extracción, transformación y el análisis de grandes conjuntos de datos. Tiene dos componentes: el primero es el lenguaje que se llama PigLatin; y el segundo es un entorno de tiempo de ejecución, donde los programas PigLatin son ejecutados. Pig es una alternativa de abstracción para realizar programas MapReduce. Usa un lenguaje de scripting llamado PigLatin. El intérprete de

Pig es ejecutado en la máquina cliente transformando el código en programas MapReduce para posteriormente enviarlos al clúster Hadoop para su ejecución.

▶ **Hive** *https://hive.apache.org.* Es una infraestructura de almacenamiento de datos construida encima de Hadoop. Fue diseñado para permitir a los usuarios, con experiencia en el manejo de bases de datos relacionales, que realicen el análisis de los datos utilizando sentencias conocidas basadas en SQL. Hive incluye soporte para el análisis con el estándar SQL:2011. Esta plataforma permite tomar ventaja de los conocimientos y habilidades existentes de SQL en una implementación de Hadoop.Hive es una abstracción en la parte superior de MapReduce. Permite a los usuarios poder consultar los datos del clúster Hadoop sin necesidad de saber java o MapReduce utilizando el lenguaje HiveQL. Dicho lenguaje es muy similar al SQL. Hive se ejecuta en la máquina cliente convirtiendo la consulta HiveQL en programas MapReduce los cuales son enviados al clúster Hadoop para ser ejecutados. Ejemplo de query HiveQL: **SELECT stock.producto FROM stock JOIN ventas ON (stock.id = ventas.id);**

▶ **Apache Solr** *https://solr.apache.org.* Solr proporciona búsquedas indexando los documentos a través de XML, JSON, CSV o HTTP para ayudar a encontrar los patrones de datos, relaciones y correlaciones. Es un motor de búsqueda basado en Apache Lucene, escrito en Java y que facilita a los programadores el desarrollo de motores de búsqueda. Lucene ofrece indexación de información, tecnologías para la búsqueda así como corrección ortográfica, resaltado y análisis de información, entre otras muchas características. Una arquitectura podría ser aquella donde tenemos un servidor web para que los usuarios puedan interactuar y realizar distintos tipos de búsquedas con conexión directa con Solr y que consulta datos mediante este en Hadoop. El servidor web puede ser una de las máquinas con servicios de Hadoop ejecutándose en él o un servidor exclusivamente dedicado a servir peticiones de los usuarios.

▶ **QlikView** *https://www.qlik.com/es-es/products/qlikview.* QlikView permite obtener analíticas personalizadas sobre los datos que residen en Hortonworks y para poder realizar la conexión con esta plataforma QlikView utiliza Apache Hive (vía conexión ODBC) como el acceso SQL a los datos en Hadoop. QlikView tiene dos modos de obtener datos: Datos cargados en memoria (Associative Data Store) que permite compresión de los datos y tiene un tiempo de respuesta muy rápido, y una solución híbrida (Direct Discovery) que permite analizar grandes cantidades de datos pero tiene un tiempo de respuesta mayor.

8.3.5 HERRAMIENTAS DE SEGURIDAD Y PRIVACIDAD

Este rol está presente en todos los niveles de la arquitectura desde la recolección de datos hasta la visualización de resultados. Las demás aplicaciones y servicios como HDFS, YARN, Hive también contribuyen a las características de seguridad de Hadoop.

▶ **Apache Knox** *https://knox.apache.org.* Es una puerta de enlace (gateway) perimetral que protege al clúster Hadoop. Proporciona un único punto de autenticación en un clúster Hadoop. Knox es capaz de proporcionar ayuda en el control, integración, supervisión y automatización de las necesidades administrativas y de análisis. Las políticas de seguridad que soporta Knox son:
- Autenticación (LDAP y el proveedor de autenticación de Active Directory)
- Federación / SSO (encabezado HTTP basado en la federación de identidades)
- Autorización (Service Level Authorization)
- Auditoría

▶ **Apache Ranger** *https://ranger.apache.org*. Es una plataforma de seguridad centralizada que ofrece controles de políticas para HDFS, Hive, HBase, Knox, Storm, Kafka y Solr. Permite el manejo de políticas para el acceso a ficheros, directorios, bases de datos, tablas y columnas. Estas políticas se pueden establecer para usuarios individuales o grupos. Ranger implementa principalmente las siguientes funciones:

- Administra todas las tareas de seguridad a través de una interfaz de administración centralizada unificada o una interfaz REST, logrando así una administración de seguridad centralizada.
- A través de una interfaz de administración centralizada, podemos realizar operaciones con los diferentes componentes de Hadoop.
- Proporciona un método de autorización unificado y estandarizado.
- Apoya el control de acceso basado en roles, el control de acceso basado en atributos y otros métodos de control de acceso.
- Apoya el acceso de usuarios para realizar auditorías relacionadas con las operaciones de gestión.

8.4 HADOOP DISTRIBUTED FILE SYSTEM (HDFS)

HDFS o Hadoop Distributed File System está diseñado para el almacenamiento de una gran cantidad de datos, permitiendo así que un gran número de clientes puedan acceder simultáneamente a ellos. Su arquitectura está basada en el sistema de ficheros de Google.

Se trata de un sistema de ficheros que otorga fiabilidad y control de fallos o pérdidas de clúster utilizando la replicación de los datos. HDFS permite que los datos sean procesados localmente para mejorar la integración con MapReduce. No es una arquitectura de propósito general, ya que está optimizada para soportar lecturas de flujos elevados, solamente soporta un conjunto de operaciones CRUD sobre los ficheros y no incorpora un mecanismo para el almacenaje de los datos en caché local, dado que el coste es muy alto.

8.4.1 INTRODUCCIÓN

El sistema de archivos distribuido de Hadoop (HDFS) es un sistema de archivos distribuido que presenta un acceso de alto rendimiento a los datos de la aplicación y brinda tolerancia a fallas, ya que está diseñado para ejecutarse en hardware básico. Puede almacenar datos en una gran cantidad de servidores y ejecutar mapas / reducir trabajos en paralelo a lo largo del clúster.

HDFS (Hadoop Distributed File System) es el sistema de archivos distribuidos que implementa Hadoop, es decir, Hadoop proporciona su propio sistema de ficheros el cual debe permitir guardar la gran cantidad de información que se va a almacenar en el clúster. Este sistema de ficheros para el usuario funciona como cualquier otro de los sistemas de archivos que está acostumbrado a utilizar, dispone de directorios, tiene sus propios comandos para copiar y mover archivos ...

En el caso de HDFS, aunque el usuario ve el sistema de ficheros como un único filesystem internamente los datos están repartidos, de forma transparente para el usuarios, por los diversos nodos que componen el clúster. Además, HDFS tiene un factor de réplica, por defecto toma el valor 3, que hace que cada dato se almacena tantas veces como indique este parámetro en diferentes nodos del clúster, de esta forma nos asegura que si uno de los nodos no está disponible, la información contenida en él sí que lo estará porque tendremos copia de ella en otros de los nodos del sistema.

8.4.2 ACCESO A HDFS

El sistema de ficheros HDFS es muy similar a un sistema de ficheros tradicional, por lo que podemos acceder a él a través de la línea de comandos con el cliente hdfs que permite ejecutar casi todos los comandos típicos de nuestro sistema de ficheros tradicional: Para invocar estos comandos utilizaremos el siguiente comando. Si ejecutamos el comando sin ningún parámetro, obtendremos la información de la ayuda:

```
$ hdfs dfs
Usage: hadoop fs [generic options]
[-appendToFile <localsrc> ... <dst>]
[-cat [-ignoreCrc] <src> ...]
[-checksum <src> ...]
[-chgrp [-R] GROUP PATH...]
[-chmod [-R] <MODE[,MODE]... | OCTALMODE> PATH...]
[-chown [-R] [OWNER][:[GROUP]] PATH...]
[-copyFromLocal [-f] [-p] [-l] <localsrc> ... <dst>]
[-copyToLocal [-p] [-ignoreCrc] [-crc] <src> ... <localdst>]
[-count [-q] [-h] <path> ...]
[-cp [-f] [-p | -p[topax]] <src> ... <dst>]
[-createSnapshot <snapshotDir> [<snapshotName>]]
[-deleteSnapshot <snapshotDir> <snapshotName>]
[-df [-h] [<path> ...]]
[-du [-s] [-h] <path> ...]
[-expunge]
[-get [-p] [-ignoreCrc] [-crc] <src> ... <localdst>]
[-getfacl [-R] <path>]
[-getfattr [-R] {-n name | -d} [-e en] <path>]
[-getmerge [-nl] <src> <localdst>]
[-help [cmd ...]]
[-ls [-d] [-h] [-R] [<path> ...]]
[-mkdir [-p] <path> ...]
[-moveFromLocal <localsrc> ... <dst>]
[-moveToLocal <src> <localdst>]
[-mv <src> ... <dst>]
[-put [-f] [-p] [-l] <localsrc> ... <dst>]
[-renameSnapshot <snapshotDir> <oldName> <newName>]
[-rm [-f] [-r|-R] [-skipTrash] <src> ...]
[-rmdir [--ignore-fail-on-non-empty] <dir> ...]
[-setfacl [-R] [{-b|-k} {-m|-x <acl_spec>} <path>]|[--set
<acl_spec> <path>]]
[-setfattr {-n name [-v value] | -x name} <path>]
[-setrep [-R] [-w] <rep> <path> ...]
[-stat [format] <path> ...]
[-tail [-f] <file>]
[-test -[defsz] <path>]
[-text [-ignoreCrc] <src> ...]
[-touchz <path> ...]
[-truncate [-w] <length> <path> ...]
[-usage [cmd ...]][-setfacl [-R] [{-b|-k} {-m|-x <acl_spec>} <path>]|[--set
<acl_spec> <path>]]
[-setfattr {-n name [-v value] | -x name} <path>]
[-setrep [-R] [-w] <rep> <path> ...]
[-stat [format] <path> ...]
[-tail [-f] <file>]
[-test -[defsz] <path>]
```

```
[-text [-ignoreCrc] <src> ...]
[-touchz <path> ...]
[-truncate [-w] <length> <path> ...]
[-usage [cmd ...]]
```

El siguiente comando nos permite explorar el contenido del sistema de ficheros.

```
$ hdfs dfs -ls .
Found 2 items
-rw-r--r-- 3 root hdfs 36 2022-01-01 00:00 file.dat
-rw-r--r-- 3 root hdfs 36 2022-01-01 00:00 file2.dat
```

El comando -ls es la forma que tenemos de explorar el sistema de ficheros, es similar al comando del mismo nombre de Unix, pero tiene menos opciones. Cuando ejecutamos el comando sin opciones nos muestra los datos de un fichero y en el caso de ser un directorio, los datos de todos los ficheros y subdirectorios que existen en esa ruta. El formato de salida del comando para un fichero es el siguiente:

```
Permisos - No de réplicas - usuario - grupo - tamaño - fecha - hora - fichero
```

Otros comandos entre los que podemos destacar visualizar un fichero, crear un directorio, crear un fichero dentro de un directorio, obtener un fichero de un directorio, listar los ficheros de un directorio y borrar un fichero dentro de un directorio.

```
$ hdfs dfs -cat file.txt
$ hdfs dfs -mkdir directorio
$ hdfs dfs -put file.txt directorio
$ hdfs dfs -get /directorio/file.txt /tmp
$ hdfs dfs -ls directorio
$ hdfs dfs -ls -R directorio
$ hdfs dfs -rm directorio/file.txt
```

8.4.3 ARQUITECTURAS DE HDFS

HDFS se basa en el principio de que la capacidad de asignar unidades de procesamiento a través de los nodos del clúster para administrar los datos supone una ventaja en comparación con la asignación de datos a los nodos del clúster para ser procesados, especialmente en casos donde el tamaño del archivo es mayor. La siguiente figura muestra cómo HDFS replica los datos en varios nodos de forma agrupada.

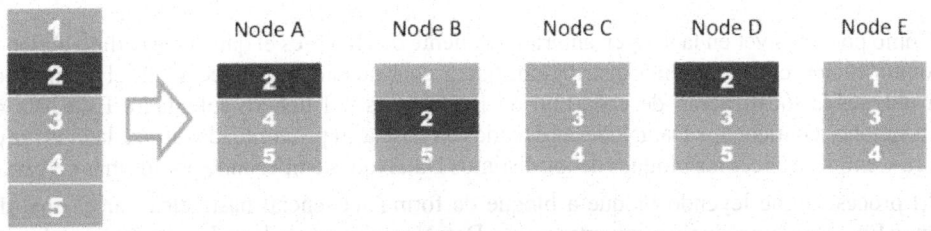

Figura 8.14. Replicación de datos en HDFS

HDF fue creado a partir del Google File System (GFS) y se encuentra optimizado para grandes flujos y trabajar con ficheros grandes en sus lecturas y escrituras. La escalabilidad y disponibilidad son otras de sus claves, gracias a la replicación de los datos y tolerancia a los fallos. Los elementos importantes del clúster son:

▼ **NameNode:** Sólo hay uno en el clúster. Regula el acceso a los ficheros por parte de los clientes. Mantiene en memoria la metadata del sistema de ficheros y control de los bloques del fichero que tiene cada DataNode. Se podría decir que es el proceso maestro de HDFS. Hay un único Namenode activo por clúster (puede haber otro en stand by cuando el cluster está configurado en alta disponibilidad por si fallará el Namenode activo) y es el proceso que se encarga de gestionar donde se almacena cada dato dentro del clúster y de atender las peticiones de los usuarios cuando estos quieren operar sobre HDFS (recuperar la información, almacenar la información ...)

▼ **DataNode:** Son los responsables de leer y escribir las peticiones de los clientes. Los ficheros están formados por bloques, estos se encuentran replicados en diferentes nodos.

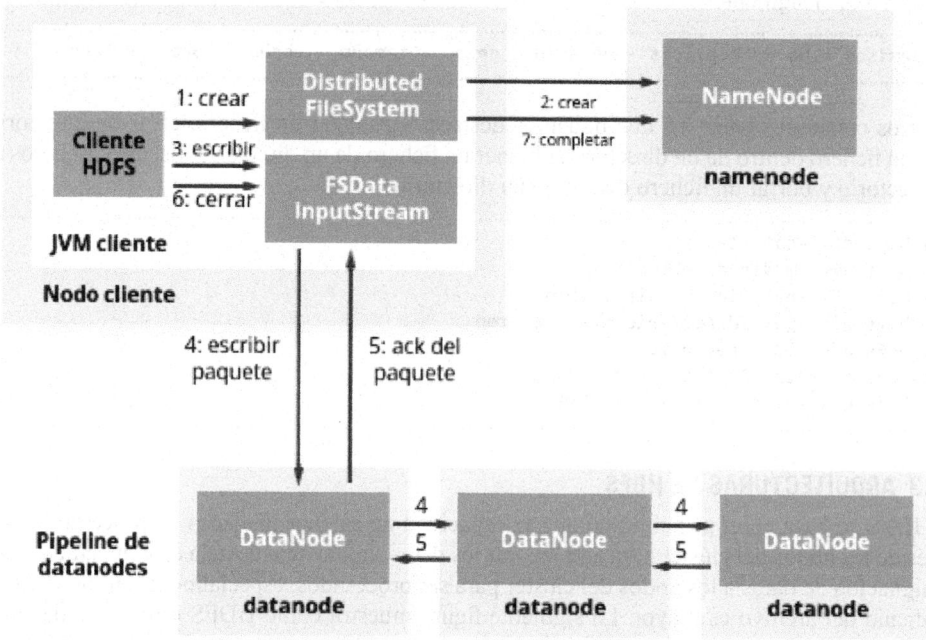

Figura 8.15. Flujo de datos en un clúster HDFS

Como podemos ver en la imagen anterior, el cliente de HDFS es el que inicia el flujo abriendo la comunicación con el sistema distribuido, que a continuación se conecta con el NameNode para obtener la localización de cada uno de los bloques del fichero solicitado. Esta lista de localizaciones contiene los DataNodes ordenados en base a su proximidad y utiliza la interfaz de lectura y empieza a leer los bloques de los distintos DataNodes empezando por los más cercanos.

El proceso sigue leyendo bloque a bloque de forma secuencial hasta alcanzar el final del fichero. En caso de producirse un error en un DataNode intentará leer del siguiente nodo más próximo. El siguiente paso es comprender el funcionamiento de una escritura en el sistema de ficheros distribuido. En el siguiente diagrama podemos ver cómo se crea un fichero, como se escriben los datos en él y como se cierra el fichero:

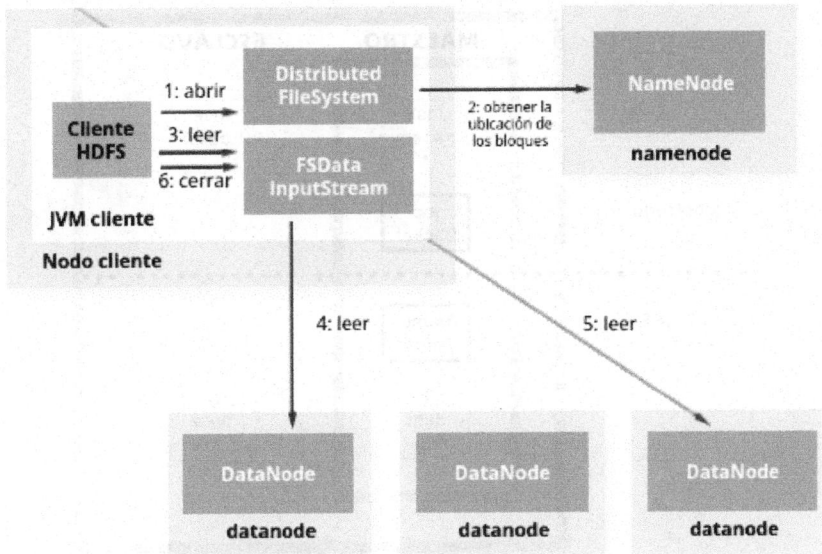

Figura 8.16. Operaciones sobre un sistema de archivos HDFS

Al igual que en los discos físicos, en HDFS existe el concepto de bloque. Un bloque es la cantidad mínima de información que se puede leer o escribir en el sistema de ficheros. Normalmente en un disco duro el tamaño de bloque suele ser 512KB por el contrario en HDFS este tamaño suele ser mucho mayor, por defecto está definido en 64MB y muchas distribuciones utilizan valores de 128MB.

Este tamaño más grande nos permite minimizar el tiempo de búsqueda del inicio de un bloque, lo que mejora en gran medida el rendimiento. Hay que tener en cuenta que al contrario que lo que sucede en los discos físicos, un fichero que ocupe menos espacio no tendrá que ocupar el tamaño mínimo del bloque.

Disponer de un sistema de ficheros distribuidos basado en bloques nos proporciona varias ventajas, la primera de ella es que un fichero podría llegar a ser más grande que cualquiera de los discos que dispone nuestro clúster. Llegando incluso a poder crear un fichero tan grande que ocupe todo el almacenamiento disponible del clúster. La segunda gran ventaja que nos proporciona el sistema de bloques es que nos permite disponer en nuestro sistema distribuido tanto de replicación como de alta disponibilidad.

La replicación es una de las características más importantes de un sistema distribuido ya que permite que en caso de fallo en un nodo un fichero no quede corrupto, ya que se puede seguir disponiendo de todos sus bloques. Por defecto, en un clúster el factor de replicación es tres, lo que significa que cada bloque se encuentra en tres nodos distintos del clúster.

8.4.4 CLUSTER HADOOP

Si lo que necesitamos es realizar procesamiento de datos a gran escala, necesitaremos dos cosas: Un lugar para almacenar grandes cantidades de datos y un sistema para el procesamiento de la misma. HDFS proporciona almacenamiento y MapReduce ofrece una manera de procesarlo. **Un conjunto de máquinas que ejecutan HDFS y MapReduce se conoce como clúster Hadoop.** Un clúster puede contener desde 1 nodo hasta una gran cantidad de nodos. En la siguiente imagen, vemos la composición de un clúster Hadoop que se compone como mínimo de un nodo maestro y un nodo esclavo.

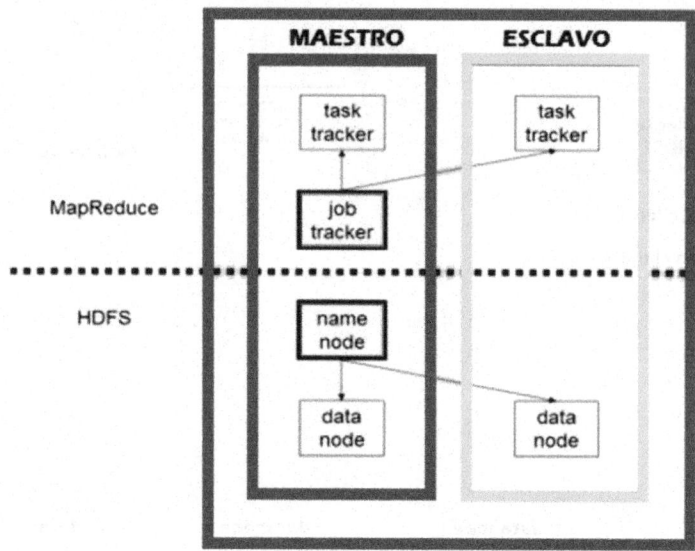

Figura 8.17. Estructura Maestro-Esclavo de un clúster de Hadoop

HDFS es el responsable del almacenamiento de los datos en el clúster. Los datos se dividen en bloques y son almacenados en varios nodos del clúster. El tamaño por defecto del bloque es de 64Mb. Siempre que sea posible los bloques son replicados varias veces en diferentes nodos. Dicha replicación aumenta la fiabilidad (debido a que hay varias copias), la disponibilidad (debido a que estas copias se distribuyen a diferentes máquinas) y el rendimiento (debido a que más copias significan más oportunidades para **"llevar la computación a los datos"**, principal objetivo de un sistema Hadoop).

El sistema de ficheros de Hadoop (HDFS) está optimizado para la lectura de grandes cantidades de datos con el fin de reducir al mínimo el impacto global del rendimiento (latencia). En la imagen podemos observar el almacenamiento de 1 fichero en HDFS. En este caso, la replicación es de 3, con lo que cada uno de los bloques del fichero es almacenado en los diferentes nodos del clúster.

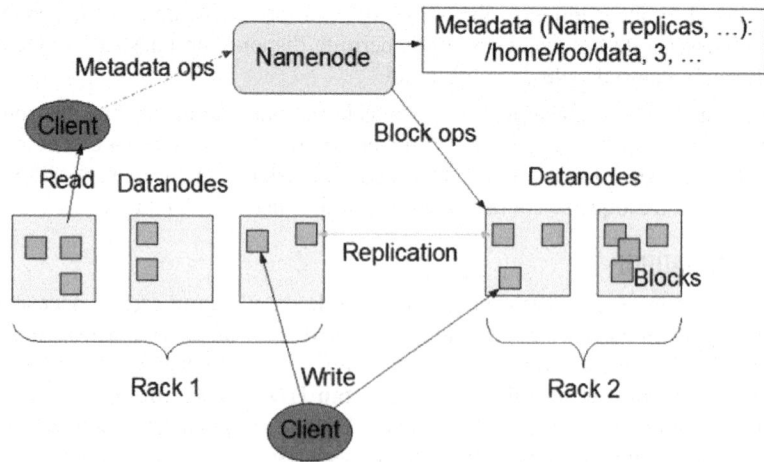

Figura 8.18. Replicación de datos en los DataNodes

El procedimiento de **escritura** de un fichero en HDFS es:

1. El cliente se conecta con el NameNode.

2. El NameNode busca en sus metadatos y devuelve al cliente el nombre del bloque y la lista de los DataNode.

3. El cliente se conecta con el primer DataNode de la lista y empieza el envío de los datos.

4. Se conecta con el segundo DataNode para realizar el envío

5. Idem con el tercer DataNode.

6. Finaliza el envío.

7. El cliente indica al NameNode donde se ha realizado la escritura del bloque.

El procedimiento de **lectura** de un fichero en HDFS es:

1. El cliente se conecta con el NameNode.

2. El NameNode devuelve una lista con los DataNode que contienen ese bloque.

3. El cliente conecta con el primero de los DataNode y comienza la lectura del bloque.

La información almacenada en el HDFS se encuentra replicada por un factor de réplica que por defecto es de 3. Tener la información replicada ofrece varias ventajas, la primera es que el HDFS va a seguir funcionando perfectamente aunque se caiga un DataNode (tolerancia a fallos), puesto que la información que contiene dicho DataNode va a estar almacenada también en otros DataNodes.

Otra ventaja importante, es que al tener la misma información almacenada en distintas máquinas, cuando ejecutemos un programa que trabaje con datos del HDFS, vamos a poder aprovechar mejor la localidad del dato (si un proceso no necesita traerse datos de otros nodos va a ejecutarse más rápidamente porque no va a necesitar intercambiar datos por la red), ya que más procesos van a tener disponible los datos en la misma máquina en la cual se están ejecutando.

8.5 HADOOP MAPREDUCE

A continuación vamos a ver algunos de los puntos más relevantes del motor de ejecución MapReduce, para de este modo tratar de entender cuál es la filosofía de trabajo que usan la mayoría de motores de ejecución Big Data de hoy en día para procesar cantidades enormes de datos.

El motor de Hadoop se compone de un planificador de tareas MapReduce, con nodos que cumplen con los trabajos que se tienen que ejecutar. El desarrollo de dichos algoritmos es complejo, porque requiere tener en cuenta varios aspectos importantes, como la forma de distribuir los datos y su procesamiento a lo largo de varias máquinas, qué hacer cuando una máquina falla al procesar su parte, etc. Como una reacción a estos problemas, surgió el motor de ejecución MapReduce, el cual se basa en las primitivas "map" y "reduce", que están presentes en Lisp y en otros lenguajes funcionales.

Los ingenieros de Google se dieron cuenta que la mayoría de operaciones que tenían que realizar involucran una operación de "map" (en la cual se aplica una transformación a los datos registro a registro) para obtener un conjunto de tuplas de tipo clave/valor, que luego serán mezcladas en una operación "reduce" que se encargará de llevar a cabo una operación determinada sobre todas las tuplas que comparten la misma clave. En la siguiente figura podemos ver cómo funciona el motor de ejecución MapReduce:

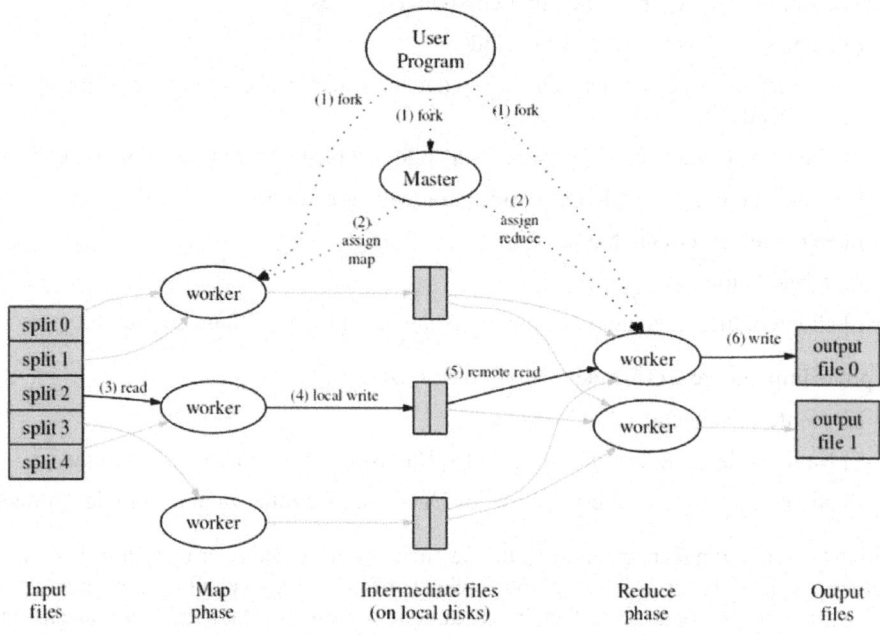

Figura 8.19. Motor de ejecución de MapReduce

Siguiendo el esquema visto en la figura anterior, el modelo de ejecución de MapReduce funciona de la siguiente manera:

1. Se dividen los datos de entrada en distintas partes, y se distribuye el programa por todos los nodos del clúster.

2. Uno de los nodos del clúster será el maestro, y será el encargado de dividir el trabajo a través del resto de nodos que actúan como "workers". El master selecciona aquellos nodos "workers" que estén inactivos y les asigna una tarea que puede ser de tipo "map" o de tipo "reduce".

3. Un worker al cual se le asigna una tarea de tipo "map" leerá los contenidos de una de las partes en las cuales dividimos los datos de entrada, llevará a cabo la tarea de tipo "map" definida por el usuario, y guardará en memoria las tuplas clave/valor que genere.

4. Cada cierto tiempo, las tuplas almacenadas en memoria en cada uno de los "workers" son escritas a disco, y su ubicación se le envía al nodo maestro que será responsable de asignar dicha información a los procesos de tipo "reduce".

5. Cuando un "worker" es notificado por el master para llevar a cabo una tarea de tipo "reduce", entonces dicho worker usa llamadas de procedimiento remoto para obtener las tuplas clave/valor generadas por varios procesos de tipo "map", y agrupa todas las tuplas que tienen la misma clave. El "particionador" que usa Hadoop por defecto garantiza que siempre lleguen todas las tuplas clave/valor correspondientes a una determinada clave al mismo proceso de tipo "reduce".

6. La salida generada por un proceso de tipo "reduce" será un conjunto de claves, con un conjunto de valores asociado a cada una de dichas claves. Y dicha salida será añadida a un fichero de salida final asociado a la partición que ha sido procesada.

7. Cuando todas las tareas de tipo "map" y de tipo "reduce" han finalizado, el programa se puede dar por completado, y se notifica al usuario de que sus datos de salida ya se encuentran disponibles en una carpeta, con un número de ficheros que será igual al número de particiones generadas, que dependerá a su vez del número de particiones que haya configurado el usuario en el programa de MapReduce.

8.6 INTRODUCCIÓN A MAPREDUCE

MapReduce es un modelo de programación basado en el paradigma de programación en paralelo, que permite el procesamiento de grandes cantidades de datos mediante la división del algoritmo en dos funciones: Map y Reduce. Dichas funciones serán aplicadas a todos los datos de entrada y faculta la abstracción de los problemas de los sistemas distribuidos, centrándose únicamente en el desarrollo de las funciones anteriormente enunciadas.

▼ **Map**: transforma un conjunto de datos en otra colección de datos formada por números de pares clave/valor. Produce como resultado otra colección de datos en la que se identifica un solo registro por cada valor utilizado como clave, ordenando dichos registros por la clave.

▼ **Reduce**: procesa el resultado del paso anterior generando un nuevo conjunto de datos a su salida, resultado de ciertas operaciones que se realicen sobre estos y que suelen reducir el número de particiones.

El principio de MapReduce consiste en dos elementos. El primer elemento (Map) es la primera transformación de datos: el nodo maestro recibe la entrada, la divide en partes y las transfiere a otros nodos llamados "workers". El segundo elemento (Reduce) es la agregación de los datos procesados: el nodo maestro recibe respuestas de los "workers" y produce un resultado.

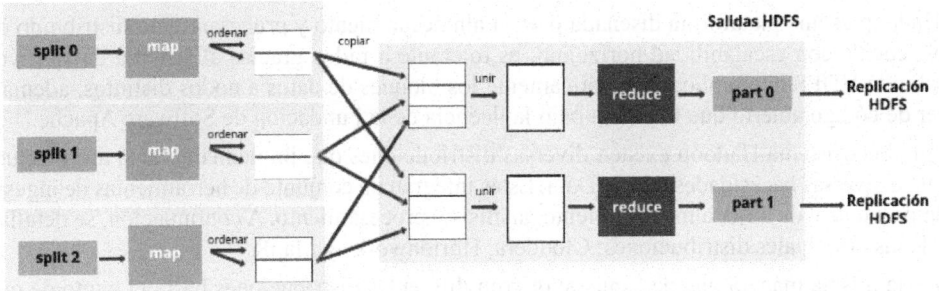

Figura 8.20. Ejecución de las funciones MapReduce

Las funciones Map y Reduce están definidas ambas con respecto a datos estructurados en parejas <clave, valor>. Las funciones a implementar se pueden resumir en las siguientes acciones:

```
Map(clave_entrada,valor_entrada)->lista(clave_intermedia, valor_intermedio)
Reduce(clave_intermedia,lista(valores_intermedios))->lista(clave_salida,valor_salida)
```

Podemos resumir el proceso de ejecución de MapReduce con los siguientes pasos:

▼ El sistema solicita un número de funciones Map y entrega a cada una de éstas un pedazo de los datos a procesar (que generalmente provienen de un sistema de gestión de datos distribuidos). Cada función Map transforma estos datos en una secuencia de pares (clave, valor). La operación se puede representar como **Map(k1,v1)->list(k2,v2).**

▼ Entre las fases Map y Reduce, existe una operación de agrupación que reúne todos los pares con la misma clave de todas las listas, creando un grupo por cada una de las diferentes claves generadas y los ordena de acuerdo a sus claves; a continuación distribuye todas las claves sobre varias funciones Reduce, de forma que todos los pares (clave, valor) que tienen la misma clave van a parar a una misma copia de Reduce.

▼ Cada Reduce toma todos los valores que recibe para una misma clave y realiza algún tipo de cómputo con los valores que recibe. La operación se puede representar como **Reduce(k2, list (v2))->list(k3,v3).**

▼ El resultado final de la operación es la combinación de los resultados de cada una de las funciones Reduce.

▼ Las tuplas generadas por la función Reduce son grabadas de forma permanente en el sistema de ficheros distribuido. Por tanto, la ejecución de la aplicación acaba produciendo n ficheros, donde n es el número de tareas Reduce ejecutadas.

Entre las operaciones Map y las Reduce es posible realizar una operación intermedia que toma como entrada la salida obtenida en la operación Map y cuya salida será la entrada de la operación Reduce. Esta operación intermedia se denomina **Combiner** y su finalidad es disminuir el número de tuplas con la misma clave obtenidas en la operación Map, para ello generará como salida registros del formado (clave, lista de valores) que se pasarán como entrada a la operación Reduce.

```
Combiner(lista(clave_intermedia,valor_intermedio))->lista(clave_intermedia,
lista(valores_intermedios))
```

8.7 DISTRIBUCIONES HADOOP

Hadoop es una plataforma diseñada para el almacenamiento y procesamiento distribuido de datos, cuenta con escalabilidad horizontal, es tolerante a fallos gracias al sistema de archivos distribuido HDFS que replica automáticamente los bloques de datos a nodos distintos, además, de ser de código abierto que funciona bajo la licencia de la Fundación de Software Apache.

En el ecosistema Hadoop existen diversas distribuciones que implementan una arquitectura común a diversas necesidades de Big Data. Estas integran un conjunto de herramientas de ingesta de datos, control de flujo, almacenamiento, análisis y procesamiento. A continuación, se detallan tres de las principales distribuciones: Cloudera, Hortonworks y MapR.

De la misma manera que de Linux surgieron diferentes distribuciones hasta el punto de que hoy en día millones de personas poseen un ordenador Linux, concretamente todos los que poseen un teléfono móvil con la distribución de Linux "Android", una situación similar ha ocurrido con Hadoop. Estas distribuciones incluyen muchas de las aplicaciones que mencionamos en el punto anterior. En la página web de Apache podemos encontrar una lista completa de productos que incluyen Apache Hadoop, aplicaciones derivadas y soporte comercial. Entre ellas podemos destacar las siguientes:

▼ **Cloudera**: denominada CDH y complementada con productos propios.

▼ **Hortonworks**: ofrecen una plataforma 100% open-source y ofrecen sus servicios como partners de otras empresas destacadas del sector.

▼ **MapR Technologies**: distribución orientada al alto rendimiento.

▼ **Pivotal HD**: ofrece una distribución que es ofrecida por otras empresas relevantes del sector.

8.7.1 CLOUDERA

Cloudera es una de las distribuciones de Hadoop más conocidas y usadas. Este agrega un conjunto de componentes propietarios al ecosistema Hadoop; estos componentes fueron diseñados para optimizar la gestión de los clústeres y brindar mejores experiencias de búsquedas. Alguno de los componentes desarrollados por Cloudera podemos destacar:

▶ **Impala**: es un motor basado en SQL, a tiempo real y paralelizado, realiza búsquedas de datos en el sistema de archivos HDFS. Es considerado como el motor de consultas más rápido de entre todos los proveedores de distribuciones Hadoop del mercado. Impala es un proyecto open-source creado por Cloudera. Su finalidad es facilitar la consulta en tiempo real de los datos almacenados en HDFS. Impala no usa MapReduce, es un demonio que es ejecutado en los nodos utilizando un lenguaje muy parecido al HiveQL. Impala es mucho más rápido si lo comparamos con otras soluciones como Hive ya que puede llegar a realizar consultas hasta 40 veces más rápido.

   ● *https://www.cloudera.com/products/open-source/apache-hadoop/impala.html*

▶ **Cloudera Manager:** es la consola que permite gestionar y desplegar los componentes en el clúster Hadoop.

▶ **Hue** *https://gethue.com*: es una consola que le permite al usuario interactuar con los datos y ejecutar scripts para los diferentes componentes de Hadoop contenidos en el clúster. Herramienta que proporciona a los usuarios y administradores de las distribuciones Hadoop una interfaz web para poder trabajar y administrar las distintas herramientas instaladas. Hue es una herramienta principalmente desarrollada por Cloudera por lo que cuenta con algunas características de su distribución, como un editor para Impala. Hue es un proyecto open source que a través de una interfaz Web nos permitirá acceder a los componentes más comunes de nuestro clúster Hadoop. Será posible otorgar diferentes privilegios a cada uno de los usuarios dependiendo del rol que ocupen en el sistema. Podríamos probar la herramienta Hue directamente online a través de la url: *https://demo. gethue.com*

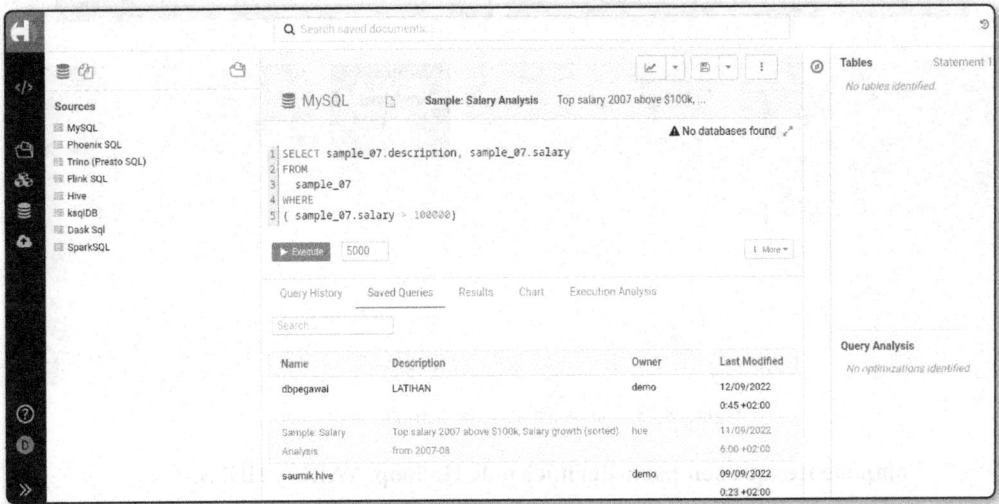

Figura 8.21. Interfaz de Hue

También podríamos realizar consultas directamente sobre un fichero csv:

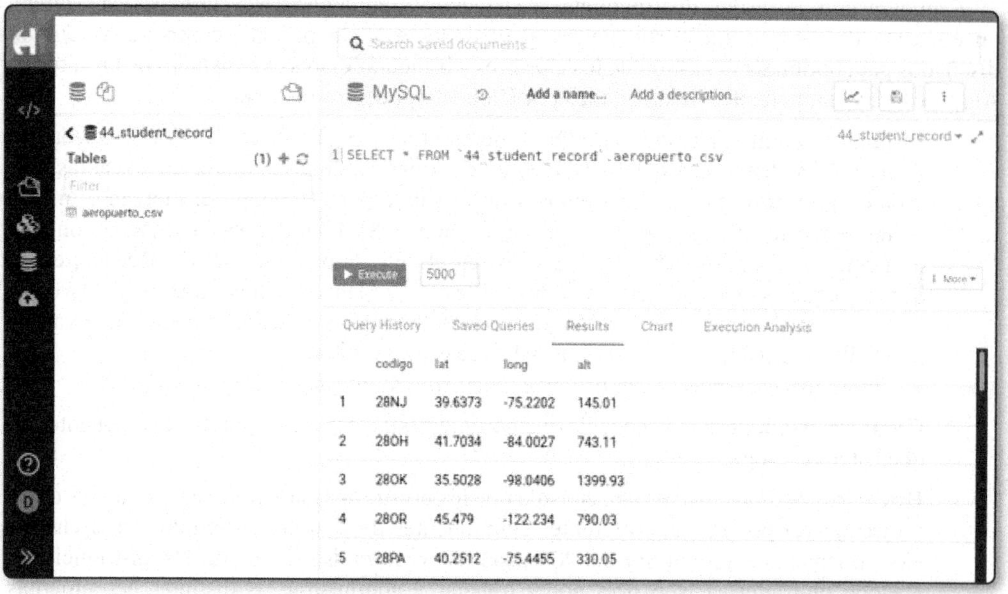

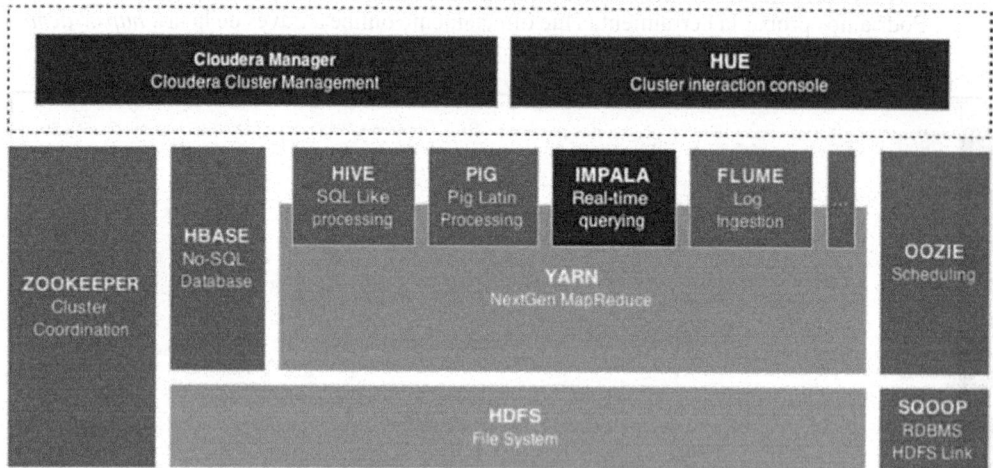

Figura 8.22. Consultas sobre un fichero csv

La siguiente imagen muestra los componentes de la distribución Hadoop de Cloudera:

Figura 8.23. Componentes de la distribución Cloudera

▼ **Componentes que son parte del núcleo de Hadoop**: YARN y HDFS.

▼ **Componentes que son parte del ecosistema Hadoop**: Zookeeper, Hbase, Hive, Pig, Flume, Oozie y Sqoop.

▼ **Componentes desarrollados por Cloudera**: Cloudera Manager, Impala y Hue.

Dentro de esta arquitectura podemos destacar **Impala** como motor de consultas que lleva la tecnología de base de datos escalable en paralelo a Hadoop. Se beneficia de los metadatos de Hive, de manera que es totalmente compatible con sus tablas y puede hacer consultas en bases de datos distribuidas.

Impala permite realizar consultas SQL con baja latencia, muy parecidas a la sintaxis HQL de Hive, pero sin pasar por un proceso MapReduce. Esto le permite ser hasta 50 veces más rápido que Hive y lo transforma en la herramienta ideal para acceder a los datos en tiempo real. Entre las principales características de Impala podemos destacar:

- ▼ Soporte de HDFS y almacenamiento Apache HBase.

- ▼ Lee formatos de archivos de Hadoop, incluyendo texto, LZO, SequenceFile, Avro, RCFile, y Parquet

- ▼ Soporta seguridad Hadoop, utilizando autenticación con Kerberos.

- ▼ Autorización de grano fino (fine-grained), basada en roles con Sentry.

- ▼ Utiliza metadata, controlador ODBC, y sintaxis SQL de Apache Hive.

8.7.2 MAPR

Es una distribución que tiene como pieza clave al sistema de archivos MapR. Implementa la API de HDFS, es de lectura/escritura completa y puede almacenar miles de millones de archivos (en comparación con la configuración compleja para HDFS que requiere espacios de nombres separados).

Los usuarios de esta plataforma normalmente tienen o están planeando clústeres Hadoop de misión crítica para lo cual pueden usar MapR-DB y MapR Streams (que implementan las APIs HBase y Kafka, respectivamente). En la siguiente imagen se muestran las tecnologías que implementa MapR divididas en Motores de Ejecución y Gobierno de Datos y Operaciones.

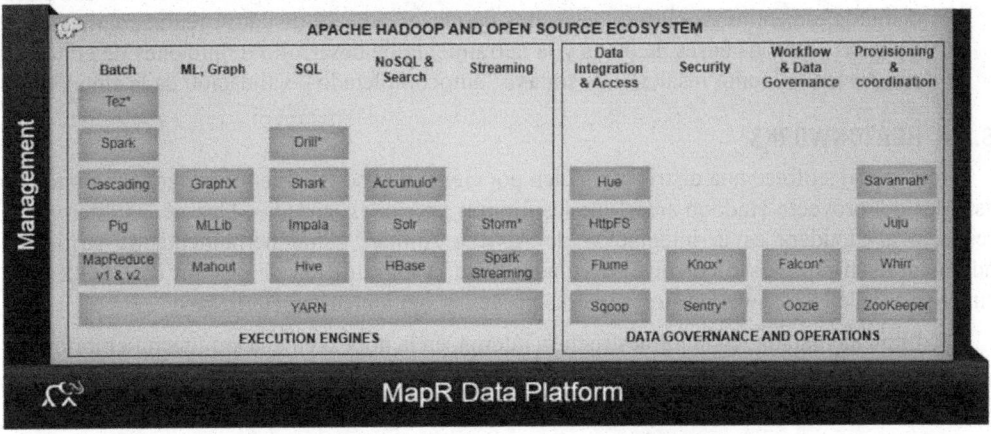

Figura 8.24. Componentes de la distribución MapR

MapR ofrece un mejor manejo de los datos por su alta tolerancia a los fallos gracias a su sistema de archivos MapRFS. Los usuarios de MapR normalmente buscan implementar clústers Hadoop de misión crítica con el uso de MapR-DB y MapR Streams.

8.7.3 DATASTAX

DataStax *https://www.datastax.com* es una empresa especializada en ofrecer y distribuir soluciones de software basadas en la base de datos NoSQL Cassandra, a diferencia de las demás soluciones Hadoop que usaban principalmente HDFS. El apoyo a Apache Cassandra está motivado por algunos de los principales fallos de la primera versión de Hadoop.

Utilizada por empresas como Netflix, eBay y Adobe. Su arquitectura está diseñada para ofrecer disponibilidad permanente, es segura y posee una elevada escalabilidad. El modelo de negocio de DataStax se centra en la venta de una versión de Cassandra para empresas, integrada con herramientas y características adicionales como análisis, búsquedas, seguridad, monitorización visual y gestión, y funcionalidad en memoria.

Datastax es totalmente compatible con las demás herramientas del ecosistema Hadoop (Hive, Pig, Oozie), aunque requieran del propio HDFS. Datastax se compone de los siguientes módulos:

- ▼ **Cassandra File System (CFS):** es un sistema de ficheros desarrollado para ser compatible con HDFS e incluso sustituirlo. Está pensado para reemplazar los servicios de NameNode, Secondary NameNode y DataNode por utilidades que se apoyan en Apache Cassandra. Uno de los principales problemas es no poder tener un factor de replicación distinto para cada fichero. Una de las soluciones posibles a este problema es tener más de un espacio de claves, cada uno con su propio factor de replicación. Esto significa tener varios sistemas de ficheros.

- ▼ **OpsCenter:** administra y monitoriza la distribución y la infraestructura a través de una interfaz web. Se pueden realizar tareas de administración, instalación y configuración de nuevos servicios, realizar trabajos a través de los nodos y crear dashboards para visualizar el rendimiento de los diferentes nodos del clúster y poder realizar análisis de funcionamiento y de carga de trabajo.

- ▼ **DevCenter**: es una herramienta de desarrollo para realizar programas y scripts en el lenguaje CQL. Entre sus características están las de navegar fácilmente entre los distintos esquemas de clústers, espacios de claves y bases de datos, realizar conexiones sencillas entre las bases de datos y la herramienta de desarrollo o funciones de editor de programación como resaltado de sintaxis, autocompletado o validación de la sintaxis.

8.7.4 HORTONWORKS

Hortonworks ofrece una distribución cien por ciento de código abierto. Integra componentes estables del proyecto Hadoop antes que las últimas versiones lanzadas. Una de las diferencias respecto a Cloudera es la integración de Apache Ambari como herramienta de gestión y administración del clúster. El nivel de madurez de la herramienta de gestión de Cloudera es superior a la de Hortonworks. Hortonworks posee las siguientes características:

- ▼ Implementación: en la infraestructura interna, en la nube o en una arquitectura híbrida; ya sea sobre plataformas Linux o Windows.

- ▼ Se recolectan y almacenan los datos en su forma original, sin importar su fuente o formato.

- ▼ Permite recoger datos de las bases de datos relacionales existentes, además de tipos de datos menos estructurados como el flujo de interacción o clics en sitios web (web clickstream), datos de máquinas y sensores, social media, datos desde móviles, geolocalización o los datos de registros de servidores.

- ▼ Tiene a YARN como su núcleo principal.

Yarn es un sistema operativo de datos y gestor de recursos distribuido, conocido también como Hadoop 2 ya que es la evolución de Hadoop Map-Reduce. Los cambios más significativos de Hadoop 2 sobre Hadoop 1 es que se incluye la tecnología HILO, que permite optimizar la asignación de recursos mediante la ejecución de los siguientes procesos:

▶ **Administrador de recursos o Resource Manager:** encargado de la gestión propia de los recursos del clúster.

▶ **Maestro de la aplicación o Application Master**: encargado de negociar los recursos con el administrador de recursos por un lado y con el gestor de nodos para ejecutar y monitorizar por otro. Existirá una aplicación maestra para cada «job» enviado al clúster.

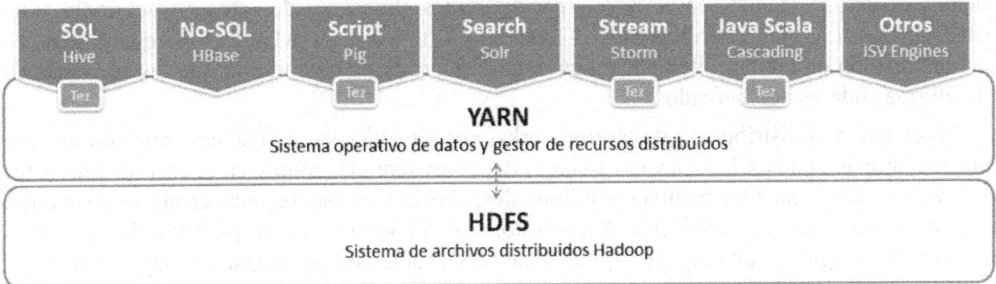

Figura 8.25. Núcleo principal de la distribución de HortonWorks

En la siguiente imagen se puede apreciar los principales componentes que forman parte de esta distribución.

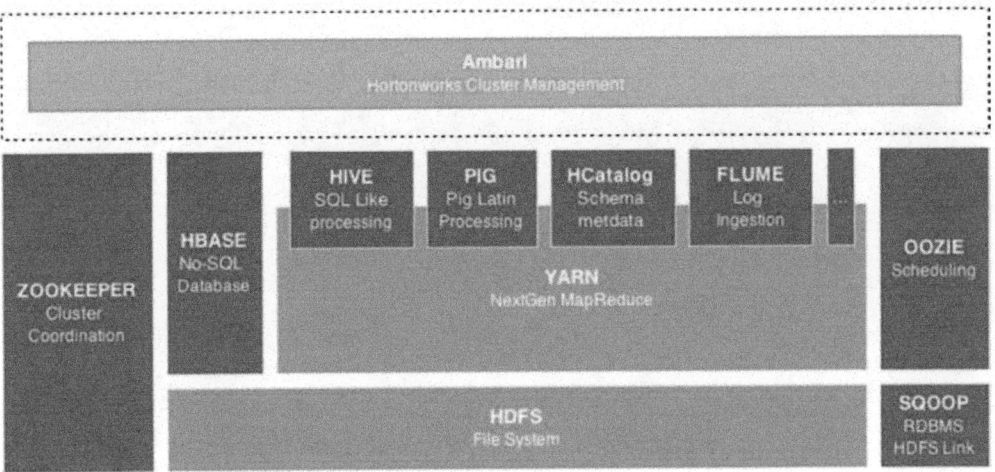

Figura 8.26. Componentes incluidos en la distribución de HortonWorks

8.8 CONCLUSIONES

En este capítulo hemos explorado estrategias de procesamiento y MapReduce como paradigma de programación basado en programación funcional para procesamiento escalable de datos. Para poder determinar qué distribución implementar dentro de un proyecto Big Data, es necesario evaluar las características del problema, así como sus necesidades. Una vez realizado el análisis del proyecto a implementar y definida la arquitectura a utilizar, se deben evaluar las opciones de implementación disponibles que asemejen o implementen las herramientas necesarias para alcanzar el objetivo del proyecto.

Se debe considerar que al implementar un proyecto Big Data se ha de utilizar diversas fuentes de datos y, según sea el caso, crear diferentes almacenes de datos estructurados y no estructurados. Las tres distribuciones (Cloudera, Hortonworks y MapR) son equivalentes en la construcción de una arquitectura y tienen un alto grado de madurez lo que las convierte en plataformas líderes del mercado.

En cuanto a la distribución de Hortonworks, por ser 100% código abierto nos permite una adaptación más rápida a las nuevas versiones del ecosistema Hadoop y en el caso de proyectos de investigación, donde los recursos son limitados, el poder contar con una herramienta sin coste alguno es una ventaja a considerar. Así mismo, tiene el soporte nativo para Windows, que en muchos casos significa una rápida implementación de soluciones Big Data sin mayores cambios o adaptaciones de la infraestructura actual de las organizaciones.

Cloudera al ser una distribución con mayor madurez, ofrece herramientas personalizadas que sobresalen por su funcionalidad y eficiencia frente a las demás distribuciones. Aunque estas herramientas generalmente tienen una versión comercial y teniendo en cuenta que Cloudera es parcialmente de código libre, hace que se convierta en una buena opción cuando lo que se busca es productividad.

9

PROCESAMIENTO DISTRIBUÍDO CON APACHE SPARK

9.1 INTRODUCCIÓN

El objetivo de este capítulo es entender el funcionamiento de Spark, principalmente usando la librería pyspark de Python. Introducimos la tecnología de Spark como motor de computación basado en una estructura de datos llamada RDD y de sus diferencias con MapReduce. Estudiamos ejemplos de aplicaciones con pyspark y de cómo hacer procesamiento en streaming de flujos de datos con Spark. Entre los principales objetivos del capítulo podemos destacar:

- ▶ Conocer la arquitectura de Apache Spark.
- ▶ Introducir la programación con "Resilient Distributed Datasets (RDDs).
- ▶ Aprender cómo se comporta Apache Spark con el procesamiento de datos de forma distribuida.
- ▶ Conocer cómo procesar datos en tiempo real gracias a Spark Streaming.

9.2 INTRODUCCIÓN AL PROCESAMIENTO DISTRIBUÍDO

Cuando queremos procesar grandes cantidades de datos, nos empezamos a encontrar con límites físicos en el hardware para escalar de manera costo-efectiva. La estrategia, al igual que con el almacenamiento, es crecer de una forma horizontal, añadiendo más máquinas en lugar de ir creciendo con una sola.

Sin embargo, eso nos obliga a pensar los problemas de una manera diferente. Debemos pensar en una forma de dividir los trabajos en tareas que puedan desarrollarse de manera paralela y tener una forma de combinar los resultados parciales cuando sea necesario. Google se ha enfrentado a este tipo de desafíos desde sus orígenes, dando como resultado, por ejemplo, tecnologías como GFS, Google File System, publicado en 2002 y Big Table, publicado en 2006 para almacenar la información y MapReduce, publicado en 2004 para procesamiento distribuido.

Uno de los paradigmas más utilizados hoy en día para el procesamiento distribuido es el de **MapReduce** que permite crear aplicaciones de procesamiento de datos en lotes distribuidos usando las abstracciones map y reduce. La estrategia consiste en dividir las entradas a cada fragmento, aplicando el proceso de map de manera paralela. Los procesos de map son independientes y cada map genera salida, es de tipo llave de valor.

Los resultados de estos procesos map se ordenan usando las claves y se envían a los nodos que se encargan de realizar las tareas de reducción. Cada tarea de reducción va a recibir todos los datos que tienen la misma llave, para así generar las respuestas agregando los datos.

En este punto es importante diferenciar entre el coste de mover los datos en la red y el coste de mover los procesos. En el caso de mover los datos por la red, su coste es alto, mientras que el coste de mover los procesos es despreciable, por lo que el objetivo sería llevar el proceso de map cerca de los datos, es lo que se llama la **localidad de los datos**.

Entender cómo modelar una tarea usando MapReduce es útil para modelar en otro tipo de frameworks como Spark. **Spark** nació con el objetivo de superar las limitaciones de MapReduce para procesos interactivos o iterativos, siendo varias veces más rápido para algunos tipos de aplicaciones.

9.3 INTRODUCCIÓN A APACHE SPARK

Spark empezó a desarrollarse en 2009 como un proyecto de investigación en los laboratorios de la universidad de Berkeley. Los investigadores habían estado trabajando previamente con Hadoop MapReduce, y observaron que MapReduce no era del todo eficiente para trabajos específicos de computación. En marzo de 2010 se convirtió en un proyecto open source y posteriormente fue transferido a la Fundación de Software Apache en junio de 2013.

Si a esto le añadimos, que Apache Spark es un proyecto de código abierto que tiene un gran apoyo de la comunidad, no es difícil entender por qué en los últimos años Apache Spark ha ido poco a poco reemplazando a Hadoop como el principal motor de ejecución Big Data.

Una de las primeras cosas que llama la atención es que mientras que Hadoop fue escrito en Java, Spark ha sido desarrollado en **Scala**, un lenguaje de programación más funcional y conciso que Java. Una de las propiedades más interesantes de una solución de código abierto es la actividad de su comunidad. En la siguiente url *https://www.openhub.net/p/apache-spark* podemos ver como de activa es la comunidad de desarrolladores de Spark.

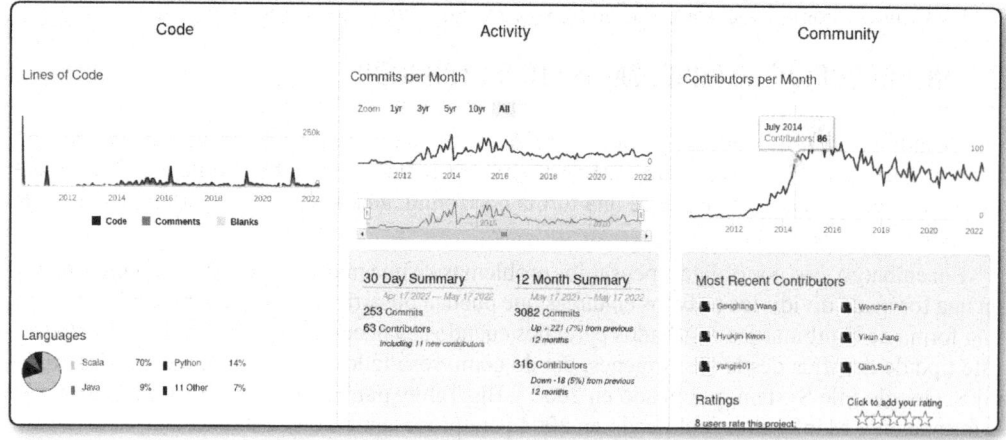

Figura 9.1. Actividad de la comunidad de Spark

Hoy en día se genera gran cantidad de datos en campos como la industria y la ciencia, por ello, es necesario herramientas como Apache Spark para trabajar con estos datos. Por otra parte, algunas industrias están utilizando Hadoop para almacenar, procesar y analizar grandes volúmenes de datos.

Spark tiene varias ventajas sobre Hadoop para el procesamiento de la información y la ejecución de algoritmos. La principal de ellas es la velocidad, dado que es hasta cien veces mayor debido a que, a diferencia de Hadoop, Spark trabaja principalmente "en memoria" y sólo escribe a disco cuando es necesario.

Si el procesamiento se realiza en memoria, el incremento de velocidad con respecto a la alternativa de Hadoop MapReduce es de aproximadamente 100 veces. Esto se debe principalmente a que los datos se almacenan en memoria RAM, mientras que en el caso de Hadoop los datos se almacenan en disco en un sistema de ficheros HDFS. A modo de resumen, podríamos decir que las principales características y diferencias entre Apache Hadoop y Apache Spark son las siguientes:

Característica	Hadoop	Spark
Almacenamiento	Cada fase de un job de MapReduce necesita leer/escribir de disco antes de pasar a la siguiente fase	Se realiza procesamiento en memoria RAM siempre que es posible, y sólo se escribe a disco cuando sea necesario
Operaciones	La programación se realiza a bajo nivel, utilizando simplemente operaciones englobadas como de tipo Map o de tipo Reduce	La programación se realiza a alto nivel, con un mayor nivel de abstracción, y un optimizador que se encarga de preparar el plan de ejecución a bajo nivel
Modelo de ejecución	Provee un modelo sencillo de programación distribuida	Provee un modelo sencillo de programación distribuida, pero más flexible e intuitivo que Hadoop
Lenguaje	Desarrollado en Java, que además es el lenguaje de programación utilizado para programar en este framework	Desarrollado en Scala, el cual es el lenguaje recomendado de programación en Spark, pero también tiene APIs para programar en Java, python, y R

De esta forma, Apache Spark extiende el popular modelo de computación MapReduce para que de manera eficiente soporte más tipos de computación, incluidas queries interactivas y procesamiento en streaming.

9.3.1 CARACTERÍSTICAS DE SPARK

Apache Spark es un framework basado en clúster diseñado para aplicaciones rápidas y de uso general para procesamiento de grandes cantidades de datos. Una de las mejoras en la velocidad es el hecho de que los datos, después de cada trabajo, se mantienen en memoria. Esto hace que los trabajos iterativos (como el algoritmo de K-means de agrupación) sean más rápidos así como la latencia y el ancho de banda proporcionados por la memoria son más eficientes que el disco físico. Entre las principales características de la plataforma de Spark podemos destacar:

1. **Una plataforma de código abierto con una comunidad activa.** Una de las propiedades más interesantes de una solución de código abierto es la actividad de su comunidad. Es la comunidad de desarrolladores la que mejora las características de la plataforma, y ayuda al resto de programadores a implementar soluciones o resolver problemas.

2. **Una plataforma rápida.** Una de las primeras circunstancias que sorprenden de Spark es que, para ser una plataforma de código abierto, su velocidad es enorme, muy por encima de algunas soluciones propietarias. ¿Por qué es tan rápida? Apache Spark permite a los programadores realizar operaciones sobre un gran volumen de datos en clústeres de forma rápida y con tolerancia a fallos. Cuando tenemos que manejar algoritmos, trabajar en memoria y no en disco mejora el rendimiento.

3. **En términos de aprendizaje automático**, Spark ofrece unos tiempos de cálculo en memoria mucho más rápidos que cualquier otra plataforma. El almacenamiento de los datos en la memoria caché hace que la iteraciones de los algoritmos de machine learning con los datos sea más eficiente. Además, las transformaciones que se van produciendo a partir de esos datos también se almacenan en la memoria. En ese procesamiento de datos en memoria, el equipo de desarrolladores dispone de la flexibilidad suficiente para escoger qué datos quedan en memoria y cuáles pueden volcarse al disco duro porque no son necesarios en ese momento. Eso libera mucho el procesamiento, aumentando su eficacia.

4. **APIs para trabajar con los datos. Apache Spark tiene APIs nativas para los lenguajes de programación Scala, Python y Java.** Este conjunto de APIs facilita a los programadores el desarrollo de aplicaciones que se puedan ejecutar en la plataforma. Las APIs posibilitan interactuar con los datos de:
   - El sistema de ficheros de Hadoop (HDFS).
   - La base de datos NoSQL de código abierto HBase.
   - La base de datos NoSQL de código abierto Apache Cassandra.

9.3.2 LENGUAJES SOPORTADOS

Spark fue diseñado para ser muy accesible ofreciendo sencillas APIs en distintos lenguajes de programación como Scala, Python, Java, SQL, además de disponer de una Shell interactiva. La ventaja de utilizar lenguajes como Scala y Python es que se puede llegar a conseguir una reducción de código fuente de 2 a 5 veces respecto a Java.

Existen ejemplos para Spark que ofrecen una descripción rápida de la API de Spark. Estos ejemplos contienen código en Python, Scala y Java y podemos encontrarlos en la página oficial de Spark *https://spark.apache.org/examples.html*.

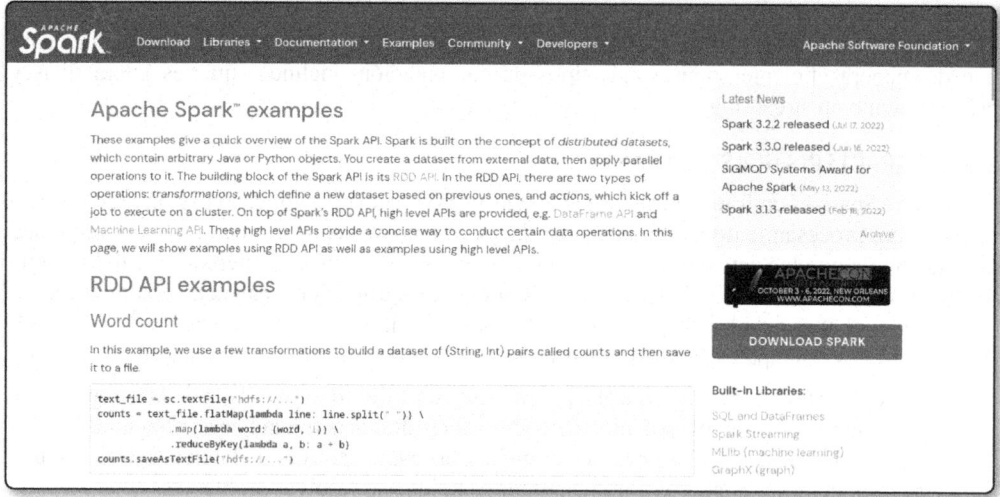

Figura 9.2. Documentación oficial de Spark

La decisión de utilizar un lenguaje u otro tienen sus ventajas y desventajas cuando trabajas con Spark. La decisión de uno u otro depende de las necesidades de sus proyectos, las capacidades propias o de sus equipos. Por ejemplo, Scala gana en términos de rendimiento y concurrencia si lo comparamos con otros lenguajes como Python.

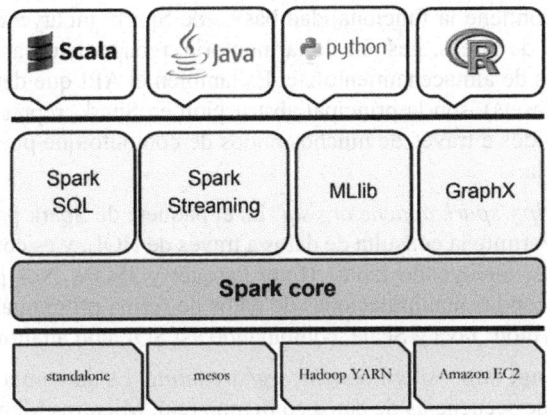

Figura 9.3. Lenguajes soportados por Spark

El lenguaje SQL es ampliamente utilizado en bases de datos por científicos de datos y otros que están familiarizados con hacer preguntas sobre cualquier sistema de almacenamiento de datos. En este punto, **Spark SQL** ofrece soporte para SQL y simplifica el proceso de consulta de datos almacenados en el propio modelo RDD de Spark, junto con datos de fuentes externas, como bases de datos relacionales y data warehouse.

9.4 ECOSISTEMA DE APACHE SPARK

Apache Spark es un motor de propósito general para procesamiento de conjuntos de datos masivos sobre el cual se han desarrollado APIs de alto nivel. El núcleo de Spark (Spark core) es el responsable de planificar la ejecución, distribución y monitorización de aplicaciones que consisten en varias tareas de computación distribuídas en varias máquinas denominadas "workers" (clúster de computación).

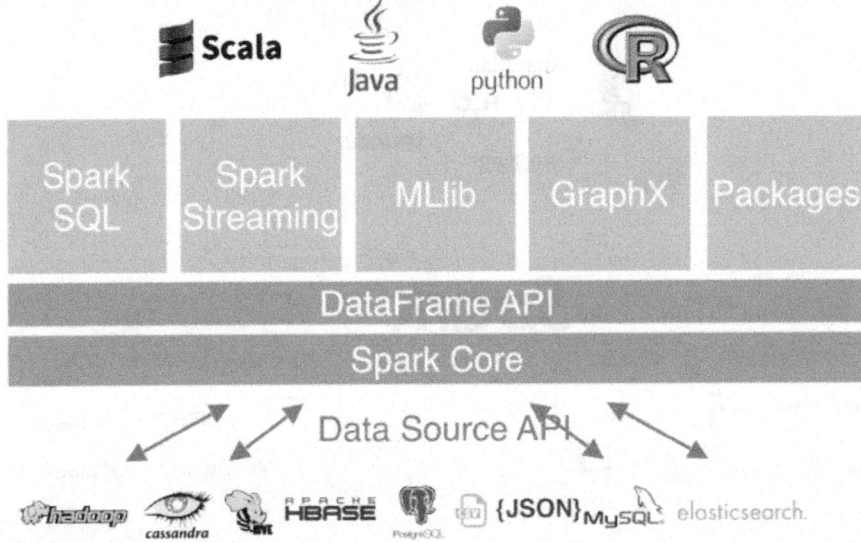

Figura 9.4. Conexión de Spark con diferentes fuentes de datos

▼ **Spark Core**: Contiene la funcionalidad básica de Spark, incluyendo componentes para la planificación de tareas, gestión de la memoria, recuperación ante fallos, interacción con los sistemas de almacenamiento etc. Es también el API que define RDDs (Resilient Distributed Datasets), son la principal abstracción en Spark, representan colecciones de objetos distribuidos a través de muchos nodos de cómputo que pueden ser manipulados de forma paralela.

▼ **Spark SQL:** *http://spark.apache.org/sql*. Es el paquete de Spark para trabajar con datos estructurados. Permite la consulta de datos a través de HQL, y es compatible con muchas fuentes de datos, incluyendo tablas Hive, Parquet y JSON. Nos permite entremezclar consultas SQL con las manipulaciones de datos de forma programática permitidas sobre los RDDs en Python, Java y Scala, combinando así SQL con analíticas complejas.

▼ **Spark Streaming:** *http://spark.apache.org/streaming*. Es un componente que permite el procesamiento de secuencias de datos en tiempo real. Mientras MapReduce solo procesa datos en lotes, Spark tiene la posibilidad de gestionar grandes datos en tiempo real. Esto facilita que los datos se analicen según van entrando, sin tiempo de latencia y a través de un proceso de gestión en continuo movimiento.

▼ **MLlib:** *http://spark.apache.org/mllib*. Es la librería que viene con Spark y que contiene funcionalidad de machine learning. Ofrece varios tipos de algoritmos de aprendizaje automático, clasificación, regresión, clustering y el filtrado colaborativo, así como funcionalidad para la evaluación de modelo y de importación de datos.

▼ **GraphX:** *http://spark.apache.org/graphx*. Es una librería que nos proporciona un API para la manipulación de grafos (por ejemplo, una red social de amigos) y realizar cálculos de grafos en paralelo con buen rendimiento. Extiende el Spark RDD API, permitiéndonos crear grafos con propiedades arbitrarias anexas a cada vértice y enlace.

Una característica importante es que muchas de las aplicaciones ya existentes se han hecho compatibles con Spark y que estén surgiendo nuevas enfocadas en trabajar con Spark en áreas específicas de procesamiento de datos masivos.

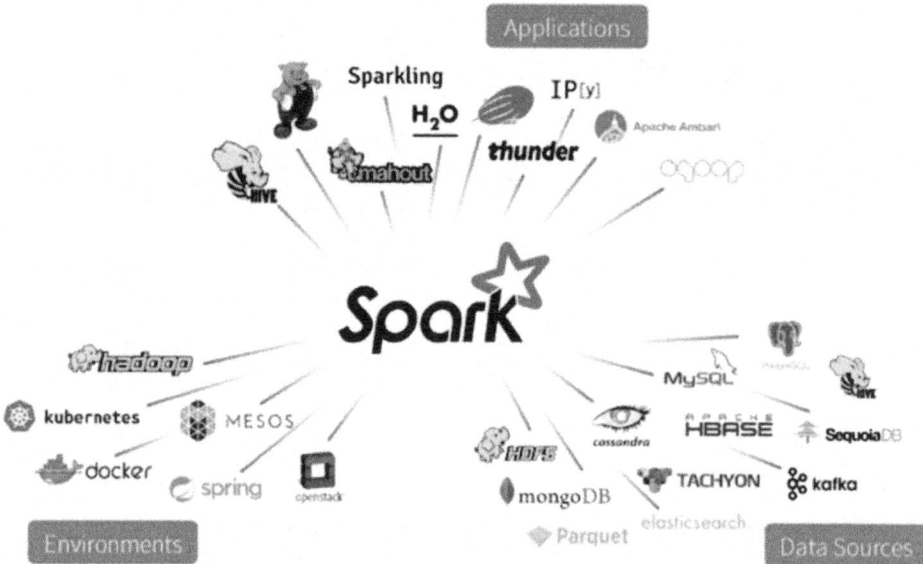

Figura 9.5. Conexión de Spark con diferentes fuentes de datos

9.5 VENTAJAS DE APACHE SPARK

Spark puede ejecutarse de forma independiente o puede convivir como un componente más de Hadoop, de forma que si estamos realizando un proceso de migración podemos planificarlo de una forma progresiva. Spark ofrece múltiples ventajas respecto a MapReduce-Hadoop entre las que podemos destacar:

▶ **Procesamiento en memoria:** con el fin de mejorar el rendimiento entre operaciones, se permite la persistencia o el almacenamiento en caché de un RDD entre operaciones.

▶ **Las aplicaciones pueden ser ejecutadas en modo clúster** por los diferentes nodos workers y están gestionadas por un nodo maestro.

▶ **Escalable y tolerante a fallos.**

▶ **Menor tiempo de procesamiento:** gracias a su procesamiento "in-memory" y a las características del clúster Hadoop, vamos a incrementar muchísimo el tiempo de procesamiento.

▶ **Flexibilidad:** a la hora de procesar datos no estructurados y poder almacenarlos sin tener que determinar qué vamos a necesitar a nivel de memoria y procesador.

▶ **Escalabilidad**: posibilidad de ir incrementando nuestro clúster a medida que vamos necesitando más almacenamiento o procesamiento.

La principal ventaja que aporta Spark es que carga en memoria los datos y realiza operaciones utilizando conjuntos de datos intermedios llamados RDDs. Esto hace que su rendimiento sea muy bueno si lo comparamos con otras soluciones como Hadoop. Spark nos ofrece varias ventajas entre las que podemos destacar:

▶ **Velocidad:** Apache Spark es capaz de ejecutar hasta 100 veces más rápido aplicaciones ejecutadas en memoria y 10 veces más rápido cuando se ejecuta en el disco. Esto se debe principalmente a la reducción del número de operaciones de lectura/escritura en el disco y al nuevo almacenamiento de datos de procesamiento intermedio en memoria. Gracias a esta mejora en la velocidad, Spark ofrece una experimentación más veloz, mayor interactividad y mayor productividad para los analistas. En la siguiente imagen se puede observar como Apache Spark posee una mayor velocidad de procesamiento en comparación a Hadoop MapReduce:

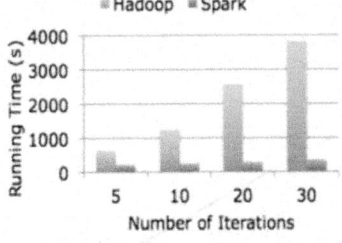 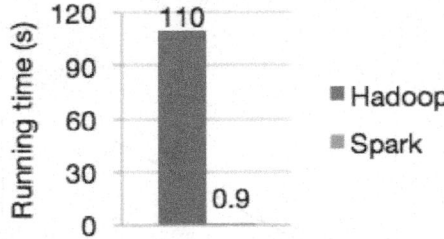

Figura 9.6. Velocidad de procesamiento Hadoop vs Spark

▶ **Potencia**: Apache Spark nos permite realizar más operaciones que Hadoop MapReduce: integración con lenguaje R (Spark R), procesamiento de streaming, cálculo de grafos, machine learning, y análisis interactivos. Gracias a esta mejora en la potencia, se podrán desplegar nuevos proyectos de Big Data con menos presupuesto y con soluciones más completas.

▼ **Compatible con SQL:** Gracias al módulo Spark SQL se permite la consulta de datos estructurados y semiestructurados utilizando lenguaje SQL o gracias a la API, la cual puede ser utilizada con Java, Scala, Python o R.

▼ **Escalabilidad**: Spark nos da la posibilidad de ir incrementando nuestro clúster a medida que vamos necesitando más recursos.

9.6 ARQUITECTURA DE APACHE SPARK

Una aplicación en Spark está compuesta por un programa llamado **Driver** que es el encargado de arrancar varias operaciones en paralelo sobre un cluster, y un conjunto de nodos que serán los encargados de llevar a cabo las distintas tareas y que son conocidos como **workers**.

El Driver contiene la aplicación que hemos codificado en Spark para realizar distintas operaciones sobre un conjunto de datos (dataset), y dos subcomponentes, el **scheduler** y el **SparkContext**, que son los encargados de solicitar recursos al clúster (memoria y cores), dividir la lógica de la aplicación en distintas fases y tareas, enviar las tareas a los executors que se encuentran en los nodos workers, y recolectar todos los resultados cuando queremos que los datos de un RDD dejen de estar distribuidos, y pasen a estar en una sola máquina (en este caso sería en el Driver), lo cual puede ser hecho mediante el comando **collect**.

El objeto **SparkContext** se usa para construir RDD's a partir de los datos de entrada, y nos permite ejecutar operaciones en paralelo, como por ejemplo contar el número de veces que aparece la palabra "Exception" en un fichero de log de 500 Gb que ha sido previamente leído y transformado en un RDD de Strings. Para llevar a cabo este tipo de operaciones en paralelo, el Driver solicita a los nodos de nuestro cluster, conocidos como workers, que tengan algún espacio libre que ejecuten tareas en algunos de sus ejecutores(Executor).

Un nodo de tipo worker puede tener varios ejecutores, cada uno de ellos con un número de cores y de memoria RAM determinada (que puede configurarse previamente a la ejecución de un programa de Spark), y a su vez cada ejecutor puede tener espacio para ejecutar varias tareas.

Por otra parte, un clúster de Spark puede ejecutar distintos jobs independientes uno del otro y a cada job se le asignan un conjunto de recursos (principalmente cores y memoria), o se mantendrá en espera hasta que se liberen suficientes recursos del clúster de Spark para poder ejecutarse. Todo esto queda reflejado en la siguiente imagen:

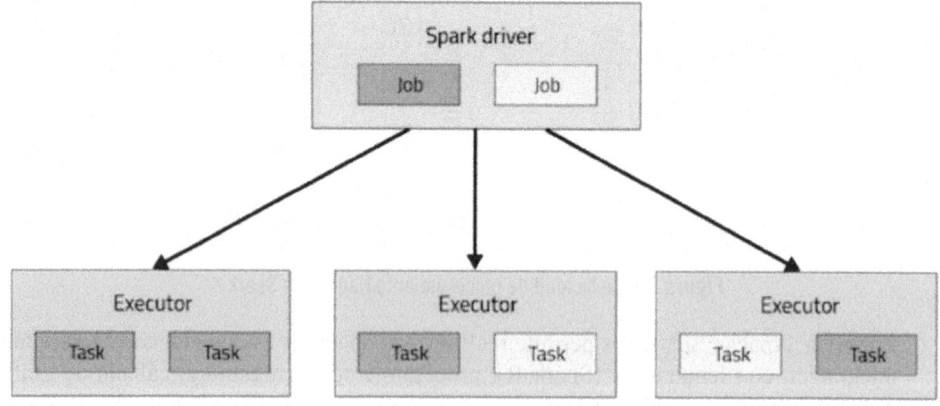

Figura 9.7. Ejecución de tareas en Spark

Dos de las características más relevantes para entender el por qué Spark ofrece un mejor rendimiento son las siguientes:

▶ **DAG (Directed Acyclic Graph):** debido a su característica Lazy, es decir, que no ejecuta ningún trabajo hasta que deba entregar el resultado final, Spark crea una lista de tareas que no se ejecutarán hasta que se envíe una orden de ejecución. Esta lista de tareas se conoce como Grafo Acíclico Dirigido (DAG). Antes de llevar a cabo una acción, Spark optimiza todas las tareas que debe hacer para de esta forma determinar cuál es el modo óptimo de llevarlas a cabo. Además, esta forma de trabajar permite a Spark que si tiene que realizar varias tareas distintas, pueda aprovechar la salida de una tarea que se encuentra en memoria, para directamente pasarle dicha referencia a la siguiente tarea, y de esta forma evitar tener que escribir los datos de salida a disco, con el gasto en tiempo que genera la escritura y posterior lectura de dichos datos. En la siguiente imagen podemos ver como cada job se divide en etapas y cada una de estas en tareas.

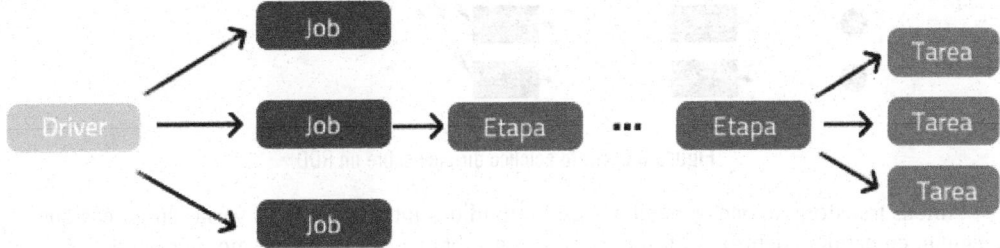

Figura 9.8. Grafo acíclico dirigido para la ejecución de tareas en Spark

▶ **Procesamiento de datos en memoria**: Spark intenta trabajar con los datos en memoria, siempre que los recursos de los workers lo permiten, de esta forma, el rendimiento mejora ostensiblemente con respecto a Hadoop, donde cada operación MapReduce acaba volcando su salida al HDFS. Esta diferencia puede no tener un impacto demasiado grande para determinadas tareas donde solo es necesario pasar una vez a través de todos los datos, pero en determinadas tareas que requieren pasar múltiples veces por los mismos datos, como por ejemplo al usar algoritmos de aprendizaje automático, el procesamiento en memoria RAM que hace Apache Spark hace que el rendimiento de éste sea muy elevado respecto al modelo de ejecución clásico de MapReduce.

De esta forma, Spark es capaz de usar su motor de ejecución para programar todas las transformaciones que se han solicitado hasta ese momento, y ejecutarlas de la forma más eficiente posible, usando para ello un optimizador conocido como Catalyst, que es capaz de llevar a cabo optimizaciones lógicas y crear un plan de ejecución a partir de todas las operaciones que hemos solicitado. Esto hace que Spark sea también más eficiente que Hadoop, incluso cuando no se carga todo el dataset en memoria, y debe trabajar también con datos procedentes de disco.

Spark organiza el trabajo en múltiples fases, que se separan cada vez que hay una redistribución de datos o cuando se invoca a una operación de tipo acción. Cada fase se compone de un número de tareas que realizan transformaciones. Esta fase finaliza cuando se redistribuyen los datos. Abstrayéndose, la ejecución de un workflow de una aplicación Spark puede ser descrita como un grafo acíclico dirigido (DAG) mostrando las modificaciones aplicadas sobre los RDD.

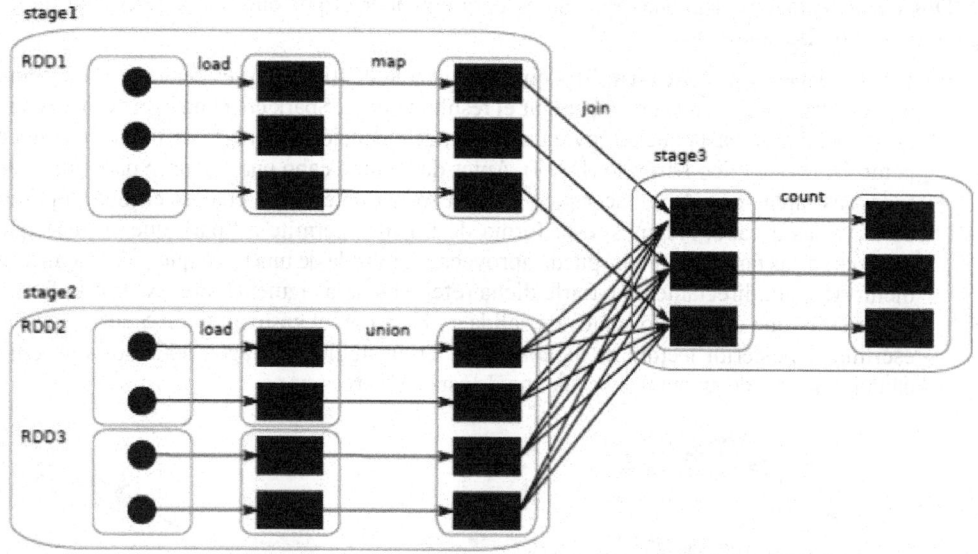

Figura 9.9. Grafo acíclico dirigido sobre un RDD

Ambas transformaciones y acciones están divididas internamente en varias subtareas que se ejecutan en paralelo dentro del framework. Cada subtarea ejecuta el mismo método definido en Spark, pero sobre un pequeño fragmento de datos del dataset (RDD). Por defecto, el número de tareas en las que se divide cada operación está determinado por el número de particiones en las que el RDD de entrada de la operación ha sido dividido previamente.

Por ello, el paralelismo en la operación tiene una relación directa con el número de particiones del RDD procesado. El número de tareas paralelas ejecutadas por Spark en una operación sobre un RDD será igual al número de particiones. Sin embargo, este número de tareas no es siempre el mismo para todas las operaciones.

Este número puede variar a lo largo de la ejecución, dependiendo de varios factores. El número de particiones puede ser definido explícitamente por el usuario en algunos casos, o ser ajustado automáticamente por el contexto dependiendo del tamaño del conjunto de datos y de la configuración del clúster. Como ejemplo, las operaciones de unión, intersección o el producto cartesiano dan como resultado un RDD con un número de particiones igual a la suma, el máximo o el producto del número de particiones de los RDD originales.

Por último, el planificador de Spark distribuye las tareas a los nodos disponibles del clúster. En Spark, hay 2 tipos de planificaciones, uno externo a la ejecución de un programa (Inter aplicación), que distribuye los recursos entre todas las aplicaciones de Spark que se está ejecutando en el cluster, y otro a nivel interno del programa (intraaplicación), que se encarga de distribuir las N tareas dentro de un programa. En esta arquitectura:

▼ Las aplicaciones tienen su propio proceso de ejecución, permanecen activas durante toda la aplicación y tienen ejecutándose tareas en subprocesos.

▼ Spark es independiente del administrador de clúster subyacente mientras pueda adquirir procesos de ejecutor y estos se comuniquen entre sí.

▼ El programa del controlador debe escuchar y aceptar las conexiones entrantes de sus ejecutores a lo largo de su vida útil y debe ser redireccionable desde los nodos de trabajador.

▶ Debido a que el controlador planifica tareas en el clúster, debe ejecutarse cerca de los nodos de trabajadores, preferiblemente en la misma red de área local.

Para que el programa driver acceda a Spark necesitamos crear un objeto SparkContext. En la shell de spark y pyspark se crea automáticamente una variable con nombre sc que es el SparkContext. Este SparkContext, es la parte principal del API de Spark, es el punto de entrada a todas las funcionalidades de Spark, al inicializarlo estaremos definiendo el tipo de instalación de Spark a la que queremos conectarnos (local, standalone, mesos, yarn) para ejecutar nuestras operaciones.

9.6.1 CLUSTER DE APACHE SPARK

Un clúster de Spark se compone de los siguientes elementos:

▶ **Driver Spark**: es el programa que contiene el método principal, que es el punto de partida del programa.

▶ **Sesión Spark:** es el punto de entrada (entry point) a Spark.

▶ **Controlador del clúster**: es el responsable de asignar recursos a través de la aplicación Spark.

▶ **Ejecutor SPark**: es la parte de la RAM en el nodo esclavo (nodo worker) donde reside el bloque de datos y la tarea o el código que se implementará.

▶ **Nodo worker**: los workers son las instancias donde los ejecutores se alojan para ejecutar el código de aplicación escrito por el usuario en el clúster.

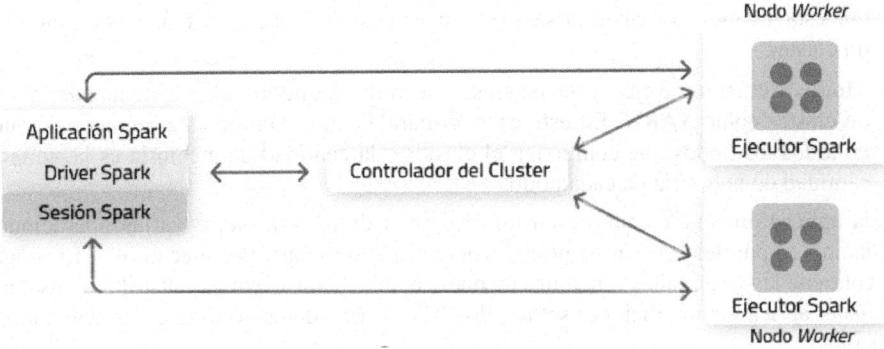

Figura 9.10. Componentes de un clúster de Spark

Lo interesante de Spark es usarlo en modo distribuido que ya funciona en un clúster. Spark usa una arquitectura maestro esclavo con un coordinador central y varios nodos **workers**. Al inicializar el objeto **SparkConext** en su programa principal (Driver Program), las aplicaciones de Spark serán coordinadas en el clúster como procesos que trabajan independientes del resto distribuidas por cada nodo.

Específicamente, para ejecutar en un clúster, el driver se comunica con el clúster manager y seguidamente SparkContext se puede conectar a varios tipos de administradores de clúster (Mesos, YARN o Standalone) que asignan recursos a través de la aplicación que los organiza. A continuación Spark toma a los ejecutores en cada nodo trabajador perteneciente al clúster que serán a los que se le asignen procesos, ejecutarán cálculos y almacenarán datos para su aplicación. Por último, envía su código de aplicación y SparkContext envía tareas a los ejecutores para que las lleven a cabo.

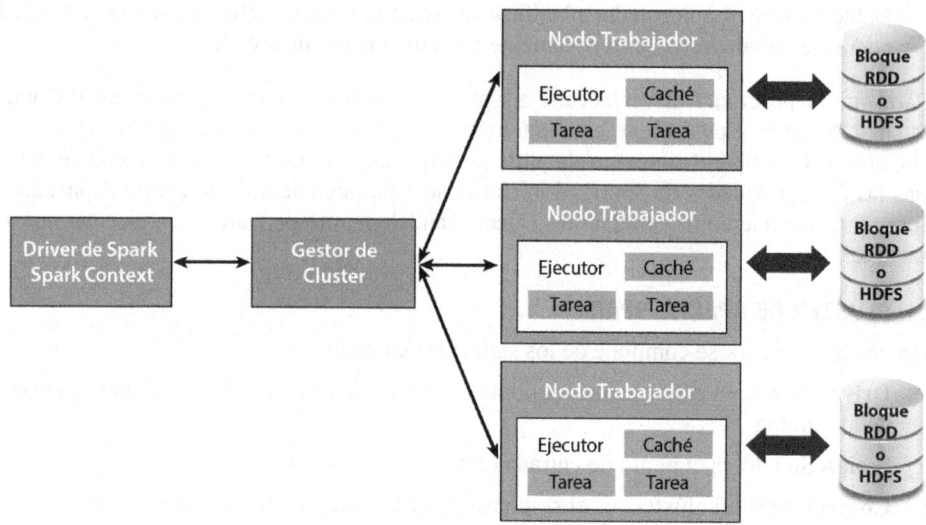

Figura 9.11. Gestión de tareas de un clúster de Spark

Spark puede funcionar de dos formas diferentes:

▸ **Modo autónomo (standalone):** se ejecuta en su máquina local. En este caso, el máximo de paralelismo es el número de núcleos de la máquina local y la cantidad de memoria disponible es la que tengamos en nuestra máquina. Es el gestor de clúster más sencillo que está incluido con Spark. Este gestor hace posible la fácil creación y configuración de un clúster.

▸ **Modo de clúster:** se ejecuta en un clúster de múltiples nodos, utilizando un administrador de clúster como YARN. En este caso, el paralelismo máximo es el número de núcleos en todos los nodos que componen el clúster y la cantidad de memoria es la suma de la cantidad de memoria de cada nodo.

Cada aplicación Spark consiste en un programa driver que lanza varias operaciones de computación en paralelo en varios nodos worker (también llamados ejecutores). El programa driver contiene las principales funciones de nuestra aplicación y define y distribuye los datasets en el clúster aplicando operaciones sobre ellos. Hay varios datos útiles que destacar sobre esta arquitectura:

1. Las aplicaciones de Spark son ejecutadas independientemente y estas son coordinadas por el objeto Spark SparkContext del programa principal (Driver Program).

2. SparkContext es capaz de conectarse a gestores de clúster (Cluster Manager), los cuales se encargan de asignar recursos al sistema. Hay varios tipos de gestores de clúster:

   a. **Standalone**: sencillo gestor de clústeres, incluido con Spark, que facilita la creación de un clúster.
      http://spark.apache.org/docs/latest/spark-standalone.htm

   b. **Apache Mesos**: es un gestor de clústeres un poco más avanzado que el anterior, que puede ejecutar Hadoop, MapReduce y aplicaciones de servicio.
      http://spark.apache.org/docs/latest/running-on-mesos.html

   c. **Hadoop YARN**: es el gestor de recursos en Hadoop.
      http://spark.apache.org/docs/latest/running-on-yarn.html

3. Una vez conectados, Spark puede encargar que se creen ejecutores, encargados de ejecutar tareas (tasks) en los nodos del clúster.

También hay algunos puntos que tendríamos que tener en cuenta:

▶ Cada aplicación posee sus propios ejecutores, los cuales ejecutan tareas en varios subprocesos. Gracias a esto, se consigue aislar las aplicaciones entre sí, tanto en el lado de la programación (cada controlador programa sus propias tareas), como en el lado del ejecutor (las tareas de las diferentes aplicaciones se ejecutan en distintas JVM). Sin embargo, esto significa que los datos no se pueden compartir entre diferentes aplicaciones Spark.

▶ Dado que el driver administra y prioriza las tareas del cluster, este debería ser ejecutado preferiblemente en la misma red local, principalmente por temas de latencia.

9.7 RDD (RESILIENT DISTRIBUTED DATASETS)

La unidad básica con la que trabaja Spark son los resilient distributed datasets (RDD), estructuras de datos distribuidas tolerantes a fallos que permiten repartir y almacenar el conjunto de datos original entre diversos equipos de trabajo. Una aplicación Spark consiste en una sucesión de operaciones sobre porciones del RDD. Tanto la información como la computación son distribuidas entre los recursos disponibles de un cluster.

El framework se encarga de la distribución automática y coordinación entre todos los flujos de trabajo, que resulta transparente para el usuario final. Spark ofrece dos tipos de operaciones: transformaciones y acciones.

▶ Las **transformaciones** son operaciones que crean un nuevo RDD a partir de otro RDD previo. Las transformaciones pueden ser de dos tipos, narrow o wide. Las operaciones de tipo narrow son aquellas que cada fragmento ya contiene toda la información necesaria para completar la operación, como por ejemplo operaciones de tipo map o filter. Por otro lado, las operaciones de tipo wide son aquellas que sí requieren de información de varias particiones previas para calcular el resultado final, como por ejemplo, operaciones groupByKey o reduceByKey. Algunos ejemplos sobre transformaciones sobre RDD son: crear un nuevo RDD en base a una función (map(función) / filter(función)).

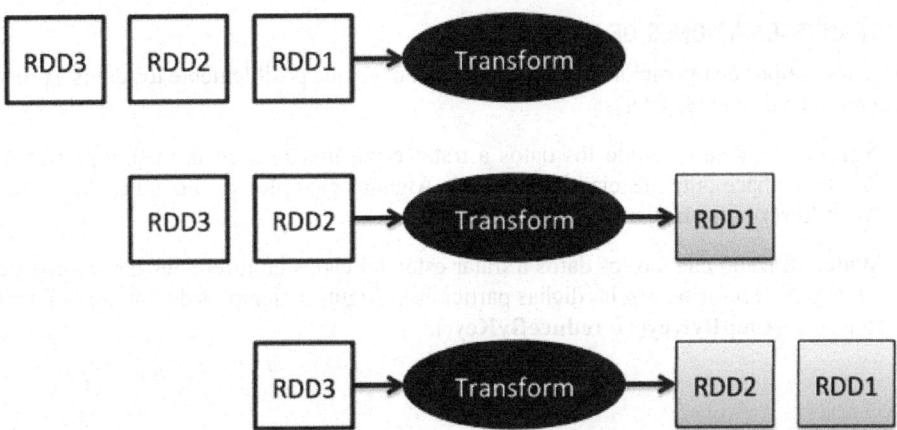

Figura 9.12. Transformaciones sobre un RDD

▶ Las **acciones** son operaciones que devuelven un resultado a partir de un RDD, pero no crean un nuevo RDD. Algunos ejemplos sobre acciones sobre RDD son:

- **contar los elementos que posee el mismo (count())**
- **guardar su contenido en un fichero (saveAsTextFile (fichero))**
- **devolver un array de los primeros n elementos del RDD (take(n))**
- **devolver un array con todos los elementos de un RDD (collect())**

Se dice que las transformaciones se realizan de forma perezosa, lo que significa que no se ejecutan de forma inmediata y se irán guardando hasta que una acción posterior necesite el resultado y se ejecute. Esto normalmente mejorará el rendimiento, ya que puede evitar la necesidad de procesar datos innecesariamente.

También puede, en determinadas circunstancias, introducir cuellos de botella de procesamiento que hacen que las aplicaciones se detengan mientras se espera que concluya una acción de procesamiento. Siempre que sea posible, estos RDDs permanecen en la memoria, lo que aumenta en gran medida el rendimiento del clúster, especialmente en casos de uso con requisitos de consultas o procesos iterativos.

Las APIs existentes para cada uno de los lenguajes que soporta Spark, nos facilitan la posibilidad de acceder a los repositorios de datos y crear RDDs para lo que existen varias formas: cargar un archivo (csv, txt, json etc.) y extraer datos, datos almacenados en memoria o datos ya previamente trabajados y almacenados en otro RDD. Existen diferentes modelos de RDDs definidos por sus características:

▶ **Clasificado**: dentro del RDD los datos son definidos por su tipo (String, Int)

▶ **Inmutable**: datos del RDD no se pueden modificar excepto si se crea un RDD nuevo para aplicar modificaciones.

▶ **Memoria**: datos del RDD se mantienen en memoria el máximo tiempo posible

▶ **Cacheable**: datos por defecto son guardados en memoria o si se desea se pueden guardar en un disco, aunque esto hace que pierda velocidad de computación.

▶ **Particionado**: datos dentro del RDD se dividen entre diferentes nodos del clúster.

9.7.1 TRANSFORMACIONES DE UN RDD

Existen dos tipos de operaciones de transformación, ya que posiblemente los datos a procesar se encuentren en diferentes RDDs:

▶ **Narrow**: utilizado cuando los datos a tratar están ubicados en la misma partición del RDD y no hace falta mezclar dichos datos. Algunos ejemplos de funciones para este tipo son: **filter()**, **sample()**, **map()** o **flatMap()**.

▶ **Wide**: utilizado cuando los datos a tratar están ubicados en diferentes particiones de un RDD y es necesario mezclar dichas particiones. Algunos ejemplos de funciones para este tipo son: **groupByKey()** o **reduceByKey()**.

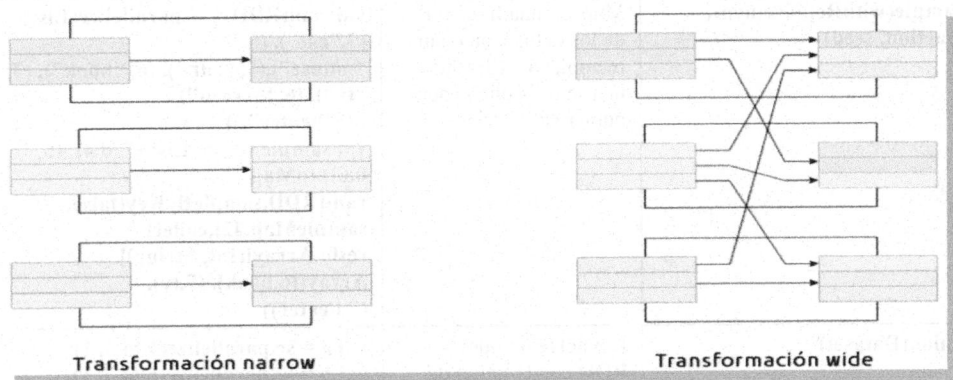

Transformación narrow   Transformación wide

Figura 9.13. Transformaciones sobre un RDD

Las transformaciones de Spark utilizan un mecanismo de "evaluación perezosa", es decir, las transformaciones en un RDD no se ejecutan hasta que se realiza alguna acción sobre el mismo. Las transformaciones que se puede realizar sobre un RDD son:

Transformación	Definición	Ejemplo
map(func)	Devuelve un nuevo RDD tras pasar cada elemento del RDD original a través de una función.	val v1 = sc.parallelize(List(2, 4, 8)) val v2 = v1.map(_ * 2) v2.collect res0: Array[Int] = Array(4, 8, 16)
filter(func)	Realiza un filtrado de los elementos del RDD original para devolver un nuevo RDD con los datos filtrados.	val v1 = sc.parallelize(List("ABC", "BCD", "DEF")) val v2 = v1.filter(_.contains("A")) v2.collect res0: Array[String] = Array(ABC)
flatMap(func)	Parecido a la operación map, pero la función devuelve una secuencia de valores.	val x = sc.parallelize(List("Ejemplo proyecto", "Hola mundo"), 2) val y = x.map(x => x.split(" ")) res0: Array[Array[String]] = Array(Array(Ejemplo, proyecto), Array(Hola, mundo)) val y = x.flatMap(x => x.split(" ")) y.collect res1: Array[String] = Array(Ejemplo, proyecto, Hola, mundo)
mapPartitions (func)	Similar a la operación map, pero se ejecuta por separado en cada partición del RDD.	def my_func(iterator): yield sum(iterator) list = range(1,10) parallel = sc.parallelize(list, 5) parallel.mapPartitions(my_func).collect() [1, 5, 9, 13, 17]

sample(withReplacement, fraction, seed)	Muestra una fracción de los datos, con o sin reemplazo, utilizando una semilla que genera número aleatorios.	val randRDD = sc.parallelize(List((7,"cat"), (6, "mouse"),(7, "cup"), (6, "book"), (7, "tv"), (6, "screen"), (7, "heater"))) val sampleMap = List((7, 0.4), (6, 0.6)).toMap randRDD.sampleByKey(false, sampleMap,42).collect res0: Array[(Int, String)] = Array((6,book), (7,tv), (7,heater))
union(Dataset)	Devuelve un nuevo RDD con la unión de los elementos de los RDDs seleccionados.	val a = sc.parallelize(1 to 3, 1) val b = sc.parallelize(5 to 7, 1) a.union(b).collect() res0: Array[Int] = Array(1, 2, 3, 5, 6, 7)
intersection(Dataset)	Devuelve los elementos de los RDDs que son iguales.	val x = sc.parallelize(1 to 20) val y = sc.parallelize(10 to 30) val z = x.intersection(y) z.collect res0: Array[Int] = Array(16, 14, 12, 18, 20, 10, 13, 19, 15, 11, 17)
distinct([numTasks]))	Devuelve los elementos de los RDDs que son distintos.	val c = sc.parallelize(List("Gnu", "Cat", "Rat", "Dog", "Gnu", "Rat"), 2) c.distinct.collect res0: Array[String] = Array(Dog, Gnu, Cat, Rat)
groupByKey([numTasks])	Devuelve un conjunto de datos de pares (K, V) donde los valores de cada clave son agregados usando la función de reducción dada.unto de datos, pero en lugar de suministrar una función, el componente clave de cada par se presentará automáticamente al particionador.	val a = sc.parallelize(List("dog", "tiger", "lion", "cat", "spider", "eagle"), 2) val b = a.keyBy(_.length) b.groupByKey.collect res0: Array[(Int, Seq[String])] = Array((4,ArrayBuffer(lion)), (6,ArrayBuffer(spider)), (3,ArrayBuffer(dog, cat)), (5,ArrayBuffer(tiger, eagle)))
reduceByKey(func, [numTasks])	Devuelve un conjunto de datos de pares (K, V) donde los valores de cada clave son agregados usando la función de reducción dada.	val a = sc.parallelize(List("dog", "cat", "owl", "gnu", "ant"), 2) val b = a.map(x => (x.length, x)) b.reduceByKey(_ + _).collect res0: Array[(Int, String)] = Array((3,dogcatowlgnuant))

aggregateByKey(zeroValue) (seqOp, combOp, [numTasks])	Devuelve un conjunto de datos de pares (K, U) donde los valores de cada clave se agregan utilizando las funciones combinadas dadas y un valor por defecto de: "cero".	**val nombres = sc.parallelize(List(("David", 6), ("Abby", 4), ("David", 5), ("Abby", 5))) nombres.aggregateByKey(0)((k,v) => v.toInt+k, (v,k) => k+v).collect res0: Array[(String, Int)] = Array((Abby,9), (David,11))**
sortByKey([ascending], [numTasks])	Esta función ordena los datos del RDD de entrada y los almacena en un nuevo RDD.	**val a = sc.parallelize(List("dog", "cat", "owl", "gnu", "ant"), 2) val b = sc.parallelize(1 to a.count. toInt, 2) val c = a.zip(b) c.sortByKey(true).collect res0: Array[(String, Int)] = Array((ant,5), (cat,2), (dog,1), (gnu,4), (owl,3)) c.sortByKey(false).collect res1: Array[(String, Int)] = Array((owl,3), (gnu,4), (dog,1), (cat,2), (ant,5))**
join(otherDataset,[numTasks])	Realiza una unión interna utilizando dos RDD de valor clave. Cuando se introduce conjuntos de datos de tipo (K, V) y (K, W), se devuelve un conjunto de datos de (K,(V, W)) para cada clave.	**val a = sc.parallelize(List("dog", "salmon", "salmon", "rat", "elephant"), 3) val b = a.keyBy(_.length) val c = sc.parallelize(List("dog","cat","gnu ","salmon","rabbit","t urkey","wolf","bear","bee"), 3) val d = c.keyBy(_.length) b.join(d).collect res0: Array[(Int, (String, String))] = Array((6, (salmon,salmon)), (6,(salmon,rabbit)), (6, (salmon,turkey)), (6,(salmon,salmon)), (6, (salmon,rabbit)), (6,(salmon,turkey)), (3,(dog,dog)), (3,(dog,cat)), (3,(dog,gnu)), (3,(dog,bee)), (3, (rat,dog)), (3,(rat,cat)), (3,(rat,gnu)), (3,(rat,bee)))**

cogroup(otherDataset, [numTasks])	Un conjunto muy potente de funciones que permiten agrupar hasta tres valores claves de RDDs utilizando sus claves.	val a = sc.parallelize(List(1, 2, 1, 3), 1) val b = a.map((_, "b")) val c = a.map((_, "c")) val d = a.map((_, "d")) b.cogroup(c, d).collect res0: Array[(Int, (Iterable[String], Iterable[String], Iterable[String]))] = Array((2,(ArrayBuffer(b),ArrayBuffer(c),ArrayBuffer(d))), (3,(ArrayBuffer(b),ArrayBuffer(c),ArrayBuffer(d))), (1,(ArrayBuffer(b, b),ArrayBuffer(c, c),ArrayBuffer(d, d))))
cartesian(otherDataset)	Calcula el producto cartesiano entre dos RDD. Cada elemento del primer RDD se une a cada elemento del segundo RDD, y los devuelve como un nuevo RDD.	val x = sc.parallelize(List(1,2,3,4,5)) val y = sc.parallelize(List(6,7,8,9,10)) x.cartesian(y).collect res0: Array[(Int, Int)] = Array((1,6), (1,7), (1,8), (1,9), (1,10), (2,6), (2,7), (2,8), (2,9), (2,10), (3,6), (3,7), (3,8), (3,9), (3,10), (4,6), (5,6), (4,7), (5,7), (4,8), (5,8), (4,9), (4,10), (5,9), (5,10))
pipe(command, [envVars])	Toma los datos RDD de cada partición y los envía a través de stdin a un shell-command	val a = sc.parallelize(1 to 9, 3) a.pipe("head -n 1").collect res0: Array[String] = Array(1, 4, 7)
coalesce(numPartitions)	Disminuye el número de particiones en el RDD al número especificado (numPartitions)	val y = sc.parallelize(1 to 10, 10) val z = y.coalesce(2, false) z.partitions.length res0: Int = 2
repartition(numPartitions)	Reorganiza aleatoriamente los datos en el RDD para crear más o menos particiones.	val x = (1 to 12).toList val numbersDf = x.toDF("number") numbersDf.rdd.partitions.size res0: Int = 4 Partition 00000: 1, 2, 3 Partition 00001: 4, 5, 6 Partition 00002: 7, 8, 9 Partition 00003: 10, 11, 12 val numbersDfR = numbersDf.repartition(2) Partition A: 1, 3, 4, 6, 7, 9, 10, 12 Partition B: 2, 5, 8, 11

9.7.2 ACCIONES DE UN RDD

Las acciones que se puede realizar sobre un RDD son:

Acción	Definición	Ejemplo
reduce(func)	Agrega los elementos del dataset usando una función. Esta función debe ser conmutativa y asociativa para que pueda calcularse correctamente en paralelo.	val a = sc.parallelize(1 to 100, 3) a.reduce(_ + _) res0: Int = 5050
collect()	Convierte un RDD en un array y lo muestra por pantalla.	val c = sc.parallelize(List("Gnu", "Cat", "Rat", "Dog", "Gnu", "Rat"),2) c.collect res0: Array[String] = Array(Gnu, Cat, Rat, Dog, Gnu, Rat)
count()	Devuelve el número de elementos del dataset.	val a = sc.parallelize(1 to 4) a.count res0: Long = 4
first()	Devuelve el primer elemento del conjunto de datos	val c = sc.parallelize(List("Gnu", "Cat", "Rat", "Dog"), 2) c.first res0: String = Gnu
take(n)	Devuelve un array con los primeros n elementos del dataset.	val b = sc.parallelize(List("dog", "cat", "ape", "salmon", "gnu"), 2) b.take(2) res0: Array[String] = Array(dog,cat)
takeSample(withReplacement, num, [seed])	Devuelve un array con una muestra aleatoria de elementos numéricos del dataset, con o sin sustitución, con la opción de especificar opcionalmente una semilla de generador de números aleatorios.	val x = sc.parallelize(1 to 200, 3) x.takeSample(true, 20, 1) res0: Array[Int] = Array(74, 164, 160, 41, 123, 27, 134, 5, 22, 185, 129, 107, 140, 191, 187, 26, 55, 186, 181, 60)
takeOrdered(n, [ordering])	Devuelve los primeros n elementos del RDD usando su orden original o un comparador personalizado.	val b = sc.parallelize(List("dog", "cat", "ape", "salmon", "gnu"), 2) b.takeOrdered(2) res0: Array[String] = Array(ape,cat)

countByKey()	Sólo disponible en RDD de tipo (K, V). Devuelve un hashmap de pares (K, Int) con el recuento de cada clave.	**val c = sc.parallelize(List((3, "Gnu"), (3, "Yak"), (5, "Mouse"), (3, "Dog")), 2)** **c.countByKey** **res3:scala.collection.Map[Int,Long] =** **Map(3 -> 3, 5 -> 1)**
foreach(func)	Ejecute una función en cada elemento del dataset.	**val c = sc.parallelize(List("cat", "dog", "tiger", "lion", "gnu", "crocodile", "ant", "whale", "dolphin", "spider"), 3)** **c.foreach(x => println(x + "s are beautiful"))**

9.7.3 PERSISTENCIA DE UN RDD

La persistencia de un dataset en memoria es una de las características más importantes de Apache Spark. Cuando se persiste un RDD, cada nodo almacena todas las particiones que posee en memoria para utilizarlas al ejecutar otras acciones en dicho dataset. Para convertir un RDD en persistente, podríamos usar los métodos **persist()** o **cache()**.

Spark tiene muchos niveles de persistencia para elegir dependiendo de nuestros objetivos. En la siguiente tabla se muestran los niveles de persistencia de **org.apache.spark.StorageLevel** y **pyspark.StorageLevel.**

Nivel	Espacio utilizado	Tiempo CPU	En memoria	En disco
MEMORY_ONLY	Alto	Bajo	Si	No
MEMORY_ONLY_SER	Bajo	Alto	Si	No
MEMORY_AND_DISK	Alto	Medio	En parte	En parte
MEMORY_AND_DISK_SER	Bajo	Alto	En parte	En parte
DISK_ONLY	Bajo	Bajo	No	Si

Mientras que el método **cache**() almacena los RDD en el nivel de almacenamiento por defecto (storageLevel.MEMORY_ONLY), el método **persist**() nos permite seleccionar el nivel de almacenamiento mediante un parámetro que puede tomar los siguientes valores:

- **MEMORY_ONLY**: almacena los RDD en la memoria principal. Este es el nivel de almacenamiento que utiliza el método cache().
- **MEMORY_AND_DISK:** almacena los RDD en la memoria principal, pero si hubiese RDDs que no cupieran se guardarán en disco.
- **MEMORY_ONLY_SER (Java y Scala)**: almacena los RDD como objetos Java serializados.
- **MEMORY_AND_DISK_SER (Java y Scala):** almacena los RDD como objetos Java serializados, pero si hubiese RDDs que no cupieran, se guardarán en disco.
- **DISK_ONLY**: almacena los RDD en disco.
- **MEMORY_ONLY_2, MEMORY_AND_DISK_2:** similares a los niveles de almacenamiento mencionados anteriormente, pero duplicando las particiones en dos nodos.

La clase **StorageLevel** es la que podemos utilizar para decidir cómo se debe almacenar RDD. En Apache Spark, StorageLevel decide si RDD debe almacenarse en la memoria o en el disco, o ambos. También decide si serializar RDD y si replicar particiones RDD.

```
class pyspark.StorageLevel(useDisk, useMemory, useOffHeap, deserialized, replica-
tion = 1)
```

En el siguiente ejemplo de StorageLevel, usamos el nivel de almacenamiento **MEMORY_AND_DISK_2**, lo que indica que las particiones RDD tendrán un factor de replicación de 2 como vemos en la salida.

storagelevel.py

```
from pyspark import SparkContext
import pyspark
sc = SparkContext ("local", "storagelevel app")
rdd1 = sc.parallelize([1,2])
rdd1.persist( pyspark.StorageLevel.MEMORY_AND_DISK_2 )
rdd1.getStorageLevel()
print(rdd1.getStorageLevel())
```

Salida:

```
Disk Memory Serialized 2x Replicated
```

9.8 SPARK CON SCALA

Scala, al igual que Python, es un lenguaje funcional que permite implementar el paradigma MapReduce de manera más sencilla y rápida. Scala trabaja sobre la JVM, lo que nos permite disponer de las múltiples librerías creadas para Java.

Las aplicaciones para Spark se ejecutan como un grupo independiente de procesos en clústeres, coordinados por el objeto **SparkContext** que puede conectarse a gestores de clúster que son los encargados de asignar recursos al sistema.

▶ *https://spark.apache.org/docs/latest/api/scala/org/apache/spark/SparkContext.html*

Al arrancar spark usando el spark-shell vemos como tenemos disponible el SparkContext desde donde se crean el resto de variables que maneja el framework. En la shell interactiva de Spark es creada automáticamente bajo el nombre sc, mientras que en otros entornos es necesario instanciarlo explícitamente. La configuración de SparkContext puede ser definida mediante un bundle específico llamado SparkConf.

```
$  ~/Descargas/spark-3.2.0-bin-hadoop3.2/bin  ./spark-shell
To adjust logging level use sc.setLogLevel(newLevel). For SparkR, use
setLogLevel(newLevel).
21/12/10 20:42:22 WARN NativeCodeLoader: Unable to load native-hadoop library for
your platform... using builtin-java classes where applicable
Spark context Web UI available at http://192.168.18.21:4040
Spark context available as 'sc' (master = local[*], app id = local-1639165345461).
Spark session available as 'spark'.
Welcome to
```

```
    / __/_  __ ___ / /__
   _\ \/ _ \/ _ `/ '_/
  /___/ .__/\_,_/_/ /_/\_\   version 3.2.0
     /_/
```

```
Using Scala version 2.12.15 (OpenJDK 64-Bit Server VM, Java 11.0.13)
Type in expressions to have them evaluated.
Type :help for more information.

scala> sc
res0: org.apache.spark.SparkContext = org.apache.spark.SparkContext@3f8c695d
```

Podríamos **crear un RDD en scala** a partir de una lista de la siguiente forma:

```
scala> import org.apache.spark.rdd.RDD
import org.apache.spark.rdd.RDD

scala> val newRDD: RDD[Int] = sc.parallelize(List(1, 2, 3, 4))
newRDD: org.apache.spark.rdd.RDD[Int] = ParallelCollectionRDD[0] at parallelize at
<console>:29

scala> newRDD.count()
res0: Long = 4
```

También podríamos **crear un RDD a partir de un fichero**:

```
scala> val newRDD: RDD[String] = sc.textFile("bin/pyspark.cmd")
newRDD: org.apache.spark.rdd.RDD[String] = bin/pyspark.cmd MapPartitionsRDD[6] at
textFile at <console>:29

scala> newRDD.count()
res3: Long = 25

scala> newRDD.collect()
res4: Array[String] = Array(@echo off, "", rem, rem Licensed to the Apache Soft-
ware Foundation (ASF) under one or more, rem contributor license agreements.  See
the NOTICE file distributed with, rem this work for additional information regarding
copyright ownership., rem The ASF licenses this file to You under the Apache Li-
cense, Version 2.0, rem (the "License"); you may not use this file except in com-
pliance with, rem the License.  You may obtain a copy of the License at, rem, rem
http://www.apache.org/licenses/LICENSE-2.0, rem, rem Unless required by applicable
law or agreed to in writing, software, rem distributed under the License is dis-
tributed on an "AS IS" BASIS,, rem WITHOUT WARRANTIES OR CONDITIONS OF ANY KIND,
either express or implied., rem See th…

scala> val RDD2 = newRDD.map(_.split(" "))
RDD2: org.apache.spark.rdd.RDD[Array[String]] = MapPartitionsRDD[8] at map at <con-
sole>:29

scala> RDD2
res6: org.apache.spark.rdd.RDD[Array[String]] = MapPartitionsRDD[8] at map at <con-
sole>:29
```

```
scala> RDD2.collect()
res7: Array[Array[String]] = Array(Array(@echo, off), Array(""), Array(rem),
Array(rem, Licensed, to, the, Apache, Software, Foundation, (ASF), under, one, or,
more), Array(rem, contributor, license, agreements., "", See, the, NOTICE, file,
distributed, with), Array(rem, this, work, for, additional, information, regarding,
copyright, ownership.), Array(rem, The, ASF, licenses, this, file, to, You, under,
the, Apache, License,, Version, 2.0), Array(rem, (the, "License");, you, may, not,
use, this, file, except, in, compliance, with), Array(rem, the, License., "", You,
may, obtain, a, copy, of, the, License, at), Array(rem), Array(rem, "", "", "",
http://www.apache.org/licenses/LICENSE-2.0), Array(rem), Array(rem, Unless, requi-
red, by, applicable, law, or, agreed...
```

El siguiente ejemplo consiste en contar las apariciones de cada una de las palabras de un fichero de texto. Para ello, hacemos uso de las funciones Map y Reduce:

▼ **Map**: dividiremos las frases en palabras e inicializamos contador a 1 cada una de ellas.

▼ **Reduce**: agregaremos las palabras y sumaremos el contador asignado anteriormente, de tal modo que las palabras que sean iguales se sumarán dando como resultado el número total de palabras iguales.

En primer lugar, accedemos al **SparkContext** que nos provee del método **textFile()** que permite la lectura de un fichero y convertirlo en un RDD.

```
val textFile = spark.sparkContext.textFile("ruta_fichero.txt")
```

Una vez tenemos el RDD es necesario realizar un split para dividir cada frase en palabras. La idea es que por cada registro original se generen n registros donde n es el número de palabras en cada registro. Al querer generar más de un RDD por cada uno de los RDD es necesario utilizar la función **flatMap** en lugar de la función map.

```
val counts = textFile.flatMap(line => line.split(" "))
.map(word => (word, 1))
.reduceByKey(_ + _)
```

En el ejemplo anterior utilizamos la función **reduceByKey()** que permite agregar los datos por la clave (word) pasándole una función de agregación, en este caso, la suma de sus valores. Por último, transformamos el RDD en un array, el cual podemos recorrer e imprimir con la función **collect()**.

```
counts.collect.foreach(println _)
```

Las instrucciones comentadas anteriormente se podrían guardar en un fichero de nombre **word_count.scala** y posteriormente ejecutar este fichero utilizando el **spark-shell**.

word_count.scala

```
val textFile = spark.sparkContext.textFile("bin/pyspark.cmd")
val counts = textFile.flatMap(line => line.split(" "))
.map(word => (word, 1))
.reduceByKey(_ + _)
counts.collect.foreach(println _)
```

Ejecución:

```
./bin/spark-shell -i word_count.scala
```

La ejecución del script anterior devuelve un conjunto de tuplas (palabra, número de ocurrencias).

```
(Unless,1)
(this,3)
(under,4)
(KIND,,1)
(is,2)
(parameters,,1)
(line,1)
(one,1)
(with,2)
(some,1)
(express,1)
(This,1)
(WITHOUT,1)
(specific,1)
...
```

Podríamos modificar el script anterior para imprimir las 10 palabras que más se repiten junto con el número de veces que se repite cada una. Para ello, en primer lugar ordenamos las palabras por la segunda posición de la tupla. La función que podríamos utilizar para ordenar es **sorterByKey()**, por lo que es necesario intercambiar las posiciones de cada una de las tuplas para ordenar por el número de ocurrencias.

word_count_sorted.scala

```
val textFile = spark.sparkContext.textFile("bin/pyspark.cmd")
val counts = textFile.flatMap(line => line.split(" "))
.map(word => (word, 1))
.reduceByKey(_ + _)
.map(item => item.swap)
.sortByKey(false)
.take(10)
counts.foreach(println _)
```

- La función **swap** intercambia el orden de una tupla. Es necesario usar la función map para aplicar esta función a cada una de las tuplas que forman el RDD.
- La función **take** funciona como la función collect pero recibiendo como parámetros el número de registros del RDD que formarán parte del array.

Ejecución:

```
./bin/spark-shell -i word_count_sorted.scala

(20,rem)
(12,the)
(8,)
(5,to)
```

```
(4,under)
(3,this)
(3,file)
(3,in)
(3,for)
(3,distributed)
```

En el siguiente ejemplo estamos cargando las palabras de un fichero utilizando el método **flatMap()** y contamos el número de palabras de 2 formas diferentes.

▶ En la primera forma utilizamos los métodos **map()** y **reduceByKey()**
▶ En la segunda forma utilizamos directamente el método **countByValue()**

WordCountExamples.scala

```scala
import org.apache.spark.SparkContext
import org.apache.spark.SparkContext._

/**
 * 2 alternativas del popular ejemplo de wordcount
 */
object WordCountExamples extends App {

  val sc = new SparkContext("local", "Simple", "$SPARK_HOME"
    , List("target/SparkExamples1-1.0.jar"))

  val file = sc.textFile("README.md")

  val words = file.flatMap(line => line.split(" ")).persist()

  //alternativa #1
  val wordsPar = words.map(word => (word, 1))
  val result1 = wordsPar.reduceByKey((x, y) => x + y)

  result1.sortBy(_._2, false).collect().take(10).foreach(println)

  //alternativa #2
  val result2 = words.countByValue()

  result2.take(10).foreach(println)
}
```

En el siguiente ejemplo realizamos algunas operaciones tales como filtrar elementos sobre un RDD, obtener elementos, contar elementos o recorrer un RDD.

ScalaApp.scala

```scala
import org.apache.spark.SparkContext
import org.apache.spark.SparkContext._


object ScalaApp extends App {

  val sc = new SparkContext("local", "Simple", "$SPARK_HOME"
    , List("target/SparkExamples1-1.0.jar"))
```

```
    val file = sc.textFile("README.md")
    file.persist()

    //filtradas líneas que contienen la palabra python
    val pythonLines = file.filter(lines => lines.contains("Python"))
    //filtradas líneas que contienen la palabra scala
    val scalaLines = file.filter(lines => lines.contains("Scala"))

    //RDD con líneas filtradas que contienen las palabras python y scala
    val pythonAndScalaLines = pythonLines.union(scalaLines);

    //muestra todas las líneas
    pythonAndScalaLines.collect().foreach(println)

    //No muestra la misma línea en más de una ocasión
    pythonAndScalaLines.distinct().collect().foreach(println)

    val words = pythonAndScalaLines.flatMap(line => line.split(" "))
    //Total de palabras
    println("Total: " + words.count())

    //listado de 10 palabras con el número de veces que se repite c/u
    words.countByValue().take(10).foreach(println)
}
```

9.9 SPARK PARA CIENTÍFICO DE DATOS

El trabajo de un Data Scientist es analizar y construir modelos predictivos. En resumen, un científico de datos necesita saber cómo consultar datos usando SQL, producir un informe estadístico y hacer uso del aprendizaje automático para realizar predicciones sobre un conjunto de datos. Una vez que el flujo de trabajo de datos o dataset está listo, el científico de datos utiliza varias técnicas para descubrir información y patrones ocultos. La manipulación de datos debe ser robusta y la misma fácil de usar. Spark es la herramienta adecuada gracias a su velocidad y sus API enriquecidas.

Una de las principales ventajas de Spark es construir una arquitectura que incluya gestión de streaming de datos, consultas de datos sin problemas, predicción de aprendizaje automático y acceso en tiempo real a diversos análisis. Spark trabaja estrechamente con el lenguaje SQL, es decir, datos estructurados. Para científicos de datos, propone las siguientes librerías para proyectos big data:

- ▶ **PySpark** *https://spark.apache.org/docs/2.0.0/programming-guide.html*
- ▶ **SparkR** *https://spark.apache.org/docs/3.1.2/sparkr.html*
- ▶ **Mllib como librería de Machine Learning** *http://spark.apache.org/mllib*
- ▶ **Spark SQL** *http://spark.apache.org/sql*

Hasta ahora no existía un framework de procesamiento de datos unificado que diera respuesta a todas las demandas. Esta es la ventaja principal de Spark, que permite a las áreas críticas de las empresas beneficiarse de las ventajas que ofrece este marco único. Veamos algunas:

- ▶ **Analítica avanzada**. Spark ofrece un framework para realizar análisis avanzados out-of-the-box. Incluye como hemos visto una herramienta para realizar queries rápidamente, una librería de aprendizaje de máquina, un motor de procesamiento de gráficos, y un motor de análisis en datos en streaming.

▼ **Simplicidad**. Una de las primeras críticas que se hizo a Hadoop fue que era difícil de usar, requería que los usuarios comprendieran una variedad de complejidades como MapReduce o programación avanzada en Java. Spark fue creado para ser accesible a cualquiera con conocimientos en bases de datos y algo de habilidad de scripting en Python o Scala.

▼ **Resultados más rápidos**. A medida que el ritmo de los negocios se acelera, también la necesidad para el análisis en tiempo real. Spark ofrece procesamiento in-memory en paralelo, consiguiendo unos mejores resultados que otras soluciones que requieren acceso a disco. Los resultados al instante eliminan los retrasos que pueden ralentizar los procesos de negocio e incrementar la analítica necesaria. Otras compañías han creado aplicaciones complementarias para Spark que facilitan una gran cantidad de ampliaciones y mejoras. Lo que se traduce en que los analistas pueden trabajar de forma iterativa, afinando las respuestas más precisas y más completas.

▼ **Sin preferencia por distribuidores Hadoop**. Todas las distribuciones Hadoop dan soporte ahora a Spark por una razón muy sencilla: Spark es agnóstica en cuanto al distribuidor, lo que significa que el cliente no está atado a un determinado proveedor. Gracias a su naturaleza open-source, las empresas son libres para crear una infraestructura analítica basada en Spark sin necesidad de preocuparse qué ocurrirá si cambian de proveedor Hadoop en un futuro. Si hacen el cambio, pueden llevarse sus analíticas.

PYSPARK COMO LIBRERÍA DE PROCESAMIENTO DISTRIBUÍDO

10.1 INSTALACIÓN DE APACHE SPARK

Para instalar spark en local basta con descargarse un fichero con la versión precompilada. La descarga se puede hacer desde la página web *http://spark.apache.org/downloads.html*. Spark está escrito en Scala y se ejecuta bajo una máquina virtual de Java. Por ello, para ejecutar Apache Spark es necesario tener instalado Java.

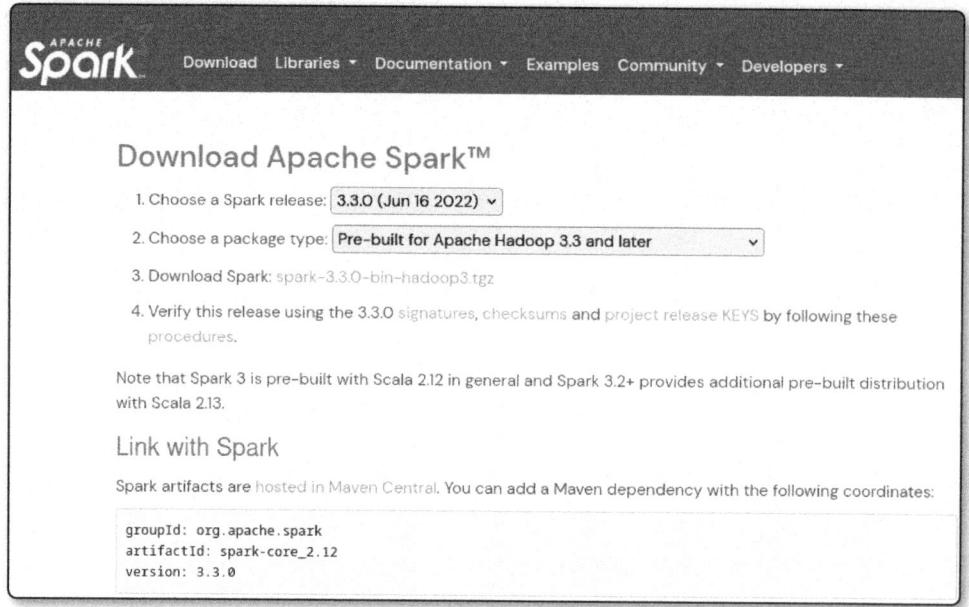

Figura 10.1. Descarga de Apache Spark desde la página oficial

Dentro de la página de descarga seleccionamos la última release. Aquí se nos presentan varias opciones:

▶ Código fuente listo para compilar por nosotros mismos que permite el uso de la versión de Hadoop que deseemos.

▶ Pre-compilado a falta de la dependencia de Hadoop.

▶ Pre-compilado con diferentes versiones de Hadoop integradas.

Cuando se haya completado la descarga, lo descomprimimos y ubicamos en el directorio donde alojamos nuestros programas:

```
$ tar -xvf spark-3.1.2-bin-hadoop3.2.tgz
$ sudo mv spark-3.1.2-bin-hadoop3.2 /usr/local/spark
```

La estructura de directorios de Spark consiste en 3 directorios:

- ▶ **bin**: contiene los entornos de ejecución en los que se puede arrancar, además de los comandos para lanzar aplicaciones y ejemplos. Cuando hablo de entornos de ejecución me refiero a arrancarlo usando la API de Scala (spark-shell), Python (pyspark), R (sparkR) o SQL (spark-sql).

- ▶ **conf**: en este directorio se encuentran los archivos de configuración del clúster.

- ▶ **sbin**: Scripts para arrancar y parar el clúster y sus componentes.

Para probar que todo funciona correctamente, dentro de la carpeta bin podríamos ejecutar los ejecutables **pyspark** y **spark-shell** y tendremos como resultado una consola de Spark.

```
beeline        find-spark-home.cmd  pyspark2.cmd      spark-class        sparkR2.cmd
spark-shell.cmd  spark-submit beeline.cmd              load-spark-env.cmd    pys-
park.cmd        spark-class2.cmd  sparkR.cmd          spark-sql          spark-submit2.
cmd docker-image-tool.sh  load-spark-env.sh    run-example        spark-class.cmd
spark-shell        spark-sql2.cmd    spark-submit.cmd find-spark-home        pyspark
run-example.cmd  sparkR              spark-shell2.cmd  spark-sql.cmd
```

En la línea de comandos veremos que tras unas cuantas trazas de INFO y WARNINGS nos abre la consola de pyspark donde ya podemos empezar a programar en Spark, puesto que ya nos ha inicializado un contexto de spark en la variable sc.

```
$ ./pyspark

22/09/13 22:05:01 WARN NativeCodeLoader: Unable to load native-hadoop library for
your platform... using builtin-java classes where applicable
Welcome to
      ____              __
     / __/__  ___ _____/ /__
    _\ \/ _ \/ _ `/ __/  '_/
   /__ / .__/\_,_/_/ /_/\_\   version 3.2.0
      /_/

Using Python version 3.8.8 (default, Apr 13 2021 19:58:26)
Spark context Web UI available at http://192.168.18.21:4040
Spark context available as 'sc' (master = local[*], app id = local-1663099504832).
SparkSession available as 'spark'.
>>> sc
<SparkContext master=local[*] appName=PySparkShell>
```

En la salida anterior observamos la llamada al **SparkContext** a través de la shell de python. SparkContext es el principal objeto sobre el cual realizaremos todas las operaciones. Este objeto representa la conexión al clúster Spark, y se puede utilizar para crear RDDs, acumuladores y otras variables en dicho clúster.

```
from pyspark import SparkConf, SparkContext
sc = SparkContext()
```

Otra de las utilidades es el shell interactivo para **scala** que permite utilizar las capacidades de Spark al instante sin necesidad de instalar un editor o compilador.

```
$ ./spark-shell
Spark context Web UI available at http://192.168.18.21:4041
Spark context available as 'sc' (master = local[*], app id = local-1663099857702).
Spark session available as 'spark'.
Welcome to
```

```
      ____              __
     / __/__  ___ _____/ /__
    _\ \/ _ \/ _ `/ __/  '_/
   /___/ .__/\_,_/_/ /_/\_\   version 3.2.0
      /_/

Using Scala version 2.12.15 (OpenJDK 64-Bit Server VM, Java 11.0.15)
Type in expressions to have them evaluated.
Type :help for more information.

scala> sc
res0: org.apache.spark.SparkContext = org.apache.spark.SparkContext@639d8311

scala> sc.
addArchive            cancelJobGroup          getConf
killExecutor          range                 setLocalProperty
addFile               cancelStage             getExecutorMemoryStatus
killExecutors         register              setLogLevel
addJar                clearCallSite           getLocalProperty
killTaskAttempt       removeSparkListener   sparkUser
addSparkListener      clearJobGroup           getPersistentRDDs
listArchives          requestExecutors      startTime
appName               collectionAccumulator   getPoolForName          listFiles
requestTotalExecutors   statusTracker
applicationAttemptId  defaultMinPartitions    getRDDStorageInfo       listJars
resources               stop
applicationId         defaultParallelism      getSchedulingMode
longAccumulator       runApproximateJob     submitJob
archives                deployMode            hadoopConfiguration     makeRDD
runJob                  textFile
binaryFiles             doubleAccumulator     hadoopFile              master
sequenceFile            uiWebUrl
binaryRecords           emptyRDD              hadoopRDD
newAPIHadoopFile      setCallSite           union
broadcast               files                 isLocal
newAPIHadoopRDD       setCheckpointDir      version
cancelAllJobs           getAllPools           isStopped               objectFile
setJobDescription       wholeTextFiles
cancelJob               getCheckpointDir      jars                    parallelize
setJobGroup
```

10.2 INTRODUCCIÓN A DOCKER

Docker es una herramienta que puede empaquetar una aplicación y sus dependencias en un contenedor virtual que se puede ejecutar en cualquier máquina y sistema operativo. Esto ayuda a permitir la flexibilidad y portabilidad en donde la aplicación se puede ejecutar, ya sea en las instalaciones físicas, la nube pública, nube privada, etc.

Docker permite introducir en un contenedor todas aquellas dependencias que mi aplicación necesita para ejecutarse (Servidor de aplicaciones, base de datos..), junto con la propia aplicación. De esta forma podemos llevar este contenedor a cualquier máquina que tenga instalado Docker y la aplicación debería funcionar igual que como la ejecutas en tu máquina local.

Para aquellos que no lo tengan instalado, les dejo la documentación oficial para las distintas plataformas: *https://docs.docker.com/engine/install*. Entre las principales ventajas para trabajar con un entorno virtualizado podemos destacar:

▶ Trabajar con un entorno virtualizado te permite aislar tu proyecto de la infraestructura del SO que tengas por abajo, permitiendo probar varias configuraciones sin tener que desinstalar e instalar paquetes en tu máquina host.

▶ Te permite tener un entorno que puedas escalar fácilmente.

A la hora de trabajar en Docker es importante diferenciar entre una imagen y un contenedor:

▶ La imagen es un paquete ejecutable, ligero e independiente que contiene todo lo necesario para poner en ejecución una aplicación software. Esta imagen incluye el código, las librerías, funciones de utilidad, variables de entornos y fichero de configuración. Pero no es necesario instalar nada.

▶ El contenedor es la instancia de ejecución de una imagen, es lo que sería el proceso. Se ejecuta de forma independiente del entorno, sólo puede acceder a los ficheros de host y puertos para los que ha sido configurado.

Las imágenes se definen mediante un fichero llamado **Dockerfile**. Con este fichero se define la configuración del entorno del contenedor donde se ejecutará la aplicación software, como por ejemplo el acceso a la red y a los discos dentro del entorno, aislándolo del resto del sistema.

Dentro del Dockerfile se podrían indicar las rutinas que serán necesarias para la ejecución del entorno, el directorio de trabajo, las librerías necesarias a instalar, las variables de entorno y los ficheros que serán necesarios copiar dentro del contenedor.

▶ **DockerFile**: archivo de configuración para crear imágenes. Se indica lo que se quiere que tenga la imagen y los comandos para instalar las herramientas

▶ **Docker Image:** Captura del estado en el que se encuentra un contenedor, como una especie de plantilla

▶ **Contenedor**: instancia en ejecución de una imagen. A partir de una imagen podemos ejecutar varios contenedores.

10.2.1 COMANDOS ÚTILES DE DOCKER

Entre los principales comandos para ejecutar nuestras imágenes y contenedores podemos destacar:

▶ **$ docker-compose build:** construye o reconstruye los servicios. Los servicios son construidos una única vez y luego son etiquetados como project_service. Si se modifica el Dockerfile de un servicio o el contenido del directorio de construcción se debe ejecutar de nuevo este comando para reconstruirlo.

▼ **$ docker-compose up:** construye, inicia, y agrega los contenedores para un servicio.

▼ **$ docker-compose start**: inicia los contenedores existentes para un servicio.

▼ **$ docker-compose stop**: detiene los contenedores que se están ejecutando sin eliminarlos. Pueden volverse a iniciar con el comando anterior (start).

▼ **$ docker ps -a**: muestra información de todos los contenedores que existen actualmente y en qué estado se encuentran, además de otra información adicional.

▼ **$ docker rm <id_contenedor>**: este comando permitirá eliminar un contenedor a partir de su identificador.

▼ **$ docker images**: muestra información acerca de cada una de las imágenes que se encuentran en nuestra máquina (nombre, id, espacio que ocupa, el tiempo que transcurrió desde que fue creada).

▼ **$ docker rmi <id_imagen>:** este comando permitirá eliminar una imagen a partir de su identificador.

10.3 INSTALAR Y EJECUTAR PYSPARK CON DOCKER

Para aquellos que quieran experimentar con PySpark y les parezca algo complicado el proceso de instalación, pueden hacer uso de la imagen de Docker ofrecida por *Jupyter* disponible en su *repositorio oficial*. Esta imagen nos ofrece un entorno con todo preparado y adicionalmente nos provee de una interfaz web para la interacción de forma dinámica con PySpark.

▼ *https://hub.docker.com/r/jupyter/pyspark-notebook*

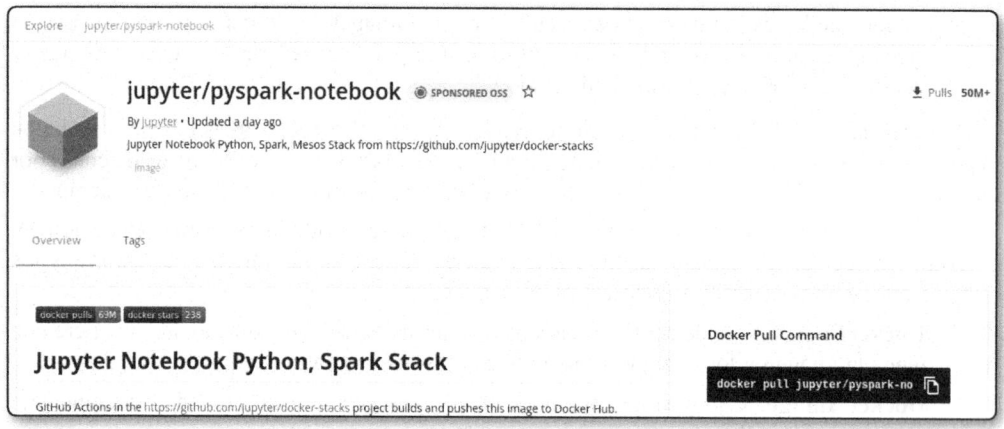

Figura 10.2. Imagen de Docker que nos permite desplegar un entorno de PySpark

Podríamos descargarnos la imagen habría que ejecutar el comando:

```
$ docker pull jupyter/pyspark-notebook
```

Para ejecutar esta imagen de docker habría que ejecutar el comando:

```
$ docker run -it --rm -p 8888:8888 jupyter/pyspark-notebook
```

En el siguiente repositorio de github *https://github.com/jupyter/docker-stacks* podemos encontrar lo que contiene esta imagen. En concreto podemos ver que hay una carpeta llamada pyspark-notebook. Dentro de esta carpeta podemos encontrar el fichero DockerFile que contiene toda la configuración para levantar una imagen con python y pyspark.

▼ *https://github.com/jupyter/docker-stacks/blob/master/pyspark-notebook/Dockerfile*

```
# Copyright (c) Jupyter Development Team.
# Distributed under the terms of the Modified BSD License.
ARG OWNER=jupyter
ARG BASE_CONTAINER=$OWNER/scipy-notebook
FROM $BASE_CONTAINER

LABEL maintainer="Jupyter Project <jupyter@googlegroups.com>"

# Fix: https://github.com/hadolint/hadolint/wiki/DL4006
# Fix: https://github.com/koalaman/shellcheck/wiki/SC3014
SHELL ["/bin/bash", "-o", "pipefail", "-c"]

USER root

# Spark dependencies
# Default values can be overridden at build time
# (ARGS are in lower case to distinguish them from ENV)
ARG spark_version="3.2.1"
ARG hadoop_version="3.2"
ARG spark_checksum="145ADACF189FECF05FBA3A69841D2804DD66546B11D14FC181AC49D89F3CB5E
4FECD9B25F56F0AF767155419CD430838FB651992AEB37D3A6F91E7E009D1F9AE"
ARG openjdk_version="11"

ENV APACHE_SPARK_VERSION="${spark_version}" \
    HADOOP_VERSION="${hadoop_version}"

RUN apt-get update --yes && \
    apt-get install --yes --no-install-recommends \
    "openjdk-${openjdk_version}-jre-headless" \
    ca-certificates-java && \
    apt-get clean && rm -rf /var/lib/apt/lists/*

# Spark installation
WORKDIR /tmp
RUN wget -q "https://archive.apache.org/dist/spark/spark-${APACHE_SPARK_VERSION}/
spark-${APACHE_SPARK_VERSION}-bin-hadoop${HADOOP_VERSION}.tgz" && \
    echo "${spark_checksum} *spark-${APACHE_SPARK_VERSION}-bin-hadoop${HADOOP_VER-
SION}.tgz" | sha512sum -c - && \
    tar xzf "spark-${APACHE_SPARK_VERSION}-bin-hadoop${HADOOP_VERSION}.tgz" -C /
usr/local --owner root --group root --no-same-owner && \
    rm "spark-${APACHE_SPARK_VERSION}-bin-hadoop${HADOOP_VERSION}.tgz"

WORKDIR /usr/local

# Configure Spark
ENV SPARK_HOME=/usr/local/spark
ENV SPARK_OPTS="--driver-java-options=-Xms1024M --driver-java-options=-Xmx4096M
--driver-java-options=-Dlog4j.logLevel=info" \
    PATH="${PATH}:${SPARK_HOME}/bin"
```

```
RUN ln -s "spark-${APACHE_SPARK_VERSION}-bin-hadoop${HADOOP_VERSION}" spark && \
    # Add a link in the before_notebook hook in order to source automatically
PYTHONPATH
    mkdir -p /usr/local/bin/before-notebook.d && \
    ln -s "${SPARK_HOME}/sbin/spark-config.sh" /usr/local/bin/before-notebook.d/
spark-config.sh

# Fix Spark installation for Java 11 and Apache Arrow library
# see: https://github.com/apache/spark/pull/27356, https://spark.apache.org/docs/
latest/#downloading
RUN cp -p "${SPARK_HOME}/conf/spark-defaults.conf.template" "${SPARK_HOME}/conf/
spark-defaults.conf" && \
    echo 'spark.driver.extraJavaOptions -Dio.netty.tryReflectionSetAccessible=true'
>> "${SPARK_HOME}/conf/spark-defaults.conf" && \
    echo 'spark.executor.extraJavaOptions -Dio.netty.tryReflectionSetAccessible=tr
ue' >> "${SPARK_HOME}/conf/spark-defaults.conf"

# Configure IPython system-wide
COPY ipython_kernel_config.py "/etc/ipython/"
RUN fix-permissions "/etc/ipython/"

USER ${NB_UID}

# Install pyarrow
RUN arch=$(uname -m) && \
    if [ "${arch}" == "aarch64" ]; then \
        # Prevent libmamba from sporadically hanging on arm64 under QEMU
        # <https://github.com/mamba-org/mamba/issues/1611>
        export G_SLICE=always-malloc; \
    fi && \
    mamba install --quiet --yes \
    'pyarrow' && \
    mamba clean --all -f -y && \
    fix-permissions "${CONDA_DIR}" && \
    fix-permissions "/home/${NB_USER}"
WORKDIR "${HOME}"
```

10.4 API DE SPARK EN PYTHON

Un API especifica componentes de software (biblioteca, framework, sistema operativo, etc.) en términos de funcionalidades. Son un conjunto de comandos, funciones, clases y protocolos informáticos que hacen que trabajar con las funcionalidades de Spark sean más sencillas para la creación de programas y el desarrollo de algoritmos. Se optimizó para manipular datos, con un diseño que redujo las tareas comunes de ciencia de datos de cientos o miles de líneas de código a solo unas pocas.

En la siguiente dirección se pueden encontrar los documentos Spark Python API *https://spark.apache.org/docs/latest/api/python/index.html*.

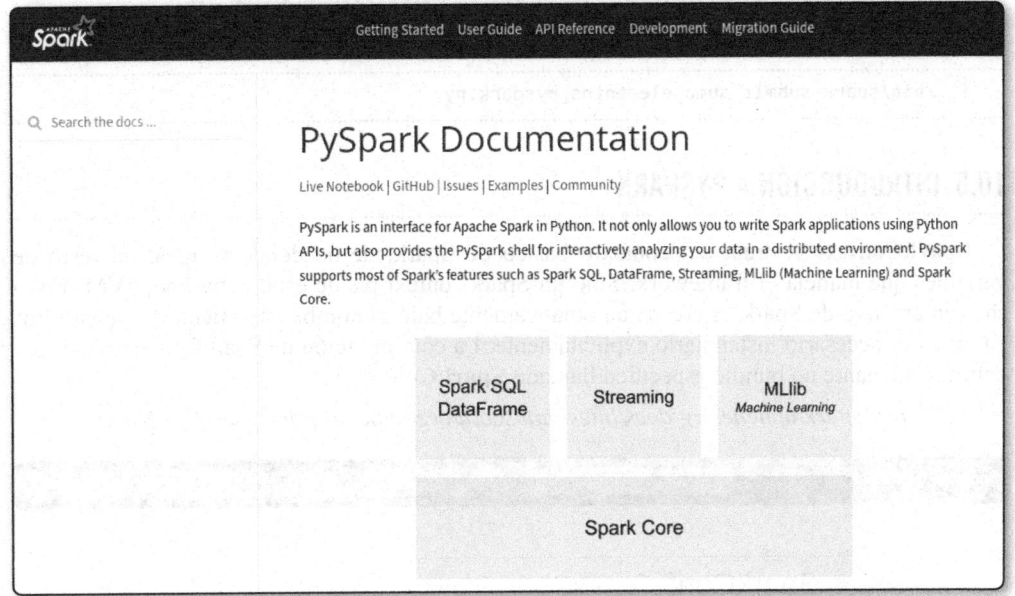

Figura 10.3. Documentación del API de PySpark

La principal abstracción de Apache Spark son los RDD (Resilient Distributed Dataset), que son colecciones de elementos de un determinado tipo, que son inmutables (de sólo lectura) y distribuidos a lo largo de varios nodos del clúster.

El API de Spark contiene varios métodos para transformar distintos tipos de datos de entrada (por ejemplo CSV, parquet, ElasticSearch, Cassandra, Hbase, etc.) en un RDD. Además el Spark Core contiene toda la lógica necesaria para acceder a varios sistemas de archivos, como HDFS, GlusterFS, Amazon S3, etc.

En el siguiente script estamos utilizando el SparkContext para calcular la suma del cuadrado de los elementos que tenemos en una lista numérica:

suma_elementos_pyspark.py

```python
from pyspark import SparkConf, SparkContext

conf = (SparkConf()
        .setMaster("local")
        .setAppName("My app")
        .set("spark.executor.memory", "1g"))

sc = SparkContext(conf = conf)

rdd = sc.parallelize([1, 1, 1, 1, 2, 2, 2, 3, 3, 4])
print(rdd.collect())

cuadrado = rdd.map(lambda x: x*2)
suma = cuadrado.reduce(lambda x,y: x+y)
print("La suma de los elementos es: " + str(suma))
```

Para ejecutar el script anterior podríamos utilizar el ejecutable **spark-submit** que encontramos dentro de la carpeta **/bin** con el siguiente comando:

```
$ ./bin/spark-submit suma_elementos_pyspark.py
```

10.5 INTRODUCCIÓN A PYSPARK

SparkContext se trata del contexto básico de Spark, desde donde se crean el resto de variables que maneja el framework. Sólo un SparkContext puede estar activo por JVM. En la shell interactiva de Spark es creada automáticamente bajo el nombre sc, mientras que en otros entornos es necesario instanciarlo explícitamente. La configuración de SparkContext puede ser definida mediante un bundle específico llamado **SparkConf.**

▼ *https://spark.apache.org/docs/latest/api/scala/org/apache/spark/SparkConf.html.*

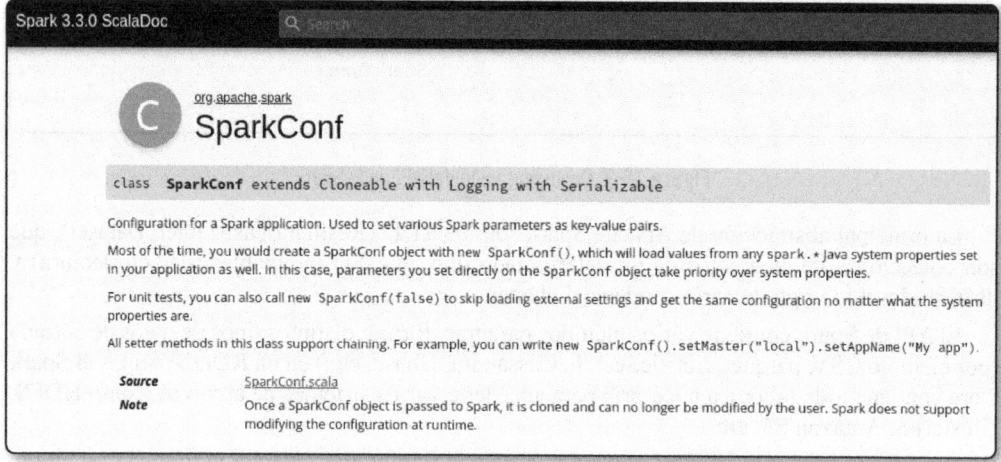

Figura 10.4. Documentación de la clase SparkConf

Sobre este objeto realizaremos todas las operaciones y es el principal objeto que disponemos en pyspark que contiene toda la información sobre cómo acceder al clúster y realizar las diferentes operaciones sobre el mismo.

```
>>> sc._conf.getAll()
[('spark.app.startTime', '1637521728110'), ('spark.executor.id', 'driver'),
('spark.app.name', 'PySparkShell'), ('spark.driver.host', '192.168.18.21'),
('spark.app.id', 'local-1637521730493'), ('spark.sql.catalogImplementation',
'hive'), ('spark.rdd.compress', 'True'), ('spark.serializer.objectStreamReset',
'100'), ('spark.master', 'local[*]'), ('spark.submit.pyFiles', ''), ('spark.submit.
deployMode', 'client'), ('spark.driver.port', '39087'), ('spark.sql.warehouse.
dir', 'file:/home/linux/Descargas/spark-3.2.0-bin-hadoop3.2/bin/spark-warehouse'),
('spark.ui.showConsoleProgress', 'true')]
>>> sc.version
'3.2.0'
```

Por ejemplo, si queremos **leer un fichero** que tenemos en una ruta, habría que utilizar el método **textFile()** del objeto sc:

```
fichero= sc.textFile("ruta_fichero")

#devuelve el número de líneas del fichero
fichero.count()

#obtiene la primera línea del fichero
fichero.first()
```

También podríamos realizar la carga de diferentes ficheros localizados en la misma ruta.

```
sc.textFile("mis_datos/*.log")
sc.textFile("fichero1.txt,fichero2.txt")
```

Si necesitamos iniciar el contexto spark en python de forma manual, lo podemos hacer usando las clases **SparkConf** y **SparkContext** pertenecientes al paquete pyspark. Por ejemplo, si creamos un script desde cero habría que inicializarlo con las siguientes instrucciones.

```
from pyspark import SparkConf, SparkContext
conf = SparkConf().setMaster("local").setAppName("My app")
sc = SparkContext(conf=conf)
```

Otra forma de inicializar este objeto es directamente con la clase SparkContext, donde la cadena local[*], indica que se ejecute con tantos hilos como procesadores en la máquina local.

```
from pyspark import SparkContext
sc = SparkContext("local[*]","My app")
```

El siguiente script nos permite comprobar las **versiones de python y spark:**

comprobar_version_spark.py

```
import sys

from pyspark import SparkContext

if __name__ == "__main__":
    sc = SparkContext(appName="checkPythonVersion")
    sc.setLogLevel("ERROR")
    print(
        "Python version: {}\nSpark context version: {}".format(
            sys.version, sc.version))

sc.stop()
```

10.5.1 DATASETS Y RDD CON PYSPARK

Un RDD es lo mismo que decir que estamos definiendo una colección, dataset o conjunto de datos. Un RDD se puede decir que es la abstracción que Spark utiliza para manejar el conjunto de datos que estarán distribuidos por diferentes máquinas, de esta forma se podrá aprovechar el procesamiento paralelo de todas las máquinas.

▶ Colecciones de objetos particionados y repartidos a lo largo del cluster, almacenados en memoria o disco.

▶ Manipulados a través de diversas transformaciones y acciones (map, filter, join, count, collect, save, etc.).

▶ Son automáticamente reconstruidos en caso de fallo de la máquina.

Por un lado estamos ganando velocidad de procesamiento, obviamente no es lo mismo procesar un fichero en una máquina que en 8 máquinas en paralelo. Además estamos ganando una escalabilidad horizontal que nos permitirá no solo procesar datos a gran velocidad sin necesidad de aumentar las prestaciones de cada máquina sino que nos permitirá procesar cantidades grandes de datos que en una única máquina sería imposible.

El modelo de datos utilizado por Spark se llama Resilient Distributed Dataset (RDD), que es una colección distribuida de elementos que se pueden procesar en paralelo. Un RDD se puede crear a partir de una colección existente (una lista de Python, por ejemplo) o de un conjunto de datos externo, almacenado como un archivo en la máquina local, HDFS u otras fuentes.

Cada RDD se divide en múltiples particiones, las cuales serán procesadas en diferentes nodos dentro del clúster. Se puede crear RDDs de dos maneras, cargando un archivo de datos externo o mediante la distribución de una colección de objetos (list o set) en el programa controlador.

▶ **Dataset**: colección de elementos independientes (archivos, objetos) procedentes de algún almacén de datos.

▶ **Distributed**: los elementos de los RDD se agrupan en particiones y pueden ser almacenados en diferentes nodos.

▶ **Resilient**: los RDDs recuerdan cómo fueron creados, así que si un nodo se cae, Spark tiene la capacidad de recalcular los datos perdidos en otro nodo.

10.5.2 CREANDO UN RDD CON PYSPARK

Un Dataset Distribuido Resiliente (RDD) es la abstracción básica en Spark que representa una colección inmutable y dividida de elementos que pueden ser operados en paralelo.

La manera más sencilla de crear un RDD es coger una lista que tengamos en memoria y paralelizar mediante el método **parallelize()**. Este método es muy interesante cuando estamos aprendiendo Spark puesto que creas rápidamente un RDD y podemos ya realizar operaciones sobre él, no es muy utilizado debido a que necesitas tener previamente la colección entera en memoria en una máquina. Lo más habitual en entornos de producción es leer de un fichero externo que puede estar ubicado en un sistema de ficheros local o distribuido.

```
>>> lines=sc.parallelize(["pandas","pspark"])
>>> lines
ParallelCollectionRDD[0] at readRDDFromFile at PythonRDD.scala:274
```

Hay otras formas de crear un RDD como a través de un recurso externo como por ejemplo un fichero. El siguiente comando utiliza el método textFile() de la clase SparkContext para crear una instancia de conjunto de datos resiliente y distribuido(RDD).

```
>>> lines=sc.textFile("pyspark.cmd")
>>> lines
pyspark.cmd MapPartitionsRDD[2] at textFile at NativeMethodAccessorImpl.java:0
```

En el siguiente ejemplo estamos creando un RDD a partir de un fichero README.md, obtenemos las palabras que tengan una longitud mayor que 3 y obtenemos la primera palabra.

```
>>> file = sc.textFile("README.md")
>>> file.count()
109
>>> file.filter(lambda x: len(x) >3).count()
68
>>> file.first()
'# Apache Spark'
```

En el siguiente ejemplo estamos creando un RDD de 1000 números y ejecutamos diferentes operaciones de filtrado para obtener el número de elementos y los valores mínimo y máximo.

```
>>> numbers = [x for x in range(-5000,5000)]
>>> parallelized_numbers = sc.parallelize(numbers)
>>> parallelized_numbers.count()
10000
>>> parallelized_numbers.first()
-5000
>>> parallelized_numbers.min()
-5000
>>> parallelized_numbers.max()
4999
```

El siguiente ejemplo creamos un **RDD de números pares** a partir del RDD anterior:

```
>>> even_numbers = parallelized_numbers.filter(lambda x: x % 2 ==0)
>>> even_numbers.count()
5000
>>> even_numbers.first()
-5000
>>> even_numbers.min()
-5000
>>> even_numbers.max()
4998
```

El siguiente ejemplo creamos un **RDD de números positivos**:

```
>>> positive_numbers = parallelized_numbers.filter(lambda x: x >=0)
>>> positive_numbers.count()
5000
>>> positive_numbers.first()
0
>>> positive_numbers.min()
0
>>> positive_numbers.max()
4999
```

El siguiente ejemplo permite crear un **RDD de números múltiplos de 3** utilizando una función adicional:

```
>>> def is_multiple(n):
...        if n % 3 == 0:
```

```
...             return True
...         else
...             return False
>>> multiple_numbers = parallelized_numbers.filter(is_multiple)
>>> multiple_numbers.count()
3333
>>> multiple_numbers.first()
-4998
>>> multiple_numbers.min()
-4998
>>> multiple_numbers.max()
4998
```

Podríamos crear un RDD a partir de dos listas, acceder a las claves del diccionario con el método **keys()**, acceder a los valores con el método **values()**, multiplicar por dos los valores de un diccionario con el método **mapValues()** y ordenar los valores de un diccionario con el método **sortByKey()**.

```
>>> a = sc.parallelize(['a','b','c','a'])
>>> b = sc.parallelize([1,2,3,4])
>>> rdd_kv = a.zip(b)
>>> rdd_kv.collect()
[('a', 1), ('b', 2), ('c', 3), ('a', 4)]
>>> rdd_kv.keys().collect()
['a', 'b', 'c', 'a']
>>> rdd_kv.values().collect()
[1, 2, 3, 4]
>>> rdd_kv.mapValues(lambda x : x*2).collect()
[('a', 2), ('b', 4), ('c', 6), ('a', 8)]
>>> rdd_kv.sortByKey(False).collect()
[('c', 3), ('b', 2), ('a', 1), ('a', 4)]
>>> rdd_kv.sortByKey(True).collect()
[('a', 1), ('a', 4), ('b', 2), ('c', 3)]
```

En este ejemplo estamos creando un RDD que multiplicar por 2 sus valores y sumar los resultados:

```
>>> from operator import add
>>> rdd = sc.parallelize([1, 1, 1, 1, 2, 2, 2, 3, 3, 4])
>>> rdd2 = rdd.map(lambda x: x*2)
>>> tSum = rdd2.reduce(lambda x,y: x+y)
>>> tSum
40
```

En este ejemplo creamos un diccionario de palabras y contamos las apariciones por cada palabra:

```
>>> rdd_text = sc.parallelize(['red', 'red', 'blue', 'green', 'green','yellow'])
>>> rdd_aux = rdd_text.map(lambda x: (x,1))
>>> rdd_result = rdd_aux.reduceByKey(lambda x,y: x+y)
>>> rdd_result.collect()
[('green', 2), ('red', 2), ('blue', 1), ('yellow', 1)]
```

10.5.3 OPERACIONES SOBRE UN RDD

La mayor parte de programación consiste en realizar operaciones sobre RDDs. Existen dos tipos de operaciones: transformaciones y acciones. Las transformaciones son operaciones que se ejecutan sobre un RDD y nos devuelven un nuevo RDD, por ejemplo, map() o filter().

Las acciones son operaciones que se ejecutan sobre un RDD y nos retornan un resultado al programa driver, escriben información en disco y ejecutan la computación, por ejemplo, count() o first(). Se pueden realizar dos tipos de operaciones en pySpark:

- ▼ **Transformaciones: map(), flatMap(), filter().**
- ▼ **Acciones: count(), first(), collect().**

Las transformaciones son operaciones con RDD que dan como resultado un nuevo RDD y permiten transformar el conjunto de datos en otro. Por lo tanto, es posible encadenar múltiples transformaciones, acercándose a un estilo de programación funcional. Además, las transformaciones son perezosas en el sentido que no calculan sus resultados inmediatamente.

Un ejemplo de transformación RDD es la de **filtrado**. El siguiente comando devuelve un nuevo conjunto de datos con únicamente las líneas que contienen la palabra "pyspark" en el RDD original. Filter lo que hace es devolver un nuevo conjunto de datos con aquellos que cumplan una determinada condición.

```
filtroRDD= lines.filter(lambda line:"pyspark" in line)
```

Podríamos utilizar el método **filter()** para realizar un filtrado de datos numérico sobre una colección.

```
>>> rdd_num = sc.parallelize([1, 1, 1, 1, 2, 2, 2, 3, 3, 4])
>>> rdd_num = rdd.filter(lambda x : x < 3)
>>> rdd_num.collect()
[1, 1, 1, 1, 2, 2, 2]
```

También podríamos aplicar este método para realizar un filtrado de datos en cadenas de texto que tenemos en una lista, por ejemplo para descartar aquellas cadenas que estén vacías.

```
>>> rdd_text = sc.parallelize(['apache', '', '', '', 'spark','python'])
>>> rdd_aux = rdd_text.filter(lambda x : x != '')
>>> rdd_aux.collect()
['apache', 'spark', 'python']
```

10.5.4 ACCIONES SOBRE UN RDD

Las acciones son operaciones que devuelven resultados y son el disparador necesario para ejecutar la cadena de transformaciones.. Las acciones devuelven valores de RDDs, como la suma de los elementos, un contador o simplemente recoger todos los elementos que se han procesado. Un ejemplo de este tipo es la función **reduce()**, que agrega todos los elementos de un RDD mediante una función y devuelve el resultado.

El resultado de una acción puede ser retornar un valor o escribir datos a un sistema de archivos externo. Las acciones fuerzan la evaluación de las operaciones de transformación puesto que necesitamos que se retorne una salida.

Cuando persistimos un RDD, cada nodo persiste en su memoria la parte del RDD que almacenaba en disco en ese nodo y acelerando así la reutilización para las distintas acciones que se realicen sobre él. Spark de forma automática se encarga de monitorizar el uso de la caché de cada nodo eliminando las particiones más antiguas que no se han utilizado recientemente. Existen varias acciones que podemos ejecutar sobre un RDD, las más habituales son:

- ◤ **collect()** devuelve todos los elementos de un RDD como una lista de python.

- ◤ **count()** devuelve el número de elementos de un RDD.

- ◤ **first()** devuelve el primer elemento del RDD.

- ◤ **countByValue()** devuelve un diccionario con el número de apariciones de cada elemento en un RDD.

- ◤ **take(n)** devuelve una lista con los primeros n elementos del RDD.

- ◤ **collectAsMap()** devuelve los elementos de un RDD clave/valor como un diccionario de python.

- ◤ **countByKey()** devuelve un diccionario donde las claves son las diferentes claves que el RDD contiene y los valores son el número de veces que cada clave aparece.

- ◤ **saveAsTextFile(fichero)** guarda el RDD en el fichero de salida.

A partir de un RDD, podríamos aplicar diferentes acciones como las de obtener el número de elementos, obtener el primer elemento, obtener los primeros n elementos, calcular la varianza y la desviación típica.

```
>>> rdd = sc.parallelize([1, 1, 1, 1, 2, 2, 2, 3, 3, 4])
>>> rdd.collect()
[1, 1, 1, 1, 2, 2, 2, 3, 3, 4]
>>> rdd.count()
10
>>> rdd.first()
1
>>> rdd.countByValue()
defaultdict(<type 'int'>, {1: 4, 2: 3, 3: 2, 4: 1})
>>> rdd.take(4)
[1, 1, 1, 1]
>>> rdd.mean()
2.0
>>> rdd.variance()
1.0
>>> rdd.stdev()
1.0
```

Continuando con el RDDs creado anteriormente a partir de un fichero de texto, podríamos ejecutar las siguientes acciones:

```
>>> lines=sc.textFile("./bin/pyspark.cmd")
>>> lines
./bin/pyspark.cmd MapPartitionsRDD[58] at textFile at NativeMethodAccessorImpl.
java:0
>>> lines.count()
25
>>> lines.first()
'@echo off'
>>> lines.take(10)
['@echo off', '', 'rem', 'rem Licensed to the Apache Software Foundation (ASF) un-
```

der one or more', 'rem contributor license agreements. See the NOTICE file distributed with', 'rem this work for additional information regarding copyright owner-
ship.', 'rem The ASF licenses this file to You under the Apache License, Version
2.0', 'rem (the "License"); you may not use this file except in compliance with',
'rem the License. You may obtain a copy of the License at', 'rem']
>>> lines.collect()
['@echo off', '', 'rem', 'rem Licensed to the Apache Software Foundation (ASF) under one or more', 'rem contributor license agreements. See the NOTICE file distributed with', 'rem this work for additional information regarding copyright owner-
ship.', 'rem The ASF licenses this file to You under the Apache License, Version
2.0', 'rem (the "License"); you may not use this file except in compliance with',
'rem the License. You may obtain a copy of the License at', 'rem', 'rem   http://
www.apache.org/licenses/LICENSE-2.0', 'rem', 'rem Unless required by applicable law
or agreed to in writing, software', 'rem distributed under the License is distributed on an "AS IS" BASIS,', 'rem WITHOUT WARRANTIES OR CONDITIONS OF ANY KIND,
either express or implied.', 'rem See the License for the specific language gover-
ning permissions and', 'rem limitations under the License.', 'rem', '', 'rem This
is the entry point for running PySpark. To avoid polluting the', 'rem environment,
it just launches a new cmd to do the real work.', '', 'rem The outermost quotes are
used to prevent Windows command line parse error', 'rem when there are some quotes
in parameters, see SPARK-21877.', 'cmd /V /E /C ""%~dp0pyspark2.cmd" %*""']

Si queremos ver todas las acciones que podemos ejecutar sobre un RDD podemos hacerlo a través de la documentación oficial:

▼ *https://spark.apache.org/docs/3.3.0/rdd-programming-guide.html#actions*

10.5.5 TRANSFORMACIONES SOBRE UN RDD

Son operaciones sobre RDDs que retornan un nuevo RDD (no modifican el anterior). Una de las principales características de Spark es que es "lazy evaluation" (evaluación perezosa), esto significa que todas las transformaciones que hagamos sobre un RDD no se ejecutan hasta que se ejecute una acción, es decir, los datos de un RDD no son procesados hasta que una acción es ejecutada.

En el siguiente ejemplo, el procesamiento de los datos no se realizará hasta que ejecutemos una acción, en este caso ejecutamos una acción de tipo **count()**.

```
>>> datos = sc.textFile("fichero.txt")
>>> result = datos.map(lambda line: line.upper())
>>> result_filter = result.filter(lambda line: line.startswith('A'))
>>> result_filter.count()
```

El ejemplo anterior también se podría realizar concatenando las instrucciones para aplicar las diferentes transformaciones:

```
>>> datos = sc.textFile("fichero.txt").map(lambda line:line.upper()).filter(lambda
line: \
line.startswith('A')).count()
```

Al aplicar una transformación sobre un RDD original, se devolverá un RDD nuevo resultado de dicha transformación. De esta forma las transformaciones no modifican el RDD original sino que se van creando RDD de forma sucesiva por cada transformación. Los RDDs son **inmutables** lo que significa que no es posible modificar los datos de un RDD, para realizar esto habrá que ir transformando los RDDs secuencialmente.

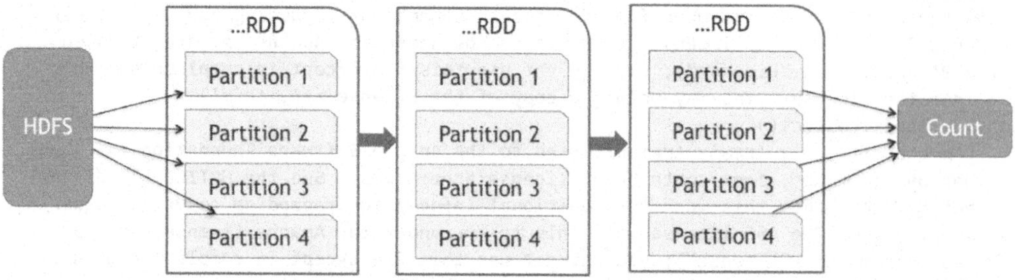

Figura 10.5. Transformaciones sobre RDDs

Un punto importante a tener en cuenta es que las **transformaciones Spark son perezosas.** Es decir, invocar una transformación en un RDD no activa inmediatamente un cálculo. En cambio, las transformaciones se encadenan entre sí y sólo se calculan efectivamente cuando se llama a una acción.

Esto permite que Spark sea más eficiente devolviendo resultados al controlador cuando sea necesario para que la mayoría de las operaciones se realicen en paralelo en el clúster. Un ejemplo de transformación es la función map que permite crear un nuevo dataset aplicando diferentes operaciones sobre el RDD original.

```
>>> words = ['Apache', 'Spark', 'is', 'an','open-source','cluster-computing','frame
work','Apache','Spark','open-source','Spark']
>>> RDD_words = sc.parallelize(words)
>>> RDD_words.count()
11
>>> RDD_words.first()
'Apache'
>>> upper_words = RDD_words.map(lambda x:x.upper())
>>> upper_words.count()
11
>>> upper_words.first()
'APACHE'
```

Cuando invocamos una transformación sobre un RDD, Spark almacena el tipo de transformación en el siguiente RDD que queremos crear, construyendo internamente un grafo de transformaciones llamado DAG (grafo dirigido acíclico). Existen varias transformaciones que podemos ejecutar sobre un RDD para generar un nuevo RDD pero las más habituales son:

▶ **map(funcion):** Devuelve un nuevo RDD, resultado de pasar cada uno de los elementos del RDD original como parámetro de la función. De esta forma, aplica la misma función a cada elemento de la colección.

```
>>> numbers = [0,1,2,3,4,5,6,7,8,9]
>>> parallelized_numbers = sc.parallelize(numbers)
>>> parallelized_numbers.map(lambda x: x**2).collect()
[0, 1, 4, 9, 16, 25, 36, 49, 64, 81]
```

▶ **distinct():** devuelve un nuevo RDD que contiene una copia de los diferentes elementos del RDD original, eliminando duplicados.

```
>>> words = ['Apache', 'Spark', 'is', 'an','open-source','cluster-computin
g','framework','Apache','Spark','open-source','Spark']
>>> RDD_words = sc.parallelize(words)
>>> rdd=RDD_words.distinct()
>>> rdd
PythonRDD[90] at RDD at PythonRDD.scala:53
>>> rdd.collect()
['Apache', 'an', 'Spark', 'is', 'open-source', 'cluster-computing', 'fra-
mework']
```

▶ **filter(funcion)**: devuelve un nuevo RDD que sólo contiene los elementos del RDD original que satisfacen la condición especificada en la función. Devuelve un conjunto de datos compuesto por todos los valores donde la función que aplicamos devuelve true.

```
>>> numbers=sc.parallelize([1,2,3,4,5,6,100,2000,4000])
>>> num_mayor_10=numbers.filter(lambda x:x>10)
>>> num_mayor_10.collect()
[100, 2000, 4000]
```

▶ **keys()**: obtiene las claves de un RDD.

```
>>> rdd=sc.parallelize([('a',1),('b',2),('a',3),('b',4)])
>>> rdd.keys()
PythonRDD[58] at RDD at PythonRDD.scala:53
>>> rdd.keys().collect()
['a', 'b', 'a', 'b']
```

▶ **values()**: obtiene los valores de un RDD.

```
>>> rdd=sc.parallelize([('a',1),('b',2),('a',3),('b',4)])
>>> rdd.values()
PythonRDD[61] at RDD at PythonRDD.scala:53
>>> rdd.values().collect()
[1, 2, 3, 4]
```

▶ **mapValues()**: devuelve un RDD en el que aplica la función definida sobre cada valor sin modificar la clave.

```
>>> rdd=sc.parallelize([('a',1),('b',2),('a',3),('b',4)])
>>> rdd.mapValues(lambda x: x*2).collect()
[('a', 2), ('b', 4), ('a', 6), ('b', 8)]
```

▶ **flatMapValues()**: devuelve un RDD en el que aplica la función retornando un iterador para cada valor del RDD.

```
>>> rdd=sc.parallelize([('a',[1,2]),('b',[3,4]),('a',[5,6]),('b',[7,8])])
>>> rdd.flatMapValues(lambda x: x).collect()
[('a', 1), ('a', 2), ('b', 3), ('b', 4), ('a', 5), ('a', 6), ('b', 7),
('b', 8)]
```

▶ **groupByKey()**: devuelve un nuevo RDD de pares clave/valor, donde las claves guardan cada una de las diferentes claves del RDD original y los valores asociados se agrupan en un objeto iterable con los valores que estaban asociados a la misma clave del RDD original.

```
>>> rdd=sc.parallelize([('a',[1,2]),('b',[3,4]),('a',[5,6]),('b',[7,8])])
>>> rdd.groupByKey().collect()
[('b', <pyspark.resultiterable.ResultIterable object at 0x7f0f8815dbb0>),
('a', <pyspark.resultiterable.ResultIterable object at 0x7f0f87f2bdf0>)]
```

▶ **reduceByKey(funcion)**: devuelve un RDD de pares clave/valor donde cada clave única se corresponde con las diferentes claves del RDD original y el valor es el resultado de aplicar una operación de reducción sobre los valores correspondientes a una misma clave. En resumen, combina valores con la misma clave en cada procesado.

```
>>> rdd=sc.parallelize([('a',1),('b',2),('a',3),('b',4)])
>>> rdd.reduceByKey(lambda x,y:x+y).collect()
[('b', 6), ('a', 4)]
```

▶ **flatMap(function)**: esto devuelve un RDD formado por aplanamiento de la salida de la función para cada elemento de la entrada RDD. Se utiliza cuando cada valor en la entrada se puede asignar a 0 o más elementos de salida. Por ejemplo, podríamos utilizar esta función para dividir una frase en palabras.

```
>>> lines=sc.parallelize(["hello world"])
>>> words=lines.flatMap(lambda line:line.split(" "))
>>> words
PythonRDD[92] at RDD at PythonRDD.scala:53
>>> words.collect()
['hello', 'world']
```

▶ **sortByKey(ascending)**: esto ordena los elementos en el RDD por clave en orden ascendente o descendente.

```
>>> rdd=sc.parallelize([('a',1),('b',2),('a',3),('b',4)])
>>> rdd.sortByKey(lambda x,y:x+y).collect()
[('a', 1), ('a', 3), ('b', 2), ('b', 4)]
```

▶ **union(otherRDD)**: Operación que fusiona dos RDDs.

```
>>> set1=sc.parallelize([1,2,3,4,5,6])
>>> set2=sc.parallelize([2,4,6,8,10])
>>> set1.union(set2).collect()
[1,2,3,4,5,6,2,4,6,8,10]
```

▶ **intersection(otherRDD)**: devuelve un RDD compuesto por sólo los valores que aparecen tanto en la entrada como en el RDD pasado como argumento.

```
>>> set1=sc.parallelize([1,2,3,4,5,6])
>>> set2=sc.parallelize([2,4,6,8,10])
>>> set1.intersection(set2).collect()
[2,4,6]
```

▶ **join(otherRDD):** devuelve un conjunto de datos en el que las entradas de clave/valor se unen por la clave del RDD pasado como argumento.

```
>>> rdd = sc.parallelize([('a',1),('b',2),('a',3),('b',4)])
>>> rdd2 = sc.parallelize([('a',1),('b',2),('a',3),('b',4)])
>>> rdd.join(rdd2).collect()
[('a', ([1, 2], 1)), ('a', ([1, 2], 3)), ('a', ([5, 6], 1)), ('a', ([5,
6], 3)), ('b', ([3, 4], 2)), ('b', ([3, 4], 4)), ('b', ([7, 8], 2)), ('b',
([7, 8], 4))]
```

▶ **rightOuterJoin(otherRDD):** devuelve un RDD en el que realiza un right outer join por la clave.

```
>>> rdd = sc.parallelize([('a',1),('b',2),('a',3),('b',4)])
>>> rdd2 = sc.parallelize([('a',1),('b',2),('a',3),('b',4)])
>>> rdd.rightOuterJoin(rdd2).collect()
[('a', ([1, 2], 1)), ('a', ([1, 2], 3)), ('a', ([5, 6], 1)), ('a', ([5,
6], 3)), ('b', ([3, 4], 2)), ('b', ([3, 4], 4)), ('b', ([7, 8], 2)), ('b',
([7, 8], 4))]
```

▶ **leftOuterJoin(otherRDD):** devuelve un RDD en el que realiza un left outer join por la clave.

```
>>> rdd = sc.parallelize([('a',1),('b',2),('a',3),('b',4)])
>>> rdd2 = sc.parallelize([('a',1),('b',2),('a',3),('b',4)])
>>> rdd.leftOuterJoin(rdd2).collect()
[('a', ([1, 2], 1)), ('a', ([1, 2], 3)), ('a', ([5, 6], 1)), ('a', ([5,
6], 3)), ('b', ([3, 4], 2)), ('b', ([3, 4], 4)), ('b', ([7, 8], 2)), ('b',
([7, 8], 4))]
```

▶ **cogroup(otherRDD):** devuelve un RDD que agrupa los datos de ambos RDDs que comparten la misma clave.

```
>>> rdd = sc.parallelize([('a',1),('b',2),('a',3),('b',4)])
>>> rdd2 = sc.parallelize([('a',1),('b',2),('a',3),('b',4)])
>>> rdd.cogroup(rdd2).collect()
[('a', (<pyspark.resultiterable.ResultIterable object at 0x7f0f87f2ba60>,
<pyspark.resultiterable.ResultIterable object at 0x7f0f881a45e0>)), ('b',
(<pyspark.resultiterable.ResultIterable object at 0x7f0f87f3dbe0>, <pys-
park.resultiterable.ResultIterable object at 0x7f0f87f3d550>))]
```

La mayor parte de las transformaciones e incluso alguna acción dependen de funciones que son usadas por Spark para computar los datos. Si son sencillas, podríamos usar expresiones lambda. Si queremos ver todas las transformaciones que podemos ejecutar sobre un RDD podemos hacerlo a través de la documentación oficial:

▶ *https://spark.apache.org/docs/3.3.0/rdd-programming-guide.html#transformations*

El código fuente de la clase rdd para ver lo que hace por debajo se puede ver en el repositorio de código oficial de spark.

▼ *https://apache.googlesource.com/spark/+/master/python/pyspark/rdd.py*

10.5.6 OTROS ELEMENTOS DE SPARK CORE

Cualquier variable o dato dentro de una estructura de datos se distribuirá en los nodos workers. Por lo general, estas variables son constantes, pero no se pueden compartir entre los workers. En su lugar, se suelen utilizar estructuras para la comunicación entre procesos como variables de difusión y acumuladores.

Las variables de **difusión** o **Broadcast** son variables globales de solo lectura que se envían a todos los nodos workers de Spark para que sean usadas en una o más operaciones. En el siguiente ejemplo estamos procesando un fichero que contiene líneas de log y cada línea tiene un código de estado (200,401,404).

test.log

```
64.242.88.10 - - [07/Mar/2022:16:30:29 -0800] "GET /twiki/bin/attach/Main/OfficeLo-
cations HTTP/1.1" 401 12851
64.242.88.10 - - [07/Mar/2022:16:31:48 -0800] "GET /twiki/bin/view/TWiki/WebTopicE-
ditTemplate HTTP/1.1" 200 3732
64.242.88.10 - - [07/Mar/2022:16:32:50 -0800] "GET /twiki/bin/view/Main/WebChanges
HTTP/1.1" 200 40520
64.242.88.10 - - [07/Mar/2022:16:32:51 -0800] "ERROR /test/error1/segundo_error
HTTP/1.1" 404 4325
```

En el siguiente script utilizamos una variable de broadcast para almacenar un contador por cada código de estado que encontramos en el fichero de log anterior.

ejemplo_broadcast.py

```python
from pyspark import SparkContext
sc = SparkContext("local[*]","My app")

file_rdd = sc.textFile("test.log")

my_broadcast_variable = sc.broadcast({200:'OK',401:'Bad Request',404:'Not
Found',505:'Server error'})

def extraerCodigoEstado(line):
 tokens = line.split(" ")
 if len(tokens)>7:

 return (my_broadcast_variable.value[int(tokens[8])],1)
 else:

 return("",1)

codigosEstado = file_rdd.map(extraerCodigoEstado).groupByKey()

for line in codigosEstado.collect():
 print("Código estado:",line[0],"-->",sum(line[1]))
```

En la ejecución vemos el número de veces que aparece cada respuesta agrupados por código de estado.

```
$ ./bin/spark-submit ejemplo_broadcast.py

Código estado: Not Found --> 4
Código estado: Bad Request --> 10
Código estado: OK --> 40
```

Spark nos proporciona una sintaxis para utilizar **variables globales compartidas** por todos los nodos workers. Uno de los usos más comunes es contar los eventos que ocurren durante la ejecución de un trabajo. Por ejemplo, podríamos contar las líneas que tenemos en el fichero de log que cumplan una determinada condición.

ejemplo_acumulador.py

```python
from pyspark import SparkContext
sc = SparkContext("local[*]","My app")

file_rdd = sc.textFile("test.log")

lineasBlanco = sc.accumulator(0)

def extraerLineasBlanco(line):
    global lineasBlanco
    if(line==''):

    lineasBlanco+=1
    return line

resultado = file_rdd.map(extraerLineasBlanco)

print("Total de lineas/Lineas en Blanco fichero test.log:",resultado.
count(),"/",lineasBlanco.value)
```

10.6 MAPREDUCE A PYSPARK

MapReduce es un paradigma de programación paralelo que abstrae las complejidades de computación y datos de paralelismo en un entorno de computación distribuida. Funciona sobre el concepto de llevar la función de cálculo a los datos en lugar de llevar los datos a la función de cálculo.

MapReduce se podría definir como un modelo de programación y una implementación para el procesamiento y generación de grandes datasets, en el que el usuario especifica una función map que procesa un par clave/valor (key/value) para generar un set intermedio de pares clave/valor, y una función reduce que mezcla todos los valores intermedios asociados con la misma clave intermedia.

En Spark las funciones que más se utilizan son las siguientes:

▼ **map(función):** devuelve un nuevo RDD, resultado de pasar cada uno de los elementos del RDD original como parámetro de la función. Aplica una función a cada elemento de la colección.

▼ **flatMap(función)**: similar a map(), pero en caso de que la función devuelva una lista, ésta no será mapeada directamente en el RDD resultante, sino que se mapean individualmente los elementos contenidos.

▼ **reduceByKey(función):** devuelve un RDD de pares clave/valor donde cada clave única se corresponde con las diferentes claves del RDD original y el valor es el resultado de aplicar una operación de reducción sobre los valores correspondientes a una misma clave. En resumen, combina valores con la misma clave en cada procesado.

10.6.1 MODELO DE PROGRAMACIÓN

El modelo de programación consiste en realizar una operación map a cada registro para obtener un par intermedio key/value. Posteriormente, se aplica la operación de reducción a todos los valores que comparten la misma clave a fin de combinar los datos obtenidos.

El cálculo toma como entrada un par de valores key/value, y produce un par de valores de salida key/value. El desarrollador expresa el cálculo como dos funciones Map y Reduce que son escritas de la siguiente forma:

▼ La función Map toma como entrada pares y produce un conjunto intermedio de pares key/values.

▼ La librería MapReduce junta todos los valores intermedios asociados con la misma key intermedia y las pasa a la función Reduce.

▼ La función Reduce recibe la key intermedia y un conjunto de valores para esta key, se juntan y combinan estos valores para conformar un conjunto más pequeño de valores. Normalmente, ninguno o un valor es el resultado del llamado a la función Reduce. Los valores intermedios se suministran a la función Reduce por medio de un iterador, con lo que se permite manejar listas de valores que son muy grandes para estar en memoria.

10.6.2 CONTADOR DE PALABRAS CON PYSPARK

En este ejemplo estamos generando un RDD de palabras que se convierte en un RDD de pares clave/valor donde la clave es la palabra y el valor el número de veces que aparece la palabra en el texto.

```
>>> rdd =sc.textFile("ruta_fichero")
>>> palabras=rdd.flatMap(lambda x:x.split(""))
>>> resultado=palabras.map(lambda x:(x,1)).reduceByKey(lambda x,y:x+y)
>>> resultado.collect()
```

Si queremos **procesar un fichero desde hdfs,** el script sería similar al siguiente:

```
>>> text_file = sc.textFile("hdfs://<ruta_fichero>")
>>> palabras = text_file.flatMap(lambda line: line.split(" "))
>>> resultado = palabras.map(lambda word: (word, 1)).reduceByKey(lambda a, b: a +
b)
>>> resultado.saveAsTextFile("hdfs://<fichero_salida>")
```

10.6.3 PALABRAS MÁS FRECUENTES DE UN TEXTO

El objetivo es crear un RDD cuyos elementos guardan cada una de las líneas del fichero. Para contar el número de veces que aparece cada palabra podemos utilizar la función map, donde cada clave es la palabra. Para agrupar todas las claves iguales se utiliza la función **reduceByKey**.

histograma_palabras.py

```
from pyspark import SparkContext
import re

sc = SparkContext("local[*]","My app")

rdd=sc.textFile("test.log")

words=rdd.flatMap(lambda linea:re.compile("\W").split(linea)).filter(lambda word:word
!='').map(lambda word:word.lower())

histograma = words.map(lambda word:(word,1)).reduceByKey(lambda x,y:x+y)
print(histograma.collect())
for palabra in histograma.collect():
  print(str(palabra[0])+"-->",str(palabra[1]))
```

En el anterior script estamos extrayendo las palabras más frecuentes siguiendo los siguientes pasos:

1. Leer el archivo de entrada y se paraleliza en un RDD con el método textFile.

2. Para cada línea, se extraen todas las palabras. Para esta operación, podemos utilizar el método flatMap y una expresión regular.

3. Cada palabra en el texto (es decir, cada elemento del RDD) se asigna a un par clave-valor donde la clave es la palabra en minúscula y el valor es siempre 1.

4. Con una llamada al método reduceByKey() contamos cuántas veces cada palabra aparece en el texto. La salida se produce en formato clave-valor, donde la clave es una palabra y el valor es el número de veces que la palabra aparece en el texto.

También podríamos utilizar el operador add para realizar la suma en el método **reduceByKey()**.

histograma_palabras_operator.py

```
from pyspark import SparkContext
from operator import add

sc = SparkContext("local[*]","My app")

rdd = sc.textFile("README.md") # Create RDD

def tokenize(text):
  return text.split()

histograma_palabras = rdd.flatMap(tokenize)
histograma_palabras = histograma_palabras.map(lambda x: (x,1)).reduceByKey(add).
collectAsMap()
print(histograma_palabras)
```

En el siguiente ejemplo estamos contando el número de caracteres, palabras y líneas de un fichero de texto:

1. Leer el archivo de entrada y paralelizar en un RDD con el método textFile.

2. Para cada línea, se extraen todas las palabras. Para esta operación, podemos utilizar el método flatMap y una función que obtiene las estadísticas del fichero.

3. Finalmente, se recogen los resultados. En este caso, podemos usar el método collectAsMap() que recoge los pares clave-valor en el RDD y devuelve un diccionario Python. Hay que tener en cuenta que se trata de una acción, por lo tanto, la cadena RDD se ejecuta y se devuelve un resultado.

estadisticas_fichero.py

```
from pyspark import SparkContext

sc = SparkContext("local[*]","My app")

rdd=sc.textFile("README.md")

def estadisticas(line):
    return [("caracteres", len(line)), ("palabras", len(line.split())), ("lineas",
1)]

print (rdd.flatMap(estadisticas).reduceByKey(lambda a,b: a+b).collectAsMap())
```

En la **salida** vemos cómo se obtiene el número de caracteres, palabras y líneas del fichero que estamos procesando.

```
{'lineas': 109, 'caracteres': 4403, 'palabras': 498}
```

10.7 TRABAJANDO CON SPARK SQL Y DATAFRAMES

Spark SQL es el módulo encargado de permitirnos trabajar con datos estructurados, y además ser capaces de lanzar consultas SQL sobre dichos datos como si de una base de datos tradicional se tratara.

Un dataframe es una colección distribuida de datos organizada por columnas, las cuales tienen asociado un nombre y es equivalente al concepto de tabla de una base de datos relacional, aunque el dataframe está optimizado para el rendimiento dentro de un clúster con Spark. El punto de entrada de Spark SQL es la clase **SQLContext** que se encuentra en el módulo **pyspark.sql**.

```
from pyspark.sql import SQLContext
sqlContext = SQLContext(sc)
dataframe = sqlContext.sql("SELECT * from table")
# Visualizar el resultado de la consulta SQL
dataframe.show()
```

Spark permite la consulta de datos mediante un subconjunto del lenguaje SQL a través del método **sql(consulta)** de la clase SQLContext. La función sql en un SQLContext permite a las aplicaciones ejecutar consultas SQL de forma programática y devuelve el resultado como un DataFrame.

```
sqlContext = SQLContext(sc)
data=sqlContext.read.json("data.json")
data.registerTempTable("Nombre_tabla")
consulta=sqlContext.sql("SELECT * from Nombre_tabla")
```

Con un objeto SQLContext, las aplicaciones pueden crear DataFrames de un RDD existente, de una tabla o de fuentes de datos. Como ejemplo, lo siguiente crea un DataFrame basado en el contenido de un archivo JSON.

```
sqlContext = SQLContext(sc)
df = sqlContext.jsonFile("people.json")
df.filter(df.age >21).select(df.name, df.age +1)
sqlContext.sql("select name, age +1 from people where age > 21")
```

Al ejecutar el método **sqlContext.jsonFile** lo que se obtiene es un dataframe que contiene un esquema de la estructura de tablas con la información que lee a partir del fichero json.

read_data_json.py

```
from pyspark import SparkContext

sc = SparkContext("local[*]","My app")

from pyspark.sql import SQLContext
sqlContext = SQLContext(sc)
dataframe = sqlContext.read.json("data.json")
dataframe.printSchema()
dataframe.show()

dataframe.select("name").show()
dataframe.select(dataframe['name'], dataframe['age']+1).show()
dataframe.filter(dataframe['age']>30).show()


dataframe.registerTempTable("DATA")
consulta=sqlContext.sql("SELECT * from DATA")
```

En la salida del script anterior vemos la estructura del **esquema** del documento que estamos leyendo y los datos del dataframe.

```
root
 |-- age: long (nullable = true)
 |-- name: string (nullable = true)

+----+-------+
| age|   name|
+----+-------+
|null|Michael|
|  30|   Andy|
|  19| Justin|
+----+-------+
```

Los dataFrames proporcionan un conjunto de funciones para la manipulación de datos estructurados. Aquí incluimos algunos ejemplos básicos de procesamiento de datos estructurados usando DataFrames. En Python es posible acceder a las columnas de un DataFrame ya sea por atributo (**df.age**) o por indexación (**df['age']**). Mientras que el primero es conveniente para la exploración interactiva de datos, se recomienda utilizar la segunda forma.

```
dataframe.select("name").show()
dataframe.select(dataframe['name'], dataframe['age']+1).show()
dataframe.filter(dataframe['age']>30).show()
```

Spark SQL soporta dos métodos diferentes para convertir RDDs existentes en DataFrames. El primer método utiliza la reflexión para inferir el esquema de un RDD que contiene tipos específicos de objetos. Este enfoque está basado en la reflexión y funciona bien cuando ya conoce el esquema mientras escribe su aplicación Spark.

Spark SQL puede convertir un RDD de objetos Row en un DataFrame, deduciendo los tipos de datos. Las filas se construyen al pasar una lista de pares clave/valor. Las claves de esta lista definen los nombres de columna de la tabla y los tipos se infieren mirando la primera fila.

read_data_txt.py

```python
from pyspark import SparkContext
from pyspark.sql import SQLContext, Row

sc = SparkContext("local[*]","My app")

sqlContext = SQLContext(sc)
lines = sc.textFile("data.txt")
parts = lines.map(lambda x:x.split(","))
data = parts.map(lambda x: Row(name=x[0], age=int(x[1])))
schemaData = sqlContext.createDataFrame(data)
schemaData.registerTempTable("DATA")
schemaData.printSchema()
schemaData.show()
consulta = sqlContext.sql("SELECT * from DATA")
consulta.show()
names = data.map(lambda x:"Name:"+x.name)
for name in names.collect():
    print(name)

ages = data.map(lambda x:"Age:"+str(x.age))
for age in ages.collect():
    print(age)
```

El segundo método para crear DataFrames es a través de una interfaz programática que le permite construir un esquema y luego aplicarlo a un RDD existente. Si bien este método es más detallado, le permite crear DataFrames cuando las columnas y sus tipos no se conocen hasta el tiempo de ejecución. Los pasos a seguir son:

▼ Crear un RDD de tuplas o listas del RDD original.

▼ Crear el esquema representado por un **StructType** que coincida con la estructura de tuplas o listas en el RDD creado en el paso anterior.

▼ Aplicar el esquema al RDD a través del método **createDataFrame()** proporcionado por la clase **SQLContext**.

read_data_struct.py

```python
from pyspark import SparkContext
from pyspark.sql import SQLContext, Row
from pyspark.sql.types import *
```

```
sc = SparkContext("local[*]","My app")

sqlContext = SQLContext(sc)
lines = sc.textFile("data.txt")
parts = lines.map(lambda x:x.split(","))
data = parts.map(lambda x: Row(x[0], x[1].strip()))

schemaString="name age"

#fields = [StructField(field_name, StringType(), True) for field_name in schemaString.
split()]

fields = [StructField("name", StringType(), True),  StructField("age", StringType(),
True)]

schema = StructType(fields)

schemaData = sqlContext.createDataFrame(data,schema)
schemaData.registerTempTable("DATA")
consulta = sqlContext.sql("SELECT * from DATA")
consulta.show()
```

Podríamos **crear un DataFrame a partir de un fichero csv**. En este ejemplo vemos que un objeto de la clase **pyspark.sql.dataframe.DataFrame** representa una colección de objetos del tipo **pyspark.sql.types.Row**

read_csv.py

```
from pyspark import SparkContext
from pyspark.sql import SparkSession,SQLContext, Row

### Create a Spark Session
spark = SparkSession.builder.master("local").appName("AppName").getOrCreate()

movies = spark.read.csv("movies.csv", header=True, mode="DROPMALFORMED")

print(movies)
print(type(movies))
print(type(movies.first()))
print(movies.first())
print(movies.count())
print(movies.head(n=5))
```

Salida:

```
DataFrame[movieId: string, title: string, genres: string]
<class 'pyspark.sql.dataframe.DataFrame'>
<class 'pyspark.sql.types.Row'>
[Row(movieId='1', title='Toy Story (1995)', genres='Adventure|Animation|Chil
dren|Comedy|Fantasy'), Row(movieId='2', title='Jumanji (1995)', genres='Adve
nture|Children|Fantasy'), Row(movieId='3', title='Grumpier Old Men (1995)',
genres='Comedy|Romance'), Row(movieId='4', title='Waiting to Exhale (1995)',
genres='Comedy|Drama|Romance'), Row(movieId='5', title='Father of the Bride Part II
(1995)', genres='Comedy')]
```

También podríamos seleccionar columnas con el método **select()** y ejecutar filtros sobre el DataFrame con el método **filter()**.

read_csv_select_filter.py

```
from pyspark.sql import SparkSession

### Create a Spark Session
spark = SparkSession.builder.master("local").appName("AppName").getOrCreate()

movies = spark.read.csv("movies.csv", header=True, mode="DROPMALFORMED")

movies.select('movieId','genres').show(5)

movies.filter(movies['movieId']>10).show(5)
```

Salida:

```
+-------+--------------------+
|movieId|              genres|
+-------+--------------------+
|      1|Adventure|Animati...|
|      2|Adventure|Childre...|
|      3|      Comedy|Romance|
|      4|Comedy|Drama|Romance|
|      5|              Comedy|
+-------+--------------------+
only showing top 5 rows


+-------+--------------------+--------------------+
|movieId|               title|              genres|
+-------+--------------------+--------------------+
|     11|   American Presiden...|Comedy|Drama|Romance|
|     12|   Dracula: Dead and...|        Comedy|Horror|
|     13|        Balto (1995)|Adventure|Animati...|
|     14|         Nixon (1995)|               Drama|
|     15|Cutthroat Island ...|Action|Adventure|...|
+-------+--------------------+--------------------+
only showing top 5 rows
```

En la ejecución del script anterior utilizamos el método **filter()** para aplicar estadísticas descriptivas en un subconjunto de datos. Por ejemplo, obtener aquellos registros que tengan un identificador mayor a 10.

Podríamos también ejecutar **consultas SQL sobre una vista temporal.**

read_csv_tabla_temporal.py

```
from pyspark.sql import SparkSession

### Create a Spark Session
spark = SparkSession.builder.master("local").appName("AppName").getOrCreate()

movies = spark.read.csv("movies.csv", header=True, mode="DROPMALFORMED")
```

```
movies.createOrReplaceTempView("MOVIES")
datos = spark.sql("SELECT * FROM MOVIES where movieId>10 and movieId<20")
datos.show()
```

Salida:

```
+-------+--------------------+--------------------+
|movieId|               title|              genres|
+-------+--------------------+--------------------+
|     11|American Presiden...|Comedy|Drama|Romance|
|     12|Dracula: Dead and...|       Comedy|Horror|
|     13|        Balto (1995)|Adventure|Animati...|
|     14|         Nixon (1995)|               Drama|
|     15|Cutthroat Island ...|Action|Adventure|...|
|     16|        Casino (1995)|         Crime|Drama|
|     17|Sense and Sensibi...|       Drama|Romance|
|     18|    Four Rooms (1995)|              Comedy|
|     19|Ace Ventura: When...|              Comedy|
+-------+--------------------+--------------------+
```

10.7.1 LECTURA DE FICHEROS CSV CON PYSPARK

La forma más rápida con pySpark de cargar un fichero csv es mediante la función **read. csv()** para cargar un fichero en este formato. En este caso estamos utilizando el atributo **InferSchema=True** para indicar a Spark que obtenga automáticamente las columnas y los tipos de datos.

read_csv_schema.py

```
from pyspark import SparkContext
from pyspark.sql import SparkSession,SQLContext, Row

### Create a Spark Session
spark = SparkSession.builder.master("local").appName("AppName").getOrCreate()
movies = spark.read.csv("movies.csv", header=True, inferSchema= True)
movies.printSchema()
```

Salida:

```
root
 |-- movieId: integer (nullable = true)
 |-- title: string (nullable = true)
 |-- genres: string (nullable = true)
```

De esta forma podríamos deducir automáticamente el esquema de un conjunto de datos CSV y cargarlo como un DataFrame.

Otra alternativa que tenemos para leer de un fichero csv es utilizar el módulo de **koalas** *https://koalas.readthedocs.io/en/latest*. Koalas facilita que los científicos de datos familiarizados con la librería de pandas puedan trabajar en entornos Big Data con Spark, aprendiendo a hacerlo de forma mucho más rápida y sencilla. Además, permite emplear una única librería base para trabajar con conjuntos de datos de cualquier tamaño, en vez de tener que utilizar pandas para datasets pequeños y PySpark para grandes.

Para usar Koalas necesitamos tener instalado en nuestra máquina Python 3.6 o superior y PySpark. En la documentación *https://koalas.readthedocs.io/en/latest/getting_started/install. html* se incluyen las instrucciones para su instalación en otros entornos como anaconda.

En el siguiente script estamos leyendo de un csv para obtener su tamaño, tipos de datos, columnas y primeras 5 filas.

koalas_leer_csv.py

```python
import pandas as pd
import numpy as np

import findspark
findspark.init()

import pyspark
from pyspark import SparkContext, SparkConf
from pyspark.sql import SparkSession
sc = SparkContext.getOrCreate()
spark = SparkSession(sc)

import databricks.koalas as ks

ks_df = ks.read_csv("movies.csv", sep=',')
print(ks_df.shape)
print(ks_df.dtypes)
print(ks_df.columns)
print(ks_df.head())
```

Ejecución:

```
(9742, 3)
dtype: object
movieId     int32
title       object
genres      object
Index(['movieId', 'title', 'genres'], dtype='object')
movieId                             title
genres
0        1                 Toy Story (1995)   Adventure|Animation|Children|Comedy
|Fantasy
1        2                   Jumanji (1995)
Adventure|Children|Fantasy
2        3            Grumpier Old Men (1995)
Comedy|Romance
3        4            Waiting to Exhale (1995)
Comedy|Drama|Romance
4        5  Father of the Bride Part II (1995)                           Comedy
```

10.8 SPARK STREAMING

Hoy en día existen muchas aplicaciones que producen grandes volúmenes de información en intervalos de tiempo muy cortos (flujos de datos). Algunos ejemplos son: datos de sensores, redes sociales, blogs, flujo de transacciones de tarjetas de crédito, log de eventos en aplicaciones o redes, mercado de valores, etc. Esto causa limitaciones en la capacidad de almacenamiento y tiempo de procesamiento.

Los algoritmos sobre flujos de datos tienen que diseñarse para que puedan tratar con unas propiedades inherentes de los flujos:

- ▼ Los objetos de datos llegan continuamente.
- ▼ El tamaño del flujo puede ser sin límite y potencialmente infinito.
- ▼ Sólo se puede acceder a los datos en el orden de llegada.
- ▼ El acceso aleatorio a los datos no está permitido.
- ▼ Se supone que la memoria es pequeña respecto al número de puntos.
- ▼ La fuente de datos puede evolucionar.

Los datos de los flujos no se suelen almacenar, por consiguiente sólo se procesan y almacenan resúmenes de estos datos. Se han desarrollado técnicas para tratar con estas limitaciones como las ventanas deslizantes que es un método que consiste en una ventana que mantiene los últimos N elementos que han llegado y ejecuta el algoritmo sobre esos elementos. Se mantiene el resumen y se descartan los elementos, así siempre hay estadísticas actualizadas. Entre las principales características podemos destacar:

- ▼ Escalable a grandes clusters.
- ▼ Latencias de segundos.
- ▼ Modelo simple de programación.
- ▼ Integración con procesado en bloque e interactivo.
- ▼ Tolerancia a fallos.

Spark Streaming *https://spark.apache.org/streaming* es una extensión de la API core de Spark, que da respuesta al procesamiento de datos en tiempo real de forma escalable, con alto rendimiento y tolerancia a fallos. Spark Streaming fue desarrollado por la Universidad de California en Berkeley y actualmente Databricks es la que se encarga de dar soporte y realizar mejoras.

Figura 10.6. Fuentes de datos para Spark Streaming

Como idea general se podría decir que Spark Streaming toma un flujo de datos continuo y lo convierte en un flujo discreto para que el core de Spark lo pueda procesar.

Figura 10.7. Flujo de datos para Spark Streaming

▶ **Spark Streaming** puede ingerir datos de multitud de fuentes, tales como Kafka, Flume, RabbitMQ, Kinesis, ZeroMQ o sockets TCP.

▶ **Spark Engine (Core)** procesa datos utilizando una multitud de algoritmos de machine learning o de grafos y funciones tales como map y reduce. Finalizado el procesamiento, los datos son almacenados en el sistema de ficheros o base de datos para poder presentarlos en dashboards.

▶ **Dstream o stream discreto**: se trata de una abstracción proporcionada por Spark Streaming que representa a una secuencia de RDDs ordenados en el tiempo que cada uno de ellos guarda datos de un intervalo concreto. Con esta abstracción se consigue que el core lo analice sin ver que está procesando un flujo de datos, ya que el trabajo de crear y coordinar los RDDs es realizado por Spark Streaming.

Spark Streaming es uno de los primeros framework que soportan completamente la **arquitectura lambda,** la cual nos permite trabajar simultáneamente con procesamiento de datos en batch y streaming. El siguiente ejemplo cuenta las palabras que se envían a través de **socketTextStream**:

spark_streaming.py

```
from pyspark import SparkContext
from pyspark.streaming import StreamingContext

spark_context = SparkContext(appName="Spark Streaming", master="local[*]")
streaming_context = StreamingContext(spark_context, 5)

lineas = streaming_context.socketTextStream("localhost", 9998)

histograma_palabras = lineas.flatMap(lambda line: line.split(" ")).map(lambda word:
(word, 1)).reduceByKey(lambda a, b: a+b)

histograma_palabras.pprint()
streaming_context.start()
streaming_context.awaitTermination()
```

Spark streaming lo que realmente hace este componente es crear mini-batchs compuestos por un RDD que contiene los datos que han llegado en la ventana de tiempo que hayamos definido (por ejemplo cada 5 segundos), y que son almacenados en **Dstreams (Discretized Streams).**

Figura 10.8. Creación de RDDs para Spark Streaming

La clase principal para conectar con un stream de datos es **StreamingContext cuyo constructor acepta como parámetros el contexto de spark y el intervalo para procesar el stream de datos a partir de los datos de entrada**.

```python
from pyspark.streaming import StreamingContext

spark_context = SparkContext(appName='App Streaming')
stream_context = StreamingContext(spark_context, interval)
```

En primera instancia podríamos escribir un script que nos permita ejecutar un servidor TCP que emita una serie de eventos a través de la red utilizando el protocolo TCP.

productor_eventos.py

```python
from datetime import datetime

import argparse
import random
import time
import socket

def get_line():
    """
    Returns a string with the current timestamp
    and a random event chosen from a list
    of events at random
    """
    random.seed(datetime.utcnow().microsecond)
    dt = datetime.utcnow().strftime('%Y-%m-%d %H:%M:%S.%f')
    event = random.choice(['event1', 'event2', 'event3'])
    return '{};{}\n'.format(dt, event).encode('utf-8')

def randomize_interval(interval):
    """
    Returns a random value slightly different
    from the original interval parameter

    """
    random.seed(datetime.utcnow().microsecond)
    delta = interval + random.uniform(-0.1, 0.9)
    # delay can not be 0 or negative
    if delta <= 0:
        delta = interval
    return delta

def initialize(port=9876, interval=0.5):
    """
    Initialize a TCP server that returns a non deterministic
    flow of simulated events to its clients
    """
    sock = socket.socket(socket.AF_INET, socket.SOCK_STREAM)
    server_address = ('localhost', port)
    sock.bind(server_address)
    sock.listen(5)
    print("Listening at {}".format(server_address))
```

```python
    try:
        connection, client_address = sock.accept()
        print('connection from', client_address)
        while True:
            line = get_line()
            print(line)
            connection.sendall(line)
            time.sleep(randomize_interval(interval))
    except Exception as e:
        print(e)

    finally:
        sock.close()

def main():
    parser = argparse.ArgumentParser()
    parser.add_argument('--port', required=False, default=9876,help='Port',
type=int)
    parser.add_argument('--interval', required=False, default=0.5,help='Interval in
seconds', type=float)
    args, extra_params = parser.parse_known_args()

    initialize(port=args.port, interval=args.interval)


if __name__ == '__main__':
    main()
```

Podríamos ejecutar el script anterior indicando el puerto donde escucha el servidor, cuyo valor por defecto es 9876.

```
$ python productor_eventos.py

Listening at ('localhost', 9876)
```

Una vez ejecutado el script correspondiente al productor de eventos, podríamos desarrollar un script que permita consumir los eventos que está generando el servidor TCP utilizando el módulo de spark streaming.

consumidor_eventos.py

```python
from pyspark import SparkContext
from pyspark.streaming import StreamingContext
from datetime import datetime

import argparse

def parse_entry(msg):
    """
    Event TCP sends data in the format
    timestamp:event\n
    """
    values = msg.split(';')
    return {
        'dt': datetime.strptime(
```

```python
                values[0], '%Y-%m-%d %H:%M:%S.%f'),
            'event': values[1]
    }


def aggregate_by_event_type(record):
    """
    Step 1. Maps every entry to a dictionary.
    Step 2. Transform the dataset in a set of
        tuples (event, 1)
    Step 3: Applies a reduction by event type
        to count the number of events by type
        in a given interval of time.
    """
    return record.map(parse_entry).map(lambda record: (record['event'], 1)).
reduceByKey(lambda a, b: a+b)


def consume_records(
        interval=1, host='localhost', port=9876):
    """
    Create a local StreamingContext with two working
    thread and batch interval of 1 second
    """
    spark_context = SparkContext(appName='LogSocketConsumer')
    stream_context = StreamingContext(spark_context, interval)
    stream = stream_context.socketTextStream(host, port)

    # counts number of events
    event_counts = aggregate_by_event_type(stream)
    event_counts.pprint()

    stream_context.start()
    stream_context.awaitTermination()


def main():
    parser = argparse.ArgumentParser()
    parser.add_argument('--interval', required=False, default=1.0, help='Interval
in seconds', type=float)
    parser.add_argument('--port', required=False, default=9876, help='Port',
type=int)
    parser.add_argument('--host', required=False, default='localhost', help='Host')

    args, extra_params = parser.parse_known_args()
    consume_records(interval=args.interval, port=args.port, host=args.host)


if __name__ == '__main__':
    main()
```

Podríamos ejecutar el script anterior indicando el puerto donde escucha el servidor, cuyo valor por defecto es 9876. En la salida podemos ver que va leyendo los eventos que se van enviando desde el script del servidor.

Podríamos construir un script similar al anterior que permita obtener eventos de diferentes servidores. Para ello podríamos crear 2 streams utilizando 2 sockets TCP en diferentes puertos y transformar cada stream en un dataset clave-valor.

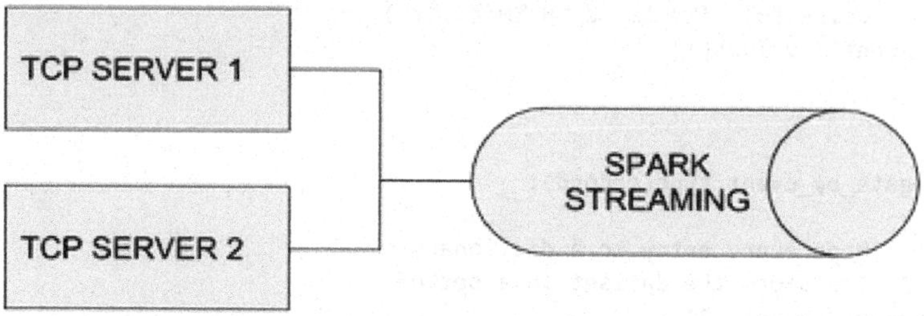

Figura 10.9. Creación de diferentes sockets para Spark Streaming

```
stream1 = stream_context.socketTextStream(host, port1)
stream2 = stream_context.socketTextStream(host, port2)
```

consumidor_eventos_sockets.py

```python
from datetime import datetime

from pyspark import SparkContext
from pyspark.streaming import StreamingContext
import argparse


def parse_entry(msg):
    """"""
    Event TCP sends data in the format
    timestamp:event\n
    """"""
    values = msg.split(';')
    return {
        'dt': datetime.strptime(values[0], '%Y-%m-%d %H:%M:%S.%f'),
        'event': values[1]
    }


def aggregate_by_event_type(record):
    """"""
    Step 1. Maps every entry to a dictionary.
    Step 2. Transform the dataset in a set of
        tuples (event, 1)
    Step 3: Applies a reduction by event type
        to count the number of events by type
        in a given interval of time.
    """"""
    return record.map(parse_entry)\
        .map(lambda record: (record['event'], 1))\
        .reduceByKey(lambda a, b: a+b)

def update_global_event_counts(key_value_pairs):
    """"""
    Function that receives as parameter a Dstream
    and applies an update function in order to keep
    aggregated information about event types counts.
    """"""
    def update(new_values, accumulator):
        if accumulator is None:
            accumulator = 0
        return sum(new_values, accumulator)
```

```python
        return key_value_pairs.updateStateByKey(update)


def aggregate_joined_stream(pair):
    key = pair[0]
    values = [val for val in pair[1] if val is not None]
    return(key, sum(values))


def join_aggregation(stream1, stream2):
    key_value_pairs = stream1.map(parse_entry).map(lambda record: (record['event'], 1))
    running_event_counts = update_global_event_counts(key_value_pairs)
    running_event_counts.pprint()

    key_value_pairs2 = stream2.map(parse_entry).map(lambda record: (record['event'], 1))
    running_event_counts2 = update_global_event_counts(key_value_pairs2)
    running_event_counts2.pprint()

    n_counts_joined = running_event_counts.leftOuterJoin(running_event_counts2)
    n_counts_joined.pprint()
    n_counts_joined.map(aggregate_joined_stream).pprint()

def consume_records(interval=1, host='localhost', port1=9876, port2=12345):
    """
    Create a local StreamingContext with two working
    thread and batch interval
    """
    sc, stream_context = initialize_context(interval=interval)
    stream1 = stream_context.socketTextStream(host, port1)
    stream2 = stream_context.socketTextStream(host, port2)
    join_aggregation(stream1, stream2)
    stream_context.start()
    stream_context.awaitTermination()


def initialize_context(interval=1, checkpointDirectory='/tmp'):
    """
    Creates a SparkContext, and a StreamingContext object.
    Initialize checkpointing
    """
    spark_context = SparkContext(appName='LogSocketConsumer')
    stream_context = StreamingContext(spark_context, interval)
    stream_context.checkpoint(checkpointDirectory)
    return spark_context, stream_context

def main():
    parser = argparse.ArgumentParser()
    parser.add_argument('--interval', required=False, default=1.0,help='Interval in
seconds', type=float)

    parser.add_argument('--port1', required=False, default=9876,help='Port', type=int)

    parser.add_argument('--port2', required=False, default=12345,help='Port', type=int)

    parser.add_argument('--host', required=False, default='localhost', help='Host')

    args, extra_params = parser.parse_known_args()
    consume_records(interval=args.interval, port1=args.port1,port2=args.port2,
host=args.host)


if __name__ == '__main__':
    main()
```

ENTORNOS DE EJECUCIÓN SPARK

11.1 INTRODUCCIÓN

Para trabajar con Spark, disponemos de diferentes entornos de ejecución que se pueden ejecutar tanto en tu máquina local como en un entorno cloud. Los entornos de ejecución más utilizados en Apache Spark son:

- **Jupyter** *https://jupyter.org*: Entorno web donde podemos ejecutar código Python de forma interactiva.

- **Apache Zeppelin** *https://zeppelin.apache.org*: Es un notebook web interactivo, con funciones de ingesta, exploración y visualización de datos. Todo ello lo realiza con tecnologías como Shell, Spark, Hive entre otras, soportando lenguajes como R, Scala y Python.

- **Spark Notebook** *https://github.com/spark-notebook/spark-notebook*: Notebook interactivo basado en web basado en Scala.

11.2 FINDSPARK

FindSpark *https://github.com/minrk/findspark* es una librería de Python que permite importar y usar PySpark automáticamente. Creando un perfil de jupyter para Spark sería una opción alternativa a utilizar FindSpark pero utilizando esta herramienta es más rápido y más simple. Podemos instalar FindSpark ejecutando el siguiente comando:

```
$ pip install findSpark
```

Desde un entorno de desarrollo podemos inicializar PySpark de la siguiente forma:

```
import findspark
import pyspark
findspark.init()
sc = pyspark.SparkContext(appName = "myAppName")
```

A continuación se muestra un ejemplo de un script que calcula el número Pi para probar PySpark localmente en tu máquina:

```
calcular_valor_pi.py
```

```
import findspark
findspark.init()
```

```
import random
from pyspark import SparkContext
sc = SparkContext(appName="CalcularValorPi")

def inside(p):
    x, y = random.random(), random.random()
    return x*x + y*y < 1

NUM_SAMPLES = 1000000
count = sc.parallelize(range(0, NUM_SAMPLES)).filter(inside).count()
print("El valor de Pi es: %f" % (4.0*count/NUM_SAMPLES))
sc.stop()
```

11.3 DATABRICKS:INTRODUCCIÓN A SPARK EN LA NUBE

En esta sección vamos a entender en qué consiste Databricks y cómo nos puede ayudar esta solución cloud en nuestras necesidades de procesamiento y analítica Big Data y cuáles son sus particularidades para poder tomar decisiones con criterio.

Las empresas siempre han tenido la necesidad de almacenar toda la información necesaria para las operaciones y toma de decisiones dentro de las mismas, lo que se conoce como inteligencia de negocio, siendo las Bases de Datos Relacionales el método principal usado para obtener, y almacenar los datos. Estas Bases de Datos ofrecen la posibilidad de almacenar información muy estructurada y normalmente desnormalizada, algo que es suficiente para cubrir ciertas necesidades de las empresas.

Sin embargo, actualmente los sistemas de gestión de la información suelen ser múltiples dentro de una empresa e incluso se integra con fuentes externas, encontrándonos en un escenario de gran dispersión de la información con volúmenes muy grandes de datos, estructurados y no estructurados, que no pueden ser tratados por los sistemas relacionales.

Databricks *https://www.databricks.com* es el nombre de la plataforma analítica de datos basada en Apache Spark desarrollada por la compañía con el mismo nombre. La empresa se fundó en 2013 con los creadores y los desarrolladores principales de Spark. La plataforma permite hacer analítica Big Data e inteligencia artificial con Spark de una forma sencilla y colaborativa.

Databricks contiene muchas funcionalidades que la hacen una solución analítica bastante completa. Aun así, depende de servicios adicionales como almacenamientos externos de datos para poder convertirse en la pieza central de un sistema analítico empresarial completo como Data Warehouse o Data Lake.

Un **Data Lake** es un repositorio centralizado de datos en bruto provenientes de diversas fuentes que permite el uso de herramientas de Big Data y Machine Learning. Es un sistema pensado para procesos de inteligencia de negocio, ya que permite cruzar grandes volúmenes de información de distintos entornos haciendo uso de técnicas de paralelización masiva. Los datos pueden ser estructurados, semiestructurados y no estructurados, lo que aporta una gran flexibilidad al sistema en relación al formato de los datos.

Al contrario que los sistemas tradicionales de inteligencia de negocio, los Data Lakes permiten realizar transformaciones bajo demanda, sustituyendo el proceso ETL tradicional (Extraer, Transformar, cargar/Load), donde primero se realizan las transformaciones y posteriormente se cargan los datos, por un proceso de tipo ELT, donde las transformación se hacen después de cargar los datos. Esto no excluye que ciertas transformaciones de interés permanente no se sigan realizando de forma periódica.

El proceso de desarrollo de los Data Lakes es una tarea no estandarizada, pero que suele tener una serie de características comunes:

▶ **Almacenamiento de datos distribuidos**. Los datos se encuentran fragmentados y con múltiples copias. El formato de los datos de entrada suele ser mediante ficheros en bruto con transformaciones simples de cara a su almacenamiento inicial.

▶ **Las transformaciones generalmente se realizan bajo demanda**, pero existe la posibilidad de realizar ciertas transformaciones preprogramadas de forma periódica.

▶ **La información está organizada por su nivel de refinamiento**. Habitualmente la nomenclatura para designar las zonas es Bronce, Plata y Oro:
  - En la zona Bronce se encuentran los datos en bruto.
  - En la zona Plata se encuentran los resultados de las analíticas que no han sido pensadas para el consumo externo.
  - En la zona Oro se encuentran los datos de las analíticas en formato estructurado con los datos que van a ser expuestos a consumidores externos.

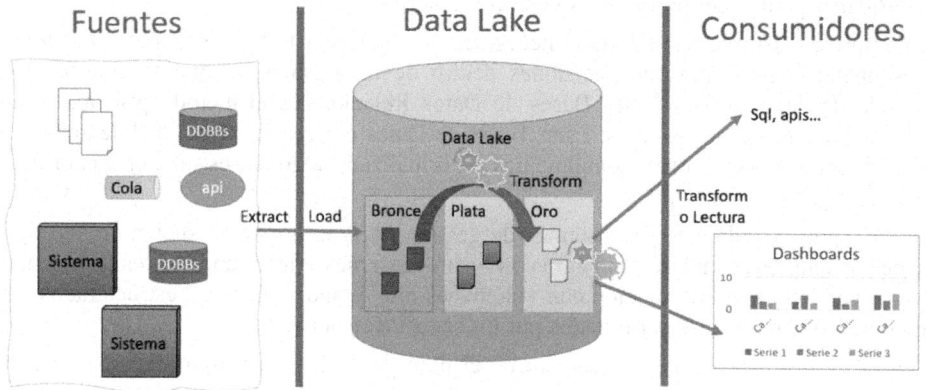

Figura 11.1. Estructura de un Data Lake

Podemos pensar en el Data Lake como una abstracción de un repositorio. En el cual vamos a recolectar datos tanto estructurados como no estructurados, para luego transformarlos y consumirlos para diferentes aplicaciones.

Un DataLake se caracteriza por la existencia de múltiples zonas. Una zona bronce que contiene los datos crudos ingestados. Una zona plata con los datos tras procesos de limpieza y enriquecimiento. Y una zona oro con datos agregados listos para ser usados por aplicaciones específicas. Por ejemplo, para generar modelos de aprendizaje automático o para ser usados por aplicaciones de visualización.

Por lo general, en un entorno on-premise, la capa de persistencia de los Data Lakes se implementa usando sistemas de archivos distribuidos. En un entorno cloud se usan servicios de almacenamiento de objetos de Amazon Web Services o Cloud Storage de Google Cloud.

Además de la capa de persistencia, es importante definir la forma en la que los datos serán adquiridos y transformados. Cómo serán consumidos, así como las políticas de gobierno de datos necesarias para mantener el lago de datos.

11.3.1 CARACTERÍSTICAS DE DATABRICKS

Databricks es una plataforma que permite autoescalar y dimensionar entornos de Apache Spark de forma sencilla en función de las necesidades. También es posible terminar automáticamente estos clusters. De esta forma, se facilitan los despliegues y se acelera la instalación y configuración de los entornos.

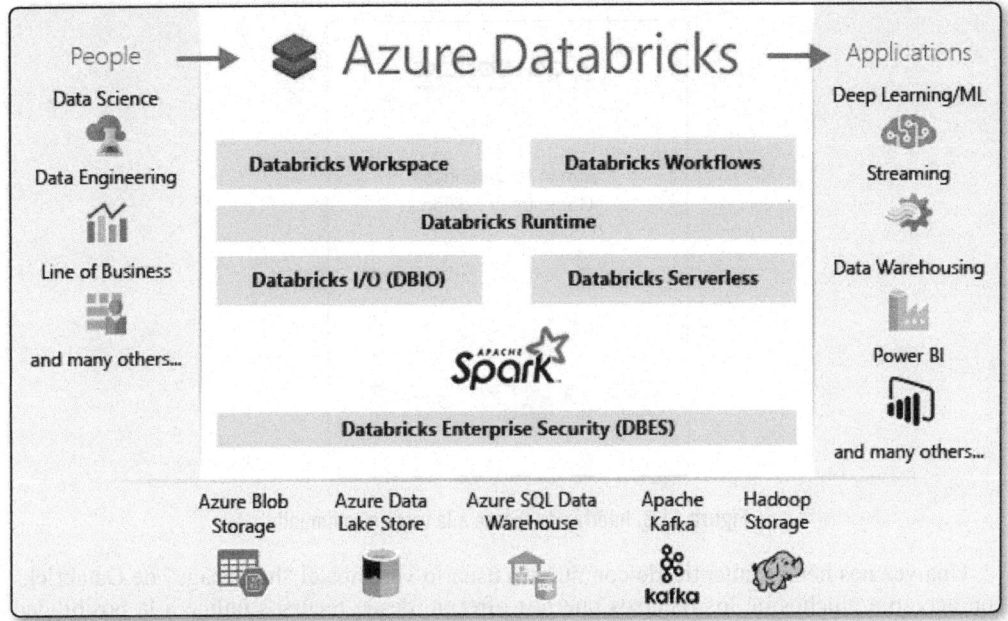

Figura 11.2. Utilidades de Databricks para la plataforma de Azure

La plataforma incluye proyectos colaborativos y espacios de trabajo interactivos llamados notebooks. Estos pueden servir para desarrollar procesos y prototipos de transformación y análisis y más adelante ponerlos en producción con el planificador. Están integrados con sistemas de control de versiones como Github y Bitbucket y es posible crear directorios separados para diferentes unidades o equipos.

Un clúster de Databricks tiene dos modos: Estándar y Alta Concurrencia. El clúster de alta concurrencia (High Concurrency) soporta los lenguajes de programación Python, R y SQL mientras que el clúster Estándar (Standard) soporta los lenguajes Scala, Java, Python, R y SQL. También se complementan con librerías y frameworks como TensorFlow, PyTorch, GraphX, Keras y scikit-learn.

Al evaluar Databricks como una solución Cloud, es importante conocer el resto de servicios con los que se integra de forma nativa y para los que se optimiza la operativa. Tanto en Amazon Web Services como en Azure existen integraciones con servicios de ingesta de datos como Azure Data Factory, de almacenamiento y de visualización como PowerBI.

Es importante tener en cuenta herramientas como **Azure Data Factory (ADF)** en Azure, ya que las pipelines de datos nos pueden ayudar a configurar y a invocar los trabajos de Databricks mediante variables. Además, de esta forma también podremos establecer dependencias entre notebooks y nos ayudará en las tareas de debug.

11.3.2 DATABRICKS COMMUNITY

Databricks community *https://community.cloud.databricks.com/login.html* es la versión de Databricks gratuita. Permite usar un pequeño clúster con recursos limitados y notebooks no colaborativos. Sólo es necesario crearse una cuenta gratuita y tendremos todo el software configurado para poder ejecutar vuestros notebooks de Spark en una máquina virtual con 6Gb de memoria.

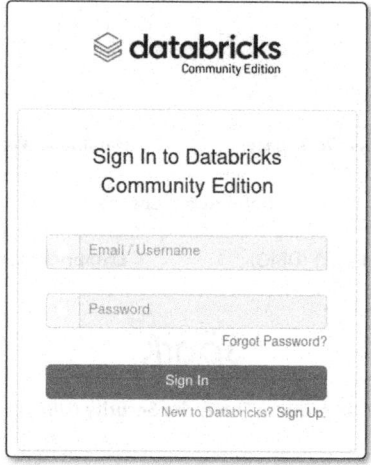

Figura 11.3. Interfaz de acceso a la versión community

Una vez nos hemos autenticado con nuestro usuario veremos el "homepage" de Databricks con acceso a muchos de los recursos que nos ofrecen, desde recursos online a la posibilidad de crear nuestros propios notebooks de Spark, arrancar y parar el cluster, subir datos o instalar librerías Python que necesitemos.

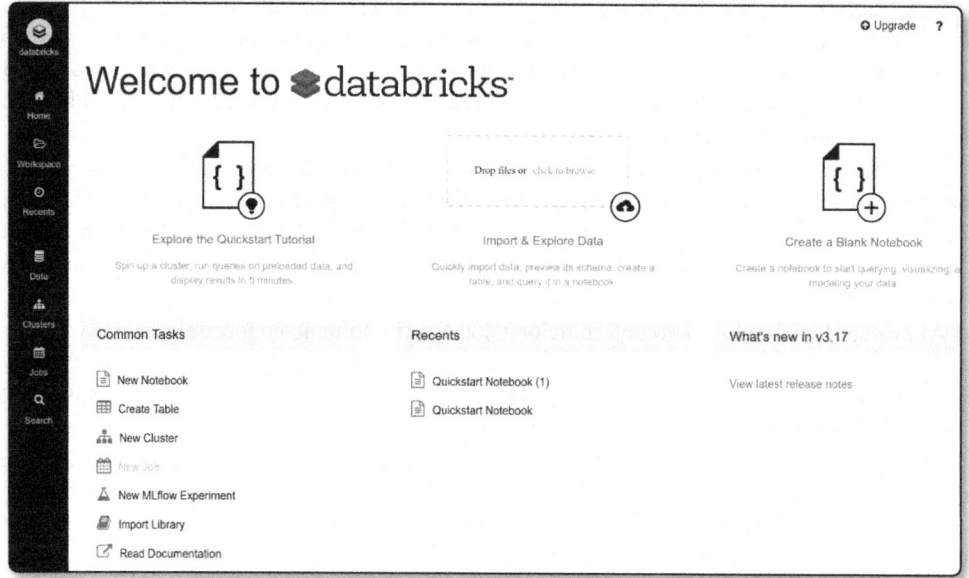

Figura 11.4. Pantalla principal de Databricks versión community

Una vez hemos hecho login en la plataforma, nos permitirá hacer un tutorial rápido que nos explica la funcionalidad básica:

- ▼ Crear un clúster de Spark
- ▼ Asociar notebooks al clúster y ejecutar comandos
- ▼ Crear tablas de datos
- ▼ Hacer consultas y visualizar los datos
- ▼ Manipular y transformar los datos

Si vamos al Workspace debemos seleccionar Users -> Nuestro Usuario y ahí dar al botón derecho y seleccionar crear un nuevo notebook (**Create Notebook**) donde podemos elegir el lenguaje de programación (Python, Scala, SQL, R) que vamos a usar.

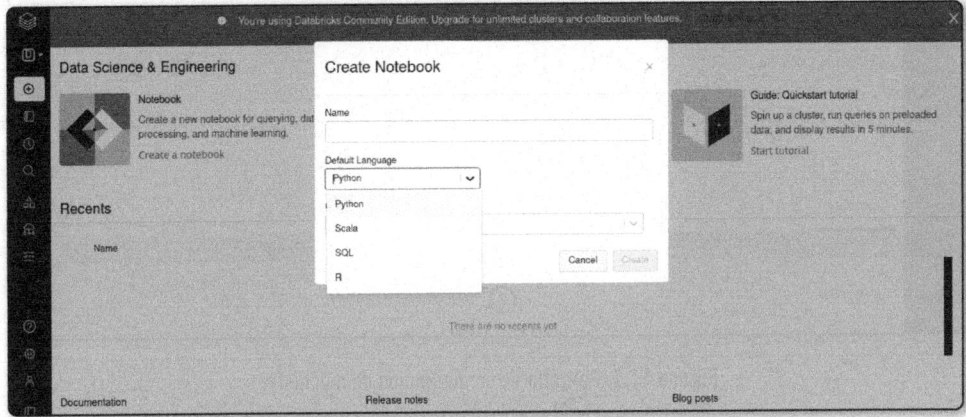

Figura 11.5. Selección del lenguaje de programación al crear un Notebook

El primer paso es crear un nuevo clúster desde la pestaña clusters. La pantalla nos permite elegir la versión del runtime de DataBricks. En este caso elegimos 9.1 LTS: Con Scala 2.12 y Spark 3.1.2. La versión Community crea un clúster con un driver de 15 GB de RAM.

El próximo paso que podríamos hacer es asignar un clúster para su ejecución, para ello disponemos de una pantalla específica accesible desde el menú lateral. Para la creación del clúster se recomienda usar una versión de Spark compatible con el runtime que estemos ejecutando.

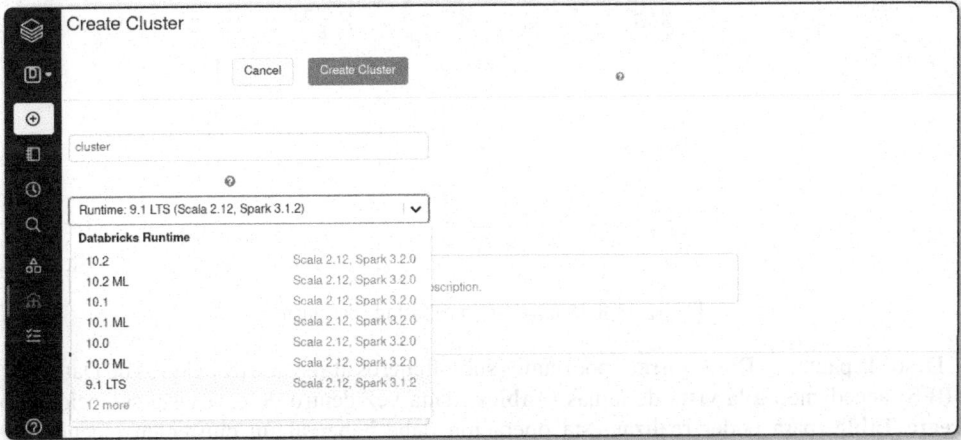

Figura 11.6. Selección del entorno de ejecución(runtime) al crear un cluster

Una vez se ha creado el cluster podríamos configurar desde aquí las variables de entorno y la configuración específica de Spark. Una vez que hemos creado el clúster, para poder usarlo debemos desplegarlo y esperar a que se encuentre en el estado "**Running**".

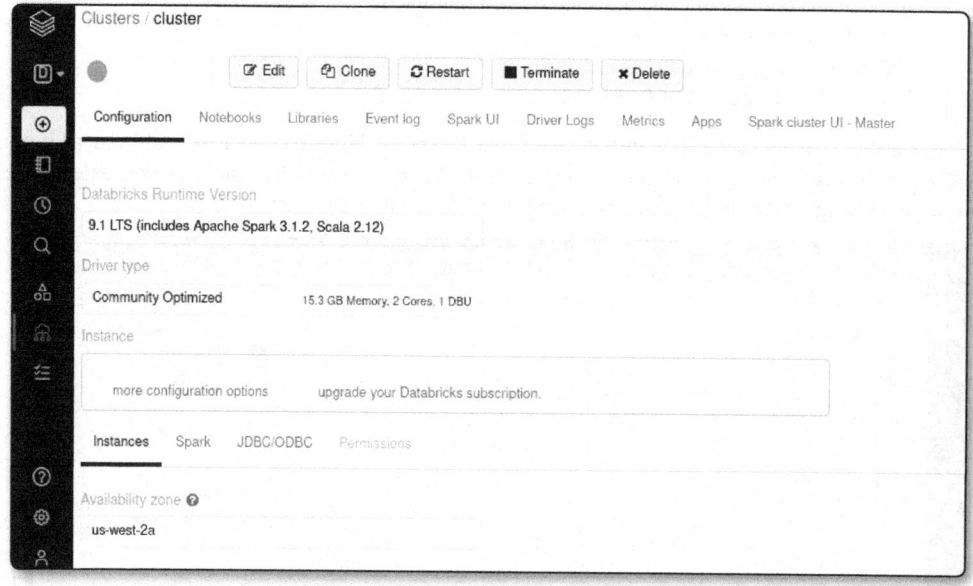

Figura 11.7. Pantalla de configuración de un cluster

Podríamos monitorizar el estado del clúster y obtener métricas que nos permiten evaluar el consumo de memoria, CPU y procesos en ejecución en una vista detallada.

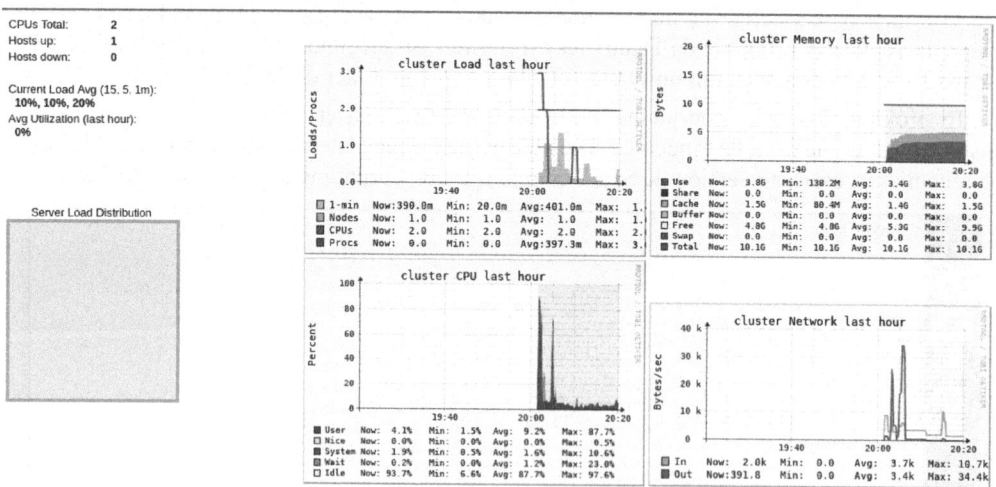

Figura 11.8. Monitorización del estado del cluster

Desde la pantalla "**Data source**" podríamos subir ficheros al sistema de ficheros de Databricks (**DBFS**) accediendo a la vista de tablas (**Tables**). Una vez dentro de esta vista seleccionamos **Create Table** (para poder realizar esta operación debe haber algún clúster en ejecución) y seleccionamos cargar datos desde fichero.

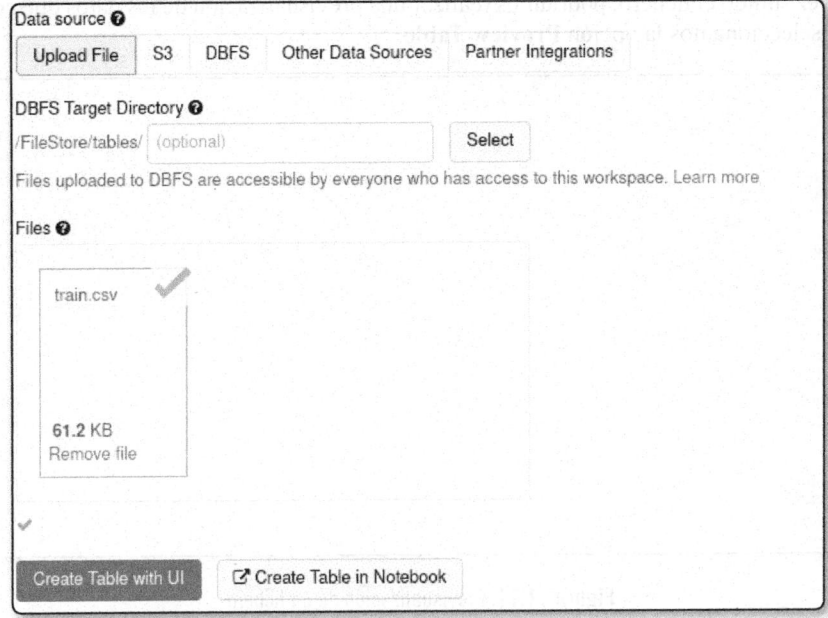

Figura 11.9. Creación de una tabla a partir de un fichero csv

Tras subir el fichero, podríamos copiar la ruta donde quedan almacenados para su uso posterior (**/Filestore/tables/***)

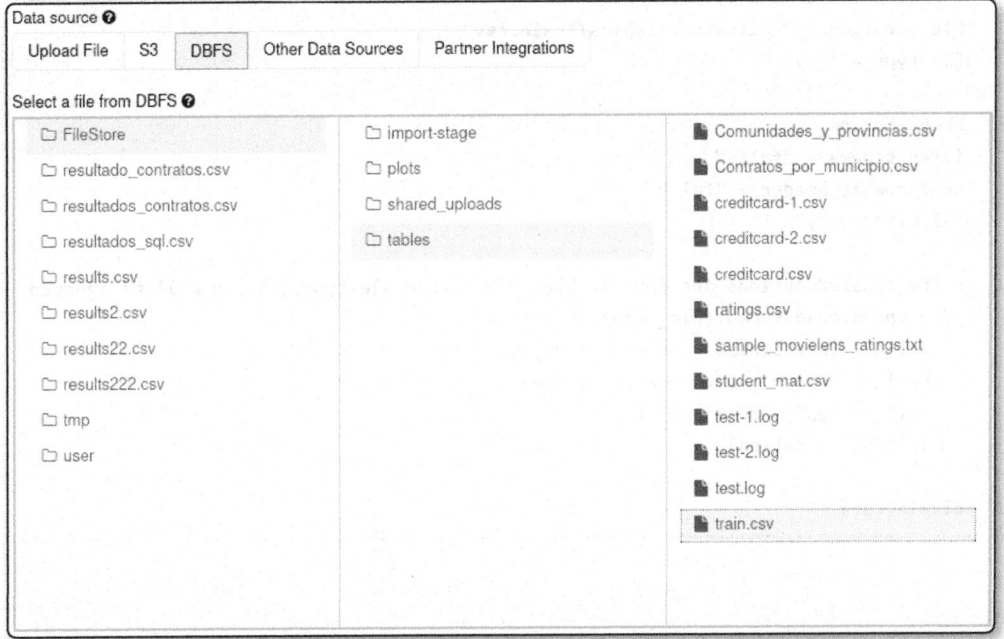

Figura 11.10. Selección de un fichero desde el sistema de ficheros de DBFS

Una vez subido el fichero, podríamos realizar una previsualización de los datos que contiene, para ello seleccionamos la opción **Preview Table**.

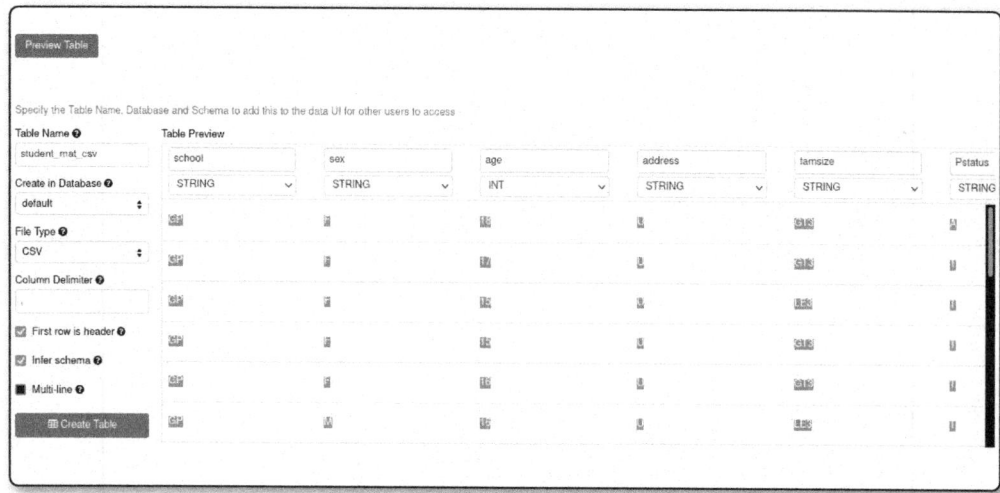

Figura 11.11. Previsualización de un fichero

Una vez hemos visualizado los datos, podríamos crear la tabla. Para ello tenemos la opción **Create Table** que nos generaría el código necesario para obtener el dataframe a partir del csv.

```
# File location and type
file_location = "/FileStore/tables/train.csv"
file_type = "csv"

# CSV options
infer_schema = "false"
first_row_is_header = "false"
delimiter = ","

# The applied options are for CSV files. For other file types, these will be ignored.
df = spark.read.format(file_type) \
  .option("inferSchema", infer_schema) \
  .option("header", first_row_is_header) \
  .option("sep", delimiter) \
  .load(file_location)

display(df)
```

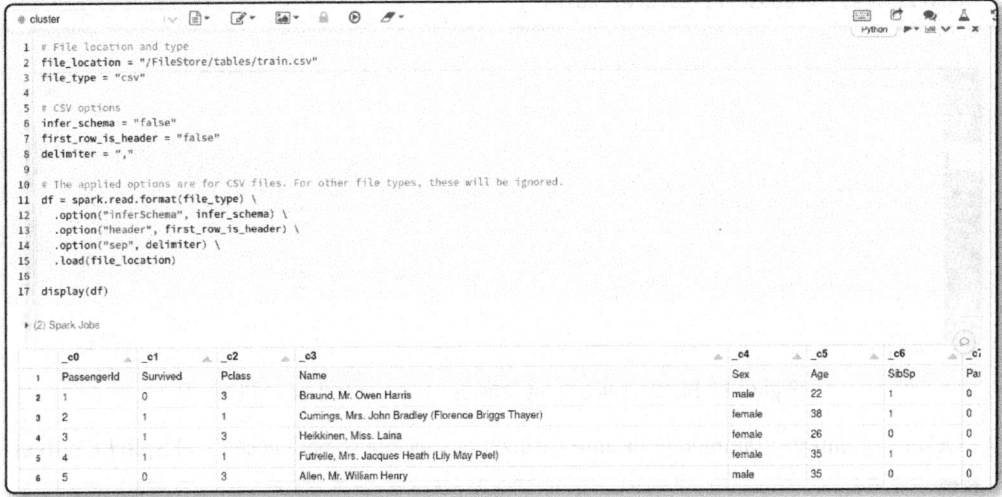

Figura 11.12. Previsualización de un fichero desde un Notebook

Podríamos crear la tabla a partir del data frame que tenemos en la variable df.

```
# Create a view or table
temp_table_name = "train_csv"
df.createOrReplaceTempView(temp_table_name)
```

Una vez creada la tabla, podríamos utilizar **SparkSQL** para realizar consultas SQL de Spark.

```
mis_datos = spark.sql("SELECT * FROM train_csv")
display(mis_datos.select("*"))
```

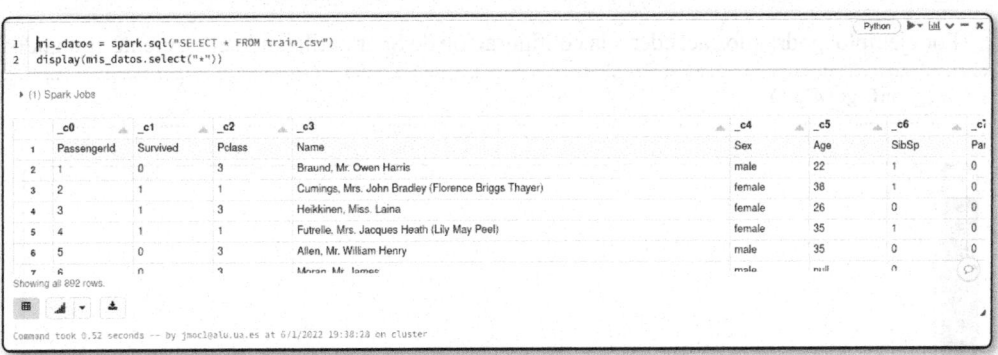

Figura 11.13. Ejecución de una consulta sobre una tabla

Para ver los ficheros y directorios que se encuentran en el sistema de ficheros de databricks DBFS podemos usar la herramienta dbutils en un notebook cuya documentación se encuentra siguiendo la secuencia **databricks -> Importing Data ->Databricks File System Hosted Datasets -> dbutils.** A continuación, una vista de ejemplo con ejecución del comando que nos permite mostrar las tablas y ficheros almacenados.

```
dbutils.fs.ls("dbfs:/FileStore/tables")
```

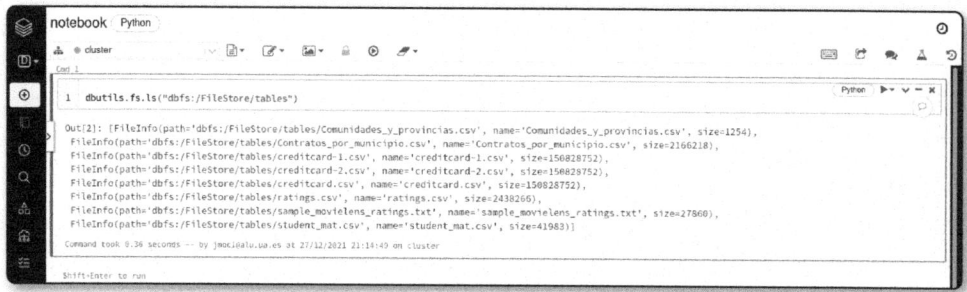

Figura 11.14. Obtención de los ficheros que se encuentran en DBFS

Desde esta interfaz también podríamos utilizar la variable sc para acceder al **SparkContext**.

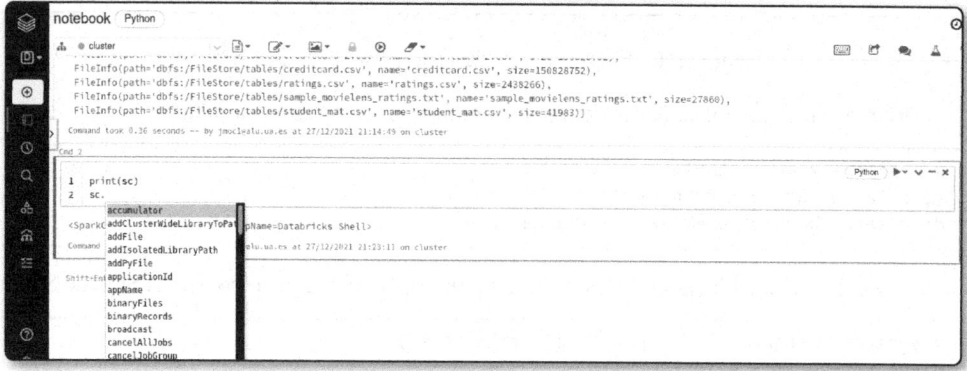

Figura 11.15. Acceso a la variable que permite cargar el contexto de Spark

Por ejemplo, podríamos acceder a la configuración de Spark utilizando el siguiente comando:

```
sc._conf.getAll()
```

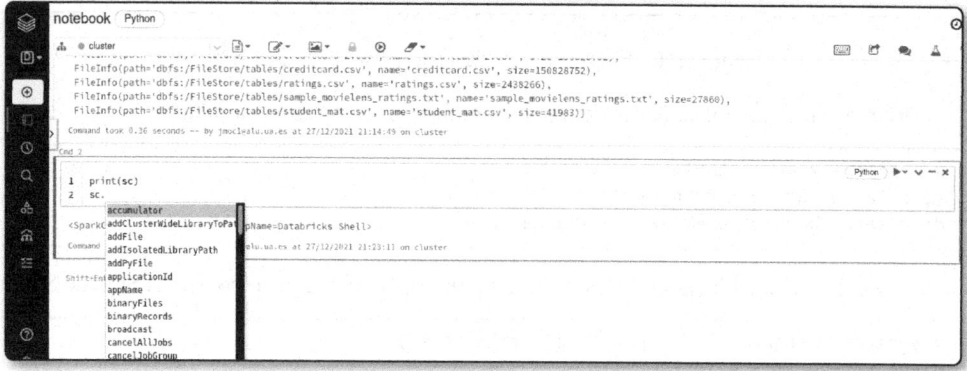

Figura 11.16. Acceso a la variable que permite cargar el contexto de Spark

Con Databricks Community también es posible integrar los notebooks con el sistema de control de versiones Git en Github o Bitbucket.

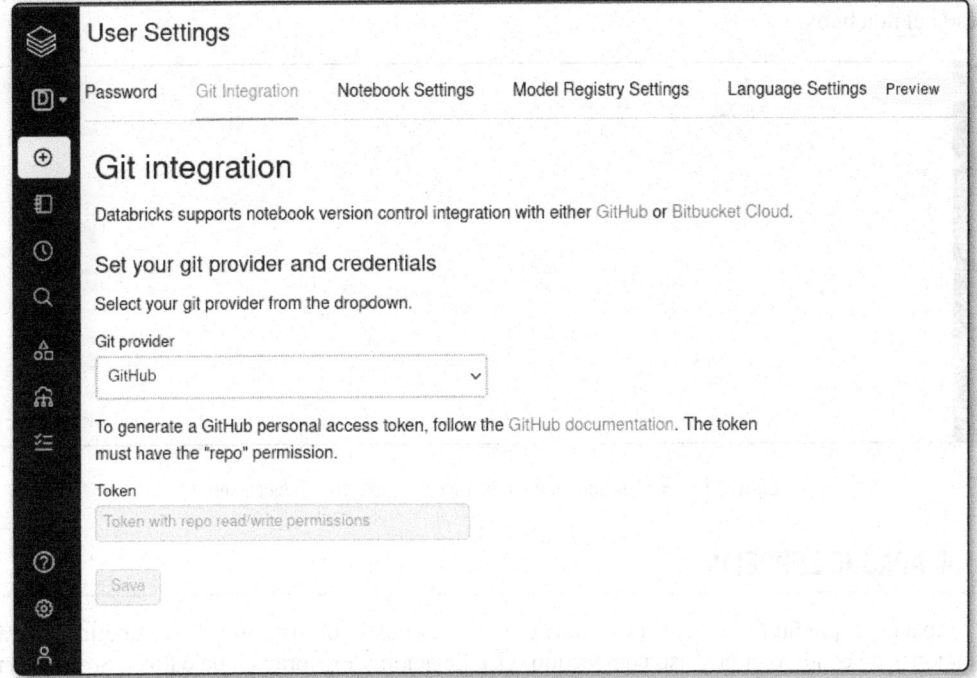

Figura 11.17. Integración con GitHub

Cuando creamos y accedemos a un notebook, podemos escribir consultas, visualizar datos y realizar transformaciones. Para ejecutar cada bloque existe un icono a su derecha, pero previamente debemos asociar el notebook a un clúster en ejecución.

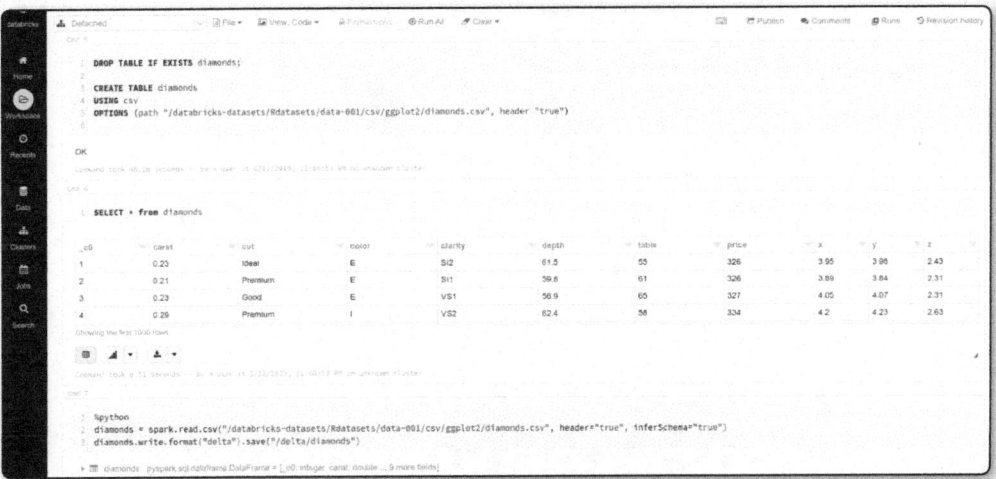

Figura 11.18. Asociación de un notebook a un cluster

Databricks integra varias herramientas de logging y de monitorización. Entre ellas se encuentra la Spark UI, a la que accedemos desde dentro de una pestaña en el clúster que hemos desplegado. Aquí tenemos el detalle de los trabajos que hemos ejecutado en el clúster de Spark desde el notebook.

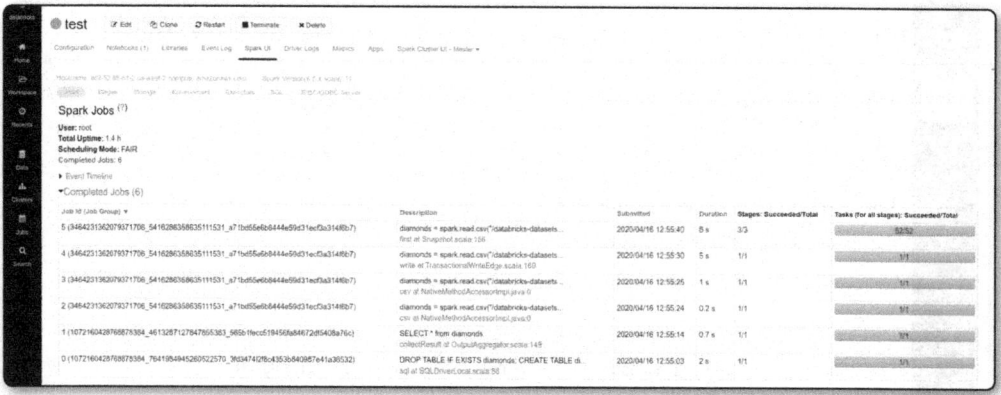

Figura 11.19. Pantalla de monitorización de los jobs en ejecución

11.4 APACHE ZEPPELIN

Apache Zeppelin *https://zeppelin.apache.org* es un notebook basado en web que incorpora funciones de colaboración y uso compartido, visualización y exploración de datos a Spark. Con esta herramienta podemos generar dashboards con nuestras analíticas o, también, en formato embedded dentro de nuestras propias aplicaciones. Es compatible con Python, y con otros lenguajes de programación como Scala, Hive, SparkSQL, Shell y Markdown.

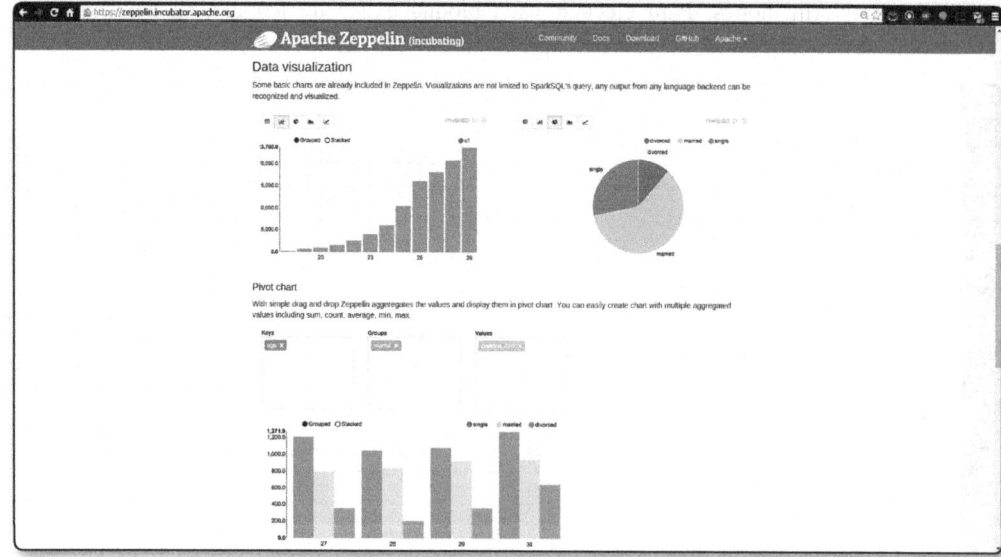

Figura 11.20. Interfaz de visualización de datos de Apache Zeppelin

Apache Zeppelin ofrece diversas ventajas como son:

- **Máxima Simplicidad:** permite, de una forma muy intuitiva, manejar conexiones de datos con diferentes fuentes de datos en Hive, HBae, etc… o SQL más tradicional como PostgreSQL o MySQL.

- **Agnóstico del lenguaje:** gracias a una gran disponibilidad de plugins, podremos hacer múltiples aplicaciones que van a hacer más grande nuestra solución.

Para empezar a usar Apache Zeppelin podríamos instalarlo como imagen de Docker.

```
$ docker run -p 8080:8080 --rm --name zeppelin apache/zeppelin:<release-version>
```

```
$ docker ps
CONTAINER ID      IMAGE                   COMMAND                 CREATED
STATUS            PORTS                   NAMES
478e7a8dad99      apache/zeppelin:0.9.0   "/usr/bin/tini -- bi…"  8 minutes ago
Up 8 minutes      0.0.0.0:8080->8080/tcp  zeppelin
```

Una vez esté en ejecución el contenedor, podríamos acceder a la url *http://localhost:8080*. Para ejecutar Zeppelin en modo demonio habilitando logs y notebooks de zeppelin en carpetas en su máquina lo podemos hacer con el siguiente comando:

```
$ docker run -p 7077:7077 -p 8080:8080 --privileged=true -v $PWD/logs:/logs -v
$PWD/notebook:/notebook \
-e ZEPPELIN_NOTEBOOK_DIR='/notebook' \
-e ZEPPELIN_LOG_DIR='/logs' \
-d ${DOCKER_USERNAME}/zeppelin-release:<release-version> \
/usr/local/zeppelin/bin/zeppelin.sh
```

La instalación también la podríamos hacer a partir del paquete de descarga del sitio oficial. *https://zeppelin.apache.org/download.html*. Tras descomprimirlo, podemos ejecutar Zeppelin con el script con **\bin\zeppelin.cmd**, que se encuentra en la raíz de la carpeta Zeppelin. Tras aparecer "Done, zeppelin server started" ya podemos abrir la interfaz *http://localhost:8080* en el navegador. Si todo se ejecutó de manera correcta, aparecerá lo siguiente:

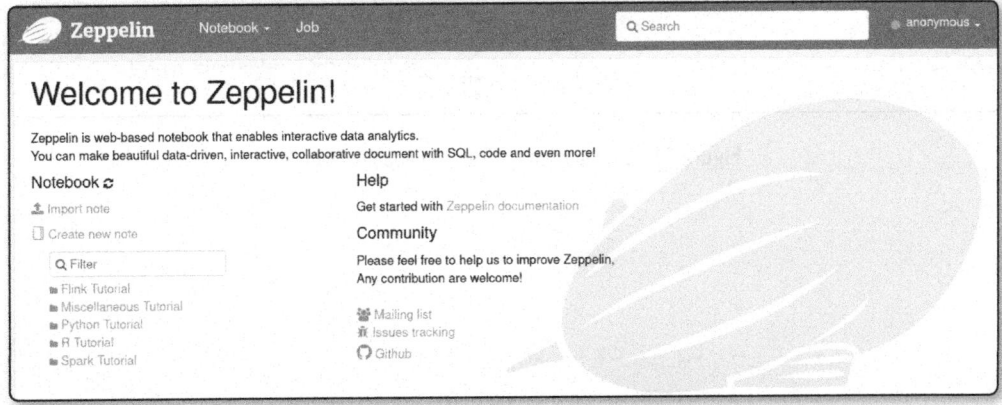

Figura 11.21. Interfaz principal de Apache Zeppelin

En la interfaz de Zeppelin, si hacemos click en la esquina superior derecha de la pantalla en **anonymous > Interpreter** podríamos ver la configuración del intérprete para ejecutar Spark.

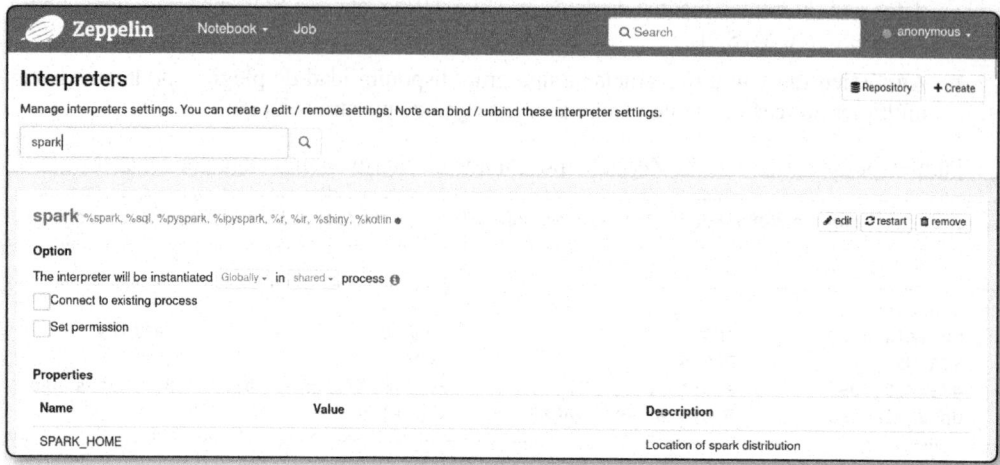

Figura 11.22. Acceso al intérprete de Spark

Desde esta interfaz estamos en disposición de ejecutar pyspark:

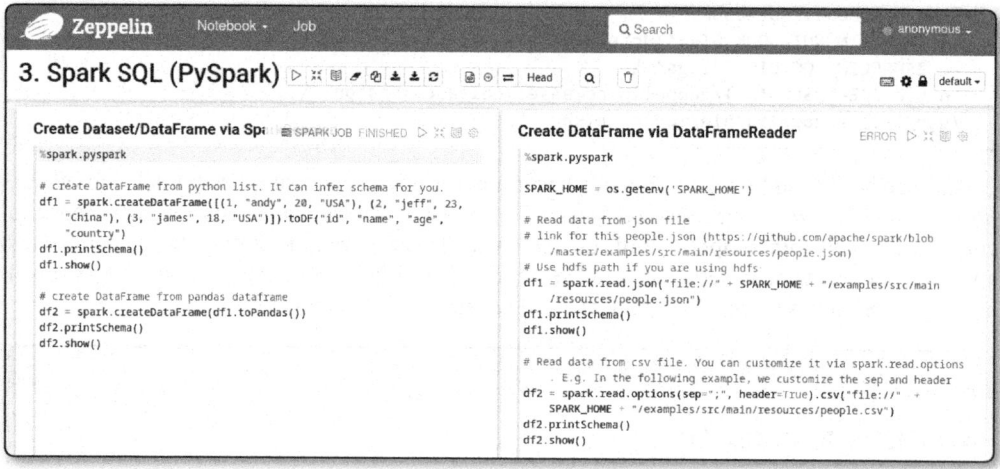

Figura 11.23. Ejecución de Spark en Apache Zeppelin

Join on Single Field   ▤ SPARK JOB FINISHED ▷ ⠿ ▨ ⊕

```
%spark.pyspark

df1 = spark.createDataFrame([(1, "andy", 20, 1), (2, "jeff", 23, 2),
   (3, "james", 18, 3)]).toDF("id", "name", "age", "c_id")
df1.show()

df2 = spark.createDataFrame([(1, "USA"), (2, "China")]).toDF("c_id",
   "c_name")
df2.show()

# You can just specify the key name if join on the same key
df3 = df1.join(df2, "c_id")
df3.show()

# Or you can specify the join condition expclitly in case the key is
   different between tables
df4 = df1.join(df2, df1["c_id"] == df2["c_id"])
df4.show()
```

```
+---+----+---+----+
| id| name|age|c_id|
+---+----+---+----+
|  1| andy| 20|   1|
|  2| jeff| 23|   2|
```

Join on Multiple Fields   ▤ SPARK JOB FINISHED ▷ ⠿ ▨ ⊕

```
%spark.pyspark

df1 = spark.createDataFrame([("andy", 20, 1, 1), ("jeff", 23, 1, 2),
   ("james", 12, 2, 2)]).toDF("name", "age", "key_1", "key_2")
df1.show()

df2 = spark.createDataFrame([(1, 1, "USA"), (2, 2, "China")]).toDF
   ("key_1", "key_2", "country")
df2.show()

# Join on 2 fields: key_1, key_2

# You can pass a list of field name if the join field names are the
   same in both tables
df3 = df1.join(df2, ["key_1", "key_2"])
df3.show()

# Or you can specify the join condition expclitly in case when the
   join fields name is differetnt in the two tables
df4 = df1.join(df2, (df1["key_1"] == df2["key_1"]) & (df1["key_2"] ==
```

```
+----+---+-----+-----+
| name|age|key_1|key_2|
+----+---+-----+-----+
| andy| 20|   1|   1|
| jeff| 23|   1|   2|
```

Figura 11.24. Creación de dataframes de Spark en Apache Zeppelin

```
Zeppelin    Notebook ▾    Job                    Q Search                    anonymous ▾

4. Spark MILib  ▷ ⠿ ▨ ✐ ⊘ ⬇ ⬆ ⟳   ▤ ⊕ ⇌ Head   Q   ⎙                    ▨ ✿ 🔒 default ▾
```

Generate Data   FINISHED ▷ ⠿ ▨ ⊕

```
%spark.pyspark

import numpy as np
from bokeh.io import output_notebook, show
from bokeh.plotting import figure


num = 1000
x = np.linspace(0, 10, num)
y = 2 * x + np.random.normal(0,4, num)

p = figure()
p.circle(x, y)
show(p)
```

Took 1 sec. Last updated by anonymous at September 21 2022, 12:07:09 AM

Linear Regression   ▤ SPARK JOB FINISHED ▷ ⠿ ▨ ⊕

```
%spark.pyspark

from pyspark.ml.regression import LinearRegression
import pandas as pd
from pyspark.ml.linalg import DenseVector, Vectors, VectorUDT
from pyspark.sql.functions import udf
from pyspark.sql.types import UserDefinedType, StringType

to_vector = udf(lambda x: Vectors.dense(x), VectorUDT())

df = pd.DataFrame({'features': x, 'label': y})
training = spark.createDataFrame(df).withColumn('features', to_vector
   ('features'))

lr = LinearRegression(maxIter=50, regParam=0.3, elasticNetParam=0.8,
   solver='l-bfgs')

# Fit the model
lrModel = lr.fit(training)
```

Figura 11.25. Ejecución de Spark MLlib en Apache Zeppelin

12

MLLIB COMO MÓDULO DE MACHINE LEARNING

12.1 INTRODUCCIÓN

MLlib es un componente que contiene algunos de los algoritmos de aprendizaje automático más utilizados utilizando Spark. Por ejemplo, podemos encontrar algoritmos de clasificación (árboles de decisión), regresión (regresión lineal), y clustering.

MLlib destaca como la herramienta que ofrece una mayor variedad de métodos de preprocesamiento. y ofrece algoritmos para diversas tareas entre las que podemos destacar:

▶ **Discretización y normalización:** transforma atributos continuos usando intervalos discretos, mientras que la normalización realiza un ajuste en la distribución. Algoritmos: binarizador, discretizador, normalizadores basados en min-max o media-varianza.

▶ **Extracción de atributos**: combina el conjunto original de atributos para obtener un nuevo conjunto de atributos menos redundante, usando principalmente proyecciones sobre los datos. Algoritmos: Principal Component Analysis (PCA) o Single Value Decomposition (SVD).

▶ **Selección de atributos**: selecciona subconjuntos de atributos, minimizando la pérdida de información.

▶ **Conversores para atributos**: transforman atributos de un tipo a otro usando técnicas de indexación o codificación.

▶ **Técnicas para el preprocesamiento de texto**: tienen como objetivo preprocesar los textos de entrada, produciendo patrones de información estructurada. Algoritmos: Term Frequency-Inverse Document Frequency (TF-IDF), n-gram.

Lo interesante aquí es que los algoritmos de Machine Learning que están implementados dentro de MLlib pueden ser escalados y paralelizados, aprovechando toda la base de Spark. En la documentación oficial *http://spark.apache.org/docs/latest/mllib-guide.html* podemos encontrar más información sobre los algoritmos soportados.

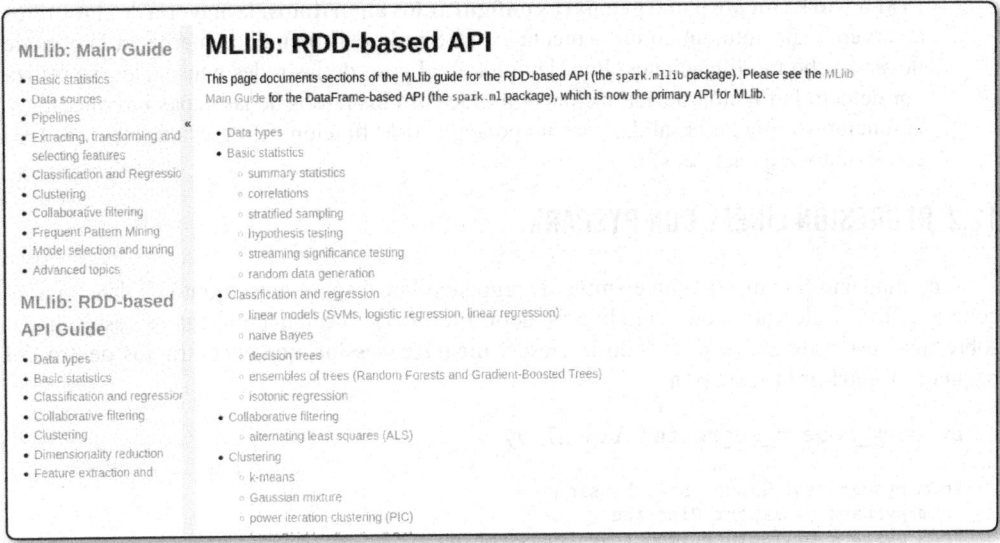

Figura 12.1. Documentación oficial de la librería

El paquete en el que podemos encontrar algunos de los algoritmos de machine learning es **spark.mllib** y el código fuente de este paquete se encuentra en el siguiente repositorio:

▼ *https://apache.googlesource.com/spark/+/master/python/pyspark/mllib*

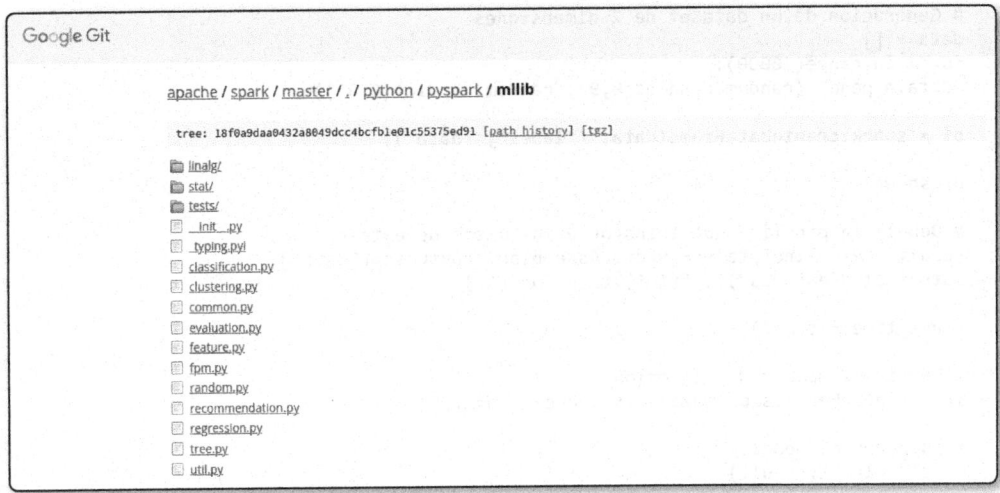

Figura 12.2. Repositorio con el código fuente de la librería

En cuanto a las desventajas del módulo MLlib, podemos destacar las siguientes:

▼ **Limitado número de algoritmos implementados**: aunque es cierto que con cada nueva versión de Spark, continúan sacando nuevos algoritmos de aprendizaje automático, aún se echan en falta algunos algoritmos como el k-vecinos para ayudarnos a la selección de variables, o la posibilidad de usar redes neuronales convolucionales o recurrentes.

▶ **Framework con poco margen para configurar los algoritmos:** la mayoría de algoritmos de aprendizaje automático implementados en Spark, permiten poco margen a la hora de llevar a cabo modificaciones. Por ejemplo, en el caso de las redes neuronales, se utiliza por defecto la función de activación sigmoide para los nodos de las capas intermedias, y la función softmax a la salida, pero no podemos usar función de regresión lineal (ReLU) como función de activación.

12.2 REGRESIÓN LINEAL CON PYSPARK

A continuación, se muestra un ejemplo de regresión lineal sobre un conjunto de datos que se genera de forma aleatoria con el módulo random. En este caso calculamos una regresión lineal sobre una sesión de Spark utilizando la clase **LinearRegression** que encontramos dentro del paquete **pyspark.ml.regression.**

pyspark_modelo_regresion_lineal.py

```python
from pyspark.sql import SparkSession
from pyspark.ml import Pipeline
from pyspark.ml.feature import VectorAssembler
from pyspark.ml.regression import LinearRegression
from time import time
import random

# Crear la sesión de Spark
spark = SparkSession.builder.appName('regresion lineal').config("spark.python.wor-
ker.reuse","true").getOrCreate()

# Generación de un dataset de 2 dimensiones
data = []
for x in range(10000):
 data.append( (random.randint(0,9), random.randint(0,9)))

df = spark.createDataFrame(data, ("label", "data"))

df.show()

# Definir la pipeline que transforma los datos de entrada
result = Pipeline(stages=[VectorAssembler(inputCols=["data"],
outputCol="features")]).fit(df).transform(df)

start_time = time()

# Definir el modelo de regresión
lr = LinearRegression(maxIter=50, regParam=1.12)

# Entrenar el modelo
model = lr.fit(result)

# Calcular tiempo empleado en realizar el entrenamiento
elapsed_time = time() - start_time
print("Elapsed time: %.10f seconds." % elapsed_time)

# Mostrar los resultados de la regresión
print(model.coefficients)
print(model.intercept)

# Cerrar la sesión de Spark
spark.stop()
```

En el siguiente ejemplo utilizaremos el conjunto de datos de Boston Housing. Se puede encontrar una descripción completa de este conjunto de datos en el siguiente enlace *https://www. kaggle.com/c/boston-housing*. El objetivo sería predecir los precios de la vivienda a partir de las características dadas.

Para nuestro modelo de regresión lineal, necesitamos importar las clases **VectorAssembler** y **LinearRegression** de la API de PySpark. VectorAssembler es una clase de transformación que reúne todas las características en un vector a partir de múltiples columnas. Si nuestro dataset contiene valores en formato string podríamos utilizar la clase StringIndexer para convertirla en valores numéricos.

```
>>> from pyspark.ml.feature import VectorAssembler
>>> from pyspark.ml.regression import LinearRegression
>>> dataset = spark.read.csv('BostonHousing.csv',inferSchema=True, header =True)
```

En este caso los datos los obtenemos de un fichero csv y realizamos la lectura utilizando el método **read.csv()**. El parámetro **inferSchema=true** deduce automáticamente los tipos de datos para cada columna.

```
>>> dataset.printSchema()
root
 |-- crim: double (nullable = true)
 |-- zn: double (nullable = true)
 |-- indus: double (nullable = true)
 |-- chas: integer (nullable = true)
 |-- nox: double (nullable = true)
 |-- rm: double (nullable = true)
 |-- age: double (nullable = true)
 |-- dis: double (nullable = true)
 |-- rad: integer (nullable = true)
 |-- tax: integer (nullable = true)
 |-- ptratio: double (nullable = true)
 |-- b: double (nullable = true)
 |-- lstat: double (nullable = true)
 |-- medv: double (nullable = true)
```

En el siguiente paso, convertiremos todas las características de diferentes columnas en una sola columna llamada "Propiedades".

```
>>> assembler = VectorAssembler(inputCols=['crim', 'zn', 'indus', 'chas', 'nox',
'rm', 'age', 'dis', 'rad', 'tax', 'ptratio', 'b', 'lstat'], outputCol = 'Propieda-
des')
>>> output = assembler.transform(dataset)
>>> data = output.select("Propiedades","medv")
>>> data.show()
+--------------------+----+
|         Propiedades|medv|
+--------------------+----+
|[0.00632,18.0,2.3...|24.0|
|[0.02731,0.0,7.07...|21.6|
|[0.02729,0.0,7.07...|34.7|
|[0.03237,0.0,2.18...|33.4|
|[0.06905,0.0,2.18...|36.2|
|[0.02985,0.0,2.18...|28.7|
|[0.08829,12.5,7.8...|22.9|
```

```
|[0.14455,12.5,7.8...|27.1|
|[0.21124,12.5,7.8...|16.5|
|[0.17004,12.5,7.8...|18.9|
|[0.22489,12.5,7.8...|15.0|
|[0.11747,12.5,7.8...|18.9|
|[0.09378,12.5,7.8...|21.7|
|[0.62976,0.0,8.14...|20.4|
|[0.63796,0.0,8.14...|18.2|
|[0.62739,0.0,8.14...|19.9|
|[1.05393,0.0,8.14...|23.1|
|[0.7842,0.0,8.14,...|17.5|
|[0.80271,0.0,8.14...|20.2|
|[0.7258,0.0,8.14,...|18.2|
+--------------------+----+
```

A continuación, podríamos dividir los datos en datos de entrenamiento y datos de pruebas de acuerdo con nuestro conjunto de datos (0.8 y 0.2 en este caso). A continuación, entrenamos el modelo a partir de los datos de entrenamiento y evaluamos el modelo a partir de los datos de prueba utilizando el método **evaluate()**.

```
>>> train_data, test_data = data.randomSplit([0.8,0.2])
>>> regressor_lineal = LinearRegression(featuresCol = 'Propiedades', labelCol =
'medv')
>>> regressor_model = regressor_lineal.fit(train_data)
>>> prediction = regressor_model.evaluate(test_data)
>>> prediction.predictions.show()
```

En la salida vemos como la columna **prediction** contiene el valor de predicción del precio.

```
+--------------------+----+------------------+
|       Propiedades|medv|        prediction|
+--------------------+----+------------------+
|[0.00632,18.0,2.3...|24.0| 30.30365770690233|
|[0.00906,90.0,2.9...|32.2|31.538551900179343|
|[0.01432,100.0,1....|31.6| 33.12116137380821|
|[0.01538,90.0,3.7...|44.0| 37.44742761730593|
|[0.02055,85.0,0.7...|24.7|24.890168435577277|
|[0.02498,0.0,1.89...|16.5| 22.58123298380012|
|[0.02729,0.0,7.07...|34.7|31.040059361687224|
|[0.03738,0.0,5.19...|20.7| 22.09113431670854|
|[0.04462,25.0,4.8...|23.9|27.058869599600236|
|[0.0459,52.5,5.32...|22.3|27.189266755267973|
|[0.04666,80.0,1.5...|30.3| 32.70312837274087|
|[0.05023,35.0,6.0...|17.1|19.866909300608448|
|[0.05083,0.0,5.19...|22.2|22.681473067381603|
|[0.05302,0.0,3.41...|28.7|31.168104634172124|
|[0.05497,0.0,5.19...|19.0| 21.49098569331755|
|[0.05561,70.0,2.2...|29.0| 32.02512910760199|
|[0.06127,40.0,6.4...|33.1| 34.04596061836539|
|[0.06129,20.0,3.3...|46.0| 40.05100500520983|
|[0.06211,40.0,1.2...|22.9|20.797226104224187|
|[0.06588,0.0,2.46...|39.8| 35.23169610290439|
+--------------------+----+------------------+
```

También podríamos obtener el coeficiente y la intersección del modelo de regresión:

```
>>> coefficient = regressor_model.coefficients
>>> intercept = regressor_model.intercept
>>> print ("The coefficient of the model is:% a"% coefficient)
>>> print ("The intercept of the model is:% f"% intercept)

The coefficient of the model is:DenseVector([-0.114, 0.0391, 0.0063, 1.8712,
-15.1936, 4.0901, 0.0007, -1.3548, 0.3092, -0.013, -0.9644, 0.0098, -0.5276])
The intercept of the model is: 33.387913
```

A continuación, podríamos analizar nuestro modelo estadísticamente importando la clase **RegressionEvaluator** que se encuentra dentro del paquete **pyspark.ml.evaluation.** De esta forma podríamos obtener estadísticas como la media de error y error absoluto de nuestro modelo:

```
>>> from pyspark.ml.evaluation import RegressionEvaluator
>>> eval = RegressionEvaluator(labelCol="medv", predictionCol="prediction",
metricName="rmse")
>>> rmse = eval.evaluate(prediction.predictions)
>>> print("RMSE: %.3f" % rmse)
>>> mse = eval.evaluate(prediction.predictions, {eval.metricName: "mse"})
>>> print("MSE: %.3f" % mse)
>>> mae = eval.evaluate(prediction.predictions, {eval.metricName: "mae"})
>>> print("MAE: %.3f" % mae)
>>> r2 = eval.evaluate(prediction.predictions, {eval.metricName: "r2"})
>>> print("r2: %.3f" %r2)
RMSE: 5.290
MSE: 27.989
MAE: 3.401
r2: 0.627
```

En el siguiente ejemplo construimos un modelo predictivo con el objetivo de encontrar una estimación de cuántos tripulantes requiere un barco. El conjunto de datos contiene 159 instancias con 9 características.

pyspark_regresion_lineal_cruise_ship.py

```
import pyspark
from pyspark.sql import SparkSession

spark=SparkSession.builder.appName('regresion lineal').getOrCreate()

df=spark.read.csv('cruise_ship_info.csv',inferSchema=True,header=True)
df.show(10)

#prints structure of dataframe along with datatype
df.printSchema()

from pyspark.ml.feature import StringIndexer
indexer=StringIndexer(inputCol='Cruise_line',outputCol='cruise_cat')
indexed=indexer.fit(df).transform(df)
for item in indexed.head(5):
    print(item)

from pyspark.ml.linalg import Vectors
```

```
from pyspark.ml.feature import VectorAssembler
assembler=VectorAssembler(inputCols=['Age','Tonnage','passengers','length','cabins'
,'passenger_density','cruise_cat'],
outputCol='features')
output=assembler.transform(indexed)
output.select('features','crew').show(5)

final_data=output.select('features','crew')
train_data,test_data=final_data.randomSplit([0.7,0.3])

print("Datos entrenamiento:")
train_data.describe().show()
print("Datos test:")
test_data.describe().show()

from pyspark.ml.regression import LinearRegression
ship_lr=LinearRegression(featuresCol='features',labelCol='crew')
trained_ship_model=ship_lr.fit(train_data)
ship_results=trained_ship_model.evaluate(train_data)

print('Rsquared Error :',ship_results.r2)

predictions=trained_ship_model.transform(test_data.select('features'))
predictions.show()
```

En la salida vemos el dataset, datos de entrenamiento, datos de test y las predicciones sobre el conjunto de datos de test.

```
+----------+-----------+---+--------------------+----------+------+------+----------
-------+----+
|  Ship_name|Cruise_line|Age|             Tonnage|passengers|length|cabins|passeng
er_density|crew|
+----------+-----------+---+--------------------+----------+------+------+----------
-------+----+
|   Journey|    Azamara|  6|30.276999999999997|      6.94|  5.94|  3.55|
42.64|3.55|
|     Quest|    Azamara|  6|30.276999999999997|      6.94|  5.94|  3.55|
42.64|3.55|
|Celebration|   Carnival| 26|              47.262|     14.86|  7.22|  7.43|
31.8|  6.7|
|   Conquest|   Carnival| 11|               110.0|     29.74|  9.53| 14.88|
36.99|19.1|
|    Destiny|   Carnival| 17|             101.353|     26.42|  8.92| 13.21|
38.36|10.0|
|    Ecstasy|   Carnival| 22|              70.367|     20.52|  8.55|  10.2|
34.29| 9.2|
|    Elation|   Carnival| 15|              70.367|     20.52|  8.55|  10.2|
34.29| 9.2|
|    Fantasy|   Carnival| 23|              70.367|     20.56|  8.55| 10.22|
34.23| 9.2|
|Fascination|   Carnival| 19|              70.367|     20.52|  8.55|  10.2|
34.29| 9.2|
|    Freedom|   Carnival|  6|110.23899999999999|      37.0|  9.51| 14.87|
29.79|11.5|
+----------+-----------+---+--------------------+----------+------+------+----------
-------+----+
```

```
only showing top 10 rows

root
 |-- Ship_name: string (nullable = true)
 |-- Cruise_line: string (nullable = true)
 |-- Age: integer (nullable = true)
 |-- Tonnage: double (nullable = true)
 |-- passengers: double (nullable = true)
 |-- length: double (nullable = true)
 |-- cabins: double (nullable = true)
 |-- passenger_density: double (nullable = true)
 |-- crew: double (nullable = true)

+--------------------+----+
|            features|crew|
+--------------------+----+
|[6.0,30.276999999...|3.55|
|[6.0,30.276999999...|3.55|
|[26.0,47.262,14.8...| 6.7|
|[11.0,110.0,29.74...|19.1|
|[17.0,101.353,26....|10.0|
+--------------------+----+
only showing top 5 rows

Datos entrenamiento:
+-------+------------------+
|summary|              crew|
+-------+------------------+
|  count|               107|
|   mean| 8.042803738317767|
| stddev|3.2721133884930858|
|    min|              0.59|
|    max|              19.1|
+-------+------------------+

Datos test:
+-------+------------------+
|summary|              crew|
+-------+------------------+
|  count|                51|
|   mean| 7.272549019607841|
| stddev|3.9285609798689682|
|    min|              0.59|
|    max|              21.0|
+-------+------------------+

Rsquared Error : 0.911287216069628

+--------------------+------------------+
|            features|        prediction|
+--------------------+------------------+
|[4.0,220.0,54.0,1...|21.234099949250187|
|[5.0,160.0,36.34,...|15.254128593441816|
|[6.0,30.276999999...| 4.439878893313143|
|[6.0,90.0,20.0,9....|10.318842039884494|
|[6.0,93.0,23.94,9...|10.691937653374357|
|[7.0,89.6,25.5,9....|11.296606611455951|
```

```
|[8.0,110.0,29.74,...|  12.23281621038489|
|[9.0,85.0,19.68,9...|   9.479287793549473|
|[9.0,113.0,26.74,...| 11.430924318541857|
|[10.0,58.825,15.6...|  7.354305843963867|
|[10.0,77.0,20.16,...|  8.888850489384353|
|[11.0,90.09,25.01...|  8.814692290655831|
|[12.0,2.329,0.94,...|  0.249175426051766|
|[12.0,42.0,14.8,7...|   6.73446279350047|
|[12.0,50.0,7.0,7....|  4.627439577568807|
|[12.0,88.5,21.24,...|  9.517216742114243|
|[12.0,88.5,21.24,...| 10.476795536903799|
|[12.0,91.0,20.32,...|  9.301661929030843|
|[12.0,108.865,27....| 10.890025673305766|
|[12.0,138.0,31.14...| 13.050641848353097|
+--------------------+------------------+
```

12.3 CLUSTERING CON PYSPARK

El clustering es un problema de aprendizaje no supervisado que permite agrupar una serie de subconjuntos de entidades relacionadas con alguna base de conocimiento. A diferencia de las tareas supervisadas, donde los datos están etiquetados, el agrupamiento puede utilizarse para dar sentido a los datos no etiquetados.

Se utiliza comúnmente en la exploración de datos (para averiguar cómo es un nuevo conjunto de datos) y en la detección de anomalías (para identificar puntos que están lejos de cualquier grupo). El objetivo es segmentar los datos de tal manera que cada ejemplo se asigne a un segmento denominado cluster. Los modelos de agrupación tienen muchos casos de uso entre los que podemos destacar:

▶ Segmentación de usuarios o clientes en grupos diferentes según el comportamiento.

▶ Agrupar contenido en un sitio web.

▶ Encontrar clústers de genes similares.

▶ Creación de segmentos de imagen para su uso en aplicaciones de análisis de detección de objetos en imágenes.

Los algoritmos de clustering son capaces de crear una serie de clústeres o grupos de observaciones que son similares entre sí. Entre los principales tipos de algoritmos de clustering podemos destacar:

▶ **Basados en la distancia:** utilizan una métrica de distancia, como puede ser la euclídea, Manhattan o Mahalanobis, para separar los distintos grupos o clusters.

▶ **Basados en la densidad**: computan los grupos teniendo en cuenta la distancia entre los puntos y las "zonas" donde la densidad de puntos/observaciones es mayor.

K-means intenta particionar un conjunto de puntos de datos en K clústers distintos (donde K es un parámetro de entrada para el modelo). Más formalmente, K-means intenta encontrar clústers para minimizar la suma de errores cuadrados (o distancias) dentro de cada grupo.

Comenzando con un conjunto de K centros de clúster iniciales (que se calculan como el vector medio para todos los puntos de datos en el grupo), el método estándar para K-means itera entre dos pasos:

1. Asignar cada punto de datos al clúster que minimice el error. La suma de cuadrados es equivalente a la distancia euclidiana cuadrada; Por lo tanto, esto equivale a asignar cada punto al centro de clúster más cercano medido por la métrica de distancia euclidiana.

2. Calcular los nuevos centros de clúster en función de las asignaciones de clúster del primer paso.

El algoritmo continúa hasta que se alcanza un número máximo de iteraciones o se alcanza la convergencia. Convergencia significa que las asignaciones de clúster ya no van a cambiar más y hemos llegado a la solución óptima. Spark MLlib dispone de los siguientes algoritmos de clustering *https://spark.apache.org/docs/latest/ml-clustering.html*:

- K-means.
- Latent Dirichlet allocation (LDA).
- Bisecting k-means.
- Gaussian Mixture Model (GMM).

Dentro de pyspark encontramos el algoritmo K-means dentro del paquete **pyspark.mllib. clustering**, que permite agrupar los datos en categorías o grupos en función de un parámetro k que indica el número de clústers que vamos a utilizar para realizar esta agrupación.

Uno de los parámetros más importantes en el algoritmo de K-means es el número objetivo de clústers para generar, K. En la práctica, este valor no se suele conocer de antemano, por lo que la mejor práctica es probar diferentes valores de K, hasta encontrar aquel donde el promedio de la distancia entre clústers deja de variar y encontramos un punto donde podría converger esta distancia. Además, K-means en MLlib toma los siguientes parámetros:

```
clusters = KMeans.train(parsedData, k, maxIterations=10, initializationMode="k-
means",
distanceMeasure="euclidean")
```

- **parsedData** representa los puntos de entrenamiento almacenados como RDD.

- **k** es el número de grupos o de clusters.

- **maxIterations** es el número máximo de iteraciones (valor por defecto: 100).

- **initializationMode** es el modelo de inicialización (random o k-means).

- **distanceMesasure** es el algoritmo utilizado para calcular las distancias entre los puntos.

La salida del algoritmo de K-means es un objeto **KMeansModel** que le permite acceder a los centros de los clústers (como una matriz de vectores) o llamar al método predict() en un nuevo vector para devolver su clúster.

Hay que tener en cuenta que el método **predict()** siempre devuelve el centro más cercano a un punto, incluso si el punto está lejos de todos los clústeres. El código fuente de la clase K-means para ver lo que hace por debajo se puede ver en el repositorio de código oficial de Spark.

- *https://apache.googlesource.com/spark/+/master/python/pyspark/mllib/clustering.py*

```
class KMeans:
    """"
    K-means clustering.
    .. versionadded:: 0.9.0
    """"

    @classmethod
```

```python
def train(
    cls,
    rdd: RDD["VectorLike"],
    k: int,
    maxIterations: int = 100,
    initializationMode: str = "k-means||",
    seed: Optional[int] = None,
    initializationSteps: int = 2,
    epsilon: float = 1e-4,
    initialModel: Optional[KMeansModel] = None,
    distanceMeasure: str = "euclidean",
) -> "KMeansModel":
```

Un problema que tiene el algoritmo k-means es que funciona de forma secuencial (la elección del siguiente centroide depende del conjunto actual de centroides en cada momento). Si queremos utilizar un mejor método de selección inicial de los centroides que el algoritmo k-means pero usando un método escalable con la posibilidad de paralelizar los cálculos, podemos recurrir a la versión paralelizable de k-means++.

El algoritmo k-means++ funciona de la siguiente forma:

1. Se escoge un centroide aleatoriamente de entre todos los puntos del dataset.

2. Para cada punto del dataset, calcula su distancia al centroide más cercano.

3. Se escoge un nuevo punto del dataset como nuevo centroide, en este caso utilizando una distribución de probabilidad ponderada donde cada punto del dataset tiene una probabilidad de ser elegido proporcional a la distancia a su centroide más cercano. Es decir, que cuanto más alejado esté un punto de su centroide más cercano, mayor probabilidad tendrá de ser elegido como nuevo centroide.

4. Repetimos los pasos 2 y 3 hasta que se hayan seleccionado los "k" centroides.

5. Una vez se han seleccionado los centros iniciales utilizando este método, se continúa utilizando el algoritmo k-means estándar. Cada punto del dataset, se asigna al centroide más cercano de los actuales, y pasa a formar parte del grupo al que representa dicho centroide. Tras haber iterado todos los ejemplos del dataset, se recalcula el nuevo centroide para cada grupo. Esto se repite varias veces con todos los elementos del dataset, hasta que o bien ya no se producen cambios en los centroides con cada nueva iteración, o bien se alcanza el máximo número de iteraciones que hemos decidido utilizar.

En el siguiente ejemplo, leemos de un fichero de texto que contiene una serie de puntos y el objetivo es crear 2 clústers utilizando el algoritmo de kmeans++.

pyspark_kmeans.py

```python
## Spark Application for performing Kmeans clustering.
from numpy import array
from math import sqrt

from pyspark import SparkConf, SparkContext
from pyspark.mllib.clustering import KMeans, KMeansModel

# Evalúe el algoritmo calculando la suma de los errores cuadrados
def error(point):
    center = clusters.centers[clusters.predict(point)]
```

```python
    return sqrt(sum([x**2 for x in (point - center)]))

def show (data):
 print(data)

if __name__ == '__main__':
    conf = SparkConf().setAppName("Kmeans")
    sc   = SparkContext(conf=conf)

    # Cargar los datos
    data = sc.textFile("kmeans_data.txt")
    parsedData = data.map(lambda line: array([float(x) for x in line.split(' ')])).
cache()
    parsedData.foreach(show)

    # Construir el modelo KMeans a partir de los datos y los parámetros necesarios
para su ejecución
    clústers = KMeans.train(parsedData, 2, maxIterations=10, initializationMode="k-
means++")
    print("Clusters = " + str(clusters.centers))

    WSSSE = parsedData.map(lambda point: error(point)).reduce(lambda x, y: x + y)
    print("Error obtenido = " + str(WSSSE))
```

En la salida de la ejecución del script anterior vemos los puntos que queremos agrupar, los 2 clústers que se forman y el error que se obtiene al agrupar estos puntos.

```
[1. 1. 1.]
[1.1 1.1 1.1]
[9.1 9.1 9.1]
[1.2 1.2 1.2]
[9.2 9.2 9.2]
[9. 9. 9.]
Clusters = [array([1.1, 1.1, 1.1]), array([9.1, 9.1, 9.1])]
Error obtenido = 0.6928203230275531
```

12.4 CLASIFICACIÓN MENSAJES SPAM CON PYSPARK

El objetivo de los algoritmos de aprendizaje automático es tomar decisiones basadas en datos de entrenamiento. Por ejemplo, clasificación de spam, donde a partir de un conjunto de datos de entrada (dataset) el objetivo es determinar si un email se puede clasificar como spam. Como entrada tenemos 2 ficheros de texto, uno con ejemplos de emails que son spam y otro con ejemplos que no lo son.

spam.txt

```
Dear sir, I am a Prince in a far kingdom you have not heard of.  I want to send you
money via wire transfer so please ...
Get Viagra real cheap!  Send money right away to ...
Oh my gosh you can be really strong too with these drugs found in the rainforest.
Get them cheap right now ...
YOUR COMPUTER HAS BEEN INFECTED with virus!  YOU MUST RESET YOUR PASSWORD.  Reply
to this email with your password and SSN ...
```

THIS IS NOT A SCAM! Send money and get access to awesome stuff really cheap and
never have to ...

no_spam.txt

Dear Spark Learner, Thanks so much for attending the Spark Summit 2014! Check out
videos of talks from the summit at ...
Hi Mom, Apologies for being late about emailing and forgetting to send you the pac-
kage. I hope you and bro have been ...
Wow, hey Fred, just heard about the Spark petabyte sort. I think we need to take
time to try it out immediately ...
Hi Spark user list, This is my first question to this list, so thanks in advance for
your help! I tried running ...
Thanks Tom for your email. I need to refer you to Alice for this one. I haven't
yet figured out that part either ...
Good job yesterday! I was attending your talk, and really enjoyed it. I want to
be a python developer
Summit demo got whoops from audience! Had to let you know. --Joe

Para resolver este problema podríamos usar las clases **HashingTF** y **LogisticRegressionWithSGD** que encontramos dentro de los paquetes **pyspark.mllib.feature** y **pyspark.mllib.classification** respectivamente. En primera instancia cargamos los ficheros ejemplos spam y no-spam donde cada línea corresponde a un email.

pyspark_spam.py

```
from pyspark import SparkConf, SparkContext
from pyspark.mllib.regression import LabeledPoint
from pyspark.mllib.classification import LogisticRegressionWithSGD
from pyspark.ml.classification import LogisticRegression
from pyspark.mllib.feature import HashingTF

#cargar SparkContext
conf = SparkConf().setAppName("spam")
sc = SparkContext(conf=conf)

spam = sc.textFile("spam.txt")
no_spam = sc.textFile("no_spam.txt")
```

Posteriormente creamos un objeto **HashingTF** para extraer características a partir de un mensaje de email y utilizamos esta clase para convertir cada email se convierte en un vector de características.

```
# Creo un objeto HashingTF para extraer características a partir de un mensaje de
email
Hashing_TF = HashingTF(numFeatures = 100)

# Cada email se divide en palabras y cada palabra se convierte en una feature que
nos #permitirá posteriormente caracterizar si un email es spam o no
spam_features = spam.map(lambda email: Hashing_TF.transform(email.split(" ")))
no_spam_features = no_spam.map(lambda email: Hashing_TF.transform(email.split("
")))

print("Spam features:")
```

```
print(spam_features.collect())

print("No Spam features:")
print(no_spam_features.collect())
```

Podríamos observar como al imprimir las variables **spam_features** y **no_spam_feaures**, obtenemos una serie de vectores que caracterizan a cada uno de los emails.

```
Spam features:
[SparseVector(100, {0: 2.0, 3: 1.0, 4: 1.0, 6: 1.0, 9: 1.0, 20: 1.0, 21: 2.0, 31:
1.0, 32: 1.0, 36: 1.0, 42: 1.0, 44: 1.0, 46: 1.0, 52: 1.0, 55: 1.0, 63: 2.0, 65:
1.0, 71: 1.0, 77: 1.0, 78: 1.0, 82: 1.0, 83: 1.0, 89: 2.0, 95: 1.0}), SparseVec-
tor(100, {0: 1.0, 4: 1.0, 20: 1.0, 22: 1.0, 36: 1.0, 40: 1.0, 49: 1.0, 60: 1.0, 65:
1.0, 71: 1.0, 79: 1.0}), SparseVector(100, {3: 1.0, 4: 1.0, 8: 1.0, 17: 1.0, 19:
2.0, 20: 1.0, 21: 1.0, 24: 1.0, 43: 1.0, 51: 1.0, 52: 1.0, 56: 1.0, 60: 1.0, 63:
2.0, 73: 1.0, 74: 1.0, 82: 1.0, 91: 1.0, 96: 1.0, 99: 1.0}), SparseVector(100, {0:
2.0, 1: 1.0, 4: 1.0, 10: 1.0, 12: 1.0, 19: 2.0, 30: 1.0, 34: 1.0, 37: 1.0, 41: 1.0,
42: 1.0, 46: 1.0, 47: 1.0, 59: 1.0, 65: 1.0, 66: 1.0, 72: 2.0, 73: 1.0, 80: 1.0,
85: 1.0, 94: 1.0}), SparseVector(100, {0: 2.0, 1: 3.0, 4: 1.0, 10: 1.0, 19: 1.0,
23: 1.0, 34: 1.0, 36: 1.0, 51: 1.0, 58: 1.0, 65: 2.0, 69: 1.0, 71: 1.0, 78: 1.0,
84: 1.0, 95: 1.0, 96: 1.0})]

No Spam features:
[SparseVector(100, {0: 1.0, 3: 1.0, 4: 1.0, 6: 1.0, 9: 1.0, 17: 2.0, 21: 1.0, 23:
1.0, 27: 1.0, 31: 1.0, 43: 1.0, 50: 1.0, 51: 1.0, 61: 1.0, 62: 2.0, 69: 1.0, 70:
2.0, 71: 1.0, 72: 1.0, 80: 1.0}), SparseVector(100, {0: 2.0, 1: 2.0, 4: 1.0, 7:
1.0, 17: 1.0, 20: 1.0, 21: 2.0, 27: 2.0, 28: 1.0, 42: 1.0, 47: 1.0, 50: 1.0, 58:
1.0, 63: 1.0, 64: 1.0, 65: 1.0, 67: 1.0, 70: 1.0, 83: 1.0, 98: 1.0}), SparseVec-
tor(100, {0: 1.0, 3: 2.0, 4: 1.0, 14: 1.0, 17: 1.0, 22: 1.0, 27: 1.0, 37: 1.0, 39:
1.0, 42: 1.0, 46: 1.0, 49: 1.0, 52: 1.0, 60: 1.0, 62: 1.0, 63: 1.0, 65: 2.0, 71:
1.0, 72: 1.0, 78: 1.0, 83: 1.0, 86: 1.0}), SparseVector(100, {0: 1.0, 3: 1.0, 4:
1.0, 7: 1.0, 17: 1.0, 24: 1.0, 27: 1.0, 42: 2.0, 43: 1.0, 47: 1.0, 52: 1.0, 55:
2.0, 62: 1.0, 63: 1.0, 64: 1.0, 65: 1.0, 70: 1.0, 78: 1.0, 90: 1.0, 93: 1.0, 97:
1.0, 99: 1.0}), SparseVector(100, {0: 2.0, 4: 1.0, 9: 1.0, 15: 1.0, 18: 1.0, 21:
1.0, 27: 3.0, 42: 2.0, 47: 1.0, 49: 2.0, 56: 1.0, 61: 1.0, 63: 2.0, 65: 2.0, 70:
1.0, 72: 1.0, 77: 1.0, 85: 1.0, 98: 1.0}), SparseVector(100, {0: 2.0, 1: 1.0, 18:
1.0, 20: 1.0, 37: 1.0, 38: 1.0, 40: 1.0, 43: 1.0, 47: 1.0, 48: 1.0, 55: 1.0, 63:
2.0, 65: 1.0, 71: 1.0, 73: 1.0, 78: 2.0, 89: 1.0, 96: 1.0}), SparseVector(100, {0:
1.0, 4: 1.0, 6: 1.0, 8: 1.0, 21: 1.0, 36: 1.0, 61: 1.0, 63: 1.0, 65: 1.0, 69: 1.0,
71: 1.0, 73: 1.0, 92: 1.0})]
```

▶ La clase **HashingTF** extrae las características a partir de los ficheros de entrada. El código fuente lo encontramos en el fichero **feature.py** donde el método **transform()** de la clase **HashingTF** permite convertir el documento de entrada en vectores de frecuencia de términos.

- *https://apache.googlesource.com/spark/+/master/python/pyspark/mllib/feature.py*

```
class HashingTF:
    """
    Maps a sequence of terms to their term frequencies using the hashing
    trick.
    .. versionadded:: 1.2.0
    Parameters
    ----------
```

```
numFeatures : int, optional
    number of features (default: 2^20)
Notes
-----
The terms must be hashable (can not be dict/set/list...).
Examples
--------
>>> htf = HashingTF(100)
>>> doc = "a b c d".split(" ")
>>> htf.transform(doc)
SparseVector(100, {...})
"""
def __init__(self, numFeatures: int = 1 << 20):
    self.numFeatures = numFeatures
    self.binary = False
@since("2.0.0")
def setBinary(self, value: bool) -> "HashingTF":
    """
    If True, term frequency vector will be binary such that non-zero
    term counts will be set to 1
    (default: False)
    """
    self.binary = value
    return self
@since("1.2.0")
def indexOf(self, term: Hashable) -> int:
    """"Returns the index of the input term."""""
    return hash(term) % self.numFeatures
@overload
def transform(self, document: Iterable[Hashable]) -> Vector:
    ...
@overload
def transform(self, document: RDD[Iterable[Hashable]]) -> RDD[Vector]:
    ...
@since("1.2.0")
def transform(
    self, document: Union[Iterable[Hashable], RDD[Iterable[Hashable]]]
) -> Union[Vector, RDD[Vector]]:
    """
    Transforms the input document (list of terms) to term frequency
    vectors, or transform the RDD of document to RDD of term
    frequency vectors.
    """
    if isinstance(document, RDD):
        return document.map(self.transform)
    freq: Dict[int, float] = {}
    for term in document:
        i = self.indexOf(term)
        freq[i] = 1.0 if self.binary else freq.get(i, 0) + 1.0
    return Vectors.sparse(self.numFeatures, freq.items())
```

Posteriormente creamos datasets de etiquetas para casos de spam y no spam, construímos el dataset de entrenamiento como la unión de ambos conjuntos de datos y ejecutamos nuestro modelo de regresión logística sobre los datos de entrenamiento:

```
spam_ejemplos = spam_features.map(lambda features: LabeledPoint(1, featu-
res))
no_spam_ejemplos = no_spam_features.map(lambda features: LabeledPoint(0,
features))

# datos de entrenamiento
datos_entrenamiento = spam_ejemplos.union(no_spam_ejemplos)

# Cacheamos los datos para aplicar posteriormente un modelo iterativo
datos_entrenamiento.cache()

# Ejecutamos nuestro modelo de regresión logística sobre los datos de en-
trenamiento
modelo = LogisticRegressionWithSGD.train(datos_entrenamiento)
```

▶ La clase **LogisticRegressionWithSGD** contiene el algoritmo encargado de obtener el mejor modelo a partir de los datos de entrenamiento.

- *https://apache.googlesource.com/spark/+/master/python/pyspark/mllib/classification.py*

```
class LogisticRegressionWithSGD:
    """"
    Train a classification model for Binary Logistic Regression using Sto-
chastic Gradient Descent.
    .. versionadded:: 0.9.0
    .. deprecated:: 2.0.0
        Use ml.classification.LogisticRegression or LogisticRegression-
WithLBFGS.
    """"
    @classmethod
    def train(
        cls,
        data: RDD[LabeledPoint],
        iterations: int = 100,
        step: float = 1.0,
        miniBatchFraction: float = 1.0,
        initialWeights: Optional["VectorLike"] = None,
        regParam: float = 0.01,
        regType: str = "l2",
        intercept: bool = False,
        validateData: bool = True,
        convergenceTol: float = 0.001,
    ) -> LogisticRegressionModel:
        """"
        Train a logistic regression model on the given data.
        .. versionadded:: 0.9.0
        Parameters
        ----------
        data : :py:class:`pyspark.RDD`
            The training data, an RDD of :py:class:`pyspark.mllib.regres-
sion.LabeledPoint`.
        iterations : int, optional
            The number of iterations.
            (default: 100)
```

```
            step : float, optional
                The step parameter used in SGD.
                (default: 1.0)
            miniBatchFraction : float, optional
                Fraction of data to be used for each SGD iteration.
                (default: 1.0)
            initialWeights : :py:class:`pyspark.mllib.linalg.Vector` or con-
vertible, optional
                The initial weights.
                (default: None)
            regParam : float, optional
                The regularizer parameter.
                (default: 0.01)
            regType : str, optional
                The type of regularizer used for training our model.
                Supported values:
                - "l1" for using L1 regularization
                - "l2" for using L2 regularization (default)
                - None for no regularization
            intercept : bool, optional
                Boolean parameter which indicates the use or not of the
                augmented representation for training data (i.e., whether bias
                features are activated or not).
                (default: False)
            validateData : bool, optional
                Boolean parameter which indicates if the algorithm should
                validate data before training.
                (default: True)
            convergenceTol : float, optional
                A condition which decides iteration termination.
                (default: 0.001)
            """

            warnings.warn(
                "Deprecated in 2.0.0. Use ml.classification.LogisticRegression
    or "
                "LogisticRegressionWithLBFGS.",
                FutureWarning,
            )

            def train(rdd: RDD[LabeledPoint], i: Vector) -> Iterable[Any]:
                return callMLlibFunc(
                    "trainLogisticRegressionModelWithSGD",
                    rdd,
                    int(iterations),
                    float(step),
                    float(miniBatchFraction),
                    i,
                    float(regParam),
                    regType,
                    bool(intercept),
                    bool(validateData),
                    float(convergenceTol),
                )

            return _regression_train_wrapper(train, LogisticRegressionModel,
        data, initialWeights)
```

En el proceso final el objetivo sería evaluar nuestro modelo para detectar si nuevos mensajes de email son detectados como spam.

```
test_spam = Hashing_TF.transform("GET this product by sending money to account".
split(" "))
test_spam2 = Hashing_TF.transform("If you think you have a virus check this".
split(" "))
test_no_spam = Hashing_TF.transform("I am studying python because I want be a
python developer for web applications".split(" "))

# Predicción para nuevos mensajes de email con el modelo creado
print("Prediction for test_spam: %g" % modelo.predict(test_spam))
print("Prediction for test_spam2: %g" % modelo.predict(test_spam2))
print("Prediction for test_no_spam: %g" % modelo.predict(test_no_spam))
```

En la ejecución vemos como los 2 primeros casos de prueba las detecta como spam al devolver un valor de 1 el método de predict(), mientras que el último caso de prueba devuelve un 0 indicando que el mensaje no se puede clasificar como spam.

```
Prediction for test_spam: 1
Prediction for test_spam2: 1
Prediction for test_no_spam: 0
```

SISTEMAS DE RECOMENDACIÓN

13.1 INTRODUCCIÓN

La gran cantidad de información y de servicios/productos ofrecidos hoy en día a cualquier usuario en la red, hace cada vez más difícil la tarea de filtrar entre tanta información y poder encontrar realmente aquello que se ajuste a los gustos y/o necesidades de cada uno.

Estos sistemas se encargan de estudiar patrones de comportamiento de los distintos usuarios y similitudes entre los distintos servicios/productos, para poder decidir de entre toda la información disponible aquella que se va a adaptar a los gustos/necesidades de los usuarios, haciéndoles la vida más fácil.

Un sistema de recomendación es un sistema inteligente que proporciona a los usuarios una serie de sugerencias personalizadas (recomendaciones) sobre un determinado conjunto de elementos (items). Los sistemas de recomendación estudian las características de cada usuario y mediante un procesamiento de los datos, encuentra un subconjunto de ítems que pueden resultar de interés para el usuario.

La finalidad de un sistema de recomendación es predecir la valoración que un usuario va a hacer de un ítem que todavía no ha evaluado. Esta valoración se genera al analizar una de dos cosas, o las características de cada ítem, o las valoraciones de cada usuario a cada ítem, y se usa para recomendar contenido personalizado a los usuarios.

Uno de los servicios con uno de los mejores sistemas de recomendación es **filmaffinity** *https://www.filmaffinity.com*. Este sistema se basa en ver tus votaciones, ver qué usuarios han votado las mismas películas que has votado y después te recomendará lo que a usuarios con gustos similares a uno mismo les han gustado.

13.2 TIPOS DE SISTEMAS DE RECOMENDACIÓN

Los primeros sistemas de recomendación desarrollados se basan en comprender los productos en sí mismos y sus relaciones con otros productos, pero a medida que se incrementó el número de productos en este tipo de sistemas, los primeros problemas aparecieron, puesto que la complejidad de análisis crecía exponencialmente, y por tanto, el esfuerzo en obtener nuevas predicciones.

A raíz de dichos problemas, surgieron los denominados sistemas de recomendación de filtrado colaborativo, que ya empezaron a tener en cuenta el comportamiento del usuario , asumiendo que las predicciones podrían realizarse teniendo en cuenta las decisiones en el pasado de los usuarios y a su vez, buscando semejanzas entre los distintos tipos de usuarios del sistema. Pero este tipo de sistemas también se vuelven bastante complejos, pues requieren que se almacene una gran cantidad de datos históricos de los distintos usuarios, y el comportamiento errático de algunos usuarios puede afectar al rendimiento del sistema de recomendación.

Un sistema de recomendación es una subclase de un sistema de filtrado de información que busca predecir la "calificación" o "preferencia" que un usuario daría a un elemento. Se han vuelto muy populares en los últimos años y se utilizan en muchas áreas que incluyen: películas, música, noticias, libros, artículos de investigación, búsquedas, etiquetas sociales y productos en general. Se pueden clasificar según la forma en que generen la lista de recomendaciones:

▶ Los filtros colaborativos basan la construcción del modelo en el comportamiento pasado del usuario (elementos previamente comprados o seleccionados y/o calificaciones numéricas otorgadas a esos elementos), así como decisiones similares tomadas por otros usuarios. Este modelo luego se usa para predecir los artículos en los que el usuario puede estar interesado.

▶ Los métodos de filtrado basado en contenido utilizan una serie de características discretas de un artículo para recomendar elementos adicionales, con propiedades similares.

▶ Además, estos dos enfoques a menudo se combinan como sistemas de recomendación híbridos.

De forma genérica, podemos encontrar dos tipos principales de sistemas de recomendación:

▶ **Filtrado basado en el contenido**. Las recomendaciones están basadas en las características de cada ítem. Las recomendaciones son dadas por medio de los atributos del producto buscando productos similares. Es un enfoque para la recomendación en la que los items recomendados están basados en otros en los que el usuario ha mostrado interés.

▶ **Filtrado colaborativo**. Las recomendaciones están basadas en las valoraciones existentes de los usuarios. Recomendaciones basadas en el comportamiento de otros usuarios. Es un enfoque para la recomendación en la que los items recomendados están basados en las preferencias de usuarios similares a aquél al que se le muestra la recomendación.

La principal diferencia entre ambos es que en los sistemas basados en contenido el usuario recibirá información similar a la que ha mostrado interés en el pasado, mientras en el filtrado colaborativo las sugerencias serán de elementos que han gustado a gente con intereses similares a los suyos.

13.2.1 MODELOS HÍBRIDOS

Con los ejemplos que hemos visto hasta ahora (Amazon, YouTube, Filmaffinity), podemos observar que existen diferentes formas de realizar recomendaciones, en función de la navegación o compras de los usuarios o en función de lo que el usuario vote. Además, a partir de las características de los usuarios (edad, sexo, profesión, etc.) también se podrían realizar recomendaciones en función de sus características.

Para posibilitar estos sistemas de recomendación, se han construido sistemas híbridos, con la idea de que combinando las propiedades de varios enfoques, será igualmente posible establecer predicciones con una buena precisión. Por tanto, podríamos clasificar los sistemas de recomendación en 4 tipos:

▶ **Filtrado basado en contenido:** las recomendaciones se basan en el conocimiento que se tiene sobre los ítems que el usuario ha valorado (ya sea de forma implícita o explícita), y se le recomendarán ítems similares que le puedan gustar o interesar.

▶ **Filtrado demográfico**: estas recomendaciones se realizan en función de las características de los usuarios (edad, sexo, situación geográfica, profesión, etc). Ejemplo: YouTube.

▶ **Filtrado colaborativo**: el filtrado colaborativo consiste en ver qué usuarios son similares al usuario al que hay que realizarle las recomendaciones y a continuación, recomendar aquellos ítems que no han sido votados por el usuario activo y que han resultado bien valorados por los usuarios similares. Ejemplo:Filmaffinity.

▶ **Filtrado híbrido**: mezclan alguno de los tres tipos de filtros mencionados anteriormente para realizar recomendaciones e incluso lo combinan con alguna otra técnica de inteligencia artificial como pueda ser la lógica borrosa o la computación evolutiva. Amazon y Netflix son buenos ejemplos del uso de sistemas de recomendación híbridos. Hacen recomendaciones comparando los hábitos de observación y búsqueda de usuarios similares (es decir, filtrado colaborativo), así como ofreciendo películas que comparten características con películas que un usuario ha valorado positivamente (filtrado basado en contenido).

13.3 FILTRADO BASADO EN CONTENIDO

En un sistema de recomendación de filtrado de contenido, los elementos se asignan a un espacio de características y las recomendaciones dependen de las características del elemento. Esto significa que toda la información de características que usamos se deriva sólo de los elementos. Eso no significa que no dependamos de ninguna información de usuario, sólo que la información se utiliza sólo en el paso de recomendación, y no en el tiempo de computación.

En el filtrado de contenido, las características utilizadas para proporcionar recomendaciones se derivan de los elementos y sólo de los elementos. Los filtros basados en contenido tienen el producto como base de la predicción, en lugar de tener al usuario. Es decir, utiliza las características del artículo (marca, precio, calificaciones, tamaño, categoría, etc.) para hacer las recomendaciones.

Un sistema de recomendación basado en contenido, básicamente monitorizará los hábitos de consumo de sus usuarios y aprenderá sus preferencias en forma de palabras clave (keywords) o atributos:

▶ Los usuarios pueden construir su propio perfil, definir sus preferencias o modificarlas.

▶ El sistema puede inferir este perfil a partir de las acciones llevadas a cabo por el usuario(clics, visualizaciones, compras,etc.) - (Información implícita).

▶ El sistema puede inferir el perfil a partir de las votaciones explícitas del usuario sobre los objetos - (Información explícita).

▶ El sistema puede inferir el perfil del usuario mezclando las acciones llevadas a cabo por el usuario junto con las votaciones (Implícito y Explícito).

▶ Aunque el sistema infiera el perfil del usuario, éste también podrá ver su perfil y modificarlo si cree que algo no es correcto.

Las fuentes que utilizan este tipo de sistemas de recomendación serán fuentes con contenido de calidad y analizables, que generalmente formarán parte de un catálogo. Estos sistemas están muy enfocados a fuentes textuales, puesto que estos se pueden analizar mediante técnicas clásicas de Minería de Datos y Procesamiento del Lenguaje Natural, que permiten extraer de forma sencilla perfiles de usuarios e ítems, pero también está enfocado a cualquier fuente que disponga de información como pueden ser fuentes multimedia, como imágenes o vídeo.

Estos sistemas utilizan técnicas de recuperación de la información (similares a las que utilizan los buscadores en Internet) o de clasificación en base a un criterio y utilizan aprendizaje máquina supervisado para inducir un clasificador que pueda discriminar entre aquellos ítems que puedan ser de interés para un determinado usuario de aquellos que no son de su interés.

Dado un vector de preferencias de usuario, y dado un nuevo ítem, el sistema será capaz de determinar la probabilidad de que a un usuario le guste este nuevo ítem. Se dice que un sistema de recomendación es del tipo Content-Based cuando está basado únicamente en las características del producto y no en la valoración del usuario al producto.

Para ello, tenemos que describir el producto de una manera en la que se pueda realizar una relación entre productos, es decir, tenemos que vectorizar el producto (extracción de tags o atributos) para luego medir la similitud apoyándonos en los atributos extraídos.

13.3.1 EXTRACCIÓN DE ATRIBUTOS DE UN DOCUMENTO

Con el objetivo de extraer los atributos de un determinado documento, podríamos hacerlo en los siguientes pasos.

- ▶ **Calculamos las ocurrencias:** extraemos las ocurrencias y eliminamos las palabras carentes de importancia (stopwords) además de los números, puesto que pierden el significado fuera de su contexto.

- ▶ **Normalización:** normalizamos y ponderamos cada ocurrencia mediante técnicas de análisis del texto y extracción de características.

TF-IDF *http://www.tfidf.com* es una herramienta de análisis que nos ayuda a comprender la importancia de una palabra para un documento en un conjunto de documentos. Esto sirve como un vector de características que se utiliza para categorizar documentos. El objetivo es entender la importancia de cada palabra dentro de un texto o documento e identificar palabras que se repitan muchas veces en un documento. De esta forma podemos extraer las palabras que son verdaderos indicadores.

La importancia de cada palabra aumenta a medida que aumenta el contador de dicha palabra en el texto. Al mismo tiempo, la frecuencia de esta palabra aumenta también. Estos dos parámetros tienden a equilibrarse mutuamente. El proceso consiste en extraer el término cuenta de cada frase y una vez que lo convertimos en un vector de características, entrenamos al clasificador para categorizar estas frases.

- ▶ El **término frecuencia (TF)** mide la frecuencia con que una palabra ocurre en un documento dado. Como varios documentos difieren en longitud, los números en el histograma tienden a variar mucho. Para lograr la normalización, dividimos el término-frecuencia por el número total de palabras en un documento dado.

- ▶ La **frecuencia del documento inverso (IDF)** mide la importancia de una palabra dada. Cuando calculamos TF, todas las palabras se consideran igualmente importantes. Para contrabalancear las frecuencias de las palabras que ocurren comúnmente, necesitamos asignarles un peso. Para ello calculamos la proporción del número de documentos con la palabra dada y dividirla por el número total de documentos.

Esta técnica es muy usada en el área de **Information Retrieval (IR)** y ayuda a entender qué términos son más relevantes o menos relevantes en una fuente textual, buscando con qué frecuencia ocurre cada término en el conjunto entero de ítems. Si un término ocurre con mucha frecuencia en un conjunto de ítems indica que no es relevante para discriminarlo del resto.

Dentro del módulo sklearn disponemos de la clase **TfidfVectorizer** que se encuentra en el paquete **sklearn.feature_extraction.text** y permite normalizar cada uno de los tags que aparecen en un texto determinado y asignarle una importancia dentro del mismo.

sklearn_vectorizer.py

```
from sklearn.feature_extraction.text import TfidfVectorizer

corpus = ['This is the first document.',
  'This document is the second document.',
  'And this is the third one.',
  'Is this the second document?',
  'Anyone have the first document?']

vectorizer = TfidfVectorizer(stop_words="english")
X = vectorizer.fit_transform(corpus)
print(vectorizer.get_stop_words())
print(vectorizer.get_feature_names())
# summarize
print(vectorizer.vocabulary_)
print(vectorizer.idf_)
# summarize encoded vector
print(X.shape)
print(X.toarray())
print(X)
```

En la salida vemos la lista de **stopwords** y las principales palabras que podemos decir que identifican ese texto.

```
frozenset({'several', 'thin', 'still', 'get', 'after', 'sixty', 'now', 'at',
'whereas', 'namely', 'of', 'my', 'take', 'de', 'hereupon', 'those', 'he', 'here',
'top', 'whether', 'should', 'us', 'which', 'already', 'eg', 'system', 'side',
'could', 'although', 'nor', 'above', 'seem', 'not', 'fifty', 'front', 'give',
'against', 'that', 'nine', 'everyone', 'due', 'well', 'whenever', 'nowhere',
'have', 'mill', 'whoever', 'formerly', 'amoungst', 'seems', 'latterly', 'becau-
se', 'across', 'any', 'forty', 'off', 'enough', 'myself', 'was', 'why', 'full',
'no', 'we', 'cant', 'below', 'amongst', 'somehow', 'becomes', 'thereafter', 'on',
'further', 'seemed', 'hasnt', 'something', 'none', 'are', 'wherein', 'afterwards',
'wherever', 'these', 'again', 'towards', 'whereby', 'made', 'never', 'fifteen',
'five', 'his', 'eleven', 'mine', 'our', 'else', 'latter', 'go', 'yourself', 'under',
'how', 'otherwise', 'more', 'move', 'detail', 'bottom', 'hers', 'show', 'least',
'very', 'to', 'has', 'another', 'cannot', 'by', 'less', 'one', 'been', 'nobody',
'in', 'from', 'themselves', 'elsewhere', 'between', 'noone', 'beforehand', 'never-
theless', 'would', 'either', 'rather', 'inc', 'so', 'himself', 'three', 'former',
'meanwhile', 'behind', 'every', 'whence', 'bill', 'do', 'six', 'among', 'will',
'as', 'last', 'up', 'empty', 'etc', 'she', 'each', 'hereafter', 'am', 'name',
'almost', 'therefore', 'you', 'keep', 'everywhere', 'had', 'sometimes', 'along',
'yours', 'itself', 'then', 'since', 'whereupon', 'two', 'co', 'anywhere', 'might',
'own', 'becoming', 'someone', 'and', 'put', 'within', 'moreover', 'whither', 'in-
terest', 'perhaps', 'hundred', 'become', 'besides', 'while', 'an', 'see', 'ex-
cept', 'ever', 'or', 'throughout', 'thus', 'until', 'third', 'around', 'fire',
'but', 'however', 'whose', 'therein', 'whole', 'ourselves', 'whatever', 'un',
'via', 'into', 'must', 'both', 'were', 'call', 'together', 'with', 'ours', 'anyo-
ne', 'such', 'this', 'per', 'thereby', 'anyhow', 'others', 'twelve', 'other', 'a',
'may', 'yourselves', 'eight', 'than', 'many', 'hence', 'same', 'often', 'through',
'seeming', 'him', 'also', 'back', 'during', 'thereupon', 'hereby', 're', 'herself',
'be', 'first', 'toward', 'mostly', 'four', 'somewhere', 'onto', 'ie', 'is', 'an-
ything', 'thru', 'few', 'yet', 'her', 'only', 'your', 'ltd', 'their', 'everything',
```

```
'about', 'sincere', 'being', 'indeed', 'thick', 'please', 'even', 'whom', 'fill',
'whereafter', 'cry', 'couldnt', 'before', 'once', 'part', 'neither', 'them', 'if',
'when', 'me', 'anyway', 'find', 'herein', 'ten', 'there', 'beside', 'beyond',
'much', 'can', 'thence', 'without', 'con', 'became', 'nothing', 'some', 'for',
'always', 'describe', 'all', 'found', 'next', 'done', 'i', 'who', 'upon', 'out',
'amount', 'though', 'most', 'its', 'the', 'they', 'where', 'serious', 'what',
'down', 'alone', 'twenty', 'sometime', 'over', 'it', 'too'})
['document', 'second']
{'document': 0, 'second': 1}
[1.18232156 1.69314718]
(5, 2)
[[1.        0.
 ]
 [0.81306349 0.58217502]
 [0.        0.
 ]
 [0.57252551 0.8198869 ]
 [1.        0.        ]]
  (0, 0)    1.0
  (1, 1)    0.5821750231821282
  (1, 0)    0.8130634922211724
  (3, 1)    0.8198869039412204
  (3, 0)    0.5725255144931797
  (4, 0)    1.0
```

Como vemos, las puntuaciones se normalizan a valores entre 0 y 1 y los vectores de documentos codificados se pueden usar directamente con la mayoría de los algoritmos de aprendizaje automático. En la documentación se pueden ver todos los parámetros que soporta, en el ejemplo anterior sólo se utiliza el parámetro de stop_words.

▼ *https://scikit-learn.org/stable/modules/generated/sklearn.feature_extraction.text.*
   TfidfVectorizer.html

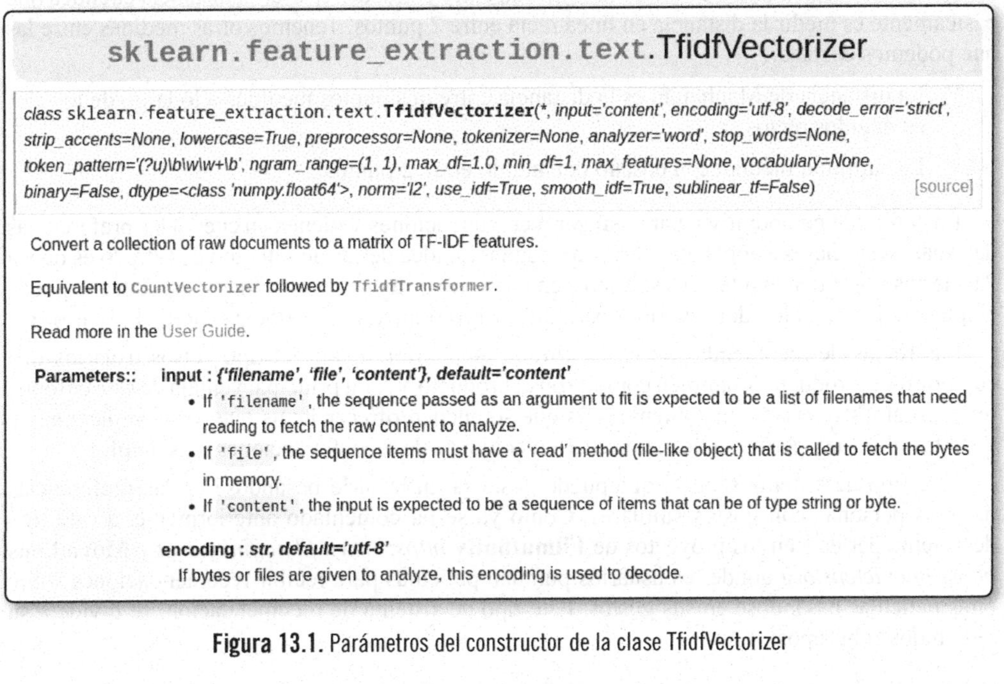

---

sklearn.feature_extraction.text.TfidfVectorizer

class sklearn.feature_extraction.text.**TfidfVectorizer**(*, *input='content'*, *encoding='utf-8'*, *decode_error='strict'*, *strip_accents=None*, *lowercase=True*, *preprocessor=None*, *tokenizer=None*, *analyzer='word'*, *stop_words=None*, *token_pattern='(?u)\b\w\w+\b'*, *ngram_range=(1, 1)*, *max_df=1.0*, *min_df=1*, *max_features=None*, *vocabulary=None*, *binary=False*, *dtype=<class 'numpy.float64'>*, *norm='l2'*, *use_idf=True*, *smooth_idf=True*, *sublinear_tf=False*)   [source]

Convert a collection of raw documents to a matrix of TF-IDF features.

Equivalent to CountVectorizer followed by TfidfTransformer.

Read more in the User Guide.

Parameters::   **input : *{'filename', 'file', 'content'}, default='content'***

- If 'filename', the sequence passed as an argument to fit is expected to be a list of filenames that need reading to fetch the raw content to analyze.
- If 'file', the sequence items must have a 'read' method (file-like object) that is called to fetch the bytes in memory.
- If 'content', the input is expected to be a sequence of items that can be of type string or byte.

encoding : *str, default='utf-8'*
  If bytes or files are given to analyze, this encoding is used to decode.

Figura 13.1. Parámetros del constructor de la clase TfidfVectorizer

13.4 FILTRADO COLABORATIVO

El filtrado colaborativo es otro método distinto de predecir puntuaciones de usuarios a ítems. Sin embargo, en este método usamos las puntuaciones existentes de usuarios a ítems para predecir los ítems que no han sido valorados por el usuario al que queremos recomendar. Para ello asumimos que las recomendaciones que le hagamos a un usuario serán mejores si las basamos en usuarios con gustos similares.

Los filtros colaborativos generalmente basan su lógica en las características del usuario. Los datos que se tienen del usuario se convierten en el centro de un filtro colaborativo. El sistema analiza las compras anteriores, las preferencias, las calificaciones que ha dado de otros productos, el importe medio de las compras, etc. y busca otros usuarios que se parecen a él y que han tomado decisiones parecidas. Los productos que han tenido éxito con usuarios similares, seguramente también le interesará al nuevo usuario.

Los desarrolladores de sistemas de recomendación actuales han aplicado distintos enfoques para manejar y procesar todos los datos, pero el enfoque que se ha asentado principalmente en todos ellos es el de la recomendación colaborativa personalizada. Este tipo de sistema de recomendación es el corazón de Amazon, Netflix.

Estos sistemas se denominan "personalizados" porque rastrean el comportamiento de cada usuario, páginas visitadas, compras y puntuaciones, para generar recomendaciones adaptadas a las necesidades y gustos de cada usuario. Del mismo modo, son "colaborativas" porque relacionan los distintos artículos basándose en el hecho de que varios usuarios hayan comprado el mismo artículo o bien muestran cierta preferencia por ellos.

13.4.1 CONCEPTO DE SIMILITUD EN SISTEMAS DE RECOMENDACIÓN

Un concepto que es clave para los sistemas de recomendación es el concepto de similitud. Estos sistemas siempre hacen recomendaciones basándose en las similitudes entre entidades. Por ejemplo, una buena manera de medir la similitud entre entidades es usar la distancia euclídea que básicamente es medir la distancia en línea recta entre 2 puntos. Tenemos otras medidas entre las que podemos destacar:

- La distancia de Manhattan es la distancia entre dos puntos medidos a lo largo de los ejes en ángulos rectos.
- La similitud mediante el coseno del ángulo entre 2 puntos.

En el filtrado colaborativo, para realizar recomendaciones se tienen en cuenta las preferencias de usuarios similares a aquél que es recomendado. La idea detrás de este tipo de filtrado es que si 2 usuarios A y B tienen intereses similares en una serie de aspectos conocidos, entonces se puede emplear la información del usuario A para inferir información desconocida sobre el usuario B.

Las reglas de recomendación en el filtrado colaborativo son del tipo "otros usuarios que compraron el producto X también compraron el producto Y". La principal ventaja de este enfoque respecto al filtro basado en contenidos es que se pueden ofrecer ítems que son completamente distintos al actual, permitiendo así ofrecer un conjunto de recomendaciones más amplio.

Este tipo de sistema sabe lo que puede gustar a un usuario basándose en las preferencias de otras personas con gustos similares. Como ya se ha comentado anteriormente, a este tipo de sistema pertenecen los proyectos de **Filmaffinity** *https://www.filmaffinity.com* y **MovieLens** *https://movielens.org* donde los usuarios puntúan películas para recibir recomendaciones sobre otras películas basándose en sus gustos. Este tipo de sistema de recomendación, se divide a su vez en dos subgrupos:

▼ **User-User collaborative filtering.** Estos sistemas son capaces de recomendar ítems basándose en los gustos de otras personas que muestren gustos similares. Estos sistemas recogen medidas de interés o ratings de los distintos usuarios. El algoritmo calcula la distancia entre cada par de usuarios del sistema para medir cuánto se parecen dos usuarios que han puntuado los mismos ítems. Los usuarios cuyos gustos son afines de acuerdo a estos cálculos forman un vecindario ("neighborhood").

▼ **Item-Item collaborative filtering.** Estos sistemas calculan la distancia entre cada par de ítems basándose en la calificación que les han otorgado los distintos usuarios que comparten gustos similares. El algoritmo calcula la similaridad entre pares de ítems. Esta técnica considera que las preferencias de un usuario no se pueden modelar únicamente a través de un conjunto de palabras claves que las representen, considera que los gustos y preferencias de un usuario, se pueden ver reflejados en los gustos y preferencias de otro usuario.

13.5 SISTEMA DE RECOMENDACIÓN DE PELÍCULAS

MovieLens *https://movielens.org/home* es un sistema de recomendación de películas que permite a sus usuarios crear opiniones. Este sistema obtiene la correlación de cada usuario con respecto al resto de usuarios del sistema, basándose en dichas opiniones, para encontrar un grupo de usuarios afines a dicho usuario, de tal modo que el sistema pueda realizar recomendaciones a dicho usuario basándose en los gustos de dicho grupo. Los datasets los encontramos en el sitio web *http://files.grouplens.org/datasets/movielens*.

Index of /datasets/movielens

Name	Last modified	Size	Description
Parent Directory		-	
ml-1m-README.txt	2019-12-03 11:14	5.4K	
ml-1m.zip	2019-12-03 11:14	5.6M	
ml-1m.zip.md5	2019-12-03 11:14	51	
ml-10m-README.html	2019-12-03 11:14	11K	
ml-10m.zip	2019-12-03 11:14	63M	
ml-10m.zip.md5	2019-12-03 11:14	52	
ml-20m-README.html	2019-12-03 11:14	12K	
ml-20m-youtube-READM..>	2019-12-03 11:14	2.5K	
ml-20m-youtube.zip	2019-12-03 11:14	639K	
ml-20m-youtube.zip.md5	2019-12-03 11:14	56	
ml-20m.zip	2019-12-03 11:15	189M	

Figura 13.2. Datasets de movilens

Entre los principales datasets podemos destacar:

▼ **ml-100k**. Ideal para pruebas. [5 MB] - 100,000 ratings, 6000 usuarios, 4000 películas *http://files.grouplens.org/datasets/movielens/ml-100k.zip*

▼ **ml-20m**. [138 MB] - 20,000,000 ratings, 138,000 usuarios, 27,000 películas *http://files. grouplens.org/datasets/movielens/ml-20m.zip*

▶ **ml-latest**. Dataset similar al anterior, pero más actualizado. [+144 MB] - 21,000,000 ratings, 230,000 usuarios, 30,000 películas *http://files.grouplens.org/datasets/movielens/ml-latest.zip*

▶ **ml-latest-small**. Dataset similar al anterior, pero con un tamaño menor. *http://files.grouplens.org/datasets/movielens/ml-latest-small.zip*

El conjunto de datos de movielens contiene un millón de puntuaciones anónimas, con valoraciones entre 1 y 5, sobre aproximadamente 3900 películas realizadas por 6040 usuarios. El conjunto de datos se encuentra formado principalmente por los siguientes ficheros:

▶ **movies.csv:** la información relativa a cada una de las películas disponible en el conjunto de datos se encuentra en este fichero proporcionado en formato csv con las siguientes columnas:

- **movieId**: identificador numérico único de la película.
- **title** : título de la película junto con el año de estreno.
- **genres** : lista de géneros separados por el carácter "|" al que pertenece la película: Action | Adventure |Animation |Children's | Comedy | Crime| Documentary | Drama | Fantasy | Film-Noir | Horror | Musical | Mystery | Romance | Sci-Fi | Thriller | War | Western

	A
1	movieId,title,genres
2	1,Toy Story (1995),Adventure|Animation|Children|Comedy|Fantasy
3	2,Jumanji (1995),Adventure|Children|Fantasy
4	3,Grumpier Old Men (1995),Comedy|Romance
5	4,Waiting to Exhale (1995),Comedy|Drama|Romance
6	5,Father of the Bride Part II (1995),Comedy
7	6,Heat (1995),Action|Crime|Thriller
8	7,Sabrina (1995),Comedy|Romance
9	8,Tom and Huck (1995),Adventure|Children

Figura 13.3. Fichero csv con las películas a valorar

▶ **ratings.csv**: la información relativa a cada una de las puntuaciones de un usuario sobre una determinada película se encuentra disponible en este fichero proporcionado en formato csv. Cada usuario tiene al menos 20 puntuaciones.

- **user_id**: los identificadores de los distintos usuarios (Entre 1 y 6040).
- **movie_id**: los identificadores de las películas (Entre 1 y 3952).
- **rating**: las puntuaciones dadas por cada uno de los usuarios (Entre 1 y 5).
- **timestamp**: fecha y hora en la que se realizó la puntuación representada en segundos.

	A	B	C	D	E
1	userId,movieId,rating,timestamp				
2	1,1,4.0,964982703				
3	1,3,4.0,964981247				
4	1,6,4.0,964982224				
5	1,47,5.0,964983815				
6	1,50,5.0,964982931				
7	1,70,3.0,964982400				
8	1,101,5.0,964980868				
9	1,110,4.0,964982176				

Figura 13.4. Fichero csv con las valoraciones de los usuarios

Dentro del sitio web de movielens encontramos la base de datos en otro formato que podemos tratar como un csv *https://grouplens.org/datasets/movielens/100k/*

MovieLens 100K Dataset

MovieLens 100K movie ratings. Stable benchmark dataset. 100,000 ratings from 1000 users on 1700 movies. Released 4/1998.

- README.txt
- ml-100k.zip (size: 5 MB, checksum)
- Index of unzipped files

Permalink: https://grouplens.org/datasets/movielens/100k/

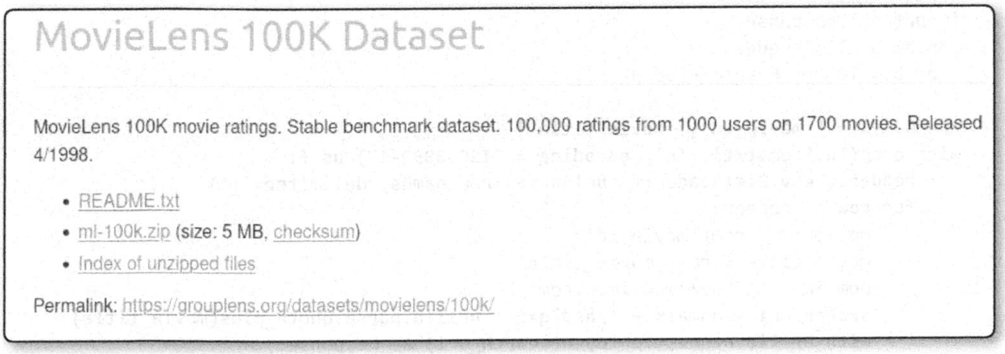

Figura 13.5. Movielens 100k Dataset

El fichero *https://files.grouplens.org/datasets/movielens/ml-100k/u.item* contiene la lista de películas con el siguiente formato:

```
movie id | movie title | release date | video release date |
         IMDb URL | unknown | Action | Adventure | Animation |
         Children's | Comedy | Crime | Documentary | Drama | Fantasy |
         Film-Noir | Horror | Musical | Mystery | Romance | Sci-Fi |
         Thriller | War | Western |
```

Contenido del fichero u.item:

```
1|Toy Story (1995)|01-Jan-1995||http://us.imdb.com/M/title-exact?Toy%20Story%20
(1995)|0|0|0|1|1|1|0|0|0|0|0|0|0|0|0|0|0|0|0
2|GoldenEye (1995)|01-Jan-1995||http://us.imdb.com/M/title-exact?GoldenEye%20
(1995)|0|1|1|0|0|0|0|0|0|0|0|0|0|0|0|0|1|0|0
3|Four Rooms (1995)|01-Jan-1995||http://us.imdb.com/M/title-exact?Four%20Rooms%20
(1995)|0|0|0|0|0|0|0|0|0|0|0|0|0|0|0|0|1|0|0
4|Get Shorty (1995)|01-Jan-1995||http://us.imdb.com/M/title-exact?Get%20Shorty%20
(1995)|0|1|0|0|0|1|0|0|1|0|0|0|0|0|0|0|0|0|0
5|Copycat (1995)|01-Jan-1995||http://us.imdb.com/M/title-exact?Copycat%20
(1995)|0|0|0|0|0|0|1|0|1|0|0|0|0|0|0|0|1|0|0
6|Shanghai Triad (Yao a yao yao dao waipo qiao) (1995)|01-Jan-1995||http://us.imdb.
com/Title?Yao+a+yao+yao+dao+waipo+qiao+(1995)|0|0|0|0|0|0|0|0|1|0|0|0|0|0|0|0|0|0|0
7|Twelve Monkeys (1995)|01-Jan-1995||http://us.imdb.com/M/title-exact?Twelve%20
Monkeys%20(1995)|0|0|0|0|0|0|0|0|1|0|0|0|0|0|0|1|0|0|0
8|Babe (1995)|01-Jan-1995||http://us.imdb.com/M/title-exact?Babe%20
(1995)|0|0|0|0|1|1|0|0|1|0|0|0|0|0|0|0|0|0|0
9|Dead Man Walking (1995)|01-Jan-1995||http://us.imdb.com/M/title-exact?Dead%20
Man%20Walking%20(1995)|0|0|0|0|0|0|0|0|1|0|0|0|0|0|0|0|0|0|0
```

El fichero anterior podríamos procesarlo para obtener la url actualizada de la película en la base de datos de **imdb** *https://www.imdb.com*. El objetivo del siguiente script es recorrer el fichero **u.item** para obtener el título de la película y realizar la búsqueda en imdb.com para obtener la url actualizada. Por último, almacenamos cada una de las urls en un fichero csv de salida.

movielens_urls.py

```python
import csv
import urllib.parse
import urllib.request
from bs4 import BeautifulSoup

row_names = ['movie_id', 'movie_title']
with open('u.item.txt', 'r', encoding = "ISO-8859-1") as f:
    reader = csv.DictReader(f, fieldnames=row_names, delimiter='|')
    for row in reader:
        movie_id = row['movie_id']
        movie_title = row['movie_title']
        domain = 'http://www.imdb.com'
        search_url = domain + '/find?q=' + urllib.parse.quote_plus(movie_title)
        with urllib.request.urlopen(search_url) as response:
            html = response.read()
            soup = BeautifulSoup(html, 'html.parser')
            try:
                title = soup.find('table', class_='findList').tr.a['href']
                movie_url = domain + title
                with open('movielens_urls.csv', 'a', newline='') as out_csv:
                    writer = csv.writer(out_csv, delimiter=',')
                    writer.writerow([movie_id, movie_url])
            except AttributeError:
                pass
```

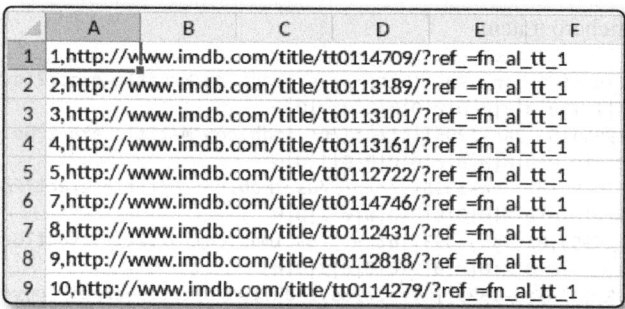

	A	B	C	D	E	F
1	1,http://www.imdb.com/title/tt0114709/?ref_=fn_al_tt_1					
2	2,http://www.imdb.com/title/tt0113189/?ref_=fn_al_tt_1					
3	3,http://www.imdb.com/title/tt0113101/?ref_=fn_al_tt_1					
4	4,http://www.imdb.com/title/tt0113161/?ref_=fn_al_tt_1					
5	5,http://www.imdb.com/title/tt0112722/?ref_=fn_al_tt_1					
6	7,http://www.imdb.com/title/tt0114746/?ref_=fn_al_tt_1					
7	8,http://www.imdb.com/title/tt0112431/?ref_=fn_al_tt_1					
8	9,http://www.imdb.com/title/tt0112818/?ref_=fn_al_tt_1					
9	10,http://www.imdb.com/title/tt0114279/?ref_=fn_al_tt_1					

Figura 13.6. Urls de la base de datos de imdb.com

Utilizando el dataset anterior de movilens podríamos obtener aquellas películas que han recibido más votos por parte de los usuarios.

peliculas_populares.py

```python
from pyspark.sql import SparkSession
from pyspark.sql import Row
from pyspark.sql import functions

def loadMovieNames():
    movieNames = {}
    with open("u.item",encoding = "ISO-8859-1") as f:
        for line in f:
            fields = line.split('|')
```

```
            movieNames[int(fields[0])] = fields[1]
    return movieNames

# Crear objeto SparkSession
spark = SparkSession.builder.appName("PopularMovies").getOrCreate()

# Obtener nombres de películas
nameDict = loadMovieNames()

lines = spark.sparkContext.textFile("u.data")
movies = lines.map(lambda x: Row(movieID =int(x.split()[1])))

# Crear dataframe
movieDataset = spark.createDataFrame(movies)

topMovieIDs = movieDataset.groupBy("movieID").count().orderBy("count",
ascending=False).cache()

#|movieID|count|
#+-------+-----+
#|     50|  584|
#|    258|  509|
#|    100|  508|

topMovieIDs.show()

top20_movies = topMovieIDs.take(20)

print("\n")
for result in top20_movies:
    print("%s: %d" % (nameDict[result[0]], result[1]))

spark.stop()
```

En la salida del script anterior obtenemos un dataframe donde para cada fila obtenemos el identificador de la película junto con las veces que aparece cada película como votada. Además, mostramos el nombre de las 20 películas más populares.

```
+-------+-----+
|movieID|count|
+-------+-----+
|     50|  583|
|    258|  509|
|    100|  508|
|    181|  507|
|    294|  485|
|    286|  481|
|    288|  478|
|      1|  452|
|    300|  431|
|    121|  429|
|    174|  420|
|    127|  413|
|     56|  394|
|      7|  392|
|     98|  390|
```

```
|    237|   384|
|    117|   378|
|    172|   367|
|    222|   365|
|    313|   350|
+-------+-----+
only showing top 20 rows


Star Wars (1977): 583
Contact (1997): 509
Fargo (1996): 508
Return of the Jedi (1983): 507
Liar Liar (1997): 485
English Patient, The (1996): 481
Scream (1996): 478
Toy Story (1995): 452
Air Force One (1997): 431
Independence Day (ID4) (1996): 429
Raiders of the Lost Ark (1981): 420
Godfather, The (1972): 413
Pulp Fiction (1994): 394
Twelve Monkeys (1995): 392
Silence of the Lambs, The (1991): 390
Jerry Maguire (1996): 384
Rock, The (1996): 378
Empire Strikes Back, The (1980): 367
Star Trek: First Contact (1996): 365
Titanic (1997): 350
```

El objetivo es construir un recomendador con el módulo de recomendación de Spark sobre un conjunto de entrenamiento, realizar predicciones sobre un conjunto de test y posteriormente evaluar su rendimiento aplicando un **RegressionEvaluator** con el parámetro metricName="rmse", dado que los valores finales son las valoraciones que daría el usuario a una determinada película que aún no ha visto, y por tanto numéricos.

Spark MLlib permite la aplicación de filtrado colaborativo a través de clase **ALS** que encontramos en el paquete **pyspark.ml.recommendations**

▼ *https://spark.apache.org/docs/latest/api/python/reference/api/pyspark.ml.recommendation.ALS.html*

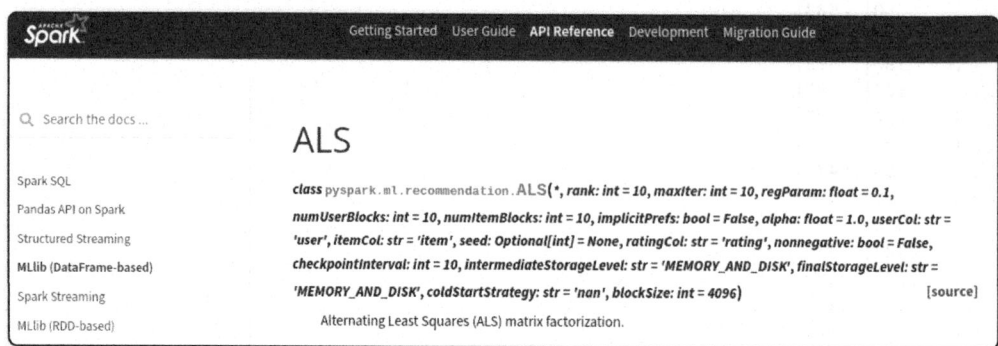

Figura 13.7. Documentación de la clase ALS para realizar recomendaciones

Un problema que nos podemos encontrar para el filtrado colaborativo es cómo proporcionar puntuaciones a un nuevo usuario. Algunos sistemas de recomendación optan por proporcionar a los nuevos usuarios un conjunto de calificaciones predeterminadas (por ejemplo, un valor promedio de todas las calificaciones), mientras que otros optan por no proporcionar calificaciones a los nuevos usuarios. El algoritmo ALS de Spark genera un valor NaN (no es un número) cuando se le pide que proporcione una puntuación para un nuevo usuario.

peliculas_recomendaciones_ALS.py

```python
from pyspark import SparkConf, SparkContext
from pyspark.mllib.recommendation import ALS, Rating

def loadMovieNames():
    movieNames = {}
    with open("u.item", encoding='ascii', errors="ignore") as f:
            for line in f:
                fields = line.split('|')
                movieNames[int(fields[0])] = fields[1]
  return movieNames

conf = SparkConf().setMaster("local[*]").setAppName("MovieRecommendationsALS")
sc = SparkContext(conf = conf)

# Obtener nombres de películas
nameDict = loadMovieNames()

data = sc.textFile("u.data")

ratings = data.map(lambda l: l.split()).map(lambda l: Rating(int(l[0]), int(l[1]),
float(l[2]))).cache()

# Construir el modelo de recomendacion usando ALS(Alternating Least Squares)
rank = 10
numIterations = 6
model = ALS.train(ratings, rank, numIterations)

userID =int(input("Introduce identificador de usuario:"))

print("\nPuntuaciones para el usuario ID " + str(userID) + ":")
userRatings = ratings.filter(lambda l: l[0] == userID)
for rating in userRatings.collect():
  print (nameDict[int(rating[1])] + ": " + str(rating[2]))

print("\nTop 20 recomendaciones para el usuario ID " + str(userID) + ":")
recommendations = model.recommendProducts(userID, 20)
for recommendation in recommendations:
  print (nameDict[int(recommendation[1])] + " score " + str(recommendation[2]))
```

En el código anterior utilizamos este algoritmo para crear un modelo que nos permita predecir las películas que podríamos recomendar a un usuario en función de las puntuaciones de las mejores películas y las puntuaciones que ha dado un usuario a cada película.

Salida:

```
Introduce identificador de usuario:1


Puntuaciones para el usuario ID 1:
Three Colors: White (1994): 4.0

Grand Day Out, A (1992): 3.0
Desperado (1995): 4.0
Glengarry Glen Ross (1992): 4.0
Angels and Insects (1995): 4.0
Groundhog Day (1993): 5.0
Delicatessen (1991): 5.0
Hunt for Red October, The (1990): 4.0
..............
Top 20 recomendaciones para el usuario ID 1:
Shooting Fish (1997) score 6.402072599385353
Fear of a Black Hat (1993) score 6.269599135525395
Cemetery Man (Dellamorte Dellamore) (1994) score 6.243069228366893
Love in the Afternoon (1957) score 5.788756160897046
Hear My Song (1991) score 5.722625673416799
Pather Panchali (1955) score 5.679901067273654
Chungking Express (1994) score 5.637650116955744
Beautiful Thing (1996) score 5.604219327864164
Crooklyn (1994) score 5.597896109863173
Funny Face (1957) score 5.566323939619366
Wrong Trousers, The (1993) score 5.559520287814469
Wallace & Gromit: The Best of Aardman Animation (1996) score 5.556117740343302
Withnail and I (1987) score 5.5152260262283255
Inspector General, The (1949) score 5.500986327723883
Queen Margot (Reine Margot, La) (1994) score 5.494074428172567
Close Shave, A (1995) score 5.469200799834098
My Man Godfrey (1936) score 5.465825917572631
Angel Baby (1995) score 5.440851159015508
Beat the Devil (1954) score 5.419597611316129
Walkabout (1971) score 5.412287860219331
```

Un posible sistema de recomendación consistiría en recomendar siempre las películas con la calificación promedio más alta. En el siguiente ejemplo usamos Spark para obtener el nombre, el número de puntuaciones de cada película, así como la puntuación promedio de las 20 películas con la calificación promedio más alta.

spark_recomendador_peliculas.py

```python
from pyspark import SparkConf, SparkContext
from pyspark.sql.functions import regexp_extract
from pyspark.sql.types import *
from pyspark.sql import SQLContext
from pyspark.sql import functions as F

conf = (SparkConf().setMaster("local").setAppName("Recomendador").set("spark.executor.memory", "1g"))
sc = SparkContext(conf = conf)
sqlContext = SQLContext(sc)
```

```python
ratings_df_schema = StructType(
  [StructField('userId', IntegerType()),
    StructField('movieId', IntegerType()),
    StructField('rating', DoubleType())]
)

movies_df_schema = StructType(
  [StructField('ID', IntegerType()),
    StructField('title', StringType())]
)

raw_ratings_df = sqlContext.read.format('com.databricks.spark.csv').
options(header=True, inferSchema=False).schema(ratings_df_schema).load('ratings.
csv')
ratings_df = raw_ratings_df.drop('Timestamp')

ratings_df.show(5)

raw_movies_df = sqlContext.read.format('com.databricks.spark.csv').
options(header=True, inferSchema=False).schema(movies_df_schema).load('movies.csv')
movies_df = raw_movies_df.drop('Genres').withColumnRenamed('movieId', 'ID')

movies_df.show(5, truncate=False)

movie_ids_with_avg_ratings_df = ratings_df.groupBy('movieId').agg(F.count(ratings_
df.rating).alias("count"), F.avg(ratings_df.rating).alias("average"))
movie_ids_with_avg_ratings_df.show(5, truncate=False)

movie_names_df = movie_ids_with_avg_ratings_df.join(movies_df,movie_ids_with_avg_
ratings_df["movieId"]==movies_df["Id"])
movie_names_with_avg_ratings_df = movie_names_df.drop("Id")

movie_names_with_avg_ratings_df.show(5, truncate=False)
```

Salida:

```
CSV file: file:///home/linux/Descargas/big%20data/capitulo13/codigo/ratings.csv
+------+-------+------+
|userId|movieId|rating|
+------+-------+------+
|     1|      1|   4.0|
|     1|      3|   4.0|
|     1|      6|   4.0|
|     1|     47|   5.0|
|     1|     50|   5.0|
+------+-------+------+
only showing top 5 rows

CSV file: file:///home/linux/Descargas/big%20data/capitulo13/codigo/movies.csv
+---+-----------------------------------+
|ID |title                              |
+---+-----------------------------------+
|1  |Toy Story (1995)                   |
|2  |Jumanji (1995)                     |
|3  |Grumpier Old Men (1995)            |
```

```
|4  |Waiting to Exhale (1995)          |
|5  |Father of the Bride Part II (1995)|
+---+----------------------------------+
only showing top 5 rows

+-------+-----+-----------------+
|movieId|count|average          |
+-------+-----+-----------------+
|1580   |165  |3.487878787878788|
|2366   |25   |3.64             |
|3175   |75   |3.58             |
|1088   |42   |3.369047619047619|
|32460  |4    |4.25             |
+-------+-----+-----------------+
only showing top 5 rows

CSV file: file:///home/linux/Descargas/big%20data/capitulo13/codigo/movies.csv
+-------+-----+-----------------+----------------------------------+
|movieId|count|average          |title                             |
+-------+-----+-----------------+----------------------------------+
|1580   |165  |3.487878787878788|Men in Black (a.k.a. MIB) (1997)  |
|2366   |25   |3.64             |King Kong (1933)                  |
|3175   |75   |3.58             |Galaxy Quest (1999)               |
|1088   |42   |3.369047619047619|Dirty Dancing (1987)              |
|32460  |4    |4.25             |Knockin' on Heaven's Door (1997)  |
+-------+-----+-----------------+----------------------------------+
```

Ahora que tenemos un DataFrame de las películas con las calificaciones promedio más altas, podemos usar Spark para determinar las 20 películas con las calificaciones promedio más altas y al menos 100 reseñas.

```
movies_with_100_ratings_or_more = movie_names_with_avg_ratings_df.where(movie_na-
mes_with_avg_ratings_df["count"]>=100)
print('20 Películas con mayores puntuaciones:')
movies_with_100_ratings_or_more.show(20, truncate=False)
```

```
+-------+-----+------------------+-----------------------------------------------------------------------------------+
|movieId|count|average           |title                                                                              |
+-------+-----+------------------+-----------------------------------------------------------------------------------+
|1580   |165  |3.487878787878788 |Men in Black (a.k.a. MIB) (1997)                                                   |
|1721   |140  |3.414285714285714 |Titanic (1997)                                                                     |
|858    |192  |4.2890625         |Godfather, The (1972)                                                              |
|1270   |171  |4.038011695906433 |Back to the Future (1985)                                                          |
|1265   |143  |3.944055944055944 |Groundhog Day (1993)                                                               |
|588    |183  |3.7923497267759565|Aladdin (1992)                                                                     |
|296    |307  |4.197068403908795 |Pulp Fiction (1994)                                                                |
|68954  |105  |4.004761904761905 |Up (2009)                                                                          |
|58559  |149  |4.238255033557047 |Dark Knight, The (2008)                                                            |
|593    |279  |4.161290322580645 |Silence of the Lambs, The (1991)                                                   |
|597    |135  |3.4851851851851854|Pretty Woman (1990)                                                                |
|1198   |200  |4.2075            |Raiders of the Lost Ark (Indiana Jones and the Raiders of the Lost Ark) (1981)     |
|34     |128  |3.65234375        |Babe (1995)                                                                        |
|8961   |125  |3.836             |Incredibles, The (2004)                                                            |
|4896   |107  |3.7616822429906542|Harry Potter and the Sorcerer's Stone (a.k.a. Harry Potter and the Philosopher's Stone) (2001)|
|2683   |121  |3.1983471074380163|Austin Powers: The Spy Who Shagged Me (1999)                                       |
|587    |115  |3.4347826086956523|Ghost (1990)                                                                       |
|1210   |196  |4.137755102040816 |Star Wars: Episode VI - Return of the Jedi (1983)                                  |
|253    |109  |3.458715596330275 |Interview with the Vampire: The Vampire Chronicles (1994)                          |
|329    |108  |3.3935185185185186|Star Trek: Generations (1994)                                                      |
+-------+-----+------------------+-----------------------------------------------------------------------------------+
```

Figura 13.8. 20 películas con mejores puntuaciones

Para las recomendaciones de películas, comenzamos con una matriz cuyas entradas son clasificaciones de películas por parte de los usuarios (que se muestran en rojo en el diagrama a continuación). Cada columna representa un usuario (que se muestra en verde) y cada fila representa una película en particular (que se muestra en azul).

Low-Rank Matrix Factorization:

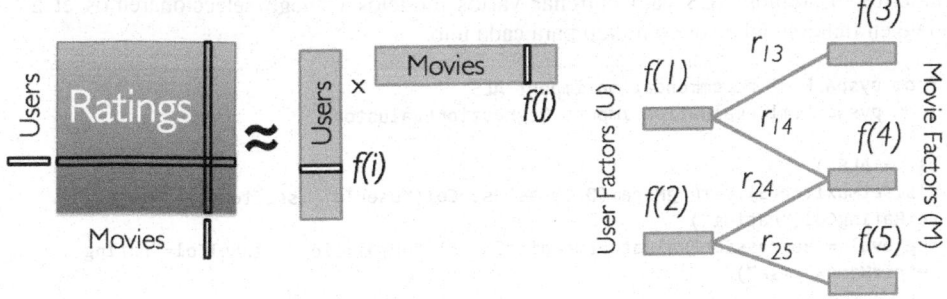

Iterate:

$$f[i] = \arg\min_{w\in\mathbb{R}^d} \sum_{j\in\mathrm{Nbrs}(i)} \left(r_{ij} - w^T f[j]\right)^2 + \lambda||w||_2^2$$

Figura 13.9. Mecanismo de factorización de matrices usado en ALS

Nuestro objetivo es seleccionar estas dos matrices de modo que se minimice el error para los pares de usuarios/películas donde conocemos las calificaciones correctas. El algoritmo de alternancia de mínimos cuadrados (ALS) realiza este proceso llenando primero aleatoriamente la matriz de usuarios y luego optimizando el valor de las películas de modo que se minimice el error. Luego, mantiene constante la matriz de películas y optimiza el valor de la matriz del usuario.

Dado que no todos los usuarios dan puntuación a todas las películas, no conocemos todas las entradas en esta matriz, razón por la cual necesitamos un **filtrado colaborativo**. Para cada usuario, tenemos calificaciones para sólo un subconjunto de las películas. Con el filtrado colaborativo, la idea es aproximar la matriz de calificaciones factorizando como el producto de dos matrices: una que describe las propiedades de cada usuario (que se muestra en verde) y otra que describe las propiedades de cada película (que se muestra en azul).

A continuación, dividimos nuestro conjunto de datos en 60% para entrenamiento, el 20% para validación y el otro 20% para pruebas.

```
(split_60_df, split_a_20_df, split_b_20_df) = ratings_df.randomSplit([0.6,0.2,0.2])

training_df = split_60_df.cache()
validation_df = split_a_20_df.cache()
test_df = split_b_20_df.cache()

print('Entrenamiento: {0}, Validacion: {1}, Test: {2}\n'.format(training_
df.count(), validation_df.count(), test_df.count()))
```

```
training_df.show(3)
validation_df.show(3)
test_df.show(3)
```

A continuación, utilizamos la implementación del algoritmo de Alternating Least Squares (ALS) que toma un conjunto de datos de entrenamiento (DataFrame) y varios parámetros que controlan el proceso de creación del modelo. Para determinar los mejores valores para los parámetros, usaremos ALS para entrenar varios modelos y luego seleccionaremos el mejor modelo en función del error cometido para cada uno.

```
from pyspark.ml.recommendation import ALS
from pyspark.ml.evaluation import RegressionEvaluator

als = ALS()
als.setMaxIter(5).setRegParam(0.1).setUserCol("userId").setItemCol("movieId").
setRatingCol("rating")
reg_eval = RegressionEvaluator(predictionCol="prediction", labelCol="rating",
metricName="rmse")

tolerance = 0.03
ranks = [4, 8, 12]
errors = [0, 0, 0]
models = [0, 0, 0]
err = 0
min_error = float('inf')
best_rank = -1
for rank in ranks:
  als.setRank(rank)

  # Crear el modelo a partir de los datos de entrenamiento
  model = als.fit(training_df)

  # Realizar la predicción sobre los datos de validacion
  predict_df = model.transform(validation_df)

  # Eliminar valores nulos de la prediccion
  predicted_ratings_df = predict_df.filter(predict_df.prediction != float('nan'))

  # Ejecutar el evaluador que permite obtener el error cometido
  error = reg_eval.evaluate(predicted_ratings_df)
  errors[err] = error
  models[err] = model
  print('El error cometido para el rank %s es %s' % (rank, error))
  if error < min_error:
    min_error = error
    best_rank = err
  err += 1

als.setRank(ranks[best_rank])
print('El mejor modelo es entrenado con el rank %s' % ranks[best_rank])
my_model = models[best_rank]
```

El objetivo final es predecir qué películas recomendarte. Para hacer eso, primero tendremos que añadir puntuaciones al conjunto de datos ratings_df para un usuario en concreto.

```
from pyspark.sql import Row
my_user_id = 0

my_rated_movies = [
            (my_user_id, 1193, 3.5),
            (my_user_id, 914, 2.5),
            (my_user_id, 2355, 4.2),
            (my_user_id, 1287, 3.7),
            (my_user_id, 594, 3.1),
            (my_user_id, 595, 2.6),
            (my_user_id, 2398, 1.7),
            (my_user_id, 1035, 4.0),
            (my_user_id, 2687, 5.0),
            (my_user_id, 3105, 4.7),
            (my_user_id, 1270, 2.5)
]

my_ratings_df = sqlContext.createDataFrame(my_rated_movies,
['userId','movieId','rating'])
my_ratings_df.show(10)
```

A continuación, necesitamos añadir las puntuaciones de ese usuario al conjunto de datos de entrenamiento para que el modelo que entrene incorpore las preferencias del mismo. La transformación **unionAll()** de Spark combina dos DataFrames para crear un nuevo conjunto de datos de entrenamiento que incluya sus puntuaciones y los datos del conjunto de datos de entrenamiento original.

```
training_with_my_ratings_df = training_df.unionAll(my_ratings_df)
als.setPredictionCol("prediction").setMaxIter(5).setRegParam(0.1).
setUserCol("userId").setItemCol("movieId").setRatingCol("rating").
setRank(ranks[best_rank])
my_ratings_model = als.fit(training_with_my_ratings_df)
```

A continuación, realizamos las predicciones sobre qué puntuaciones otorgaría a las películas para las que aún no proporcionó puntuaciones.

```
my_rated_movie_ids = [x[1] for x in my_rated_movies]
not_rated_df = movies_df.filter(~ movies_df["ID"].isin(my_rated_movie_ids))
my_unrated_movies_df = not_rated_df.selectExpr("ID as movieId").
withColumn('userId', F.lit(my_user_id))
raw_predicted_ratings_df = my_ratings_model.transform(my_unrated_movies_df)
predicted_ratings_df = raw_predicted_ratings_df.filter(raw_predicted_ratings_
df['prediction'] != float('nan'))
```

Finalmente, podemos imprimir las 20 películas con las puntuaciones más altas.

```
predicted_with_counts_df = predicted_ratings_df.join(movie_names_with_avg_ratings_
df,movie_names_with_avg_ratings_df["movieId"]==predicted_ratings_df["movieId"])
predicted_highest_rated_movies_df = predicted_with_counts_df.filter(predicted_with_
counts_df["count"]>100).sort("prediction",ascending=False)

print ('Películas mejor calificadas con más de 100 reseñas:')
predicted_highest_rated_movies_df.show(20)
```

```
+-------+------+----------+-------+-----+-------------------+--------------------+
|movieId|userId|prediction|movieId|count|            average|               title|
+-------+------+----------+-------+-----+-------------------+--------------------+
|   1968|     0| 4.2545624|   1968|  113|3.7787610619469025|Breakfast Club, T...|
|   4973|     0| 4.2425866|   4973|  120| 4.183333333333334|Amelie (Fabuleux ...|
|  79132|     0|  4.037001|  79132|  143| 4.066433566433567|    Inception (2010)|
|     47|     0|  3.929924|     47|  203|3.9753694581280787|Seven (a.k.a. Se7...|
|   3147|     0| 3.7887397|   3147|  111| 4.148648648648648|Green Mile, The (...|
|   1704|     0| 3.7733326|   1704|  141| 4.078014184397163|Good Will Hunting...|
|   4993|     0| 3.7421167|   4993|  198| 4.106060606060606|Lord of the Rings...|
|   1210|     0| 3.7184944|   1210|  196| 4.137755102040816|Star Wars: Episod...|
|   1222|     0|  3.703557|   1222|  102| 4.098039215686274|Full Metal Jacket...|
|   2028|     0| 3.6883576|   2028|  188|4.1462765957446805|Saving Private Ry...|
|    593|     0| 3.6741095|    593|  279| 4.161290322580645|Silence of the La...|
|    110|     0| 3.6514118|    110|  237| 4.031645569620253|   Braveheart (1995)|
|   2329|     0| 3.6341364|   2329|  129| 4.217054263565892|American History ...|
|   1258|     0|  3.633466|   1258|  109|  4.08256880733945| Shining, The (1980)|
|   7153|     0| 3.6280465|   7153|  185| 4.118918918918919|Lord of the Rings...|
|   5418|     0| 3.6083312|   5418|  112|3.8169642857142856|Bourne Identity, ...|
|    527|     0| 3.5928545|    527|  220|              4.225|Schindler's List ...|
|   1291|     0| 3.5903814|   1291|  140| 4.046428571428572|Indiana Jones and...|
|    589|     0| 3.5664232|    589|  224| 3.970982142857143|Terminator 2: Jud...|
|   2571|     0| 3.5623136|   2571|  278| 4.192446043165468|   Matrix, The (1999)|
+-------+------+----------+-------+-----+-------------------+--------------------+
```

Figura 13.10. Mejores películas recomendadas para un usuario concreto

MATERIAL ADICIONAL

El material adicional de este libro puede descargarlo en nuestro portal web: *https://www.ra-ma.es*.

Debe dirigirse a la ficha correspondiente a esta obra, dentro de la ficha encontrará el enlace para poder realizar la descarga.

Cuando descomprima el fichero obtendrá los archivos que complementan al libro para que pueda continuar con su aprendizaje.

INFORMACIÓN ADICIONAL Y GARANTÍA

- ▶ RA-MA EDITORIAL garantiza que estos contenidos han sido sometidos a un riguroso control de calidad.

- ▶ Los archivos están libres de virus, para comprobarlo se han utilizado las últimas versiones de los antivirus líderes en el mercado.

- ▶ RA-MA EDITORIAL no se hace responsable de cualquier pérdida, daño o costes provocados por el uso incorrecto del contenido descargable.

- ▶ Este material es gratuito y se distribuye como contenido complementario al libro que ha adquirido, por lo que queda terminantemente prohibida su venta o distribución.

SÍGUENOS EN INSTAGRAM Y ACCEDE GRATIS A NUESTRA BIBLIOTECA DIGITAL DURANTE 30 DÍAS.

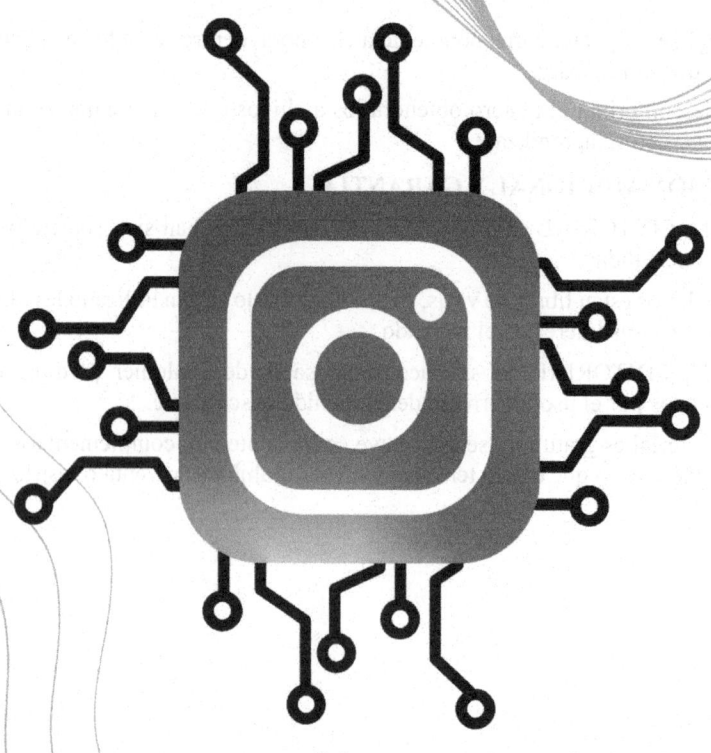

@grupoeditorialrama

¡ENVIANOS TU MAIL POR PRIVADO!

Grupo Editorial
ra-ma

40 ANIVERSARIO